Rechts- und Sprachtransfer in Mittel- und Osteuropa
Sachsenspiegel und Magdeburger Recht

IVS SAXONICO-MAIDEBVRGENSE IN ORIENTE

Band 1

IVS SAXONICO-MAIDEBVRGENSE IN ORIENTE

Das sächsisch-magdeburgische Recht als kulturelles Bindeglied zwischen den Rechtsordnungen Ost- und Mitteleuropas

Im Auftrag der Sächsischen Akademie der Wissenschaften zu Leipzig herausgegeben von

Professor Dr. Dr. h.c. Ernst Eichler, Universität Leipzig
Professor Dr. Heiner Lück, Martin-Luther-Universität Halle-Wittenberg

Band 1

De Gruyter Recht · Berlin

Rechts- und Sprachtransfer in Mittel- und Osteuropa

Sachsenspiegel und Magdeburger Recht

Internationale und interdisziplinäre Konferenz in Leipzig vom 31. Oktober bis 2. November 2003

Herausgegeben von

Ernst Eichler und Heiner Lück

Redaktion:

Wieland Carls

RECHT

De Gruyter Recht · Berlin

Gedruckt mit Unterstützung des Bundesministeriums für Bildung und Forschung sowie des Freistaates Sachsen (Sächsisches Staatsministerium für Wissenschaft und Kunst)

∞ Gedruckt auf säurefreiem Papier, das die US-ANSI-Norm über Haltbarkeit erfüllt.

ISBN 978-3-89949-428-0

Bibliografische Information der Deutschen Nationalbibliothek

Die Deutsche Nationalbibliothek verzeichnet diese Publikation in der Deutschen Nationalbibliografie; detaillierte bibliografische Daten sind im Internet über http://dnb.d-nb.de abrufbar.

Printed in Germany

Umschlaggestaltung: Christopher Schneider, Berlin, unter Verwendung der Basiskarte des Projekts „Das sächsisch-magdeburgische Recht als kulturelles Bindeglied zwischen den Rechtsordnungen Ost- und Mitteleuropas“ (Karteninhalt: Inge Bily, Sächsische Akademie der Wissenschaften zu Leipzig; Kartenredaktion: Konrad Großer; Kartographie: Patricia Mund, beide Leibniz-Institut für Länderkunde)
Satz: Wieland Carls
Druck und Bindung: Hubert & Co., Göttingen

Inhalt

Vorwort

Dieser Band versammelt die Beiträge, die im Rahmen der internationalen und interdisziplinären Konferenz zum Thema „Rechts- und Sprachtransfer in Mittel- und Osteuropa – Sachsenspiegel und Magdeburger Recht“ vom 31. Oktober bis 2. November 2003 in der Sächsischen Akademie der Wissenschaften zu Leipzig zum Vortrag kamen. Er eröffnet damit die Publikationsreihe „IVS SAXONICO-MAIDEBVRGENSE IN ORIENTE“, die in der Folge die Ergebnisse der Arbeitsstelle „Das sächsisch-magdeburgische Recht als kulturelles Bindeglied zwischen den Rechtsordnungen Ost- und Mitteleuropas“ präsentieren wird. Die Tagung diente sowohl der Bestandsaufnahme als auch dazu, die Problematik und Vielschichtigkeit des Forschungsgegenstandes und -gebietes zu beleuchten. Zugleich war sie der Auftakt für das zum 1. Januar 2004 an der Sächsischen Akademie der Wissenschaften zu Leipzig eingerichtete Forschungsvorhaben. Diesem Bestreben trägt das breite Themenspektrum der Beiträge Rechnung. Aus der Sicht von Historikern, Rechtshistorikern und Philologen werden die sprachlichen und historischen Zusammenhänge im Zuge der Rezeption des Sachsenspiegels und des Magdeburger Rechts untersucht. Die Autoren repräsentieren neben der einheimischen auch die Forschung eines Großteils der ins Auge gefassten Untersuchungsgebiete (Polen, Litauen, Weißrussland, Russland, Ukraine, Ungarn, Slowakei).

Dass es schließlich mehr als vier Jahre gedauert hat, bis der Band erscheinen konnte, ist mehreren Umständen geschuldet. Neben der redaktionellen Arbeit, die in Absprache mit den Autoren und unter möglichster Wahrung des individuellen Stils der Beiträge bestrebt war, eine gewisse formale Homogenität herzustellen, war es auch der Wunsch, dem Leser das Material über Register zu erschließen, die viel Zeit in Anspruch nahmen. Gerade im Hinblick auf die Orts- und Personennamen hat sich gezeigt, dass es notwendig war, eine Systematik zu entwickeln, nach der die unterschiedlichen historischen und sprachlichen Namenformen zu erfassen waren. Die Wiedergabe von Namen aus der Kyrillica erfolgt in der Regel nach den Instruktionen der deutschen Bibliotheken für die wissenschaftliche Transliteration aus slawischen Sprachen. Es war jedoch nicht zu vermeiden, von diesen Regeln bisweilen abzuweichen. Problematisch waren vor allem Namen aus dem Russischen, Weißrussischen und Ukrainischen, wenn die entsprechenden Vorlagen aus der Kyrillica nicht verfügbar waren, bzw. nicht ermittelt werden konnten.

Dass die Arbeit letzlich bewältigt werden konnte, ist zahlreichen Personen zu verdanken. Zunächst einmal den Autoren, die geduldig die Anfragen der Redaktion beantworteten und sich zum Teil sogar selbst bei der Durchsicht und Korrektur der Manuskripte engagierten. Dann den Mitarbeiterinnen und Mitarbeitern am Lehrstuhl von Herrn Prof. Lück, namentlich Frau Katarzyna Lortz, für die Mithilfe bei der Redaktion. Frau Inge Bily ist für die redaktionelle Bearbeitung des Beitrags von Rudolf Kuchar zu danken. Der Aufsatz von Mykola Kobylec'kyj wurde von ihr darüber hinaus neu aus dem Ukrainischen ins Deutsche übersetzt. Namentlich gedankt sei noch Frau Katalin Gönczi für die Durchsicht des Manuskripts sowie Frau Manuela Züfle für Ihre Mithilfe vor allem bei der Transliteration aus der Kyrillica. Gedankt sei aber auch all jenen, die ebenfalls zum Gelingen des Bandes beigetragen haben – sei es durch fachlichen Rat oder durch Unterstützung bei der Korrekturarbeit – hier aber nicht eigens genannt werden.

Ein besonderer Dank gebührt zu guter Letzt dem Kultusministerium des Landes Sachsen-Anhalt sowie dem Sächsischen Staatsministerium für Wissenschaft und Kunst, durch deren großzügige finanzielle Unterstützung die Konferenz ermöglicht und damit der Grundstein für diesen Band und die weiteren Forschungen gelegt wurde.

Leipzig, im Februar 2008

Für die Herausgeber
Wieland Carls

Heiner Lück (Halle)

Einführung: Das sächsisch-magdeburgische Recht als kulturelles Bindeglied zwischen den Rechtsordnungen Ost- und Mitteleuropas

Vorbemerkung

Die Erweiterung der Europäischen Union (EU) durch den Beitritt mehrerer ostmitteleuropäischer Länder (Polen, Tschechien, Slowakei, Ungarn, Estland, Litauen, Lettland, Slowenien) ist zum 1. Mai 2004 Wirklichkeit geworden. Inzwischen sind zum 1. Januar 2007 weitere Mitglieder (Bulgarien, Rumänien) hinzugekommen. Alle Beitrittskandidaten hatten die von Art. 49 Abs. 2 EU-Vertrag vorgegebenen Voraussetzungen zu schaffen. Dazu gehörte die Angleichung der nationalen Rechtsordnungen an den EU-Standard.[1] Da es sich sämtlich um historisch gewachsene Rechtsordnungen handelt, besitzen Kenntnisse über deren Quellen und Genesis eine hohe Aktualität. Während West- und Mitteleuropa vorwiegend im spätmittelalterlichen römisch-kanonischen Recht sowie im Naturrecht gemeinsame Grundlagen besitzen,[2] beruhen die Rechtsordnungen vieler ostmitteleuropäischer Staaten darüber hinaus in erheblichem Maße auf Quellen des sächsisch-magdeburgischen Rechts (Sachsenspiegel und Magdeburger Stadtrecht),[3] die seit dem Spätmittelalter (besonders intensiv in der Frühen Neuzeit) in Städte und Landschaften Ostmitteleuropas übernommen, regional-spezifisch bearbeitet, teilweise in die Landessprachen übersetzt und im Rechtsalltag angewendet wurden. Zu diesem immensen Verbreitungsgebiet, das seit dem Sachsenspiegel und dem Magdeburger Stadtrecht nie wieder ein deutscher Rechtstext erreicht hat, gehören Städte und Landschaften in den heutigen Staaten Polen, Tschechien, Slowakei, Litauen, Estland, Lettland, Weißrußland, Rumänien, Ungarn und Ukraine. Die

---

[1] Vgl. als Beispiele aus der reichhaltig vorhandenen Literatur: Norbert Reich, Stichtag 1. Mai 2004. Eine erweiterte Union – auch ein erweitertes europäisches Zivilrecht? Zur Rolle der baltischen Privatrechtssysteme in der EU, in: Zeitschrift für Europäisches Privatrecht 3 (2004), S. 449–453; Lajos Vékás, Integration des östlichen Mitteleuropa im Wege rechtsvergleichender Zivilrechtserneuerung, ebd., S. 454–476; Gerrit Manssen/Boguslaw Banaszak (Hrsg.), Religionsfreiheit in Mittel- und Osteuropa zwischen Tradition und Europäisierung, Frankfurt a. M. u. a. 2006 (=Regensburger Beiträge zum Staats- und Verwaltungsrecht. 4).

[2] Vgl. Peter Stein, Römisches Recht und Europa. Die Geschichte einer Rechtskultur. Aus dem Englischen von Klaus Luig, Frankfurt am Main 1996; Tadeusz Guz (Hrsg.), Das Naturrecht und Europa, Frankfurt am Main u. a. 2007 (=Ad Fontes. Schriften zur Philosophie. 3).

[3] Vgl. dazu Rolf Lieberwirth, Das sächsisch-magdeburgische Recht als Quelle osteuropäischer Rechtsordnungen, Berlin 1986 (=Sitzungsberichte der Sächsischen Akademie der Wissenschaften zu Leipzig, Philolog.-hist. Kl. 122/4); Heiner Lück, Sachsenspiegel und Magdeburger Recht. Europäische Dimensionen zweier mitteldeutscher Rechtsquellen, Hamburg 1998 (=ADIUVAT in itinere. V) sowie auch das Begleitheft zu einer Ausstellung des Landes Sachsen-Anhalt: Sachsenspiegel und Magdeburger Recht. Grundlagen für Europa – Saxon Mirror and Magdeburg Law – The Groundwork for Europe, Magdeburg 2005.

Wissenschaft in den meisten dieser Länder setzt sich unter sehr aktuellen Gesichtspunkten mit den aus Mitteldeutschland stammenden Quellen auseinander, was moderne Editionen, rechtsgeschichtliche und sprachwissenschaftliche Untersuchungen deutlich belegen.[4]

Dieser Entwicklung Rechnung tragend fand im Herbst 2003 ein internationales Symposion an der Sächsischen Akademie der Wissenschaften zu Leipzig statt, welches der europaweiten Wirkungsgeschichte des Sachsenspiegels und des Magdeburger Stadtrechts gewidmet war. In diesem Rahmen waren auch Ausgangspositionen, wissenschaftliches Anliegen und aktuelle Bezüge des im Folgenden skizzierten Akademievorhabens, das im Frühjahr 2004 seine Arbeit aufnahm,[5] näher vorzustellen.

I. Kurzcharakteristik

Das geplante (und nun bereits in Realisierung befindliche) Forschungsvorhaben ist der Beeinflussung osteuropäischer Rechtsordnungen durch das sächsisch-magdeburgische Recht vom Mittelalter bis zur Gegenwart gewidmet. Im Mittelpunkt stehen Untersuchungen zur Ausbreitung dieses Normenkomplexes mitteldeutscher Provenienz zu sprachlichen Problemen bei der Übernahme und Redaktion deutschsprachiger Rechtsquellen in den slavischsprachigen Raum sowie die später daraus hervorgegangenen Übersetzungen. Das Vorhaben will eine rechts- und sprachgeschichtlich fundierte Grundlage für das bessere Verständnis und die gegenseitige Kommunikation zwischen Deutschland und den Ländern Osteuropas, vor allem auf den Gebieten des Rechts, der Politik, der Kultur und der Wirtschaft, schaffen.[6] Ziel der Untersuchungen ist die Darstellung des Zusammenhangs von wichtigen spätmittelalterlichen/frühneuzeitlichen Rechtsquellen dieser Länder mit dem sächsisch-magdeburgischen Recht, der u. a. durch entsprechende Sach- und Worterklärungen dokumentiert werden soll. Im Unterschied zu früheren Forschungen soll von den slavisch- bzw. landessprachigen Rechtsquellen ausgegangen und nach ihrem genetischen Zusammenhang mit deutschen Rechtstexten gefragt werden. Da die rechtsgeschichtlichen Fragestellungen kaum von jenen der Sprachwissenschaft zu trennen sind, weist das Vorhaben einen hohen Grad an Interdisziplinarität auf.

---

[4] Vgl. die im Abschnitt III. angeführten Beispiele.

[5] Vgl. dazu den Arbeitsbericht von Ernst Eichler/Wieland Carls/Heiner Lück, Vorhaben Das sächsisch-magdeburgische Recht als kulturelles Bindeglied zwischen den Rechtsordnungen Mittel- und Osteuropas, in: Ernst Schlegel (Hrsg.), Sächsische Akademie der Wissenschaften zu Leipzig. Jahrbuch 2003–2004, Stuttgart/Leipzig 2005, S. 362–366.

[6] In diesem Zusammenhang ist bemerkenswert, daß die Wirtschaft selbst von der einstigen Stadtrechtsfamilie Magdeburgs Notiz nimmt. Vgl. Krzysztof Blau, Das „Magdeburger Stadtrecht" – ein Exportschlager für Europa, in: Der Markt in Mitteldeutschland. Mitteilungen der Industrie- und Handelskammer Magdeburg 2 (2006), S. 16 f.

II. Ergebnisformen und Kooperationspartner

Als Ergebnisformen sind handbuchartige Übersichten zu Rechtsquellen, Rechtspraxis (Urteils-, Schöffenspruch- und Oberhofspruchsammlungen) und Rechtssprache sowie deren Verbreitung in geographischer wie chronologischer Hinsicht, geordnet nach den gegenwärtigen Staatsgebieten,[7] geplant.

Während Klarheit darüber besteht, daß in Städten und Landschaften Polens, Tschechiens, der Slowakei, Ungarns, Rumäniens, Weißrußlands, Lettlands, Litauens, Estlands und der Ukraine Einflüsse des sächsisch-magdeburgischen Rechts vorhanden sind, ist auf Grund des gegenwärtigen Forschungsstandes völlig unklar, ob und inwieweit sächsisch-magdeburgisches Recht in Moldawien, Rußland und in den Gebieten des ehemaligen Jugoslawiens rezipiert wurde. Sollten sich während der Realisierung des Vorhabens dazu genauere Erkenntnisse abzeichnen, müßten das Untersuchungsgebiet und die damit verbundene Publikationsreihe entsprechend erweitert werden. Das Vorhaben kann nur in enger Kooperation mit wissenschaftlichen Partnern in den entsprechenden Ländern erfolgreich realisiert werden. Dadurch unterscheidet es sich gravierend von vergleichbaren Unternehmungen in der ersten Hälfte des 20. Jahrhunderts. Enge Kooperationsbeziehungen liegen zu Wissenschaftler(inne)n in Polen, Litauen, Estland, Weißrußland, Ukraine, Slowakei und Ungarn bereits seit Jahren vor. Einige dieser Länder sind auch in der vorhabenbezogenen Kommission des Akademievorhabens repräsentiert.[8]

Doktorandinnen und Doktoranden sind im Auftrag der Projektleiter in einigen dieser Länder tätig. Des weiteren werden die bestehenden intensiven Kontakte zum Max-Planck-Institut für Europäische Rechtsgeschichte Frankfurt a. M. genutzt, um Ergebnisse und Teilergebnisse des Akademievorhabens in den gesamteuropäischen Diskurs auf dem Gebiet der Rechtswissenschaft einzubringen. Als weiterer unverzichtbarer Partner kommt das Herder-Institut in Marburg in Betracht, zu welchem die Kooperations- und Kommunikationsbeziehungen intensiviert werden müssen.

---

[7] Diese Struktur ist zu recht einer massiven Kritik unter geschichtswissenschaftlichen Gesichtspunkten ausgesetzt. Ideal wäre eine Gliederung des Untersuchungsgebietes nach den jeweiligen historischen Staats-/Herrschaftsgebilden. Allerdings weisen diese, über Jahrhunderte betrachtet, eine erhebliche Dynamik auf. Das wird z. B. deutlich, wenn man die Territorien Königreich Polen, Großfürstentum Litauen, Livland und die Ukraine von etwa 1300 bis 1800 in den Blick nimmt. Für die gegenwärtige staatliche Gliederung Europas spricht auch die zu erwartende Identifizierung der ausländischen Partner mit diesem Vorhaben. Des weiteren sei auf das namhafte von Helmut Coing herausgegebene Handbuch der Quellen und Literatur der neueren europäischen Privatrechtsgeschichte, München 1973–1988, verwiesen. Dieses auch international renommierte Standardwerk europäischer Rechtsgeschichte legt im wesentlichen die europäischen Staaten zur Zeit seiner Entstehung als Gliederungsmerkmale zu Grunde.

[8] Dr. Jolanta Karpavičienė (Vilnius/Litauen); Prof. Dr. Danuta Janicka (Toruń/Polen).

III. Stand der Forschung

1. Allgemeines

Die Erforschung der Einflüsse des Sachsenspiegels und des Magdeburger Stadtrechts in Osteuropa wurde von der deutschen Wissenschaft bereits im 19. und frühen 20. Jahrhundert in beachtenswertem Umfang betrieben. Dabei spielten auch die Rechtshistoriker an der Universität Halle-Wittenberg eine wichtige Rolle. Zu verweisen ist insbesondere auf die Arbeiten von Guido Kisch[9] und Gertrud Schubart-Fikentscher.[10] Von der letzteren stammt die bis heute unersetzliche Monographie über die Verbreitung der deutschen Stadtrechte in Osteuropa.[11] Hinzu kommen viele Arbeiten in den entsprechenden Ländern. In Deutschland erfuhr diese Forschungsrichtung vor allem zwischen 1933 und 1945 eine besondere Förderung, die allerdings stark politisch motiviert war. In Magdeburg wurde 1940 eigens ein städtisches Institut dafür geschaffen, welches trotz des Völker verachtenden politischen Umfeldes solide, bis heute maßgebliche Editionen von Magdeburger Schöffensprüchen erarbeitet hat.[12] Die Bemühungen dieses „Instituts zur Erforschung des Magdeburger Stadtrechts e. V."[13] wurden nachweislich von den damaligen, vor allem auch persönlich und politisch lauteren Rechtshistorikern und Historikern interessiert aufgenommen und unterstützt. Die weitgehende Vernichtung der in den Verbreitungsgebieten gesammelten Materialien (Fotokopien, Ab-

---

[9] Vgl. dazu auch Heiner Lück, Der Rechtshistoriker Guido Kisch (1889–1985) und sein Beitrag zur Sachsenspiegelforschung, in: Walter Pauly (Hrsg.), Hallesche Rechtsgelehrte jüdischer Herkunft (=Hallesche Schriften zum Recht. 1), Köln u. a. 1996, S. 53–66, 93–116.

[10] Vgl. Rolf Lieberwirth, Gertrud Schubart-Fikentscher (1896–1985), in: Heiner Lück (Hrsg.), Rolf Lieberwirth. Rechtshistorische Schriften, Weimar/Köln/Wien 1997, S. 265–275.

[11] Gertrud Schubart-Fikentscher, Die Verbreitung der deutschen Stadtrechte in Osteuropa, Weimar 1942 (=Forschungen zum deutschen Recht. IV/2).

[12] Theodor Goerlitz/Paul Gantzer (Bearb.), Die Magdeburger Schöffensprüche und Rechtsmitteilungen für Schweidnitz, Berlin/Stuttgart 1940 (=Die Magdeburger Schöffensprüche und Rechtsmitteilungen, Reihe VII: Schlesien. 1 Bd.); Wilhelm Weizsäcker (Bearb.), Magdeburger Schöffensprüche und Rechtsmitteilungen für den Oberhof Leitmeritz, Stuttgart 1943 (=Die Magdeburger Schöffensprüche und Rechtsmitteilungen, Reihe IX: Sudetenland, Bd. 1); Theodor Goerlitz (Bearb.), Magdeburger Schöffensprüche für die Hansestadt Posen und andere Städte des Warthelandes, Stuttgart 1944 (=Die Magdeburger Schöffensprüche und Rechtsmitteilungen, Reihe VIII: Wartheland, 1. Bd.).

[13] Heiner Lück, „Der Deutsche kommt also im Osten in kein Neuland ...". Das Institut zur Erforschung des Magdeburger Stadtrechts (1940–1945), in: Heiner Lück/Werner Freitag (Hrsg.), Historische Forschung in Sachsen-Anhalt. Ein Kolloquium anläßlich des 65. Geburtstages von Walter Zöllner (=Abhandlungen der Sächsischen Akademie der Wissenschaften zu Leipzig, Philolog.-hist. Kl. 76/3), Leipzig/Stuttgart 1999, S. 125–145; ders., Dr. iur. Fritz Markmann (1899–1949) als Erforscher und Editor des Magdeburger Rechts, in: Sachsen und Anhalt. Jahrbuch der Historischen Kommission für Sachsen-Anhalt 22 (1999/2000), S. 289–314; ders., Magdeburger Forschungen zum Magdeburger Recht (1933–1945), in: Ramona Myrrhe (Hrsg.), Geschichte als Beruf. Demokratie und Diktatur, Protestantismus und politische Kultur. Festschrift zur 65. Geburtstag von Klaus Erich Pollmann zum 65. Geburtstag, (Dößel/Saalkreis) 2005, S. 367–381; ders., Ein Österreicher im Dienst Magdeburgs (1941–1944), in: Gerald Kohl/Christian Neschwara/Thomas Simon (Hrsg.), Festschrift für Wilhelm Brauneder zum 65. Geburtstag. Rechtsgeschichte mit internationaler Perspektive, Wien 2008, S. 289–306.

schriften, Fundstellenverzeichnisse) durch die Bombardierung Magdeburgs am 16. Januar 1945,[14] die Schicksale des wissenschaftlichen Personals und der politische Zusammenbruch beendeten diese weit fortgeschrittenen Untersuchungen und Dokumentationen. Im Vordergrund standen hier freilich die quellenmäßigen Überlieferungen, die Verbreitung des Sachsenspiegels und des Magdeburger Rechts sowie deren Rechtskonstruktionen im damaligen Ost-, Südost- und Nordosteuropa. Sprachliche Fragestellungen spielten nur insofern eine Rolle, als daß die deutschen Bearbeiter mit den slavischen Sprachen überfordert waren.[15]

Nach dem Zweiten Weltkrieg kam es in Deutschland zu einer Stagnation derartiger Forschungen. Zum einen mag die Stigmatisierung nach dem Zusammenbruch 1945 eine Rolle gespielt haben; zum anderen werden aber auch der „kalte Krieg“ und die Integration Westdeutschlands in die westeuropäischen Bündnisse zur Vernachlässigung des Blicks auf diesen traditionellen Gegenstand rechtsgeschichtlicher Forschung beigetragen haben. Möglicherweise haben auch die Wandlungen in der Fremdsprachenausbildung der Schüler- und Studentengenerationen zuungunsten der slavischen Sprachen eine Rolle gespielt. Interessanterweise übte man auch in der DDR Enthaltsamkeit. Das verwundert insofern, als daß diese ihrerseits im Ostblock verankert war und sich stets bemühte, Gemeinsamkeiten mit den osteuropäischen Staaten aufzuzeigen.

Die personellen Bedingungen, unter denen das Fach Rechtsgeschichte an den Universitäten der DDR betrieben wurde,[16] konnten nur wenig zur Veränderung dieser Situation beitragen. Dagegen wurde in den osteuropäischen Ländern sehr intensiv über die Verflechtung der eigenen nationalen Rechtsordnungen mit den deutschen Grundlagen sächsisch-magdeburgischer Provenienz gearbeitet.

Erst in den 1970er Jahren erfolgte sowohl im Westen als auch im Osten eine erneute Hinwendung zur Rezeptionsgeschichte des deutschen Rechts im europäischen Osten. Zu nennen sind vor allem die Arbeiten von Friedrich Ebel (Berlin) und Rolf Lieberwirth (Halle). Während sich Ebel erfolgreich um die Sammlung und Edition der Magdeburger Schöffensprüche bemühte,[17] untersuchte Lieberwirth in Anknüpfung an die Arbeiten seiner Lehrerin Gertrud Schubart-Fikentscher die Bearbeitungen des Magdeburger Rechts und des Sachsenspiegels in

---

[14] Vgl. Matthias Puhle (Hrsg.), „Dann färbte sich der Himmel blutrot ...“. Die Zerstörung Magdeburgs am 16. Januar 1945. Ausstellung im Kulturhistorischen Museum Magdeburg [...], 2. Aufl., Magdeburg 1995.

[15] Lück, „Der Deutsche kommt also im Osten in kein Neuland ...“ (wie Anm. 13), S. 143.

[16] Vgl. Rolf Lieberwirth, Die Rechtsgeschichte in der DDR, in: Lück (Hrsg.), Rolf Lieberwirth. Rechtshistorische Schriften (wie Anm. 10), S. 343–359; Heiner Lück, Zwischen Refugium und Systemrechtfertigung. Rechtsgeschichte in der DDR, in: ders. (Hrsg.), Recht und Rechtswissenschaft im mitteldeutschen Raum. Symposion für Rolf Lieberwirth anläßlich seines 75. Geburtstages, Köln/Weimar/Wien 1998, S. 165–176.

[17] Friedrich Ebel, Magdeburger Recht, Bd. 1: Die Rechtssprüche für Niedersachsen; Bd. 2/1: Die Rechtsmitteilungen und Rechtssprüche für Breslau. Die Quellen von 1261 bis 1452; Bd. 2/2: Die Magdeburger Rechtsmitteilungen und Rechtssprüche für Breslau, Köln/(Weimar)/Wien 1983–1995.

Polen, in der Ukraine und in anderen osteuropäischen Ländern. Der von Lieberwirth maßgeblich mitbestimmte Forschungsstand wird durch dessen Aufsatz im Kommentarband zur Wolfenbütteler Bilderhandschrift des Sachsenspiegels repräsentiert.[18] Schließlich konnten Lieberwirths Untersuchungen während eines längeren Forschungsaufenthalts in Kiew punktuell weitergeführt werden.[19] Parallel dazu ist etwa gleichzeitig auch eine Intensivierung der Forschungen zum sächsisch-magdeburgischen Recht in Polen und in einigen Republiken der ehemaligen Sowjetunion (z. B. in Litauen, Weißrußland, Ukraine)[20] zu verzeichnen.

Angesichts der spannenden Probleme, die sich aus der angestrebten Zusammenarbeit mit Polen, der Ukraine, mit Rußland und anderen osteuropäischen Staaten ergeben, ist es für die deutsche Wissenschaft unumgänglich, sich mit den historisch gewachsenen Rechtsordnungen dieser Länder auseinanderzusetzen, zumal sie in nicht unerheblichem Maße auf deutschen Grundlagen beruhen. Eine gewisse Erwartungshaltung der gegenwärtigen und zukünftigen osteuropäischen Partner, sich mit deren Rechtskulturen wissenschaftlich bekanntzumachen und auseinanderzusetzen, ist nur allzu verständlich. Aus dieser aktuellen Sicht wird auch auf die zahlreichen Ermunterungen der Politik zur Zusammenarbeit mit den ostmitteleuropäischen Ländern verwiesen.[21]

Von sprachwissenschaftlicher Seite wurden seit den 1950er Jahren vor allem an der Universität Leipzig wichtige slavistische Untersuchungen durchgeführt. Diese waren freilich weniger an Rechtstexten orientiert. Schließlich müssen die Arbeiten von Ilpo Tapani Piirainen (Münster) erwähnt werden, der sich sehr stark mit dem Nebeneinander von deutscher und slavischer Rechtssprache auseinandersetzt und aus germanistischer Sicht wichtige Studien zu diesem Wechselverhältnis vorgelegt hat.[22]

Dessen ungeachtet gibt es bis heute keine wissenschaftlich fundierten Vorstellungen von dem Verbreitungsgebiet des sächsisch-magdeburgischen Rechts in

---

[18] Rolf Lieberwirth, Die Wirkungsgeschichte des Sachsenspiegels, in: Ruth Schmidt-Wiegand (Hrsg.), Die Wolfenbütteler Bilderhandschrift des Sachsenspiegels. Aufsätze und Untersuchungen. Kommentarband zur Faksimile-Ausgabe, Berlin 1993, S. 63–86.

[19] Vgl. Heiner Lück, Magdeburger Recht in der Ukraine, in: Zeitschrift für Neuere Rechtsgeschichte 12 (1990), S. 113–126.

[20] Vgl. Alexander Rogatschewski, Übersicht über das sowjetische Schrifttum der 1970er und 1980er Jahre zur Geschichte des Magdeburger Stadtrechts, in: Zeitschrift der Savigny-Stiftung für Rechtsgeschichte, Germanistische Abteilung (ZRG GA) 109 (1992), S. 390–399.

[21] Vgl. etwa Roman Herzog, Kampf der Kulturen?, in: Forschung & Lehre 5 (1997), S. 227 f.

[22] Ilpo Tapani Piirainen/Winfried Waßer (Hrsg.), Der Sachsenspiegel aus Oppeln und Krakau, Berlin 1996; Ilpo Tapani Piirainen, Deutsche Sprache in der Slowakei, in: Zagreber Germanistische Beiträge 4 (1995), S. 71–86; ders., Deutsche Siedler und deutschsprachige Gesetze in der wirtschaftlichen Entwicklung der Slowakei, in: Gerhard Grimm/Krista Zach (Hrsg.), Die Deutschen in Ostmittel- und Südosteuropa. Geschichte. Wirtschaft. Recht. Sprache, Bd. 2, München 1996, S. 133–151; ders., Rechtshandschriften der frühen Neuzeit in der Zips, in: Studia Germanica Universitatis Vesprimiensis 7 (2003), S. 53–77, ders., Aus den handschriftlichen Büchern der frühen Neuzeit aus Kesmark/Kežmarok, in: Z minulosti Spiša. Ročenka Spišského dejepisného spolku v Levoči 12 (2004), S. 59–72 u. v. a.

Osteuropa. Neuere Aussagen dazu in der allgemeinen rechtsgeschichtlichen Literatur beruhen letztlich immer noch auf den (teilweise nur äußerst kritisch) verwertbaren Ergebnissen der Forschungen bis 1945. Während die Rezeptionsvorgänge in Polen, Tschechien, der Slowakei, im Baltikum, in der Ukraine, in Ungarn, Weißrußland und Rumänien hinreichend belegt, teilweise auch schon recht detailliert erforscht sind, ist z. Z. gänzlich unklar, ob das sächsisch-magdeburgische Recht in Rußland, Moldawien, Bulgarien und in den Nachfolgestaaten Jugoslawiens Spuren hinterlassen hat.

Allein schon der wissenschaftlich begründete Entwurf einer Verbreitungskarte (auch ohne sprachliche Aspekte) wäre angesichts der Forschungsgeschichte[23] und der zukünftigen Relevanz dieser Forschungen eine herausragende wissenschaftliche Leistung, die allerdings nur durch langfristige und mühsame Detailstudien erbracht werden kann.

2. Einzelne Länder

Im einzelnen läßt sich die Forschungslage aus deutscher Sicht in bezug auf die jeweiligen Länder[24] wie folgt knapp skizzieren:

2.1 Polen

In enger Verbindung mit dem Sachsenspiegel gelangte das Magdeburger Recht von seinem Entstehungsraum in östliche/südöstliche Richtung zunächst nach Schlesien, nach Polen und in das Deutschordensland. Die eigenartige Symbiose, welche der Sachsenspiegel mit dem Magdeburger Recht auf dem Weg nach Osteuropa einging, kommt in den Quellen durch die Bezeichnungen *ius Theutonicum*, *ius Maideburgense* und *ius Saxonum* zum Ausdruck, welche ursprünglich unterschiedliche Inhalte hatten. Davon setzte sich schließlich *ius Maideburgense* (Magdeburger Recht) als die umfassende Bezeichnung für das sächsische Landrecht und das Magdeburger Stadtrecht, oft auch für das deutsche Recht (*ius Theutonicum*) schlechthin, durch.[25]

Wie frühe Rechtsmitteilungen aus Magdeburg und Halle andeuten, spielte das (bis 1335) polnische Herzogtum Schlesien[26] eine wichtige Mittlerrolle bei der

[23] Vgl. Die Verbreitung des deutschen Stadtrechts nach dem Osten. Fünffarbige Karte. Hrsg. von der Stadt Magdeburg nach den Vorarbeiten von Prof. Weizsäcker, Dr. Joh. Schultze, Dr. B. Schulze, Dr. P. Krause, Maßstab 1:300.000, Heidelberg/Berlin o. J. (um 1936). Beilage zu: Stadt Magdeburg (Hrsg.), Magdeburg in der Politik der deutschen Kaiser. Beiträge zur Geopolitik und Geschichte des ostfälischen Raumes. Anläßlich der 1000jährigen Wiederkehr der Thronbesteigung Ottos des Großen, Heidelberg/Berlin o. J. (1936).

[24] Vgl. dazu auch die jeweiligen Abschnitte bei Herbert Küpper, Einführung in die Rechtsgeschichte Osteuropas, Frankfurt am Main 2005 (=Studien des Instituts für Ostrecht München. 54).

[25] Vgl. Lieberwirth, Das sächsisch-magdeburgische Recht (wie Anm. 3), S. 5 ff.

[26] W. Wegener, Schlesien, in: Handwörterbuch zur deutschen Rechtsgeschichte, hrsg. von Adalbert Erler, Ekkehard Kaufmann u. Dieter Werkmüller, mitbegründ. von Wolfgang Stammler, unter philolog. Mitarb. von Ruth Schmidt-Wiegand (HRG), Bd. 4, Berlin 1990, Sp. 1413–1426.

Rezeption des sächsisch-magdeburgischen Rechts im Osten.[27] Noch im 13. Jahrhundert wurden Goldberg (1211), Breslau (vor 1241), Neumarkt (1235), Glogau (1263) und andere Städte mit Magdeburger Recht bewidmet. In Breslau entstand eine örtliche Bearbeitung des Sachsenspiegels in Gestalt des Breslauer Landrechts.[28] Auch das Stadtrecht von Magdeburg erfuhr hier eine besondere Weiterentwicklung, die unter der Bezeichnung Magdeburg-Breslauer systematisches Schöffenrecht[29] bekannt wurde. Im Jahre 1261 hatten die Magdeburger Schöffen der Stadt Breslau eine umfassende Rechtsmitteilung erteilt[30] und zudem wohl auch ein vollständiges Exemplar des Sachsenspiegels übersandt.[31] Vielleicht war es gerade jene Handschrift, welche Bischof Thomas II. von Breslau (1270–1292) zwischen 1272 und 1292 von dem deutschen Notar Konrad von Oppeln in das Lateinische übersetzen ließ (Versio Vratislaviensis).[32] Etwa zweihundert Jahre später (zwischen 1484 und 1493) verfaßte der Breslauer Handelsherr und Schöffe Kaspar Popplau das Rechtsbuch „Der Rechte Weg",[33] das er auf das Magdeburg-Breslauer systematische Schöffenrecht, das Breslauer Landrecht sowie auf Magdeburger, Hallenser, Leipziger und Dohnaer[34] Schöffensprüche stützte.

Als Oberhöfe verbreiteten Breslau und Neumarkt das Magdeburger Recht in Form von Rechtsmitteilungen weiter. Bis zur Mitte des 14. Jahrhunderts erhielten Liegnitz (1266), Ratibor (1299), Schweidnitz (1363), Namslau (vor 1359) und Haynau (1333) Magdeburg-Breslauer Recht. Bewidmungen mit Neumarkter Recht erfolgten u. a. in Kostenblut (1214), Viehau (1214), Ujest (1223), Leubus (1249), Reichenbach (1250), Brieg (1250), Trebnitz (1250), Oels (1255), Grottkau (1268) und Oppeln (1327).[35]

Sowohl das Neumarkter[36] als auch das Löwenberger Rechtsbuch[37] aus dem frühen 14. Jahrhundert stellen regionalbezogene Bearbeitungen des Sachsenspie-

---

[27] Vgl. auch Walter Kuhn, Die deutschrechtlichen Städte in Schlesien und Polen in der ersten Hälfte des 13. Jahrhunderts, Marburg 1968.

[28] Ulrich D. Oppitz, Deutsche Rechtsbücher des Mittelalters, Bd. 1, Köln/Wien 1990, S. 30 f.; W. Wegener, Schlesisches Landrecht, in: HRG, Bd. 4, Berlin 1990, Sp. 1426–1429.

[29] Oppitz, Deutsche Rechtsbücher I (wie Anm. 28), S. 49,

[30] Ebel, Magdeburger Recht II/1 (wie Anm. 17), Nr. 1.

[31] Karl Kroeschell, Rechtswirklichkeit und Rechtsbücherüberlieferung. Überlegungen zur Wirkungsgeschichte des Sachsenspiegels, in: Ruth Schmidt-Wiegand (Hrsg.), Text-Bild-Interpretation. Untersuchungen zu den Bilderhandschriften des Sachsenspiegels, 1. Textband, München 1986, S. 1–10.

[32] Oppitz, Deutsche Rechtsbücher I (wie Anm. 28), S. 26; vgl. dazu Ilpo Tapani Piirainen, Der Sachsenspiegel von Conrad von Oppeln und Rechtshandschriften für Breslau, in: Gerhard Koselleck (Hrsg.), Die Anfänge des Schrifttums in Oberschlesien bis zum Frühhumanismus. Im Auftrag der Stiftung Haus Oberschlesien, Frankfurt am Main u. a. 1997, S. 237–250.

[33] Vgl. dazu auch: Friedrich Ebel (Hrsg.) unter Mitarbeit von Wieland Carls u. Renate Schelling, Der Rechte Weg. Ein Breslauer Rechtsbuch des 15. Jahrhunderts, Köln/Weimar/Wien 2000.

[34] Vgl. auch Harald Lilge, Der Schöppenstuhl zu Dohna, jur. Diss. Breslau 1940, Dresden 1940.

[35] Nachweise bei Heiner Lück, Über den Sachsenspiegel. Entstehung, Inhalt und Wirkung des Rechtsbuches (= Veröffentlichungen der Stiftung Dome und Schlösser in Sachsen-Anhalt. 1), 2. Aufl., Dößel (Saalkreis) 2005, S. 64 ff.

[36] Oppitz, Deutsche Rechtsbücher I (wie Anm. 28), S. 60; Dietlinde Munzel, Neumarkter Rechtsbuch, in: HRG, Bd. 3, Berlin 1984, Sp. 955 f.

[37] Oppitz, Deutsche Rechtsbücher I (wie Anm. 28), S. 61.

gels dar. Den Sachsenspiegel reflektieren weiterhin das von Nikolaus Wurm[38] verfaßte Liegnitzer Rechtsbuch[39] und das Glogauer Rechtsbuch.[40] Das darin niedergeschriebene Recht diente als Grundlage für die Bewidmung vieler Siedlungen in den schlesischen Herzogtümern.[41]

Von Schlesien aus wurden das Magdeburger Stadtrecht und der Sachsenspiegel nach Polen übernommen.[42] Nach den bezeugten Sachsenspiegelhandschriften muß insbesondere Kleinpolen als ein Zentrum der Verbreitung des Sachsenspiegels in Polen angesehen werden.[43] Dafür bildet wohl die Handschrift, welche 1308 in Breslau für die Stadt Krakau[44] angefertigt worden war, den Ausgangspunkt.[45] Die Stadt Krakau war bei ihrer Neugründung im Jahre 1257 mit Magdeburg-Breslauer Recht bewidmet worden. Von hieraus verbreiteten sich Sachsenspiegel und Magdeburger Recht in östliche Richtung und nordwärts nach Großpolen.[46] So wird im Jahre 1253 die Stadt Posen mit Magdeburger Recht bewidmet, wo auch ein Oberhof für die großpolnischen Städte deutschen Rechts tätig war.[47]

Für die kleinpolnischen Städte deutschen Rechts ließ der polnische König Kasimir der Große (1333–1370) 1356 auf der Krakauer Burg ein besonderes Gericht als Oberhof einrichten.[48] Bei dieser Gelegenheit schaffte der König wohl auch eine Handschrift des Sachsenspiegels und weitere Bücher des Magdeburger Rechts an, um den deutschen Rechtsbüchern in seinem Reich Geltung zu ver-

---

[38] Vgl. Brigitte Janz, Wurm, Nikolaus, in: HRG, Bd. 5, Berlin 1998, Sp. 1546–1548.

[39] Oppitz, Deutsche Rechtsbücher I (wie Anm. 28), S. 58.

[40] Ebd., S. 62 f.

[41] Zur politisch-territorialen Entwicklung Schlesiens vgl. Hugo Weczerka, Geschichtliche Einführung, in: Handbuch der historischen Stätten: Schlesien, Stuttgart 1977, S. XVI–XCIII, hier S. XXXIV–XLVII.

[42] Vgl. M. Herberger, Kolonisation, in: HRG, Bd. 2, Berlin 1978, Sp. 954–960, hier Sp. 957.

[43] Elisabeth Nowak, Die Verbreitung und Anwendung des Sachsenspiegels nach den überlieferten Handschriften, phil. Diss. Hamburg 1965, Mskr., S. 325.

[44] Vgl. dazu auch Antonia Jelicz, Das alte Krakau. Alltagsleben vom 13. bis zum 15. Jahrhundert, Leipzig 1981, S. 20 ff.

[45] Vgl. dazu zuletzt Dagmar Hüpper, Auftraggeber, Schreiber und Besitzer von Sachsenspiegel-Handschriften, in: Ruth Schmidt-Wiegand/Dagmar Hüpper (Hrsg.), Der Sachsenspiegel als Buch (=Germanistische Arbeiten zu Sprache und Kulturgeschichte. 1), Frankfurt am Main u. a. 1991, S. 57–104, hier S. 70 ff.

[46] Nowak (wie Anm. 43), S. 325.

[47] Schubart-Fikentscher, Verbreitung (wie Anm. 11), S. 310 ff.

[48] Ludwik Łysiak, Ius supremum Magdeburgense castri Cracoviensis 1356–1794. Organisation, Tätigkeit und Stellung des Krakauer Oberhofs in der Rechtsprechung Altpolens (=Ius commune. Sonderhefte. 49), Frankfurt am Main 1990, S. 15 ff.; Ludwik Łysiak/Karin Nehlsen-von Stryk (Hrsg.), Decreta iuris supremi Magdeburgensis castri Cracoviensis. Die Rechtssprüche des Oberhofs des deutschen Rechts auf der Burg Krakau 1456–1481, Frankfurt am Main 1995 (=Ius commune. Sonderhefte. 68); dies. (Hrsg.), Bd. 2: 1481–1511, Frankfurt am Main 1997 (=Ius commune. Sonderhefte. 104); Karin Nehlsen-von Stryk, Das sächsisch-magdeburgische Recht in der Spruchtätigkeit des Oberhofs des deutschen Rechts auf der Burg zu Krakau, in: Gerhard Köbler/Hermann Nehlsen (Hrsg.), Wirkungen europäischer Rechtskultur. Festschrift für Karl Kroeschell zum 70. Geburtstag, München 1997, S. 829–850; Margret Obladen, Magdeburger Recht auf der Burg Krakau. Die güterrechtliche Absicherung der Ehefrau in der Spruchpraxis des Krakauer Oberhofs, Berlin 2005 (=Freiburger Rechtsgeschichtliche Abhandlungen, Neue Folge. 48).

schaffen. Kasimir sorgte auch für zahlreiche Privilegierungen mit sächsisch-magdeburgischem Recht in den neu gewonnenen Ostgebieten Wolhynien, Halicz, Galizien und Podolien. Für Kleinpolen und Galizien werden ca. 650 Ortschaften, für Großpolen ca. 150 Städte und zahlreiche Dörfer deutschen Rechts angenommen.[49] Ein genauer Überblick fehlt.

In zahlreichen Rechtsbüchern des Magdeburger Rechts, die in diesen Städten und Dörfern benutzt wurden, wird der Sachsenspiegel nur mittelbar berührt. In anderen tritt er jedoch um so stärker hervor.[50] Zu den letzteren gehören das Zwickauer Stadtrechtsbuch[51] (ca. 1348 bis ca. 1358) und das Meißener Rechtsbuch[52] (1357–1387). Vor allem durch das Meißener Rechtsbuch, welches Kaiserrecht, Landrecht und Stadtrecht in sich vereinigte,[53] gelangten Bestimmungen des Sachsenspiegels nach Polen. Hier beeinflußte es das Elbinger Rechtsbuch[54] und das Posener Buch des Magdeburger und Meißener Rechts.[55] Das aus Halle stammende Neumarkter Recht[56] wurde während des 13. und 14. Jahrhunderts an Nowy Targ am Dunajec (1254), Mstów, Brzesko, Tarnów (1279), Kalisch (1282), Kobylin (1203) und Kazimierz (1318) übertragen.[57] Magdeburgisches Recht besaßen weiterhin Sandomir (vor 1244), Pudlein (1244) u. a.[58]

Im Deutschordensland vollzog sich die Rezeption des sächsisch-magdeburgischen Rechts vor allem über die Kulmer Handfeste.[59] Dieses Stadtrechtsprivileg[60]

[49] Lieberwirth, Das sächsisch-magdeburgische Recht (wie Anm. 3), S. 13.

[50] Lesław Pauli, Polnische Literatur des Magdeburger Rechts im 16. Jahrhundert, in: Dietmar Willoweit/Winfried Schich (Hrsg.), Studien zur Geschichte des sächsisch-magdeburgischen Rechts in Deutschland und Polen (=Rechtshistorische Reihe. 10), Frankfurt am Main/Bern/Cirencester 1980, S. 150 ff.

[51] Oppitz, Deutsche Rechtsbücher I (wie Anm. 28), S. 55; Dietlinde Munzel-Everling, Zwickauer Rechtsbuch, in: HRG, Bd. 5, Berlin 1998, Sp. 1859–1862.

[52] Oppitz, Deutsche Rechtsbücher I (wie Anm. 28), S. 55 ff.; Dietlinde Munzel, Meißener Rechtsbuch, in: HRG, Bd. 3, Berlin 1984, Sp. 461–463; Ulrich-Dieter Oppitz, Zum Meißner Rechtsbuch, in: Köbler/Nehlsen, Wirkungen europäischer Rechtskultur (wie Anm. 48), S. 907–914.

[53] Munzel, Meißener Rechtsbuch (wie Anm. 52), Sp. 462.

[54] Oppitz, Deutsche Rechtsbücher I (wie Anm. 28), S. 57. Vgl. auch die Edition mit polnischer Übersetzung von Józef Matuszewski, Najstarszy zwód prawa polskiego [Das älteste polnische Rechtsbuch], Warszawa 1959.

[55] Oppitz, Deutsche Rechtsbücher I (wie Anm. 28), S. 53; Dietlinde Munzel, Posener Rechtsbuch, in: HRG, Bd. 3, Berlin 1984, Sp. 1831 f.

[56] Vgl. Erich Sandow, Das Halle-Neumarkter Recht, Stuttgart 1932 (=Deutschrechtliche Forschungen. 4); Bernd Kannowski/Stephan Dusil, Der Hallensische Schöffenbrief für Neumarkt von 1235 und der Sachsenspiegel, in: ZRG GA 120 (2003), S. 61–90.

[57] Schubart-Fikentscher, Verbreitung (wie Anm. 11), S. 283.

[58] Ebd., S. 292 ff.

[59] B. Koehler, Kulmer Handfeste, in: HRG, Bd. 2, Berlin 1978, Sp. 1244–1246; Dietmar Willoweit, Kulmer Handfeste, in: LexMA V (1991), 1991, Sp. 1564 f.; Guido Kisch, Die Kulmer Handfeste, Sigmaringen 1978 (=Forschungen zur Rechts- und Sozialgeschichte des Deutschordenslandes. 2); Krystyna Zielińska-Melkowska, Przywilej chełmiński 1233 i 1251 [Die Kulmer Handfeste von 1233 und 1251], Toruń 1986 (=Teksty pomników prawa chełmińskiego w przekładach polskich. 1) [Texte der Denkmäler des Kulmer Rechts in polnischer Übersetzung. 1]; dies., Pierwotny i odnowiony przywilej chełmiński (1233 i 1251 r.), [Die erste und die erneuerte Kulmer Handfeste (1233 und 1251)], Toruń 1984 (=Biblioteczka Toruńska. 2).

[60] W. Klötzer, Stadt(rechts)privileg, in: HRG, Bd. 4, Berlin 1990, Sp. 1877–1880.

wurde 1233 vom Hochmeister des Deutschen Ordens[61] den Städten Thorn[62] und Kulm[63] verliehen. Beide Städte entwickelten sich zu Metropolen deutschen Rechts in diesem Gebiet und trugen als Oberhöfe zur weiteren Verbreitung des sächsisch-magdeburgischen Rechts bei. Darüber hinaus wurden sowohl in Kulm als auch in Thorn weitere Rechtsbücher angefertigt. So entstand gegen Ende des 14. Jahrhunderts in Kulm ein Rechtsbuch, welches auf dem Magdeburg-Breslauer systematischen Schöffenrecht, Magdeburger Schöffensprüchen und dem Schwabenspiegel[64] beruht. Unter der Bezeichnung „der alte Kulm" fand es im Deutschordensland, in Polen und in der Ukraine große Verbreitung. In vielen Handschriften wurden Bestimmungen aus den sächsischen Rechtsbüchern hinzugefügt.[65] Wahrscheinlich in Thorn kam es zwischen 1386 und 1402 zur Aufzeichnung eines Rechtsbuches mit dem Titel „Magdeburger Fragen", das auf dem „alten Kulm" sowie Krakauer und Thorner Quellen beruht.[66] Ebenfalls in Thorn verfaßte der Stadtschreiber Walther Ekhardi zwischen 1400 und 1402 auf Grundlage verschiedener Bücher des Magdeburger Rechts und des Sachsenspiegels eine neue systematische Sammlung, die den Namen „Neun Bücher des Magdeburger Rechts"[67] erhielt und u. a. das Danziger Schöffenbuch[68] aus dem späten 15. Jahrhundert beeinflußte.

Von Kulm wurden viele Orte Masowiens mit Magdeburger Recht ausgestattet.[69] Im Laufe des 15. Jahrhunderts gelangte Magdeburger Recht den Bug aufwärts in verschiedene Ortschaften Podlachiens.[70] In den Städten und Dörfern des Verbreitungsgebietes wurde in erster Linie Magdeburger Stadtrecht angewandt. Doch auch dort, wo das Magdeburger Stadtrecht ohne ausdrückliche Bezugnahmen auf den Sachsenspiegel übernommen wurde, beeinflußte es das örtliche Landrecht.[71]

Völlig neue Möglichkeiten der Verbreitung von Rechtsquellen hatten sich mit der Erfindung des Buchdrucks eröffnet. Die ersten gedruckten Ausgaben des

---

[61] Vgl. dazu H. H. Hofmann, Deutscher Orden, in: HRG, Bd. 1, Berlin 1971, Sp. 698–702.

[62] Vgl. Adalbert Erler, Thorn, in: HRG, Bd. 5, Berlin 1998, Sp. 195–197; Ernst Bahr, Thorn, in: Erich Weise (Hrsg.), Handbuch der historischen Stätten. Ost- und Westpreußen, Stuttgart 1966 (Neudr. 1981), S. 221–225.

[63] Carl August Lückerath, Kulm, in: LexMA V, Sp. 1562 f.; Ernst Bahr, Kulm, in: Weise (Hrsg.) Handbuch (wie Anm. 62), S. 111–113. Vgl. dazu auch Carl August Lückerath/Friedrich Benninghoven (Bearb.), Das Kulmer Gerichtsbuch 1330–1430. Liber memoriarum Colmensis civitatis, Köln/Weimar/Wien 1999 (=Veröffentlichungen aus den Archiven Preußischer Kulturbesitz. 44).

[64] Winfried Trusen, Schwabenspiegel, in: HRG, Bd. 4, Berlin 1990, Sp. 1547–1551.

[65] Oppitz, Deutsche Rechtsbücher I (wie Anm. 28), S. 51.

[66] Ebd., S. 50 f.

[67] Ebd., S. 51 f.

[68] Ebd., S. 52.

[69] Vgl. Anna Borkiewicz-Celińska, Ze studiów nad rozwojem prawa chełmińskiego w średniowieczu we wsiach Mazowsza północno-zachodniego (ziemie płocka, zawkrzeńska, wyszogradzka, ciechanowska) [Studien zur Entwicklung des Kulmer Rechts im Mittelalter in den Dörfern des nordwestlichen Masowien], in: Studia Culmensia Historico-Juridica czyli księga pamiątkowa 750-lecia prawa chełmińskiego, t. 2, hrsg. von Zbigniew Zdrójkowski, Toruń 1988, S. 85–125.

[70] Schubart-Fikentscher, Verbreitung (wie Anm. 11), S. 256 f.

[71] Ebd., S. 40.

Sachsenspiegels stammen aus Basel (1474), Köln (1480), Augsburg (1481), Leipzig und Stendal[72] (1488). Für die weitere Verbreitung des sächsisch-magdeburgischen Rechts in Osteuropa spielten jedoch die polnischen Druckausgaben eine entscheidende Rolle.[73] Schon 1506 wurde von Jan Łaski eine lateinische Fassung des Sachsenspiegels und des Magdeburger Weichbildes neben heimischen Rechtsquellen publiziert.[74] Die Ausgabe beruht auf der Übersetzung des Sachsenspiegels ins Lateinische, welche Konrad von Sandomir in der Mitte des 14. Jahrhunderts vorgenommen hatte (Versio Sandomiriensis[75]). Der Krakauer Stadtschreiber Nikolaus Jaskier gab 1535 lateinische Ausgaben des glossierten Sachsenspiegels[76] und des glossierten Weichbildes[77] heraus. Schließlich folgten 1581 eine polnische Übersetzung des Weichbildes[78] durch den Lemberger Syndikus Paweł Szczerbicz und die Ausgabe eines Sachsenspiegels in alphabetischer Ordnung.[79] Die lateinischen Ausgaben erfuhren eine wissenschaftliche Bearbeitung durch Johann Cervus Tucholczyk (1500–1557), Johann Cerasinus Kirstein (1507–1561), Stanislaus Eichler (nach 1560) und Bartolomäus Groicki (gest. 1605).[80] Im Jahre 1558 publizierte Groicki die „Artykuły prawa majdeburskiego, które zowią Speculum Saxonum" [Artikel des Magdeburger Rechts, welche man Speculum Saxonum nennt]. Aus der Feder desselben Autors stammt die Rechtssammlung „Porządek sądów i spraw miejskich prawa majdeburskiego w Koronie Polskiej" [Stadtgerichts- und Prozeßordnung des Magdeburger Rechts im Kronland Polen], die später in der Slowakei,[81] vor allem aber in der Ukraine, eine Rolle spielen sollte.

---

[72] Vgl. dazu Rolf Lieberwirth, Ein Stendaler Wiegendruck des Sachsenspiegels aus dem Jahre 1488, in: Heinz Mohnhaupt (Hrsg.), Rechtsgeschichte in den beiden deutschen Staaten (1988–1990) (= Ius commune. Sonderhefte. 53), Frankfurt am Main 1991, S. 245–260; U. K. Jacobs, Stendal, in: HRG, Bd. 4, Berlin 1990, Sp. 1959–1961.

[73] Vgl. Lesław Pauli, Polnisches Recht, in: HRG, Bd. 3, Berlin 1984, Sp. 1808–1813; ders., Polen, in: Coing (Hrsg.), Handbuch (wie Anm. 7), Bd. II/2, München 1976, S. 551–560.

[74] Commune inclyti Regni Poloniae privilegium constitutionum et indultum publicitus decretorum approbatorumque, Cracoviae 1506.

[75] Vgl. dazu Oppitz, Deutsche Rechtsbücher I (wie Anm. 28), S. 26.

[76] Iuris provincialis quod Speculum Saxonum vulgo nuncupatur libri tres opera vigilanti in correctiorem redacti materiam, adiunctis simul glossis, aliisque addictionibus noviter recollectis pro interpretatione textus magis necessariis, Cracoviae 1535.

[77] Iuris Municipalis Maidenburgensis liber vulgo Weichbild nuncupatus ex vetustissimis exemplaribus vigilanti opera latinitati datus, summaque cum diligentia recognitus, adiunctis simul glossis et textus interpretationibus ad id necessariis, Cracoviae 1535.

[78] Ius Municipale to jest prawo miejskie majdeburskie nowo z łacińskiego i z niemieckiego na polski język z pilnośćią i wiernie przełożone [Ius Municipale, das ist das Magdeburger Stadtrecht neu aus lateinischer und deutscher in polnische Sprache mit Fleiß und Treu übersetzt], Lwów 1581.

[79] Speculum Saxonum albo prawo saskie i majdeburskie porządkiem obiecadła z łacińskich i niemieckich egzemplarów zebrane a na polski język z pilnośćią i wiernie przełożone [Speculum Saxonum oder sächsisches und Magdeburger Recht in alphabetischer Ordnung aus den lateinischen und deutschen Exemplaren gesammelt und in polnische Sprache mit Fleiß und Treu übersetzt], Lwów 1581.

[80] Vgl. dazu Pauli, Literatur (wie Anm. 50), S. 150 ff.

[81] Franz Klein-Bruckschwaiger, Ergebnisse einer Archivreise in der Slowakei, in: Südost-Forschungen XIII (1954), S. 199–258, hier S. 203.

Vor allem in Polen haben Quellen und Rezeptionsvorgänge in Verbindung mit dem sächsisch-magdeburgischen Rechts einen reichhaltigen Niederschlag in der modernen polnischen Fachliteratur gefunden.[82] Die Lebendigkeit des Magdeburger Rechts in Polen bildet den Hintergrund für Konferenzen und Feierlichkeiten aus Anlaß des 750. Jubiläums der Bewidmung Krakaus mit Magdeburg-Breslauer Recht 2006/07.[83]

2.2 Litauen, Lettland, Estland

In Litauen sind u. a. Vilnius (1387), Brest-Litowsk (1390), Kaunas (1391?) und Grodno (1391) als Städte Magdeburger Rechts bezeugt.[84] Vermittelt durch das hamburgische Recht beeinflußten das Magdeburger Recht und der Sachsenspiegel seitdem auch die Rechtsentwicklung der Städte Riga,[85] Reval[86] und Hapsal.[87]

Die Wirksamkeit des Magdeburger Rechts und des Sachsenspiegels in den baltischen Gebieten ist jedoch vor allem durch den Livländischen Spiegel[88] dokumentiert. Das um die Mitte des 14. Jahrhunderts entstandene Rechtsbuch enthält eine an den baltischen Verhältnissen orientierte Bearbeitung des Land- und Lehnrechts des Sachsenspiegels. Um 1400 ging der Livländische Spiegel im sogenannten Mittleren livländischen Ritterrecht auf, das 1422 ausdrücklich als Gesetzbuch in Kraft gesetzt wurde.[89] In dieser Form gelangten Regeln des Magdeburger Rechts und des Sachsenspiegels in die Kodifikation des liv-, est- und

---

82 Als Beispiele seien genannt: Krystyna Zielińska-Melkowska, Przywilej chełmiński (wie Anm. 59); Studia Culmensia (wie Anm. 69), 2 Bde.; Danuta Janicka, Prawo karne w trzech rewizjach prawa chełmińskiego z XVI wieku [Das Strafrecht in den drei Revisionen des Kulmer Rechts im 16. Jh.], Toruń 1992; Krystyna Kamińska, Lokacje miast na prawie magdeburskim na ziemiach polskich do 1370 r. [Das Magdeburger Stadtrecht in Polen bis 1370], (Studium historycznoprawne), Toruń 1990 (=Uniwersytet Mikołaja Kopernika. Rozprawy). Besondere Erwähnung verdient auch der Sammelband von Willoweit/Schich (wie Anm. 50).

83 Vgl. Heiner Lück, Prawo magdeburskie jako chynnik identyfikacji europejskiej rodziny miast. Magdeburg Law as a Defining Factor of the Identity of the European Family of Cities, in: Europejskie miasta prawa magdeburskiego. Tradycja, dziedzictwo, identyfikacja. Sesja komparatystyczna. Kraków, 13–15 października 2006. Materiały konferencyjne – European Cities of Magdeburg Law. Tradition, heritage, identity. A comparative conference. Kraków, October 13–15, 2006. Conference Proceedings, Kraków 2007, S. 41–50 (poln.), S. 136–146 (engl.).

84 Schubart-Fikentscher, Verbreitung (wie Anm. 11), S. 315; vgl. dazu auch Juozas M. Jurginis, Sud'ba Magdeburgskogo prava v litovskich gorodach [Das Schicksal des Magdeburger Rechts in den litauischen Städten], in: Istorija SSSR 4 (1975), S. 145–155.

85 H. Blaese, Riga, in: HRG, Bd. 4, Berlin 1990, Sp. 1066–1069.

86 Ders., Reval, ebd., Sp. 953–956.

87 Schubart-Fikentscher, Verbreitung (wie Anm. 11), S. 503 ff.

88 H. Blaese, Livländischer Spiegel, in: HRG, Bd. 3, Berlin 1984, Sp. 20–22; Oppitz, Deutsche Rechtsbücher I (wie Anm. 28), S. 30.

89 Vgl. dazu auch Friedrich Georg Bunge, Über den Sachsenspiegel als Quelle des mittleren und umgearbeiteten livländischen Ritterrechts, so wie des öselschen Lehnrechts, Riga 1827; Leo Lesment, Über das Alter des Livländischen Rechtsspiegels, in: ZRG GA 50 (1930), S. 171–179; Heiner Lück, Zur Verbreitung des Sachsenspiegels und des Magdeburger Rechts in den baltischen Ländern, in: Ulrich Kronauer (Hrsg.), Tagungsband „Baltische (Rechts-)Kultur und Deutsches Rechtswörterbuch" (im Druck).

kurländischen Privatrechts von 1864, das wiederum eine wichtige Grundlage für das lettische Zivilgesetzbuch von 1937[90] (das in Lettland heute wieder geltendes Recht ist[91]) bildete.

2.3 Weißrußland

Von Litauen aus verbreitete sich das sächsisch-magdeburgische Recht nach Weißrußland,[92] wo es insbesondere die Verfassung der Stadt Minsk (1499) prägte.[93] Inzwischen liegen einige Untersuchungen zu weißrussischen Quellen sächsisch-magdeburgischer Provenienz vor. Auch eine Übersetzung des Sachsenspiegels in die weißrussische Sprache ist vor kurzem erschienen.[94]

2.4 Ukraine

Die Geschichte des sächsisch-magdeburgischen Rechts in der Ukraine läßt sich in zwei große Perioden gliedern – in eine polnisch-litauische (14. Jh.–1654) und in eine russische (1654–1834). Der politisch-staatliche Hintergrund, vor dem das sächsisch-magdeburgische Recht in die Ukraine Eingang fand, ist die Zugehörigkeit der Ukraine zum polnisch-litauischen Staat von 1363 bis 1654.[95] Nach deutschem Verständnis waren die meisten ukrainischen Städte stadtherrliche Städte des Königs/Großfürsten. Handwerker und Kaufleute drängten nach günstigeren Produktions- und Handelsbedingungen und versuchten, sich gegen häufige Übergriffe der Lokalgewalten zu widersetzen. Das Interesse des Königs/Großfürsten betraf vor allem die Einnahmen aus den Städten und die Sicherung der Grenzen. Das Instrument, um diesen Interessenausgleich von Städten und Königtum herbeizuführen, bot die Einführung einer Stadtverfassung, die man aus polnischen Städten kannte. Die Kunde davon werden deutsche Kolonisten mitgebracht haben, die sich im 13. Jahrhundert in Lemberg, Vladimir und Luck angesiedelt hatten. In Lemberg hatten sich deutsche Kaufleute zu einer Genossenschaft zusammengeschlossen und einen Vogt gewählt. Dieser hielt Gericht über die Bürger unter Beteiligung der Schöffen. Kurze Zeit später bildete sich ein Rat als Organ der

---

90 Zivilgesetzbuch vom 28. Januar 1937. Ausgabe des lettischen Justizministeriums, Riga 1937; Civillikums, Riga 2006.

91 Küpper, Einführung (wie Anm. 24), S. 682.

92 Vgl. dazu auch Vol'ha Keler [Olga Keller], Mahdėburhskae prava [Magdeburger Recht], in: Spadčyna 5 (1997), S. 90–101, hier insbes. S. 98 f.

93 Schubart-Fikentscher, Verbreitung (wie Anm. 11), S. 318. Vgl. dazu auch Z. J. Kopysskij, Magdeburgskoe pravo v gorodach Belorussii, konec XV-pervaja polovina XVII v. [Magdeburger Recht in den Städten Weißrußlands, Ende des 15. bis erste Hälfte des 17. Jhs., russ.], in: Sovetskoe slavjanovedenie 5 (1972), S. 26–41.

94 Vol'ha Keler [Olga Keller], Saksonskae Ljustra [Der Sachsenspiegel]. Pomnik pravavoj dumki Hermanii XIII st. Pradmova i kamentaryi V. B. Keler, Minsk 2005.

95 Vgl. dazu auch Feliks M. Šabul'do, Zemli jugo-zapadnoj Rusi v sostave Velikogo Knjažestva Litovskogo [Die Länder der südwestlichen Rus' im Verband des Großfürstentums Litauen], Kiev 1987.

Bürgerschaft heraus. Diese wohl auf dem Wege der Gewohnheit entstandene Stadtverfassung bestätigte Kasimir der Große im Jahre 1356 durch ein besonderes Privileg.[96] Es ist das erste Privileg Magdeburger Rechts in der Ukraine. Das zunächst in der deutschen Kolonistensiedlung angewandte Recht, das wohl aus Schlesien mitgebracht worden war, wurde somit spätestens 1356 auf die Gesamtheit der Städtebürger ausgedehnt. Weitere Privilegierungen folgten für Vladimir (Ende 15. Jh.), Kiew (zwischen 1494 und 1497),[97] Luck (1432), Dubno (1498), Rovno (Ende 15. Jh.), Lewków (1503), Peremil' (Ende 15. Jh.), Kvasov (1513), Dorogobuž (1514), Belev (1516), Kuzmin (1517), Kovel' (1518), Ostrožec (1528), Kremenec (1442), Torčin (1450), Berestečko (1547), Vyžva (1548), Konstantinov (1561), Poliščency (1561), Braclav (1564), Olyka (1564) und viele andere.[98] Seit 1444 gab es in Lemberg ein Obergericht für alle Städte und Dörfer deutschen Rechts in Galizien und Podolien, soweit sie der polnischen Krone unterstanden.

Neben den Stadtprivilegien Magdeburger Rechts bilden in der Ukraine die sog. „Sammlungen des Magdeburger Rechts" eine wichtige Quellengruppe. Als Grundlagen dieser Sammlungen dienten vor allem die polnischen Bearbeitungen des Sachsenspiegels und des Sächsischen Weichbildrechts, also die Übersetzungen des Nikolaus Jaskier und des Paweł Szczerbicz. Hinzu kamen die Werke des Bartolomäus Groicki, vor allem seine Stadtgerichts- und Prozeßordnung „Porządek sądów i spraw miejskich prawa majdeburskiego w Koronie Polskiej", die in der Ukraine als „Porjadok prav civilnych magdeburskich" [Ordnung der Magdeburger Zivilrechte] bekannt wurde. Große Verbreitung fand auch die Sammlung „Prawo Chełmińskie" [Kulmer Recht] von Kuszewicz.[99]

Mit der Loslösung der Ukraine von Polen gingen nach 1654 der Gebrauch und das Beherrschen der polnischen Sprache zunehmend zurück. Die polnisch abgefaßten Rechtsquellen liefen Gefahr, nicht mehr von den Richtern und Rechtsu-

---

96 V. V. Sekretarjuk u. a. (Hrsg.), Istorija L'vova [Geschichte Lembergs], Kyjiv 1984, S. 22/30; Isabel Roeskau-Rydel, „Die Stadt der verwischten Grenzen". Die Geschichte Lembergs von der Gründung bis zur ersten Teilung Polens (1772), in: Peter Fässler/Thomas Held/Dirk Sawitzki (Hrsg.), Lemberg-Lwów-Lviv. Eine Stadt im Schnittpunkt europäischer Kulturen, 2., unveränd. Aufl., Köln/Weimar/Wien 1995, S. 18–45, hier S. 20–22. Die wichtigsten Privilegien für Lemberg liegen als moderne Editionen mit ukrainischer Übersetzung vor. Vgl. Myron Kapral' (Hrsg.), Pryvileji mista L'vova (XIV–XVIII st.) [Die Privilegien der Stadt L'viv (16.–18. Jh.)], L'viv 1998 (=L'vivs'ki istoryčni pam'jatky. 1); ders. (Hrsg.), Pryvileji nacional'nych hromad mista L'vova (XIV–XVIII st.) [Die Privilegien der nationalen Gemeinschaften der Stadt L'viv (16.–18. Jh.)], L'viv 2000 (=L'vivs'ki istoryčni pam'jatky. 2).

97 Zu Kiew im einzelnen Lück, Magdeburger Recht in der Ukraine (wie Anm. 19), S. 115 ff.

98 Nach Petr Michajlovič Sas, Feodal'nye goroda Ukrainy v konce XV–60-ch godach XVI. v. [Feudale Städte der Ukraine am Ende des 15. bis in die 60er Jahre des 16. Jhs.], Kiev 1989, S. 175. Vgl. dazu jetzt auch die einschlägige Untersuchung von Tetjana Hoško, Narysy z istoriji magdeburz'koho prava v Ukrajini. XVI-počatok XVII st. [Beiträge zur Geschichte des Magdeburger Rechts in der Ukraine. 16. bis Anfang des 17. Jhs.], L'viv 2002.

99 Arkadij P. Tkač, Istorija kodyfikaciji dorevoljucijnoho prava Ukrajiny v XVI–XVII st. [Geschichte der Kodifikation des vorrevolutionären Rechts der Ukraine im XVI–XVII. Jh.], Kyjiv 1968, S. 50.

chenden verstanden zu werden. Das Bedürfnis nach Rechtstexten in der Muttersprache verstärkte sich besonders um die Wende zum 18. Jahrhundert. Diesem Verlangen trug der Kosaken-Hetman Skoropads'kyj Rechnung, indem er die Zusammenfassung des „Litauischen Statuts" von 1614, des „Speculum Saxonum" sowie des Buches „Ordnung" von Groicki und deren Übersetzung in das Ukrainische veranlaßte. Diese Sammlung war 1721 fertiggestellt und 1730 den Gerichten zur Anwendung anbefohlen. Zu einer Autorisierung durch den Zaren kam es jedoch nicht. Wenig später erhielt die Sammlung den Titel „Prava malorossijskye z knyh Statuta, Saksona i Porjadka vypysannye" [Kleinrussische Gesetze, aus den Büchern Statut, Sakson und Ordnung] von 1744–1757. In der ersten Hälfte des 18. Jahrhunderts entstanden weitere Sammlungen auf der Grundlage der Bücher des Magdeburger Rechts. So wurde zwischen 1732 und 1735 die Sammlung „Kniga Zercalo Saksonov ili pravo saksonskoe i magdeburgskoe" [Buch Spiegel der Sachsen oder sächsisches und magdeburgisches Recht] angefertigt. Sie beinhaltet den Sachsenspiegel von Jaskier, das „Magdeburger Zivilrecht" und das Kulmer Recht. Diese Sammlung wurde noch im 19. Jahrhundert in den ukrainischen Gerichten angewendet. Schließlich ist die Sammlung „Kniga Porjadok prav graždanskich" [Buch Ordnung der Zivilrechte] zu nennen, die mehrere ukrainische Quellen des Magdeburger Rechts zusammenfaßt.

Bei diesen Sammlungen handelt es sich also im wesentlichen um Bearbeitungen des sächsisch-magdeburgischen Rechts in lateinischer, polnischer oder russischer Sprache, die maßgeblich auf den Arbeiten von Groicki, Szczerbicz und Kuszewicz beruhen. Sie lagen auch den Kodifikationsversuchen zugrunde, die seit 1728 von einer entsprechenden Kommission betrieben wurden. Im Jahre 1743 wurde ein umfassender Kodifikationsentwurf vorgelegt. Mit ihm sollten unter dem Titel „Prava, za jakymy sudyt'sja malorosijs'kyj narod" [Die Rechte, nach denen das kleinrussische Volk Recht spricht] die verschiedenen Rechte in der Ukraine zu einem einheitlichen Ganzen zusammengefaßt werden.[100] Als Quellen dienten neben dem „Litauischen Statut" wiederum die traditionellen Bücher des Magdeburger Rechts („Speculum Saxonum" von Jaskier, „Jus municipale Magdeburgense" von Szczerbicz, Buch „Ordnung" von Groicki, Kulmer Recht von Kuszewicz, ein deutscher Text des Sachsenspiegels). Offenbar wegen der zu starken Berücksichtigung der ukrainischen Eigenheiten wurde der Entwurf von der Zarin Elisabeth (1741–1762) nicht bestätigt. Dessen ungeachtet fand er durch Abschriften große Verbreitung und praktische Anwendung.

Bis zum Ende des 18. Jahrhunderts folgten weitere Sammlungen, die jedoch mehr oder weniger auf dem Entwurf von 1743 beruhten. Ihnen allen sind Verweise auf den Sachsenspiegel gemeinsam. Als letztes Glied in dieser Kette ist die Sammlung der kleinrussischen Rechte (Zibrannja malorosijs'kych prav) von 1807

---

[100] Dazu liegt eine moderne Edition vor: Prava, za jakymy sudyt'sja malorosijs'kyj narod [Die Rechte, nach denen das kleinrussische Volk Recht spricht], Red. O. M. Mironenko (u. a.), Kyjiv 1997

zu erwähnen, die neben zahlreichen Bezugnahmen auf das Kulmer und Magdeburger Recht 457 Verweise auf den Sachsenspiegel enthält.[101]

In der Ukraine hielt sich das sächsisch-magdeburgische Recht im Vergleich mit anderen osteuropäischen Gebieten offenbar am längsten. Seine Geltung verlor es hier erst mit der Inkraftsetzung der großrussischen Gesetzessammlung „Svod zakonov Rossijskoj Imperii“ [Gesetzessammlung des Russischen Kaiserreiches] im Jahre 1840 (für die linksufrige Ukraine) bzw. 1842 (für die rechtsufrige Ukraine). In Wirklichkeit war dem jedoch schon im 18. Jahrhundert eine starke Russifizierung des ukrainischen Rechts vorausgegangen.[102]

Die Bedeutung des sächsisch-magdeburgischen Rechts für die Ukraine kommt noch heute in der ukrainischen Metropole Kiew sichtbar zum Ausdruck. Hier steht am Ufer des Dnjepr seit 1802 ein Denkmal, das an die Zugehörigkeit Kiews zur Magdeburger Stadtrechtsfamilie erinnert und vom Stolz der Kiewer Bürger auf ihre alten Privilegien kündet.[103] Im Jahre 1988 (anläßlich des 1000-jährigen Jubiläums der „Taufe Rußlands“) wurde das Denkmal aufwendig restauriert, was noch einmal von einer ganz anderen Seite her das aktuelle Interesse an Zeugnissen der Zugehörigkeit zu Europa dokumentiert.

2.5 Tschechien

In Böhmen und Mähren waren zahlreiche, vor allem im Norden dieser Gebiete gelegene Städte mit Magdeburger Recht bewidmet. Wohl noch im 13. Jahrhundert erhielt Leitmeritz als erste böhmische Stadt Magdeburger Recht,[104] wo sich auch ein Oberhof für die böhmischen Städte und Siedlungen Magdeburger Rechts etablierte.[105] Für die mährischen Städte sächsisch-magdeburgischen Rechts erlangte Olmütz eine ähnliche Stellung.[106] Ein Privileg von 1352 verpflichtete die Städte, ihre Rechtsfragen ausschließlich an Olmütz zu richten. Etwa 110 Ortschaften gehörten zum Einzugsbereich des dortigen Oberhofs – darunter Freudenthal, Mährisch Neustadt, Littau, Weißkirchen und Deutschhausen.[107] Bis zu den Hussitenkriegen war das Magdeburger Recht auch in Prag präsent.[108] Ein hervorra-

---

[101] Lück, Magdeburger Recht in der Ukraine (wie Anm. 19), S. 125.

[102] Ebd., S. 125 f.

[103] Heiner Lück, Das Denkmal des Magdeburger Rechts in Kiew, in: Forschungen zur Rechtsarchäologie und Rechtlichen Volkskunde 12 (1990), S. 109–119; ders., Ius Maideburgense. Sachsenspiegel und Magdeburger Stadtrecht in Osteuropa, in: Scientia Halensis 2 (1999), S. 11 f.

[104] J. Zemlicka, Leitmeritz, in: LexMA V, Sp. 1864.

[105] W. Wegener, Böhmen, in: HRG, Bd. 1, Berlin 1971, Sp. 469–482, hier Sp. 474. Vgl. auch Weizsäcker, Magdeburger Schöffensprüche und Rechtsmitteilungen für den Oberhof Leitmeritz (wie Anm. 12).

[106] Ferdinand Seibt, Mähren, in: HRG, Bd. 3, Berlin 1984, Sp. 165–170, hier Sp. 167.

[107] Klaus-Peter Schroeder, Olmützer Gerichtsordnung, ebd., Sp. 1243–1274, hier Sp. 1243; Lieberwirth, Wirkungsgeschichte (wie Anm. 18), S. 73.

[108] Jiří Kejř, Prag, in: HRG, Bd. 3, Berlin 1984, Sp. 1854–1861, hier Sp. 1856; vgl. auch Das altprager Stadtrecht aus dem XIV. Jahrhunderte, nach den vorhandenen Handschriften zum ersten Mal hrsg. u. erläutert von Emil Franz Rössler, Prag 1845 (=Deutsche Rechtsdenkmäler aus Böhmen und

gendes Denkmal des sächsisch-magdeburgischen Rechts in Mähren stellt das Leobschützer Rechtsbuch dar, welches vor kurzem in einer hervorragend ausgestatteten Edition erschienen ist.[109]

2.6 Slowakei

Die Nachbarschaft Böhmens und Mährens zu Oberungarn (im wesentlichen die heutige Slowakei) war für die weitere Verbreitung des sächsisch-magdeburgischen Rechts in südöstliche Richtung von erheblicher Bedeutung. Schon von den Bergstädten der Sudetenländer kamen im Verlauf der Kolonisationsbewegung des 12. und 13. Jahrhunderts deutsche Siedler zunächst nach Oberungarn.[110] Hier entstanden sogar recht ausgedehnte deutsche Siedlungslandschaften. Das ungarische Königtum unterstützte mit entsprechenden wirtschaftlichen Vergünstigungen diese Siedlungsbewegung. Vor allem das Bergbaugebiet in der mittleren Slowakei um Kremnitz (slowak. Kremnica) und Schemnitz (slowak. Banská Štiavnica) wurde von Deutschen geprägt.[111] Das Gebiet Zips unterhalb der Hohen Tatra gründete seine wirtschaftliche Existenz nur bedingt auf den Bergbau.[112] Daneben spielten der Ackerbau und der Fernhandel eine nicht unbedeutende Rolle. Die wirtschaftliche Blüte der Gegend beeinflußte auch die fast ausschließlich deutsch besiedelten Städte Eperies (slowak. Prešov), Bartfeld (slowak. Bardejov) und Kaschau (slowak. Košice).[113] Nach der Verdrängung des deutschen Ritterordens aus dem Gebiet Ungarns zu Beginn des 13. Jahrhunderts und der Abwehr der Mongolen (sog. Tatareneinfall) erlebten die deutschen Städte einen erheblichen Aufschwung. Zu ihnen gehörten auf slowakischem Gebiet vor allem Preßburg (slowak. Bratislava), Schemnitz, Neusohl (slowak. Banská Bystrica), Sillein (slowak. Žilina), Leutschau (slowak. Levoča), Käsmark (slowak. Kežmarok), Bartfeld, Eperies und Kaschau. Von herausragender Bedeutung für die Rechtsentwicklung in diesem Gebiet war ein Privileg des ungarischen Königs Béla IV. (1235–1270)

Mähren, eine Sammlung von Rechtsbüchern, Urkunden und alten Aufzeichnungen zur Geschichte des deutschen Rechtes. 1).

109 Das ‚Leobschützer Rechtsbuch'. Bearbeitet und eingeleitet von Gunhild Roth, Marburg 2006 (=Quellen zur Geschichte und Landeskunde Ostmitteleuropas. 5).

110 Georg Stadtmüller, Geschichte Südosteuropas, 2. Aufl., München/Wien 1976, S. 193.

111 Vgl. dazu Katalin Gönczi, Rechtshistorische Brückenschläge. Zur Geschichte der städtischen Normfixierungen im spätmittelalterlichen Königreich Ungarn und ihrem europäischen Kontext am Beispiel des Schemnitzer Stadtrechts, in: Albrecht Cordes/Joachim Rückert/Reiner Schulze (Hrsg.), Stadt-Gemeinde-Genossenschaft. Festschrift für Gerhard Dilcher zum 70. Geburtstag, Berlin 2003, S. 117–127; Jozef Vozár (Hrsg.), Kodex des Stadt- und Bergrechts von Schemnitz. Fassung nach der prachtvoll gefertigten Handschrift aus dem Jahre 1572, Košice 2002; Mikuláš Čelko (Hrsg.), Das Stadt- und Bergrecht von Kremnitz, Košice 2004; W. Wegener, Ungarn, in: HRG, Bd. 5, Berlin 1998, Sp. 470–480, hier Sp. 477.

112 Dessen ungeachtet sind hier wertvolle deutschsprachige Quellen entstanden. Vgl. z. B. Helmut Protze, Das älteste Stadtbuch der Königlich freien Bergstadt Göllnitz/Gelnica in der Unterzips und seine Sprache, Frankfurt am Main u. a. 2002 (=Germanistische Arbeiten zu Sprache und Kulturgeschichte. 41).

113 Stadtmüller (wie Anm. 110), S. 193.

von 1244. Mit dieser „Goldenen Bulle" bestätigte der König ausdrücklich alle Vorrechte und Gewohnheiten der deutschen Siedler, welche während des Mongoleneinfalls (1241) aufgehoben worden waren. Dazu gehörten mit Sicherheit auch solche Rechte, welche die Siedler aus ihren Herkunftsgebieten mitgebracht hatten. Da sie aus Thüringen, Sachsen, Bayern und Schlesien kamen,[114] liegt es nahe, daß sich darunter nicht wenige Regeln befanden, die dem Sachsenspiegel und dem Magdeburger Stadtrecht entlehnt waren.

Inwieweit Abschriften und Bearbeitungen der mitteldeutschen Rechtsbücher in dieses Gebiet gelangten, dokumentieren noch heute die Archive in der Slowakei.[115] Hier dienten sie wiederum als Quellen für mehrere Rechtsbücher, welche auf die slowakisch-ungarischen Verhältnisse zugeschnitten waren. Dazu gehören vor allem das Silleiner Stadtrechtsbuch,[116] das sich heute im Stadtarchiv von Žilina[117] in der Slowakei befindet,[118] und die „Zipser Willkür".[119]

Das Silleiner Rechtsbuch enthält für die Zeit von 1373 bis 1429 ausschließlich deutschsprachige Eintragungen. Danach erscheinen bis 1561 sowohl lateinische als auch slowakische Textstücke: neben Rechtssprüchen des Silleiner Stadtgerichts, Gebeten, weiteren Rechtssprüchen, dem Bergrecht von Rodenau und einer Übersetzung des Silleiner Rechts in das Slowakische ein jeweils vollständiger Text des Sachsenspiegels und des Sächsischen Weichbildrechts. Beide Quellen sind miteinander verzahnt. Der Text läßt sich daher einer bestimmten Sachsenspiegelfassung nicht zuordnen. Vor dem eigentlichen Rechtstext dieser sächsisch-magdeburgischen Quellen teilt der Verfasser in einem Vorwort mit: „Hie hebt sich an der chunig puch und marburgychz recht amen". Am Ende dieses Vorwortes ist zu lesen: „Hy endet sich dy vor rede von den byschöfen von meidburch der stat". Sogar aus der Magdeburger Weichbildchronik wird zitiert: „Hy heben sich an dy hohen recht von meidburch der stat ...". Am Ende ist analog zu lesen: „Nu endet sych das lant recht Nu heben sych an dy lehen recht". Im Jahre 1378 ist das Rechtsbuch wohl von Nycolaus de Lucovia niedergeschrieben worden. Als dessen Verfasser gilt er jedoch nicht. Im Jahre 1473 erfolgte eine Übertragung in ein slowakisierendes Tschechisch auf Wunsch von Wenzel Pankraz von Szent Miklós (später Vogt von Sillein) durch Wenzel von Kremsier. Die slowakische Überset-

[114] Piirainen, Deutsche Siedler (wie Anm. 22), S. 138.

[115] Vgl. dazu auch Klein-Bruckschwaiger (wie Anm. 81), S. 199 ff.

[116] Beschreibung des Rechtsbuches bei Ulrich-Dieter Oppitz, Deutsche Rechtsbücher des Mittelalters, Bd. II: Beschreibung der Handschriften, Köln/Wien 1990, Nr. 1352 (S. 791 f.).

[117] Ilpo Tapani Piirainen, Das Stadtrechtsbuch von Sillein/Žilina, in: Neuphilologische Mitteilungen 76 (1975), S. 671–690, hier S. 674; vgl. auch Rudolf Kuchar, Žilinská právna kniha. Magdeburské právo [Das Silleiner Rechtsbuch. Magdeburger Recht], Bratislava 1993.

[118] Edition: Ilpo Tapani Piirainen, Das Stadtrechtsbuch von Sillein. Einleitung, Edition und Glossar, Berlin/New York 1972.

[119] Vgl. Ilpo Tapani Piirainen, Das Rechtsbuch der XI Zipser Städte. Rechtliches, Medizinisches und Sprachliches aus einer frühneuhochdeutschen Handschrift aus der Slowakei, Levoča/Leutschau 2003 (mit Edition); ders., Nachträge zum Zipser Recht. Die Handschrift 14 und 15 des Zipser Rechts, Levoča/Leutschau 2001.

zung berücksichtigt jedoch nicht die Auszüge aus der Weichbildchronik sowie die lehnrechtlichen Bestimmungen des Sachsenspiegel-Landrechts. Inhaltlich handelt es sich wohl um eine Kompilation aus Sachsenspiegel, Magdeburg-Breslauer Recht, Magdeburg-Görlitzer Recht, Sächsischem Weichbild und nicht genau bestimmbaren Quellen aus dem Umkreis des Meißener Rechtsbuches.[120] Es ist in ostmitteldeutscher Mundart mit schlesischen und bayerischen Anklängen abgefaßt.

Nachweislich seit 1313 gab die Stadt Sillein ihr Recht an benachbarte Siedlungen weiter.[121] Dabei handelte es sich jedoch noch nicht um sächsisch-magdeburgisches Recht, sondern um das sächsisch-fränkisch geprägte Recht von Teschen (poln. Cieszyn). Erst 1369 wurde Sillein verpflichtet, das Recht der Stadt Karpfen (slowak. Krupina) zu verwenden, welches zur Magdeburger Stadtrechtsfamilie gehörte.[122] Die Gründe für diesen Wechsel sind bis heute nicht hinreichend geklärt.

Zu den bedeutenden deutschsprachigen Rechtsdenkmälern im slowakisch-ungarischen Raum gehört schließlich die „Zipser Willkür". Dabei handelt es sich um ein 1370 von Richtern, Geschworenen und Ältesten der Zips (slowak. Spiš, unter der Hohen Tatra/Slowakei) aufgezeichnetes Rechtsbuch.[123] Es geht im Kern auf ein Privileg des ungarischen Königs Stephan V. (1270–1272) aus dem Jahre 1271 zurück, in dem die Rechte der Provincia Saxonum de Cips festgeschrieben wurden. Im Jahre 1344 schlossen sich 24 Städte der Zips zu einem Bund zusammen. Dazu gehörten: Zipser Neudorf (slowak. Spišská Nová Ves), Kirchdrauf (slowak. Spišské Podhradie), Wallendorf (slowak. Spišské Vlachy), Deutschendorf (slowak. Poprad), Felka (slowak. Velká), Georgenberg (slowak. Spišská Sobota), Michelsdorf (slowak. Stráže pod Tatrami), Matzdorf (slowak. Matejovce), Zipser Bela (slowak. Spišská Belá), Menersdorf (slowak. Vrbov), Leibitz (slowak. L'ubica), Rißdorf (slowak. Ruskinovce), Durelsdorf (slowak. Tvarožná), Donnersmark (slowak. Spišský Štvrtok), Sperndorf (slowak. Iliašovce), Eisdorf (slowak. Žakovce), Kabsdorf (slowak. Hrabušice), Kirn (slowak. Kurimany), Mühlenbach (slowak. Mlynica), Großschlagendorf (slowak. Vel'ký Slavkov), Dirn (slowak. Odorín), Palmsdorf (slowak. Harichovce), Eulenbach (slowak. Bystrany), Kunzendorf (slowak. Vlkovce).[124] Aus diesem Bund ist das Rechtsbuch „Gemein Landtrecht der Ziepser" („Zipser Willkür") von 1370 hervorgegangen. Es ist in 14 Handschriften des 16. bis 18. Jahrhunderts überliefert. Die Originalhandschrift

[120] Oppitz, Deutsche Rechtsbücher I (wie Anm. 28), S. 62.

[121] Piirainen, Stadtrechtsbuch von Sillein (wie Anm. 118), S. 679.

[122] Vgl. dazu Karl-Heinz Grothausmann, Das Stadtbuch von Karpfen (Krupina). Edition, Darstellung der Graphien, Glossar, phil. Diss. Bochum, Frankfurt am Main/Bern/Las Vegas 1977, S. II.

[123] Edition: H. Weinelt, Das Stadtbuch von Zipser-Neudorf und seine Sprache, München 1940; Ilpo Tapani Piirainen/Mária Papsonová, Das Recht der Spiš/Zips. Texte und Untersuchungen zum Frühneuhochdeutschen in der Slowakei, 2 Bde., Oulu 1992. Vgl. dazu auch Ulrich-Dieter Oppitz, Zipser Willkür, in: HRG, Bd. 5, Berlin 1998, Sp. 1722 f.

[124] Nach Piirainen, Deutsche Siedler (wie Anm. 22), S. 139.

oder frühe Fassungen sind leider nicht erhalten. Das Rechtsbuch enthält das landesübliche Gewohnheitsrecht in 93 Artikeln. Da es bereits in seinem Entstehungsjahr durch König Ludwig den Großen (1342–1382) bestätigt wurde, ist die Zipser Willkür das älteste aufgezeichnete deutsche Recht in der Slowakei. Ergänzungen folgten 1505, 1516, 1599 und 1666 in Gestalt mehrerer Artikel. Inhaltlich finden sich Regelungen zum Familien-, Erb- und Vermögensrecht sowie zum Handelsrecht, zur Gerichtsverfassung und Verwaltung.

Als Quellen lassen sich der Sachsenspiegel, das Iglauer Stadtrecht, Brünner Satzungen und flämisches Recht ausmachen. Nicht weniger als 16 Artikel weisen eine verblüffende Ähnlichkeit mit dem Sachsenspiegel auf.[125]

Dieses sächsisch-magdeburgisch beeinflußte Stadtrecht wurde von mehreren slowakischen Städten übernommen.[126] Ferner sind auch die Schriften des polnischen Rechtsgelehrten Bartolomäus Groicki zum sächsisch-magdeburgischen Recht in der Slowakei stark beachtet worden.[127]

2.7 Ungarn

Zu Beginn des 15. Jahrhunderts entstand in der ungarischen Stadt Ofen (ung. Buda)[128] eine Rechtsaufzeichnung, in deren Einleitung der Verfasser darauf aufmerksam macht, daß er sich bei „etlichen dingen oder stugken“ an „Maidpurgerischem rechten“ orientiert habe. Das berühmte Ofener Stadtrechtsbuch[129] ist aber nur ein Beispiel von ungarischen Rechtsquellen, die bewußt an deutsches Recht, insbesondere an den Sachsenspiegel und das Magdeburger Stadtrecht, anknüpfen.[130]

---

[125] Art. 2, 6, 7, 9, 12, 13, 15, 17, 29, 38, 42, 51, 53, 64–66.

[126] Vgl. dazu auch die interessante sprachgeschichtliche Studie von Rudolf Kuchar, Z jazykovej nemecko-slovenskej problematiky prekladu magdeburského práva [Zum deutsch-slowakischen Sprachproblem bei der Übersetzung des Magdeburger Rechts], in: Wort und Name im deutsch-slavischen Sprachkontakt. Ernst Eichler von seinen Schülern und Freunden, hrsg. von Karlheinz Hengst, Dietlind Krüger, Hans Walther, unter Mitarbeit von Inge Bily (=Bausteine zur Slavischen Philologie und Kulturgeschichte. R. A: Slavistische Forschungen. N.F. 20), Köln, Weimar, Wien 1997, S. 533–544.

[127] Klein-Bruckschwaiger (wie Anm. 81), S. 217 f.

[128] Ofen, Altofen, Pest und weitere Vororte wurden 1872 zu Budapest vereinigt. Zu Buda und Pest im Mittelalter vgl. den Überblick von Erik Fügedi, Buda und Pest, in: LexMA II (1983), Sp. 899–902; Heiner Lück, Budapest, in: Handwörterbuch zur deutschen Rechtsgeschichte, hrsg. von Albrecht Cordes, Heiner Lück und Dieter Werkmüller unter philologischer Mitarbeit von Ruth Schmidt Wiegand. 2., völlig überarb. u. erw. Aufl. (HRG^2), 3. Lieferung, Berlin 2005, Sp. 708 f.

[129] Oppitz, Deutsche Rechtsbücher I (wie Anm. 28), S. 59 f.; Dietlinde Munzel, Ofener Stadtrechtsbuch, in: HRG, Bd. 3, Berlin 1984, Sp. 1184–1186; Peter Johanek, Ofener Stadtrechtsbuch, in: Die deutsche Literatur des Mittelalters. Verfasserlexikon, begr. von Wolfgang Stammler, fortgef. von Karl Langosch, 2. Aufl., hrsg. von Kurt Ruh u. a., Bd. 7, Berlin/New York, 1989, Sp. 19–21. Edition: Karl Mollay (Hrsg.), Das Ofner Stadtrecht. Eine deutschsprachige Rechtssammlung des 15. Jahrhunderts aus Ungarn, Weimar 1959; Übersetzung ins Ungarische (mit einer ung. u. dt. Einleitung): László Blazovich/József Schmidt (Hrsg.), Buda város jogkönyve [Das Rechtsbuch der Stadt Ofen], 2 Bde., Szeged 2001 (=Szegedi Középkortörténeti Könyvtár. 17). Vgl. dazu auch Katalin Gönczi, Ungarisches Stadtrecht aus europäischer Sicht. Die Stadtrechtsentwicklung im spätmittelalterlichen Ungarn am Beispiel Ofen, Frankfurt am Main 1997 (=Ius commune. Sonderhefte. 92).

Das Ofener Stadtrechtsbuch ist in drei Handschriften überliefert, von denen eine in Bratislava und zwei in Budapest liegen. Sein Verfasser war wahrscheinlich Johannes Siebenlinder (1392–1438), ein Geschworener des städtischen Gerichts und später selbst Stadtrichter in Ofen. Es besteht aus einem Prolog und 445 Artikeln. Sein erster Teil ist zwischen 1403 und 1439 entstanden. Zwischen 1500 und 1503 sind einige Artikel hinzugefügt worden. Die ersten 64 Artikel behandeln die Stadtverfassung und Verpflichtungen gegenüber dem König. Nur eine relativ geringe Anzahl von Vorschriften beinhaltet strafrechtliche (z. B. in Art. 289 den Tanz mit dem Henker als Strafe für Unzucht)[131] und privatrechtliche Regeln. Die Sprache weist mitteldeutsche Merkmale und bayerisch-österreichischen Einfluß auf.[132] Neben süddeutschen Quellen (Schwabenspiegel) sind ganz offensichtlich der Sachsenspiegel und das Magdeburger Recht verarbeitet worden. Als weitere Quellen sind das Iglauer und Wiener Recht, die Goldene Bulle Bélas IV. sowie verschiedene Privilegien Ladislaus' IV. (1272–1290), Karls I. (1308–1342) und Sigismunds (1387–1437) auszumachen.

Einzelne Artikel stimmen sogar mit dem Magdeburg-Breslauer Recht (1261) und dem Magdeburg-Görlitzer Recht (1304) überein, was noch einmal auf die großartige Brückenfunktion Schlesiens zwischen West und Ost hinweist.

Auf welchem Wege das Magdeburger Recht nach Ofen gelangte, ist immer noch weitgehend ungeklärt.[133] Möglicherweise spielt die örtliche Nähe des Ortes Siebenlinden (slowak. Lipany) zu Eperies eine Rolle, denn in der zuletzt genannten Stadt ist eine Handschrift des Magdeburger Rechts nachgewiesen.[134] Sollte Johannes Siebenlinder tatsächlich der Verfasser des Ofener Rechtsbuches sein, wären dessen Kenntnisse über das Magdeburger Recht dadurch vielleicht erklärbar.

Das Ofener Stadtrechtsbuch diente als Grundlage für die Rechtsprechung des Tavernikalgerichts[135] für die sieben königlichen ungarischen Freistädte[136] Ofen,

---

[130] Vgl. dazu auch Heiner Lück, Zur Rezeption des sächsisch-magdeburgischen Rechts. Das Beispiel Ungarn, in: Thomas Bremer (Hrsg.), Beiträge zur deutsch-ungarischen Kulturwissenschaft (=Colloquium Halense. 2), Halle an der Saale 2001, S. 9–28.

[131] „Von den heimlichereyn, wo man sy findet. So man ir eyne pegreiffet mit warer tath Aber ober wunden wird, das sy hab gesundiget vnnd gevnkeuscht Vnnd dy da frey vnd ledig ist, So lob ich nicht, das dy schergen ader freyen tochter keynen gewalt vber sy haben schullen. Aber das sy wider iren willen mit ir tanczent yn der staqndt vmmb alliß Daß geschen ist." (Art. 289, Mollay, Ofner Stadtrecht, wie Anm. 129).

[132] Mollay, Ofner Stadtrecht (wie Anm. 129), S. 16 ff.

[133] Ebd., S. 21.

[134] Ebd., S. 21.

[135] Štefánia Mertanová, Ius Tavernicale. Štúdie o procese formovania práva taverníckych miest v etapách vývoja taverníckeho súdu v Uhorsku (15.–17. stor.) [Ius Tavernicale. Studien über den Formierungsprozeß des Rechts der Tavernikalstädte in den Entwicklungsetappen des Tavernikalgerichts in Ungarn (15.–17. Jh.)], Bratislava 1985.

[136] Vgl. dazu auch András Kubinyi, Der ungarische König und seine Städte, in: Wilhelm Rausch (Hrsg.), Stadt und Stadtherr im 14. Jahrhundert. Entwicklungen und Funktionen (=Beiträge zur Geschichte der Städte Mitteleuropas. II), Linz/Donau 1972, S. 193–215, hier S. 207 f.

Kaschau, Preßburg, Ödenburg,[137] Tyrnau (slowak. Trnava), Bartfeld, Eperies. Später kam noch Pest hinzu.[138] Unabhängig davon wurde das Ofener Stadtrecht an verschiedene ungarische Städte weiterverliehen. Das Tavernikalgericht unter dem Vorsitz des Tarnakmeisters übte die Funktion eines Oberhofes aus und trug somit wesentlich zur Verbreitung sowie praktischen Anwendung des sächsisch-magdeburgischen Rechts bei, sofern dieses in das Ofener Stadtrechtsbuch Eingang gefunden hatte. Das Interesse der ungarischen Wissenschaft am sächsisch-magdeburgischen Recht kommt nicht zuletzt darin zum Ausdruck, daß jüngst eine ungarische Übersetzung des Sachsenspiegels vorgelegt wurde.[139]

2.8 Rumänien

Über die Verbreitung des sächsisch-magdeburgischen Rechts im Gebiet des heutigen Rumänien unterrichten z. Z. noch im wesentlichen die Forschungen zur Slowakei und zu Ungarn (siehe oben). Danach lassen sich mit Sicherheit folgende Städte mit sächsisch-magdeburgischen Recht ausmachen: Bistritz (rum. Bistrița), Klausenburg (rum. Cluj), Schäßburg (rum. Sighişoara), Hermannstadt (rum. Sibiu) und Kronstadt (rum. Braşov). Nähere Untersuchungen fehlen bislang. Besondere Ergiebigkeit versprechen Untersuchungen der Privilegien und Rechtsquellen der Siebenbürger Sachsen.[140]

2.9 Rußland, Bulgarien, Moldawien, ehemaliges Jugoslawien

In der Literatur wird die allgemeine Auffassung vertreten, daß in Rußland keine oder nur eine sehr schwache Rezeption des sächsisch-magdeburgischen Rechts stattgefunden habe. Erhärtende oder widerlegende Studien liegen nicht vor. Allein schon die engen kulturellen und wirtschaftlichen Beziehungen Magdeburgs zu Novgorod im Mittelalter erlauben Zweifel. Auch neuere Untersuchungen von Alexander Rogatschewski scheinen eine Rezeption sächsisch-magdeburgischen Rechts zumindest in den russischen Westprovinzen zu bestätigen.[141]

---

[137] Vgl. das vorbildlich edierte Stadtbuch von 1423–1531: Jenő Házi/János Németh (Hrsg.), Gerichtsbuch. Bírósági könyv, 1423–1531, Sopron 2005 (=Quellen zur Geschichte der Stadt Ödenburg, R. A, Bd. 2).

[138] „Item Wie die freystet sollen siczen zwm tarnak Richt, geschriben Im 1500. Iar: Vann ersst die van offenn, die van kascha, die prespurger, die van tierna, die van Edenburg, die van Wartttfall, die van Epries, die van pesth, Macht kwnig Matgiesch zw Ainer freystat." (Art. 442, Mollay. Ofner Stadtrecht, wie Anm. 129, S. 202 f.).

[139] Lászlo Blazovich/József Schmidt (Hrsg.), Eike von Repgow. A Szász tükör [Eike von Repgow. Der Sachsenspiegel, Szeged 2005 (=A Pólay Elemér Alapitvány Könyvtára. 5).

[140] Daher wird mit Spannung die Fertigstellung der Dissertation von Dirk Moldt, Korporationsrechte, Stadtrechte und Sachsenspiegelrecht im mittelalterlichen Siebenbürgen, phil. Diss. TU Berlin (in Vorbereitung), erwartet.

[141] Aleksandr L. Rogačevskij, Kulmskaja gramota – pamjatnik prava Prussii XIII v, St. Peterburg 2002; ders., Voznikonvenie pravovoj sistemy ordenskoj Prussii, jur. Habilitationsschrift, St. Peterburg 2005 (Mskr.).

Zu Bulgarien sind keine Angaben vorhanden. Analoges gilt für Moldawien und das ehemalige Jugoslawien. Durch die Nachbarschaft zu Weißrußland, Rumänien und zur Ukraine sind aber Wirkungen des sächsisch-magdeburgischen Rechts in diesen Gebieten nicht auszuschließen. Gezielte Untersuchungen sind bislang nicht vorgenommen worden. Das hier vorgestellte Vorhaben wird auch insbesondere auf diese sehr offenen Fragen Antworten finden und Aussagen treffen müssen.

3. Ziele und Arbeitsprogramm

Während die bisherigen Untersuchungen zum Zusammenhang von deutschen und slavischen Rechtsquellen in der Regel den Weg von Deutschland in die slavischen (Rezeptions-)Gebiete nachzeichneten, will das hier vorgestellte Vorhaben von den Produkten der Rezeption, also von den slavischen/landessprachigen Fassungen der magdeburgisch-sächsischen Rechtsquellen selbst, ausgehen. Dabei soll vor allem untersucht werden, wie die deutschen Fachtermini und Institutionen der deutschen Quellen in die slavischen Sprachen transponiert worden sind. Bereits im Vorfeld der Untersuchung konnte die Beobachtung gemacht werden, daß manche Begriffe nicht übersetzt wurden (werden konnten) und somit in deutsch übernommen worden sind. Andere Begriffe sind zwar übersetzt, aber mit einem gänzlich anderen Inhalt versehen worden, der sich im Laufe der Jahrhunderte mehrfach wandelte. Welche Begriffe das waren, welche Kriterien es für ihre deutschsprachige Belassung oder Übersetzung gab und welche Rechtsquellen davon betroffen waren, ist bis heute nicht untersucht worden. Da diese sprachlichen Probleme bis an die juristische Fachsprache der Gegenwart in diesen Ländern heranreichen, bedürfen diese wichtigen Quellen europäischer Rechtskultur der Kenntnisnahme und wissenschaftlichen Durchdringung. Diese Aufgabe kann nur in enger Kooperation von Rechtsgeschichte und Slavistik/osteuropäischer Linguistik geleistet werden. Das Vorhaben setzt daher ein interdisziplinäres Herangehen von Fachleuten mehrerer Wissenschaftsgebiete voraus. Als Ergebnisse werden monographische (handbuchartige) Darstellungen angestrebt, welche die Rezeptionsvorgänge, eine Charakteristik der Quellen, Wörterverzeichnisse sowie Kommentierungen und rechtssprachliche Erklärungen umfassen. Somit könnte allen Interessenten aus Politik, Wirtschaft und Wissenschaft ein Werk an die Hand gegeben werden, das es ermöglicht, sich der gegenwärtigen Rechtssprache dieser Länder zu nähern.

Zwangsläufig muß zunächst eine Konzentration auf gewissenhaft ausgewählte Quellen in den Untersuchungsgebieten erfolgen. Das ist zum einen erforderlich, um einen exakt abgegrenzten Untersuchungsgegenstand in sachlicher, zeitlicher und räumlicher Hinsicht in einem vertretbaren Zeitraum effektiv zu bearbeiten. Zum anderen ist diese Beschränkung notwendig, um die gewählten Methoden der Untersuchung und Darstellung im Hinblick auf ihre Anwendbarkeit für weitere Texte in der Zukunft zu testen. Hinzu kommt, daß bei weitem nicht für alle in

Frage kommenden Rechtsquellen der Forschungsvorlauf genügend fortgeschritten ist.

Vor allem aus dem letzten Umstand ergibt sich, daß es zunächst sinnvoll ist, sich auf einige ausgewählte Beispiele aus der Ukraine zu konzentrieren. Hier sind sowohl entsprechende Vorarbeiten von der polnischen und ukrainischen Wissenschaft als auch von den Projektleitern geleistet worden. Dabei ist zu beachten, daß es aufgrund der Union von Polen und Litauen zunächst polnische Texte waren, die bei den ukrainischen Gerichten Anwendung fanden, bevor sie später in die ukrainische Sprache übersetzt wurden.

Unter diesen Prämissen sollten die Gebiete, geordnet nach den heutigen Staaten, systematisch untersucht werden, denn ihre historisch gewachsenen Rechtsordnungen gehen alle direkt oder indirekt u. a. auch auf Elemente des Sachsenspiegels und des Magdeburger Rechts zurück.

Unabdingbar ist jedoch zunächst eine theoretische, komparatistische und methodologische Durchdringung des universellen Phänomens der Rezeption „fremder Rechte". Vor allem ist zu klären, inwieweit die Rezeption des sächsisch-magdeburgischen Rechts in Osteuropa etwas ganz Spezifisches ist, oder doch Gemeinsamkeiten mit der Rezeption des römisch-kanonischen Rechts im Mittelalter und des französischen Rechts in der Frühen Neuzeit aufweist. Diese Bestandsaufnahme ist in einer zusammenhängenden Abhandlung darzustellen. Nach diesem Problemaufriß und der Offenlegung der Methoden sollen die wichtigsten einschlägigen Rechtsquellen des Spätmittelalters und der Frühen Neuzeit mit Bezugnahmen zur aktuellen Rechtsentwicklung in den einzelnen Ländern analysiert werden.

Auf Grund des derzeitigen Forschungsstandes und der Vorarbeiten der Projektleiter erscheint es zweckmäßig, zunächst mit den Rechtsdenkmälern Polens und der Ukraine zu beginnen. Von herausragender Bedeutung sind darunter eine Sammlung „Magdeburger Urteile" (für Polen) und der Kodifikationsversuch von 1743 (für die Ukraine), der zwar nicht ausdrücklich in Kraft gesetzt worden ist, aber dennoch von den Gerichten intensiv angewendet wurde (Prava, za jakymy sudyt'sja malorosijs'kyj narod [Die Rechte, nach denen das kleinrussische Volk Recht spricht]). Ihm muß als Zwischenbilanz und kodifikationsgeschichtlichem Höhepunkt der Rezeption sächsisch-magdeburgischen Rechts in der Ukraine besondere Beachtung geschenkt werden. Nicht zufällig ist gerade dieses Denkmal in einer modernen ukrainischen Edition erneut erschienen.[142] Daran könnten sich dann die entsprechenden Untersuchungen für die anderen Länder anschließen.

Vom Untersuchungsgebiet und dessen Quellenreichtum ist das Arbeitsprogramm in starkem Maße abhängig.

Auf Grund dieser Voraussetzungen und Überlegungen zum Gang der Untersuchungen wird folgendes Arbeitsprogramm aufgestellt.

---

[142] S. Anm. 100.

a) Untersuchungsgebiet und dessen Gliederung

Dabei handelt es sich um jene Gebiete Osteuropas, soweit sie (wissenschaftlich gesichert oder bislang nur vermutlich) Einflüsse des sächsisch-magdeburgischen Rechts aufweisen. Geographisch erstreckt sich das Untersuchungsgebiet zwischen der Oder/Neiße, dem Erzgebirge, dem Böhmerwald und den Alpen im Westen, der Ostseeküste im Norden, der Linie zwischen Onegasee und Krim (35° ö. L.) im Osten und der Westküste des Schwarzen Meeres, den Rhodopen und der östlichen Adriaküste im Süden.

Dieses ostmitteleuropäische Gebiet ist zum Zweck der einzelnen Untersuchungen aufzugliedern. Dabei bietet sich eine Aufgliederung nach den historischen Staatsgebilden (also z. B. Großfürstentum Litauen [Union mit Polen]; Königreich Ungarn [mit Slowakei und Teilen Rumäniens]) und eine Orientierung an den gegenwärtigen Staaten an. Die letztere Möglichkeit verdient den Vorzug – und zwar aus folgenden Gründen: Zum einen haben sich die historischen Staatsgebilde zwischen dem Mittelalter und dem 20. Jahrhundert mannigfach verändert und damit auch ihre Staatsgebiete und Bezeichnungen. Zum anderen will das Vorhaben der aktuellen und zukünftigen Politik, Wirtschaft, Kultur und Wissenschaft Dienste leisten. Diese ins Auge gefaßten Adressaten können sich am besten an den gegenwärtigen Ländernamen orientieren.

Legt man diese Strukturierung zu Grunde, würde sich das Vorhaben auf folgende Staaten erstrecken: Polen, Tschechien, Slowakei, Ungarn, Rumänien, Litauen, Lettland, Estland, Ukraine, Weißrußland, Moldawien, Bosnien-Herzegowina, Slowenien, Mazedonien, Serbien-Montenegro (Rest-Jugoslawien), Kroatien, Rußland (westlicher Teil, wie oben beschrieben).

b) Untersuchungszeitraum

Auf Grund des historischen Verlaufs der Rezeptionsgeschichte und des Quellenbestandes erstreckt sich der Untersuchungszeitraum vom Spätmittelalter (etwa zweiten Hälfte des 13. Jahrhunderts) bis zu den großen Rechtskodifikationen in der ersten Hälfte des 20. Jahrhunderts, welche unmittelbar das geltende Recht von heute im Untersuchungsgebiet prägen.

4. Quellen

Gegenstand der Untersuchungen bilden Genesis, Filiationen, Sprache und Wirkungen der Rechtsquellen der o. g. Gebiete, die vom sächsisch-magdeburgischen Recht beeinflußt wurden.

Dazu zählen insbesondere:

- Rechtsbücher;
- Rechtssammlungen;
- Kodifikationen und deren Entwürfe;
- Schöffenstuhl-/Oberhofsprüche in Gestalt von Rechtsmitteilungen und Rechts-

weisungen (als Zeugnisse der Rechtspraxis);
– Stadtbücher, Rats- und Gerichtsprotokolle.

Die genannten Quellengruppen weisen eine überaus breit gefächerte sprachliche Vielfalt auf. Sie reichen vom Deutschen in unterschiedlichen Dialekten, über das Deutsche mit landessprachlichen Implantationen und Lateinische bis hin zu reinen landessprachlichen Fassungen/Übersetzungen, die ihrerseits deutschsprachige und lateinische Elemente in sich aufgenommen haben.

5. Inhalte der Arbeitsschritte

Zu jedem territorial definierten Abschnitt des Arbeitsprogramms sind jeweils folgende Schritte zu absolvieren: In einem ersten Arbeitsschritt sind umfassende Literaturrecherchen durchzuführen. Dabei liegt der Schwerpunkt auf dem ausländischen Schrifttum. Die deutschsprachige Literatur ist selbstverständlich zu verarbeiten, jedoch dürfte sie sich auf Grund des derzeitigen Forschungsstandes in Grenzen halten. Da sich die Untersuchungen an die modernen Staaten anlehnen, sind historische Einleitungen, insbesondere über die Territorial-, (Be-)Siedlungs- und Verfassungsgeschichte notwendig. Des weiteren wird es darum gehen, die Originale bzw. ältere Editionen dieser Quellen aufzufinden, kritisch zu analysieren und in Form von Textdateien zu erfassen. Während das bei den gedruckten Ausgaben relativ unkompliziert sein mag, wird sich die Textaufnahme der häufig nur handschriftlich überlieferten Rechtssammlungen schwieriger gestalten. Hier sind Archiv-/Bibliotheksreisen in die Länder des Untersuchungsgebietes unvermeidlich. Die dorthin bestehenden wissenschaftlichen Kontakte werden im Interesse der Textbeschaffung selbstverständlich genutzt.

Ein dritter Aspekt wird der sprachlichen Analyse gewidmet sein. Diese wird sich auf folgende Problemfelder konzentrieren: a) Erfassung und sprachliche Charakterisierung der Rechtsquellen; b) Verhältnis von Rechtsbegriffen und deren Inhalten; c) Relationen zwischen entlehnten deutschen und in die ostmitteleuropäischen Sprachen übersetzten Rechtswörtern; d) gemeinsamer Rechtswortschatz der slavischsprachigen/nicht slavischsprachigen Länder in seiner historischen/linguistischen Entwicklung; e) Bestand der sächsisch-magdeburgisch tradierten Rechtsbegriffe und -institutionen in den gegenwärtigen Rechtsordnungen.[143]

Zum obligatorischen Inhalt jedes einzelnen Bandes gehören kommentierte Wörterverzeichnisse, eine Bibliographie, ein vollständiges Verzeichnis der vom sächsisch-magdeburgischen Recht beeinflußten Rechtsquellen und Karten.

Die Ergebnisse sind jeweils vor der gedruckten Veröffentlichung und parallel dazu in einer Datenbank zusammenzustellen, die im Internet allen Interessenten aus Kultur, Wissenschaft, Politik und Wirtschaft zur Verfügung stehen wird.

---

[143] Als wichtige Vorarbeit kann für das Polnische das verdienstvolle Werk von Aleksander Zajda, Studia z historii polskiego słownictwa prawniczego i frazeologii, Kraków 2001, gelten (Für diesen Hinweis danke ich Ernst Eichler. H. L.).

Zur Veranschaulichung der Ergebnisse und zur Orientierung für gegenwärtige Bedürfnisse sind geographische Karten zur Verbreitung des sächsisch-magdeburgischen Rechts in Osteuropa im allgemeinen und in den jeweils untersuchten Gebieten im besonderen anzufertigen. Sie sind den entsprechenden Publikationen als Anlagen beizugeben.

6. Voraussetzungen für die Durchführung des Vorhabens

Die Sächsische Akademie der Wissenschaften zu Leipzig ist aus mehreren Gründen prädestiniert, dieses Vorhaben durchzuführen. Zum ersten bildet sie auf Grund ihrer geographischen Lage und ihres historisch gewachsenen Profils eine Brücke zwischen Mittel- und Ostmitteleuropa. Zum zweiten verfügt sie in Gestalt ihrer Mitglieder über eine hohe slavistische, rechts- und kulturgeschichtliche Kompetenz. Zum dritten kann sie auf eine hervorragende, im Ausland anerkannte und stets geachtete Tradition auf diesem Forschungsfeld zurückblicken (vgl. dazu nur die monographischen Arbeiten von Akademiemitgliedern im 20. Jahrhundert).[144] Zum vierten ist auf die jahrzehntelange Forschungsarbeit auf dem Gebiet der deutsch-slavischen Beziehungen und die wohl einmaligen Bibliotheksbestände zur Slavistik in Leipzig zu verweisen. Schließlich sind mit der Arbeitsstelle für die Edition der Sachsenspiegelglossen[145] und dem vom Freistaat Sachsen mitfinanzierten Projekt „Dresdner Bilderhandschrift des Sachsenspiegels“[146] bereits zwei wissenschaftliche Unternehmungen etabliert, welche in das große Forschungsfeld „Wirkungsgeschichte des Sachsenspiegels und seiner Glossen“ gehören. Mit dem hier skizzierten Vorhaben könnte ein weiteres wichtiges Segment hinzukommen. Angesichts seiner internationalen Ausrichtung, seiner interdisziplinären Lösungserfordernisse sowie seiner aktuellen wie praktischen Bezüge wäre dieses Vorhaben auf dem Gebiet der Geisteswissenschaften in der deutschen Wissenschaftslandschaft einmalig.

---

144 Schubart-Fikentscher, Verbreitung (wie Anm. 11); Lieberwirth, Das sächsisch-magdeburgische Recht (wie Anm. 3); Lück, Sachsenspiegel und Magdeburger Recht (wie Anm. 3).

145 Vgl. Rolf Lieberwirth, Die Monumenta Germaniae Historica und die Glossen zum Sachsenspiegel, in: ZRG GA 119 (2002), S. 316–325; ders./Frank-Michael Kaufmann, Vorhaben Monumenta Germaniae Historica (Sachsenspiegel-Glossen), in: Schlegel, Sächsische Akademie der Wissenschaften zu Leipzig (wie Anm. 5), S. 357–361. Vorgelegt wurden bisher: Frank-Michael Kaufmann (Hrsg.), Glossen zum Sachsenspiegel-Landrecht. Buch'sche Glosse, 3 Bde., Hannover 2002 MGH. Fontes iuris germanici antiqui, nova series. VII); ders. (Hrsg.), Glossen zum Sachsenspiegel-Lehnrecht. Die kürzere Glosse, 2 Bde., Hannover 2006 (=MGH. Fontes iuris germanici antiqui, nova series. VIII).

146 Vorgelegt wurden bisher: Dresdner Sachsenspiegel (Faksimile), Graz/Austria 2002; Heiner Lück (Hrsg.), Die Dresdner Bilderhandschrift des Sachsenspiegels. Interimskommentar, Graz/Austria 2002; ders. (Hrsg.), Eike von Repgow. Sachsenspiegel. Die Dresdner Bilderhandschrift Mscr. Dresd. M 32 [...] Textband [...], Graz/Austria 2006. Vgl. dazu auch: Heiner Lück, Dresdner Sachsenspiegel. Graz/Austria 2002. Zum Stand der Faksimilierung und Herausgabe der Dresdner Bilderhandschrift des Sachsenspiegels, in: Helfried Valentinitsch/Markus Steppan (Hrsg.), Festschrift für Gernot Kocher zum 60. Geburtstag (=Grazer Rechts- u. Staatswissenschaftliche Studien. 59), Graz 2001, S. 161–179.

László Blazovich (Szeged)

Der Sachsenspiegel und das Recht der Zips

Im 13. Jahrhundert hat Ungarn die Zeit der goldenen Bullen, sowie der großen wirtschaftlichen und gesellschaftlichen Veränderungen erlebt. Die in der Landwirtschaft erschienenen neuen Techniken und die Zunahme der Bevölkerung haben die Entwicklung der bisherigen selbstversorgenden Wirtschaftsform und dadurch die Erreichung einer besseren Lebensqualität möglich gemacht. Immer größere Gebiete wurden dem Wirtschaftskreislauf zugeführt und die Felder intensiver bebaut. Diese Änderungen haben zur langsamen Umwandlung des früheren komplizierten Gesellschaftssystems geführt. In der Gesellschaft erschienen zwei große Gruppen, der Adel und die Leibeigenen, deren Grundrechte und Pflichten denen ihrer westeuropäischen Genossen entsprachen.

Der Stärkung der Zentralmacht hat folgendes gedient: Die Wirtschaft des Staates wurde umorganisiert, der Schutz des Staates gestärkt, die dem König dienenden und ihm Steuern zahlenden Volksgruppen durften angesiedelt werden. Dies war weder den Königen der Arpaden, noch ihren Nachfolgern fremd.[1]

So kamen die Latiner und die deutschen Hospites und gründeten Städte. Außer ihnen siedelten aber auch andere Bevölkerungsgruppen in bedeutender Zahl. Vom Westen die Deutschen, die später Sachsen genannt wurden, und von den Königen in Siebenbürgen und Oberungarn angesiedelt wurden; vom Osten unter anderem die Kumanen und Jazygen (Jassen), die auf der ungarischen Tiefebene ihre Heimat fanden und für ihre militärischen Dienstleistungen und Steuern bedeutende Privilegien zugesprochen bekamen – so wie z. B. die Szekler. Durch diese Privilegien haben sie das einheitliche Rechtssystem, das bis dahin die gesamte Bevölkerung in Ungarn umfasst hatte, sozusagen „durchbohrt".

Die Siedler erhielten, ähnlich den vom Osten gekommenen Völkern, ihre Territorien: die Deutschen (Sachsen) in der Zips (Spiš) – nachdem König Andreas II. (1205–1237) das deutsche Rittertum von dort aus vertrieben hatte – und in Siebenbürgen auf dem Königsboden. Der König gestand den Siedlern bedeutende Autonomie zu, gleich, ob sie vom Osten oder vom Westen gekommen waren. Die Autonomie bedeutete zum einen den Erwerb der städtischen Freiheitsrechte, zum anderen den Erwerb der ethnischen Autonomie, welche die Volksgruppen entweder durch einen Privilegienbrief oder innerhalb eines langen Zeitraums schrittweise erwarben.[2] Eine andere territoriale Autonomie, als die der Sachsen in Sie-

---

[1] Tibor Almási, A tizenharmadik század története [Geschichte des 13. Jhs.], Budapest 2000, S. 5–9.

[2] Erik Fügedi, Befogadó. A középkori magyar királyság [Empfänger. Das mittelalterliche ungarische Königreich], in: Történelmi Szemle 2 (1979), S. 355–376; Konrad Gündisch, Siebenbürgen und die Siebenbürger Sachsen, unter Mitarbeit von Mathias Beer (= Studienbuchreihe der Stiftung Ostdeutscher Kulturrat. 8), München 1998, S. 20–59; Gyula Kristó, Nem magyar népek a középkori Magyarországon [Nicht-ungarische Völker im mittelalterlichen Ungarn], Budapest 2003, S. 121–167, 167–179, 219–233, 235–245.

benbürgen, erhielten die im ungarischen Königreich bzw. in der Zips siedelnden Deutschen. Jene ist im Privilegienbrief von König Stephan V. festgelegt. Diese Menschen waren einfache Menschen (homines simplices), die sich mit der Landwirtschaft und mit anderen Arbeiten beschäftigten.

Laut der Urkunde durften sie ihren Gespan (den Grafen) oder den Richter selbst wählen. Der Gespan oder der Graf urteilte mit dem Gespan in der Zips gemeinsam, was gleichzeitig die staatliche Kontrolle und Aufsicht bedeutete. Der Gespan in der Zips (der Burggraf) hat im Gericht zwei Teile erhalten, während der sächsische Gespan (comes provinciae) einen Teil bekam. Der Gespan in der Zips (der Burggraf) urteilte mit dem sächsischen Gespan gemeinsam, denn der erstere kannte nur das ungarische, jedoch nicht das sächsische Adelsrecht. Die Urteile in strafrechtlichen Prozessen mussten sie den Rechten der sächsischen Provinz gemäß fällen, weil die Urkunde den Siedlern zusicherte, nach diesen Rechten leben zu dürfen.

Der Privilegienbrief von 1271 nennt Leutschau als wichtigste Stadt (civitas provinciae capitatis) unter den 24 sächsischen Städten. Ein weiteres Privileg für die sächsischen Hospites war, dass sie außerhalb ihrer Provinz von niemandem vor Gericht gestellt werden durften. Über sie durften nur der Bezirksgespan oder der sächsische Gespan urteilen. Da sie einfache Menschen waren, sieht das königliche Privileg das Recht der Berufung nicht vor. Jedoch wurde ihnen nach eigener Wahl das Recht auf den Bergbau zuerkannt. Als Gegenleistung für diese Rechte waren jährlich 300 feine Budaer Silbermark als Steuer zu entrichten und 50 Soldaten ins Heer des Königs zu schicken. Darüber hinaus beauftragte der König sie auch mit der Sicherung der Grenzen.[3]

Über die Tatsache, wann welche Siedler aus deutschen und anderen Gebieten in die Zips kamen, ist lediglich bekannt, dass diese im 12. und 13. Jahrhundert aus Thüringen, Sachsen, Bayern und Schlesien stammten.[4] Es erscheint wahrscheinlich, dass die Zeit der Ansiedlung des größten Teils der Deutschen, die vor allem in die Zips gekommen sind, auf die Zeit nach dem Sturm der Tataren zu datieren ist.[5] Hätten sie sich früher niedergelassen, wäre ihnen der königliche Privilegbrief nicht erst im Jahre 1271 erteilt worden. In erster Linie kamen die Hospites aus Schlesien in die Zips. Sie haben den Weg von Schlesien über Krakau gewählt, sind dann aber nicht nach Osten, sondern nach Süden gezogen. Auf diesem Weg hat sich das sächsisch-magdeburgische Recht in den südlichen Gebieten nach

[3] Codex diplomaticus Hungariae ecclesiasticus ac civilis, hrsg. von Georgius Fejér, Tomi V, Volumen 1, Budae 1829, S. 132–135.

[4] Ján Benka, Osidlenie severného Slovenska [Die Besiedlung der Nordslowakei], Košice 1985, S. 93; Richard Horna, Stručný nástin dějin Spiše [Kurzer Grundriss der Geschichte der Zips], Bratislava 1935, S. 8; Heiner Lück, Zur Rezeption des sächsisch-magdeburgischen Rechts in Osteuropa. Das Beispiel Ungarn, in: Grenzen überschreiten, Beiträge zur deutsch-ungarischen Kulturwissenschaft, hrsg. von Thomas Bremer (=Colloquium Halense. 2), Halle an der Saale 2001, S. 21 f.

[5] Ilpo Tapani Piirainen, Nachträge zum Zipser Recht, Levoča 2001, S. 12; Kristó, Nem magyar népek (wie Anm. 2), S. 144–148.

Osten verbreitet und so gelangte es durch die Hospites in das damalige ungarische Königreich, in die nordöstlichen Gebiete der heutigen Slowakei.[6]

Obwohl das System des Komitat schon existierte, sind die in die Zips gekommenen deutschen *simplices homines* nach den Aussagen der Urkunde von 1271 auf unbewohntes Gebiet gelangt, dessen Bewirtschaftung sowohl im Interesse der Einwanderer, als auch des Königs stand, der ihnen dieses Gebiet zur Verfügung stellte. Die den Siedlern gegebenen Gebiete sind am ausführlichsten in einer Bestätigungsurkunde von Karl I. aus dem Jahre 1317 geschildert, sie zählt 42 Stellen auf.[7]

Von den angegebenen Siedlungen schlossen 24 im Jahre 1344 ein Bündnis. Unter ihnen befand sich auch jene Siedlung, in welcher die Zipser Willkür, das Rechtsbuch der Zips, entstand.[8]

Im Leben der sächsischen Provinz brachte der Entschluss König Sigmunds von Luxemburg im Jahre 1412, seinem Schwager, dem polnischen König Władysław, 13 Siedlungen für 37000 tschechische Groschen zu verpfänden, eine entscheidende Änderung. Die 13 Städte kamen erst im Jahre 1772 wieder in das ungarische Königreich zurück und schlossen 1778 erneut ein Bündnis.[9]

Wir können weder die Frage, aus welchen Siedlungen die deutschen Hospites in die Zips kamen, noch die Frage nach dem Namen der Person, welche ihr Rechtsbuch, die Zipser Willkür, geschrieben hat, genau beantworten.

Sicherlich müssen wir diese Person unter denjenigen Mitgliedern der 24 Siedlungen suchen, die das erwähnte Bündnis ins Leben gerufen haben. Wir meinen, sie könnte ein Notar des sächsischen Gespans (Richter) gewesen sein, da sie das Recht kannte, auf dessen Grundlage das Gericht seine Urteile gefällt hat. Es ist ebenso anzunehmen, dass sie das Verfahrensrecht des Gerichts sehr gut kannte. Leider gibt es aus dieser Zeit keine Dokumente, die uns über ihren Namen Aufschluss geben könnten.

Nach Kálmán Demkó und Heiner Lück ist das Werk im Jahre 1370 entstanden. Ilpo Tapani Piirainen hat dazu keine Stellung genommen. Aufgrund der Datierungen mehrerer Manuskripte lässt sich schlussfolgern, dass das Werk 1370 verfasst wurde.[10]

---

6 Rolf Lieberwirth, Die Wirkungsgeschichte des Sachsenspiegels, in: Die Wolfenbüttler Bilderhandschrift des Sachsenspiegels, Aufsätze und Untersuchungen. Kommentarband zur Faksimile-Ausgabe, hrsg. von Ruth Schmidt-Wiegand, Berlin 1993, S. 78–82; Lück, Rezeption (wie Anm. 4), S. 16–23.

7 Anjou-kori oklevéltár [Urkundenbuch der Anjou-Zeit], Documenta res hungaricas tempore regum Andegavensium illustrantia IV, 1315–1317, hrsg. von Gyula Kristó, Budapest, Szeged 1996, Nr. 634.

8 Michal Suchý, Ivan Chalupecký, Jozef Sulaček, in: Dejiny Levoče 1–2 [Geschichte von Levoča], Košice 1974–1975, S. I 35; Lück, Rezeption (wie Anm. 4), S. 26.

9 Piirainen, Nachträge (wie Anm. 5), S. 13.

10 Kálmán Demkó, A szepesi jog (Zipser Willkühr), Budapest 1891, S. 9–15; Piirainen, Nachträge (wie Anm. 5), S. 9, 11–21; Lück, Rezeption (wie Anm. 4), S. 26 f.

Die genannten Autoren stimmen darin überein, dass das ursprüngliche Manuskript verloren ging. Die Meinung von Demkó und Lück stärkt auch die Tatsache, dass das Recht der Zips noch vor dem Jahre 1412, also vor der Verpfändung der 13 Städte, schriftlich verfasst wurde, weil der Burggraf danach nicht mehr über die gesamte sächsische Provinz verfügen konnte, dies aber in der Willkür mehrmals betont wird. Mit Rücksicht auf diese Tatsache können wir mit der Entstehung des ersten Manuskriptes schon vor dem Jahr 1412 rechnen und damit auch das Datum 1370, das auf den Abschriften zu lesen ist, akzeptieren.[11]

Der Autor des Rechtsbuches der Zips soll ein im Recht bewanderter Mensch gewesen sein, jedoch hat er über seine Studien fast nichts preisgegeben. Im Mittelpunkt seiner Arbeit steht das Eigentumsrecht. Im Zusammenhang damit sammelte er die Artikel über das Familien- und Erbrecht. Er hatte, anders als sein Vorbild, der Verfasser des Sachsenspiegels, keinen Anspruch darauf, im Vorwort seine Ansicht über die Welt, seine Weltanschauung und über das Recht mitzuteilen. Er teilt nicht einmal mit, was ihn dazu bewog, die Artikel zu sammeln und niederzuschreiben, wem er seine Arbeit widmet oder was der Grund für seine Arbeit war. Wie wir später sehen werden, hatte er, im Gegensatz zum Autor des Sachsenspiegels, auch kein Interesse am öffentlichen Recht. Trotzdem ist festzustellen, dass er dieses Werk gekannt haben muss, weil das System seiner Sammlung zu dem des „Spiegels“ mehrere Ähnlichkeiten aufweist. Wie in den 3 Landrechtsbüchern des Sachsenspiegels stehen auch bei ihm die Artikel über das Eigentums-, Familien- und Erbrecht vorn. Ihnen folgen Regeln über Verträge, die zum Obligationenrecht gehören. Dies ist verständlich, weil sie im engen Zusammenhang mit dem Eigentum stehen. Die Artikel des Verfahrensrechts sind im Werk verstreut, genauso wie die Regeln des Strafrechts. Die Artikel zum Handwerk und zum Handel, die im Sachsenspiegel fehlen, sind am Ende des Bandes zu finden.

Einige Artikel der Zipser Willkür lassen sich nicht ohne weiteres den verschiedenen Bereichen des heutigen Rechtssystems zuordnen. So enthalten einzelne Artikel z. B. Regelungen zum Straf- und Verfahrensrecht, die nicht voneinander getrennt werden können. Wir meinen aber, dass die Zahlen viel über den Inhalt aussagen und sie gleichzeitig den Aufbau des Werkes zeigen. Die Regeln des Vermögens-, Erb- und Familienrechts betragen 20,4%, die des Obligationenrechts 16%, die des Verfahrensrechts 32,2%, die des Strafrechts 17,2%, die über das Handwerk und den Handel 8,6% und die des Staatsrechts 4,3% der insgesamt 93 Artikel. Das Thema Staatsrecht wird nur im ersten Artikel kurz abgehandelt.

---

[11] Ilpo Tapani Piirainen, Mária Papsonová, Das Recht der Spiš/Zips, Texte und Untersuchungen zum Frühneuhochdeutschen in der Slowakei, Bd. 1–2 (=Universität Oulu. Veröffentlichungen des Germanistischen Instituts. 8), Oulu 1992, S. 39, 103, 205, 245, 293, 371, 409; Piirainen, Nachträge (wie Anm. 5), S. 53; ders., Das Rechtsbuch der XI Zipser Städte, Rechtliches, Medizinisches und Sprachliches aus einer frühneuhochdeutschen Handschrift aus der Slowakei, Levoča 2003, S. 61.

Nur in diesem Teil kann eine Beeinflussung durch den Sachsenspiegel nicht nachgewiesen werden – was ganz verständlich ist –, aber in allen anderen Rechtsbereichen ist seine Wirkung sehr gut zu sehen. Kálmán Demkó hat in seinem zitierten Werk in ca. 30 Artikeln Ähnlichkeiten bzw. Übereinstimmungen mit den Regeln des Sachsenspiegels gefunden, Heiner Lück erwähnt 16 solcher Artikel.[12] Im Nachfolgenden werden wir untersuchen, welche unmittelbare oder mittelbare Wirkung Eikes von Repgow Werk auf die Zipser Willkür hatte.

Im Eigentumsrecht stand die Frau unter Mundium ihres Mannes. Er verfügte sogar über das Vermögen der Frau, soweit sie ein solches hatte. Sie konnte nicht einmal ihrem Mann davon geben, nur so viel, wie sie an Vermögen bei der Hochzeit bekommen hat.[13] Immobilien konnten der Frau zwar überlassen werden, aber sie hatte lediglich das Recht, sie zu benutzen. Nach dem Tod ihres Mannes verfügte sie nicht über diese und konnte sie nicht erben.[14] Die Frau konnte nichts verkaufen. Doch die Töchter hatten auch ohne die Zustimmung ihres Vormundes das Recht dazu. In der Willkür dagegen hat die Frau, ähnlich ihrem Mann, auch das Recht, von ihrem Vermögen ein Drittel der Kirche, ihren armen Verwandten oder an andere abzugeben.[15] Der Artikel beruft sich auf das ungarische Recht: „die Frauen haben in diesem Land die gleichen Rechte wie die Männer". Mit Rücksicht auf die besonderen Rechte der Frauen denken wir trotzdem nicht, dass dieser Teil der Regel dem ungarischen Adelsrecht entnommen war.[16]

Wenn eine kinderlose Ehe länger als 1 Jahr und 6 Monate gedauert hat und einer der beiden Eheleute stirbt, dann erbt der überlebende Partner neben den Verwandten des Verstorbenen so, dass er die eine Hälfte des Vermögens behält und die andere Hälfte den Verwandten übergibt.[17] Obwohl der Artikel der Frau die Hälfte des Vermögens zuspricht, bleibt auch die Seitenerbschaft bestehen, eine Wirkung des sächsischen Rechts.[18]

Im Artikel 5 wird diesbezüglich detailliert auf die Verwandten eingegangen. Die letzteren zwei Regeln führen schon ins Erbrecht. Wir erwähnen es aber deshalb hier, um zu beweisen, dass die Wirkung des sächsischen Rechts zwar im Eigentumsrecht bemerkbar ist, aber das Recht der Zips in Bezug auf das Eigen-

[12] Demkó, A szepesi jog (wie Anm. 10), S. 20–35; Lück, Rezeption (wie Anm. 4), S. 27.
[13] Sachsenspiegel, hrsg. von Karl August Eckhardt; Landrecht in hochdeutscher Übertragung, Hrsg. Historisches Institut des Werralandes, Hannover 1967, (abgekürzt: Ssp. Ldr.) I. 31. 1–2.
[14] Ssp. Ldr. I. 1–2.
[15] Zipser Willkür, in: Piirainen, Nachträge (wie Anm. 5), S. 53–86, (abgekürzt: ZW) Nr. 4.
[16] Magyar jogi lexikon hat kötetben [Ungarisches Rechtslexikon in sechs Bänden], hrsg. von Márkus Dezső, Budapest 1904, S. 762–764; Katalin Szende, A magyarországi városi végrendeletek helye az európai joggyakorlatban. A középkori Sopron, Pozsony és Eperjes példája [Zur Rolle der städtischen Testamente Ungarns in der Rechtspraxis Europas. Am Beispiel von Ödenburg, Pressburg und Eperies)], in: Soproni Szemle 1999/4, S. 343–357; Die Normen des Familien-, Erb- und Vermögensrechts, in: Buda város jogkönyve I [Das Ofner Stadtrecht], hrsg. von László Blazovich, József Schmidt, Szeged 2001, S. 208–215.
[17] ZW Nr. 4.
[18] Ssp. Ldr. I. 3. 3., I. 17.

tum ganz anders ist, als das des Sachsenspiegels. Deshalb gibt es neben den zahlreichen Ähnlichkeiten der beiden Werke auch viele Verschiedenheiten auf dem Gebiet des Erbrechts.

Die Erbschaft der Kinder wird wegen der zahlreichen Todesfälle im jungen Alter durch mehrere Artikel bestimmt. Die Hauptregel birgt der sechste Artikel der Willkür. Laut dieser bekommen die leiblichen Geschwister von jedem Erbteil je einen Teil, also zwei Teile. Die Halbgeschwister bekommen aber nur von einem Elternteil einen Erbanteil. Somit erbt der Halbbruder oder die Halbschwester nur von dem Vermögen seines/ihres leiblichen Elternteils, von dem anderen nicht. Das stimmt völlig mit den Regelungen des Sachsenspiegels überein, wonach der Halbbruder oder die Halbschwester in der Erbschaft weiter nach hinten tritt und den Platz des Enkels oder der Enkelin annimmt.[19]

Dazu schließt sich eine Bemerkung nach dem 17. Artikel des Manuskripts von Leutschau an, die von Piirainen auf das 18. Jahrhundert datiert wird,[20] und die sich auf den Sachsenspiegel und das Magdeburger Recht bezieht. Hierin wird ausgesagt, dass das Recht auf das Erbe in 30 Jahren nicht verjährt, und dass der leibliche Bruder bzw. die leibliche Schwester in der Verwandtschaft den Eltern näher steht, als der Halbbruder oder die Halbschwester.

Der Artikel und die ihm folgende Eintragung zeigen einerseits die selbständige Rechtsentwicklung unter den Deutschen, die auf dem Gebiet der Zips gelebt haben, andererseits macht er auf die Beziehung aufmerksam, die Jahrhunderte lang existiert hat und ein Beispiel dafür ist, inwieweit die Bevölkerung von Leutschau und der Zips das Magdeburger Recht für „das Mutterrecht" gehalten hat.

Obwohl die Regeln in den Rechtsbüchern über die Praxis des Gewohnheitsrechts Auskunft geben, ist es trotzdem von großem Interesse, diese der Wirklichkeit gegenüberzustellen. Im Fall der Zipser Willkür ist dies machbar, da wir in den Testamenten und Gerichtsurteilen der Willkür entsprechende Fälle finden, die sich auf das Erbrecht beziehen. Sie sind in den Gerichtsprotokollen des Käsmarker Rates zu finden, welche die frühesten Entscheidungen der Jahre 1533–1553 enthalten.[21]

Zum Schuldrecht, also zum Gebiet der Verträge und Verfahren, gab es im Spätmittelalter viel weniger Regelungen als heute. Kredit- und Pfandgeschäfte wurden geschlossen, wozu auch finanzielle, wirtschaftliche und arbeitsrechtliche gehörten. Als Grundprinzip wird im Zipser Recht ausgesagt: Wenn jemand seine Schuld anerkennt, ist er verpflichtet, sie in 14 Tagen zu begleichen. Wenn es Streit zwischen den Parteien gibt, dann muss der Schuldner mit drei Personen einen Eid leisten.[22] Der Sachsenspiegel verfügt Ähnliches.[23]

---

[19] Ssp. Ldr. I. 3. 3.

[20] Piirainen, Nachträge (wie Anm. 5), S. 59 f.

[21] Ilpo Tapani Piirainen, Arne Ziegler, Das älteste Gerichtsbuch der Stadt Käsmark/Kežmarok aus den Jahren 1533–1553, Leutschau/Levoča 1998, S. 29–82, 18–40, 42, 50 f., 56, 59 f., 62, 64, 67 f., 80 f.

[22] ZW Nr. 19. 20.

[23] Ssp. Ldr. I. 6. 3, II. 5.

Die Grundprinzipien der Pfandgabe sind in den Artikeln 25 und 26 der Zipser Willkür geregelt. Laut dieser Prinzipien muss der Gläubiger das bewegliche Pfand 14 Tage behalten, dann kann er es am dritten Tag schätzen lassen und am nächsten Markttag verkaufen. Das immobile Pfand muss man aber ein Jahr und einen Tag behalten. Die Grundprinzipien beider Verfahren sind im Sachsenspiegel zu finden.[24]

Dem Sachsenspiegel und zahlreichen anderen Rechtsgewohnheiten ähnlich, verbietet das Zipser Prozessrecht, dass die sich gegenüberstehenden Parteien einander vor Gericht insultieren. Für die mündliche Beleidigung büßt der Täter mit seinem Vermögen und für den körperlichen Missbrauch mit seinem eigenen Körper, oder gar mit seinem Leben.[25]

Das Zipser Prozessrecht hat mehrere Ähnlichkeiten mit dem Sachsenspiegel. Von ihnen möchten wir hier die Folgende erwähnen. Obwohl der gerichtliche Zweikampf in den städtischen Rechtsbüchern schon verboten wird, ist er trotzdem durch den Sachsenspiegel in die Willkür gekommen. Wenn die Parteien den Rechtsstreit durch einen Zweikampf erledigen möchten, dann können sie sich mit einem Schild und einem menschengroßen Stock in einem Kreis den Kampf liefern – so steht es in Artikel 54. Die Außenstehenden dürfen den kämpfenden Parteien keine Hilfe leisten. Wenn jemand trotzdem hilft, dann siegt die andere Partei. Die Sachsen in der Zips sind keine Adeligen, deshalb führen sie den Zweikampf nicht mit einem Schwert, sondern mit einem Stock, ebenso wie die Leibeigenen. Dies ist jedoch in Ungarn für die Leibeigenen bzw. für die nicht adeligen Freien schon früher verboten worden. Die Ähnlichkeit zwischen der Zipser Willkür 54 und dem Ldr. I. 63. 4. 5 zeigt ein Vergleich der Texte.

Im Rahmen des Strafrechts unterstützt die Regel 35 der Willkür den Frieden der Städte und Dörfer. So verbietet sie in einem bewohnten Gebiet ein langes Messer oder ein Schwert zu tragen und zu benutzen – eine Ausnahme bedeutet hier die Erlaubnis des Richters. Dieser Artikel ist auch der betreffenden Regel des Sachsenspiegels ähnlich.

Da die Frauen im Mittelalter unter Landfrieden gestanden haben,[26] und deshalb besonders geschützt waren, werden in den Rechtsbüchern Täter, die Mädchen, Frauen oder Witwen vergewaltigten, streng bestraft. In der Zipser Willkür ist über dieses Thema auch ein Artikel zu finden, welcher der Regel 64 im II. Buch des Sachsenspiegels ähnlich ist.

Nach Ungarn sind die meisten Deutschen im Mittelalter, im 13. und 14. Jahrhundert, gekommen. Ein Weg hat über Breslau und Krakau in den nördlichen Teil des damaligen ungarischen Königreichs, in die heutige Slowakei, geführt. Sie bedeuteten für die Könige Arbeitskraft und Steuereinnahmen. Aus diesem Grund gaben sie ihnen Vergünstigungen. Außer den Städten und Bergstädten war die

[24] Ssp. Ldr. I. 70. 2, II. 41. 2.
[25] Ssp. Ldr. I. 53, ZW Nr. 89.
[26] Ssp. Ldr. II. 66. 4.

Zips das Gebiet, in dem sie sich angesiedelt haben. Sie konnten ihr Leben weiter nach ihren Rechtsregeln führen. Die Normen ihres Rechtslebens sind in der Zipser Willkür, dem Recht der Zips, schriftlich zusammengefasst. Die Artikel 93–95 des Manuskriptes lassen uns wissen, wie das Volk damals dort lebte. Die Willkür ist ein partikulares Rechtsbuch, das auch noch im 18. Jahrhundert kopiert wurde und dessen Regeln auch zu dieser Zeit noch wirksam waren.

Der wissenschaftlichen Forschung war es schon bekannt, dass die Wirkung des Sachsenspiegels in der Zipser Willkür, genau wie bei den Rechtsbüchern von Sillein und der Bergstädte, zu bemerken ist. Kálmán Demkó und Heiner Lück haben die Gemeinsamkeiten anhand mehrerer Artikel bewiesen. Wir haben nach einer gründlichen Forschung 37 Artikel gefunden, in denen zum Teil oder ganz die Wirkung einer Regel des Werkes von Eike von Repgow zu zeigen ist.[27] Weitere Forschungen könnten vielleicht noch mehr Stellen aufdecken.

Eine vergleichende juristische Analyse kann auch darauf aufmerksam machen, dass die Bevölkerung und die Kultur der verschiedenen Gebiete nicht nur durch die Religion und die Künste, die aufgrund dieser Religion zustande gekommen sind, miteinander verbunden sind, sondern dass ihr Charakter auch durch die juristischen Normen bestimmt wird.

---

[27] **Eigentums-, Familien- und Erbrecht**

ZW 2	Ldr. I. 31. 1. 2.
ZW 4	Ldr. I. 7.
ZW 6	Ldr. I. 23. 1.
ZW 7	Ldr. I. 23. 2.
ZW 8	Ldr. I. 3. 3.
ZW 9	Ldr. I. 3. 3.
ZW 11	Ldr. I. 13.
ZW 13	Ldr. I. 33.
ZW 17	Ldr. 3. 2.
ZW 64	Ldr. I. 23. 2, I. 42. 2. 1.
ZW 65	Ldr. I. 33.
ZW 66	Ldr. I. 30.

Verfahrensrecht

ZW 3	Ldr. I. 45–46, II. 63.
ZW 38	Ldr. I. 45–46, I. 60, II. 63.
ZW 39	Ldr. II. 63.
ZW 41	Ldr. II. 37. 3.
ZW 54	Ldr. I. 63. 3–4.
ZW 55	Lnr. 67. 1.
ZW 89	Ldr. I. 53.

Obligationsrecht

ZW 19	Ldr. I. 6. 3, II. 5. 2.
ZW 20	Ldr. I. 70. 2.
ZW 23	Ldr. III. 33. 3. 4.
ZW 24	Ldr. I. 53. 3, I. 70. 2.
ZW 25	Ldr. I. 5.
ZW 26	Ldr. II. 41. 2.
ZW 28	Ldr. III. 39.
ZW 53	Lnr. 3, 21. 1. 76.

Strafrecht

ZW 14	Ldr. II. 64.
ZW 29	Ldr. III. 6. 1.
ZW 30	Ldr. II. 69.
ZW 31	Ldr. III. 78. 7.
ZW 33	Ldr. III. 35. 2.
ZW 34	Ldr. II. 13. 1.
ZW 35	Ldr. II. 66. 1, 72. 2.
ZW 49	Ldr. II. 13. 4.
ZW 51	Ldr. III. 6. 1.
ZW 73	Ldr. II. 40, II. 62.

Friedrich Ebel † (Berlin)

Von der Elbe zur Düna – Sachsenrecht in Livland, einer Gemengelage europäischer Rechtsordnungen

I. Allgemeines

Nochmals möchte ich Sie an die Gestade der Ostsee entführen, auf die Gefahr hin, daß manches Ihnen aus den bisherigen Vorträgen schon bekannt ist. Aber das ist das Risiko des Letzten. Das vorgegebene Thema zwingt mich dazu; es ist freilich nicht ohne meine Mitwirkung formuliert. Der ursprüngliche Ansatz „Lettland" erwies sich doch als zu eng. Die Letten (Latvji, Latvieši) dürften schon vor Chr. Geburt in ihre Siedlungsgebiete eingewandert sein, doch verschwindet der Name Lettland, der schon im Mittelalter nur vereinzelt aufgetaucht war, im 15. Jahrhundert fast völlig und wird vom Namen „Livland" verdrängt, bis „Lettland" erst im 19. Jahrhundert in der Literatur, ab 1918 als Staatsbezeichnung verwendet wird.[1] Im folgenden verstehe ich unter „Livland" das Land der Letten, Kuren, Semgaller, Selen und Liven, klammere das eigentlich hierher gehörende Estland wegen mancher mittelalterlicher Besonderheiten, vor allem der langen dänischen Herrschaft, hingegen zumeist aus.

Im 12. Jahrhundert[2] sind es zunächst die Dänen, die in Estland auftauchen, die Schweden in Kurland, endlich die Deutschen von Gotland (Wisby) aus. Von Osten her beeinflussen Russen das Land, vor allem auch kirchlich (orthodox), doch bleibt das nicht von Dauer.

Durch Deutsche wird seit dem 13., verstärkt dem 14. Jahrhundert, eine Landesherrschaft auf- und ausgebaut. Maßgeblich ist einmal die kirchliche Organisation, die sich aus der Missionstätigkeit deutscher Geistlicher ergab. Erster Bischof der Liven ist seit 1186 der Holsteiner Meinhard; das Bistum wurde dem Erzbistum Hamburg-Bremen unterstellt, eine auch für die Rechtsgeschichte wichtige Weichenstellung.

Im Zusammenhang mit dieser Gründung wurde weiter für den deutschen Einfluß folgenreich, daß Kreuzfahrerheere, gestützt auf päpstliche Bullen, die Missionierung vorantrieben. Es kommt zur Gründung des Schwertbrüderordens (*fratres miliciae Christi de Livonia*), der dem Bischof zur Obödienz verpflichtet war. 1201 erfolgt die Gründung der Stadt Riga. Durch einen Prozeß in Rom erhielten die Schwertbrüder ein Drittel der bisher erworbenen Gebiete. Später kam es zur Gründung des Bistums Kurland. 1237 wurden nach einer verheerenden Niederlage gegen Kuren, Semgaller und Litauer die Reste des Schwertbrüderordens dem

---

[1] Manfred Hellmann, Letten, in: Lexikon des Mittelalters (LexMA), hrsg. von Robert-Henri Bautier u. a., IX Bde., München 1980–1998, Bd. V, Sp. 1913.

[2] Zum folgenden statt aller Norbert Angermann/Manfred Hellmann/Heinz von zur Mühlen, Livland, in: LexMA V, Sp. 2045 ff.

Deutschen Orden einverleibt. Wie überall im Ordensland wurde die Besiedlung des Landes durch die deutschen Kolonialherren – so muß man sie wohl nennen – durch die Gründung von Städten begleitet, deren wirtschaftliche, politische und gesellschaftlich maßgebliche Schicht von Deutschen gebildet wurde; die vielfach so genannten „Undeutschen“[3] spielten nur eine größere Rolle im Handwerk und im örtlichen Kleinhandel. Verfassungsrechtlich dürfte gegen manche Zweifel heute feststehen, daß Livland im Mittelalter Bestandteil des Reichs geworden ist.[4]

In den Städten verloren nach dem Ausscheiden Auswärtiger aus den Gilden die Undeutschen als bloße Einwohner auch ihre rechtliche Gleichstellung.

II. Stadtrecht

Zu dem Teil Ihres Tagungsthemas, zu dem ich vielleicht am meisten beizutragen hätte – nämlich dem Magdeburger Recht – hat der Rechtshistoriker, der sich mit den baltischen Provinzen, also Livland, befaßt, freilich kaum etwas beizusteuern. Das wundert nicht, sind doch Reval und Riga, selbst Dorpat ostseegerichtet, nahezu logisch (gäbe es das denn in der Geschichte) auf die Seestädte der Hanse, namentlich Lübeck, orientiert, während das Magdeburger Recht bekanntlich nicht das Recht der Seestädte war, sondern seinen ungeheuren Erfolg im Rahmen des hier anzusprechenden europäischen Kulturtransfers als Stadtrecht der Binnenstädte hatte.

Eine einzige, am Rand des Gebiets gelegene und erst sehr spät erfolgte Ausnahme ist nur zu nennen: das Recht von Memel. Ihrem Ursprung nach ist Memel eine baltische Stadt und gehörte zu Kurland; erst im 14. Jahrhundert kam sie in den Herrschaftsbereich des Deutschen Ordens, behielt aber die besondere Stellung, die sie mit Kurland/Livland wie mit Preußen verband.[5] 1253 gegründet, wurden zunächst das Recht der Reichsstadt Dortmund und das von Lübeck gewissermaßen als Probesendung auf Bitten des Ordensmeisters von Livland und des Bischofs von Kurland an die Memel gesandt, wobei Lübeck obsiegte. Die anderen kurländischen Städte erhielten diese Bewidmung jedoch nicht mit. Der Rechtszug ging auch nicht nach Lübeck, sondern an die Landesherrschaft. Im 15. Jahrhundert, als Memel ein Seeräubernest war, ist aber kulmisches Recht an die Stelle des lübischen getreten,[6] und dieses – als Sonderform Magdeburger Rechts – mag diesen Exkurs rechtfertigen.

---

[3] Vgl. Paul Johansen/Heinz von Zur Mühlen, Deutsch und Undeutsch im Mittelalter, Reval 1973 (=Ostmitteleuropa in Vergangenheit und Gegenwart. 15).

[4] Dietmar Willoweit, Livland, das Reich und das Rechtsdenken, in: „Juristen werdent herren uf erden“, Recht – Geschichte – Philologie, Kolloquium zum 60. Geburtstag von Friedrich Ebel, hrsg. v. Andreas Fijal, Hans-Jörg Leuchte u. Hans-Jochen Schiewer, Göttingen 2006, S. 179–188.

[5] Gertrud Schubart-Fikentscher, Die Verbreitung der deutschen Stadtrechte in Osteuropa (=Forschungen zum deutschen Recht. Bd. IV, H. 3), Weimar 1942, S. 374 ff.

[6] Vgl. zuletzt Wilhelm Ebel, Lübisches Recht I, Lübeck 1971, S. 85 f.

Für die livländische Hauptstadt Riga, lange Zeit nach Lübeck und Danzig die größte Ostseestadt, haben wir einen anderen Zugriff auf unser Thema. Der Sachsenspiegel kann hier als wenigstens mittelbar relevant angeführt werden, wenn auch nur mit großer Zurückhaltung.

Riga erteilt gegen Ende des ersten Drittels des 13. Jahrhunderts dem estnischen Reval eine Stadtrechtsurkunde,[7] deren Quellen sich nicht exakt ausmachen lassen. Sächsische, d. h. norddeutsche Rechte scheinen den Hintergrund zu bilden. Vielleicht wurden einem aus Gotland stammenden älteren Text Willküren der Stadt Riga angehängt.[8] Lassen sich bei einem Großteil der Straftatbestände, die vor allem den ersten Teil der Urkunde ausmachen, landrechtliche Wurzeln nicht übersehen (Raubmord, Art. 2, Verwundung und Totschlag auf einer *via publica*, Art. 4, auch die peinlichen Strafen wie das Rad für den Mörder, Art. 2, das Talionsprinzip bei Tötung oder Körperverletzung *det vitam pro vita, collum pro collo*, Art. 3 oder *Manum pro manu, pedem pro pede*, Art. 7), so ist doch die häufige Erwähnung der Stadt als Empfänger von Teilen der Geldbuße echtes Stadtrecht ebenso wie der Verlust des Bürgerrechts, Art. 13, oder der Satz „Stadtluft macht frei", Art. 21. Die Beziehungen Rigas mit nordwestdeutschen Landschaften und Städten gibt auch ohne exakte Nachweisungen hinreichende Erklärungen für diese Sätze.

Zwischen 1225 und 1238 wurden durch Vermittlung des für die deutsche Rechtsgeschichte auch sonst wichtigen päpstlichen Legaten Wilhelm von Modena,[9] der einen Schiedsspruch zwischen der Stadt und ihrem Bischof erwirkte, die Rechte der Stadt festgestellt und nochmals die Verbindung nach Wisby auf Gotland deutlich.[10]

Den intensivsten Einfluß auf das Rigische Recht hat das Hamburger Ordeelbok von 1270[11] durch eine Rezeption nahezu in complexu zwischen 1279 und 1293.[12] Zu den bislang bekannten fünf Handschriften des Rigisch-Hamburgischen Rechts ist übrigens kürzlich eine weitere, von Hans-J. Schiewer in Rußland entdeckte sechste getreten.[13] Die Tatsache, daß nicht direkt das Lübische Recht, im 13. Jahrhundert schon durch zahlreiche codices verbreitet,[14] als Vorbild genommen

---

[7] Edition Jacob Gottlieb Leonhard Napiersky, Die Quellen des Rigischen Stadtrechts bis zum Jahre 1673, Riga 1876, S. 1 ff.

[8] Vgl. Napiersky, Quellen des Rigischen Stadtrechts (wie Anm. 7), S. XI ff.

[9] Vgl. Gustav Adolf Donner, Kardinal Wilhelm von Sabina, Bischof von Modena 1222–1234, Helsingfors 1929 (=Societas scientiarum fennica. Commentationes humanarum litterarum. H. 5).

[10] Zuletzt vgl. Norbert Angermann, Das Hamburgische Recht in Nordosteuropa, in: Die Stadt im europäischen Nordosten, hrsg. von Robert Schweitzer/Waltraud Bastmann-Bühner, Helsinki, Lübeck 2001, S. 65 ff.

[11] Edition Johann Martin Lappenberg, Die ältesten Stadt-, Schiff- und Landrechte Hamburgs, Hamburg 1845, S. 1 ff.

[12] Napiersky, Quellen des Rigischen Stadtrechts (wie Anm. 7), S. 51 ff.; zum Zeitpunkt der Übernahme vgl. Napiersky, ebd., S. XXXI, Anm. 1.

[13] Noch unveröffentlicht.

[14] Ausführliche Übersicht bei Ebel, Lübisches Recht I (wie Anm. 6), S. 194 ff.

wurde, ist viel diskutiert.[15] Vor allem auch politische Gründe werden dafür angeführt, gab es Ende des 13. Jahrhunderts doch erhebliche Spannungen zwischen Riga und Lübeck, vor allem den Handel mit Nowgorod betreffend.

Wie dem auch sei – für unser Generalthema ist das Ganze wichtig, weil das Hamburger Ordeelbok in Teilen so direkt auf dem Sachsenspiegel beruht,[16] daß seine Handschriften schon als Teilzeugen für die Landrechtsüberlieferung angesehen werden können.[17]

Daß das Rigische Stadtrecht mitsamt seinen Tochterquellen, insbesondere den Texten für Reval, wie auch die anderen (nichtlateinischen) Quellen des livländischen Rechts Mittelniederdeutsch abgefaßt sind, ist bei der Herkunft der Kolonialherren aus dem nordwestdeutschen Raum kein Wunder, doch maße ich mir hier keine philologische Kompetenz an. Die Wandlungen der Sprache, die hier einen eigenen baltendeutschen Sprachbezirk[18] bildet, hat jedenfalls in den Stadtrechtstexten neben den Urkunden eine ergiebige Quelle. Nicht nur die deutschen Inseldialekte im Raum der slawischen Sprachen, sondern auch die im Baltikum verdienen doch wohl eine nähere moderne Befassung.

Den Rechtshistoriker aber interessiert eher anderes, und es läßt sich am Rigischen Stadtrecht eine eigentümliche Beobachtung festmachen, die sich parallel in den noch zu behandelnden landrechtlichen Quellen findet, unter denen der Livländische Spiegel von 1322/37 eine besondere Rolle spielt, setzt ihn Karl August Eckhardt doch als Textzeugen der von ihm klassifizierten dritten deutschen Fassung des Sachsenspiegels (Ordnung I c).[19] Es ist die bewußte Redaktion, das Zuschneiden des Textes auf eigene Bedürfnisse der rezipierenden Instanz, die sich beim Rigischen Stadtrecht durch Weglassung einzelner Passagen bestimmten Inhalts erstreckt. Damit liegt eine Veränderung des Quellenbewußtseins vor, weg vom bloßen Dokument des Tradierten hin zur bewußten Rechtserneuerung.

Es handelt sich vor allem um das achte Stück des Ordeelboks, das Regelungen über das Gesinderecht enthält. Diese Regeln aus Hamburg sind durchaus sozial. Dem ohne Grund entlassenen Gesinde gebührt der volle Lohn. Das gilt auch bei Tod des Dienstherrn (VIII 1 und 2). Diese Vorschriften des Sachsenspiegels (LdR II, 32 §§ 2, 3 und I, 22 § 2) eliminierte man. Bei Heirat des Gesindes gab es im Ordeelbok ein freies Abzugsrecht (VIII, 3), wie es der Sachsenspiegel LdR II, 33 vorgesehen hatte. Bei Unfällen im Dienst behielten Knecht oder Magd ihren

---

[15] Vgl. Schubart-Fikentscher, Verbreitung deutscher Stadtrechte (wie Anm. 5), S. 506 ff.

[16] Otto Stobbe, Geschichte der deutschen Rechtsquellen, Erste Abtheilung, Braunschweig 1860, S. 509.

[17] Immer noch unentbehrlich Lappenberg, Stadt-, Schiff- und Landrechte Hamburgs (wie Anm. 9), S. LXIII ff.; zuletzt vgl. Angermann, Das Hamburgische Recht in Nordosteuropa (wie Anm. 10).

[18] Gisela Brandt (Hrsg.), Beiträge zur Geschichte der deutschen Sprache im Baltikum, Bd. 1–3, Stuttgart 1996–2003. Vgl. auch Dzintra Lele-Rozentale, Die mittelniederdeutschen Texte aus der Rigaer Ratskanzlei. Forschungsstand, -desiderate, -möglichkeiten, in: Deutsche Kanzleisprachen im europäischen Kontext, hrsg. v. Albrecht Greule, Wien 2001, S. 297–307.

[19] Karl August Eckhardt (Hrsg.), Das Landrecht des Sachsenspiegels (=Germanenrechte. 14), Göttingen 1955, S. 10.

Lohnanspruch (VIII, 5). All das wollte man in Riga offenbar nicht in Kraft setzen. Der Grund war sicher der, daß das Gesinde in Livland aus der einheimischen Bevölkerung stammte. Ein Satz wie der des Ordeelboks, daß bei Totschlag oder Verwundung eines Knechts im Dienste des Herrn dieser behandelt wurde, *ofte he borgher were, de wile dat he unseme borghere denende* (VIII, 4), war in Riga undenkbar.

Deutlich sichtbar wird die rechtlich schlechtere Behandlung der einheimischen Liven und Letten. Das Hamburger Recht wandelte sich in Riga eher zu einem deutlichen Kolonialrecht.

Im Wege der bewußten Textveränderung glich man also gleich bei Inkraftsetzen das übernommene Recht den eigenen Verhältnissen an. Das geschah ansonsten bei solchen Rezeptionen eher später im Gang der Rechtsprechung oder durch besondere Willküren.

Auch im übrigen wurde viel angepaßt, etwa bei Regeln über die Befugnisse des Vogts, der in Riga eher vom Rat, in Hamburg eher vom Stadtherrn abhängig war, über die Amtszeit von Bürgermeistern oder im Schiffsrecht.[20]

III. Land- und Ritterrecht

Schon in den frühesten, für Livland nachweisbaren Rechtstexten für die landsässige, meist ritterbürtige Bevölkerung, tauchen der Sache nach Vorschriften des Sachsenrechts auf. Zu nennen ist hier das Waldemar/Erichsche Lehnrecht, das ungeachtet seines Namens kaum dänische Einflüsse aufweist. Das Ehegüterrecht und das Näherrecht der Erben bei Veräußerungen weist sogar Ähnlichkeiten mit der Lex Saxonum auf.[21] Es finden sich sogar wörtliche Übernahmen aus dem Sachsenspiegel, (nämlich SspLdR I, 23, III, 29 und LehnR 3).

Auch das sog. älteste Ritterrecht enthält wörtliche Entlehnungen aus dem Sachsenspiegel. Dieser Nebenzweig an dem Blumenstrauß des Sachsenrechts ist, so scheint es, von der heutigen Forschung zu Unrecht wenig beachtet worden. Bereits v. Bunge hat feststellen können, daß das Ganze inhaltlich eher altertümlicher ist, als der Sachsenspiegel, so verwandt auch die Aufzeichnungen sind.[22] Das schmälert nicht Eikes Bedeutung, die vor allem ja auch in dem gewaltigen Erfolg liegt, den der Sachsenspiegel errungen hat, zeigt aber den Drang der Zeit zu schriftlicher Fixierung und Anpassung des Rechts.

---

[20] Vgl. Angermann, Das Hamburgische Recht in Nordosteuropa (wie Anm. 10), S. 70.
[21] Einzelheiten bei Friedrich Georg v. Bunge, Altlivlands Rechtsbücher, Leipzig 1879, S. 14 f.
[22] Vgl. ebd., S. 15 ff.

IV. Der Livländische Spiegel Land- und Lehnrechts

Vollends wichtig wird indessen das sächsische Rechtsbuch für den „Spiegel Land- und Lehnrechts für Livland“ aus dem Anfang des 14. Jahrhunderts.[23] Es ist dies nichts anderes als ein Auszug aus dem Sachsenspiegel, und zwar vor allem aus dem Landrecht. Dieser Auszug will ganz offensichtlich, ähnlich wie bei dem Rigischen Stadtrecht mit der hamburgischen Vorlage verfahren wurde, nur das aufnehmen, was praktisches Recht darstellt. Alles was nicht unmittelbar für die einheimische Rechtsprechung wichtig war, wurde weggelassen. So ist fast alles Geschichtliche eliminiert. Die Verfassung des Reichs wird übergangen. Livlands Territorien werden zwar als Bestandteile des Reichs aufgefaßt,[24] aber nur als Marken, so daß die Landesherren des Baltikums für den Epitomator die Stellung von Markgrafen einnahmen. Papst und Kaiser, Heerschild und Regalien, die Gerichtsbarkeit überhaupt werden nicht übernommen. Der gerichtliche Zweikampf war zumeist abgeschafft, also wurden die Regeln des Sachsenrechts nicht rezipiert. Juden gab es wohl kaum im Lande, deswegen erscheinen sie auch nicht in diesem Rechtsbuch. Selbst die berühmt-berüchtigte Kalephurnia[25] erscheint nur abstrakt als ein *wif, de in dem rechten missbarde van torne, do er wille nicht mochte vortgan* (LivlSp II, 53).

Auch sonst wurde viel geändert und angepaßt bis hin zu den Regeln über Feld- und Flurmaße. Ganz sorgfältig war man nicht stets, doch ist das unter den Verhältnissen der Zeit zu beurteilen. Interessant, daß die gesindefreundlichen Bestimmungen des Sachsenspiegels, anders als im Stadtrecht, bestehen blieben (LivlSp I 15, II; 29). Grundlage war sicher eine sehr alte Fassung des Sachsenspiegels, die den Weg an die Ostsee gefunden haben muß. Daß Begriffsbezeichnungen dem Ortsgebrauch angepaßt wurden, wie etwa die Ersetzung des *Dreißigsten* durch die *Mantveste* (LivlSp I, 14), sei nur marginaliter angemerkt. Bemerkenswert ist die Begünstigung eines Lehnsmannes des Stifts bei Konkurrenz zu einem Auswärtigen bei Beanspruchung eines Gutes (LivlSp III, 57).

Weitere Texte des in Livland aufgezeichneten Rechts will ich hier nicht aufzählen. Resümierend kann man jedenfalls sehen, daß modernisierend eingegriffen worden war in das aus dem Reich importierte Rechtsgut.

So sind die ja wohl stets unpraktisch gebliebenen 72 Zeugen bei der Schuld nach toter Hand einem Drei-Zeugen-Beweis gewichen (LivlSp I, 4), im Magdeburger Recht waren es noch sieben.[26] Typisch ist auch das Hervorheben des Ge-

---

[23] Edition ebd., S. 95 ff. Die Entsprechungen zu den im Text zitierten Stellen des Livländischen Spiegels (LivlSp) sind über die Konkordanztabellen ebendort S. 46 ff. aufzufinden. Vgl. weiter Leo Leesment, Über das Alter des Livländischen Rechtsspiegels, in: Zeitschrift der Savigny-Stiftung für Rechtsgeschichte, Germanistische Abteilung (ZRG GA) 50 (1930), S. 171 ff.

[24] S. o. Willoweit, Livland, das Reich (wie Anm. 4).

[25] SspLdR II, 63.

[26] Friedrich Ebel, Unseren fruntlichen grus zuvor. Deutsches Recht des Mittelalters im mittel- und osteuropäischen Raum. Kleine Schriften, Köln 2004, S. 423 ff., hier S. 470.

schäftszeugen, also des Beweismittels, das eher rational ist als der Leumundszeuge, etwa bei der Schulderfüllung (LivlSp I, 58 und 69).[27]

Es ist dies ein typischer Zug der Entwicklung und Entfaltung von Kolonialgesellschaften, die vielleicht schon wegen der unterschiedlichen Herkunft der Siedler sich unabhängiger gegenüber der Autorität des guten alten Rechts fühlten, als es bei kontinuierlicher Ausdehnung von Siedlungs- und Rechtsbezirken denkbar gewesen wäre. Recht ist hier eher machbar, auch wenn man von den Vorlagen abhängt. Daß für eine echte Rezeptionsforschung sich hier eine Fülle von Aufgaben stellt, muß nach alledem nicht näher begründet werden.

[27] Zum Problem zuletzt Karin Nehlsen-von Stryk, Die Krise des „irrationalen“ Beweises, in: ZRG GA 117 (2001), S. 1 ff.

Christian Hannick (Würzburg)

Die andere Tradition: Byzantinische Einflüsse auf osteuropäische Rechtsquellen

Die Erforschung der Rechtsquellen und Rechtsdenkmäler im osteuropäischen Raum, namentlich in der Kiever Rus' und im Moskauer Herrschaftsgebiet, hat bereits eine lange Tradition. In der Epoche, in welcher der große Slavist Vatroslav Jagić (1838–1923) seine monumentalen Ausgaben der neu gefundenen altkirchenslavischen Evangelien vorlegte, im letzten Viertel des 19. Jahrhunderts, arbeitete der tschechische Rechtshistoriker und Beamte am Wiener Kultusministerium Hermenegild Jireček (1827–1909)[1] an einer Sammlung der slavischen Gesetze (*Svod zákonův slovanských*), die in Prag 1880 erschien. Den Hauptteil dieses umfangreichen Werkes machen die „russischen und litauischen Gesetze" aus, angefangen mit den Handelsverträgen der Kiever Rus' mit dem byzantinischen Staat aus der ersten Hälfte des 10. Jahrhunderts, wie sie auf Altrussisch in der Kiever Chronik überliefert sind.[2] Es folgen die *Russkaja pravda* in zwei Redaktionen, einige „Verordnungen" (ustavnye gramoty) aus dem nordwestlichen russischen Raum, dann der berühmte erste *Litovskij statut* von 1529.[3] In vier weiteren Teilen ediert Jireček Rechtsdenkmäler aus Serbien, Kroatien, Tschechien und Polen.[4] In der Vorrede (S. III) betont Jireček, daß die Slaven bereits in der vorchristlichen Zeit den Begriff des „Gesetzes" (zakon) kannten und erwähnt in diesem Zusammenhang den merkwürdigen Passus in *De administrando imperio* von Kaiser Konstantinos VII. Porphyrogennetos aus der Mitte des 9. Jahrhunderts, in welchem Konstantin über die Bräuche der Pečenegen bzw. Chazaren bei der Eidablegung bzw. bei der Erhebung des Führers auf den Schild berichtet. Dabei verwendet er das Wort ζάκανον, selbstverständlich eine Entlehnung aus slav. zakon.[5] Zu dem in der Vorrede (S. IV) angekündigten *Slovník právnických*

[1] Ab 1881 geadelt als „Ritter von Samokov". Über ihn vgl. Petr Čornej, in: Lexikon české literatury. Osobnosti, díla, instituce [Lexikon der tschechischen Literatur. Persönlichkeiten, Werke, Institutionen], hrsg. von Vladimír Forst, Bd. 2, Praha 1993, S. 555–557 sowie Stanislaus Hafner, Geschichte der Österreichischen Slawistik, in: Beiträge zur Geschichte der Slawistik in nichtslawischen Ländern, hrsg. von Josef Hamm, Günther Wytrzens (=Österreichische Akademie der Wissenschaften, Schriften der Balkankommission, Linguistische Abteilung. 30), Wien 1985, S. 51.

[2] Vgl. die neue Untersuchung von Jana Malingoudis, Die russisch-byzantinischen Verträge des 10. Jhs. aus diplomatischer Sicht, Thessalonike 1994 (=Βιβλιοθήκη σλαβικῶν μελετῶν. 5) und die Besprechung von Jonathan Shepard, in: Russia mediaevalis 9/1 (1997), S. 179–184.

[3] Neueste Ausgabe durch ein Kollektiv der Universität Vilnius und des Instituts für Geschichte der Litauischen Akademie der Wissenschaften unter der Redaktion von S. Lazutka, Pirmasis Lietuvos Statutas. Tekstai senąja baltarusių, lotynų ir senąja lenkų kalbomis – Pervyj Litovskij Statut. Teksty na starobelorusskom, latinskom i staropol'skom jazykach [Das erste litauische Statut. Texte in weißrussischer, lateinischer und altpolnischer Sprache], II/1, Vilnius 1991.

[4] Siehe dazu u. a. Józef Matuszewski, Najstarszy zwód prawa polskiego [Die älteste Schicht des polnischen Rechts], Warszawa 1959 (mit Betonung des Einflusses des Sachsenspiegels S. 81 ff.).

[5] Constantine Porphyrogenitus, De administrando imperio, Greek Text edited by Gy. Moravcsik,

výrazů [Lexikon der juristischen Ausdrücke] auf der Grundlage aller erreichbaren Denkmäler kam jedoch Jireček nicht mehr.

In der zweiten Hälfte des 20. Jahrhunderts erschienen in der Sowjetunion zwei mehrbändige Reihen: *Pamjatniki russkogo prava* [Denkmäler des russischen Rechts] in acht Bänden (Moskva 1952–1961) sowie die neunbändige Reihe *Rossijskoe zakonodatel'stvo X–XX vv.* [Russische Gesetzgebung des 10.–20. Jhs.] (Moskva 1984–1994). Neben Editionen zahlreicher Urkunden sei auch hier auf die Reihe *Russkij diplomatarij* [Russisches Diplomatarium] unter der Redaktion von A. V. Antonov hingewiesen, in der seit 1997 in Moskau bei dem Archivdienst der Russischen Föderation und dem Russischen Staatsarchiv für alte Urkunden acht Bände erschienen sind.[6]

Der russische Rechtshistoriker Jaroslav N. Ščapov (geb. 1928) legte mehrere Monographien zu den ältesten Fürstenverordnungen der Kiever Rus' vor.[7] Eine besondere Würdigung verdient die kommentierte französische Übersetzung von Marc Szeftel und Alexandre Eck, *Documents de droit public relatifs à la Russie médiévale* (Bruxelles 1963). Ebenfalls sei hier das umfangreiche Werk des dänischen Slavisten Knud Rahbek Schmidt (1915–1986), *Soziale Terminologie in russischen Texten des frühen Mittelalters (bis zum Jahre 1240)* (Kopenhagen 1964) genannt.[8] Ein beträchtlicher Teil des Materials bei Rahbek Schmidt stammt aus juristischen Texten vornehmlich der zivilen Jurisprudenz. In den letzten Jahren wurde immer mehr das Bedürfnis nach Lexika zum Rechtswesen und zu den Institutionen in Altrußland empfunden. Hier seien die umfangreichen Verzeichnisse von Denise Eeckaute, *Thesaurus des institutions de l'ancienne Russie (XIe–XVIIIe siècle)*, Bd. I: *Le monde rural* (Paris 1986) und Giancarlo Giraudo, G. Maniscalco Basile, *Lessico giuridico, politico ed ecclesiastico della Russia del XVI sec.* (Rom 1994) zu nennen.

English Translation by R. J. H. Jenkins (=Corpus fontium historiae byzantinae. 1), Washington 1967, S. 56 (8, 17), 172 (38, 52); vgl. auch Konstantin Bagrjanorodnyj, Ob upravlenii imperiej [Über die Verwaltung des Reiches], hrsg. von G. G. Litavrin, A. P. Novosel'cev, Moskva 1989, S. 290 (Anm. 5), 393 (Anm. 18); vgl. auch Peter Schreiner, Slavische Lexik bei byzantinischen Autoren, in: Festschrift für Herbert Bräuer zum 65. Geburtstag am 14. April 1986, hrsg. von Reinhold Olesch, Hans Rothe, Köln, Weimar, Wien 1986, S. 485 f.

[6] Zur Zielsetzung dieser Publikation siehe A. V. Antonov, Russkij diplomatarij – Real'nost' i perspektivy [Russisches Diplomatarium – Realität und Perspektiven], in: Russkij Diplomatarij 6 (2000), S. 241–246.

[7] Jaroslav N. Ščapov, Knjažeskie ustavy i cerkov' v Drevnej Rusi XI–XIV vv. [Die fürstlichen Statuten und die Kirche in Altrußland vom 11.–14. Jh.], Moskva 1972; ders., Drevnerusskie knjažeskie ustavy XI–XV vv. [Die altrussischen fürstlichen Statuten des 11.–15. Jhs.], Moskva 1976; ders., Vizantijskoe i južnoslavjanskoe pravovoe nasledie na Rusi v XI–XIII vv. [Byzantinische und südslavische Rechtstradition in Rußland vom 11.–13. Jh.], Moskva 1978. Siehe auch von demselben Herausgeber den bibliographischen Führer Drevnerusskie pis'mennye istočniki X–XIII vv. [Altrussische schriftliche Quellen des 10.–13. Jhs.], Moskva 1991.

[8] Über ihn vgl. Knud Jordal, Slavonic Studies in Denmark, in: Giovanna Brogi Bercoff, Pierre Gonneau, Heinz Miklas (Hrsg.), Contribution à l'histoire de la slavistique dans les pays non slaves (=Österr. Akad. Wiss., Phil.-hist. Kl., Schriften der Balkan-Kommission. 46), Wien 2005, S. 214.

Auf der anderen Seite, wie aus der Kulturgeschichte des osteuropäischen Raums zu erwarten, verfügen wir ab der Kiever Zeit über ein umfangreiches Corpus an Quellen des Kirchenrechts als Übersetzung aus der byzantinischen Tradition oder als selbständige altrussische Abhandlungen, die als Beleg für den äußerst fruchtbaren byzantinischen Strang im Kirchenrecht Altrußlands gelten.[9] Mit diesen Denkmälern hat sich v. a. Vladimir Beneševič (1874–1938) in der ersten Hälfte des 20. Jahrhunderts beschäftigt.[10] Kirchenrechtliche Sammlungen tragen bei den orthodoxen Slaven oft die Bezeichnung *Kormčaja kniga*, eine Übersetzung vom griechischen *Πηδάλιον* oder „Ruderbuch, Steuermannsbuch".[11]

Dies führt uns sofort zu zwei für unsere Thematik zentralen Fragen, nämlich erstens die Verbindungen zwischen Sammlungen kirchenrechtlicher und ziviler Rechtsdenkmäler und zweitens die Überlieferungswege der byzantinischen rechtlichen Texte in der Kiever Rus' und später im Moskauer Herrschaftsgebiet, ausgehend von den südslavischen Ländern, Bulgarien und Serbien.

Es gilt als ein Merkmal der byzantinischen orthodoxen Kultur, welches die orthodoxen Slaven in Südost- und Osteuropa übernommen haben, daß Rechtsbestimmungen kirchlicher und ziviler Herkunft gesammelt überliefert wurden, wenn sie dieselbe Thematik betreffen. Daher erklärt sich der Begriff *Nomokanon* als gesetzliches Corpus, das von den kirchlichen Instanzen und vom Staat, d. h. vom Kaiser, erlassene Bestimmungen enthält. Der berühmte Kanonist und Kardinal-Bibliothekar der römischen Kirche Jean Baptiste Pitra (1812–1889) war vermutlich der erste, der aus römisch-westlicher Sicht seine Verwunderung über diesen Zustand in seinem zweibändigen Werk *Iuris ecclesiastici Graecorum historia et monumenta*[12] äußerte und den *Nomokanon* als Gattung mit folgenden Worten charakterisierte: „Iam utrique Nomocanoni si commune hoc primum vitium est, caesareas et ecclesiasticas leges promiscuo nomine comminisci, alia utriusque operis fama et fortuna fuit."[13] Pitra verwendet dabei allerdings nicht den Begriff

---

[9] Vgl. Bibliographie zur Rezeption des byzantinischen Rechts im alten Rußland sowie zur Geschichte des armenischen und georgischen Rechtes, hrsg. von Ludwig Burgmann, Hubert Kaufhold, Frankfurt a. M. 1992 (=Forschungen zur byzantinischen Rechtsgeschichte. 18).

[10] Über ihn vgl. Igor' Petrovič Medvedev, V. N. Beneševič, Sud'ba učenogo, sud'ba archiva [V. N. Beneševič: Schicksal eines Gelehrten, Schicksal eines Archivs], in: Archivy russkich vizantinistov v Sankt-Peterburge [Archive russischer Byzantinisten in St. Petersburg], hrsg. von I. P. Medvedev, St. Peterburg 1995, S. 339–388. Von seinen zahlreichen Veröffentlichungen sei hier genannt: Drevne-slavjanskaja Kormčaja XIV titulov bez tolkovanij [Altslavische Rechtssammlung in 14 Titeln ohne Kommentar], Bd. I., St. Peterburg 1906 (Nachdr. mit Einleitung von Jürgen Dummer, Leipzig 1974); Bd. II., hrsg. von Jaroslav N. Ščapov, Sofija 1987 (dort auch Bibliographie von Beneševič, S. 258–262).

[11] Ivan Žužek, Kormčaja kniga. Studies on the Chief Code of Russian Canon Law, Roma 1964 (=Orientalia Christiana Analecta. 168).

[12] I: A primo p. C. n. ad VI saeculum; II: A VI ad IX saeculum, Roma 1864, 1868 (Nachdr., Roma 1963).

[13] Canonum Graecorum collectiones III: Nomocanon XIV titulorum, Bd. II, S. 433; vgl. dazu Miodrag M. Petrović, Ὁ Νομοκάνων εἰς ΙΔ' τίτλους καὶ οἱ βυζαντινοὶ σχολιασταί. Συμβολὴ εἰς τὴν ἔρευναν τῶν θεμάτων περὶ σχέσεων Ἐκκλησίας καὶ Πολιτείας καὶ τῶν ἐπισκόπων Παλαιᾶς καὶ Νέας Ῥώμης [Der Nomokanon in 14 Titeln und die byzantinischen Kommentatoren. Abhandlung zum

„Cäsaropapismus“, wie ein späterer römischer Forscher, der Jesuit Žužek, in seiner Abhandlung über die *Kormčaja kniga* glaubhaft machen will.[14] Es lohnt sich nach wie vor in diesem Zusammenhang den umfangreichen *Prologus* zu der kanonistischen Sammlung in XIV Titeln zu lesen, die als normale Form des *Nomokanon* gilt, um die Absicht des Verfassers bei der Zusammentragung kirchlicher und ziviler Gesetzgebung einschätzen zu können: „Haec dum ipse mecum animo reputo, veteremque cuiusdam ex sapientibus externis sententiam ad sacras traducens sanctiones, quumque mihi persuasum sit, leges inventum Dei esse ac donum, ac simul prudentum divinorumque hominum dogma“.[15] Im griechischen Text steht τῶν ἔξω σοφῶν [der äußeren Gelehrten], ex sapientibus externis, wobei οἱ ἔξω [die äußeren] ab dem 6. Jahrhundert, z. B. in der *Topographia christiana* des Kosmas Indikopleustes,[16] das nicht genuin christliche Element in der Synthese der griechisch-orthodoxen Kultur bezeichnet. Die Verbindung von kirchlicher und ziviler Gesetzgebung in einer Sammlung wird damit auf dieselbe Ebene gestellt wie die Assimilation der antiken Philosophie im christlichen Denken, gewiß unter Wahrung des Primats der Heiligen Schrift.

An anderen Stellen im *Prologus* erläutert der Verfasser der kanonistischen Sammlung, der in der älteren Forschung mit dem Patriarchen Photios gleichgesetzt wurde,[17] nunmehr aber, nach den bahnbrechenden Studien von Beneševič,[18] als anonymer Kompilator aus der ersten Hälfte des 7. Jahrhunderts gilt,[19] seine Absicht wie folgt: „Ubi vero utilem ad eiusmodi canonicas scripturas civilem legislationem arbitratus sum, ex ea pauca quaedam eaque brevia ad similia capita aptavi, postquam in peculiari huiusce libri loco, eorum quae sive ex imperatorum decretis, sive ex prudentum interpretationibus, ad ecclesiasticam disciplinam pertinent, brevem aliquam, collectionis ad instar, exegi expositionem, tum ut memoriam excitarem, tum ad integram rerum indagationem lectores deducturus.“[20]

Thema der Beziehungen zwischen Kirche und Staat und der Bischöfe des alten und des neuen Roms] (Diss. Theol.), Athinae 1970.

[14] Žužek, Kormčaja kniga (wie Anm. 11), S. 16.

[15] Nach der Übersetzung von Pitra, Monumenta II, S. 445. Griechischer Text ebendort sowie bei Beneševič, Drevne-slavjanskaja Kormčaja (wie Anm. 10) I, S. 1 f. und auch bei G. A. Rhalles, M. Potles, Σύνταγμα τῶν θείων καὶ ἱερῶν κανόνων [Zusammenstellung der göttlichen und heiligen Kanones] I, Athinae 1852, S. 5.

[16] Vgl. Wanda Wolska-Conus, Cosmas Indicopleustès, Topographie chrétienne III. (=Sources chrétiennes. 197), Paris 1973, S. 396 f.

[17] So auch bei Rhalles, Potles, Σύνταγμα I (wie Anm. 15), S. 5: „Φωτίου, πατριάρχου Κωνσταντινουπόλεως, εἰς τὸν Νομοκανόνα πρόλογος“ [„Des Photios, Patriarch von Konstantinopel, Prolog zum Nomokanon“].

[18] Vladimir N. Beneševič, Kanoničeskij sbornik XIV titulov so vtoroj četverti VII veka do 883 g. K drevnejšej istorii istočnikov prava greko-vostočnoj cerkvi [Kanonistische Sammlung in 14 Titeln aus dem zweiten Viertel des 7. Jhs. vor 883. Zur ältesten Geschichte der Quellen des Rechts der griechisch-orientalischen Kirche], St. Peterburg 1905 (Nachdr. mit Einleitung von Jürgen Dummer, Leipzig 1974), S. 52–86 (Sostav predislovija).

[19] Petrović, Ὁ Νομοκάνων (wie Anm. 13), S. 17 ff.

[20] Nach der Übersetzung von Pitra, Monumenta II, S. 447; Beneševič, Drevne-slavjanskaja Kormčaja, S. 4; Rhalles, Potles, Σύνταγμα I, S. 7.

Was den Begriff *Nomokanon* anbelangt, so dürfte die noch von Pitra tradierte ältere Auffassung, wonach dieses Wort erst im 11.–12. Jahrhundert bei den großen Kanonisten Theodoros Balsamon und Johannes Zonaras oder kurz davor bei Michael Psellos in Gebrauch kam, kaum noch Bestand haben.[21] Vielmehr scheint der Begriff unter Kaiser Herakleios in der ersten Hälfte des 7. Jahrhunderts entstanden zu sein.[22] Auf jeden Fall ist *Nomokanon* in der slavischen Vita des Slavenlehrers Methodios cap. XV.4 mit der Erklärung *zakonu pravilo = legis regula* bereits bezeugt.[23] Diese Vita entstand im ausgehenden 9. Jahrhundert und ist handschriftlich ab dem 12. Jahrhundert überliefert.[24] Auf diese Stelle komme ich noch später zu sprechen. Es sei aber hervorgehoben, daß die Bezeichnung der ersten Kompilation von kirchlichen und zivilen Gesetzen in 14 Titeln, die die Gattung des *Nomokanon* einleitet, ebenfalls *Syntagma* heißt, während der anonyme Verfasser des *Prologus* von *Synagoge* spricht.

Bevor wir uns dem zweiten Merkmal der slavischen Rechtsdenkmäler in Osteuropa, nämlich der textlichen Vermittlung über die südslavischen Länder Bulgarien und Serbien, zuwenden, ist es notwendig, auf die ersten Übertragungen von Rechtsdenkmälern aus dem Griechischen ins Altslavische einzugehen. Die bereits erwähnte *Vita Methodii*, die kurz nach dem Tod Methods 885 im Kreis seiner Schüler entstand und die bereits in einer altrussischen hagiographischen Sammelhandschrift aus dem 12.–13. Jahrhundert, dem berühmten *Uspenskij sbornik* enthalten ist,[25] berichtet gegen Ende der Erzählung im Kapitel XV: „Denn zusammen mit dem Philosophen (d. h. seinem Bruder Konstantin-Kyrill) hatte er (Method) nur den Psalter sowie das Evangelium mit dem Apostel und mit ausgewählten kirchlichen Offizien schon früher übersetzt. Damals aber übersetzte er auch einen Nomokanon – das ist ein Gesetzbuch – und Schriften der Väter."[26] Die

---

21 Pitra, Monumenta II, S. 433, Anm. 2.

22 Vgl. Ludwig Burgmann, Art. Nomokanon, in: Lexikon des Mittelalters, Bd. VI, München, Zürich 1993, Sp. 1229 f.; G. W. H. Lampe, A Patristic Greek Lexicon, Oxford 1968, S. 919 bringt für νομοκανών (so akzentuiert!) nur einen einzigen Beleg aus der Edition des Nomokanon von Cotelerius (Paris 1677), vermerkt aber auch νομοκάνονον in den Scholien zu can. 2 des Concilium in Trullo aus dem Jahr 692 (Pitra, Monumenta II, S. 651); siehe auch die überreichen Angaben s. v. in Charles du Fresne Du Cange, Glossarium ad scriptores mediae et infimae graecitatis, Lyon 1688, S. 1002, mit Hinweis auf beide Formen der Akzentsetzung (νομοκανών/νομοκάνων) bereits in der mittelbyzantinischen Zeit.

23 Fran Grivec, Fran Tomšič, Constantinus et Methodius Thessalonicenses Fontes (=Radovi Staroslavenskog instituta. 4), Zagreb 1960, S. 164.

24 Uspenskij sbornik XII–XIII vv. [Die Uspenskij-Sammlung aus dem 12.–13. Jh.], ed. O. A. Knjazevskaja, V. G. Demjanov, M. V. Ljapon, Moskva 1971, S. 197 (f. 108va, Z. 31 f.).

25 Vgl. Anm. 24 und die umfangreiche Literatur in: Svodnyj katalog slavjano-russkich rukopisnych knig, chranjaščichsja v SSSR, XI–XIII vv. [Gesamtkatalog der slavisch-russischen Handschriften, die in der UdSSR aufbewahrt sind, 11.–13. Jh.], Moskva 1984, Nr. 165, S. 182–185.

26 Josef Bujnoch, Zwischen Rom und Byzanz. Leben und Wirken der Slavenapostel Kyrillos und Methodios nach den Pannonischen Legenden und der Klemensvita (=Slavische Geschichtsschreiber. 1), Graz, Wien, Köln 1972, S. 124; Norbert Randow, Die Pannonischen Legenden, Berlin 1972, S. 60 und Joseph Schütz, Die Lehrer der Slawen Kyrill und Method, St. Ottilien 1985, S. 103 übersetzen „das heißt eine (bzw. die) Gesetzesregel"; Vittorio Peri, Cirillo e Metodio. Le biografie paleoslave, Milano 1981, S. 112 übersetzt: „cioè la regola della disciplina".

lateinische Übersetzung des slovenischen Theologen und profunden Kenners der kyrillo-methodianischen Problematik Fran Grivec (1878–1963)[27] ist klarer: „Psalterium enim tantum et evangelium cum apostolo et electis officiis ecclesiasticis cum philosopho antea converterat. Tunc autem et nomocanonem id est legis regulam et patrum libros transtulit."[28]

Der französische Slavist André Vaillant (1890–1977) vermerkt zu diesem Passus, den er „la règle de la loi" übersetzt, daß es sich um eine Übertragung des griechischen Begriffs *νομοκανών* handelt und sicherlich als Glosse zu interpretieren ist.[29] Es ist nicht ohne Belang festzustellen, daß derselbe Ausdruck *zakonu pravilo*, der in der *Vita Methodii* als Glosse zu *nomokanon* gilt, in der Überschrift der *kormčaja* aus Novgorod aus dem Jahr 1280 ebenfalls neben *nomokanon* vermerkt wird: „Knigy glagolemyja kъrmičija, rekъše pravilo zakonu, Grecьkymь jazykomь nomokanonъ" [„Buch genannt Ruderbuch, d. h. Ordnung des Gesetzes, in griechischer Sprache Nomokanon"].[30]

Außer bei dem Psalterium und vielleicht dem Apostolos bleiben Umfang und genauer Inhalt der in der *Vita Methodii* XV angeführten ersten Übersetzungen aus dem Griechischen ins Altslavische höchst umstritten. In der neueren Forschung, sowohl in Rußland als auch in Tschechien, in Bulgarien oder in Westeuropa, besteht kein Zweifel darüber, daß der von Method übersetzte *Nomokanon* nach Aussagen der *Vita Methodii* XV das *Syntagma L titulorum* darstellt, das als eine Kompilation des Patriarchen von Konstantinopel Ioannes Scholastikos (565–577) gilt.[31] Dort wird in systematischer Anordnung kirchenrechtliches Material bis zum Konzil von Chalkedon sowie zivilrechtliche Verordnungen, die kirchliche Materie betreffen, aus 12 Novellen des Justinian aus der sog. *Collectio LXXXVII capitulorum* verarbeitet.[32] Die altslavische Übersetzung des *Nomokanon* ist lediglich in Handschriften russischer Provenienz überliefert, angefangen mit der *Ustjužskaja kormčaja* aus dem Ende des 13.-Anfang des 14. Jahrhunderts.[33]

---

[27] Vgl. Marija Pantelić, Život posvećen ćirilometodskoj problematici. Povodom 85–godišnjice života prof. dra Frana Grivca [Ein der kyrillomethodianischen Problematik gewidmetes Leben. Aus Anlaß des 85. Jubiläums von Prof. Dr. Fran Grivec], in: Slovo 13 (1963) S. 177–193 (mit Bibliographie).

[28] Grivec, Tomšič, Fontes (wie Anm. 23) S. 234 f.

[29] André Vaillant, Textes vieux-slaves II: Traductions et notes (=Textes publiés par l'Institut d'Études slaves. 8/2), Paris 1968, S. 42, 46.

[30] Izmail Ivanovič Sreznevskij, Materialy dlja slovarja drevne-russkogo jazyka po pis'mennym pamjatnikam [Materialien zu einem Wörterbuch der altrussischen Sprache nach den schriftlichen Denkmälern] II, St. Peterburg 1895 (Nachdr., Moskva 1958), S. 466. Zu dieser Handschrift vgl. Svodnyj katalog Nr. 183, S. 207–210 sowie Žužek, Kormčaja kniga (wie Anm. 11), S. 38–41 und Ščapov, Vizantijskoe i južnoslavjanskoe (wie Anm. 7), S. 217 ff.

[31] So auch im Kommentar zur Übersetzung von Grivec, Tomšič, Constantinus (wie Anm. 23), S. 235 sowie bei Dimšo Perić, Crkveno pravo [Kirchenrecht], Beograd 1997, S. 67 f. Maßgeblich bleibt die Dissertation von Heinrich Felix Schmid, Die Nomokanonübersetzung des Methodius. Die Sprache der kirchenslavischen Übertragung der Συναγωγή [Sammlung] des Johannes Scholasticus in 50 Titeln in der russisch-kirchenslavischen Ust'južskaja Kormčaja aus dem XIII. Jh., Leipzig 1922 (=Veröffentlichungen des baltischen und slavischen Instituts an der Universität Leipzig. 1).

[32] Vgl. Josef Vašica, in: Magnae Moraviae fontes historici IV: Leges, textus iuridici, supplementa (=Opera Universitatis Purkynianae Brunensis, facultas philosophica. 156), Brno 1971, S. 205.

[33] Svodnyj katalog Nr. 476, S. 364–367; vgl. Kirill Maksimovič, Aufbau und Quellen des altrussi-

In derselben Handschrift der *Ustjužskaja kormčaja* sowie in der *Kormčaja* aus Novgorod aus dem Jahr 1280 befindet sich ein weiteres rechtliches Denkmal, das aus der ältesten Zeit des slavischen Schrifttums stammen dürfte, der sog. *Zakon sudnyj ljudem* oder „Strafrecht für Laien",[34] eine Teiladaption der *Ecloga*[35] mit starkem Vorherrschen des Strafrechts (24 von 33 Kapiteln), dann des Scheidungsrechts sowie Verordnungen zur Sklaverei, Zeugenvernehmung, Kriegsbeute. Die *Ecloga* oder *Ἐκλογὴ τῶν νόμων* [Auswahl aus den Gesetzen] wurde von den byzantinischen Kaisern aus der isaurischen Dynastie Leo III. und Konstantinos V. sehr wahrscheinlich im März des Jahrs 741 promulgiert.[36] In Teilen der *Kormčaja kniga* erkennen andere Forscher den Einfluß des *Procheiros nomos*,[37] eines zivilrechtlichen Kompendiums, das wahrscheinlich 907 unter Kaiser Leo VI. erlassen wurde.

Die *Vita Methodii* berichtet von der Übersetzung von nur einem rechtlichen Kompendium, dem *Nomokanon.* Nachdem früher die Ansicht herrschte, der *Zakon sudnyj ljudem* sei im Bulgarien des 10. Jahrhunderts entstanden,[38] nimmt man heute öfter an, daß auch dieses Denkmal mit der Tätigkeit der Slavenlehrer Kyrill und Method in Verbindung steht und somit vor 885 entstand, wie v. a. von Vašica und zuletzt von Maksimovič vertreten.[39] Damit ist allerdings der Entstehungsort der altslavischen Übersetzung des *Nomokanon* und des *Zakon sudnyj ljudem* nicht geklärt. Der bereits von mehreren Forschern, vornehmlich aus Rußland in der vorrevolutionären Zeit, vermutete Einfluß des westlichen römischen Rechts in der

---

schen Ustjuger Nomokanons, in: Fontes minores X, hrsg. von Ludwig Burgmann (=Forschungen zur byzantinischen Rechtsgeschichte. 22), Frankfurt a. M. 1998, S. 477–508 (mit reichhaltiger Literatur S. 487–492).

34 Ediert, übersetzt und kommentiert durch Josef Vašica und Karel Haderka, in: Magnae Moraviae fontes historici IV, S. 147–198. Siehe auch die umfangreiche Monographie von Venelin Ganev, Zakonъ sudnyj ljudьmъ. Pravno-istoričeski i pravno-analitični proučvanija [Gesetz für die Laien. Rechtshistorische und rechtsanalytische Untersuchungen], Sofija 1959 sowie zuletzt K. A. Maksimovič, Zakonъ sudnyj ljudьmъ. Istočnikovedčeskie i lingvističeskie aspekty issledovanija slavjanskogo juridičeskogo pamjatnika [Zakonъ sudnyj ljudьmъ. Quellenkundliche und linguistische Aspekte der Untersuchung eines slavischen juridischen Denkmals], Moskva 2004.

35 Ludwig Burgmann, Ecloga. Das Gesetzbuch Leons III. und Konstantinos' V. (=Forschungen zur byzantinischen Rechtsgeschichte. 10), Frankfurt a. M. 1983, S. 26.

36 Ebd, S. 12.

37 Žužek, Kormčaja kniga (wie Anm. 11), S. 24 sowie Magnae Moraviae fontes historici IV, S. 174.

38 Zum Beispiel bei Michail Andreev, Kъde e bil sъzdaden „Zakonъ sudnyj ljudьmъ" [Wo entstand das „Gesetz für Laien"], in: Slavjanska filologija 5 (1963), S. 113–136.

39 Josef Vašica, K otázce původu Zákona sudného ljudem [Zur Frage der Herkunft des Gesetzes für die Laien], in: Slavia 30 (1961), S. 1–19 und zuletzt ders., Literární památky epochy velkomoravské 863–885 [Literarische Denkmäler aus der großmährischen Epoche 863–885], Praha 1966, S. 73 ff. Zu Vašica (1884–1968) vgl. Vjekoslav Štefanić, in: Slovo 18–19 (1969), S. 383 f. Der Schüler Vašicas, František Václav Mareš (1922–1994), übernimmt die These einer Entstehung des Zakon sudnyj ljudem in Mähren, wie auch im Fall des Nomokanon, stellt jedoch die Autorschaft von Konstantin oder Method in Frage: Konstantinovo kulturní dílo po 1100 letech [Das kulturelle Werk des Konstantin vor 1100 Jahren] (=Živá teologie. 3), Praha 1970, S. 22 f., 25 (Nachdr. in ders., Cyrilometodějská tradice a slavistika [Kyrillomethodianische Tradition und Slavistik], Praha 2000, S. 29, 31). Siehe Maksimovič, Zakonъ sudnyj ljudьmъ (wie Anm. 34), S. 125.

slavischen Bearbeitung des *Zakon sudnyj ljudem* im Vergleich zur griechischen Fassung der *Ecloga*[40] hilft auch nicht viel in dieser Hinsicht, da dieser vermeintliche Einfluß des römischen Rechts eher als Abschwächung des byzantinischen Strafrechts der ikonoklastischen Epoche zu gelten hat. Die Rechtshistoriker Chachanov und Zaozerskij gehen noch weiter in der Deutung des westlichen Einflusses auf den *Zakon sudnyj ljudem*. Nach ihrer Auffassung entstand dieses Denkmal im Bulgarien des Zaren Boris im 9. Jahrhundert, als lateinische Kleriker in Bulgarien weilten. Daher erklärt sich die „verderbliche Wirkung der lateinischen Pönitentialien" auf dieses Denkmal des altslavischen Strafrechts.[41] Als Belege für eine Abweichung im Strafmaß und somit als Beispiel für den Einfluß des römischen Rechts werden Paragraphen im *Zakon sudnyj ljudem* angeführt, in dem gemäß der *Ecloga* die Straftat mit der Naseabschneidung geahndet wird, z. B. § 7 bei der Eheschließung mit der Mutter des eigenen Patenkindes[42] oder § 9 bei der Verführung einer Jungfrau.[43] Im ersten Paragraphen führt der slavische Bearbeiter das Strafmaß der Naseabschneidung für beide Partner gemäß *Ecloga* XVII 25 mit dem Vermerk „gemäß der zivilen Gesetzgebung" (*po zakonu ljud'skomu*) an und fügt hier hinzu „aber nach der kirchlichen Gesetzgebung wird die Exkommunikation und eine Buße von 15 Jahren verhängt". Im Paragraph 9 erwähnt der slavische Bearbeiter die Naseabschneidung überhaupt nicht, die nach *Ecloga* XVII 30 als Strafmaß vorgesehen ist. Hier wird an Stelle der körperlichen Verstümmelung für ein Sexualdelikt eine Geldstrafe verhängt, wie auch üblich im Strafsystem der *Russkaja pravda*, des Gewohnheitsrechts der alten Rus' vor der Christianisierung.[44]

Ich möchte in diesem Zusammenhang viel mehr als einen Einfluß des römischen Rechts einen Rückgriff auf das altrussische Gewohnheitsrecht in der Abweichung von der byzantinischen Vorlage, im konkreten Fall von der *Ecloga*, erkennen.

---

[40] Zum Beispiel bei N. S. Suvorov, Sledy zapadno-katoličeskogo cerkovnogo prava v pamjatnikach drevnego russkogo prava [Spuren des westlich-katholischen Kirchenrechts in den Denkmälern des altrussischen Rechts], Jaroslavl' 1888; Magnae Moraviae fontes historici IV, S. 150 f. (Vlivy západního římského práva v ZS [Die Einflüsse des westlichen römischen Rechts im „Gesetz für die Laien"]).

[41] N. A. Zaozerskij, A. S. Chachanov, Nomokanon Ioanna Postnika v ego redakcijach gruzinskoj, grečeskoj i slavjanskoj [Der Nomokanon des Johannes des Fasters in seinen georgischen, griechischen und slavischen Redaktionen], in: Čtenija v Obščestve Istorii i Drevnostej Rossijskich [Vorträge in der Gesellschaft für Geschichte und russische Altertümer], Moskva 1903, S. 81.

[42] Magnae Moraviae fontes historici IV, S. 183; Burgmann (Hrsg.), Ecloga XVII 25 (wie Anm. 35), S. 232.

[43] Magnae Moraviae fontes historici IV, S. 185; Burgmann (Hrsg.), Ecloga XVII 30 (wie Anm. 35) S. 236.

[44] Ausführliche rechtshistorische Analyse dieses Denkmals bei Leopold Karl Goetz, Das russische Recht (Russkaja pravda). I: Die älteste Redaktion des Russischen Rechtes; II: Die zweite Redaktion des Russischen Rechtes; III: Die dritte Redaktion des Russischen Rechtes; IV: Die dritte Redaktion des Russischen Rechtes als literarisches Denkmal und als Rechtsurkunde, Stuttgart 1910–1913 (Sonderdrucke aus Zeitschrift für vergleichende Rechtswissenschaft 24, 26, 28, 31).

Auf diese Weise läßt sich die Frage der örtlichen Einbettung der ältesten slavischen Rechtsdenkmäler byzantinischer Herkunft, die eine Verbreitung in der alten Rus' erlangt haben, besser einschätzen. Es sei zunächst nochmals wiederholt, daß sowohl der *Zakon sudnyj ljudem*, also die slavische Adaption der *Ecloga*, als auch der *Nomokanon*, d. h. das *Syntagma L titulorum* des Ioannes Scholastikos, lediglich im ostslavischen Raum handschriftlich belegt sind und dies seit dem 13. Jahrhundert. Abschriften aus Bulgarien und Serbien oder aus dem mährischen, also westslavischen, Raum sind nicht erhalten.

Die Frage des Tätigkeitsgebiets der Slavenlehrer Kyrill und Method soll hier wenigstens im Ansatz gestreift werden, da sie mit dem byzantinischen Einfluß auf die Rechtsdenkmäler in Altrußland aufs Engste verbunden ist. In der älteren Forschung, d. h. ab dem späten 19. Jahrhundert bis in die siebziger Jahre des 20. Jahrhunderts, war man sich allgemein darüber im Klaren, daß das Gebiet, in welches Konstantin und Method von Konstantinopel entsandt wurden, das heutige Mähren und die angrenzende westungarische pannonische Ebene bis zum Balaton darstellte. Nach archäologischen Beweisen wurde gesucht. Funde bestätigten jedoch eine christliche Präsenz für die betreffende Periode, etwa die sechziger bis achtziger Jahre des 9. Jahrhunderts, nicht. Nunmehr wird zusehends an dieser These gerüttelt, indem man die wenigen, aber gewichtigen griechischen Quellen, vor allem die offizielle Schrift Kaiser Konstantinos' VII. Porphyrogennetos *De administrando imperio* aus der Mitte des 10. Jahrhunderts in ihrem eindeutigen Wortlaut respektiert. Demnach grenzt Moravia an das bulgarische Land und liegt südlich der Donau im westlichen Illyricum, einem Gebiet, das bereits seit Kaiser Herakleios – allerdings nicht durchgehend – unter byzantinischem politischem und kulturellem Einfluß stand.[45]

Der Slavenlehrer Method war ein Byzantiner, ungeachtet eventueller, nicht erwiesener slavischer Blutsverwandtschaft.[46] Er wurde unter Beachtung der Kanones vom römischen Papst als Erzbischof eingesetzt. Nimmt man den Wortlaut der Botschaft des Fürsten Rastislav an Kaiser Michael III. von Konstantinopel ernst, in welcher Rastislav um die Entsendung von „periti" bittet,[47] so ist klar, daß

---

[45] Zu dieser sehr umstrittenen Problematik vgl. u. a. und ohne den Versuch, die Argumente abwägen zu wollen: Martin Eggers, Das „Großmährische Reich". Realität oder Fiktion? Eine Neuinterpretation der Quellen zur Geschichte des mittleren Donauraumes im 9. Jahrhundert, Stuttgart 1995 (=Monographien zur Geschichte des Mittelalters. 40); ders., Das Erzbistum des Method. Lage, Wirkung und Nachleben der kyrillomethodianischen Mission, München 1996 (=Slavistische Beiträge. 339). Allgemein dazu Christian Hannick, Die Bedeutung der Slavenapostel Methodios und Kyrillos für Südost- und Westeuropa, in: Evangelos Konstantinou (Hrsg.), Methodios und Kyrillos in ihrer europäischen Dimension (=Philhellenische Studien. 10), Frankfurt a. M., Berlin, Bern 2005, S. 17–30.

[46] Eine solche These wird mit guten Argumenten abgelehnt bei Antonios-Emilios Tachiaos, L'origine de Cyrille et de Méthode. Vérité et légende dans les sources slaves, in: Cyrillomethodianum 2 (1972–1973), S. 98–140.

[47] Vita Constantini XIV 2–5 bei Grivec, Tomšič, Fontes (wie Anm. 23), S. 129; Bujnoch, Zwischen Rom und Byzanz (wie Anm. 26), S. 93.

das betreffende Gebiet schon christianisiert war und somit mit einer rechtlichen Gesellschaftsordnung mehr oder weniger vertraut war. Es wäre dieser Angelegenheit, um die sich die Päpste intensiv gekümmert haben, nicht dienlich gewesen, wenn Method bis dahin fremde rechtliche Bestimmungen in seinem Tätigkeitssprengel eingeführt hätte. Nachdem er mit seinem Bruder Konstantinos Ende des Jahres 867 oder Anfang 868 in Rom gewesen war und dort mehrere Monate geweilt hatte, war ihnen sicherlich bekannt, daß in bezug auf Zivil- wie Kirchenrecht die ihnen vertraute byzantinische Tradition mit der römischen nicht identisch war, obwohl beide aus der gleichen Wurzel des *Ius romanum* schöpfen. Wenn er sich für die Übersetzung – besser gesagt Adaption – von zwei Kompendia aus der byzantinischen Tradition entschied, so tat er dies sicherlich im Bewußtsein, daß er gegen bekannte Vorstellungen nicht verstoßen würde.

Auf diesem Hintergrund wird nunmehr deutlich, daß die Übersetzungswege der ältesten Rechtssammlungen, die in der alten Rus' Verbreitung erlangt haben, mit dem südslavischen Raum in Verbindung stehen, auch wenn dort kein handschriftliches Zeugnis erhalten ist. Ob die ursprüngliche slavische Fassung des *Zakon sudnyj ljudem* in den Strafbestimmungen dem Wortlaut der byzantinischen *Ecloga* mehr entsprach als die altrussische Fassung, die einzig und allein erhalten ist, läßt sich nicht nachweisen. Bemerkenswert bleibt, daß obwohl die *Vita Methodii* bis zum Detail die Übersetzungstätigkeit des Slavenlehrers beschreibt, kein Wort über den *Zakon sudnyj ljudem* als Kompendium des Zivilrechts fällt. Vor allem sprachhistorische Argumente weisen auf eine frühe Entstehung im späten 9. Jahrhundert im Umkreis von Method hin.[48] Was den *Nomokanon* anbelangt, so konnte neuerdings J. Reinhart überzeugend nachweisen,[49] daß bei den 23 biblischen Zitaten im *Nomokanon* in der Mehrzahl der Wortlaut nicht mit dem bekannten biblischen Wortschatz der altkirchenslavischen biblischen Denkmäler identisch ist; er sieht darin den Beweis, daß der Text des *Nomokanon* den späteren Redaktionen des biblischen Textes, die uns in den altkirchenslavischen biblischen Handschriften erhalten ist, von denen keine älter als das späte 10., beginnende 11. Jahrhundert ist, nicht angepaßt wurde.

---

[48] Die Frage der Entstehung des Zakon sudnyj ljudem in Bulgarien, in Großmähren oder in Makedonien bespricht auch Charalampos K. Papastathes, Τὸ νομοθετικὸν ἔργον τῆς κυριλλομεθοδιανῆς ἱεραποστολῆς ἐν Μεγάλῃ Μοραβίᾳ [Das gesetzgeberische Werk der kyrillomethodianischen Mission in Großmähren] (='Ελληνικὴ ἑταιρεία σλαβικῶν μελετῶν. 2), Thessalonike 1978, S. 43–66. Siehe auch den Artikel Zakonъ sudnyj ljudьmъ von Michail Andreev, in: Kirilo-Metodievska enciklopedija [Kyrillo-methodianische Enzyklopädie], hrsg. von P. Dinekov, Bd. I, Sofija 1985, S. 711–717 sowie B. Zástěrová, Über zwei Großmährische Rechtsdenkmäler byzantinischen Ursprungs, in: Beiträge zur byzantinischen Geschichte im 9.–11. Jh., hrsg. von Vladimír Vavřínek, Praha 1978, S. 361–385.

[49] Johannes Reinhart, Biblejskie citaty v Mefodievskom perevode Sintagmy L titulov [Biblische Zitate in der methodianischen Übersetzung der Sammlung in 50 Titeln], in: Cyrillomethodiana. Sborník k uctění památky Mons. prof. ThDr. Vojtěcha Tkadlčíka [Cyrillomethodiana. Sammelband als Gedenkschrift für Mons. Prof. Dr. Vojtěch Tkadlčík], Olomouc, Praha 2000, S. 109–124.

Ungeachtet der Wichtigkeit von biblischen Zitaten im altslavischen Schrifttum für unsere Problematik, eines Problemfeldes, das hier nur gestreift werden konnte, sollen auch andere Aspekte des Rechtswesens angeführt werden, die auf Einflüsse von Osten und Westen hinweisen können.

Es fällt auf, daß in der slavischen Tradition der biblischen Bücher ein Begriff aus der byzantinischen Rechtsterminologie Eingang fand und breite Verbreitung erfuhr, der in dieser Bedeutung im griechischen Bereich völlig unüblich ist. Es geht dabei um die Bezeichnung slav. *aprakos* für biblische Bücher, Evangelien oder Apostoloi, die nach dem liturgischen Lesesystem angeordnet sind, d. h. in Perikopen eingeteilt, ähnlich den lateinischen Begriffen *evangeliarium* und *epistolarium*.[50] Solche Lektionare zum Neuen Testament[51] werden in der slavischen Tradition *aprakos* genannt. Je nach Typ des Lesesystems spricht man dann von langem oder kurzem *Aprakos*. Der älteste Beleg für *aprakos/oprakos* im altrussischen Schrifttum – im südslavischen Bereich ist dieser terminus technicus in der älteren Epoche nicht bezeugt – stammt aus den siebziger bis achtziger Jahren des 13. Jahrhunderts aus dem südwestrussischen Raum, der Gegend, die heute Galizien genannt wird. Fürst Vladimir Vasil'kovič von Galič und Wolhynien (1248–1288) schenkt der Kirche der Verkündigung in Kamenec ein Aprakos-Evangeliar und ein Aprakos-Epistolar.[52] Die Schenkung geschah vor 1276.[53] Ab der Mitte des 13. Jahrhunderts stand das Fürstentum von Galič unter byzantinischem Einfluß im Bereich des kirchlichen Lebens. Es sei hier nur an die Errichtung des Bistums von Cholm im Jahr 1223 unter Fürst Daniil Romanovič und an die Herkunft des ersten Amtsinhabers Ioasaf erinnert, der, wie Bischof Vasilij von Vladimir, vom Heiligen Berg stammte, d. h. aus einem athonitischen Kloster.[54]

---

[50] Siehe dazu A. G. Martimort, Les lectures liturgiques et leurs livres (=Typologie des sources du Moyen-Âge occidental. 64), Turnhout 1992, S. 33 ff.

[51] Das Perikopenbuch mit Lesungen aus dem Alten Testament, das griechische Prophetologion, wird in der slavischen Überlieferung Parimejnik genannt, aus dem Vorkommen vieler Perikopen aus dem alttestamentlichen Buch der Sprüche, griech. Παροιμίαι, slav. Pritči [Sprüche]. Zum Begriff Lektionar vgl. Kurt Aland, Barbara Aland, Der Text des Neuen Testaments, Einführung in die wissenschaftlichen Ausgaben sowie in Theorie und Praxis der modernen Textkritik, Stuttgart 1982, S. 172–178.

[52] Polnoe sobranie russkich letopisej [Vollständige Sammlung der russischen Chroniken], Bd. 2: Ipat'evskaja letopis' [Hypatios Chronik] [Nachdr. der Ausg. St. Peterburg 1908], Moskva 1998, Sp. 925, sub anno 1289. Weitere Belege bei Sreznevskij, Materialy (vgl. Anm. 30) Bd. I, Sp. 26 f.

[53] Grigorij D'jačenko, Polnyj cerkovno-slavjanskij slovar' [Vollständiges kirchenslavisches Lexikon], Moskva 1900 (Nachdr., Moskva 1993), S. 21 s. v. Über Vladimir Vasil'kovič vgl. Aleksandr V. Majorov, Galicko-Volynskaja Rus'. Očerki social'no-političeskich otnošenij v domongol'skij period. Knjaz', bojare i gorodskaja obščina [Galizisch-wolhynische Rus'. Skizzen zu den sozialpolitischen Beziehungen in der vormongolischen Epoche. Fürst, Bojaren und Stadtgemeinde], St. Peterburg 2001, S. 304 ff.

[54] Ipat'evskaja letopis' (wie. Anm. 52), S. 740. Vgl. Andrzej Gil, Prawosławna eparchia Chełmska do 1596 roku [Die orthodoxe Eparchie von Chełm bis zum Jahr 1596] (=Archiwum Chełmskie. 3), Lublin, Chełm 1999, S. 65 ff. sowie meinen Artikel Kholm, in: Dictionnaire d'histoire et de géographie ecclésiastiques, Bd. 28, Paris 2003, Sp. 1428–1432.

Seit langem ist bekannt, daß slav. *aprakos* aus griech. *ἄπρακτος* entlehnt wurde, und dies auf Grund des Ausdrucks *ἄπρακτοι ἡμέραι* „Tage, an denen es keine Gerichtsverhandlungen gibt", im Gegensatz zu *ἔμπρακτοι ἡμέραι* „Tage, an denen es Gerichtsverhandlungen gibt".[55] Ein Aprakos-Evangeliar oder Aprakos-Epistolar bezeichnet also ein Lektionar mit Lesungen für Samstag und Sonntag. Diese ursprüngliche Bedeutung von *Aprakos* aus *ἄπρακτος* scheint jedoch im Slavischen sehr bald verloren gegangen zu sein, da mit dem vollen Aprakos ein Lektionar für alle Tage der Woche entsteht, also auch für die *ἔμπρακτοι ἡμέραι*.

Ein Rückgriff auf Belege für *ἄπρακτος* im hagiographischen Schrifttum verhilft wenig. In den Erzählungen des Abtes Daniel aus Skete in Ägypten aus dem 6. Jahrhundert lesen wir z. B. in der Notiz über Markos, Narr in Christo, daß anläßlich des Todes des Heiligen verordnet wurde, einen Feiertag in der Stadt zu veranstalten: „ὁ πάπας ... κελεύει ἄπρακτα γενέσθαι ἐν τῇ πόλει" [„Der Priester befiehlt, einen Feiertag in der Stadt zu veranstalten"].[56] Dieser Text blieb, soweit mir bekannt, im Slavischen unbekannt, da er nicht in die *Großen Lesemenäen* des Metropoliten Makarij aus der Mitte des 16. Jahrhunderts aufgenommen wurde. Der hl. Markos wird dort zwar unter dem 5. März erwähnt,[57] über ihn berichtet jedoch nur eine kurze Synaxarnotiz.[58]

Aus dem historischen Schrifttum läßt sich nichts Konkreteres gewinnen. Ein Beleg in der Chronographie des Theophanes[59] für ein Ereignis aus der Epoche Kaiser Justinianos' II. (705–711)[60] bestätigt die Bedeutung „ohne Amtstätigkeit" für *ἄπρακτος*, wie auch *ἄπρατος* – *ἔμπρατος* in den byzantinischen Titelverzeichnissen.[61] Wir müssen daher davon ausgehen, daß der Begriff *Aprakos* im Slavischen als Entlehnung aus dem griechischen Fachbegriff der juristischen Sprache *ἄπρακτοι ἡμέραι* im Kontext der byzantino-slavischen kirchlichen Beziehungen im Südwesten der Rus' um die Mitte des 13. Jahrhunderts ohne konkrete textliche Vermittlung geprägt wurde. Die älteren altslavischen Aprakos-Evangeliarien, wie z. B. das Ostromir-Evangeliar aus dem Jahr 1056/57, werden auch im Kolophon einfach als *evangelie* und nicht als *aprakos* bezeichnet.[62]

---

[55] Vgl. Max Vasmer, Russisches etymologisches Wörterbuch, Bd. I, Heidelberg 1953, S. 20 f.; Befund im altgriechischen Schrifttum, v. a. aus Papyri, bei Henry George Liddell, Robert Scott, A Greek-English Lexicon, Oxford 1968, S. 229, 548.

[56] Léon Clugnet, Vie et récits de l'abbé Daniel de Scété, in: Revue de l'Orient chrétien 5 (1900), S. 61, Z. 22. Zu diesem Text vgl. François Halkin, Bibliotheca hagiographica graeca III. Bruxelles 1957, Nr. 2255 (S. 16).

[57] Archiepiskop Sergij (Spasskij), Polnyj mesjaceslov Vostoka [Vollständiges Menologion des Ostens] II/1, Vladimir 1901 (Nachdr., Moskva 1997), S. 64.

[58] Die Großen Lesemenäen des Metropoliten Makarij – Uspenskij spisok I: 1.–11. März, hrsg. von Eckhard Weiher, S. O. Šmidt, A. I. Škurko, Freiburg i. Br. 1997, S. 89 (f. 45ab); vgl. zu den griechischen Quellen Ugo Zanetti, Les „Grands Ménées" de Macaire de Moscou. Inventaire et sources grecques (1–11 mars), in: Analecta Bollandiana 116 (1998), S. 345.

[59] Einziger Beleg bei E. A. Sophocles, Greek Lexicon of the Roman and Byzantine Periods (From B. C. 146 to A. D. 1100), Cambridge/Mass. 1887, Bd. 1, S. 240.

[60] Theophanis Chronographia, Bd. I, hrsg. von Carolus De Boor, Leipzig 1883 (Nachdr., Hildesheim 1980), S. 375, Z. 6.

[61] Lexikon der byzantinischen Gräzität Bde. I, III, hrsg. von E. Trapp, Wien 1994, 1999, S. 187, 495.

Stand die Übernahme des Begriffs *aprakos* aus der juristischen Fachterminologie eindeutig unter byzantinischem Einfluß, so weist die Bezeichnung *skalvy* in altrussischen Rechtsdenkmälern auf einen anderen Strang hin, nämlich auf eine germanische Vermittlung, deren Etappen hier nicht weiter verfolgt werden können. Der Begriff verdient eine genauere Darlegung. Im angeblichen „Statut" (*ustavnaja gramota*)[63] des Fürsten Vsevolod Mstislavič von Novgorod (1117–1136) für die Sophienkirche von Novgorod über kirchliche Gerichte, Handel und Maße, das aber wahrscheinlich, nach Ščapov, erst am Ende des 13. Jahrhunderts entstand,[64] wird in § 4, nach einer Erwähnung des „griechischen Nomokanon" (*vъ grečeskomъ nomokanoně*), unter den Maßen die Waage für Wachs genannt (*skalvy voščannyi*).[65] Dieses Statut ist als Anhang zur ersten Novgoroder Chronik überliefert, deren älteste Abschrift aus der Mitte des 15. Jahrhunderts stammt. Der Begriff *skalvy*, neben dem bereits im 13. Jahrhundert bezeugten *skalá*, „Schale", gilt als eine Entlehnung aus dem Germanischen, entweder aus dem altnordischen *skál* oder – weniger wahrscheinlich – aus dem althochdeutschen *scâla*.[66] Neben *skalvy* verweist das Statut im selben Absatz in unmittelbarer Nähe auf eine andere Art von Waage *pud*, ebenfalls aus dem altnordischen *pund* entlehnt.[67] *Pud* beschreiben Szeftel und Eck als „un genre de grande romaine à courroie mobile" (eine Art Schnellwaage mit beweglichen Riemen). Beide Begriffe, *skalvy* und *pud*, sind bereits in einer Verordnung für die Städte Polock und Riga um 1300 belegt.[68]

Es fällt auf, daß in einer Verordnung für die Kirche des hl. Johannes des Täufers in Novgorod, die demselben Fürsten Vsevolod zugeschrieben wird und ebenfalls nicht vor dem 13. Jahrhundert, ja sogar gemäß A. A. Zimin vielleicht erst im 14. Jahrhundert entstanden ist, zwei Maßeinheiten für Wachs genannt werden, hier aber *věs* und *pud;* der Begriff *skalvy* fehlt in dieser Verordnung (*rukopisanie*) für die Zunft der Händler der Johannes-Kirche.[69]

---

[62] Abdruck des Kolophon des Mönches Grigorij bei E. F. Karskij, Slavjanskaja kirillovskaja paleografija [Slavische kyrillische Paläographie], Leningrad 1928 (Nachdr., Moskva 1979), S. 292.

[63] Zu diesem Begriff vgl. Karla Günther-Hielscher, Victor Glötzner, Helmut Wilhelm Schaller, Real- und Sachwörterbuch zum Altrussischen, neu bearb. von Ekkehard Kraft (=Schriften zur Geistesgeschichte des östlichen Europa. 20), Wiesbaden 1995, S. 101.

[64] Edition und Behandlung der Chronologie bei Jaroslav N. Ščapov, Drevnerusskie knjažeskie ustavy (wie Anm. 7), S. 153–158. Die Frage der Datierung bzw. der Autorenfälschung behandelt Jaroslav N. Ščapov, Knjažeskie ustavy i cerkov' (wie Anm. 7), S. 165–177. Siehe auch Valentin L. Janin, Novgorodskie posadniki [Die Novgoroder Statthalter], Moskva 1962, S. 92 f. (2. Aufl., Moskva 2003, S. 133 f.)

[65] Ščapov, Drevnerusskie knjažeskie ustavy (wie Anm. 7), S. 155; Übersetzung dieses Statuts bei Marc Szeftel, Alexandre Eck, Documents de droit public relatifs à la Russie médiévale, Bruxelles 1963, S. 270–275. Weitere Literatur bei André Berelowitch, Matei Cazacu, Pierre Gonneau, sous la direction de Vladimir Vodoff, Histoire des Slaves Orientaux des origines à 1689, Bibliographie des sources traduites en langues occidentales (=Collection historique de l'Institut d'études slaves. 39), Paris 1998, S. 105, Nr. 384.

[66] Max Vasmer, Russisches etymologisches Wörterbuch, Bd. II, Heidelberg 1955, S. 631.

[67] Ebd., S. 460; Günther-Hielscher, Glötzner, Schaller, Real- und Sachwörterbuch, neu bearb. Kraft (wie Anm. 63), S. 283 (dort wird unser Beleg als Gewichtseinheit interpretiert).

[68] Szeftel, Eck, Documents (wie Anm. 65), S. 277.

[69] Edition des Textes bei Ščapov, Drevnerusskie knjažeskie ustavy (wie Anm. 7), S. 160–163; fran-

Einen anderen Begriff aus der Rechtsterminologie weist ebenfalls auf germanische bzw. altnordische gesellschaftliche Verhältnisse hin. Es geht dabei um *izgoj* „Fürst ohne erbliche Anwartschaft auf den großfürstlichen Thron".[70] Daß *izgoj* sich nicht nur auf eine Person in fürstlichem Rang bezieht, wie Vasmer annimmt, beweist die *Russkaja pravda* § 1 in der kurzen Redaktion des Jaroslav, die auf das 12. Jahrhundert zurückgeht,[71] wo von verschiedenen Klassen von Menschen in bezug auf Opfer eines Mordes die Rede ist: *Rusin* (Mensch aus der Rus'), *gridin* (Mensch aus der Leibwache) ... *jabetnik* (im Dienst stehend), *izgoj* oder *Slověnin* (Slave).[72] Rahbek Schmidt trifft den rechtlichen Inhalt der Klassifikation deutlich, wenn er vermerkt: „Was den Ausdruck izgojь betrifft (abgeleitet von altruss. iz- und gojь, gojiti „pflegen"), so können wir annehmen, daß er eine Person bezeichnet, die außerhalb irgendeiner Gemeinschaft steht".[73] Bereits 1933 bot der aus Polock in Rußland stammende und seit 1930 an der Université Libre in Brüssel lehrende Historiker Alexandre Eck (1876–1953) eine umfassende Deutung des Begriffes, der bei Sreznevskij lediglich mit dem lateinischen Begriff „exsors (dt. friedlos)"[74] erklärt worden war: „izgoj désignait tout individu ayant perdu sa place normale dans la société: fils illettré d'ecclésiastique (ne pouvant donc exercer la profession de son père), marchand en banqueroute, esclave libéré, etc."[75] Von den sieben in der *Russkaja pravda* genannten Kategorien von Personen sind drei (oder sogar vier, wenn man auch *Rusin* dazu zählt) skandinavischer Herkunft: *gridin, jabetnik, izgoj.*[76] Ihre Charakteristika entsprechen Merkmalen der sozialen Schichtung, die im byzantinischen Recht unbekannt sind, wie z. B. im Fall von *izgoj* für „Fürsten, die auf den Thron von Kiev keinen Anspruch erheben können, weil ihr Vater dort nie regiert hat".[77]

---

zösische Übersetzung bei Alexandre Eck, Le Moyen-Âge russe. Paris 1933 (anastischer Nachdr., Den Haag 1968), S. 476–478; weitere Literatur bei Vodoff, Histoire des Slaves Orientaux (wie Anm. 65), S. 121, Nr. 485.

[70] Vasmer, Wörterbuch (wie Anm. 55), Bd. I, S. 474.

[71] Zu den Editionen vgl. Ščapov, Drevnerusskie pis'mennye istočniki X–XIII vv. (wie Anm. 7), S. 37.

[72] Diesen Paragraphen der Russkaja pravda ediert und kommentiert ausführlich Knud Rahbek Schmidt, Soziale Terminologie in russischen Texten des frühen Mittelalters (bis zum Jahre 1240), København 1964, S. 351–353 (Nr. 201–202). Unter den früheren Editionen sei auch Hermenegild Jireček, Svod zákonův slovanských [Sammlung der slavischen Gesetze], Praha 1880, S. 12, 17 erwähnt.

[73] Schmidt, Soziale Terminologie (wie Anm. 72), S. 353.

[74] Sreznevskij, Materialy I (wie Anm. 30), St. Peterburg 1893, S. 1052.

[75] Eck, Le Moyen-Âge russe (wie Anm. 69), S. 11 Anm. Siehe weiter ders., La condition juridique des déclassés dans la Russie ancienne, in: Archives d'histoire du droit oriental 2 (1938), S. 431–440. Den betreffenden Text aus der Russkaja pravda übersetzt und kommentiert Szeftel, Eck, Documents (wie Anm. 65), S. 31, 43. Zu izgoj siehe weiter Denise Eeckaute, Thesaurus des institutions de l'ancienne Russie (XIe–XVIIIe siècle), Bd. I: Le monde rural, Paris 1986, S. 22 f.

[76] Ausführliche Behandlung bei Szeftel, Eck, Documents (wie Anm. 65), S. 42 sowie Schmidt, Soziale Terminologie (wie Anm. 72), S. 353, 481; Jukka Korpela, Beiträge zur Bevölkerungsgeschichte und Prosopographie der Kiever Rus' bis zum Tode von Vladimir Monomach, Jyväskylä 1995 (=Studia historica Jyväskyläensia. 54) geht auf die Gesellschaftsschichten in drei Phasen (bis Vladimir, bis Jaroslav den Weisen, bis Vladimir Monomach) in bezug auf Ethnien, nicht aufgrund der sozialen Schicht ein.

[77] Szeftel, Eck, Documents (wie Anm. 65), S. 273. Siehe weiter Günther-Hielscher, Glötzner, Schaller, Real- und Sachwörterbuch, neu bearb. Kraft (wie Anm. 63), S. 113 f.

Vasmer bietet eine Etymologie, die Aufmerksamkeit verdient: izgoj (aus iz und goiti „pflegen") sei nicht eine Nachbildung von altnord. *utlægr* „des Landes verwiesen", sondern ein parallel entwickelter Ausdruck. „Eine Entlehnung aus dem gotischen sei aus lautlichen Gründen abzulehnen."[78] Die verschiedenen Kategorien von *izgoj*, die unter dem Schutz der Kirche stehen, werden in den bereits erwähnten Statuten des Fürsten Vsevolod von Novgorod für die Kirche der hl. Sophia in Novgorod § 12 angeführt. Dort werden vier Klassen von *izgoj* als „Deklassiert" genannt: „Priestersöhne, die des Lesens und Schreibens unkundig sind; Sklave, der seinen Stand durch Kauf gelöst hat; zahlungsunfähiger Händler; Fürst, der Waise geworden ist".[79]

Diese knappen Hinweise sollten genügen, um auf den skandinavischen Strang in den Rechtvorstellungen in Altrußland aufmerksam gemacht zu haben. Wenn wir nunmehr zum Schluß zusammenfassend zu den byzantinischen Einflüssen auf osteuropäische Rechtsquellen zurückkehren, verdienen noch einige Aspekte eine Hervorhebung. Es sei zunächst daran erinnert, daß in Denkmälern des Kirchenrechts, die bei den Slaven, im Balkanraum sowie in der Kiever Rus' und in Rußland, Verbreitung erlangten, Elemente aus dem byzantinischen Zivilrecht aufgenommen wurden, die auf diesem Weg die slavische Rechtskultur geprägt haben. Konkret seien hier die zwei kirchenrechtlichen Kompilationen des Nikon vom Schwarzen Berge aus dem antiochenischen Milieu des 11. Jahrhunderts, die *Pandekten* und das *Taktikon*, genannt, die besonders in Rußland ab dem 14.–15. Jahrhundert eine ausgedehnte Überlieferung erfahren haben und in den *Großen Lesemenäen* des Metropoliten Makarij unter dem 30. April aufgenommen wurden.[80] Unter den Texten aus der zivilen Jurisprudenz bei Nikon finden sich rund sechzig Auszüge, Zitate, Erwähnungen aus dem Codex des Justinian, aus den Digesten, den Instituten und den Novellen. Freilich schöpfte Nikon fast ausschließlich aus entsprechenden Nennungen im *Syntagma XIV titulorum*.[81] Auch im *Taktikon*, dessen griechische Vorlage noch weitgehend unediert bleibt, begegnen Zitate aus der justinianischen Gesetzgebung.[82]

---

[78] Vasmer, Wörterbuch, Bd. 1 (wie Anm. 55), S. 474.

[79] Ščapov, Drevnerusskie knjažeskie ustavy (wie Anm. 7), S. 157; Szeftel, Eck, Documents (wie Anm. 65), S. 273. Kommentar dieser Stelle bei Eck, Le Moyen-Âge russe (vgl. Anm. 69), S. 147.

[80] Vgl. Christian Hannick, Nikon de la Montagne Noire et sa réception en Russie avant la rédaction des Ménées du métropolite Macaire, in: Mille ans de christianisme russe 988–1988. Actes du colloque international de l'Université Paris X-Nanterre 20–23 janvier 1988, Paris 1989, S. 123–131.

[81] Diese Texte aus den Pandekten sind griechisch und slavisch ediert bei Kirill A. Maksimovič, Pandekty Nikona Černogorca v drevnerusskom perevode XII veka (juridičeskie teksty) [Die Pandekten des Nikon vom Schwarzen Berge in der altrussischen Übersetzung vom 12. Jh. (juridische Texte)], Moskva 1998; vgl. Verzeichnis der Stellen bei Carlo de Clercq, Les textes juridiques dans les Pandectes de Nicon de la Montagne Noire (=S. Congregazione per la chiesa orientale, Codificazione canonica orientale Fonti. II/30), Venezia 1942, S. 87 f.

[82] Textgeschichtliche Analyse solcher Auszüge bei Christian Hannick, Etymologie und Lehnprägung im altslavischen Übersetzungsschrifttum (anhand kirchenrechtlicher Denkmäler), in: Wort und Name im deutsch-slavischen Sprachkontakt. Ernst Eichler von seinen Freunden und Schülern, hrsg.

Im Gegensatz etwa zu Armenien wurden bei den Slaven keine Denkmäler des byzantinischen Zivilrechts gesondert übersetzt. Byzantinische zivilrechtliche Kategorien liegen jedoch vielen russischen oder serbischen Rechtsdenkmälern zu Grunde, z. B. im *Zakonik* des Zaren Stefan Dušan aus der Mitte des 14. Jahrhunderts,[83] während das altserbische Urkundenwesen des 13.–15. Jahrhunderts mit zahlreichen griechischsprachigen Herrscherurkunden vollständig in der byzantinischen Tradition steht.[84] Es wurde eingangs auf das reichhaltige Material aus russischen Urkunden hingewiesen, die in den letzten Jahren, besonders durch S. I. Kaštanov,[85] ediert und typologisch untersucht wurden. Inwieweit dort byzantinische Rechtsvorstellungen weiter tradiert und entwickelt wurden, bleibt noch zu untersuchen.

von Karlheinz Hengst, Dietlind Krüger, Hans Walther, unter Mitarbeit von Inge Bily (=Bausteine zur slavischen Philologie und Kulturgeschichte. N. F. 20), Köln, Weimar, Wien 1997, S. 163–174.

[83] Zakonik cara Stefana Dušana I: Struški i Atonski rukopis [Das Gesetzbuch des Zaren Stefan Dušan I: Handschrift von Struga und vom Athos], hrsg. von Mehmed Begović, Beograd 1975. Von großer Bedeutung bleibt die Studie von Aleksandar V. Solovjev, Zakonodarstvo Stefana Dušana cara Srba i Grka [Die Gesetzgebung des Stefan Dušan, Zar der Serben und Griechen], Skopje 1928 (=Knjige Skopskog Naučnog Društva/Bücher der Skopisker wissenschaftlichen Gesellschaft. 2). Siehe auch die Textausgabe von Aleksandar V. Solovjev, Odabrani spomenici srpskog prava (od XII do kraja XV veka) [Ausgewählte Denkmäler des serbischen Rechts (vom 12. bis zum Ende des 15. Jhs.], Beograd 1926.

[84] Vgl. Ljubomir Maksimović, Das Kanzleiwesen der serbischen Herrscher, in: Kanzleiwesen und Kanzleisprachen im östlichen Europa, hrsg. von Christian Hannick (=Archiv für Diplomatik, Schriftgeschichte, Siegel- und Wappenkunde, Beiheft 6), Köln, Weimar, Wien 1999, S. 25–53.

[85] Sergej I. Kaštanov lehrte auch 1994–1995 an der École pratique des Hautes Études, siehe dazu Vladimir Vodoff, Autour du Moyen-Âge russe. Trente années de recherche, Paris 2003, S. 116–118.

Danuta Janicka (Thorn)

Die Rezeption des Sachsenspiegels und des Magdeburger Rechts am Beispiel von Thorn im Kulmer Land

1. Die Vorgeschichte

Die deutsche Kolonisation im östlichen Mitteleuropa war ein demographischer, wirtschaftlicher, sozialer und zuletzt auch rechtlicher Prozess. Das Einströmen deutscher Siedler in Polen begann am Anfang des 13. Jahrhunderts in Schlesien. Von Schlesien her dehnte sich die Kolonisation in das Warthe- und Weichselland (d. h. Großpolen) wie auch in die südlichen Teile Polens (d. h. Kleinpolen) aus. Die Siedler stammten zum größten Teil aus dem älteren Kolonialland zwischen Saale und Elbe. Das Übergewicht der Deutschen unter den Zuwanderern führte zur Entstehung des Terminus „deutsches Recht" (ius teutonicum) für die Umschreibung ihrer Freiheiten und Pflichten. Der Begriff der Ansiedlung zu „deutschem Recht" tauchte erstmals gerade in Schlesien auf.

Die in Polen herrschende Piastendynastie unterstützte die städtische und ländliche Siedlung zu deutschem Recht. Seit dem zweiten Viertel des 13. Jahrhunderts wurde dieses Recht auch den einheimischen Siedlern gewährt. Infolgedessen war die Verbreitung des deutschen Rechts unverhältnismäßig viel größer als der Anteil der Deutschen an den wirtschaftlichen und gesellschaftlichen Veränderungen Polens. Allein im 13.–14. Jahrhundert wurden in Polen über 80 Städte und Marktorte gegründet.[1] Es ist im voraus zu betonen, dass später, im polnisch-litauischen Staat, neben dem Magdeburger Recht und seinen Abänderungen auch das Lübecker Recht angewendet wurde.[2]

Die Rechtsentwicklung im späteren Kulmer Land[3] ist erstens mit der Ansiedlung zu deutschem Recht, zweitens mit der Geschichte des Deutschen Ritterordens verbunden. Der Deutsche Orden entstand – wie allgemein bekannt – zur Zeit

[1] Andrzej Brożek, Geschichte Polens. Ein Leitfaden für deutschsprachige Studenten, Kraków 1988, S. 85 f. Vgl. Gotthold Rhode, Kleine Geschichte Polens, Darmstadt 1965, S. 56–59; Maximilian Herberger, Kolonisation, in: Handwörterbuch zur deutschen Rechtsgeschichte, hrsg. von Adalbert Erler, Ekkehard Kaufmann u. Dieter Werkmüller, mitbegründ. von Wolfgang Stammler, unter philolog. Mitarb. von Ruth Schmidt-Wiegand (HRG), Bd. 2, Berlin 1978, Sp. 955–957.

[2] Lesław Pauli, Polnisches Recht, in: HRG, Bd. 3, Berlin 1984, Sp. 1809 f.

[3] Als Kulmer Land (Ziemia Chełmińska) bezeichnete man das Gebiet zwischen den Flüssen Weichsel, Drewenz und Ossa. Es befand sich zu Beginn des 13. Jahrhunderts unter der Herrschaft des Piastenherzogs Konrad von Masowien. Das Gebiet war den fortwährenden Überfällen der Prussen ausgesetzt. Die im zweiten Jahrzehnt dieses Jahrhunderts von den polnischen Herzögen veranstalteten Expeditionen brachten keine Erfolge. Deswegen schlug Herzog Heinrich. der Bärtige von Schlesien vor, auf dem bedrohten Gebiet den Deutschen Orden anzusiedeln, vgl. Janusz Tandecki, Thorn. Geschichte und Raumentwicklung, in: Atlas historyczny miast polskich, t. 1: Prusy Królewskie i Warmia, z. 2: Toruń, hrsg. von Antoni Czacharowski [Historischer Atlas polnischer Städte, Bd. 1: Königlich-Preußen und Hochstift Ermland, Heft 2: Thorn], Toruń 1995, S. 13 (dieser Atlas mit historischen Einführungen ist zweisprachig).

der Kreuzzüge, am Ende des 12. Jahrhunderts. Seine Mitglieder trugen einen weißen Mantel mit schwarzem Kreuz, wovon der in Polen übliche Name Kreuzritter stammte.

Im Jahre 1226 rief der Piastenherzog Konrad von Masowien den Orden gegen die heidnischen Prussen. Der Herzog wollte dadurch einerseits seine Bedeutung unter den polnischen Herzögen stärken, andererseits mit Hilfe der Ordensritter die heidnischen Prussen unterwerfen und ihre Gebiete erobern. Entgegen den Absichten Konrads wollte der Hochmeister des Ordens Hermann von Salza sowohl die Christianisierung der Prussen als auch die Gründung eines Ordensstaates vorantreiben.

Der Kampf des Deutschen Ordens mit Hilfe der polnischen Herzöge gegen die Urbewohner Preußens begann um 1230 und endete noch im 13. Jahrhundert mit der Besiegung und Bekehrung der heidnischen Prussen. Die Expansion des Deutschen Ordens führte letzten Endes zur Entstehung des Deutschordensstaates in den eroberten Gebieten. Bereits im 13. Jahrhundert setzte eine planmäßige Siedlung mit Städte- und Dorfgründungen ein, wobei u. a. die Stadt Thorn entstand.[4]

Im Jahre 1233 stellte der Hochmeister Hermann von Salza die berühmte Kulmer Handfeste aus. Die Handfeste bildete eine Grundlage für die ersten Städtegründungen an der Weichsel.[5] Es sei noch einmal wiederholt, dass Ziel der Verleihung dieses Privilegs und seiner für Empfänger günstigen Bestimmungen die Anlockung von deutschen Siedlern war. Das Stadtprivileg hatte jedoch auch für den öffentlich-rechtlichen Status des ganzen Kulmer Landes eine sehr große Bedeutung.[6]

Die ersten vom Deutschen Orden gegründeten Städte: Kulm (polnisch Chełmno) und Thorn (polnisch Toruń) entstanden auf dem hohen Weichselufer. Die Stadt Kulm lag imposant auf steiler Höhe am rechten Weichselufer. Die Stadt Thorn entstand ebenfalls rechts an der Weichsel, an der Stelle der sich hier kreuzenden Handelswege. Bei ihrer Gründung nahmen viele schlesische Stadtbürger teil. Fast gleichzeitig mit der Stadtlokation wurde in Thorn mit dem Bau des Ordensschlosses begonnen. Noch im 13. Jahrhundert wurde die Neustadt Thorn gegründet. Das Lokationsprivileg vom Jahre 1264 gab der Neustadt ähnliche (obwohl nicht alle) Freiheiten, wie sie die Altstadt bereits besaß. Infolgedessen bestand Thorn aus drei separaten Teilen: der Altstadt, der Neustadt sowie der Burg

---

[4] B. Koehler, Hermann von Salza, in: HRG, Bd. 2, Berlin 1978, Sp. 96–98; Hanns Hubert Hofmann, Deutscher Orden, in: HRG, Bd. 1, Berlin 1971, S. 698–700. Vgl. den Standpunkt der polnischen Geschichtsschreibung bei Zbigniew Zdrójkowski, Zum 750. Jubiläum der Kulmer Handfeste (1233–1983), in: Studia Culmensia Historico-Iuridica. Księga Pamiątkowa 750-lecia prawa chełmińskiego, t. 1, hrsg. von Zbigniew Zdrójkowski, Toruń 1990, S. 70. Vgl. auch die Rezension dieser Studien: Danuta Janicka, Ius commune. Veröffentlichungen des Max-Planck-Instituts für Europäische Rechtsgeschichte 19 (1992), S. 330–334.

[5] Auf ein Stadtprivileg wies selbst die Bezeichnung „Handfeste" hin, vgl. Adalbert Erler, Handfeste, in: HRG, Bd. 1, Berlin 1971, Sp. 1960.

[6] B. Koehler, Kulmer Handfeste, in: HRG, Bd. 2, Berlin 1978, Sp. 1245.

des Deutschen Ordens. Dank der breiten Handels- und Wirtschaftskontakte entwickelte sich Thorn sehr schnell. Die Stadt war Mitglied der Hanse und wurde als „die Königin der Weichsel" bezeichnet.[7]

2. Quellen des Kulmer Rechts

2.1 Die Kulmer Handfeste und ihr Inhalt

In der Kulmer Handfeste hat der Orden die Rechtsverhältnisse der bürgerlichen und ritterlichen Ansiedler untereinander sowie gegenüber dem Orden geordnet. Die Handfeste sicherte wichtige wirtschaftliche, juristische und verwaltungsrechtliche Befugnisse. Mehrere Erleichterungen und Vorteile erhielten nicht nur Einwohner Kulms und Thorns, sondern auch Einwohner anderer Städte und Dörfer des Kulmer Landes. Dies waren u. a. die Befreiung von hohen Steuern und Zollgebühren sowie vom Kriegsdienst außerhalb des Landes. Den Grundbesitzern im Kulmer Land wurden u. a. großzügige Rechte bezüglich Fischerei und Jagd zuerkannt.

Grundlage für die Kulmer Handfeste war das Magdeburger Recht. Dies bedeutete im besonderen, dass die Handfeste die Rechtsprechung nach dem Magdeburger Recht eingeführt hatte. Neben dem Magdeburger Recht wurden allerdings auch Regelungen des flämischen und schlesischen Rechts einbezogen. So wurden u. a. die Geldstrafen um die Hälfte herabgesetzt. Dies geschah unter dem Einfluss der schlesischen Praxis.[8] Im Erbrecht wurden die Rechte der Söhne und der Töchter gleichgestellt. Die Erbfolge ohne Geschlechtsunterschiede wurde direkt vom flämischen Recht übernommen. Es wurde auch die sog. Kulmer Gütergemeinschaft der Eheleute gesichert. Sie führte zur Vereinigung der Besitztümer beider Eheleute zu einer Einheit. Im Falle des Todes eines der Ehepartner fiel eine Hälfte der gemeinsamen Güter dem Partner und die zweite Hälfte den Erben zu. Auf diese Weise wurde den Frauen – anders als im Magdeburger Recht – ihr eigenes Erbrecht garantiert. Zusammenfassend lässt sich feststellen, dass das Magdeburger Recht für die Kulmer Handfeste weitgehend modifiziert und verjüngt wurde. Infolgedessen entstand eine lokale Abänderung des Magdeburger Rechts – das Kulmer Recht oder Ius Culmense.[9]

Das Kulmer Privilegium sagte viel über die landrechtlichen Verhältnisse, aber ziemlich wenig über die Ordnung, die in den städtischen Gemeinschaften eingeführt wurde.

Den Bürgern der beiden Städte Kulm und Thorn wurden weitgehende Freiheiten gegenüber dem Deutschen Orden zugesprochen. Die Handfeste gestattete den

---

[7] Vgl. Adalbert Erler, Thorn, in: HRG, Bd. 5, Berlin 1998, Sp. 195 f.

[8] Durch Vermittlung Schlesiens wurde auch die flämische Hufe (die spätere kulmische Hufe) als Landmaßeinheit eingeführt, vgl. Jerzy Luciński, Die Kulmer Handfeste von 1233, ihr Inhalt und die Geschichte ihrer Bestimmungen, in: Studia Culmensia (wie Anm. 4), Bd. 1, S. 141.

[9] Koehler, Kulmer Handfeste (wie Anm. 6), Sp. 97; Luciński (wie Anm. 8), S. 140 f.

Bürgern, jedes Jahr einen Richter zu wählen und Stadträte einzuberufen. Stadträte wurden die wichtigsten Organe beider Städte. Zu Gerichtszwecken wurden in den Städten hauptsächlich die Schöffenstühle berufen. Im Unterschied zu Thorn, das hier offenbar dem Lübecker Vorbild folgte, besaß Magdeburg selbst in den dreißiger Jahren des 13. Jahrhunderts noch keinen Stadtrat. Deswegen kann man hier nicht mehr von einer Übernahme der Magdeburger Verfassung sprechen. Der Kulmer Stadtrat übte zugleich die Funktion des Obergerichts für zahlreiche Städte und Dörfer mit Kulmer Recht aus. Es sei am Rande daran erinnert, dass in Magdeburg Rechtsmitteilungen bzw. -belehrungen vom Schöffenstuhl und nicht vom Stadtrat erteilt wurden. Übrigens wandten sich die preußischen Städte auch an den Magdeburger Schöffenstuhl und zwar durch oder auch ohne Vermittlung des Kulmer Stadtrats.[10]

Die Stadt Kulm war zwei Jahrhunderte lang Mutterrechtsstadt für andere Städte. Mitte des 16. Jahrhunderts nahm der Stadtrat von Thorn die Kompetenzen des Obergerichts wahr. Die Urteile der Obergerichte in Kulm und Thorn haben einen bedeutenden Einfluss auf die Gestaltung des Kulmer Rechts ausgeübt. Es ist zu betonen, dass das Kulmer Recht in über 200 Städten Anwendung fand. Diese Städte entstanden seit dem 13. bis ins 18. Jahrhundert vor allem auf dem Gebiet des Deutschordenslandes in Preußen, aber auch in anderen Gebieten des polnisch-litauischen Staates.[11]

Zusammenfassend sei betont, dass die Kulmer Handfeste eine sehr vorteilhafte Adaptation des Magdeburger Rechts darstellte. Die Urkunde war ein Rechtsdenkmal von sehr großer Bedeutung und Verbreitung. Sie war die Quelle sowohl für das Stadtrecht, als auch für das Recht des deutschen Ordenslandes. Die Originalurkunde der Kulmer Handfeste vom Jahre 1233 ist verbrannt. Wir kennen sie aber aus glaubwürdigen Kopien. Im Jahre 1251 wurde das Privilegium in zwei Urkunden für Kulm und Thorn erneuert. Bis heute ist eine dieser Urkunden im Thorner Staatsarchiv aufbewahrt.[12]

---

[10] Krystyna Kamińska, Das Kulmer Recht in Thorn (1233–1793), in: Studia Culmensia (wie Anm. 4), Bd. 2, Toruń 1988, S. 81 f. Vgl. Gerhard Buchda, Magdeburger Recht, in: HRG, Bd. 3, Berlin 1984, Sp. 134–136.

[11] Es sei am Rande erwähnt, dass mit der Entwicklung der Siedlung auch das einfache, das ursprüngliche Magdeburger Recht von den Ordensbehörden angewandt wurde. Dieses Recht war für die Siedler weniger günstig als das Kulmer Recht und bedeutete eine Einschränkung ihrer Rechte und Verschlechterung ihrer Lage, vgl. Luciński, Kulmer Handfeste (wie Anm. 8), S. 141 und Maciej Gołębiowski, Die Lokationen der Städte auf kulmischem Recht, in: Studia Culmensia (wie Anm. 4), Bd. 1, S. 237.

[12] Staatsarchiv Thorn, Katalog I, Sign. 1. Wir verfügen über mehrere musterhafte Editionen der Urkunde von 1251, darunter Guido Kisch, Die Kulmer Handfeste, rechtshistorische und textkritische Untersuchungen nebst Texten, Stuttgart 1931; Krystyna Zielińska-Melkowska, Przywilej chełmiński (Kulmer Handfeste), in: Teksty pomników prawa chełmińskiego w przekładach polskich [Texte der Denkmäler des Kulmer Rechts in den polnischen Übersetzungen], Nr. 1, Toruń 1986.

2.2 Veränderungen im Justizwesen

Im 15. Jahrhundert entstanden verschiedene Konflikte zwischen den aus Deutschland stammenden Ordensbrüdern und den Bürgern und Adeligen des Ordenslandes. Bürgertum und Adel wollten immer häufiger die Macht des Ordens beschränken und an der Machtausübung teilhaben. Im Kampf gegen die Ordensbehörden beriefen sich die preußischen Stände u. a. auf den Inhalt der Kulmer Handfeste. Viele Bestimmungen des Kulmer Rechts wurden nämlich aufgrund der ständig wachsenden Ausgaben des Ordens durch seine Behörden umgangen oder verletzt. Der Orden führte u. a. neue Steuern und Zölle ein. Dabei behauptete er, dass die Kulmer Privilegien nur die Städte Kulm und Thorn betreffen. Unter den Einwohnern des Ordenslandes nahm die Unzufriedenheit zu.

Die Interessen des Ritter- und Bürgertums vereinigte der Preußische Bund. Der Bund entschied sich, politische Unterstützung in Polen zu suchen. Der Adel und die Städte des Kulmer Landes unterwarfen sich im Jahre 1454 dem Schutze des polnischen Königs Kasimir II., wodurch es zu einem 13–jährigen Krieg kam. Der Krieg endete mit der Niederlage des Ordens und der Teilung des Ordenslandes. Der Orden verlor vor allem Pomerellen und das Kulmer Land.[13] Das abgetretene Gebiet, das sog. Preußen königlichen Anteils bzw. Königlich-Preußen, wurde an Polen angeschlossen. Der Restordensstaat blieb weiterhin unter der Herrschaft des Hochmeisters des Deutschen Ordens, stand aber seit dieser Zeit im Lehnsverhältnis zu Polen.[14]

Es sei betont, dass der Provinz Königlich-Preußen eine Sonderstellung gegenüber der polnischen Krone gesichert wurde. Die Stände der Provinz besaßen u. a. einen eigenen Landtag und eine Landesregierung wie auch eigene Rechte. Der polnische König gestand den Bewohnern Königlich-Preußens zu, von einem in der Provinz geltenden Recht auf andere geltende Rechte überzugehen. Der Rechtswechsel war unter der Voraussetzung gestattet, dass er anderen Menschen keine Nachteile bringen durfte. In der Praxis gingen fast alle vom Magdeburger, polnischen und altpreußischen Recht auf das Kulmer Recht über. Deswegen erließ der König bereits im Jahre 1476 ein Privileg, dass das günstige Kulmer Recht allen Bewohnern der Provinz verlieh. Mit der erneuten Verleihung galt das Kulmer Recht für alle Stände Königlich-Preußens.[15]

---

[13] Außerdem verlor der Orden das (östlich an das Kulmer Land anschließende) Michelauer Land, das Bistum Ermland und den berühmten Hochmeistersitz Marienburg.

[14] Bei den Teilungen Polens fiel Königlich-Preußen an Preußen und wurde später die Provinz Westpreußen; der Ordensstaat wurde dagegen im 16. Jahrhundert ein weltliches Herzogtum und später (1701) zum Königreich Preußen, vgl. Brożek, Geschichte Polens (wie Anm. 1), S. 13 f. Vgl. auch die Stellung der deutschen Geschichtsschreibung bei Rhode, Kleine Geschichte Polens (wie Anm. 1), S. 152–157.

[15] Die Ausnahmen bildeten das Bistum Ermland, in dem das Magdeburger, altpreußisches und polnisches Recht galten und die Städte Elbing und Frauenburg, in denen das Lübecker Recht aufrechterhalten blieb, vgl. Zdrójkowski, Studia Culmensia (wie Anm. 4), S. 73 f.; ders., Zarys dziejów prawa chełmińskiego 1233–1862 (Geschichte des Kulmer Rechts 1233–1862 im Umriss), Toruń

Am Rande sei erwähnt, dass Thorn unter der polnischen Herrschaft weiterhin ein wichtiges Zentrum des Nah- und Fernhandels sowie ein bedeutender Mittelpunkt der gewerblichen Produktion blieb. Die Wirtschaftsentwicklung der Stadt brachte der Ausbruch der Schwedischen Kriege (17. Jahrhundert) und besonders des Nordischen Krieges (18. Jahrhundert) zum Zusammenbruch.[16]

2.3 Neue Gesetzbücher des Magdeburger und Kulmer Rechts

Die Festlegung des Kulmer Rechts als einziges und grundlegendes Recht brachte neue Probleme mit sich. Es ergab sich die Notwendigkeit, ein neues Gesetzbuch zu erstellen. Bei der Anwendung des Kulmer Rechts stützte man sich bisher auf die Kulmer Handfeste, die Entscheidungen der Kulmer, Thorner und Magdeburger Obergerichte und auf andere Gesetzestexte.

Es sei hier daran erinnert, dass es zu Beginn des 15. Jahrhunderts im Ordensstaat neben der Kulmer Handfeste zur Annahme der Rechtsaufzeichnungen des sächsisch-magdeburgischen Rechts kam. Eine beherrschende Stellung nahm der sog. „alte Kulm" (altes kölmisches Buch) ein, der eine Umwandlung des verfassten Magdeburg-Breslauer systematischen Schöffenrechts aus dem 14. Jahrhundert war. Es ist merkwürdig, dass im Alten Kulm die flämische Sukzession nicht mehr vorgesehen war. Diese Kompilation war so verbreitet, dass sie noch am Ende des 16. Jahrhunderts (1584) in Thorn im Druck erschien.[17] In der Gerichtspraxis wurde außerdem das „Rechtsbuch nach Distinctionen" aus dem 14. Jahrhundert berücksichtigt.[18] Große Verbreitung fand das Werk des Thorner Stadtschreibers Walther Ekhardi von der Wende des 14. zum 15. Jahrhundert mit dem Titel „Die IX Bücher Magdeburger Rechts".[19] Zusammenfassend lässt sich feststellen, dass die Einführung dieser Rechtsaufzeichnungen und anderer Kompilationen das Ende der relativ freien Entwicklung des Kulmer Rechts bedeutete.[20]

Zwischen den Inhalten der einzelnen Rechtsaufzeichnungen bestanden weitgehende Unterschiede. Daraus ergab sich die Notwendigkeit, ein neues Gesetzbuch zu erstellen. Aus einer intensiven Kodifikationsbewegung im 16. Jahrhun-

1983, S. 29; Alojzy Szorc, Dominium Warmińskie 1243–1772. Przywilej i prawo chełmińskie na tle ustroju Warmii [Das Dominium Ermland 1243–1772. Das Privileg und das kulmische Recht vor dem Hintergrund der Ermländischen Verfassung], Olsztyn 1990, S. 508 f. (hier ausführliche deutsche Zusammenfassung).

16 Tandecki, Thorn (wie Anm. 3), S. 16 f.

17 Zdrójkowski, Zarys (wie Anm. 15), S. 24. Vgl. Koehler, Kulmer Handfeste (wie Anm. 6), Sp. 1246.

18 „Rechtsbuch nach Distinctionen" ist auch unter den Titeln „Coelmisch Recht zu Magdeburgischen Weichbilde" und „Distinctionen Culmenses" bekannt, vgl. Zdrójkowski, Zarys (wie Anm. 15), S. 24.

19 Der Verfasser benutzte das „Breslauer Systematische Schöffenrecht" und seine eigene gerichtliche Erfahrung – vgl. Zdrójkowski, Zarys (wie Anm. 15), S. 24; Erler, Thorn (wie Anm. 7), S. 196.

20 Stanisław Estreicher, O źródłach prawa chełmińskiego w Polsce [Über die Quellen des Kulmer Rechts in Polen], Sprawozdania z czynności i posiedzeń Polskiej Akademji Umiejętności, Bd. 38 (1933), Nr. 3, S. 15 f.

dert gingen drei Revisionen des Kulmer Rechts hervor. Sie wurden von den offiziell gegründeten Ausschüssen bearbeitet und waren deswegen keine privaten Sammlungen mehr. Die erste Bearbeitung war das Jus Culmense Correctum aus dem Jahre 1566. Sie kam im Bistum Ermland zur Anwendung. Um 1580 folgte dann das Jus Culmense Emendatum, welches vor allem im südlichen Königlich-Preußen angewandt wurde. Jedoch wurden beide Revisionen weder vom König noch vom Generallandtag Königlich-Preußens angenommen. Das lag wohl an den Interessensgegensätzen zwischen den verschiedenen Ständen, vor allem jedoch an dem Kampf zwischen Adel und Bürgertum bezüglich des Kulmer Erbrechts. Nachdem der Adel die weitere Zusammenarbeit mit dem Bürgertum verweigert hatte, erarbeitete er für sich ein besonderes Landrecht, welches 1598 erschien und sich zum größten Teil auf das Kulmer Recht stützte.[21] Die Bürger der königlich-preußischen Städte erarbeiteten dagegen das Jus Culmense Revisum von 1594. Es war die letzte und bedeutendste Revision des Kulmer Rechts. In ihr erfolgte eine Aufteilung des Stoffes in einzelne Bücher, Titel und Artikel sowie eine moderne Absonderung des Zivil- vom Strafprozess. Die Anwendung der letzten Revision erfolgte vor allem in Danzig und anderen Städten des nördlichen Königlich-Preußen.

Es sei noch einmal wiederholt, dass keine der drei Revisionen amtlich bestätigt wurde und offiziell in Kraft trat. Dennoch wurden die Revisionen vom Deutschen ins Lateinische und auch ins Polnische übersetzt und spielten dadurch eine große Rolle in der Praxis.[22]

3. Der Rechtsalltag in Thorn

3.1 Die Gerichtsorganisation

Die Verfassung der Stadt Thorn stand nicht direkt mit der Organisation der Stadtgemeinde von Magdeburg in Verbindung. Auf ein autonomes kulmisches Verfassungsmodell scheint vor allem die frühere Gründung des Stadtrates hinzuweisen. In der Thorner Gerichtsorganisation kann man gewisse Einflüsse des lübischen Rechts bemerken.

Der älteste Beamte in der Altstadt Thorn war der Richter, der sog. Schulze („scholcz", „iudex"). Seine jährliche Wahl wurde bereits in der Kulmer Handfeste vorgesehen.[23] In der Praxis übte der Schultheiß seine rechtsprechende Gewalt gemeinsam mit anfangs 7 und später mit 12 Schöffen („scheppene", „scabini") aus. Die Schöffen wurden zum ersten Mal in den Quellen des Jahres 1258 erwähnt. Es existierten selbständige Schöffenstühle in der Alt- und Neustadt Thorn sowie in den Vorstädten.[24]

---

[21] Unabhängig vom Kulmer Recht wurde die Gerichtsordnung der Adelsgerichte sowie das adelige Erb- und Vormundschaftsrecht geregelt. Sofern keine Neuregelung erfolgte, galten die alten Kulmer Bestimmungen weiter.

[22] Zdrójkowski, Zarys (wie Anm. 15), S. 31–49.

[23] Luciński, Kulmer Handfeste (wie Anm. 8), S. 140 f.

Das Schöffengericht war das wichtigste Organ der Jurisdiktion in Thorn. Die Gerichtsbarkeit lag jedoch auch in den Händen des Stadtrates. Das Stadtratsgericht war in manchen Zivil- und Strafsachen, wie auch in den mit Handel und Gewerbe verbundenen Klagen zuständig. Alle diese Angelegenheiten waren in den vom Stadtrat selbst erlassenen Willküren geregelt. Es ist hinzufügen, dass der Rat oft in erster Instanz über die Sachen entschied, welche dem Schöffengericht vorbehalten waren. Auf die Weise versuchte er eine Vorrangstellung in der städtischen Gerichtsbarkeit einzunehmen. Als Berufungsinstanz für die Urteile aller städtischen, vorstädtischen und dörflichen Gerichte übte der Stadtrat einen Einfluss auf die Vereinheitlichung des Rechtssystems aus.

Seit dem Jahr 1459 nahm der Thorner Stadtrat noch die Kompetenzen des Kulmer Obergerichts wahr. Diese Funktion des Stadtrates knüpfte an die Lübecker Gerichtsorganisation an und stimmte mit der Magdeburger Stadtverfassung nicht mehr überein. Als Obergericht war der Thorner Stadtrat für zahlreiche Städte in Königlich-Preußen, Kujawien, dem Ermland und Masowien tätig. Zur allmählichen Verringerung der Rolle des Thorner Obergerichts führten die Appellationen beim königlichen Assessorengericht in Krakau, später in Warschau. Die letzte Spur seiner Tätigkeit stammt vom Beginn des 17. Jahrhunderts.[25]

Neben dem Stadtrats- und Schöffengericht wirkte in Thorn seit dem Jahre 1528 das Wettgericht. Es war für alle Handelssachen zuständig, die zuerst in die Zuständigkeit des Stadtrates fielen. Die Entstehung des Wettgerichts geschah offensichtlich unter dem Einfluss des Lübecker Rechts.[26]

3.2 Das Thorner Schöffengericht

Das Schöffengericht wirkte, je nach der Art der zu entscheidenden Angelegenheiten, der rechtlichen Stellung der Parteien und der angewandten Prozessformen, entweder als ordentliches oder als außerordentliches Gericht. Die Sitzungen des ordentlichen Gerichts („burding", „burgerding") fanden alle 14 Tage statt. Das außerordentliche Gericht fungierte in dringenden Angelegenheiten als Not-, Gast- oder Kriminalgericht. Ein Notgericht („beyding") wurde in den Fällen berufen, in denen eine Entscheidung über eine dringende Sache fallen musste. Ein Gastgericht („gastgericht") wirkte, wenn eine der Prozessparteien ein fremder Stadtbürger (Gast) war. Ein Kriminalgericht („das peinliche Gericht") urteilte in den peinlichen Sachen, in denen ein Delinquent auf frischer Tat betroffen wurde. Es sei am Rande erwähnt, dass in allen Angelegenheiten von geringerem Gewicht nicht das gesamte Kollegium, sondern der Schulze als Einzelrichter urteilte.[27]

---

[24] Kamińska, Das Kulmer Recht (wie Anm. 10), S. 81.

[25] Luciński, Kulmer Handfeste (wie Anm. 8), S. 141; Kamińska, Das Kulmer Recht (wie Anm. 10), S. 82.

[26] Krystyna Kamińska, Sądownictwo miasta Torunia do połowy XVII wieku na tle ustroju sądów niektórych miast Niemiec i Polski [Die Gerichtsbarkeit der Stadt Thorn bis zur Hälfte des 17. Jhs. im Vergleich zur Gerichtsverfassung einiger deutscher und polnischer Städte], Towarzystwo Naukowe w Toruniu, Studia Iuridica 66, 2 (1980) (hier eine deutsche Zusammenfassung), S. 184.

Der Schöffenstuhl gewann den Charakter des Schöffengerichts durch die Hegung („sitczende geheigit ding", „gehegter bank"), d. h. eine formelle Eröffnung der Sitzung. Während der Hegung fragte der Richter einen Schöffen, ob es Dingzeit sei. Nach Bejahung dieser Frage verbot er Unrecht, gebot Frieden und Schweigen.[28] Das Schöffengericht hegte sein Ding so lange, bis es in allen Rechtsstreitigkeiten zu einem Urteil („orteil", „ortil") gekommen war. Bei der Urteilsfindung bzw. Urteilsbegründung berief man sich auf die Vorschriften der Revisionen des Kulmer Rechts, auf römische, italienische und polnische Rechtswerke sowie auf Regelungen des Sachsenspiegels und des Magdeburger Weichbilds („Jus municipale").[29]

3.3 Die Gerichtslaube auf dem Marktplatz

Der Gerichtsbarkeit diente in Thorn zuerst eine Gerichtslaube und später eine Gerichtsstube im Rathaus.[30] Die historischen Quellenmaterialien beweisen, dass bereits im 13. Jahrhundert am altstädtischen Markt ein Raum für das Schöffengericht errichtet wurde. Ab Mitte dieses Jahrhunderts entstanden auf dem Marktplatz etappenweise mehrere Gebäude, darunter ein Kaufmannshaus, Tuchhallen, Krämerbuden, Brotbänke, ein Turm, das erste Rathaus und eine Waage. Im nördlichen Teil des Marktkomplexes ist vermutlich bereits um 1270 eine Gerichtslaube errichtet worden.

Es sei daran erinnert, dass das Gerichtsverfahren sowohl im Altertum als auch im Mittelalter öffentlich war. Ursprünglich wurden die Gerichtssitzungen in den Städten üblicherweise auf dem Marktplatz unter freiem Himmel abgehalten. Gemäß dem deutschen Recht konnte das Gerichtsverfahren in einem nach den Seiten hin offenen Raum stattfinden. In mehreren Städten Deutschlands und Polens entwickelte sich aus dem Gericht unter freiem Himmel eine offene Gerichtslaube oder Gerichtshalle. Die Laubenform der Gerichtsstätte war u. a. in Magdeburg, Köln, Lübeck und Dortmund verbreitet. Aus Gerichtslauben bzw. Gerichtshallen entwickelten sich später Gerichtsstuben oder Schöffensäle in Rathäusern.[31] Man kann wohl vermuten, dass auch Thorn eine solche allmähliche Entwicklung erlebte.

---

[27] Ebd, S. 77–89 u. 184 f.

[28] Vgl. Gerhard Köbler, Hegung, in: HRG, Bd. 2, Berlin 1978, S. 36 f.

[29] Kamińska, Sądownictwo (wie Anm. 26), S. 77–79.

[30] Leszek Kotlewski, Toruń. Die altstädtische Anlage auf der Liste des Weltkulturerbes der UNESCO, Toruń 1998, S. 13.

[31] Michał Woźniak, Das Rathaus in Toruń/Thorn und sein Ausbau 1602 bis 1605, in: Rathäuser im Spätmittelalter und in der Frühen Neuzeit, Materialien zur Kunst- und Kulturgeschichte in Nord- und Westdeutschland, Bd. 21, Marburg 1997, S. 147. Vgl. Arthur Semrau, Das Dinghaus in der Altstadt Thorn, Thorn 1918, S. 1–8 und Karl von Amira, Claus von Schwerin, Rechtsarchäologie. Gegenstände, Formen und Symbole germanischen Rechts, T. 1 (=Deutsches Ahnenerbe. Reihe B: Fachwissenschaftliche Untersuchungen. 2), Berlin-Dahlem 1943, S. 15.

Die Thorner Gerichtslaube mag sich zuerst in drei Bogenöffnungen nach Süden, Westen und Norden geöffnet haben. Mit der vierten Wand lehnte sie sich an die Kram- und Brotbänke an. Die große Arkade in der Trennwand ermöglichte jedem Vorübergehenden das Zuhören bei den Gerichtsprozessen.[32]

3.4 Die Gerichtsstube im Rathaus

Im Jahre 1393 bekam die Altstadt Thorn das Privileg, ein neues Rathaus zu bauen. Der ganze Marktkomplex wurde miteinander verbunden, zu einem Viereck zusammengefasst und zweigeschossig ausgebaut. Auf diese Weise entstand das Rathaus – ein geschlossener Bau in norddeutscher Backsteingotik, mit einem kräftigen Turm und einem rechteckigen Innenhof.[33] Das Rathaus war das wichtigste öffentliche Gebäude. Es erfüllte mehrere und ganz unterschiedliche Funktionen.[34]

Nach der Bauurkunde sollte im Rathaus auch ein neues „Dinghaus", d. h. eine neue Gerichtsstube gebaut werden.[35] Das Dinghaus nahm einen Raum im Erdgeschoss des Rathauses, im Nordflügel ein. Solche Lokalisierung erscheint merkwürdig, weil das ganze Erdgeschoss vorwiegend dem Handel diente. Um den Handel zu erleichtern, war die ganze Kaufanlage sowohl von außen – vom Markt – wie auch von innen – vom Hof – her durch die großen Tore inmitten des jeweiligen Flügels zugänglich. Der neue Gerichtssaal lag direkt beim Durchgang vom Markt zum Hof. Seine Lokalisierung erinnerte an den alten Zustand und an die ursprüngliche Funktion dieses Ortes.

Seit den Bauarbeiten gegen Ende des 14. Jahrhunderts gehörten zur Thorner Gerichtsstube drei Räume: ein schmaler, länglicher Vorraum, die Gerichtsstube und die Sprachkammer (oder die sog. Sprechstube). Die Sprachkammer war ein kleiner und dunkler Raum. Sie diente der Wahl des Schöffenältesten, des Schöffenmeisters, der Aufbewahrung der Schriftstücke sowie der Protokolle usw. Wahrscheinlich dienten dem altstädtischen Gericht auch Nebenräume: Gewahrsams- und Folterkammern.[36] Es sei betont, dass die Gerichtsstube mit Nebenräumen trotz der späteren Umbauten bis heute sehr gut erhalten geblieben ist.

---

[32] Woźniak, Das Rathaus (wie Anm. 31), S. 149.
[33] Vgl. Erler, Thorn (wie Anm. 7), S. 196.
[34] Die wichtigste Rolle war mit dem Sitz des Rates sowie mit dem Handel verbunden.
[35] Die Bezeichnung „Dinghaus" war in der alten deutschen Sprache nicht selten und beruhte wahrscheinlich auf der ehemaligen Verbindung von Rechtsprechung und Verwaltung, vgl. v. Amira, v. Schwerin, Rechtsarchäologie (wie Anm. 31), S. 147.
[36] Semrau, Das Dinghaus (wie Anm. 31), S. 8.

3.5 Das äußere Bild einer Schöffensitzung

Eine interessante Darstellung einer Schöffensitzung findet sich noch heute auf einem gut erhaltenen Gemälde, das sich im Thorner Rathaus befindet. Das Bild stellt eine Schöffensitzung in der Gerichtsstube dar.

Der Maler hat in einer zur damaligen Zeit üblichen Weise die Westwand des Gerichtsraumes bis auf die Brüstungshöhe weggelassen, um einen Einblick in den Raum zu ermöglichen. Wir schauen in eine nach einer Seite ganz offene Halle. An der Ostwand, die mit rotem Tuch bespannt ist, sitzt in der Mitte der Richter. In der Rechten hält er sein Zeichen – einen Stab. Zur rechten Seite des Richters sitzt auf einer Bank der Schreiber. An der Süd- sowie an der West- und Nordwand stehen die Schöffenbänke. Auf den Bänken, an zwei Wänden sitzen je sechs Schöffen, die Südwand ist unbesetzt. Auf der Südseite stehen, auf die Brüstung gelehnt, drei rechtsuchende Personen. Der von einer Balustrade umgrenzte Raum dient den Zuschauern. Es ist darauf hinzuweisen, dass an den Wänden der Gerichtsstube einige Bilder hängen. Die Form der Holzrahmen ist nach den Schildbögen zurechtgeschnitten.

Die Historiker betonen, dass die Darstellungen von richterlichen Handlungen in deutschen Rathäusern nichts Seltenes waren. Die Gerichtssitzungsdarstellungen finden bzw. fanden sich u. a. in Augsburg, Ulm, Regensburg, Breslau, Bremen und Danzig. Das Thorner Gerichtssitzungsbild wird aber besonders hoch geschätzt, weil es die Gerichtsstube der Altstadt Thorn mit der vollständigen Ausstattung des etwa 15.–17. Jahrhunderts zeigt und doch so, dass wir im wesentlichen das Bild des mittelalterlichen Zustandes bekommen.[37]

3.6 Die Gerechtigkeitsbilder und ihre Rolle

Neben dem Gerichtssitzungsbild hängen bzw. hingen im Thorner Gericht noch weitere Gerechtigkeitsbilder.[38] Die unbekannten Urheber dieser Gemälde standen unter dem Einfluss des bekannten Danziger Malers Anton Moeller, eines Vertreters der späten niederdeutschen Renaissanceperiode der zweiten Hälfte des 16. Jahrhunderts.[39]

Im Voraus sei betont, dass die alte Sitte der Ausschmückung der Rathäuser und besonders der Gerichtsräume mit Gerechtigkeitsdarstellungen vor allem in Norddeutschland verbreitet war.[40]

---

37 In der Neustadt Thorn existierte, trotz der im Jahre 1454 erfolgten Vereinigung mit der Altstadt, das eigene Schöffengericht weiter. Gemeinsam war dagegen der Stadtrat, vgl. Kamińska, Sądownictwo (wie Anm. 26), S. 184.

38 Sie entstanden während des grundlegenden und großartigen Umbaus des Rathauses, der zu Beginn des 17. Jahrhunderts stattfand; die Modernisierung des Rathauses erfolgte auf Initiative des verdienten Bürgermeisters Heinrich Stroband, vgl. Woźniak, Das Rathaus (wie Anm. 31), S. 152 f.

39 Walter Gyssling, Anton Moeller und seine Schule. Ein Beitrag zur Geschichte der niederdeutschen Renaissancemalerei, Strassburg 1916, S. 5 f.

40 In Norddeutschland treffen wir auf bedeutende Werke nicht nur in Handelsmetropolen, sondern

Die ältesten Gerechtigkeitsbilder gehörten dem religiösen Themenkreis an.[41] Die frühesten Gemälde stellten zumeist das jüngste Gericht und das Urteil Salomons dar. Es ist anzumerken, dass eine der sächsischen Quellen ausdrücklich gebot, man solle in Rathäusern, in denen Gericht gehalten werde, das jüngste Gericht oder das Urteil Salomons malen lassen. Gemäß diesem Gebot befanden sich entsprechende Gemälde in Rathäusern mehrerer deutscher Städte, u. a. in Basel, Nürnberg, Augsburg, Münster, Osnabrück, Lüneburg, Danzig, Königsberg.[42]

Das Weltgerichtsbild war der älteste Wandschmuck der Thorner Gerichtsstube. Das Gemälde trug zwei Jahreszahlen aus dem 16. Jahrhundert. Die Darstellung wurde als ein abgekürztes jüngstes Gericht angesehen, denn es fehlte das ganze figurenreiche Beiwerk. Das Bild zeigte Jesus Christus auf der Weltkugel und zwei geharnischte Könige mit Spruchbändern und entsprechenden Unterschriften: Salomon und David.[43] Neben der Darstellung des Jüngsten Gerichts war das Urteil Salomons das zweite Bildthema, das sich ebenso großer Beliebtheit und Verbreitung an Gerichtsstätten erfreute. Das Thorner Gemälde stellte den König Salomon auf einem Thron (bzw. Richterstuhl) dar. Zu seiner Rechten stand ein Kriegsknecht mit einem Kind in der rechten Hand und gezogenem Schwert in der linken Hand. Vor dem König lag auf dem Fußboden ein lebendes Kind und knieten zwei Frauen – vermutlich die Mütter.[44] Aus dem Alten Testament wurde auch die Thematik der zwei nächsten Thorner Gemälde entnommen. Das erste Bild stellte „die zehn Gebote“ dar. Die Inschriften der Gesetzestafeln waren in lateinischer Sprache verfasst. Das zweite Gemälde stellte die Susannageschichte dar. Susanna war die reizvolle Frau eines wohlhabenden Mannes. Sie wurde des Ehebruchs beschuldigt und zum Tode verurteilt. Doch dann setzte sich ein junger Prophet Daniel für sie ein und erkannte die Lüge der Kläger. Susanna wurde freigesprochen und die beiden Kläger gesteinigt.[45]

Die biblischen Themen behielten in der Kunst längere Zeit Bedeutung. Seit dem 15. Jahrhundert wurde – neben den religiösen Vorlagen – eine Fülle von antiken, römischen oder griechischen Themen dargestellt. Die Renaissanceliteratur bot den Malern eine Menge neuer Geschichten. Die Verbreitung von historischen Gerechtigkeitsbildern kam aus den Niederlanden.[46]

---

vielfach auch in unbedeutenderen Städten, wie z. B. Wesel oder Prenzlau – vgl. Ursula Lederle, Gerechtigkeitsdarstellungen in deutschen und niederländischen Rathäusern (Diss. Heidelberg), Philippsburg 1937, S. 81 u. 84.

[41] Ebd., S. 7 f.

[42] Ebd., S. 14–31. Vgl. Georg Troescher, Weltgerichtsbilder in Rathäusern und Gerichtsstätten, in: Wallraf-Richartz-Jahrbuch. Jahrbuch für Kunstgeschichte 11 (1939), S. 139–214; über Thorn S. 196.

[43] Lederle (wie Anm. 40), S. 25. Das Bild verschwand während des Zweiten Weltkriegs und ist heute nur aus der Literatur und aus im Thorner Museum aufbewahrten Fotos bekannt.

[44] Ebd., S. 26 f. Das Bild mit dem Urteil Salomons verschwand ebenso während des Zweiten Weltkriegs.

[45] Ebd., S. 74 u. 31 f. Auch das Bild mit den zehn Geboten gilt seit dem Zweiten Weltkrieg als verschollen.

[46] Ebd., S. 10–12.

In der Thorner Gerichtsstube befand sich weiterhin ein Gemälde mit dem Urteil des Kambyses. Das Bild geht auf eine Erzählung von Herodot zurück. Der älteste griechische Historiker berichtete von einem königlichen Richter, der gegen Bezahlung ein ungerechtes Urteil gefällt hatte. Der König Kambyses ließ den Richter schinden, seine Haut zerschneiden und damit den Richterstuhl beziehen. Dann ernannte er den Sohn des bestechlichen Beamten zum neuen Richter.

Zusammenfassend sei betont, dass die in der Thorner Gerichtsstube befindlichen Bilder sowohl an die Richter und die Schöffen, als auch an das Publikum gerichtet waren. Die biblischen Themen sollten vor allem an die Milde des Richters appellieren. Das Urteil Kambyses' sollte den Richtern vor Augen führen, dass sie auch der weltlichen Gerechtigkeit und Obrigkeit unterstehen. Durch andere Bilder wurden die Richter auf die göttliche Gerechtigkeit hingewiesen und auf die Bestrafung am jüngsten Tage, wenn sie ungerechte Urteile finden würden. Auch die Zuschauer hatten die genannten Gemälde stets vor Augen; sie wurden damit belehrt, dass die Richter Vertreter der ewigen Gerechtigkeit sind und im Namen Gottes Recht sprechen. Man kann wohl vermuten, dass die reiche Ausschmückung der Thorner Gerichtsstube mit Gerechtigkeitsdarstellungen auch Folge der protestantischen Überzeugung von der Wirksamkeit der schriftlichen bzw. plastischen Argumentation war.[47]

Schlussbemerkungen

Die Kulmer Handfeste bildete die rechtliche Grundlage für die Anlegung der Altstadt Thorn wie auch der Stadt Kulm. Das Privileg verlieh den beiden Städten das Magdeburger Recht mit einer Reihe wesentlicher Abweichungen zugunsten der Ansiedler. Durch diese Abänderungen, vor allem die flämische Sukzession und die eheliche Gütergemeinschaft, unterschied sich das entstandene Kulmer Recht von seinem Magdeburger Vorbild. Etwa nach 1400 wurde im Ordensland Preußen, neben der Kulmer Handfeste, das neue, aus Schlesien rezipierte Recht, nämlich das Magdeburg-Breslauer Schöffenrecht eingeführt.

Zu den zentralen Organen der städtischen Selbstverwaltung im Kulmer Land und dann später in Königlich-Preußen gehörten der Stadtrat und der Schöffenstuhl. Die gerichtlichen Funktionen erfüllte der Schöffenstuhl. Er fungierte sowohl als ordentliches Gericht wie auch als Sondergericht. Der Kulmer, später der Thorner Stadtrat erfüllte zusätzlich die Funktion des lokalen Obergerichtshofes. Die Urteile des Obergerichts bildeten, neben der Kulmer Handfeste und den Stadtgesetzen, den Rechtsgrund für die Tätigkeit der städtischen Selbstverwaltungsorgane.

In der zweiten Hälfte des 13. Jahrhunderts wurde in Thorn eine Gerichtslaube errichtet. Seit dem Ende des 14. Jahrhunderts hatte das Schöffengericht seinen Platz in einem Raum des neu erbauten Rathauses. Diese originale Gerichtsstube

[47] Ebd., S. 8, 33, 42.

mit ursprünglichem Inventar ist bis heute erhalten. Sie diente der Ausübung der Stadtjustiz bis zum Ende des 18. Jahrhunderts. Wie eine Gerichtssitzung des Schöffengerichts aussah, zeigt uns heute ein Gemälde, das sich an Ort und Stelle befindet und gleichzeitig das naturgetreue Portrait eines Thorner Richters und der Schöffen enthält. Die Thorner Gerichtsstube stellt ein schönes Zeugnis der alten Gerichtsbarkeit dar.[48]

[48] Nachdem Thorn durch die polnischen Teilungen an Preußen fiel, wurde die städtische Gerichtsbarkeit von den preußischen Behörden im 19. Jahrhundert allmählich aufgehoben. Die Innenräume des Rathauses wurden umgestaltet. Durch die vorgenommenen Restaurierungsarbeiten nach dem Zweiten Weltkrieg ist die einstmalige Schönheit des Rathauses und der Gerichtsstube wiederhergestellt worden.

Jolanta Karpavičienė (Vilnius)

Das sächsisch-magdeburgische Recht in Litauen: Forschungsstand, Forschungsfelder und Perspektiven

I. Grundzüge der Geschichte des sächsisch-magdeburgischen Rechts in Litauen

Die Spezifik der litauischen Geschichte hat die Eigenart der Verbreitung des sächsisch-magdeburgischen Rechts in Litauen bedingt. Die Herausbildung der Städte auf den ethnisch-litauischen Territorien hat später als in Ostmitteleuropa und in den ostslawischen Gebieten des Großfürstentums Litauen (weiter – GFL) eingesetzt und erst in der zweiten Hälfte des 13. bis zum Anfang des 14. Jahrhunderts eine qualitativ neue Stufe erreicht.[1] Dies wird unter anderem durch die neuen Richtungen in der Politik der litauischen Großfürsten bezeugt. Der Großfürst Gediminas (Gedimin) hielt die Entwicklung der Städte für einen wichtigen Faktor des wirtschaftlichen Fortschritts im Staat.[2] Als eine der Voraussetzungen der Städteentwicklung betrachtete er die deutsche Ostkolonisation. Leider konnte das Projekt von Gediminas, das in seinen Briefen auch an die Hansestädte dargelegt war,[3] vor allem wegen der politischen Isolation des heidnischen Litauens nicht in vollem Umfang verwirklicht werden. Das deutsche Element spielte in der Entwicklung der litauischen Städte eine bei weitem nicht so große Rolle wie in anderen ostmitteleuropäischen Ländern.[4] Der graduelle Prozess der Herausbildung der Städte im ethnischen Litauen hat nie aufgehört, obschon seine Intensität gering war. Die Anfänge des einheimischen Stadtrechts lassen sich hypothetisch für die zweite Hälfte des 14. Jahrhunderts annehmen.[5]

---

[1] Edvardas Gudavičius, Miestų atsiradimas Lietuvoje [Entstehung der Städte in Litauen], Vilnius 1991, S. 64 f.; ders., Lietuvos istorija. Nuo seniausių laikų iki 1569 metų [Geschichte Litauens. Von den ältesten Zeiten bis zum Jahre 1569], Vilnius 1999, S. 90 f.; Zigmantas Kiaupa, Die litauischen Städte im Spätmittelalter – zwischen eigener Herkunft und dem Einfluss ausländischer Nachbarn, in: Zwischen Lübeck und Nowgorod. Wirtschaft, Politik und Kultur im Ostseeraum vom frühen Mittelalter bis ins 20. Jahrhundert. Norbert Angermann zum 60. Geburtstag, hrsg. von Ortwin Pelc und Gertrud Pickhan, Lüneburg 1996, S. 167–177, hier S. 167 f.

[2] Edvardas Gudavičius, Gedimino miestų politika jo laiškų fone [Städtepolitik von Gedimin vor dem Hintergrund seiner Briefe], in: Metraščiai ir kunigaikščių laiškai [Annalen und Fürstenbriefe] (=Senoji Lietuvos literatūra. 4), Vilnius 1996, S. 41–46; Zigmantas Kiaupa, Jūratė Kiaupienė, Albinas Kuncevičius, The history of Lithuania before 1795, Vilnius 2000, S. 75–79.

[3] Alvydas Nikžentaitis, Wirtschaftliche und politische Motive in den Briefen des Großfürsten Gedimin an die norddeutschen Städte sowie an die Orden der Dominikaner und Franziskaner (26. Mai 1323), in: Zwischen Lübeck und Novgorod (wie Anm. 1), S. 121–130; Kiaupa, Die litauischen Städte (wie Anm. 1), S. 171; vgl. dazu Chartularium Lithuaniae res gestas magni ducis Gedeminne illustrans. Gedimino laiškai [Briefe von Gedimin], hrsg. von Stephen C. Rowell, Vilnius 2003, S. XVII–XX, XXIX–XXXI, 46–49, 56–67, 372–375, 383–385.

[4] Kiaupa, Die litauischen Städte (wie Anm. 1), S. 168–173; Edvardas Gudavičius, Lithuania's road to Europe, in: Lithuanian historical studies 2 (1997), S. 15–27, hier S. 18–20.

[5] Ders., Teisė [Recht], in: Lietuvos Didžiosios Kunigaikštijos kultūra. Tyrinėjimai ir vaizdai [Kultur

Diese Vorgänge wurden durch die dynastische Verbindung mit Polen sowie die Christianisierung Litauens wesentlich beeinflusst und in eine neue Richtung bewegt. Die Handfesten von Jogaila (Jagiełło), die er während der Taufaktion im Jahre 1387 dem künftigen Bischof von Vilnius, dem katholischen Adel sowie den „Bürgern, Einwohnern und der ganzen Gemeinschaft unserer Stadt Vilnius“[6] (Wilna) verliehen hat, bildeten die rechtlichen Grundlagen des europäischen Gesellschaftsmodells in Litauen.[7] Die damalige Staatsobrigkeit hat durch gesteuerte Rezeption des Rechts die Entwicklung der ständischen Struktur forciert.[8] Deswegen war das Auftreten des sächsisch-magdeburgischen Rechts im GFL die Folge jener staatlichen Politik, welche bereits zu Anfang diesem Recht die Sanktion des Stadtrechts zuerkannt hat. Die Einführung dieses Rechts war darauf gerichtet, den sich herausbildenden Stand des Stadtbürgertums herauszuheben.[9]

Der Weg des sächsisch-magdeburgischen Rechts nach Litauen führte vor allem über Polen, wo es entsprechende Transformationen erfahren hatte.[10] Deswegen ist das in der oben genannten Handfeste von Jogaila als „jus Theutonicum quod Magdeburiense dicitur“ definierte sächsisch-magdeburgische Recht in Litauen sofort mit dem deutschen Recht gleichgesetzt worden. Da den meisten Städten des GFL ihre Selbstverwaltungsrechte oft auf der Grundlage des Magdeburger Rechts verliehen wurden, ist es zum Äquivalent des städtischen Selbstverwaltungsrechts in Litauen geworden. Selbstverwaltete Städte wurden im GFL „magdeburgisch“ genannt, und die Selbstverwaltungsinstitutionen hießen „Magdeburgien“.[11] Das Verfügen über das Magdeburger Recht bestimmte den rechtlichen Status einer Siedlung sowie ihre Bedeutung in der Fiskalpolitik des GFL. Die „magdeburgischen“ und „nicht magdeburgischen“ Städte wurden im Laufe der Hufenreform in der zweiten Hälfte des 16. Jahrhunderts deutlich voneinander getrennt.[12] Eine Differenzierung dieser Art wird unter anderem auch durch die Terminologie der litauischen Statuten belegt. Im Zweiten (1566) und Dritten (1588) litauischen

---

des GFL. Forschungen und Darlegungen], hrsg. von Vytautas Committee Ališauskas u. a., Vilnius 2001, S. 700–713, hier S. 700.

[6] „... civibus et incolis totaeque communitati praedictae civitatis nostrae Vilnensis“ – Piotr Dubiński, Zbiór praw y przywilejów miastu stołecznemu W.X.L. Wilnowi nadanych [Sammlung der Rechte und Privilegien für die Hauptstadt des GFL Vilnius], Wilno 1788, S. 1.

[7] Kiaupa, Kiaupienė, Kuncevičius, The history of Lithuania (wie Anm. 2), S. 130 f., 169.

[8] Gudavičius, Lietuvos istorija (wie Anm. 1), S. 470 f.

[9] Ebd., S. 416 f.

[10] Rolf Lieberwirth, Das sächsisch-magdeburgische Recht als Quelle osteuropäischer Rechtsordnungen (=Sitzungsberichte der Sächsischen Akademie der Wissenschaften zu Leipzig. Philologisch-historische Klasse, Bd. 127, H. 1), Berlin 1986, S. 4–13; Heiner Lück, Sachsenspiegel und Magdeburger Recht. Europäische Dimensionen zweier mitteldeutscher Rechtsquellen, Hamburg 1998, S. 41.

[11] Gudavičius, Lietuvos istorija (wie Anm. 1), S. 359; Edmundas Rimša, Lietuvos Didžiosios Kunigaikštystės miestų antspaudai [Die Städtesiegel des GFL], Vilnius 1999, S. 130.

[12] Juozas Jurginis, Valakų reformos reikšmė Lietuvos miestams [Bedeutung der Hufenreform für die Städte Litauens], in: Lietuvos TSR mokslų akademijos darbai, A serija (weiter – MADA) 3 (52) (1975), S. 75–87, hier S. 76, 82–86.

Statut wird ein Unterschied zwischen den einerseits großfürstlichen oder privaten „privilegierten und dem Magdeburger Recht folgenden Städten“, und andererseits unprivilegierten Städten sowie kleineren Siedlungen, „die nicht mit dem Magdeburger Recht ausgestattet sind“, gemacht.[13]

Die Geschichtsschreibung hat schon längst darauf hingewiesen, dass bei der Forschung zur Stadtgeschichte sowie zur Problematik des sächsisch-magdeburgischen Rechts eine Trennung zwischen den östlichen und westlichen Gebieten des GFL notwendig ist.[14] Ein anderer historischer Hintergrund (die Ursprünge der ostslawischen Städte des GFL reichen bis in die Zeiten der Kiever Rus’), die unterschiedliche Dynamik der Urbanisierungsprozesse und Besonderheiten der ethnisch-sozialen Struktur haben die regionalen Eigentümlichkeiten in der Periodisierung und im jeweiligen Inhalt des sächsisch-magdeburgischen Rechts auf dem Territorium des GFL bedingt. Die Tendenzen der Städteentwicklung im GFL im 17.–18. Jahrhundert (z. B. die wirtschaftliche Stagnation der Städte, ihre Eliminierung aus dem politischen Leben des Staates, die soziale, rechtliche und ethnisch-konfessionelle Heterogenität der städtischen Bevölkerung) haben zwar einerseits die Vitalität des sächsisch-magdeburgischen Rechts gewährleistet, andererseits aber seine lokale Variation zusätzlich verstärkt. Die sich ändernde staatliche Zugehörigkeit der Territorien des GFL im 16.–18. Jahrhundert hatte außerdem zur Folge, dass diesem Recht ein wechselhaftes Schicksal zuteil wurde und sein Einfluss auf die bis dahin praktizierte Gesetzgebung verschiedene Intensität erreichte.

Der polnische Rechtshistoriker Juliusz Bardach, der vor einigen Jahrzehnten den damaligen Forschungsstand im Hinblick auf das sächsisch-magdeburgische Recht im GFL bis zur Mitte des 17. Jahrhunderts zusammengefasst hat, teilte die Verbreitung dieses Rechts chronologisch in Etappen ein.[15] In der ersten Etappe

---

[13] „... uprivil’evanye mesta, gde i prava majdeburskogo uživajut’“, „... v kotorych sjia sudjiat’ pravom majdeborskim“; „... mesta neuprivil’evanye“; „... mestečki menšie, gde prava majdeborskogo net“; oder auch „... cives nostri iure Maidemburgensi utentes“„... oppidani nostri iure Maidemburgensi non utentes“. Ausführlicher dazu Jolanta Karpavičienė: Magdeburgo teisė, ištakos ir transformacijos [Magdeburger Recht: Entwicklungsanfänge und Transformationen], in: Lietuvos miestų istorijos šaltiniai [Geschichtsquellen der Städte Litauens] (weiter – LMIŠ), Bd. 3, Vilnius 2001, S. 175–254, hier S. 177–179.

[14] Stanisław Alexandrowicz, Geneza i rozwój sieci miasteczek Białorusi i Litwy do połowy XVII w. [Entstehung und Entwicklung des Marktfleckennetzes in Weißrussland und Litauen bis zur Mitte des 17. Jhs.], in: Acta Baltico-Slavica 7 (1970), S. 47–108, hier S. 48, 60–63; ders., Gospodarcze, prawne i etniczne osobliwości sieci miejskiej ziem Wielkiego Księstwa Litewskiego w XVI–XVII w. [Wirtschaftliche, rechtliche und ethnische Besonderheiten des Städtenetzes im GFL im 16.–17. Jh.], in: Miasto i kultura ludowa w dziejach Białorusi, Litwy, Polski i Ukrainy [Stadt und Volkskultur in der Geschichte von Weißrussland, Litauen, Polen und Ukraine], hrsg. von Jerzy Wyrozumski, Kraków 1996, S. 61–89, hier S. 69–73; Juliusz Bardach, Ustrój miast na prawie magdeburskim w Wielkim Księstwie Litewskim do połowy XVII wieku [Verfassung der mit dem Magdeburger Recht ausgestatteten Städte im GFL bis zur Mitte des 17. Jhs.], in: ders., O dawnej i niedawnej Litwie [Über das alte und nicht alte Litauen], Poznań 1988, S. 72–119, hier S. 73–75, 84–90; Kiaupa, Kiaupienė, Kuncevičius, The history of Lithuania (wie Anm. 2), S. 175 f.

[15] Juliusz Bardach, Miasta na prawie magdeburskim w Wielkim Księstwie Litewskim od schyłku

(Ende des 14. bis Anfang des 15. Jahrhunderts) wurde das Magdeburger Recht in einigen Städten, die den politischen Kern des Staates ausmachten, eingeführt. Drei davon befinden sich auf dem heutigen Territorium Litauens: Vilnius, 1387; Kaunas (Kauen), 1408;[16] Trakai (Traken).[17] Das ethnische Litauen blieb von der zweiten Verleihungswelle am Ende des 15. bis zum Anfang des 16. Jahrhunderts so gut wie ausgespart.[18] Damals hat eine Reihe von Groß- sowie Mittelstädten in Podlachien und in ostslawischen Teilen des GFL die Stadtrechte nach dem Magdeburger oder Kulmer Recht erhalten. In der dritten Periode (zweite Hälfte des 16. bis zur Mitte des 17. Jahrhunderts) hat sich das Magdeburger Recht auf dem ganzen Territorium des Staates verbreitet.

Die Welle der Entstehung von städtischen Selbstverwaltungen hat Litauen gleichzeitig mit der Herausbildung der adligen Selbstverwaltung während der Verwaltungs- und Gerichtsreformen in den 60er Jahren des 16. Jahrhunderts und nach der Union von Lublin erreicht.[19] Seit 1569 wurde das Magdeburger oder Kulmer Recht[20] im Laufe von 100 Jahren an 17 Ortschaften verliehen, die sich auf dem heutigen Territorium Litauens befinden.[21] In vielen von ihnen hat die Selbstverwaltung im kleineren oder größeren Umfang tatsächlich funktioniert. Auf die gleiche Art wie die ersten drei Städte, denen das Magdeburger Recht noch am Ende des 14. bis zum Anfang des 15. Jahrhunderts erteilt wurde, sind die meisten städtischen Selbstverwaltungen auf den staatlichen Territorien entstanden. Das Magdeburger Recht wurde ihnen auf Initiative der Staatsobrigkeit gewährt, wel-

---

XIV do połowy XVII stulecia [Städte mit Magdeburger Recht im GFL seit Ende des 14. bis zur Mitte des 17. Jhs.], in: Kwartalnik Historyczny 87, 1 (1980), S. 21–51, hier S. 32.

[16] Manche Wissenschaftler vertreten die Meinung, dass Kaunas bereits 1391 das Magdeburger Recht erhielt. Jedoch ist diese Meinung nicht durch ausreichende Argumente abgesichert, so dass sie lediglich als eine Hypothese betrachtet werden kann – Zigmantas Kiaupa, Kauno miesto savivalda 1408–1508 m. [Selbstverwaltung der Stadt Kaunas 1408–1508], in: Darbai ir dienos, Acta et commentationes universitatis Vytauti Magni 13 (1997), S. 19–28, hier S. 28; Rimša, Lietuvos Didžiosios Kunigaikštystės (wie Anm. 11), S. 260 f.

[17] Obwohl die erste magdeburgische Handfeste für Trakai nicht überliefert ist, haben die Historiker nachgewiesen, dass Ende des 14. oder Anfang des 15. Jahrhunderts der Großfürst Vytautas dem christlichen Stadtteil von Trakai das Magdeburger Recht erteilt hat. Im Jahre 1441 wurde das Magdeburger Recht auch den Karaiten von Trakai gewährt – Algirdas Baliulis, Trakų miesto privilegijos (Lietuvos Metrikos duomenimis) [Privilegien der Stadt Trakai (nach den Angaben der LM)], in: LMIŠ (wie Anm. 13), Bd. 2, Vilnius 1992, S. 39–61.

[18] Zigmantas Kiaupa, Autonomy of Lithuanian Cities from the XIVth to XVIIIth C., in: The Heraldry of Lithuania, compiled and arranged by Edmundas Rimša, vol. 1, Vilnius 1998, S. 163–183, hier S. 168.

[19] Ebd.

[20] Der Großteil der litauischen Städte hat die magdeburgischen Privilegien erhalten. Eine gewisse Ausnahme bildet die Verleihung an die Privatstadt Skuodas (Szkudy, Johannesburg) durch den Magnaten Johann Chodkewicz im Jahre 1572. Seine Einwohner wurden „mit Cöllmischen und Magdeburgischen Freyheiten, Rechten und Gerechtigkeiten" versehen – Lietuvos magdeburginių miestų privilegijos ir aktai [Privilegien und Akten der magdeburgischen Städte Litauens] (weiter – LMMPA), Bd. 2: Kretinga, Skuodas, Šiauliai, Šventoji, Varniai, Veliuona, Viekšniai, Virbalis, Vladislavovas, hrsg. von Antanas Tyla und Dainius Žygelis, Vilnius 1997, S. 63–123, hier S. 70.

[21] Die systematisierten Angaben s. Rimša, Lietuvos Didžiosios Kunigaikštystės (wie Anm. 11), S. 125–130.

che an der politischen und wirtschaftlichen Stärkung der Städte interessiert war. Fünf mit den Stadtrechten ausgestattete Siedlungen befanden sich auf den privaten Territorien der Magnaten,[22] in einer weiteren Ortschaft ist die faktische Selbstverwaltung auf Initiative des Bischofs von Žemaiten (Schemaiten) gegründet worden.[23]

Ende des 17. und in den ersten Jahrzehnten des 18. Jahrhunderts wurde die Selbstverwaltung nach dem Magdeburger Recht bereits seltener eingeführt (vier weitere Siedlungen in Litauen haben in dieser Zeit das Magdeburger Recht erhalten). Diese Verleihungen waren entweder sporadische und meist nicht von Erfolg gekrönte Bemühungen der Beamten der staatlichen Lokalverwaltung, die wirtschaftliche Entwicklung der einen oder der anderen Ortschaft anzukurbeln oder Versuche einzelner Adliger, auf eine üblich gewordene Art und Weise eine Vogtei zu erwerben.[24]

Allerdings kann man behaupten, dass vom 16. bis zum 18. Jahrhundert in Litauen ein großmaschiges Netz der mit dem Magdeburger Recht bewidmeten Städte vorhanden war. Anmerkenswert ist auch, dass diese lediglich einen geringen Teil der so genannten privilegierten Siedlungen bildeten. Als privilegiert galten auch solche Ortschaften, die die Marktfleckengründungsprivilegien oder – was noch öfter vorkam – die Markt- oder Jahrmarktprivilegien von der staatlichen Macht oder den privaten Grundbesitzern erhalten haben. Auf solche Weise wurden diese Ortschaften zu administrativen und dienstpflichtigen Einheiten umgewandelt, erhielten aber keine Selbstverwaltung. Der Zuwachs an privilegierten Siedlungen im ethnischen Litauen hat die Urbanisierungsprozesse widergespiegelt.[25] Jedoch kann man die relativ geringe Anzahl der magdeburgischen Städte als einen Hinweis auf den „dörflichen" Charakter dieser Vorgänge betrachten. Auf dem Territorium des heutigen Litauen (mit Ausnahme des Memelgebietes) gab es Mitte des 18. Jahrhunderts über 190 privilegierte Siedlungen.[26] Lediglich 24 davon waren mit dem Magdeburger Recht ausgestattet.[27]

---

[22] Ders., Lietuvos privačių miestų herbai [Die Wappen der Privatstädte Litauens], in: LMIŠ, Bd. 2 (wie Anm. 17), S. 76–168, hier S. 76–78.

[23] Man nimmt an, dass Großfürst Vytautas dem Zentrum des im Jahre 1417 gegründeten schemaitischen Bistums Varniai die Handfeste des Kulmer Rechts verliehen haben kann. Jedoch wurde sie damals nicht verwirklicht. Die Anfänge der tatsächlichen Selbstverwaltung in dieser Kleinstadt werden auf das Jahr 1635 datiert, als Varniai das Magdeburger Recht gewährt wurde – ders., Šv. Jurgis Varnių miesto sfragistikoje ir heraldikoje [Der Hl. Georg in der Sphragistik und Wappenkunde der Stadt Varniai], in: Varniai (=Žemaičių praeitis. 4), Telšiai 1996, S. 29–44, hier S. 30 f.; vgl. dazu Dietmar Willoweit, Das schameitische Bistum Medininkai, in: Zeitschrift der Savigny-Stiftung für Rechtsgeschichte, Kanonistische Abteilung 78 (1992), S. 561–577, hier S. 565 f.

[24] Kiaupa, Autonomy of Lithuanian Cities (wie Anm. 18), S. 168 f.; LMMPA, Bd. 2 (wie Anm. 20), S. 123–125, 148–156, 205–207.

[25] Elmantas Meilus, Lietuvos miestų ir miestelių išsidėstymo raida (XVII a. II pusė – XVIII a.) [Entwicklung der Streuung von litauischen Städten und Marktflecken (In der 2. Hälfte des 17. und im 18. Jh.)], in: Lietuvos TSR aukštųjų mokyklų mokslo darbai (weiter – AMMD). Urbanistika ir rajoninis planavimas. Lietuvos teritorijos apgyvendinimo raida 15 (1988), S. 60–80.

[26] Ebd., S. 62.

[27] Noch 3 Ortschaften des heutigen Litauens, die dem GFL territorial und politisch nicht angehörten,

Um die Fiskalpolitik des Staates umzugestalten und die Verwaltung der Städte zu zentralisieren, hat der Sejm des polnisch-litauischen Staates im Jahre 1776 beschlossen, die magdeburgischen Selbstverwaltungen in lediglich 11 größeren Städten des GFL, darunter Vilnius, Kaunas und Trakai, bestehen zu lassen.[28] In privaten, mit dem Magdeburger Recht ausgestatteten Städten ist die Selbstverwaltung in verschiedenem Umfang erhalten geblieben.

Ein wichtiger Impuls für die Entwicklung der Städte Litauens ging von dem so genannten Vierjährigen Sejm (1788–1792) aus.[29] Im Laufe von sieben Monaten (1791–1792) haben 74 Städte des GFL die Privilegien der freien selbstverwalteten Städte ausgehandelt.[30] Für die Bürger dieser Städte war hier unter anderem das Recht vorgesehen, die Selbstverwaltung zu gründen und von den Vorteilen, die ihnen sowohl durch die Verfassungen vom Sejm als auch durch das Magdeburger Stadtrecht zuteil wurden, zu profitieren.[31] 55 dieser Städte liegen auf dem Territorium des heutigen Litauens. 10 davon hatten bereits früher die magdeburgische Selbstverwaltung, deswegen musste sie Ende des 18. Jahrhunderts lediglich erneuert werden. Für 45 litauische Ortschaften war dies die erstmalige rechtliche Zuerkennung des Status einer selbstverwalteten Stadt. Leider wurden die meisten der genannten Selbstverwaltungsprivilegien nicht realisiert. Nach der zweiten Teilung des polnisch-litauischen Staates hat der Sejm im Jahre 1793 sämtliche Privilegien, die während des Vierjährigen Sejms verliehen wurden, aufgehoben. Die Auflösung des Staates nach der dritten Teilung (1795) hat auch der Umgestaltung des Städtewesens in Litauen ein Ende gesetzt.

Allerdings wurde bereits im Jahre 1794 auf den Territorien, welche Russland neu angegliedert wurden, das ehemalige Gerichtssystem zum Teil wiederhergestellt. Auch die Magistratsgerichte wurden förmlich legitimiert. Es hieß, sie sollen sich in ihrer Tätigkeit auf das noch vor dem Vierjährigen Sejm gültige Recht stützen.[32] In den Städten des Magdeburger Rechts, die eine längere Tradition der

---

wurden zu verschiedenen Zeiten und in unterschiedlichem Umfang mit dem Lübecker, Kulmer oder Magdeburger Recht ausgestattet. Klaipėda (Memel) hat im Jahre 1257 bzw. 1258 Lübisches Recht bekommen, und im Jahre 1475 das Kulmer Recht – Rimša, Lietuvos Didžiosios Kunigaikštystės (wie Anm. 11), S. 305. Es gibt nur lückenhafte Information darüber, dass magdeburgische bzw. „cölmische Rechten“ Nida (Nidden, 1529, 1610) sowie Juodkrantė (Schwarzküste, 1697) verliehen wurden – Adalbert Bezzenberger, Die kurische Nehrung und ihre Bewohner, Stuttgart 1889, S. 211 f., 221.

[28] Volumina legum, Bd. 8, Petersburg 1860, S. 567 f.

[29] Kiaupa, Autonomy of Lithuanian Cities (wie Anm. 18), S. 181–183; Kiaupa, Kiaupienė, Kuncevičius, The history of Lithuania (wie Anm. 2), S. 350 f.

[30] Edmundas Rimša, 1791–1792 m. Lietuvos miestų savivaldos privilegijos kaip heraldikos šaltinis [Selbstverwaltungsprivilegien von 1791–1792 als Quellen der Wappenkunde], in: LMIŠ (wie Anm. 13), Bd. 1, Vilnius 1988, S. 105–139, hier S. 105, 138 f.; Zigmantas Kiaupa, Diploma renovationis et locationis – XVIII a. pabaigos rąštininkų spąstai [Diploma renovationis et locationis – die Fallen der Schreiber Ende des 18. Jhs.], in: ebd., Bd. 3 (wie Anm. 13), S. 155–174.

[31] So schreibt man z. B. im Privileg (09 11 1791) für Šiauliai: „... wszelkich prerogatyw tak z ... konstytucyi na sejmach postanowionych, jako też z prawa miejskiego magdeburskiego wynikających tymże mieszczanom szawelskim używać dozwolamy ...“ – Historisches Staatsarchiv Litauens, Litauische Metrik (Mikrofilm), Buch 556, Bl. 1–4, hier Bl. 4.

[32] Vytautas Andriulis u. a., Lietuvos teisės istorija [Litauische Rechtsgeschichte], Vilnius 2002, S. 252, 266.

Selbstverwaltung hatten (Vilnius, Kaunas, Trakai) wurde die innere magdeburgische Selbstverwaltung nicht aufgehoben, jedoch vielfach eingeschränkt. Mit der Zeit ist die Selbständigkeit dieser Städte eingeengt worden und sie wurden in das zentralisierte System des Russischen Imperiums integriert. Die Reorganisation des Gerichtswesens sowie der Gerichtsbarkeit ging stufenweise voran.[33] Ihr endgültiger Abschluss steht in Verbindung mit der Aufhebung der Geltung des Litauischen Statuts und des Magdeburger Rechts im Jahre 1840.[34]

II. Forschungen des sächsisch-magdeburgischen Rechts in Litauen

II. 1 Beginn der Forschungen

Mit dem Ende der litauischen Staatlichkeit Ende des 18. Jahrhunderts wurde der Reifungsprozess der litauischen wissenschaftlichen Historiographie aufgehalten. Deswegen wurde die Problematik des sächsisch-magdeburgischen Rechts im GFL vor allem von russischen und polnischen Historikern sowie Rechtshistorikern des 19. Jahrhunderts behandelt.[35] Ihre Untersuchungen waren in erster Linie auf die ostslawischen Städte des GFL ausgerichtet. Jedoch ist im Kontext der Verbreitung des Magdeburger Rechts im GFL im Allgemeinen auch das Problem der Anwendung dieses Rechts in Vilnius deutlich geworden.

In der ersten Hälfte des 19. Jahrhunderts sind die ersten Arbeiten über die Vergangenheit dieser Stadt angefertigt worden. Im Lichte der politischen Geschichte des GFL haben damals die romantisch gestimmten Historiker die Geschichte von Vilnius in allgemeinen Zügen nachgezeichnet und unter anderem die frühen magdeburgischen Privilegien sowie andere Schriften der Großfürsten an die Hauptstadt beschrieben.[36] Diese Autoren haben deskriptive Studien über die Entstehung der magdeburgischen Selbstverwaltung von Vilnius verfasst und manche spezifischen, durch die einheimischen Realien bedingten Merkmale der Selbstverwaltung verdeutlicht (z. B. ist man schon damals auf den ethnisch-konfessionellen Dualismus der Stadtverfassung aufmerksam geworden). In den historiographischen Umlauf wurde damals die „Sammlung der Rechte und Privilegien für die Hauptstadt des GFL Vilnius“ eingefügt, die auf Initiative des

---

[33] Virgilijus Pugačiauskas, Vilniaus savivaldos institucijos XIX a. I pusėje: istorinis-teisinis aspektas [Selbstverwaltungsinstitutionen von Vilnius in der 1. Hälfte des 19. Jhs.: historisch-rechtlicher Aspekt], in: Lietuvos istorijos metraštis (weiter – LIM): Jahr 2000 (2001), S. 147–163; Antanas Šenavičius, Lietuvos valdymo ir teisės transformacijos XVIII a. pabaigoje – XIX a. pradžioje [Verwaltungs- sowie Rechtstransformationen Litauens am Ende des 18. bis zum Anfang des 19. Jhs.], in: Istorija LVII (2003), S. 36–44, hier S. 40.

[34] Pugačiauskas, Vilniaus savivaldos institucijos (wie Anm. 33), S. 162; Andriulis u. a., Lietuvos teisės istorija (wie Anm. 32), S. 257, 273.

[35] Ausführlicher dazu Bardach, Ustrój miast (wie Anm. 14), S. 75–77.

[36] Michał Baliński, Historya miasta Wilna [Geschichte der Stadt Vilnius], Bd. 1–2, Wilno 1836–1837; Juzef I. Kraszewski, Wilno od początków jego do roku 1750 [Vilnius von der Entstehung bis zum Jahre 1750], Bd. 1–4, Wilno 1840–1842.

Bürgermeisters von Vilnius Piotr Dubiński noch Ende des 18. Jahrhunderts veröffentlicht wurde. Hier sei zu erwähnen, dass das alte Archiv von Vilnius während der russischen Okkupation (1655–1661) abhanden gekommen war. So hat die genannte Publikation, die die großfürstlichen Privilegien und andere Urkunden mit gesetzlichem Charakter beinhaltet, zum Teil die Lücke der frühen Geschichtsquellen der Stadt Vilnius gedeckt. Diese Sammlung hat ihren Wert bis zum heutigen Tag nicht verloren und wird ununterbrochen in den Geschichtsforschungen von Vilnius benutzt.

Auf wissenschaftlicher Ebene befasste man sich mit der Problematik der magdeburgischen Selbstverwaltung von Vilnius in der Zwischenkriegszeit (1919–1939) an der damaligen Stefan-Batory-Universität Vilnius. Ihre Absolventen und die hier beschäftigten Wissenschaftler haben nicht nur die Stadtverfassung von Vilnius in Studien allgemeinen Charakters untersucht,[37] sondern auch spezielle Forschungen zu einzelnen Aspekten der magdeburgischen Selbstverwaltung durchgeführt.[38] So hat z. B. Władysław Kowalenko in seiner Arbeit über die Teilnahme der Gesandten von Vilnius am Sejm auch ein ausführliches Bild der Evolution der magdeburgischen Stadt vorgelegt.[39] Das Thema der Selbstverwaltung von Vilnius ist damals zum Ausgangspunkt breit angelegter komparativistischer Studien zur Verbreitung des Magdeburger Rechts im GFL geworden. Der Rechtshistoriker Iwo Jaworski hat z. B. den rechtlichen Inhalt der magdeburgischen Privilegien für Vilnius und andere Städte des GFL analysiert.[40] Er hat die magdeburgischen Selbstverwaltungen nach charakteristischen Merkmalen in Typen eingeteilt und diese Typen sowie die ortsbedingten Eigentümlichkeiten der Verwirklichung der Selbstverwaltung untersucht.[41] Der Wissenschaftler hat bemerkt, dass die Verbreitung des Magdeburger Rechts im GFL nicht unmittelbar mit der Ostkolonisation in Verbindung stand. Jedoch hat er betont, dass die Entwicklung der magdeburgischen Städte Litauens nur vor dem Hintergrund des Vordringens der westeuropäischen Kultur im Osten adäquat verstanden werden kann.

Einige Aspekte des Magdeburger Rechts in Litauen sind auch von der deutschen Historiographie in der ersten Hälfte des 20. Jahrhunderts beleuchtet worden. Jedoch haben die deutschen Autoren mehr Interesse für die Geschichte von Kaunas, insbesondere für die Rolle des deutschen Elements bei der Selbstver-

[37] Maria Łowmiańska, Wilno przed najazdem moskiewskim 1655 roku [Vilnius vor dem Moskauer Angriff im Jahre 1655], Wilno 1929.

[38] Marta Burbianka, Geneza urzędu wójtowskiego w Wilnie [Genese des Vogtamtes in Vilnius], in: Alma Mater Vilnensis 10 (1932), S. 11–17.

[39] Władysław Kowalenko, Geneza udziału stołecznego miasta Wilna w sejmach Rzeczypospolitej [Genese der Teilnahme der Hauptstadt Vilnius am Sejm der Republik], in: Ateneum Wileńskie 3 (1926), S. 327–373; 4 (1927), S. 79–137.

[40] Iwo Jaworski, Przywileje miejskie na prawo niemieckie w Wielkiem Księstwie Litewskim [Städteprivilegien des deutschen Rechts im GFL], in: Wileński Rocznik Prawniczy 3 (1929), S. 48–61.

[41] Ders., Studja nad ustrojem miast na prawie niemieckiem w Wielkiem Księstwie Litewskiem w dobie Jagiellońskiej [Studie über die Verfassung der Städte mit deutschem Recht im GFL in der Epoche der Jagiellonen], Wilno 1931.

waltungsentstehung in dieser Stadt, gezeigt.[42] Trotzdem sind auch Vilnius sowie andere Siedlungen Litauens in den Gesichtskreis der Wissenschaftler geraten.[43] Es ist bemerkenswert, dass die Suche nach den Erscheinungsformen der deutschen Rechtskultur in der Geschichte Litauens auch auf der Grundlage der Archivquellen geschah. Besondere Beachtung verdient der Artikel von August Seraphim über das Privilegium nach dem Magdeburger und Kulmer Recht an Skuodas.[44] Der Wissenschaftler hat nicht nur diese Urkunde veröffentlicht und ihren Inhalt analysiert, sondern auch die wesentlichen Probleme der Rezeption des Magdeburger Rechts im GFL besprochen.

Die in der Zeit der Unabhängigkeit (1918–1940) gereifte nationale litauische Historiographie hat lediglich einzelne Fragen der Städteentwicklung sowie der Rechtsgeschichte Litauens erforscht. Das Thema des Magdeburger Rechts wurde in den Arbeiten litauischer Autoren kaum erwähnt.[45] Lediglich einzelne Untersuchungen quellenkundlichen Charakters sind als Folge der Kontroversen in der polnischen und deutschen Historiographie entstanden. Insbesondere gilt dies für die Diskussion über die Authentizität der ersten magdeburgischen Handfeste von Kaunas und dementsprechend über die Genese der Selbstverwaltung in dieser Stadt.[46] Man hat angefangen, schrittweise auch andere historische Materialien über die Vergangenheit von Kaunas[47] und anderen Städten Litauens zusammenzutragen[48] (Vilnius und seine Gebiete waren damals von Litauen abgetrennt). Zugleich nahm der Umfang von empirischen Daten über die Verbreitung der magdeburgischen Selbstverwaltung in Litauen zu. Jedoch blieben diese Informationen in verschiedenen landeskundlichen Studien verstreut, und es wurden

[42] Ludwig Bergsträsser, Die älteste Verfassung der Stadt Kowno, in: Kownoer Zeitung, 5. Aug. (1916); Walther Stein, Vom deutschen Kontor in Kowno, in: Hansische Geschichtsblätter 22, 2 (1916), S. 225–266; Kurt Forstreuter, Kauen, eine deutsche Stadtgründung, in: ders., Deutschland und Litauen im Mittelalter (=Studien zum Deutschtum im Osten. 1), Köln, Graz 1962, S. 61–82 (die erste Fassung dieses Artikels wurde veröffentlicht in: Jomsburg 6, 1/2 (1942), S. 18–37).

[43] Paul Karge, Zur Geschichte des Deutschtums in Wilna und Kauen (Kowno), in: Altpreußische Monatsschrift 54 (1917), S. 35–94; Manfred Hellmann, Die Gründungsurkunde der Stadt Schoden in Litauen, in: Deutsche Arbeit 36, 6 (1936), S. 274–278; ders., Zur Geschichte des Deutschtums in Litauen, in: Auslandsdeutsche Volksforschung 1, 4 (1937), S. 447–459 u. a.

[44] August Seraphim, Kulmisches und Magdeburgisches Recht für Szkudy (1572), in: Tauta ir žodis. Humanitarinių mokslų fakulteto leidinys 2 (1924), S. 67–80.

[45] Jonas Puzinas, XIV–XV a. Lietuvos miestai ir Magdeburgo teisė [Die Städte von Litauen im 14.–15. Jh. und das Magdeburger Recht], in: Savivaldybė 8 (75) (1929), S. 10–16; abgedruckt in: ders., Rinktiniai raštai [Ausgewählte Werke], Bd. 2, Chicago 1983, S. 171–177.

[46] Ausführlicher dazu Zigmantas Kiaupa, Pirmosios Kauno miesto privilegijos [Die ersten Privilegien der Stadt Kaunas], in: LMIŠ, Bd. 2 (wie Anm. 17), S. 6–39, hier S. 6–9.

[47] Jonas Puzinas, Senosios Kauno privilegijos [Die alten Handfesten von Kaunas], in: ders., Rinktiniai raštai (wie Anm. 45), S. 177–185; ders., Kauno miesto savivaldybė XVI a. [Selbstverwaltung der Stadt Kaunas im 16. Jh.], ebd., S. 185–191.

[48] Ders., Senieji Šiaulių miesto nuostatai ir privilegijos [Die alten Willküren und Handfesten der Stadt Šiauliai], ebd., S. 290–295; Jonas Yčas, Biržai. Tvirtovė, miestas, kunigaikštystė. Istorijos eskizas [Biržai. Festung, Stadt, Fürstentum. Skizze der Geschichte], Kaunas 1931; Lietuvos miestai: bendri istorijos bruožai [Litauische Städte: Allgemeine geschichtliche Grundzüge], hrsg. von Juozas Baltakevičius, Šiauliai 1932 u. a.

keine Versuche unternommen, diese Angaben einer systematischen Analyse zu unterziehen. Die wissenschaftsanalytische Ebene der Beschäftigung mit der Problematik des Magdeburger Rechts wurde damals nicht erreicht. Die qualitative Reife der litauischen Historiographie wurde auch durch objektive Umstände behindert: Die ältesten Quellen der Geschichte des GFL sowie seiner Städte befanden sich in Vilnius oder wurden nach Russland gebracht.

Nach dem Zweiten Weltkrieg haben einige litauische Exilautoren vereinzelte Abhandlungen im Ausland veröffentlicht, die lediglich Zusammenfassungen der in der Zwischenkriegszeit in Litauen durchgeführten historiographischen oder landeskundlichen Forschungen darstellten.[49]

II.2 Der Beitrag von Juozas Jurginis

Der Blick der Historiker des damals sowjetischen Litauens richtete sich nach dem Zweiten Weltkrieg vor allem auf Vilnius. Juozas Jurginis hat eine Studie über die reaktionäre Rolle der kirchlichen Jurisdiktionen bzw. der so genannten Juridiken in der Geschichte von Vilnius verfasst.[50] Selbstverständlich waren die Formulierung des Themas, das Forschungsobjekt und der Charakter der Arbeit durch das ideologisierte politische Umfeld der damaligen Zeit bedingt. Wichtig ist allerdings auch, dass in dieser Studie ein geschichtlicher Überblick über die „Selbstverwaltung der Vilniusser Bürger“ – so Jurginis – vorgestellt wurde. Der Autor hat unter anderem eine Teilanalyse der frühen magdeburgischen Privilegien von Vilnius durchgeführt, die Stadtverfassung von Vilnius im 16. Jahrhundert beschrieben und auch manche Seiten des Lebens dieser selbstverwalteten Stadt vom 17. bis zum 18. Jahrhundert beleuchtet. Jurginis hat festgestellt, dass das städtische Selbstverwaltungsrecht, das formell durch immer wieder erneuerte magdeburgische Privilegien sanktioniert wurde, nur einen Teil des heterogenen Rechtslebens von Vilnius bildete. Der Forscher wies darauf hin, dass der Bereich, in welchem das Magdeburger Recht theoretisch gelten sollte, sich zunehmend verengt hat.

Diese Thesen wurden von Jurginis in der mit anderen Autoren gemeinsam verfassten Geschichte der Stadt Vilnius wiederholt.[51] Trotz der lückenhaften Überlieferung hat Jurginis die geschichtlichen Grundzüge der größten selbstverwalteten Stadt Litauens bis zum Ende des 18. Jahrhunderts geschildert sowie die Problematik des Magdeburger Rechts in Litauen im Allgemeinen dargestellt.

---

[49] Adolfas Šapoka, Senasis Vilnius. Vilniaus miesto istorijos bruožai iki XVII a. pabaigos [Das alte Vilnius. Die Grundzüge der Geschichte von Vilnius bis zum Ende des 17. Jhs.], Brooklyn-New York 1963; Bronius Kviklys, Mūsų Lietuva [Unser Litauen], Bd. 1–4, Boston 1964–1968.

[50] Juozas Jurginis, Reakcinis bažnytinių jurisdikcijų vaidmuo Vilniaus istorijoje [Reaktionäre Bedeutung der kirchlichen Jurisdiktionen in der Geschichte von Vilnius], in: Lietuvos istorijos instituto darbai 1 (1951), S. 88–152.

[51] Juozas Jurginis, Vytautas Merkys, Adolfas Tautavičius, Vilniaus miesto istorija nuo seniausių laikų iki Spalio revoliucijos [Geschichte der Stadt Vilnius von den ältesten Zeiten bis zur Oktoberrevolution], Vilnius 1968.

In einigen darauf folgenden Artikeln hat Jurginis eine breitere Perspektive der Entfaltung des Magdeburger Rechts in Litauen vorgelegt.[52] Er hat die Städte nach Kategorien geordnet, zu deren höchster er diejenigen Städte zählte, die mit dem Magdeburger Recht ausgestattet waren. Außerdem hat der Wissenschaftler eine Periodisierung der Entwicklung dieses Rechts in Litauen bis zum Ende des 18. Jahrhunderts vorgelegt und auf die komplizierte wie zwiespältige Situation der magdeburgischen Städte und deren Bürger im adligen Staat hingewiesen. Jurginis hat unter anderem behauptet, „die Gewährung des Magdeburger Rechts bedeutete in erster Linie nicht die Festlegung der Binnenordnung der Stadt, sondern die Anwendung des Magdeburger Rechtskodex in der Gerichts- und Verwaltungspraxis der Stadt".[53] Jurginis wurde darauf aufmerksam, dass in den litauischen Städten die polnische Fassung des Magdeburger Rechts verwendet wurde.[54] Jedoch hat er mangels spezieller Forschungen lediglich Hinweise auf zahlreiche zu untersuchenden Probleme gemacht, ohne sie zu konkretisieren.

II.3 Historische Urbanistikforschungen

Die Aufmerksamkeit der Wissenschaftler für die Fragen des Magdeburger Rechts in Litauen ist in den 60er Jahren des 20. Jahrhunderts gewachsen, als die grundlegenden historischen Urbanistikforschungen begannen. Die Wissenschaftler haben versucht, die Entstehung der so genannten städtischen Siedlungen in Litauen und ihre typischen Merkmale zu beschreiben. Dafür haben sie in erster Linie theoretisch eine Siedlungstypologie ausgearbeitet. Zum Typologisierungskriterium wählte man die Art des Privilegiums einer Ortschaft. Dies nahm man zum Anlass, die historischen Angaben über die so genannten privilegierten Siedlungen zu sammeln und auf diese Weise die verstreuten Informationen über die magdeburgischen Städte zu systematisieren. Die Herausbildung des Magdeburgiennetzes in Litauen ist zum Gegenstand einer ganzen Forschungsrichtung geworden. Diese Untersuchungen gehören dem ersten Feld der Erforschung des sächsisch-magdeburgischen Rechts in Litauen an.

Da die eben erwähnte Forschungsarbeit nicht von professionellen Rechtshistorikern oder Geschichtswissenschaftlern sondern primär von Urbanistikforschern betrieben wurde, waren in der ersten Forschungsetappe Fehler unausweichlich. Die Wissenschaftler haben die Daten über die Vergangenheit der Städte aus der älteren enzyklopädischen oder gar populären landeskundlichen Literatur zusammengefasst. Die unkritische Analyse der Quellen hat zu einer hypertrophierten Vorstellung über die Verbreitung des sächsisch-magdeburgischen Rechts in Litau-

---

[52] Juozas Jurginis, Sud'ba Magdeburgskogo prava v litovskich gorodach [Das Schicksal des Magdeburger Rechts in den litauischen Städten], in: Istorija SSSR 4 (1975), S. 145–155; ders.: Valakų (wie Anm. 12).

[53] Ebd., S. 77.

[54] Jurginis, Sud'ba (wie Anm. 52), S. 151.

en geführt.[55] Die Forschungsergebnisse haben das allgemeine Bild der „dörflichen“ Urbanisierungsprozesse in Litauen zwar nicht verzerrt, waren aber hinsichtlich der Anzahl der magdeburgischen Städte in Litauen sowie hinsichtlich der Dynamik des Magdeburgiennetzes doch etwas irreführend. Diese fehlerhafte Information hat sich in der Historiographie derart eingebürgert, dass sie teilweise unreflektiert selbst in der jüngsten wissenschaftlichen Literatur wiederholt wird.

Hierzu sei bemerkt, dass die statistischen Angaben über die Verleihung der magdeburgischen Privilegien mit der Zeit auch in den Arbeiten von Urbanistikforschern selbst präzisiert wurden.[56] So werden in der neu konzipierten Folge „Das Erbe der Urbanistik Litauens und seine Werte“ unter anderem nur kritisch geprüfte und mit Archivangaben dokumentierte Informationen vorgelegt.[57]

II.4 Quellenkundliche Studien

Die Qualität der historischen Urbanistikforschungen ist deutlich gestiegen, als in den 70er Jahren des 20. Jahrhunderts Geschichtswissenschaftler in die Arbeit einbezogen wurden. Die bis zu unseren Tagen überlieferten Archivquellen wurden schrittweise einer historischen sowie quellenkundlichen Analyse unterzogen.[58] Es wurde festgestellt, dass in verschiedenen historischen Dokumentenbeständen Litauens, die seit der Mitte des 17. Jahrhunderts teilweise überlieferten Archivmaterialien von Vilnius, das alte Archiv von Kaunas[59] und die Bücher der magdeburgischen Selbstverwaltungsinstitutionen aus 11 anderen Städten Litauens

---

[55] So ist z. B. Antanas Miškinis zum Schluss gekommen, dass auf dem Territorium Litauens in der Zeit vom 13. bis zum Ende des 18. Jahrhunderts ungefähr 75–79 Siedlungen durchgehend oder mit Unterbrechungen über die Privilegien der städtischen Selbstverwaltung verfügt hätten. 7–12 davon haben diese Rechte bereits vor der Mitte des 16. Jahrhunderts bekommen können – Algimantas Miškinis, Privilegijuotosios Lietuvos gyvenvietės ir jų tinklo vystymasis XIII–XVIII a. [Privilegierte Siedlungen Litauens und die Entwicklung ihres Netzes im 13.–18. Jh.], in: AMMD (wie Anm. 25), Statyba ir architektūra 3, 3 (1963), S. 123–144, hier S. 124, 128.

[56] Lietuvos TSR urbanistikos paminklai [Urbanistikdenkmäler der Litauischen SSR] 1–11 (1978–1988).

[57] Algimantas Miškinis, Lietuvos urbanistikos paveldas ir jo vertybės [Das Erbe der Urbanistik Litauens und seine Werte], Bd. 1: Užnemunės miestai ir miesteliai [Städte und Ortschaften der Region Užnemunė], Vilnius 1999; Bd. 2, Teil 1 u. 2: Rytų Lietuvos miestai ir miesteliai [Städte und Ortschaften Ostlitauens], Vilnius 2002 u. 2005; Bd. 3, Teil 1: Vakarų Lietuvos miestai ir miesteliai [Städte und Ortschaften Westlitauens], Vilnius 2004.

[58] Die Geschichtsquellen der litauischen Städte wurden bereits im 19. Jahrhundert gesammelt, als auf Erlass des Zaren von 1852 in Vilnius das Zentrale Archiv der alten Aktenbücher gegründet wurde. Hierher wurden Materialien aus verschiedenen Institutionen des ehemaligen GFL gebracht, darunter auch die so genannten „magdeburgischen“ Bücher. In der 2. Hälfte des 19. Jahrhunderts bis zum Anfang des 20. Jahrhunderts wurde ein geringer Teil des Archivmaterials von Vilnius sowie einzelne Geschichtsquellen der anderen Städte Litauens von Zarenbehörden tendenziös veröffentlicht. Im Laufe des 1. Weltkriegs wurde das älteste Archivmaterial nach Russland gebracht, woher seine Teile zu verschiedenen Zeitpunkten zurück nach Litauen gelangt sind, aber bis heute nicht vollständig.

[59] Zigmantas Kiaupa, Kauno miesto senojo archyvo likimas [Schicksal des alten Archivs von Kaunas], in: MADA (wie Anm. 12) 2 (43) (1973), S. 125–140.

aufbewahrt werden.[60] Es ist zu beachten, dass kein einziges Archiv einer kleineren selbstverwalteten Stadt in Litauen komplett erhalten ist. Verhältnismäßig gut überliefert ist lediglich der Nachlass der städtischen Kanzlei der magdeburgischen Privatstadt Kėdainiai (24 Bücher aus dem 17. bis zum Anfang des 19. Jahrhunderts). Allerdings ist darauf hinzuweisen, dass in den Büchern dieser Stadt Material notariellen und verwaltungsmäßigen Charakters vorherrscht. Die Protokolle der Magistratssitzungen und insbesondere die die städtische Gerichtspraxis widerspiegelnden Quellen sind nur bruchstückhaft erhalten.[61] Die Überlieferungen in anderen städtischen Archiven umfassen meist lediglich vereinzelte und chronologisch spätere Bücher vom Ende des 17. bis zum Ende des 18. Jahrhunderts. Oft sind es einfach unsystematische Schriftstücksammlungen. In den meisten Büchern dominiert die stark latinisierte polnische Sprache, ein Teil der Texte ist lateinisch oder in der Kanzleisprache des GFL (Ruthenisch) abgefasst.

In quellenkundlicher Sicht stellt Trakai ein typisches Beispiel dar. Die Forschungen von Algirdas Baliulis haben ergeben, dass kein einziges authentisches Magistratsbuch von Trakai bis heute überliefert ist. Einzelne Schriftstücke, die die Brände und Kriege überlebt haben, wurden im 19. Jahrhundert gesammelt und eingebunden. Auf diese Weise sind drei so genannte Magistratsbücher von Trakai entstanden. Hier finden sich vorwiegend Details aus dem Leben des Adels. Nur sehr bruchstückhaft werden vereinzelte Aspekte des Stadtlebens widergespiegelt.[62]

Wenn man sich eine solche Quellenlage vergegenwärtigt, so wird es klar, welche Bedeutung die Litauische Metrik (weiter LM), das historische Archiv der Kanzlei von GFL, für die Forschung der Geschichte der magdeburgischen Städte Litauens haben kann.[63] Der Geschichtswissenschaftler Antanas Tyla hat die LM treffend als „Kontrolleur und Restaurator" der vernichteten Stadtarchive bezeich-

---

60 Vincas Kryževičius, Lietuvos privilegijuotieji miestai. XVII a. antroji pusė – XVIII a. [Privilegierte Städte Litauens. In der 2. Hälfte des 17. und im 18. Jh.], Vilnius 1981, S. 14–18; Lietuvos centrinio valstybinio istorijos archyvo fondų žinynas [Übersicht der Fonds des Zentralen Staatlichen Historischen Archivs Litauens], Vilnius 1990, S. 30–32; Antanas Tyla, Įvadas [Einführung], in: LMMPA (wie Anm. 20), Bd. 1: Joniškis, Jurbarkas, hrsg. von Antanas Tyla, Vilnius 1991, S. 4–14, hier S. 6–9.

61 Ders., Kėdainių magdeburginio miesto teisių ir valdymo raida [Rechts- und Verwaltungsentwicklung der magdeburgischen Stadt Kėdainiai], in: LMMPA (wie Anm. 20), Bd. 3: Kėdainiai, hrsg. von Antanas Tyla, Vilnius 2002, S. 6–31, hier S. 25–27.

62 Algirdas Baliulis, Trakų magistrato aktų knygos (iki XVIII a. pabaigos) [Aktenbücher des Magistrats von Trakai (bis zum Ende des 18. Jhs.)], in: LMIŠ, Bd. 1 (wie Anm. 30), S. 46–60.

63 Die LM ist Ende des 18. Jahrhunderts nach Russland gelangt. Im 19. Jahrhundert haben die russischen Archivare die Bücher der LM relativ in einzelne Gruppen eingeteilt (die so genannten Eintragungsbücher, Gerichtsverhandlungsbücher, die Bücher der öffentlichen Angelegenheiten u. a.). Jetzt wird die LM in Moskau aufbewahrt (RGADA – Rossijskij gosudarstvennyj archiv drevnich aktov [Russisches Staatsarchiv der alten Akten]). Die LM besteht aus 664 Bücher, deren Materialien chronologisch vom Ende des 14. bis zum Ende des 18. Jahrhunderts geordnet sind. Die litauischen Wissenschaftler haben im Historischen Staatsarchiv Litauens die Mikrofilme der LM zur Verfügung. Sie benutzen auch ältere sowie neue wissenschaftliche Editionen der LM, die in Litauen, Weißrussland und Polen herausgegeben werden.

net.[64] Hier lässt sich anmerken, dass die Materialien zur Geschichte der magdeburgischen Städte des GFL keine gesonderte Sammlung der LM bilden. Eine Ausnahme davon stellen lediglich die oben erwähnten Privilegien der freien selbstverwalteten Städte (1791–1792), die in einem Buch der LM niedergeschrieben sind, dar. Eine relativ selbständige Gruppe der so genannten Gerichtsverhandlungsbücher der LM bilden auch 21 Bücher der Beschlüsse des Assessorengerichts[65] (der größte Teil dieser Materialien umfasst die Periode von 1579 bis 1670). Einige weitere Bücher der LM enthalten zum Teil Materialien, die die Tätigkeit dieses Gerichts vom 16. bis zum 18. Jahrhundert abdecken.[66] Verschiedene weitere Urkunden der litauischen Städte sowie manche ihre Entwicklung widerspiegelnden Angaben sind in den einzelnen Büchern der LM verstreut. Es ist wohl selbstverständlich, dass letztgenannter Umstand die litauischen Forscher dazu zwang, die in der LM vorhandenen „städtischen" Materialien zu sammeln, thematisch zu ordnen und durch weitere Archivdaten zu ergänzen. Es sind vor allem Arbeiten der Geschichtswissenschaftler erschienen, die ihrer Art nach dem ersten Forschungsfeld der Problematik des sächsich-magdeburgischen Rechts angehören.[67] Das Ziel dieser wissenschaftlichen Tätigkeit war die quellenkundliche Analyse und die Systematisierung empirischer Daten über die Verleihungen sowie Konfirmationen des Magdeburger Rechts und über die tatsächliche Selbstverwaltungsverwirklichung in den einzelnen Ortschaften Litauens. Das Ergebnis dieser Arbeiten war die Belebung der litauischen Forschung der Stadtgeschichte seit den 70er Jahren des 20. Jahrhunderts und die Editionen des Quellenmaterials. So wurden in der Serie „Privilegien und Akten der magdeburgischen Städte Litauens", die vom Litauischen Institut für Geschichte herausgegeben wird, bereits Materialien der 13 selbstverwalteten Städte Litauens veröffentlicht.[68] Die Editionsarbeit wird weiter fortgesetzt. Allerdings muss man darauf hinweisen, dass bei der Auswahl der zu veröffentlichenden Texte die Herausgeber dieser Serie den-

[64] Antanas Tyla, Vilniaus miesto dokumentai Lietuvos Metrikoje [Urkunden der Stadt Vilnius in der LM], in: LMIŠ, Bd. 3 (wie Anm. 13), S. 9–18, hier S. 11.

[65] Die oberste Berufungsinstanz für die Städte Litauens war das Gericht des Großfürsten, in dessen Rahmen in der 2. Hälfte des 16. Jahrhunderts das relativ eigenständige Assessorengericht zu funktionieren begann. Von 1581 bis 1791 hat es als eine selbstständige Gerichtsbehörde funktioniert, die auch Gerichtssachen der staatlichen magdeburgischen Städte des GFL verhandelte. 1791 wurde es reformiert und hat bis zum Schließen im Jahre 1797 nur städtische Sachen verhandelt. Die Tätigkeit dieses Gerichts ist auch in mehr als 200 Büchern dokumentiert, die im Historischen Staatsarchiv Litauens aufbewahrt werden.

[66] Antanas Tyla, Žemaitijos savivaldžių miestų dokumentai Lietuvos Metrikoje [Urkunden der selbstverwalteten Städte von Žemaiten in der LM], in: LMIŠ, Bd. 1 (wie Anm. 30), S. 5–24, hier S. 8.

[67] Ebd.; ders., Vilniaus miesto dokumentai (wie Anm. 64); Elmantas Meilus, Lietuvos miestų, miestelių steigimo ir turgų bei prekymečių privilegijos (XVII a. antroji pusė – XVIII a.) [Litauische Stadt-, Ortsgründungs- und Markt- sowie Jahrmarktprivilegien (In der 2. Hälfte des 17. und im 18. Jh.)], in: LMIŠ, Bd. 1 (wie Anm. 30), S. 60–104; Baliulis, Trakų miesto privilegijos (wie Anm. 17); ders., Lietuvos Didžiosios Kunigaikštystės miestai ir Lietuvos Metrika [Städte des GFL und der LM], in: Praeities baruose [Auf den Feldern der Vergangenheit], Vilnius 1999, S. 91–102.

[68] LMMPA (wie Anm. 20, 60, 61), Bd. 4: Alytus, hrsg. von Antanas Tyla, Vilnius 2006.

jenigen Materialien den Vorrang geben, die mehr die äußerliche Seite des Funktionierens der magdeburgischen Selbstverwaltung widerspiegeln. Hier wird vor allem angestrebt, die Verankerung und Wandlungen des Rechtsverhältnisses zwischen einer konkreten Stadt und ihrem Oberherrn zu zeigen. Deswegen wird in der genannten Serie das innere Rechtsleben der magdeburgischen Städte nur zum Teil repräsentiert.

Dank den quellenkundlichen Forschungen, deren Schlussfolgerungen immerhin noch präzisierungsbedürftig sind, verfügt man heute über ein etwas vollständigeres Bild der tatsächlichen Entwicklung der magdeburgischen Selbstverwaltung in Litauen. Allerdings ist dieses Bild noch nicht endgültig. Die Edition der LM sowie die Erforschung der sozialpolitischen Geschichte Litauens, die in den letzten Jahren besonders aktiv betrieben werden, tragen sowohl quantitativ als auch inhaltlich zum Gesamtbild bei. Die Arbeiten der Wissenschaftler decken nicht nur neue Details über die Maßstäbe der litauischen Städtebewegung Ende des 18. Jahrhunderts auf, sondern zeigen auch die Tendenz zur Entwicklung des ständischen Selbstbewusstseins des Städtebürgertums.[69] Die Zugehörigkeit der Jurisdiktion des Magdeburger Rechts bildete einen festen Bestandteil dieses Selbstbewusstseins.

II.5 Wappenkunde und Sphragistik

Die wissenschaftliche Tätigkeit, die im Rahmen des ersten Forschungsfeldes betrieben wird, wird durch die Forschungen zur Wappenkunde und Sphragistik wesentlich ergänzt. Seit langer Zeit arbeitet Edmundas Rimša auf diesem Gebiet. Seine wissenschaftliche Arbeit zeichnet sich durch Qualität, Umfang und Bedeutung aus und ist deswegen als das zweite Forschungsfeld des sächsisch-magdeburgischen Rechts in Litauen zu betrachten. Das Objekt dieser Forschungsrichtung bildet die Zusammenstellung und Systematisierung der Daten über die äußerlichen Merkmale der städtischen Selbstverwaltung in Litauen. Städtische Wappen sowie Siegel verbreiteten sich laut Rimša im GFL als Produkt mittelalterlicher Stadtkultur zusammen mit der Selbstverwaltung der Städte, die auf Grund des Magdeburger, seltener des Kulmer Rechts entstanden sind.[70] Einen wichtigen Bestandteil der Arbeit von Rimša bildet die Sammlung der geschichtlichen Materialien über die Umstände der Verleihung dieser Rechte sowie Details, welche das Funktionieren der Selbstverwaltungsbehörden konkretisieren. Dadurch wird zum Teil der oben bereits besprochene Mangel an authentischem Quellenmaterial zu magdeburgischen Städten Litauens ausgeglichen.

---

[69] Zigmantas Kiaupa, Žemaitijos miestų sąjūdis 1789–1792: chronologija ir mastas [Žemaitische Städtebewegung 1789–1792: Chronologie und Ausmaß], in: Lietuva ir jos kaimynai. Nuo normanų iki Napoleono [Litauen und seine Nachbarn. Von den Normanen bis Napoleon], Vilnius 2001, S. 346–358; Ramunė Šmigelskytė-Stukienė, Miestų dokumentai 1792–1793 m. LDK konfederacijos aktų knygose [Städteurkunden in den Aktenbücher der Konföderation des GFL in den Jahren 1792–1793], in: LMIŠ, Bd. 3 (wie Anm. 13), S. 133–154.

[70] Rimša, Lietuvos Didžiosios Kunigaikštystės (wie Anm. 11), S. 720.

Die Untersuchungen von Rimša gehen in verschiedene Richtungen. Erstens sammelt und analysiert er Informationen über die Wappen und Siegel einzelner Städte Litauens. Die Ergebnisse dieser Forschungen hat Rimša in zahlreichen Artikeln und Studien veröffentlicht, von denen besonders seine Monographie über die Wappen von Kaunas hervorzuheben ist.[71] Zweitens wählt Rimša auch Gruppen selbstverwalteter Städte zum Objekt der wissenschaftlichen Analyse.[72] Drittens verallgemeinert er in ausführlichen Monographien die Ergebnisse seiner langjährigen Forschung. Rimša hat den Sammelband „Wappenkunde Litauens" zusammengestellt, in dem er unter anderem systematische Daten über die magdeburgischen Städte und ihre Wappen bietet.[73] Im Jahre 1999 ist seine fundamentale Studie „Die Städtesiegel des GFL" erschienen. Hier hat Rimša historische Daten über 246 Städte, die über eine längere oder kürzere Zeit dem GFL angehörten und entweder das Selbstverwaltungs- oder das Siegelrecht inne hatten, systematisiert und in tabellarischer Form dargelegt.[74] Den wichtigsten Teil dieser Studie stellt ein opulentes Verzeichnis dar, in dem Daten über 468 Siegel von 123 Städten und deren Selbstverwaltungsinstitutionen zusammengetragen sind. Rimša hat den reichlich illustrierten Stoff nicht nur vom Blickpunkt der Sphragistik untersucht. Aufgrund der kritischen Analyse der Historiographie und Quellen hat er in erster Linie die geschichtlichen Grundzüge der Selbstverwaltung in jeder Stadt nachgezeichnet. Deswegen ist in dieser Arbeit unter anderem die neueste und zuverlässigste Information auch über die Entwicklung der Selbstverwaltung nach Magdeburger Recht im GFL zu finden. In seiner jüngsten Arbeit behandelt der Wissenschaftler die Städtewappen im allgemeinen Kontext der Entwicklung der litauischen Wappenkunde.[75]

II.6 Die städtische Selbstverwaltung

II.6.1 Die Selbstverwaltung von Vilnius

Dem dritten Forschungsfeld des sächsisch-magdeburgischen Rechts in Litauen sind diejenigen Arbeiten zuzuweisen, in welchen der Inhalt der magdeburgischen Selbstverwaltung an konkreten Orten aufgezeigt, das Stadtverfassungs- und Gerichtsmodell rekonstruiert und die Tätigkeit der Selbstverwaltungsbehörden geschildert wird. Chronologisch gesehen sind es die ältesten Forschungen, deren Entstehung, wie bereits erwähnt, vor allem dem Interesse der Historiker des 19. und der ersten Hälfte des 20. Jahrhunderts für die Vergangenheit von Vilnius zu verdanken ist.

---

[71] Ders., Kauno miesto herbas XV–XX a. [Wappen der Stadt Kaunas im 15.–20. Jh.], Vilnius 1994.

[72] Ders., 1791–1792 m. Lietuvos miestų (wie Anm. 30); ders.: Lietuvos privačių miestų (wie Anm. 22).

[73] The Heraldry of Lithuania (wie Anm. 18).

[74] Rimša, Lietuvos Didžiosios Kunigaikštystės (wie Anm. 11), S. 123–130. Diese Studie beinhaltet auch die Daten über die Siegel von Klaipėda.

[75] Ders., Heraldika. Iš praeities į dabartį [Wappenkunde. Von der Vergangenheit in die Zukunft], Vilnius 2004.

Nach dem Zweiten Weltkrieg haben die litauischen Wissenschaftler die Untersuchungen zur Selbstverwaltung von Vilnius fortgesetzt. In den oben genannten Arbeiten von Jurginis wurde die geschichtliche Entwicklung der magdeburgischen Selbstverwaltung in Vilnius lediglich in allgemeinen Zügen dargestellt. Weitere Autoren haben ihre Forschungen speziell der Struktur und Tätigkeit einzelner Selbstverwaltungsbehörden gewidmet. Der Rechtshistoriker Bernardas Križitauskas hat den Magistrat von Vilnius vom 15. bis zum 18. Jahrhundert sowie seine notarielle Tätigkeit behandelt.[76] Zigmantas Kiaupa hat die Entwicklung der Gerichtskompetenz der Vögte von Vilnius und Kaunas vom 15. bis zum 17. Jahrhundert untersucht und auf die Tendenz zur Einschränkung dieser Kompetenz hingewiesen.[77] Er hat den Anwendungsbereich der Willküren von Vilnius von 1551 und 1620 in den Städten des GFL analysiert.[78] Man muss anmerken, dass diese Untersuchungen recht statisch waren und auf der abstrahierten äußerlichen Deskription gesetzlicher Urkunden gründeten. Man vermisst hier den Vergleich mit den originalen Quellen des Magdeburger Rechts. Diesen Arbeiten mangelt es insbesondere an der Analyse des rechtlichen Inhalts der historischen Materialien.

Nach den genannten Studien hatten die litauischen Wissenschaftler einige Zeit lang für die Stadtverfassung von Vilnius kein Interesse gezeigt. Das Thema galt als „erschöpft". In letzter Zeit ist es jedoch durch die Forschungen des Historikers Aivas Ragauskas wieder belebt worden. Seine Untersuchungen spiegeln außerdem eine Hinwendung der litauischen Historiographie in Richtung Sozialgeschichte wider. Der Wissenschaftler hat Angaben über 103 Personen, die die Ämter der Vögte, Bürgermeister, Ratsmänner, Schöffen, Rats- sowie Schöffengerichtsschreiber bekleidet haben, gesammelt und bearbeitet. Ragauskas hat eine ausführliche Kollektivbiographie der herrschenden Elite von Vilnius in der zweiten Hälfte des 17. Jahrhunderts geschrieben und ein dynamisches Bild der magdeburgischen selbstverwalteten Stadt aus der soziokulturellen Perspektive vorgelegt.[79] Das Thema der Untersuchungen von Ragauskas hat die Art der Quellen bedingt. Im Unterschied zu früheren Autoren hat dieser Wissenschaftler sich nicht nur auf Urkunden gesetzlicher Natur gestützt, sondern auch vielfach das authen-

---

76 Bernardas Križitauskas, Vilniaus miesto magistratas ir jo notarinė veikla [Der Magistrat der Stadt Vilnius und seine notarielle Tätigkeit], in: Socialistinė teisė 4 (1976), S. 48–52; ders., Vil'niusskij magistrat v XV–XVIII vv. (Obzor literatury i istočnikov) [Der Magistrat von Vilnius im 15.–18. Jh. (Übersicht über Literatur und Quellen)], in: Vestnik Moskovskogo universiteta. Serija pravo 4 (1977), S. 79–84; ders., Obščestvennyj stroj goroda Vil'niusa v XVI – pervoj polovine XVIII v. [Die Gesellschaftsordnung der Stadt Vilnius vom 16. bis zur 1. Hälfte des 18. Jhs.], in: ebd. 4 (1979), S. 34–39.

77 Zigmantas Kiaupa, Vilniaus ir Kauno vaitų teisminės galios raida XV–XVII amžiais [Die Entwicklung der Gerichtskompetenz der Vögte von Vilnius und Kaunas im 15.–17. Jh.], MADA (wie Anm. 12) 4 (49) (1974), S. 83–90.

78 Ders., 1551 m. ir 1620 m. Vilniaus vilkierai ir jų taikymas Lietuvos Didžiosios Kunigaikštystės miestuose [Die Willküren von Vilnius von 1551 und 1620 und ihre Anwendung in den Städten des GFL], in: Jaunųjų istorikų darbai 1 (1976), S. 41–51.

79 Aivas Ragauskas, Vilniaus miesto valdantysis elitas XVII a. antrojoje pusėje (1662–1702) [Die herrschende Elite der Stadt Vilnius in der 2. Hälfte des 17. Jhs. (1662–1702)], Vilnius 2002.

tische handschriftliche Material des Archivs von Vilnius benutzt. So hat Ragauskas die Struktur und Handlungsprinzipien, Zuständigkeiten sowie Subordinationsverhältnisse der Selbstverwaltungsinstitutionen detailliert besprochen. Anhand der zahlreichen Archivmaterialien hat er außerdem die Angaben früherer Historiographie über die Struktur und ethnisch-konfessionelle Eigenart der Selbstverwaltung von Vilnius wesentlich ergänzt und korrigiert.

In seiner wertvollen Monographie hat Ragauskas zahlreiche Details des Rechtsalltags in Vilnius beschrieben, doch ging er nicht auf die Frage ein, inwieweit Sachsenspiegel und Sächsisches Weichbild sowie ihre Glossen in der Gerichtspraxis benutzt wurden. In der betreffenden Periode haben übrigens die Gerichte von Vilnius und anderen magdeburgischen Städten des GFL bereits die polnischen Übersetzungen sowie Bearbeitungen des sächsisch-magdeburgischen Rechts benutzt. Die einzelnen Elemente dieses Rechts wurden aber von den Zeitgenossen mit dem deutschen Magdeburger Recht gleichgesetzt. Das Verfügen über dieses Recht wurde dann besonders wichtig, als die Selbstverwaltungsinstitutionen ihre Position in der Stadt stabilisieren oder die Autonomie der Stadt nach außen hin verteidigen wollten. Hier könnte man folgendes Beispiel anbringen: Als im 17. Jahrhundert ein territorialer Streit zwischen dem Magistrat von Vilnius und dem Metropolit der unierten Kirche entfacht wurde, haben die Vertreter von Vilnius vor dem Assessorengericht des GFL erklärt, dass die Stadt Vilnius der magdeburgischen Jurisdiktion untersteht und ihre magdeburgischen Streitfälle nicht auf der Grundlage des Litauischen Statuts, sondern auf der des Saxons zu verhandeln sind.[80] Auf das letztere Argument, das teilweise im Zweiten und Dritten Litauischen Statut verankert war, stützte sich die gerichtliche Immunität der Bürger von Vilnius.[81] Noch Anfang des 19. Jahrhunderts hat die Selbstverwaltungsbehörde von Vilnius die russische Regierung auf die förmlich gültigen „Magdeburger Rechte“ hingewiesen.[82]

Es ist beachtenswert, dass die Aufmerksamkeit für die Geschichte der Hauptstadt in Litauen weiterhin groß ist. Die kritische Stellung von Ragauskas gegenüber der älteren Historiographie und die konsequente Beschäftigung mit den Archivmaterialien machten es ihm möglich, immer neue Seiten bei der Erforschung der Selbstverwaltung von Vilnius aufzuschlagen.[83] In letzter Zeit zeigen auch andere Historiker zunehmend Interesse für das oben genannte Archiv der Stadt Vilnius. Seine Materialien werden zunächst unter quellenkundlichem Aspekt untersucht.[84] Jedoch gibt es bereits jetzt Anzeichen, dass dieser Quellenkomplex

---

[80] Akty, izdavaemye Vilenskoj archeografičeskoj komissiej [Die von der Archäographischen Kommission Vilnius herausgegebenen Urkunden], Bd. 20: Akty, kasajuščiesja goroda Vil'ny [Die die Geschichte von Vilnius betreffenden Urkunden], Vil'na 1893, S. 392, 447.

[81] Karpavičienė, Magdeburgo teisė (wie Anm. 13), S. 244–247.

[82] Pugačiauskas, Vilniaus savivaldos institucijos (wie Anm. 33), S. 152–154.

[83] Aivas Ragauskas, Renkamos Vilniaus vaitijos genezė: XVI a. pabaiga ar XVII a. pradžia [Die Genese der zu wählenden Vogtei von Vilnius, Ende des 16. oder Anfang des 17. Jhs.], in: Istorija LVII (2003), S. 26–35.

[84] Agnius Urbanavičius, Iš Vilniaus miesto tarybos raštinės palikimo: naujųjų miestiečių aktai 1663–

noch zahlreiche Informationsmöglichkeiten in sich birgt, welche künftig zu einer detaillierten Beleuchtung der Rechtskultur der Stadt Vilnius in der zweiten Hälfte des 17. bis zum Beginn des 19. Jahrhunderts und der Stellung des Magdeburger Rechts darin beitragen würden.

Der Verlust des alten Archivs von Vilnius hat eine direkte Untersuchung des Rechtslebens in dieser Stadt bis zur Mitte des 17. Jahrhunderts unmöglich gemacht. Eben aus diesem Grund ist die Feststellung des Anwendungsumfangs sowie des Inhalts des sächsisch-magdeburgischen Rechts ein kompliziertes Unterfangen. Die Quellenlücke kann teilweise durch die Gerichtsverhandlungsbücher der LM aufgefüllt werden, von denen nur ein geringer Teil veröffentlicht ist. In manchen dieser Bücher gibt es fragmentarische Aufzeichnungen aus den Gerichtssachen der Städte, die am Ende des 15. und im 16. Jahrhundert im großfürstlichen Gericht verhandelt wurden. Übrigens hat man erst in letzter Zeit angefangen, diese Bücher auch unter dem Gesichtspunkt der Rezeption des Magdeburger Rechts zu untersuchen. Allerdings sind bisher lediglich vereinzelte Elemente der Gerichtsverhandlung sowie manche Institute dieses Rechts aufgedeckt worden, die die Handlungsfähigkeit sowie die vermögensrechtliche Stellung der Frau in der Stadt regelten.[85] Weitere gezielte Untersuchungen der LM würden die Entfaltung des Stadtrechts in Litauen ausführlicher darstellen. Eine detaillierte Beleuchtung dieser Erscheinung sowie die Konkretisierung ihrer chronologisch späteren Entwicklung wären auch auf der Grundlage spezieller Forschungen der bereits erwähnten Materialien des Assessorengerichts möglich.

II.6.2 Die Selbstverwaltung von Kaunas

Im Kontext der besprochenen Untersuchungen über Vilnius stellt Kaunas eine relativ wenig erforschte Einheit dar. Das Interesse für die Frühgeschichte dieser Stadt wurde in den 70er Jahren des 20. Jahrhunderts belebt, als Kiaupa eine konsequente Beschäftigung mit der Erforschung der Selbstverwaltung von Kaunas anfing. Er hat erneut das Problem der ersten Handfeste von Vytautas (Witowt) an Kaunas (1408) aufgegriffen und es gelöst.[86] Nach vergleichender quellenkund-

---

1795 [Aus dem Nachlass der Stadtratskanzlei von Vilnius: Akten der neuen Stadtbürger von 1663–1795], in: Lituanistica 4 (48) (2001), S. 23–40; ders., Vilniaus naujieji miestiečiai 1661–1795 m. [Die Neubürger von Vilnius in der Zeit von 1661–1795], Vilnius 2005.

85 Jolanta Karpavičienė, Moteris teisinėje Vilniaus ir Kauno kasdienoje XVI a. pirmojoje pusėje: modernėjančio gyvenimo ženklai [Die Frau im Rechtsalltag von Vilnius und Kaunas in der 1. Hälfte des 16. Jhs.: Zeichen des modern werdenden Lebens], in: Lietuvos istorijos studijos 9 (2001), S. 17–32; dies., „... Magdeburgo teisėje gerada turi dukrai tekti": turtinė moters padėtis Vilniuje ir Kaune XVI a. pirmojoje pusėje [„... nach dem Magdeburger Recht fällt die Gerade an die Tochter": Die vermögensrechtliche Stellung der Frau in Vilnius und Kaunas in der 1. Hälfte des 16. Jhs.], in: Lituanistica 3 (47) (2001), S. 3–19; dies., Moteris Vilniuje ir Kaune XVI a. pirmojoje pusėje: gyvenimo sumiestinimo Lietuvoje atodangos [Die Frau in Vilnius und Kaunas in der 1. Hälfte des 16. Jhs.: Erschließung der Verstädterung des Lebens in Litauen], Vilnius 2005.

86 Zigmantas Kiaupa, 1408 metų Vytauto privilegija Kauno miestui [Das Privileg von Vytautas von 1408 an Kaunas], in: LIM (wie Anm. 33): Jahr 1979 (1981), S. 5–19; ders., Pirmosios Kauno miesto privilegijos (wie. Anm. 46).

licher Analyse ist Kiaupa zu dem Schluss gekommen, dass dieses Privilegium, das in der früheren Historiographie so viele Kontroversen hervorgerufen hat, tatsächlich ein Falsifikat des 17. Jahrhunderts darstellt. Allerdings ist es aufgrund eines authentischen Prototyps des 15. Jahrhunderts, dessen Inhalt der Wissenschaftler hypothetisch rekonstruiert hat, angefertigt worden. Es ist offenkundig geworden, dass den Mittelpunkt der Diskussion von früheren Forschern eine mögliche und nur in diesem Privilegium dokumentierte Vorschrift bildete, nach welcher Vytautas das Magdeburger Recht ursprünglich lediglich der deutschen Gemeinde von Kaunas erteilt haben sollte. Dies hat die Einstellung der Diskussionsteilnehmer zur Selbstverwaltungsgenese dieser Stadt und zur Bedeutung des deutschen Elementes für diesen Vorgang eingeschränkt. Das Problem konnte nur durch eine thematisch und chronologisch breit angelegte Untersuchungsarbeit zur magdeburgischen Selbstverwaltung von Kaunas unter Einbeziehung ihres weiteren Entwicklungskontextes beseitigt werden.

Anhand der authentischen sowie rekonstruierten großfürstlichen Verleihungen und anderer Quellenangaben hat Kiaupa selbst die frühe Periode der Selbstverwaltung von Kaunas bis zum Jahre 1508 erforscht. Jedoch hat er lediglich ihren äußeren Tätigkeitsbereich besprochen und, wie er selbst betonte, „die Beziehungen der Stadtbürger mit dem Staat, Großfürsten, anderen Ständen sowie ständischen Institutionen des Adels, der Kirche und anderer Städte“ aufgezeigt.[87] Die Frage der inneren Stadt- und Gerichtsverfassung von Kaunas, vor allem ihrer frühen Entwicklungsetappe, hat er unberücksichtigt gelassen. Dieses Problem ist bisher noch nicht zum Gegenstand einer gesonderten wissenschaftlichen Untersuchung geworden.

Eine solche Situation kann zum Teil durch die Quellenlage der Stadt Kaunas erklärt werden, welche immerhin noch viel günstiger als die von Vilnius ist. Die von Kiaupa durchgeführte quellenkundliche Analyse hat ergeben, dass über 50 Magistrats-, Vogt-, Schöffen- und gemischte Bücher aus Kaunas bis heute überliefert sind.[88] Sie decken die Periode von 1522 bis 1809 ab. 12 Bücher werden ins 16. Jahrhundert datiert. Die Texte sind in den meisten Büchern in verschiedenen Sprachen abgefasst. Bis zur ersten Hälfte des 17. Jahrhunderts herrscht in den Magistrats- sowie Schöffenbüchern das Latein vor. Eine Ausnahme bildet nur das früheste Magistratsbuch (1522–1545), wo ungefähr 40% der Texte auf Deutsch abgefasst sind. Seit Mitte des 17. Jahrhunderts bürgert sich im Kanzleischrifttum von Kaunas die polnische Sprache ein. Ein Teil der Texte ist auch auf Deutsch oder Ruthenisch geschrieben. In den meisten Vogtbüchern ist die polnische Sprache vorherrschend.

Wenn man sich erneut den Mangel der frühen Quellen zur Geschichte der litauischen Städte vergegenwärtigt, wird die Bedeutung des alten Archivs von

[87] Ders., Kauno miesto savivalda 1408–1508 m. (wie Anm. 16), S. 27.
[88] Ders., Kauno miesto senojo archyvo (wie Anm. 59), S. 125–140.

Kaunas deutlich. Allerdings muss man darauf hinweisen, dass lediglich ein Teil seiner Materialien im wissenschaftlichen Umlauf ist und für die komplexe Erforschung der inneren Entwicklung der magdeburgischen Selbstverwaltung nur wenig benutzt wird. Kiaupa hat die Vogtbücher der Stadt Kaunas unter quellenkundlichem Gesichtspunkt besprochen.[89] Auf der Grundlage dieser Materialien hat er außerdem eine Komponente der magdeburgischen Selbstverwaltung, nämlich das so genannte Hausgericht des Vogtes, sowie seine Kanzlei im Hinblick auf das Funktionieren, den Kompetenzbereich und manche Aspekte der Beziehungen mit anderen Selbstverwaltungsinstitutionen beschrieben.[90]

Es mutet paradox an, dass ausgerechnet der schriftliche Nachlass des Magistrats- sowie des Schöffengerichts von Kaunas bis heute wenig erforscht ist, obwohl gerade er die meisten authentischen Informationen über das innere Leben dieser magdeburgischen Stadt und die Verbreitung des Magdeburger Rechts in Litauen in sich birgt. Gezielte Untersuchungen dieses handschriftlichen Materials würden es einerseits ermöglichen, die Struktur der Stadtverfassung von Kaunas zu rekonstruieren, andererseits könnte man dadurch mehr Licht auf den ethnischen Dualismus, der durch die Realien dieser Stadt bedingt war, werfen.

Eine zweite potenzielle Forschungsrichtung zum Archivmaterial von Kaunas bildet die Rekonstruktion des rechtlichen Inhaltes des Magdeburger Rechts. Bereits im frühesten Magistratsbuch (1522–1545) finden sich dehnbare Hinweise auf die „Rechtsbücher des geschriebenen Magdeburger Rechts", um deren „Aufschlagen und Nachlesen" die Gerichtsparteien bzw. ihre Vertreter bitten. Bei der Entstehung rechtlicher Missverständnisse suchen auch die Stadtrichter „im Magdeburger Recht" die Antwort.[91] Im genannten Magistratsbuch sowie in manchen Gerichtsverhandlungsbüchern der LM gibt es konkrete Beispiele, welche zeigen, dass in der Gerichtspraxis von Kaunas bei der Verhandlung der Erbschaftssachen, Bestimmung des Rechtsstatus einer Witwe, in Fragen der Vormundschaft und im Rechtsprozess das sächsisch-magdeburgische Recht ausschlaggebend war.[92] Die daraus natürlich hervorgehende Frage, inwieweit und in welchem Umfang diese Vorschriften den Rechtsbüchern des sächsisch-magdeburgischen Rechts entnommen wurden, ist in der Zukunft zu untersuchen. Gerade diese Frage zeichnet die Perspektive künftiger Forschungen ab. Man verspricht sich viel von diesen For-

[89] Ders., Kauno miesto vaitas ir jo aktų knygos XVI a.–XVII a. pirmojoje pusėje [Der Vogt der Stadt Kaunas und seine Bücher im 16. und in der 1. Hälfte des 17. Jhs.], in: LMIŠ, Bd. 1 (wie Anm. 30), S. 25–46.

[90] Ders., Vaito rinkimas Kauno magistrate (XVI–XVIII a.) [Die Vogtwahl im Magistrat von Kaunas (16.–18. Jh.)], in: LIM (wie Anm. 33): Jahr 1974 (1976), S. 13–18; ders., Vilniaus ir Kauno vaitų (wie Anm. 77).

[91] „... aperire et legere librum, quid super hoc ius scriptum Maijdburien(se) dictaverit"; „czum buche der maijdenburgischen Rechte ... czu suchen"; „in jure Maijdenburgen(si), ... in libris juris Maijdenburgen(sis) quaerere" – Karpavičienė, Magdeburgo teisė (wie Anm. 13), S. 238.

[92] Ebd., S. 237; dies., Moters padėtis Kaune XVI a. pirmojoje pusėje: globėjiškas miesto teisės aspektas [Die Stellung der Frau in Kaunas in der 1. Hälfte des 16. Jhs.: der Aspekt des Vormunds im Stadtrecht], in: Kauno istorijos metraštis 3 (2002), S. 37–48.

schungen: Im Unterschied zu früheren Archivmaterialien sind in den Magistrats- und Schöffenbüchern von Kaunas seit der zweiten Hälfte des 16. Jahrhunderts bereits unmittelbare Hinweise auf Sachsenspiegel-Landrecht und sächsisches Weichbild sowie ihre Glossen und direkte Zitate daraus zu finden.

II.6.3 Die „kleine" Selbstverwaltung

Die litauische Historiographie hat sich umfassend mit der Selbstverwaltung der kleineren magdeburgischen Städte beschäftigt und tut es immer noch. In die wissenschaftliche Literatur fand sogar ein Terminus „die kleine Selbstverwaltung" Eingang. Im Unterschied zu frühen magdeburgischen Privilegien für Vilnius und Kaunas ist in den chronologisch späteren Verleihungen an andere Städte Litauens das Selbstverwaltungsmodell klar definiert, die Zusammensetzung der Selbstverwaltungsbehörden, ihre Wahl- oder Bestimmungsordnung sowie ihr Zuständigkeitsbereich bestimmt, die Berufungsordnung festgelegt etc. Der Historiker Vincas Kryževičius hat als erster angefangen, die Entwicklung kleinerer magdeburgischer Städte in der zweiten Hälfte des 17. und im 18. Jahrhundert zu untersuchen und hat seine Forschungsergebnisse in einer Monographie, die allerdings sehr kontrovers aufgenommen wurde, zusammengefasst.[93] Darin hat er bereits die Struktur der „kleinen Selbstverwaltung" sowie ihren lokalen Variantenreichtum in Ansätzen beschrieben und einzelne Aspekte ihrer rechtlichen Tätigkeit beleuchtet.

Andere litauische Historiker haben im Unterschied zu Kryževičius die überlieferten Quellendaten eingehender untersucht. In letzter Zeit ist eine Reihe von Publikationen erschienen, in denen die Umstände der Verwirklichung der Selbstverwaltung in den einzelnen magdeburgischen Städten Litauens konkretisiert und mit zahlreichen Details versehen wurden.[94] In der wissenschaftlichen Literatur wird das Gesamtbild der Entfaltung der magdeburgischen Selbstverwaltung in Litauen vorgelegt[95] und auf die Forschungslücken hingewiesen.[96]

Die wissenschaftlichen Interessen der litauischen Historiker beschränken sich nicht nur auf die Untersuchung der Selbstverwaltungsstrukturen. Bei der Erforschung der Quellenmaterialien versuchen die Wissenschaftler, den soziokulturel-

---

93 Kryževičius, Lietuvos privilegijuotieji miestai (wie Anm. 60).

94 Zigmantas Kiaupa, XVI a. Alytus: miestelis ir miestas [Alytus im 16. Jh.: Marktflecken und Stadt], in: Alytaus miesto ir apylinkių istorijos bruožai [Historische Grundzüge der Stadt und Umgebung Alytus], Vilnius 1989, S. 44–54; Algirdas Baliulis, Stanislovas Mikulionis, Algimantas Miškinis, Trakų miestas ir pilys. Istorija ir architektūra [Stadt und Burgen von Trakai. Geschichte und Architektur], Vilnius 1991; Antanas Tyla, Decemviratas, arba Tertio ordo communitatis Kėdainių savivaldoje (XVII–XVIII a.) [Decemviratus oder Tertio ordo communitatis in der Selbstverwaltung von Kėdainiai (17.–18. Jh.)], in: LIM (wie Anm. 33): Jahr 1999 (2000), S. 64–76; ders., Kėdainių magdeburginio miesto (wie Anm. 61).

95 Kiaupa, Autonomy of Lithuanian Cities (wie Anm. 18).

96 Aivas Ragauskas, Lietuvos savivaldos istoriografijos keliai ir klystkeliai [Wege und Umwege der Historiographie der litauischen Selbstverwaltung], in: Moderniosios savivaldos susikūrimas ir raida Baltijos šalyse [Entstehung und Entwicklung der modernen Selbstverwaltung in den baltischen Ländern], Šiauliai 1999, S. 62–67.

len Aspekt der Entwicklung der Selbstverwaltung in Litauen zu beachten. In den Studien dieser Art gibt es zahlreiche Angaben über den Rechtsalltag der kleinen magdeburgischen Städte Litauens sowie über den Anstieg der Rechtskultur darin.[97]

II.7 Rechtsgeschichtliche Forschungen

Die Geschichtswissenschaftler bieten in ihren Arbeiten empirisches Material, das den juristischen Inhalt des sächsisch-magdeburgischen Rechts in Litauen teilweise aufzeigt, und insofern für die Rechtshistoriker von Interesse sein könnte. Die litauischen Historiker haben manche Aspekte der Rezeption des Magdeburger Rechts in Litauen konkretisiert, einzelne Elemente dieses Rechts vor allem in den Bereichen des Erb- sowie Vormundschafsrechts rekonstruiert.[98]

Leider sind die Historiker Litauens nur allzu oft auf sich selbst angewiesen, wenn es um die juristische Analyse des zu untersuchenden Materials geht. In Litauen mangelt es an professionellen und qualifizierten rechtshistorischen Abhandlungen, welche dem vierten Forschungsfeld des sächsisch-magdeburgischen Rechts in Litauen angehören sollten. Es wäre verfehlt zu behaupten, dass die Problematik dieses Rechts in der litauischen rechtsgeschichtlichen Literatur überhaupt nicht beachtet wird. Ganz im Gegenteil wird die Bedeutung des Magdeburger Rechts von den litauischen Rechtshistorikern nicht hinterfragt und gilt als eine der Rechtsquellen des GFL.[99] Jedoch beschränken sich ihre Arbeiten auf einen lakonischen Überblick des Magdeburger Rechts und die Betonung seiner Bedeutung für die rechtliche Verankerung des bürgerlichen Standes im GFL. Zwar gibt es im Werk „Staats- und Rechtsgeschichte Litauens“ ein Unterkapitel „Magdeburger Stadtrecht“,[100] und in der neuesten „Litauischen Rechtsgeschichte“ wird die „Rezeption und Entfaltung des Magdeburger Rechts im GFL“ gesondert

---

[97] Ders., XVI–XVIII a. Lietuvos Didžiosios Kunigaikštystės miestiečių kasdienio gyvenimo tyrimai šiuolaikinėje lietuvių istoriografijoje [Forschungen zum Alltag der Städter des GFL im 16.–18. Jh. in der modernen Geschichtsschreibung Litauens], in: Lituanistica 3 (31) (1997), S. 121–128; Algirdas Baliulis, XVIII a. miesto aktų knygos – miestiečių gyvenimo veidrodis [Stadtbücher des 18. Jhs. – Spiegel des Lebens der Städter], in: Alytaus miesto (wie Anm. 94), S. 65–72; ders., Joniškio miestiečiai XVIII amžiuje [Die Einwohner der Stadt Joniškis im 18. Jh.], in: LIM (wie Anm. 33): Jahr 1993 (1994), S. 31–47; Rimantas Žirgulis, Three hundred years of multiculturalism in Kėdainiai, in: The peoples of the Grand Duchy of Lithuania, ed. by Grigorijus Potašenko, Vilnius 2002, S. 130–140 u. a.

[98] Lina Anužytė, Maro meto (1602) Merkinės miestiečių testamentai [Testamente der Städter von Merkinė in der Pestzeit (1602)], in: LMIŠ, Bd. 3 (wie Anm. 13), S. 97–112; Karpavičienė, „... Magdeburgo teisėje“ (wie Anm. 85); dies., Moters padėtis Kaune (wie Anm. 92).

[99] Vytautas Andriulis, Lietuvos Didžiosios Kunigaikštystės (LDK) XIV amžiaus teisė, jos sistemos [Das Recht des GFL im 14. Jh. und seine Systeme], in: Lietuvos teisės tradicijos [Traditionen des litauischen Rechts], Vilnius 1997, S. 38–44, hier S. 43 f.; Antanas Šenavičius, Ikikrikščioniškos Lietuvos visuomenės teisės bruožai [Grundzüge des Rechts der vorchristlichen litauischen Gesellschaft], in: Istorija LII (2002), S. 14–23, hier S. 22 f.

[100] Mindaugas Maksimaitis, Stasys Vansevičius, Lietuvos valstybės ir teisės istorija [Staats- und Rechtsgeschichte Litauens], Vilnius 1997, S. 100–105.

behandelt.[101] Aber in diesen Arbeiten werden lediglich abstrahierte Züge des magdeburgischen Privat- und Strafrechts sowie der Gerichtsverfassung besprochen. Weder die Genese dieses Rechts noch ihre innere und äußere Evolution wird von den Autoren behandelt. Die originalen Quellen des sächsisch-magdeburgischen Rechts werden nicht ausführlicher vorgestellt und ihre Anwendung in Litauen nicht detailliert beschrieben. In den Studien zu einzelnen rechtsgeschichtlichen Problemen wird abstrakt über die Spezifik des Familienrechts in den selbstverwalteten Städten gesprochen, wobei diese Erscheinung mit der Aufnahme des Magdeburger Rechts in Verbindung gesetzt wird.[102] Jedoch werden die genannten Thesen weder durch historiographische Angaben untermauert, noch durch Geschichtsquellen konkretisiert.

In letzter Zeit hat sich in den rechtshistorischen Forschungen zugegebenermaßen eine flexiblere Einstellung herauskristallisiert. Besonders sind die Arbeiten von Jevgenijus Machovenko hervorzuheben, in denen die Frage über den Anwendungsumfang des Magdeburger Rechts in den Städten des GFL behandelt und das Problem des Verhältnisses von diesem Recht zum örtlichen Recht formuliert wird.[103] Allerdings stützen sich auch diese Untersuchungen nur auf die Analyse der magdeburgischen Privilegien und anderer Urkunden normativen Charakters. Die oben besprochenen handschriftlichen und zum Teil auch publizierten Quellen, welche den rechtlichen Inhalt des sächsisch-magdeburgischen Rechts in Litauen erschließen könnten, und auf welche bereits in der deutschsprachigen wissenschaftlichen Literatur hingewiesen wurde,[104] warten immer noch auf den geschärften Blick eines Forschers.

III. Schlussbemerkungen

Der Anfang der Ausbreitung des sächsisch-magdeburgischen Rechts im GFL ist als Teil der Staatspolitik zu behandeln, die durch die rechtlichen Rezeptionen an der beschleunigten Entfaltung der ständischen Gesellschaft orientiert war. Durch die magdeburgischen Privilegien, die einzelnen Städten gewährt bzw. erneuert wurden, strebte man an, den Status des sich herausbildenden Standes der Städter rechtlich zu verankern und die Entwicklung der Städte in Richtung der magdeburgischen Selbstverwaltung zu steuern. Das sächsisch-magdeburgische Recht, das auch deutsches Recht genannt wurde, ist im GFL teilweise zum sinngemäßen Äquivalent des Selbstverwaltungsrechts einer Stadt schlechthin und ausschließ-

---

[101] Andriulis u. a., Lietuvos teisės istorija (wie Anm. 32), S. 93–112.

[102] Ders., Lietuvos statutų (1529, 1566, 1588) šeimos teisė [Das Familienrecht der Litauischen Statuten (1529, 1566, 1588)], Vilnius 2003, S. 39, 83, 130.

[103] Jevgenij Machovenko, Lietuvos Didžiosios Kunigaikštystės teisės šaltiniai [Die Rechtsquellen des GFL], Vilnius 2000, S. 38–45.

[104] Alexander Rogatschewski, Schrifttum der UdSSR und ihrer Nachfolgerstaaten zur Geschichte des Magdeburger Stadtrechts in den 1980er und 1990er Jahren (Übersicht), in: Zeitschrift für Ostmitteleuropa-Forschung 49, H. 1 (2000), S. 62–82, hier S. 67.

lich zu einer städtischen Erscheinung geworden. Deswegen wird in der litauischen Historiographie die Verbreitung des sächsisch-magdeburgischen Rechts vor allem mit der Entfaltung der magdeburgischen Selbstverwaltung gleichgesetzt, wobei der letztgenannte Prozess als Erscheinungsform der europäischen Rechts- sowie Städtekultur in Litauen betrachtet wird. Die Erforschung dieses Vorgangs wird in Litauen nicht zentral koordiniert. Vielmehr werden sein Umfang und soziokulturelle Vielfalt von einigen Forschungsrichtungen mit unterschiedlichen Schwerpunkten aufgeschlossen. Thematisch lassen sich diese Forschungen in folgende Felder eingliedern:

1. Quantitatives Charakteristikum der magdeburgischen Selbstverwaltung in Litauen. Der Gegenstand dieser Forschungsgruppe besteht in der Ansammlung sowie in der quellenkundlichen Analyse der Angaben über die nach dem Magdeburger Recht erteilten Privilegien. Das Ziel ist die Feststellung der Zahl der magdeburgischen Städte und das Aufzeigen des Umfanges, der Struktur und der Dynamik ihres Netzes. Eine systematische Entwicklung dieser Forschungen in Litauen geht im Rahmen der historischen Urbanistik in die 60er Jahre des 20. Jahrhunderts zurück. In den frühen Arbeiten der Urbanistikforscher wurde die Zahl der magdeburgischen Städte zu hoch angesetzt und die Periodisierung der Verbreitung des Magdeburger Rechts in Litauen etwas verzerrt. Durch die Erweiterung der Quellenbasis und Einbeziehung der Historiker in die Forschungen der Stadtgeschichte in den 70er Jahren des 20. Jahrhunderts konnten diese Daten wesentlich präzisiert werden. Das Gesamtbild der magdeburgischen Selbstverwaltung in Litauen wird durch intensiver werdende Forschungen der sozialpolitischen Geschichte, weitere komplexe Analysen der LM sowie regelmäßige Publikation ihrer Bücher stets vervollständigt.

2. Die Untersuchungen der äußeren Merkmale der magdeburgischen Selbstverwaltung, welche im Rahmen der Studien der Sphragistik und Wappenkunde der litauischen Städte erfolgen und bereits die Ebene qualitativer Synthesen erreicht haben. Die Ergebnisse dieser Forschungen decken zum Teil den Mangel an direkten Geschichtsquellen der Städte, ergänzen und konkretisieren die Angaben über die reale magdeburgische Selbstverwaltung in Litauen.

3. Der Inhalt der magdeburgischen Selbstverwaltung und ihr qualitatives Charakteristikum. Diese Gruppe umfasst diejenigen Forschungen, die eine detaillierte Darstellung der rechtlichen Verankerung und Verwirklichung der Selbstverwaltung in konkreten Ortschaften Litauens, die Rekonstruktion des Verfassungs- und Gerichtsmodells der magdeburgischen Städte sowie das Aufzeigen der Tätigkeit der Selbstverwaltungsbehörden zum Ziel haben.

Zunächst richtete sich der Blick der Forscher auf die Genese und Evolution der Selbstverwaltung von Vilnius, die dementsprechend verhältnismäßig gut erforscht ist. Das durch die Spezifik der Quellen bedingte und daher vorwiegend auf die normativen Urkunden gestützte Bild der Selbstverwaltung von Vilnius, das von der früheren Historiographie in allgemeinen Zügen dargestellt wurde, wurde in letzter Zeit durch die prosopographischen und die auf dem Archivmaterial basierten Untersuchungen über die herrschende Elite dieser Stadt ergänzt und konkretisiert.

Die Entwicklung der Selbstverwaltung von Kaunas bis Anfang des 16. Jahrhunderts wurde eingehender behandelt, jedoch blieb es bei der Darstellung der äußeren Seite ihrer Tätigkeit. Die Entfaltung der magdeburgischen Selbstverwaltung in dieser Stadt vom 16. bis zum 18. Jahrhundert wurde vorwiegend unter dem Aspekt der Entwicklung des Vogtamtes untersucht. Das alte Archiv der Stadt Kaunas ist in Litauen als mögliche Informationsquelle noch viel zu wenig benutzt worden. Die konsequente Erforschung des seit Anfang des 16. Jahrhunderts überlieferten Materials würde es ermöglichen, die innere Struktur und den Wandel der Selbstverwaltung von Kaunas zu rekonstruieren sowie die Rolle der deutschen Gemeinde bei diesen Vorgängen festzustellen. Das Fehlen der kompletten Veröffentlichung des Archivmaterials von Kaunas verhindert die Forschungen dieser Art.

Die in der wissenschaftlichen Literatur üblich gewordene Definition der „kleinen Selbstverwaltung" spiegelt die Bewegung der Historiographie in Richtung der Erforschung der kleineren magdeburgischen Städte wider. Diese Tendenz wurde in Litauen vor einigen Dekaden erkennbar. Die Forschungen, deren Ergebnis unter anderem auch die Edition der Geschichtsquellen der litauischen Städte ist, basieren auf der Analyse des fragmentarisch überlieferten und relativ späten Archivmaterials.

Geschichtswissenschaftler Litauens befassen sich in letzter Zeit zunehmend mit dem Rechtsalltag in den kleinen magdeburgischen Städten, beleuchten die Eigentümlichkeiten ihrer sozial-kulturellen Umgebung, analysieren die Erscheinungsformen des ständischen Selbstbewusstseins der Stadteinwohner. Damit lässt sich unter anderem der Vorgang der Verstädterung des Lebens in Litauen beobachten, welcher von den Zeitgenossen mit dem Funktionieren der magdeburgischen Selbstverwaltung und mit der Verbreitung des Magdeburger Rechts gleichgesetzt wurde.

4. Der rechtliche Inhalt des sächsisch-magdeburgischen Rechts in Litauen wurde bislang am wenigsten untersucht. In den vereinzelten Arbeiten der Historiker sind lediglich manche Elemente dieses Rechts in Ansätzen vorgeführt. Der Umfang des sächsisch-magdeburgischen Rechts in Litauen ist in der wissenschaftlichen Literatur bisher nicht systematisch analysiert worden. Das Verhältnis dieses Rechts mit den einheimischen Rechtsgewohnheiten sowie dem in den Litauischen Statuten fixierten Landrecht ist nicht konkretisiert worden, die daraus hervorgegangenen Wechselwirkungen bleiben undefiniert. Diese Situation kann in erster Linie durch den Mangel des Interesses professioneller Rechtshistoriker am sächsisch-magdeburgischen Recht und insbesondere durch das Fehlen spezieller und auf den Stadtgeschichtsquellen basierender Forschungsarbeiten erklärt werden. Die letztgenannte Lücke könnte durch die gezielte Erforschung der Gerichtsver-

handlungsbücher der LM und des handschriftlichen Materials des Archivs der Stadt Kaunas sowie des Assessorengerichts des GFL gedeckt werden. Solche Untersuchungen würden über den rechtlichen Inhalt des sächsisch-magdeburgischen Rechts in den Städten Litauens bis zum 17. Jahrhundert Aufschluss geben. Durch die rechtsgeschichtliche Analyse der Archivmaterialien von Vilnius und kleineren magdeburgischen Städten wäre dieses Problem unter dem chronologischen Gesichtspunkt zu erweitern und thematisch zu ergänzen.

Es ist außerdem wichtig zu erkennen, dass die genannten litauischen Stadtgeschichtsquellen, die noch nicht endgültig erschöpfte Möglichkeiten zur Untersuchung des sächsisch-magdeburgischen Rechts in sich bergen, in der wissenschaftlichen Literatur noch nie unter sprachlichem Aspekt analysiert worden sind.

Zusammenfassend lässt sich feststellen, dass bei der Untersuchung der Problematik des sächsisch-magdeburgischen Rechts in Litauen ein Dialog der Historiker, der Rechtshistoriker sowie der Sprachwissenschaftler dringend nötig ist. Es bleibt nur zu hoffen, dass dieser Dialog auch von den Kontakten der litauischen Wissenschaftler mit den Kollegen aus den Nachbarländern und aus Deutschland profitieren wird.

Olga Keller (Minsk)

Geschichte, Quellen und Literatur des Magdeburger Rechts in weißrussischen Ortschaften des Großfürstentums Litauen

I. Das deutsche Recht in weißrussischen Ortschaften des Großfürstentums Litauen

Die weißrussischen Territorien erhielten im Laufe ihrer Entwicklung und Umwandlung in Handels- und Handwerkszentren eine Ordnung nach deutschem Recht nach dem Vorbild westeuropäischer Länder. Unter deutschem Recht ist in den Privilegien meist das Magdeburger Recht gemeint, selten dessen Varianten wie z. B. das Kulmer Recht (jus Culmense – Stadt Chełmno im polnischen Preußen) und das Neumarkter Recht (ius Sredense oder ius Novi Fori – benannt nach der schlesischen Stadt Neumarkt, poln. Środa Śląska). Das Kulmer Recht wurde in einigen Städten von Podlachien (Kleščak, Krabov, Narwa), von Litauen (Medininkai/Varniai) sowie von Wolhynien (Dorogobuž, Krasilov) eingeführt. Ein kennzeichnendes Merkmal dieses Rechts war, daß es kleinen, insbesondere neu entstandenen Ortschaften erteilt wurde. Das Neumarkter Recht wurde der Stadt Sokol im Bezirk Drogičin im Jahre 1424 verliehen.

Die ursprüngliche Auffassung der Forschung war, daß eine Rezeption des deutschen Stadtrechts im Großfürstentum Litauen erstmals unter den Fürsten Jurij und Aleksandr Koriatovič stattfand, die die Stadt Kamenec-Podol'skij mit den Privilegien der polnischen Magdeburgien ausgestattet hatten. Diese Darstellung ist nicht ganz korrekt, zumal das Recht auf Selbstverwaltung der Stadt Kamenec im Jahre 1374 nach dem Vorbild der Städte des Magdeburger Rechts verliehen wurde. Aber die entsprechende Urkunde enthält keine Anhaltspunkte für eine Rezeption des Magdeburger Rechts. Denn dieses wurde in der Stadt Kamenec erst im Jahre 1432 eingeführt.

Seit 1387 wurde das Magdeburger Recht in den Städten Wilna, Merecz, Troki und Kowno eingeführt. Dort entstanden zu dieser Zeit bereits die teils polnischen und teils deutschen Handels- und Handwerkskolonien. Fest steht, daß man das deutsche Recht in den oben genannten Städten aufgrund der Interessen der deutschen Kolonisten einführte.

II. Die Verleihung des Magdeburger Rechts an einige weißrussische Städte

Die Einführung des Magdeburger Stadtrechtes in einer Reihe europäischer Städte stellte eine Antwort der Gesellschaft auf die Herausforderungen der Zeit dar. Das Entwicklungsniveau der mittelalterlichen und sozialen Beziehungen bedurfte eines immer höheren Selbstständigkeits- und Freiheitsgrades der Bürger, welcher es ermöglichen sollte, der gesellschaftlichen, wirtschaftlichen und kulturellen Entwicklung der europäischen Städte einen neuen Impuls zu geben. Das „Decretum Gratiani", der „Sachsenspiegel" und das „Görlitzer Recht" – eine bei weitem nicht vollständige Aufzählung normativer Grundlagen des „Magdeburger Rechts" – haben in entsprechendem Maße dazu beigetragen. In Übereinstimmung mit dem Magdeburger Recht regelte man die wirtschaftliche Tätigkeit, die Vermögensrechte, das gesellschaftspolitische Leben sowie die ständische Stellung der Bürger durch ein eigenes System von Rechtsnormen.[1] Die Städte, die das Magdeburger Recht erwarben, wurden aus der Gerichtsbarkeit beziehungsweise Verwaltung der Wojewoden und der Ältesten herausgenommen. Dort wurden eigene Stadtverwaltungsorgane (Magistrat) in Verbindung mit einigen Elementen der Selbstverwaltung gebildet. Gestützt auf das Magdeburger Recht entwickelten sich die weißrussischen Städte im Mittelalter im Zuge eines gesamteuropäischen historischen Vorgangs.

Die Verleihung des Magdeburger Rechts an eine Stadt stellte eine Besserstellung in der Sozialhierarchie dar. Durch sie wurde ein bewidmeter Ort unter seinen Nachbarorten hervorgehoben. In Übereinstimmung mit den Statuten des Großfürstentums Litauen, genauer dem letzten von 1588, hatte jeder Bürger mit Magdeburger Recht die Möglichkeit, die Vertreter der Schlachta zur Verantwortung zu ziehen.[2] Das ist eine überzeugende Bestätigung der Sonderstellung der Bürger der Siedlungen, die dieser Rechtsfamilie angehörten. Diese Sonderstellung unterschied die Orte mit Magdeburger Recht von den übrigen Siedlungen und Flecken, die kein Magdeburger Recht erhalten hatten. Der oben genannte Auszug aus der Rechtsbestimmung des Statuts spricht dafür, daß man die Rechtsstellung der Bürger durch das Vorhandensein oder das Fehlen des Magdeburger Rechts und nicht durch die Größe der Stadt oder die Anzahl ihrer Bewohner bestimmte.

Als goldene Zeit der landesherrlichen Städte des Großfürstentums Litauen gelten die zweite Hälfte des 16. Jahrhunderts und die erste Hälfte des 17. Jahrhunderts. In dieser Periode wurde die Verwaltungsstruktur einer Ortschaft mit Magdeburger Recht endgültig gebildet und seine Attribute, wie Siegel und Wappen, ausgestaltet. Das Siegel als Zeugnis von Rechtsbefugnissen und das Wappen als ein Symbol der Unabhängigkeit, die alle Bürger in einer Gemeinschaft vereinigen, unterstrichen deren Rechte und bestimmten ihre Pflichten gegenüber der Herrschaft.

Die Zuerkennung des Rechts der Selbstverwaltung nahm in der zweiten Hälfte des 17. Jahrhunderts und in der ersten Hälfte des 18. Jahrhunderts allmählich ab. Die letzte beachtliche Welle einer Verleihung neuer Rechte bzw. der Bestätigung schon geltenden Magdeburger Rechts trifft die weißrussischen Ortschaften des Großfürstentums Litauen zu Anfang der neunziger Jahre des 18. Jahrhunderts.

---

[1] U. M. Ihnatoŭski, Karotki narys historyi Belarusi [Kurzer Abriß der Geschichte Weißrußlands], Minsk 1991, S. 188.

[2] Anatol' K. Citoŭ, Vol'nyja belaruskija mesty (Samakiravanne ŭ našych haradach XIV–XVIII stst.), [Freie weißrussische Ortschaften, Selbstverwaltung in unseren Städten, 14.–18. Jh.], Minsk 1996, S. 5.

Äußerlich stellte das „privilegium iuris Maideburgensis“ ein Pergamentblatt dar, welches 20 bis 70 cm lang und 30 bis 100 cm breit war und den Hinweis auf Rechte und Verpflichtungen enthielt, die der jeweiligen Stadt verliehen wurden. Häufig war der Rand des Blattes mit einem Ornament ausgeschmückt und zeigte im Zentrum ein Wappenbild der Ortschaft. Zu Beginn des 18. Jahrhunderts nahmen die Privilegien die Form eines Heftes, bestehend aus zwei, vier oder sechs Seiten, an. Das Privileg begann mit dem Namen und Titel des Regenten, von dem es verliehen wurde und endete mit dem Ausgabedatum, der Unterschrift des Königs oder Großfürsten sowie des Schreibers der Kanzlei. Es war zumeist mit dem Mittelsiegel des Großfürstentums Litauen, dem Wappen „Pogonja“, versehen. Das Siegel aus rotem Wachs befand sich ursprünglich in einer speziellen Schüssel und seit dem 16. Jahrhundert in einer Metallkapsel (aus Eisen, Kupfer, Bronze und im Kunststil der jeweiligen Epoche geschmückt). Das Siegel befestigte man mit roten, weißen, blauen (seltener mit andersfarbigen) Litzen und Bändern aus Seide am Privileg. Der Text begann mit einer künstlerisch gestalteten Initiale, welche manchmal das Wappen der Ortschaft, das eigene Wappen des Privilegschöpfers, des Kanzlers und sogar des Schreibers beim Großfürstentum Litauen enthielt.

Man unterschied zwei Arten des Privilegs: ein ursprüngliches (grundlegendes) und ein bestätigendes (Konfirmationsprivileg). Das letztgenannte erhielten die Städte bei der Thronbesteigung eines neuen Königs bzw. Großfürsten. Bei dem neugewählten Regenten der Rzeczpospolita (Adelsrepublik) „... били чолом войт и бурмистры и вси мещане ... и клали перед нами привилей ... в котором же привилеи выписано ижь дал тому месту ... право немецкое майдеборское ... и просили абыхмо им прежние привилеи подтвердили ...“ [baten der Vogt, die Bürgermeister und alle Bürger unter Vorlage des Privilegs kniefällig darum, dieses Privileg, mit dem diesem Ort ... deutsches Magdeburger Recht verliehen wurde ... zu bestätigen].[3] Variationen dieser Formel kann man jeder Bestätigungsurkunde entnehmen.

Im Laufe mehrerer Jahrhunderte der Selbstverwaltung sammelten sich in einigen weißrussischen Ortschaften (Grodno, Vitebsk u. a.) so viele Privilegien an, daß sie ganze Sammlungen bildeten. Auf dem Gebiet weißrussischer Ortschaften des Großfürstentums Litauen existierten mehr als 120 freie Ortschaften, die mit Magdeburger Recht bewidmet waren. Jede weißrussische „Magdeburger“ Ortschaft im Großfürstentum Litauen besaß fünf bis dreizehn Haupt- und Konfirmationsprivilegien. Aller Wahrscheinlichkeit nach existierten mehr als tausend Privilegien, die mit den Rechten auf Selbstverwaltung für die betreffenden Ortschaften verbunden waren. Ein Großteil davon wurde während der Kriege und Brände des 16.–18. Jahrhunderts vernichtet. Zu hoffen bleibt, daß wenigstens die Hälfte davon unversehrt geblieben ist, da die meisten dieser Privilegien in den Archiven in stabilen Truhen verwahrt wurden.

---

[3] Ebd., S. 8.

Ungeachtet dessen sind im heutigen Weißrußland nur zwei Privilegien zugänglich, nämlich für die Städte Mozyr' (1680) im Nationalhistorischen Archiv der Republik Belarus in Minsk und für Privalki (1792) im Historisch-Archäologischen Museum in Grodno. Das Privileg für die Verleihung des Wappens der Stadt Novogrudok (1595), die Konfirmationsprivilegien für Minsk und einige andere weißrussische Ortschaften befinden sich im Historisch-Ethnographischen Museum von Vilnius. Die Privilegien für die Städte Brest (1495), Ružany (1647), Kobrin (1662), Grodno (1718, 1744), Porozovo, Kamenec, Radoškoviči und Braslav sowie für eine Reihe von Ortschaften, die jetzt zum Territorium Polens gehören, nämlich Bielsk, Nowy Dwór, Wasilków, Kljaščele u. a., sind in der Handschriftenabteilung der Bibliothek der Akademie der Wissenschaften Litauens zu finden. In einer entsprechenden Aufbewahrungsstelle der Petersburger Abteilung des Instituts für Geschichte der Akademie der Wissenschaften Rußlands befinden sich Privilegien für Grodno (1496, 1531, 1540, 1541, 1561, 1576), Lida (1590), Mogilev (1577, 1588, 1589, 1633, 1649, 1661, 1676, 1679), Mstislavl' (1676), Polock (1697), Disna (1736), Orša (1623), Veliž (1698 – jetzt auf dem Territorium Rußlands), sowie ein Privileg in weißrussischer Sprache, das im Jahre 1463 der Ortschaft Kowno (Kaunas) verliehen wurde. Diese Liste bedarf künftiger Ergänzungen. In den Archiven St. Petersburgs und Moskaus befindet sich der größte Teil der Privilegien in weißrussischer Sprache für die Freistädte.

Es wurde schon darauf hingewiesen, daß man den Akt über die Verleihung des Magdeburger Rechts auf einem speziellen Pergamentblatt fixierte, welches bei den zuständigen Amtspersonen in Verwahrung blieb. Der Text des Privilegs wurde wortgleich in die Register des Staatsarchivs eingetragen, die man „Metrika des Großfürstentums Litauen" (zur Litauischen Metrik vgl. Beitrag Karpavičienė, Anm. 63) nannte. Jeder Akt erhielt entsprechend der damaligen Gesetzgebung Rechtskraft und einen „Ewigkeitswert", wenn er innerhalb eines festgelegten Zeitraums in den Urkundenrollen des Landgerichts der entsprechenden Region eingetragen wurde. Je nach Region reichte dieser Zeitraum von sechs Monaten bis zu einem Jahr. Eine solche dreifache Fixierung der Urkunden bot die fast sichere Gewähr, sie vor der Vernichtung in Kriegswirren, vor Diebstahl oder anderen unvorhersehbaren Umständen zu bewahren. In gewissem Maße hatten die erneuerten Konfirmationsakte, die nach jedem Machtantritt eines neuen Regenten ausgestellt wurden, das gleiche Ziel.

Normalerweise kam das Recht auf Verleihung der Selbstverwaltung an Ortschaften nur den Herrschern zu. Manchmal aber erteilten auch die Magnaten, die über sehr großen Grundbesitz verfügten und Auseinandersetzungen mit dem König nicht scheuten, die Privilegien an kleine Siedlungen in eigenen Besitzungen. Hauptsächlich wurden die Privilegien vom Sejm bestätigt und selbst für die landesherrlichen Städte in der Regel vom König bzw. Großfürsten unterzeichnet.

Seinem Inhalt nach garantierte das Privileg die Tätigkeit der Organe der Selbstverwaltung in den Bereichen Bildung, Ausübung und Verteilung der Befugnisse von Machtorganen, deren Ausstattung mit den Rechten und Rechtsattributen der Selbstverwaltung, Handelsprivilegien für die Bevölkerung der privilegierten Ortschaften sowie Entwicklung der Handwerkstätigkeit.

III. Analyse der Privilegien

III.1 Brest 1390

Brest ist eine der wenigen westweißrussischen Städte, die das Privileg mit Magdeburger Recht schon im 14. Jahrhundert erhielten. Der polnische König Władysław II. Jagiełło gewährte ihr das Magdeburger Recht am 15. August 1390 in der polnischen Stadt Krakau, um den Wohlstand von Brest zu verbessern. Dabei befreite er die Stadt von jenen polnischen und russischen Rechten und Sitten, die der Geltung des deutschen Rechts entgegenstanden. Das Privileg erhielten alle Bewohner der Stadt Brest, darunter Deutsche, Polen und Russen. Es befreite sie von der Macht aller Staatsbeamten und unterstellte sie in allen großen und kleinen Angelegenheiten dem Vogtgericht. Dem Vogt oblag es, alle gerichtlichen Verhandlungen vorzunehmen, die rechtsverbindlichen Entscheidungen zu treffen, zu urteilen und die Schuldigen zu bestrafen. Er selbst war nur dem König verantwortlich und wurde gegebenenfalls mittels königlicher Order (diese war mit Unterschrift und Siegel des Königs versehen) vorgeladen. Die Bewohner Brests erhielten vom König ein Grundstück in der Größe von 60 fränkischen Hufen oder Danen. Die Bewohner waren verpflichtet, einen Hufenzins am Tag des Heiligen Martin zu zahlen.

Ähnlich ist der Inhalt einer weiteren Urkunde mit Magdeburger Recht für Brest, die der Stadt vom Großfürsten Witowt am 25. Januar 1408 übergeben wurde. Dabei enthält der Akt von 1408 keine Erwähnung des vorherigen Privilegs von 1390, so, als hätte dieses nie existiert. Die Urkunde des Großfürsten Witowt wurde an alle Bewohner der Stadt Brest adressiert: „für Deutsche und Polen und Menschen aller Nationen, die dem christlichen Glauben und der katholischen Religion angehören, wie Deutsche und Litauer und sämtliche Schismatiker und Neubekehrte.“[4] Mit Ausnahme der Russen, für die das Magdeburger Recht nicht galt, befreite es die übrigen Bürger von den Rechten und Sitten, die im Widerspruch zum Magdeburger Recht standen, sowie von der Gewalt der großfürstlichen Amtsträger. Über alle städtischen Angelegenheiten sollte nur der Vogt entscheiden, der dem Großfürsten persönlich unterstand. Großfürst Witowt schlug das Dorf Kozloviči der Stadt Brest zu. Als Muster für das Stadtrecht von Brest führte der Großfürst die Stadt Lublin an.[5]

---

[4] Sjargej P. Stren'koŭski, Vol'nasci i pryvilei haradoŭ zachodnjaj častki Vjalikaha knjastva Litoŭskaha [Die Freiheiten und Privilegien des westlichen Teils des Großfürstentums Litauen], Minsk 1997, S. 8.

[5] Istorija gosudarstva i prava zarubežnych stran [Staats- und Rechtsgeschichte des Auslandes], Bd. 1, Moskva 1963, S. 502.

Beide Privilegierungen muss man im Zusammenhang betrachten. Die von Witowt verliehene Urkunde bestätigte zwar die von 1390 nicht, ist aber gleichbedeutend der von Jagiełło erlassenen. Eine zweifache Verleihung lässt sich aus dem Kampf um die Macht zwischen Witowt und Jagiełło erklären.

Im Jahre 1440 - am 22. Juli – erhielt Brest nochmals eine Urkunde mit Magdeburger Recht. Dieses Privileg gibt wiederum keine Informationen über die beiden vorherigen Privilegien. Der Unterschied zum Privileg von 1408 besteht darin, daß es für alle Bürger von Brest – ohne Rücksicht auf Unterschiede der Konfession – erteilt wurde. Durch das Privileg von 1440 wurden nicht nur der Vogt als Organ der örtlichen Gewalt, sondern auch die Ratmannen (beiläufig, ohne Präzisierung ihrer Anzahl, des Verfahrens ihrer Ernennung und ihrer Zuständigkeit) festgelegt.[6]

Das neue Privileg von 1505 war bereits bestätigender Natur. Es galt als Konfirmationsprivileg von Jagiełło und enthielt mit Ausnahme eines ihrer Organe – des Vogts – keine Regelung über das Ratsregiment. Diese Urkunde bestätigte, daß für die Einhaltung der städtischen Rechte nicht nur der Vogt, sondern auch der Bürgermeister und die Ratmannen zuständig waren. Anlaß für die Ausstellung der Urkunde war eine Klage der Bürger von Brest über die Verletzung der für Brest ursprünglich erteilten Privilegien.

Die überlieferten Urkunden bestätigen die Existenz einer Stadtregierung oder eines Magistrats (lat. magistratus) in Brest schon im 15. Jahrhundert. Die Ausfertigung von Texten im Jahre 1485 wird durch die Unterschriften der Ratmannen, des Bürgermeisters und des Schreibers von Brest belegt. Hervorzuheben ist, daß der Brester Magistrat im Gegensatz zum Magistrat von Wilna eine demokratische Sozialstruktur aufwies: im 17. Jahrhundert bestand der Brester Magistrat nicht nur aus Kaufleuten, sondern auch aus Handwerkern. Als Vertreter der Handwerker trat Vasil Soroka, ein Schuhmachermeister, auf.

III.2 Grodno 1391

Zum ersten Mal erhielt die Stadt Grodno im Jahre 1391 das unvollständige Magdeburger Recht. Am Tage des Heiligen Benedikt 1496 wurde es durch das Privileg des Großfürsten Alexander ersetzt: „Прыві лей вялікага князя Літоускага Аляксандра, дадзены гораду Гародні на магдэбургскае і другія правы“ [Das Privileg des Magdeburger und anderen Rechts erteilt für die Stadt Grodno durch den Großfürsten Alexander von Litauen].[7] Dieses Privileg war Grundlage für alle weiteren Bestätigungsakte. Die Stadt Grodno und ihre Bevöl-

[6] V. Družčyc, Mahistrat u belaruskich mestach z Majdėborhskim pravam u XV–XVII stalec'cjach [Der Magistrat in den weißrussischen Ortschaften mit Magdeburger Recht, 15.–17. Jh.], in: Zapiski addzelu humanitarnych navuk. Pracy klasy historyi 8, 3, (1929), S. 392.

[7] Akty, izdavaemye Vilenskoj archeografičeskoj komissiej (im folgenden AVAK) [Die von der Archäographischen Kommission Vilnius herausgegebenen Urkunden], Bd. 7, Vil'na 1880, S. 59.

kerung, die Alexander den Eid leisteten, erhielten die gesetzlich garantierte Unabhängigkeit von den Beamten des Großfürsten. Der Kern dieser Urkunde bestand darin, den Bürgern der Stadt Grodno das Magdeburger Recht zu verleihen. Dieses sollte sie von den Stadt- und Landgerichten, mit anderen Worten vom Litauischen oder Russischen Recht bzw. von der direkten Einwirkung auf ihre Lebensweise durch die Magnaten befreien. Zugleich enthob der Großfürst die Stadtbürger von den Handelsabgaben sowie vom Fuhrdienst und forderte statt dessen Leistungen in Geld oder Naturalien für die Bodennutzung. Die Macht des Vogtes in der Stadt wurde fixiert. Man konnte jährlich drei Messen veranstalten, eine Mühle am Fluß Memel bauen, dort das Getreide mahlen und die Steuer für bestimmte Leistungen erheben, die dem Magistrat ein Einkommen sicherte. Einige Verpflichtungen der Bürger wurden vom Großfürsten in der Urkunde belassen, und zwar die Ausstattung von Personen mit Fuhrwerken, die dafür eine spezielle Genehmigung besaßen sowie während der Jagd des Großfürsten ebenfalls Fuhrwerke und Beleuchtung zur Verfügung zu stellen hatten. Das Privileg räumte den Bürgern ein, ein Rathaus zu bauen und dort die Maßeinheiten für die Flüssigkeits- und Schüttgüter sowie „die Vorrichtungen zum Tuchschneiden“[8] aufzubewahren.

Alexander II., der Sohn Kasimirs, bestätigte das Privileg seines Vorgängers und erteilte im Jahre 1502 den Bürgern von Grodno das Privileg, die Vorwerke, Dörfer, Äcker und Heuschläge, die sie durch Ankauf unter der Herrschaft Kasimirs erlangt hatten, zu nutzen. Alexander II. verlieh im Jahre 1506 bei Beendigung seiner Herrschaft den Bürgern von Grodno das Privileg für „входы в королевскую Пущчу под Прутцами“ [den Zutritt in den königlichen dichten Wald bei Prutcy] und gestattete ihnen, die Waldungen zur „Heizung und für Bauten“[9] zu benutzen. Im Jahre 1516 wurde dieses Privileg von Sigismund anläßlich der Beschwerde des Ältesten von Grodno bestätigt. Dieser verbot, das Holz aus dem königlichen Wald zu verwenden. Diesen Punkt behandelte auch das Privileg Sigismunds von 1540. Im folgenden Jahr erhielten die Bürger von Grodno von Sigismund das Privileg, gegen eine Steuer von 50 Kopeken Wein, Bier, Honig und anderen Alkohol zu verkaufen. Allen übrigen Bürgern, die der Rechtsprechung nicht unterlagen, wurde der Weinverkauf verboten. Das Einkommen aus dem Weinhandel sollte dem Rat der Stadt zufließen.

Im Jahr 1541 erteilte Königin Bona der Stadt Grodno ein Privileg, welches ihre Verwaltung betraf. Durch das Privileg Sigismund Augusts aus dem Jahre 1561 wurden die Bürger der Stadt Grodno vom Zins befreit und im Jahre 1562 schenkte ihnen derselbe König die Heuschläge (52,5 ha) hinter der Memel. 1576 gewährte Stephan Báthory den Bürgern das Recht, die Salzlagerhäuser in der Stadt Grodno zu öffnen, um Salz in „den übrigen Ortschaften“[10] zu verkaufen. In derselben Zeit befreite er die Bürger der Stadt Grodno von den Gebühren für Getreidespeicher.

---

[8] AVAK, Bd. 7, S. 59.
[9] AVAK, Bd. 7, S. 61 u. 64.
[10] AVAK, Bd. 7, S. 89.

Und endlich, mit dem dritten Privileg von 1567, wurde die Genehmigung erteilt, eine von Abgaben befreite Schenke[11] zu bauen.

König Sigismund III. verlieh, die Privilegien seines Vorgängers bestätigend, in der neuen Urkunde für die Stadt die folgenden Rechte: Im Jahre 1588 befreite er die Bürger von „der Erhebung des Maßes in der königlichen Mühle" und ersetzte diese durch 12 Kleinmünzen. Im Jahre 1589 gewährte er dem Rat von Grodno das Recht auf die Einnahme von „Zappengeld" (Zapfgeld) und verbot den Verkauf von Weinbrand an Personen, die der Gerichtsbarkeit der Stadt Grodno nicht unterlagen. Im Jahre 1589 gewährte er dem Magistrat das Recht, Handel mit Brot und Salz zu betreiben, wobei er diese Rechte zugleich den Juden entzog.[12]

1718 bestätigte August II. alle zuvor erteilten Privilegien, die die Stadt Grodno betrafen. Im Jahre 1744 wurden diese auch von König August III. bestätigt.

Obwohl die Vermutung nahe liegt, daß sich der Wohlstand der Stadt Grodno aufgrund dieser Privilegien entwickelte, war dies nicht der Fall. Schon im Jahre 1526 beklagten sich die Bürger bei König Sigismund über den Ältesten der Stadt Grodno Mikołaj Radziwiłł, daß dieser ihre Rechte verletzte und „делает им всякие притеснения" [sie auf jede Weise unterdrückte].[13] Deshalb erhielt der Älteste vom König den Befehl, die Bürger nicht nur nicht vor das Schloßgericht, sondern ebensowenig vor das Stadtgericht zu laden, keine Zinsen zu erheben, die Bauern, die in der Stadt lebten und Handel betrieben, nicht in die Dörfer zurückzuweisen und sie nicht zur Erfüllung von Frondiensten heranzuziehen. Aus dieser Urkunde ist zu ersehen, daß bereits von Anfang an die Normen des Magdeburger Rechts verletzt und bisweilen ignoriert wurden. 1544 erließ Sigismund I. nach einer Klage von Bürgern das Reskript an den Ältesten, Stanislav Petrovitsch, in dem er vorschrieb, sie nicht vor den Schloßgerichten zu verurteilen, sie nicht der Gerichtsbarkeit des Schlosses zuzuordnen, sie in kein Gefängnis zu werfen, ihnen keine städtischen Grundstücke abzunehmen, den Bürgern die Originalprivilegien nicht zu entziehen und im Notfall nur Abschriften davon zu fordern. Die der Verletzung beschuldigten Bürger sollten vom Gericht des Magistrats abgeurteilt werden. Die Bewohner von Grodno hatten folglich nicht die Gewähr, die ihnen in den Urkunden verliehenen Privilegien zu nutzen.

Auf dem Wappen der Stadt Grodno war ein Hirsch abgebildet, der zwischen den Geweihen ein Kreuz hatte. Dieses Wappen fand erstmalig auf den städtischen Siegeln zu Beginn der zweiten Hälfte des 16. Jahrhunderts Verwendung. Seine kontinuierliche Anwendung lässt sich bis zum Beginn des 19. Jahrhunderts nachweisen.[14]

---

[11] AVAK, Bd. 7, S. 73, 83 u. 90.

[12] AVAK, Bd. 7, S. 97, 100 u. 103.

[13] N. V. Misarėvič, Pryvilei na mahdėburhskae prava horadu Hrodna [Privilegien des Magdeburger Rechts für die Stadt Grodno], in: Mahdėburhskae prava na Belarusi. Matėryjaly navukovaj kanferėncyi, prysvečanaj 500–hoddzju vydannja horadu Minsku hramaty na mahdėburhskae prava (Minsk, 26 sakavika 1999 h.) [Magdeburger Recht in Weißrußland. Materialien der wissenschaftlichen Konferenz zum 500. Jahrestag der Bewidmung der Stadt Minsk mit Magdeburger Recht, Minsk, 26. März 1999], Minsk 1999, S. 33.

In Übereinstimmung mit dem Privileg der Königin Bona, das der Stadt „у аўторак перад святам Марыі Магдалены" [am Dienstag, vor dem Feiertag Maria Magdalenas] im Jahre 1540 verliehen wurde, waren der Vogt und die Schöffen zur Führung eines Siegels berechtigt.[15] Das Siegel wie auch das Wappen dienten als unveränderliche Attribute der Gerichtsbarkeit und als Symbol städtischer Selbstverwaltung.

Als ältestes unter den bekannten Siegeln der Stadt Grodno gilt heute das Siegel, das im Jahre 1565 ausgefertigt wurde. Es enthält die Abbildung des Hirsches des Heiligen Hubert, dem Beschützer der Jäger von Grodno. Der Legende nach lebte er nicht weit von zwei großen Waldflächen, dem Urwald von Grodno und Belovež entfernt. Das läßt den Schluß zu, daß die Beschäftigungsart der Bevölkerung einen direkten Einfluß auf die Wahl des Emblems und seine Verwendung als Stadtwappen ausübte.

Bei der Verleihung des Magdeburger Rechts an eine Stadt wurde in erster Linie die Macht des Vogtes festgesetzt. Aufgrund der überlieferten Urteile des Vogt- und Schöffengerichts in der Zeit von 1368 bis 1644 in der Stadt Grodno,[16] die bis zur Gegenwart erhalten geblieben sind, kann man sagen, daß zur Zuständigkeit des Vogtes nicht nur die Verhandlung der Gerichtssachen, wie es die Urkunden mit Magdeburger Recht vorsahen, sondern auch die Vermögensangelegenheiten gehörten, und zwar Streitigkeiten über die Anerkennung der Rechte auf Grundstücke, über Vermögenstrennung, Anerkennung der Rechtsgültigkeit hinterlassener Testamente sowie die Bestätigung von Ankaufs- und Verkaufsakten. Diese Angelegenheiten bilden den größeren Teil der Eintragungen, während in seltenen Fällen Strafsachen der Gerichtsbarkeit des Vogt- und Schöffengerichts unterfielen. Bei Gericht traf der Vogt Entscheidungen nur unter Beachtung der Gesetze und nach Auslegung und Beratung durch die Schöffen.

In den Magistratsbüchern der Stadt Grodno sind Eintragungen über die Tätigkeit zweier Gerichtsinstanzen zu finden, und zwar eine Rats- und Bürgermeisterinstanz und eine Vogt- und Schöffeninstanz, die ihre Sitzungen getrennt abhielten. In einigen Fällen allerdings wurden die Sitzungen gemeinsam abgehalten. Im Jahre 1580 verhandelten zwei Bürgermeister, sieben Mitglieder des Rates, zwei Schöffen und drei Werkmeister über eine Klage von Juden der Stadt Grodno über die Verletzung des ihnen erteilten Privilegs.[17] In ähnlicher Zusammensetzung: zwei Bürgermeister, ein Lehnsvogt (der Vertreter des Vogtes), sechs Ratmannen und drei Schöffen, wurde am 2. Mai 1642 ein Streit über das Vermögen und die Schulden zweier Bürger der Stadt Grodno verhandelt.[18] Ähnliche Eintragungen

[14] Ebd., S. 69.
[15] AVAK, Bd. 7, S. 73.
[16] Nacyjanal'ny dzjaržaŭny histaryčny archiŭ ŭ horadze Hrodna (NDGA Hrodna) [Staatliches Nationalarchiv in der Stadt Grodno], Fond 875, Heft 2, Aktenstück 5, Art. 5–266.
[17] AVAK, Bd. 5, S. 9.
[18] NDGA Hrodna, Fond 875, Heft 2, Aktenstück 5, Art. 75.

lassen sich selten finden. In der Regel bedurfte es getrennter Sitzungen der Gremien. Jedes der Gremien traf seine Entscheidung selbstständig. In der Praxis existierte keine Teilung der Zuständigkeiten dieser Gerichte. In den Büchern des Vogt- und Schöffengerichts gibt es einige ähnliche Eintragungen, die das Bürgermeister- und Ratsgericht verhandelte.

Die Analyse der Privilegien mit Magdeburger Recht für Grodno lässt vermuten, daß in der Stadt ein geschlossenes System der Selbstverwaltung mit den zugehörigen Attributen funktionierte, das in den weißrussischen Ortschaften des Großfürstentums Litauen bis zur Aufhebung des Magdeburger Rechts existent war. Der Vorgang seiner Abschaffung erfolgte etappenweise. Nach den Feststellungen Juchos,[19] eines Spezialisten für die Geschichte und das Rechtssystem der weißrussischen Ortschaften des Großfürstentums Litauen, blieb aufgrund des Gesetzes von 1776 das Magdeburger Recht nur in Brest, Wilna, Volkovysk, Grodno, Kowno, Lida, Minsk, Mozyr', Novogrudok, Pinsk und Troki erhalten. In allen übrigen Städten und Siedlungen wurde das Magdeburger Recht aufgehoben und über die Angelegenheiten der Bürger durch die Ältesten entschieden. Die endgültige Aufhebung erfolgte durch einen Erlaß Katharinas II. im November 1775 im Gouvernement Mogilev, im Mai 1795 im Minsker Gouvernement und im Dezember 1795 im Westlichen Gouvernement.[20]

III.3 Polock 1498

Die Stadt Polock erhielt die Bestätigungsurkunde für das Privileg der Selbstverwaltung nach Magdeburger Recht am 4. Oktober 1498[21] durch den litauischen Großfürsten Alexander Jagiełłończyk (1492–1506). Grundsätzlich bestand der Zweck dieses Rechts auf Selbstverwaltung darin, das Stadtbürgertum von der Gerichtsbarkeit und der Macht der großfürstlichen Statthalter und Beamten, von der Willkür der örtlichen Feudalherren, der Ältesten und sonstiger Autoritäten zu befreien. Gemäß der Urkunde unterfielen die Bewohner von Polock der Gerichtsbarkeit des Magistrats, also einem Organ der Stadtverwaltung. Die Bürger waren verpflichtet, bei Gericht Magdeburger Recht anzuwenden. Sie erhielten die Genehmigung, das Rathaus zur Unterbringung des Magistrats an einem günstig gelegenen Ort zu errichten. Dabei enthielt die Urkunde den Vorbehalt, daß „у ратушы могуць мець ... посуд з гарадскі м гербам“ [im Rathaus Geschirr mit dem Stadtwappen verwendet werden kann ...]. Leider fehlen Angaben darüber, wie ein solches Wappen aussehen sollte. Die Bevölkerung der Stadt sollte der

[19] A. Jucho, Krynicy belaruska-litoŭskaha prava [Weißrussisch-litauische Rechtsquellen], Minsk 1991, S. 217.

[20] BelSE [Weißrussische Sowjetische Enzyklopädie], Bd. 6, Minsk 1972, S. 491 f.

[21] Akty, otnosjaščiesja k istorii Zapadnoj Rossii, sobrannye i izdannye Archeografičeskoj komissiej [Akten zur Geschichte Westrußlands, gesammelt und hrsg. von der Archäographischen Kommission], Bd. 1, St. Peterburg 1846, S. 179–182.

Gewalt des Magistrats untergeordnet werden und erhielt aus diesem Grund die Bezeichnung „Bürger“. In der Stadt führte man das Amt des Vogtes ein, welcher vom Großfürsten ernannt wurde. Der Vogt verfügte über umfassende Befugnisse, insbesondere im Gerichtssystem. Die Mitglieder des Magistrats waren häufig Vertreter einer wohlhabenden und einflußreichen Gruppe von Bürgern.

Die Bürger von Polock erhielten das Recht, jährlich drei Messen mit einer Dauer von je zwei Wochen zu veranstalten. Die Verleihungsurkunde reglementierte den Handel der ausländischen Kaufleute. Die nach Polock gekommenen Kaufleute hatten das Recht, die Waren en gros in der Stadt zu kaufen und zu verkaufen. Alle Bürger der Stadt Polock wurden davon befreit, auf dem Territorium des Großfürstentums Litauen Gebühren zu entrichten. Während des Krieges waren die Bürger verpflichtet, an der Verteidigung der Stadt mitzuwirken. Zu diesem Zweck waren sie einem Statthalter untergeordnet. Darüber hinaus waren sie verpflichtet, in den Stadtschatz jährlich 400 Kopeken zu zahlen, was zur damaligen Zeit eine bedeutende Summe darstellte.

Von 1500 bis 1597 bestätigten die Großfürsten von Litauen in acht Urkunden das Magdeburger Recht für Polock.[22] Letztlich wurde die Bildung des Stadtrates bekräftigt. Mitte des 16. Jahrhunderts gewann der Rat die Bedeutung eines Hauptgerichts und Verwaltungsorgans in der Stadt. Zu dieser Zeit bestand er schon nicht mehr nur aus 20, sondern aus 24 Ratmannen und nicht mehr aus zwei, sondern aus vier Bürgermeistern. Der Rat hatte zwei Organe zur Ausübung der gerichtlichen Funktionen, nämlich ein Ratsgericht und ein Schöffengericht. Das Ratsgericht beschäftigte sich hauptsächlich mit den Angelegenheiten des Handels. Es war kein Zufall, daß auf dem Siegel des Ratsgerichtes ein großer Dreimaster mit vollen Segeln abgebildet war. Das Schöffengericht verhandelte die Strafsachen. Das Bestätigungsprivileg für Polock, das am 15. Juni 1580 von Stephan Báthory unterzeichnet wurde, enthält die folgenden Worte: „Так теж придаем тому месту другую печать Лавничью, фигуру Внебо взятья Панны Марыи“ [also vergeben wir für diesen Ort andere Handelssiegel: die Darstellung Mariae Himmelfahrt].[23]

III.4 Drogičin 1498

Am 4. Oktober 1498 unterschrieb Großfürst Alexander das Privileg für die Stadt Drogičin. Mit der Verleihung Magdeburger Rechts an die Bürger von Drogičin „unseres Glaubens (Katholiken) sowie auch Russen“[24] befreite sie der Großfürst von allen anderen im Staat geltenden Rechtsnormen sowie von der Untertänigkeit gegenüber den Verwaltungspersonen des Großfürstentums Litauen. Die Macht in

[22] Polock, Istoričeskij očerk [Polock, Ein historischer Grundriß], Minsk 1987, S. 51 u. 52.

[23] Anatol' K. Citoŭ, Heral'dyka belaruskich mestaŭ (XIV-pačatak XX stst.), [Die Heraldik weißrussischer Ortschaften (vom XIV. bis zum Anfang des 20. Jhs.)], Minsk 1998, S. 51 u. 68.

[24] Stren'koŭski, Vol'nasci i pryvilei (wie Anm. 4), S. 10.

der Stadt wurde in die Hände des Vogtes und der Bürgermeister gelegt. Der Rat der Stadt Drogičin sollte aus 16 Ratsmannen bestehen, die sich je zur Hälfte aus Katholiken und Orthodoxen zusammensetzen sollten. Ebenso sollten jährlich zwei Bürgermeister – ein Katholik und ein Orthodoxer – gewählt werden. Die Stadt konnte jährlich vier Messen veranstalten und zwar an den Feiertagen „Тела Христова, Возвышения Святого Креста, святых Симона и Юды и Вербное Воскресенье" [Fronleichnam, Kreuzerhebung, Simon und Juda sowie am Palmsonntag]. Bei der Durchführung der Messen genehmigte man den Kaufleuten, Handel in der Stadt zu treiben. Während der übrigen Zeit durften nur die Kaufleute von Wilna, Polock und Troki oder jene Personen, die eine spezielle Genehmigung des Vogtes bzw. der Bürgermeister besaßen, Handel treiben. Es wurde den Bürgern von Drogičin gestattet, eine Schenke, ein Hospital und einen Getreidespeicher mit den entsprechenden Gegenständen sowie einen Raum zum Wachsschmelzen zu errichten.

III.5 Minsk 1499

Die Urkunde beginnt mit einem Vorwort, in dem auf die Gefahr hingewiesen wird, daß in diesem wie auch in anderen Gesetzgebungsakten die Angelegenheiten nach gewisser Zeit vergessen werden würden, wenn sie nicht schriftlich fixiert werden. Eben deshalb gebe Großfürst Alexander diese Urkunde allen Leuten, für die sie interessant und wichtig sei. Der Großfürst betont, daß der Wechsel von den in Minsk genutzten Rechten zu den deutschen Rechten das Ziel habe, die Lebensbedingungen der Stadt zu verbessern. In der Urkunde wird unterstrichen und mehrmals wiederholt, daß Minsk das deutsche Recht genießen werde, das man als „Magdeburger Recht" bezeichnet.

Mit der Verleihung des Magdeburger Rechts an Minsk, durch welche die städtische Selbstverwaltung gestärkt wurde, wurden die Bürger von der Gewalt und vom Gericht des Statthalters befreit. Durch die Urkunde wurde geregelt, daß die Gerichtsorgane „мает им справедливость статися перед войтом их и бурмистры и радцы" [die Möglichkeit haben, vor dem Vogt, den Bürgermeistern und Ratmannen aufzutreten]. Nur im Falle der Unzufriedenheit mit der gerichtlichen Entscheidung konnte der Großfürst eigene gerichtliche Maßnahmen ergreifen.

Die Urkunde von 1499 ließ einige Fragen offen. Sie regelte nicht die Wechselbeziehungen zwischen den verschiedenen Ständen der Stadtbevölkerung. Die Fragen, wer der Gerichtsbarkeit der neuen Regierung unterstellt und aus welchem Grund man die Verpflichtungen aufteilen sollte, kamen sofort auf. In der Urkunde sind die Grundstücke, die als städtisch gelten sollten, nur sehr vage bezeichnet. Das waren hauptsächlich noch nicht bewohnte großfürstliche Ländereien in der Stadt und ihrer Umgebung. Aus der in der Urkunde genannten Genehmigung für die Stadtbevölkerung, das Holz „брати дерево, на будованье домов их и теж на кухню“ [für ihren Hausbau und für die Küche] in den am Ufer liegenden Wäldern mitzunehmen sowie der Genehmigung, das Vieh auf den ursprünglichen Weideplätzen weiden zu lassen, erwuchsen auch einige Schwierigkeiten. Im Zusammenhang mit der Wahrnehmung dieser Rechte beklagten sich die Bürger mehrmals beim Großfürsten über die Grundherren, die ihren früheren Rechten gemäß Verbote aussprachen. Der Kampf der Stadt um ihre Rechte, darunter der um die Nutzung der Grundstücke, dauerte das ganze 16. Jahrhundert über an. Mehrmals schickte der Großfürst seine Kommissare, um Streitigkeiten über Grundstücke zu schlichten. Im Jahre 1577 nahm der großfürstliche Revisor Venclav Nikolaevič mit seinem Minsker Vogt Wasyl Tyszkiewicz und anderen Personen eine Prüfung der städtischen Grundstücke vor und legte das Ergebnis darüber in einer entsprechenden Urkunde dar.[25]

Für die wirtschaftliche Entwicklung der Stadt war es sehr wichtig, daß sie Gewinne durch den Handel mit eigenen Waren erzielte. Gerade aus diesem Grund wurden die Händler aus den anderen Städten mit Ausnahme der Händler aus Wilna verpflichtet, die Waren unter Androhung der Beschlagnahme en gros zu verkaufen. Ein wichtiges Moment bestand darin, daß die Urkunde jährlich eine Reihe möglicher Abgaben auf eine einheitliche Geldsteuer in Höhe von 60 Kopeken ersetzte. Darüber hinaus sollten sowohl Minsk als auch viele andere Städte des Staates eine Staatssteuer für Bedürfnisse der Kriegstruppen zahlen, die bei Vorliegen einer entsprechenden Bestätigung vom Sejm erhoben werden sollte. In der Urkunde fehlen die Angaben darüber, daß zu diesem Zeitpunkt Minsk noch eine Steuer ‚Ordynščina‘ zahlte, die man zum Schutz des Staates vor den Krim- und Nogai-Tataren und anderen tatarischen Horden benötigte. Zu Beginn des 16. Jahrhunderts verpflichtete sich die Stadt Minsk in Übereinstimmung mit der ‚Ordynščina‘-Abgabe für die weißrussischen Ortschaften des Großfürstentums Litauen, 40 Zobel, eine Rolle Londoner Stoff sowie drei weitere Stoffrollen[26] abzugeben. Außer der Steuer für den Staatsschatz wurden die Bürger der Stadt mit zusätzlichen Steuern belegt. Zur genauen Fixierung des Maßes verfügte die Stadt über „бочку медную и медницу с знаменем местским“ [ein Kupferfaß und die Kupferschmiede mit der örtlichen Fahne], zu deren Nutzung die Kaufleute auch eine Steuer zugunsten der Stadt zu entrichten hatten. Neben den verschiedenen Geldabgaben und Steuern sollte die Stadt militärische Dienste, die sogenannte Zemstvo-Pflicht, erfüllen. Gemäß den Angaben des Registers von 1513 stellte Minsk dafür zehn Pferde bereit.[27]

Ungeachtet solch wichtiger Rechte, die der Stadt verliehen wurden, waren Regierung und Bevölkerung der Stadt gezwungen, große Kräfte und viel Geld zur Wahrnehmung und zum Schutz dieser Rechte aufzuwenden. Den anstrengendsten

---

[25] Družčyc, Mahistrat u belaruskich mestach (wie Anm. 6), S. 450.
[26] Akty, otnosjaščiesja k istorii Zapadnoj Rossii (wie Anm. 21), S. 343.
[27] T. Zabela, Mesta barascejskae ŭ XVI stalec'ci, in: Zapiski addzelu humanitarnych navuk 3 (1929), S. 99.

Kampf führte man um den Gewinn der Flächen der Stadt und ihrer Grundstücke. Das Minsker Schloß, dessen Herrschaft ein bestimmter Teil der Stadt und der Bevölkerung unterstand, verfügte über eine besondere sogenannte Stadt- oder Schloßgerichtsbarkeit. In der Stadt existierte auch eine kirchliche Gerichtsbarkeit. Außerdem übte eine Reihe von Grundherren eine eigene Gerichtsbarkeit über die abhängige Bevölkerung aus, die auf den ihnen gehörenden Grundstücken in der Stadt lebte. Dies alles störte eine normale Entwicklung der Stadt. Der Kampf mit der Geistlichkeit und den Grundherren um die Grundstücke, der mittels verschiedener Verfahren (Ankauf, Testamente usw.) geführt wurde, dauerte während des 16. und 17. Jahrhunderts an.

Es scheint sich daraus schließen zu lassen, daß die Urkunde über die Rezeption des Magdeburger Rechts für Minsk, obwohl sie der Stadt eigentlich einen Teil ihrer Selbstständigkeit garantierte, in gewissem Maße nur als Deklaration existent war. Unter dieser Selbstständigkeit muß man nicht nur das Recht verstehen, ein eigenes Verwaltungsorgan und Gericht nach dem Vorbild der deutschen Städte aufzubauen, sondern auch das Recht, die verschiedensten Rechtsverhältnisse der Bürger selbstständig zu regeln, was man ohne Zweifel auf der Grundlage des örtlich gegebenen üblichen Rechts vornahm. Unter Nutzung der deutschen Rechtsform füllten die weißrussischen Ortschaften des Großfürstentums Litauen sie mit eigenem Inhalt, um eine rege sozialökonomische Entwicklung der einen oder anderen Stadt zu ermöglichen.

III.6 Braslav 1500

Der Text des Freibriefes für Braslav von 1500 ist unbekannt. Eine Urkunde von 1792 sagt nur aus, daß der Freibrief am 26. November ausgestellt und daß den Bürgern ihre Grundstücke garantiert wurden.[28]

III.7 Volkovysk 1503

Im Jahre 1503 wurde dem Ort Volkovysk vom Großfürsten das Magdeburger Stadtrecht gewährt.[29] Dieses sollte für alle diejenigen Personen Geltung haben, die den Wunsch hatten, an diesem Ort seßhaft zu werden. Die polnischen, litauischen und russischen Rechte sowie alle anderen Gepflogenheiten, die dem Magdeburger Stadtrecht im Wege standen, wurden aufgehoben.

---

[28] Opisanie rukopisnogo otdelenija Vilenskoj publičnoj biblioteki [Beschreibung der Handschriftenabteilung der öffentlichen Bibliothek Vilnius], Heft 1–5, Vil'na 1895–1906, hier Heft 3, S. 155–157.

[29] Stren'koŭski, Vol'nasci i pryvilei (wie Anm. 4), S. 11.

III.8 Novogrudok 1511

Die ersten munizipalen Freiheiten wurden Novogrudok von Kasimir IV. im Jahre 1444 gewährt. Novogrudok bekam aber laut Freibrief von Sigismund I. das volle Magdeburger Stadtrecht erst im Jahre 1511. Am 26. Juli 1511 wurde durch das Parlament (Sejm) in Brest der Stadt Novogrudok das Magdeburger Stadtrecht – das Recht auf Selbstverwaltung – verliehen. Damals, zu Anfang des 16. Jahrhunderts, galt Novogrudok als eine der wichtigsten Städte des Großfürstentums Litauen. In den Jahren 1503 und 1505 leisteten die Einwohner Novogrudoks den verheerenden Beutezügen der Krim-Tataren, die die Stadt ausplünderten, Widerstand. Seit 1507 wurde Novogrudok zum Zentrum der Wojewodschaft mit einem gut entwickelten Gewerbe.

Die Bürger von Novogrudok wurden von der Macht und der Gerichtsbarkeit des Großfürsten befreit. Ihnen wurde die wirtschaftliche Tätigkeit erlaubt und ihr Eigentum garantiert. Sie hatten auch konkrete Verpflichtungen. Sie waren steuerpflichtig. Jedes Jahr entrichteten sie bei der Stadtkasse Gebühren für das Betreiben von Schenken, für Gewerbetätigkeiten und den Verkauf in Läden (50 Złoty Silbermünzen). Sie lieferten Samstags Fleisch auf der Burg ab. Bei Bedarf stellten sie Fuhren bereit und bezogen die Wache.

Nach dem Erwerb des Magdeburger Stadtrechtes durch die Stadt Novogrudok nahm der Einfluß der Staatsmacht auf deren Entwicklung jedoch nicht ab. Viele Urkunden des Großfürsten erhoben Novogrudok zu einem wirtschaftlichen Zentrum. Etliche Bürger wurden durch seine Gunst von bestimmten Steuern befreit, erhielten die Genehmigung Mühlen, Wachswerke und Ziegeleien zu errichten. Seit 1597 wurde der Stadt Novogrudok erlaubt, zweimal im Jahr Handelsmessen durchzuführen. Das Leben der Stadt des 16. Jahrhunderts beruhte auf Gewerbe und Handel. Zur gleichen Zeit zählte die Stadt bis zu 30 Arten von Handwerksbetrieben. Jede Woche wurde hier Markt abgehalten. Novogrudok führte Wachs, Pelzwerk und einige handwerkliche Waren aus. Tuch und Salz wurden eingeführt. Zum Markt kamen die Kaufleute aus Wilno, Vitebsk, Mogilev und anderen Orten. Landfremde Menschen, die durch Novogrudok fuhren, zahlten Zoll. Ein beträchtlicher Teil der Bürger hatte eigene Gärten, züchtete Haustiere und betrieb Ackerbau.

Ende des 16. Jahrhunderts setzte sich die Bevölkerung von Novogrudok aus folgenden Gruppen zusammen: Bürger des Ortes, der Burg, Bürger der Herren (Pan) und der Geistlichkeit, die Geistlichkeit selbst sowie Bojaren.

Die Urkunden heben die besondere Stellung der Juden hervor. Die Juden unterlagen nicht dem Magdeburger Stadtrecht. Sie wurden mit gesonderten Steuern belegt und lebten außerhalb der Stadt.

Das Magdeburger Stadtrecht wurde von der obersten Gewalt später mehrfach bestätigt, so etwa am 22. Januar 1562 (ohne Änderungen). Durch den Freibrief von Sigismund III. wurde der Stadt im Jahre 1595 das Stadtwappen gewährt: Erzengel Michael im roten Feld, der in der rechten Hand das Schwert und in der linken die Waage hält.

Die Verfassung des Warschauer Sejm von 1776 bestätigte noch einmal das Magdeburger Stadtrecht von Novogrudok, weil die Stadt „der Angelegenheit der Lösung von öffentlichen Gerichten ..., die notwendig für seinen Schutz waren,“[30] in jeder Beziehung genügte.

Die Selbstverwaltung der Stadt Novogrudok dauerte bis 1795, als das Land von Novogrudok an das Russische Reich angegliedert wurde. In diesem Jahr wurde das Magdeburger Recht durch den Erlaß der russischen Zarin Katharina II. für alle angegliederten Territorien aufgehoben.

III.9 Mogilev 1577

Mogilev erhielt das volle Magdeburger Stadtrecht am 28. Januar 1577. Zu diesem Zeitpunkt war Mogilev schon ein bedeutender Ort. Seit dem Erwerb des Freibriefes im Jahre 1561 hatte Mogilev eine Stadtverwaltung. Laut der Urkunde von 1561 wurden in der Stadt die Ämter des Vogtes und der vier Hundertschaftsleute eingeführt. Es wurde dem Vogt untersagt, Fragen ohne Zustimmung der Sotniks zu lösen.

Der Freibrief von 1577 über die Gewährung des Magdeburger Stadtrechtes regelte die Stadtverwaltung im allgemeinen. Der Freibrief gestattete den Bürgern, die Ratmannen, Bürgermeister und Schöffen nach Brauch und Sitte des Magdeburger Stadtrechts auszuwählen und dem Vogt vorzustellen. Der Vogt ließ sie zu den Ämtern in der Stadt und in den Gerichten zu. Außerdem sah der Freibrief vor, daß zusätzlich vier Anwärter aus der Bürgerschaft Mogilevs ausgewählt und dem Vogt vorgestellt werden durften. Ihnen fügte der Vogt selbst den fünften Anwärter hinzu. Aus diesen fünf Anwärtern wurde der stellvertretende Vogt (Lehnvogt) ausgewählt. In Abwesenheit des Vogtes durften die Bürgermeister, Ratmannen und Schöffen alle Angelegenheiten entscheiden und Gericht halten.

Der Magistrat von Mogilev kann 1580 als vorhanden betrachtet werden.

III.10 Pinsk 1581

Pinsk war im 16. Jahrhundert eine der bedeutendsten und reichsten Städte des Großfürstentums Litauen. Gegen Mitte dieses Jahrhunderts verband ein dichtes Straßennetz 700 Höfe von Bürgern verschiedener Stände und sozialer Schichten. Als historisches Datum gilt der 12. Januar 1581. An diesem Tag wurden die Grundzüge der Selbstverwaltung in Pinsk festgelegt. Die Stadt bekam vom polnischen König und dem litauischen Großfürsten Stephan Báthory einen Gnaden-

[30] M. Hajba, Mahdėburhskae prava Navahrudku [Magdeburger Recht, verliehen an die Stadt Novogrudok], in: Navahradskija čytanni. Da 480–hoddzja atrymannja Navahrudkam Mahdėburhskaha prava i 160–hoddzja z dnja naradžėnnja U. Borzabahataha [Novogrudoker Lesungen. Zum 480. Jahrestag der Verleihung des Magdeburger Rechts an die Stadt Novogrudok und zum 160. Geburtstag von U. Borzobohats], Navahrudak 1993, S. 13.

brief über die Gewährung des Magdeburger Stadtrechts mit dem Stadtwappen und dem Siegel.[31]

Im Freibrief wurde vorgeschrieben, die Untertanen von „прав земских и звычаев посполитых" [Landrechten und gesamtstaatlichen Gewohnheiten] zu befreien. Der König brachte seine „щодрейшую ласку" [reichliche Güte] den Kaufleuten zum Ausdruck. Den Handwerkern und Bürgern befahl er „постановити ... чотыре ярмарки дорочные, вольные в год: в первый день нового года, на день Громниц, на дено седьмой Субботы (перед Троицей) и на день Успения. А так же разрешалось еженедельно торговать в понеделок" [„... jährlich vier Messen zu veranstalten, frei im Jahr: am ersten Tag des neuen Jahres, am Tag der Kerzenweihe (2. Februar), am Tag des siebten Sonnabends (nach Ostern, Sonnabend vor Pfingsten) und am Tag Mariä Himmelfahrt (15. August) ... Außerdem war es erlaubt, wöchentlich montags Handel zu treiben"]. Die Bürger wurden von einer Reihe von Lasten – dem Heuen, der Bereitstellung der Fuhren etc., die sie zuvor zusammen mit den Bauern der Volost' getragen hatten – sowie vom Gericht und der Herrschaft der staatlichen Amtspersonen befreit. Die Bürger hatten das Recht, Brauereien zu betreiben und die dazugehörigen Kessel für die Produktion von Bier, Branntwein sowie Honig usw. zu nutzen.

III.11 Kobrin und Gorodec 1589

Im Jahre 1589 wurde den Besitzungen der Königin Anna Jagiellonka Magdeburger Stadtrecht erteilt. Am 5. Januar unterschrieb sie den Freibrief für Kobrin und Gorodec, der am 10. Januar von König Sigismund III. bekräftigt wurde.[32] Das war der einzige Fall, bei dem die Freiheiten zweier Städte durch einen Freibrief festgelegt wurden. Der Vogt wurde zur obersten Gewalt erklärt. Ihm wurden drei freie Hufen (Woloka, ca. 21 ha) zugeteilt. Er durfte richten, Dekrete verabschieden und in Übereinstimmung mit den Artikeln des Magdeburger Stadtrechtes strafen. Die Bürger durften den Vogt wählen. Der Vogt war auch verpflichtet, in beiden Städten Geldsteuer und Alkoholsteuer einzutreiben und dem Ältesten und dem Hausverwalter zu übergeben.

Die Bürger durften Schenken und Metzgereien betreiben, Honig bzw. Wachs produzieren und Brauereien zur Bier- und Branntweinherstellung bauen. Hierfür waren am Martinstag bei der Stadtkasse 60 Groschen für die Honigproduktion und 150 Złoty für die Wein- und Branntweinherstellung zu entrichten.

Die Bürger durften die Äcker bewirtschaften, Holz zur Heizung und zum Bau nutzen sowie in dem ihren Grundstücken gegenüberliegenden Flußabschnitt des Muchavec Fische fangen. Hierüber war der Älteste oder Hausverwalter zu informieren.

---

[31] Akty, otnosjaščiesja k istorii Zapadnoj Rossii (wie Anm. 21), Bd. 3, St. Peterburg 1848, S. 261 ff.

[32] Opisanie rukopisnogo otdela Vilenskoj publičnoj biblioteki (wie Anm. 28), hier: Heft 3, S. 126–132.

Die Städte bekamen die Attribute des Magdeburger Stadtrechtes – Stadtwappen und Siegel. Der wöchentliche Markt musste montags abgehalten werden. Die Handelsmessen in Kobrin durften am katholischen Mariä-Geburtsfest und Dreikönigsfest und in Gorodec am Tag des heiligen Elias durchgeführt werden. Der Adel unterlag der Magdeburger Gerichtsbarkeit. Es wurde den Juden gestattet, Bier, Honig und Branntwein herzustellen und bei Bezahlung aller Steuern einvernehmlich mit den Bürgern Handel zu treiben.

III.12 Vitebsk 1597

Der Freibrief wurde Vitebsk im Vergleich zu anderen – auch benachbarten – Orten Weißrußlands (z. B. Polock) spät erteilt. Der Freibrief ist mit dem 17. März 1597 datiert und wurde zu jener Zeit gegeben, als die Organisation nach Magdeburger Stadtrecht und dessen Machtprinzipien in anderen Orten bereits Fuß gefaßt hatte. Es ist zu erwähnen, daß eine organisierte Stadtverwaltung bereits vorhanden war, bevor die Stadt das Magdeburger Stadtrecht erhielt. Das örtliche Vitebsker Recht wurde im gesonderten Freibrief des Großfürsten von Litauen, Kasimir, festgelegt und im Jahre 1517 bestätigt. Die Urkunde betraf sowohl die Rechte der Ländereien als auch die Rechte von Vitebsk selbst.

Der Freibrief garantierte den Bürgern von Vitebsk eine Reihe wichtiger Rechte. Sie wurden in ihren Vermögens- und Persönlichkeitsrechten den Fürsten, Bojaren und Dienstleuten gleichgestellt. Weiterhin wurden ihnen sehr wichtige wirtschaftliche Privilegien garantiert, beispielsweise das Recht auf zollfreien Handel auf dem ganzen Territorium des litauischen Staates, das Recht auf Nutzung von Waagen und Maßen, das Recht auf Nutzung der städtischen Weiden, ferner das Recht auf Erwerb von Grundstücken durch Handel, Landzuweisung und ähnliches. Die Bürger von Vitebsk mußten, wie auch die Fürsten und Bojaren, Kriegsdienst leisten und wurden dagegen von vielen anderen Lasten (Prigon, i. S. v. Abgabe usw.) befreit.

III.13 Schlußfolgerung über Freibriefe

Ein inhaltlicher Vergleich der Freibriefe, nach denen in weißrussischen Städten das Magdeburger Recht eingeführt wurde, läßt die Feststellung zu, daß es wesentliche Unterschiede zu den ursprünglichen deutschen Mustern und Normen gibt.

Zurückzuführen ist dies auf:

- die entsprechenden politischen Bedingungen;
- ein ungleiches Niveau der sozialen und wirtschaftlichen Entwicklung der Städte;
- die verschiedenen Zeitpunkte der Gewährung des Magdeburger Stadtrechtes.

Die ersten Akten auf dem Territorium weißrussischer Ortschaften des Großfürstentums Litauen, die speziell für die Stadtbürger herausgegeben wurden, waren die Urkunden für die Bürger des litauischen Wilna (1387) und des weißrussischen Brest (1390): In diesen Urkunden wurde den Bürgern das Magdeburger Stadtrecht gewährt. Die letzte Urkunde wurde der Stadt Mjadel' 1762 verliehen, 33 Jahre vor der Aufhebung des Magdeburger Stadtrechtes auf dem Territorium von Belarus durch die Zarin Katharina II.

- die damalige Existenz von Städten in Privateigentum neben Städten des Großfürsten;
- ein bestimmter Einfluß der Normen des gewöhnlichen Ortsrechts.

Diese Unterschiede führten dazu, daß die Systeme der örtlichen Selbstverwaltung, der Immunität der Gerichte und das Ausmaß der Lasten und Vergünstigungen für die Bürger in unterschiedlichem Maße verwirklicht wurden. Die Freibriefe, die mit der Unterschrift des Großfürsten verabschiedet wurden, widersprachen nicht dem herkömmlichen Ortsrecht und den späteren belorussischen Landesgesetzen. Sie haben das herkömmliche Ortsrecht und im Laufe der Zeit auch die nationale Gesetzgebung unter Beachtung der Spezifika des städtischen Lebens erweitert und vertieft.

III.14 Tabelle „Die Bewidmung einiger weißrussischer Städte mit Magdeburger Recht"

Brest	1390.VIII.15.
Grodno	1391 – unvollst., 1444 – vollst. Magd. Recht
Polock, Drogičin	1498.X.04.
Minsk	1499.III.14.
Braslaŭ	1500.XI.26.
Volkovysk	1503
Novogrudok	1511.VII.26.
Ošmjany	1537
Mogilev	1561 – unvollst., 1577.01.28. – vollst. M.R.
Borisov	1563
Mozyr'	1577
Mir	1579
Pinsk	1581.I.12.
Nesviž	1586
Kobrin und Gorodec	1589.I.05., 1589.I.10. – bestätigt
Pružany	1589
Lida	1590
Vitebsk	1597.III.17.
Mosty	1601, 1633
Druja	1618
Gorki	1619
Orša	1620
Mstislavl'	1634
Kopyl'	1652
Kričev	1653
Mjadel'	1762

IV. Die Einführung des Magdeburger Rechts in den landesherrlichen[33] Ortschaften des Großfürstentums Litauen 16.–18. Jahrhundert

Eine der Besonderheiten der historischen Entwicklung des Großfürstentums Litauen war die Existenz landesherrlicher Städte auf seinem Territorium. Diese Städte gehörten zu den administrativen, politischen und wirtschaftlichen Zentren der königlichen Latifundien.

IV. 1 Geschichtsschreibung

Zum ersten Mal widmete der russische Historiker M. O. Kojalovič seine Aufmerksamkeit der Existenz landesherrlicher Städte. Der russische Historiker M. F. Vladimirskij-Budanov und der ukrainische Rechtshistoriker V. B. Antonovyč untersuchten die rechtliche Stellung der Bürger in den ukrainischen landesherrlichen Städten und die Verwaltung derselben im 15.–16. Jahrhundert Für V. B. Antonovyč war die Bewidmung mit Magdeburger Recht vor allem mit Veränderungen in der Selbstverwaltung einer landesherrlichen Stadt verbunden: von der ursprünglichen Volksversammlungsfreiheit hin zu lediglich geringfügiger Selbstverwaltung unter Aufsicht des Landesherrn. Einzelne Bemerkungen über die landesherrlichen Städte des Großfürstentums Litauen werden in den Arbeiten der Historiker I. I. Lappo, M. V. Doŭnar-Zapol'skij, M. K. Ljubavskij und M. S. Gruševskij gemacht. Im 20. Jahrhundert kommen Ausführungen des polnischen Historikers S. Kutrzeba hinzu. Der litauische Historiker J. M. Jurginis erforschte insbesondere die Wirkung des Magdeburger Rechts in den führenden landesherrlichen Städten Litauens – Kėdainiai und Biržai – sowie die Besonderheiten der Verwaltung in diesen Städten. Die Monographie des litauischen Wissenschaftlers K. Jablonskis enthält einen kleinen Abschnitt über die Charakteristik des Magdeburger Rechts in den litauischen Städten. Ein zusammenfassendes Ergebnis seiner Forschungen stellt die Monographie des litauischen Historikers V. Kryževičius dar, in der dieser eine Analyse der Selbstverwaltung in den litauischen Städten vornimmt. Einer der weißrussischen landesherrlichen Städte des Großfürstentums Litauen – Sluck – sind einige Artikel sowie die Dissertation des weißrussischen Historikers A. P. Hryckevič gewidmet. Aus seiner Feder stammen auch seine Habilitationsschrift und eine Monographie über die sozialökonomische Entwicklung der landesherrlichen Ortschaften des Großfürstentums Litauen im 16.–18. Jahrhundert sowie Beiträge über die Selbstverwaltung in diesen Städten nach Magdeburger Recht.

---

[33] Unter landesherrlichen Städten sollte man landes- und standesherrliche Städte, oder fürstliche Städte verstehen.

IV.2 Quellenbasis

Die Hauptmenge der Urkunden zur Darstellung der Geschichte der weißrussischen landesherrlichen Städte befindet sich in den Beständen der Familienakten der Magnaten. Diese sind in verschiedenen Archiven zu finden. Ein großer Bestand der Quellen über die Fürstenfamilie Radziwiłł (poln. Radziwiłłowie) befindet sich im Staatlichen Historischen Zentralarchiv von Belarus in Minsk und im Hauptarchiv der alten Akten in Warschau. Diese Archivalien geben Auskunft über die Geschichte der Städte Nesviž, Sluck, Kopyl', Kleck und David-Gorodok. Im Staatsarchiv der Stadt Krakau und der Krakauer Wojewodschaft sind die Urkunden der Magnatenfamilie Sanguszko für die Geschichte der Orte Raków, Vološin, Włodawa und Smoljany in Verwahrung. Der Bestand der Czartoryski-Bibliothek in Krakau enthält die Materialien über Bychov und Šklov. Ein Teil der dokumentarischen Belege befindet sich in einer Reihe von Archiven und Handschriftenabteilungen der Bibliotheken in Moskau, St. Petersburg, Minsk, Wilna, Lemberg, Grodno, Warschau und Krakau. In den Archiven von Sluck, Šklov, Nesviž, Kleck und David-Gorodok ist die Quellenlage gut. In anderen Städten sind erheblich weniger Quellen überliefert, was die Forschungen erschwert.

IV.2.1 Dokumentarische historische Quellen

Das Aktenmaterial sozialökonomischer Art ist in größerem Umfang vorhanden. Diese Quellen lassen sich in mehrere Gruppen einteilen.

Die erste Gruppe bilden die Inventarbeschreibungen der landesherrlichen Städte und der Besitzungen der Magnaten. Diese gestatten einen Einblick in den Zustand einer Privatstadt, die Zusammensetzung und Zahl ihrer Bevölkerung sowie ihre ökonomische Stellung.

Die zweite Gruppe der Dokumente bilden die Urkunden über die handwerkliche Produktion. Zu dieser Gruppe gehören verschiedenartigste Unterlagen wie die vielfältigen Papiere aus den Urkundensammlungen der Magnatengerichte und Magistrate, die Gerichtsurteile dieser Organe, die Beschwerden einzelner Handwerker u. a. Sie ermöglichen die Untersuchung der Handwerksproduktion, des Einflusses des Gewerbes auf das städtische Wirtschaftsgefüge sowie auf die Struktur der mit der handwerklichen Produktion befassten Bevölkerung und deren wirtschaftliche und rechtliche Stellung. In den Archiven sind jedoch nur wenige Zunftstatute erhalten. Auch die Protokolle der Zunftversammlungen wurden nicht aufbewahrt. Die Urkunden eröffnen jedoch nicht immer die Möglichkeit, die Handwerksproduktion bis ins einzelne zu erforschen.

Zur dritten Gruppe gehören die Quellen über den Stadthandel. Einige von ihnen ermöglichen es, den örtlichen Handel und dessen Entwicklung in den landesherrlichen Städten zu verfolgen. Die Quellen zum Handel, den Handelsverbindungen und zum örtlichen Markt sind nicht zusammenhängend überliefert.

Quellen juristischen Inhalts sind zahlreich vorhanden. Hierzu zählen die Urkunden über die Selbstverwaltung in den landesherrlichen Städten sowie über deren Verwaltung seitens der Magnaten und ihrer Statthalter. Diese Materialien sind im wesentlichen durch die Urkundenbücher der Stadtverwaltungen und Schloßgerichte (oder Ordinationsgerichte), die in den Magnatenlatifundien handelten, dargestellt. Die Urkundenbücher sind die wichtigsten Quellen der sozialpolitischen sowie ökonomischen Geschichte der landesherrlichen Städte. Sie enthalten nicht nur die Verordnungen der Magistrate und die Gerichtsakten sondern auch andere Urkunden. Zu dieser Quellengruppe sind auch die Belege über die Verpflichtungen und Steuern der Bürger zu zählen. Die Steuerregister und Pflichtenlisten in den Urkunden oder in anderen Belegen ermöglichen einen Einblick in das fiskalische System und seine Entwicklungstendenzen in den landesherrlichen Städten. Zuletzt gehören zu dieser Gruppe die dokumentarischen Materialien über die sozialen Auseinandersetzungen der Stadtbevölkerung, die aus den Urkundenbüchern der Gerichte und Magistrate, der sonstigen Rechtsakten usw. gezogen werden können.

Die nächste Quellengruppe bilden die Kanzleiquellen. Das sind Urkunden (königliche und fürstliche Privilegien), die im wesentlichen die Einführung oder Bestätigung des Magdeburger Rechts, die Einrichtung von Messen, die Ernennung von Würdenträgern sowie die Gewährung von Sonderrechten für die Bürger usw. beinhalten. Diese Quellengruppe ist inhaltlich den Rechtsakten ähnlich. Etwas breiter ist die Quellengruppe der Register, Listen usw. Hier sind die Dokumente über die Befestigung von Städten, Materialien über Schlösser und Festungen, Angaben über Magnatentruppen und das Verfahren ihrer Ergänzung sowie Daten von Militär- und Lehnsleuten enthalten.

Aus dem Bestand der kartographischen Quellen sind zunächst die historischen Originalkarten des Großfürstentums Litauen des 17.–18. Jahrhunderts zu betrachten. Wertvoll sind weiterhin die Karten, die nach historischen Archivdaten durch M. K. Ljubavskij und J. Jakubovskij hergestellt wurden. Drittens sind die Karten von Bedeutung, die in den Sammelwerken für die Geschichte der weißrussischen Ortschaften des Großfürstentums Litauen veröffentlicht worden sind. Viertens gehören hierzu die Stadtpläne aus der Handschriftenabteilung in der Russischen Nationalbibliothek in St. Petersburg.[34]

IV.2.2 Erzählende Quellen

Sie sind in historische und persönliche Quellen eingeteilt. Die historischen Quellen werden durch die weißrussisch-litauischen Annalen und Chroniken vertreten.

---

[34] Anatolij P. Grickevič [Hryckevič], Social'no-ėkonomičeskoe razvitie častnovladel'českich gorodov Belorussii 16–18 vv. Avtoreferat dissertacii na polučenie stepeni kandidata istoričeskich nauk [Sozialökonomische Entwicklung der landesherrlichen Städte im Weißrußland des 16.–18. Jhs. Autorreferat der Dissertation zur Erlangung der Doktorwürde], Vil'njus 1984, S. 11 f.

Persönliche Quellen sind die persönlichen Korrespondenzen der Magnaten und Schlachtschitzen.

IV.3 Gesamtcharakter der weißrussischen landesherrlichen Städte

Die weißrussischen Ortschaften des Großfürstentums Litauen zählten im Laufe des 16. bis zum 18. Jahrhundert etwa 27 landesherrliche Städte, was nahezu die Hälfte aller Städte im Großfürstentum ausmachte. Darunter befanden sich die Städte Nesviž, Mir, Kleck, Druja, Kopys', Turov, Šklov, Staryj Bychov, David-Gorodok, Kopyl', Sluck u. a. An diese schlossen sich die großen Ortschaften an. Die geographische Lage der weißrussischen Städte konzentriert sich in zwei Gebieten: im Zentrum des Großfürstentums Litauen, in dem sich die Hauptlatifundien der Radziwiłłs befanden und im nordöstlichen Teil, in dem die großen Feudalbesitzungen Sapegas, Chodkiewiczs und der anderen Magnaten gelegen waren. Die geographische Lage dieser beiden Ballungszentren weißrussischer landesherrlicher Städte wurde durch die Landhandelswege und Wasserstraßen der Flüsse Memel, Düna und Dnjepr beeinflußt. Der größere Teil der landesherrlichen ostweißrussischen Städte des Großfürstentums Litauen war auf den Handel mit Moskau und anderen russischen Städten sowie mit der Ukraine orientiert.

Die städtischen Siedlungen wurden in der Regel nicht auf leeren Flecken gegründet. Sie erwuchsen vielmehr aus den bereits existierenden Ortschaften auf einem erschlossenen und bewohnten Territorium. So entwickelte sich die Stadt Bešenkoviči aus einem Dorf, das in den Jahren 1490–1506 dem Fürsten Sokolińs-ki unterstand. Solche Ortschaften, die neben den befestigten Herrenhöfen lagen und den Charakter von Handelssiedlungen hatten, waren die Vorgänger der landesherrlichen Städte. Ein Teil dieser Städte befand sich auf dem Territorium der alten Rus' (Turov, Zaslavl', Kopys', Sluck, Kleck, Kopyl', Bychov).

IV.4 Die Normen des Magdeburger Rechts – eine der Grundlagen des Stadtrechts der landesherrlichen Städte des Großfürstentums Litauen

Dem Stadtrecht der landesherrlichen Städte lagen die Normen des Magdeburger Rechts (selten des Kulmer Rechts) zugrunde. Ergänzt wurden diese durch Statute des Großfürstentums Litauen, verschiedene Normativakte der privaten Stadtherren, andere Rechtsakte sowie Normen des Gewohnheitsrechts.

In den weißrussischen Ortschaften des Großfürstentums Litauen galt das Magdeburger Recht in abgewandelter Form. Auch der Aufbau der Selbstverwaltungsorgane und deren Struktur unterschied sich vom ursprünglichen Magdeburger Recht und den in Deutschland geltenden Normen.[35] Die Gründe für die Abän-

[35] Zinovij J. Kopysskij, Magdeburgskoe pravo v gorodach Belorussii (konec XV – pervaja polovina XVII w.), [Magdeburger Recht in den Städten Weißrußlands (Ende des XV. Jhs. bis zur ersten Hälfte des XVII. Jhs.)], in: Sovetskoe slavjanovedenie 5 (1972), S. 36–40.

derung des ursprünglichen Magdeburger Rechts im Großfürstentum Litauen – somit auch in den weißrussischen Städten – sind vielfältig. Sie stehen im Zusammenhang mit dem unterschiedlichen sozialökonomischen Entwicklungsgrad und der allgemeinen politischen Situation in den weißrussischen Ortschaften des Großfürstentums Litauen und in der Rzeczpospolita insgesamt, mit der Einführung dieses Rechts in verschiedenen Jahrhunderten, mit den örtlichen Verhältnissen und der Politik der Zentralmacht oder des privaten Stadtherrn im Staat, unter anderem gegenüber den Pfahlbürgern. Hieraus resultieren der unterschiedliche Grad der Selbstverwaltung, die Unterschiede in der Gerichtsimmunität, der Besteuerung, Privilegierung und bei den Pflichten der Stadtbewohner usw. In den landesherrlichen Städten hingen diese Varianten des Magdeburger Rechts zum einen vom Inhalt der ursprünglichen Selbstverwaltungsprivilegien und zum anderen davon ab, inwieweit diese durch den König oder Magnaten in nachfolgenden Privilegien für andere Städte abgeändert wurden.

Das Magdeburger Recht wurde nach und nach zunächst an die Städte im westlichen Teil des Großfürstentums Litauen, später an die im östlichen Teil verliehen. Die Verbreitung des Magdeburger Rechts in geographischer Hinsicht lässt sich durch zwei Hauptfaktoren – einen ökonomischen und einen politischen – erklären. Im Osten des weißrussischen Teils des Großfürstentums Litauen (ausgenommen die Wojewodschaft Vitebsk), im Süden (Polessien) und in der Minsker Wojewodschaft existierten überhaupt keine landesherrlichen Städte mit Magdeburger Recht. Es ist darauf hinzuweisen, daß in diesen Regionen, verglichen mit den westlichen Distrikten und den litauischen Kreisen des Großfürstentums Litauen, auch weniger königliche Städte existierten, die mit Magdeburger Recht bewidmet waren. Die Hälfte der landesherrlichen Städte hatte keine Selbstverwaltung nach Magdeburger Recht. Dies waren Bychov, Kleck, Kopys', David-Gorodok, Turov, Kopyl', Dubrovno, Toločin u. a.

Bei der Einführung der Selbstverwaltung legten der Magnat und die Stadtbewohner großen Wert darauf, daß ihnen das Magdeburger Recht nach dem Vorbild einer bedeutenden Stadt des Großfürstentums Litauen verliehen und diese Tatsache in dem Verleihungsprivileg des Regenten mit einer entsprechenden Formel verbrieft wurde. In seinem Privileg vom 23. April 1586 verlieh König Stephan Báthory der Stadt Nesviž deutsches und Magdeburger Recht. Das Magistratsgericht verhandelte seine Verfahren nach Brauch der Stadt Wilna und in Übereinstimmung mit den Regeln des Magdeburger Rechts.[36] Im Privileg vom 24. Juni 1586 wurde die Stadt Nesviž mit Magdeburger Recht nach dem Vorbild der Stadt Wilna bewidmet. Im Privileg vom 15. April 1590 erhielt auch die Stadt Ljubča Magdeburger Recht nach dem Vorbild Wilnas.[37] Die Privilegien für Sebež und Nevel' (März 1623) sprechen vom Magdeburger Recht „nach dem Vorbild an-

---

[36] Warszawa, Archiwum Główne Akt Dawnych (AGAD), Archiwum Radziwiłłów (später AR), Abteilung XV, Aktenmappe 5, Nr. 5.

[37] Ebd., Abteilung XXIII, Aktenmappe 84, Akta miejskie miasta Ljubča.

derer von uns privilegierte Städte". Diese Städte hatten ihre Stadtverwaltung nur aus den Reihen der Katholiken und Unierten zu wählen. Dies war eine Entlehnung aus dem Privileg für Magdeburger Recht der Stadt Smolensk.[38] Smolensk hatte dieses Recht am 4. Oktober 1611[39] erhalten. Der Stadt Sluck wurde das Magdeburger Recht 1652 verliehen, allerdings mit der Besonderheit, daß in Sluck die Gerichtsverfahren nach dem Vorbild, wie „andere Städte und Ortschaften einen Prozeß führen ..."[40] zu halten waren. Das Statut (Ustaw) von 1662 legte fest, daß in dieser Stadt Magdeburger und Kulmer Recht Gültigkeit hatten.[41] Im Jahre 1758 wurde der Stadt Ušači das Magdeburger Recht gewährt, und zwar mit allen „Vorrechten und Freiheiten, die die königlichen und fürstlichen Städte des Großfürstentums Litauen ... nach dem Vorbild anderer Städte ... genießen".[42] Bei der Einführung des Magdeburger Rechts in Birże (1589) wurde Wilna zum Vorbild genommen und im ähnlichen Privileg für Kiejdany (1590), Wilna und Kauen.[43] In Kiejdany wendete das Stadtgericht gemäß dem Privileg von Janusz Radziwiłł von 1647 Magdeburger Recht an. Der Magistrat war verpflichtet, sich nach Reichsrecht zu richten.[44]

Neben dem Magdeburger Recht wendeten die Stadtgerichte der landesherrlichen Städte Sachsenspiegelrecht und Gewohnheitsrecht an. Weiterhin galt das Straf- und Strafprozeßrecht der Peinlichen Halsgerichtsordnung Kaiser Karls V. (Carolina) sowie das Litauische Statut.[45] So berief sich beispielsweise das Stadtgericht in Nesviž im Jahre 1729 in einem Urteil anläßlich einer Kindestötung auf Sachsenrecht, die Carolina und das Magdeburger Recht.[46] Im Jahre 1755 wurde vom Fürsten Michał Kazimierz Radziwiłł ein Dekret des Magistratsgerichts der Stadt Nesviž aufgehoben, in dem dieses für die Geburt eines unehelichen Kindes eine zu harte Strafe, nämlich die Vertreibung der Täterin nebst ihrer Kinder aus der Stadt in den Wintermonaten, verhängt hatte. Der Fürst war der Auffassung, die Täterin sei nach Sachsenrecht und Litauischem Statut zu bestrafen. Die Magistratsmitglieder wurden wegen des Fehlurteils vom Fürsten entlassen.[47] Diese Entscheidung des Magnaten war zu einem Präzedenzfall geworden.

---

[38] Ebd., Aktenmappe 24, Akta miejskie, Sibież, Nr. 2; Nevel, Nr. 2.

[39] Pavel Nikitin, Istorija goroda Smolenska [Geschichte der Stadt Smolensk], Moskva 1848, Anlagen, S. LX–LXV.

[40] AGAD, AR, Abteilung XXIII, Aktenmappe 132, Priwilegia i Listy [...], Bl. 30; Aktenmappe 15 Księstwo Słuckie, Miasto Słuck, S. 1.

[41] Ebd., Aktenmappe 154, Ustaw dla miasta Słucka od Księdza Bogusława.

[42] Biblioteka Jagiellońska, Oddział Rękopisów, Nr. 5981, S. 260.

[43] Michał Baliński, Starożytna Polska pod względem historycznym, jeograficznym i statystycznym opisana [Das alte Polen in historischer, geographischer und statistischer Sicht], Teil III, Warszawa 1846, S. 564; E. Tyszkiewicz, Birże. Rzut oka na przeszłość miasta, zamku i ordynacyi [Birże. Ein Blick auf die Vergangenheit von Stadt, Schloß und Ordination], St. Peterburg 1869, S. 122.

[44] Biblioteka Jagiellońska, Oddział Rękopisów, Nr. 6322, Bl. 194.

[45] Anatolij P. Grickevič [Hryckevič], Častnovladel'českie goroda Belorussii v 16–18 vv. (Social'no-ėkonomičeskoe issledovanie istorii gorodov) [Die Privatstädte Weißrußlands im 16.–18. Jh. (Sozialökonomische Stadtgeschichtsforschung)], Minsk 1975, S. 182.

[46] AGAD, AR, Abteilung XV, Aktenmappe 6, Processa w rozmaitych sprawach.

[47] Staatliches historisches Zentralarchiv der Republik Belarus in Minsk, Bestand 694, Findbuch 4, Akte 84, S. 24 f.

Der Magnat konnte das Magdeburger Recht nach eigenem Ermessen in einer Stadt einführen, abändern oder auch dessen Einführung über Jahrzehnte hinauszögern. Der Stadt Sluck wurde es zum zweiten Mal (nachdem die privaten Stadtherren es zu Beginn des 16. Jahrhunderts aufgehoben hatten) auf Gesuch des Magnaten vom 27. August 1652[48] durch königliches Privileg verliehen und vom Sejm am 24. März 1653[49] bestätigt. Bogusław Radziwiłł interpretierte den Text des Privilegs von 1652 über das Organ der städtischen Selbstverwaltung: Anstatt zweistufige Magistratswahlen durchzuführen und aus der Mitte der Magistratsmitglieder Bürgermeister, Berater und Schöffen zu bestimmen, wich der Stadtherr Radziwiłł im November 1654 von dieser Regel ab: Er ernannte 12 Mitglieder der „Stadtsession" auf Lebenszeit und beschnitt ihre Funktionen. An der Spitze stand der Militärkommandant der Stadt, der mit umfangreichen Vollmachten ausgestattet war: Er konnte ohne die „Session" (Magistrat) Verordnungen erlassen. In den sechziger Jahren des 17. Jahrhunderts erhielt die „Session", die mittlerweile um das Doppelte (jährlich tagte die Hälfte der Zusammensetzung) vergrößert worden war, einige der Rechte der Stadtverwaltung zurück. Auf Anordnung des Magnaten wendete das Schloßgericht auf die Bürgerschaft das Magdeburger sowie das Kulmer Recht an. Aber Sluck wurde das Magdeburger Recht noch nicht verliehen – dies ist aus einer Petition des Magistrats von Sluck an den Fürsten B. Radziwiłł vom Oktober 1664 sowie aus dessen Antwort ersichtlich.[50] Das Magdeburger Recht wurde erst ein halbes Jahrhundert nach Erlaß des königlichen Privilegs eingeführt. Am 9. September 1700 konnte endlich der Kämmerer von Sluck S. Nezabitovski der Stadt die Urkunde des Pfalzgrafen bei Rhein, des Vaters der minderjährigen Stadtherrin von Sluck, übergeben, die die Stadt mit Magdeburger Recht ausstattete.[51] Aber die städtische Selbstverwaltung arbeitete weiter nach ihren alten Normen. Denn die Einführung der Selbstverwaltung nach Magdeburger Recht im Jahre 1700 war ein erzwungenes Zugeständnis des Magistrats an die Bürgerschaft. Dieser wollte sich den Beistand der Bürger bei der Abwendung der Ansprüche der Familien Sapegas und Nesvižer Radziwiłłs auf die Stadt sichern. Bevor das Magdeburger Recht in Sluck eingeführt worden war, funktionierte die städtische Selbstverwaltung auf der Grundlage von Gewohnheitsrecht und durch Bürgerversammlungen, an deren Spitze die Stadtältesten standen. Diese Versammlungen konnten für die ganze Stadt oder auch für einzelne Stadtteile abgehalten werden.[52]

Es gibt Hinweise darauf, daß Sapega, der private Stadtherr von Gory Velikie und Gorki Malye, im Jahre 1619 in diesen Städten die Selbstverwaltung ähnlich

---

[48] AGAD, AR, Abteilung XXIII, Aktenmappe 132, Copia Prawa [...], Bl. 30; Aktenmappe 154, Miasto Słuck, przywilej [...], S. 2 f.

[49] Volumina Legum, Bd. IV, St. Peterburg 1859, S. 194.

[50] AGAD, AR, Abteilung XXIII, Aktenmappe 132, Kopie przywilejów i Listów [...], Bl. 2–3, 13; Aktenmappe 134, Sprawy Sessionalistów; Aktenmappe 154, Ustaw dla Miasta [...].

[51] Biblioteka Narodowa w Warszawie, Zbiory specjalne, B. O. Z., Nr. 911, Bl. 461.

[52] AGAD, AR, Abteilung XXIII, Aktenmappe 134, Sprawy Sessyonalistów [...].

dem Magdeburger Recht einführte.[53] In der Feudalbesitzung Schoden (Johannesburg) von Johann Chodkiewicz wurde im Jahre 1572 das Kulmer und Magdeburger Recht eingeführt und im Jahre 1645 das Magdeburger Recht bestätigt.[54]

Das genaue Datum der Gewährung des Magdeburger Rechts an der Bürgerschaft der Stadt Włodawa im Brester Kreis ist unbekannt. Dem Privileg von 1540 ist jedoch zu entnehmen, daß die Bürgerschaft dieses Recht bereits vor diesem Zeitpunkt besaß.[55] Das Magdeburger Recht wurde Włodawa zwischen den 1507 und 1534 durch Andrzej Sanguszko gewährt.

Es gibt keine Angaben über das Magdeburger Recht in Kojdanów, Koreliči, Lachva, Romanovo und Smoljany. Allerdings sind in den Urkunden des 18. Jahrhunderts unter anderem in Kojdanów der Vogt und ein Lehnvogt, in Lachva der Vogt, der Bürgermeister, die Schöffen und Schreiber und in Romanovo das Stadtgericht erwähnt.[56] Es wird sichtbar, daß in jeder dieser Städte, die verschiedenen privaten Stadtherren gehörten, das kommunale Selbstverwaltungsrecht Besonderheiten aufwies. Aber zum Vorbild dienten die von den Magnaten bestimmten Normen des Magdeburger Rechts. Diese wurden durch die von den Magnaten eingeführten Normen des örtlichen Gewohnheitsrechts und durch Vorschriften ergänzt, die die Selbstverwaltungsnormen korrigierten. Einige Normen des Magdeburger Rechts wurden von den Magnaten in den ihnen gehörenden Städten, die bislang keine Selbstverwaltung hatten, eingeführt: dies fand insbesondere in der Struktur der örtlichen Macht (Amt), manchmal in der Verteilung der Pflichten Ausdruck.[57]

IV.5 Schlußfolgerung

Das Hauptprinzip der Selbstverwaltung nach Magdeburger oder einem anderen Stadtrecht war in den landesherrlichen Städten des Großfürstentums Litauen die endgültige Etablierung der Bürgerschaft aus der die Stadt umgebenden leibeigenen, dem Magnaten unterstellten Bevölkerung als Stand sowie die Ausstattung dieses Standes mit besonderen Privilegien, die dann auf rechtlichem Wege gesichert wurden. Die Bürgerschaft wurde von der unmittelbaren Macht und dem Gericht der Statthalter und der Magnaten ausgenommen. Es wurden Stadtbehörden geschaffen, die das Selbstverwaltungsrecht (Wahl der Stadtverwaltung, Be-

---

53 M. Baliński, Starożytna Polska (wie Anm. 43), Teil III, S. 719.

54 Biblioteka Jagiellońska, Oddział Rękopisów, Nr. 6321, Bl. 309–312.

55 M. Baliński, Starożytna Polska (wie Anm. 43), Teil III, S. 750.

56 Staatliches historisches Zentralarchiv der Republik Belarus, Bestand 694, Findbuch 2, Akte 3374, S. 22, 23, 74; Akte 3606, S. 6; Findbuch 4, Akte 1590, S. 1; AGAD, AR, Abteilung XXIII, Aktenmappe 87, Akta Miejskie.

57 Anatol' P. Hryckevič, Kiravanne pryvatnaŭladal'nickich haradoŭ Belarusi bez mahdėburhskaha prava (XVI–XVIII st.), [Verwaltung in den Privatstädten Weißrußlands ohne Magdeburger Recht (XVI.–XVIII. Jh.)], in: Vesci Akadėmii navuk BSSR. Serija obščestvennych nauk 4 (1974), S. 49–58.

stimmung der Wahlordnung und des Gerichtsverfahrens), das Besteuerungsverfahren, die Bestimmungen über Zünfte und Handelskorporationen, das Handelsverfahren usw. ausübten. Das Magdeburger Recht war für die Bürgerschaft der Magnatenstädte das ständische Hauptprivileg, das sie auf das Niveau der Bürger der königlichen weißrussischen Ortschaften des Großfürstentums Litauen anhob.

Im 16. Jahrhundert und in der ersten Hälfte des 17. Jahrhunderts hatten 9 von 19 und im nachfolgenden Zeitraum 12 von 25 weißrussischen landesherrlichen Städten das Privileg der Selbstverwaltung inne.

IV.6 Tabelle „Einführung des Stadtverwaltungsrechts in den landesherrlichen Städten und kleinen Ortschaften des Großfürstentums Litauen“

1441[58]	*Sluck* Magdeburger Recht Olelko (Großfürst)
1503	– Stadtrechte Olelkovič (Fürst)
1652.VIII.27.	– Magdeburger Recht Radziwiłł (König)
zwischen 1507 und 1534	*Włodawa* Magdeburger Recht Sanguszko (Privater Stadtherr)
1572.V.17.	*Schoden* Kulmer und Magdeburger Recht Chodkiewicz (Privater Stadtherr)
1579.XII.27.	*Mir* einige Stadtverwaltungsrechte Radziwiłł (Privater Stadtherr)
1586.IV.24.	*Nesviž* Magdeburger Recht Radziwiłł (König)
1589.III.9.	*Birsen* Magdeburger Recht Radziwiłł (König)
1590.IV.15.	*Kiejdany* Magdeburger Recht Kiška (König)
1590.IV.15.	*Ljubča* Magdeburger Recht Kiška (König)
1609.I.23.	*Krettingen* Magdeburger Recht Chodkiewicz (Privater Stadtherr)
1618.VIII.8.	*Druja* Magdeburger Recht Sapiega (Privater Stadtherr)
1619	*Gory* Velikie Selbstverwaltungsrecht – ähnlich dem Magdeburger Recht Sapiega (Privater Stadtherr)
1619	*Gorki Malye* Selbstverwaltungsrecht – ähnlich dem Magdeburger Recht Sapiega (Privater Stadtherr)
1623.III.23.	*Sebež* Magdeburger Recht seit 1634 bis 1654 und seit 1678 Radziwiłł (König)
1623.III.24.	*Nevel'* Magdeburger Recht seit 1634 bis 1654 und seit 1678 Radziwiłł (König)

[58] Angabe jeweils des Datums des Privilegs; es folgen Angaben zum Namen der Stadt, zur Rechtsart, zum Namen des Stadtherren und zum Stand des Privilegerlassers.

1634.X.4.	*Bešenkoviči* Magdeburger Recht Sapiega (König)
1637.VI.20.	*Ružany* Magdeburger Recht Sapiega (König)
1648	– erwähnt Rathaus, Magistrat und Magistratsgericht – (–)
1728	– erwähnt Magdeburger Recht – (–)
1644	*Šklov* erwähnt Rathaus Sieniawski (–)
1762.IV.10.	– Magdeburger Recht Czartoryski (König)
1652	*Žiroviči* Magdeburger Recht uniertes Kloster Žiroviči (König)
1652.VIII.27.	*Kopyl'* Magdeburger Recht Radziwiłł (König)
1726	*Lachva* erwähnt Vogt, Bürgermeister, Schöffen, Schreiber Radziwiłł (–)
1729	*Stolbcy* Magdeburger Recht Czartoryski (–)
1742	*Romanovo* erwähnt Stadtgericht Graf von Neuburg (–)
1757.IV.24.	*Koreliči* in der Bestandliste wird Rathaus erwähnt Radziwiłł (König)
1758.VI.23.	*Ušači* Magdeburger Recht Žaba (–)
1760	*Smoljany* erwähnt Rathaus Sanguszko (König)
1762.X.6.	*Alt-Mjadel'* Magdeburger Recht Kostčic (König)
1762.XII.1.	*Bobr* Magdeburger Recht Ogiński (König)
1776	*Kojdanów* erwähnt Rathaus Radziwiłł (–)

V. Quellen und Literatur des Magdeburger Rechts in den weißrussischen Ortschaften des Großfürstentums Litauen

Das Recht des Großfürstentums Litauen, eines der Rechtssysteme der romanisch-germanischen Rechtsfamilie, entwickelte sich im 16. Jahrhundert als ein Teil der allgemeinen Kultur, der Renaissancekultur. Unter Einfluß des Renaissancehumanismus, der Naturrechtslehre und der Konzeption des römischen Rechts entstand eine neue Auffassung der Rechtswissenschaft der Renaissance und es bildeten sich neue Rechtsinstitute heraus. Im Zuge der Kodifikation im 16. Jahrhundert wurden einige der grundlegenden Gesetze der Renaissance, die Statuten von 1529, 1566 und 1588, schriftlich fixiert. Der polnische Wissenschaftler J. Bardach kam zu dem Schluß, daß eben dieses Rechtssystem des Großfürstentums Litauen von allen europäischen Staaten den ausdrucksvollsten Charakter hatte.[59]

---

[59] Juliusz Bardach, Litovskie Statuty – pamjatniki prava perioda Vozroždenija [Die Litauischen Statuten als Rechtsdenkmäler der Renaissance], in: Kul'turnye svjazi narodov Vostočnoj Evropy v XVI v. [Kulturelle Beziehungen der Völker Osteuropas im 16. Jh.], Moskva 1976, S. 71–79.

Die Anwendung des Magdeburger Rechts in den weißrussischen Ortschaften des Großfürstentums Litauen betrachtet man traditionell als den Gebrauch von Quellen des Stadtrechts. Aber es ist zu betonen, daß schon die berühmten Kenner dieses Rechts M. F. Vladimirskij-Budanov und V. D. Spasovič auf die starke Verwendung des deutschen Rechts auch in den Landgebieten hinwiesen.[60] In der Rechtsgeschichte der weißrussischen Ortschaften des Großfürstentums Litauen spielte aber das deutsche Recht vor allem als Stadtrecht eine bedeutende Rolle. Die Städte nahmen seit jeher im Gesellschaftsleben einen wichtigen Platz ein und gewannen im 14. Jahrhundert ihre besondere politische und rechtliche Bedeutung, ebenso wie in vielen europäischen Ländern.

Die Gesetzgebung der großen europäischen Städte breitete sich über die Staatsgrenzen hinaus auf die kleineren Städte aus. Neben den Städten, von denen eine solche Gesetzgebung entlehnt war, entstanden die „rechtlichen Vereinigungen". Der Stadtrat der Metropole erfüllte die Funktionen der höchsten Gerichtsinstanz für die Ortschaften, die dieses Stadtgesetz übernommen hatten. Lübeck und Magdeburg hatten zum Beispiel mehr als 100 „rechtlich abhängige" Städte. Das Stadtrecht von Magdeburg galt als ein maßgebendes Muster und wurde von Mitteldeutschland und Osteuropa übernommen.[61] Die Mutterstadt für die Ortschaften des Großfürstentums Litauen, von denen die Stadtrechte nach Magdeburger Muster entlehnt wurden, waren ursprünglich die Stadt Lemberg (1365) und etwas später – Wilna. Das Gericht höherer Instanz für die Städte des Magdeburger Rechts hatte in den weißrussischen Ortschaften des Großfürstentums Litauen die Bezeichnung „Hofgericht für die Angelegenheiten der magdeburgisch-rechtlichen Städte".

Das Magdeburger Recht galt als eine offizielle Garantie der Unabhängigkeit der Stadt von Feudalverwaltung und Justiz. Die Texte der Privilegien mit Magdeburger Recht regelten ausführlich die Bildung von Verwaltungsorganen und Gerichten in der Stadt. Die Staatsgesetzgebung brachte die Aufteilung der Gerichtsbarkeit der staatlichen Verwaltung und des Magistrats zum Ausdruck und bestimmte den Anwendungsbereich des Statuts von 1588 in den Ortschaften (III, Art. 35; IV, Art. 68, 69; XI, Art. 49; XII, Art. 4, 5, 6). Dies beweisen die an den Großfürsten gerichteten Eingaben einiger Städte, die die Einmischung der Wojewoden, Ältesten und Amtspersonen in die Angelegenheiten der Stadt und die Rechtsbeschränkung der Bürger anzeigten. Der Großfürst wahrte die Rechte der Städte Magdeburger Rechts.[62]

---

[60] Michail F. Vladimirskij-Budanov, Nemeckoe pravo v Pol'še i Litve [Deutsches Recht in Polen und Litauen], St. Peterburg 1868, S. 6; V. D. Spasovič, Istočniki činševogo prava na zapadnoj okraine imperii v Saksonskom Zercale i ego pol'skich kompiljacijach [Die Quellen des Grundzinsrechts an der westlichen Peripherie des Reiches im Sachsenspiegel und dessen polnischen Kompilationen], St. Peterburg 1885, S. 5.

[61] Ė. Anners, Istorija evropejskogo prava [Geschichte des europäischen Rechts], Moskva 1994, S. 189–193.

[62] Litovskaja Metrika. 4-ja kniga sudebnych del [Litauische Metrik, 4. Gerichtsbuch], Vilnius 1997, S. 85 f., 89–100, 301 f. u. 378.

Die Entwicklung der Selbstbestimmung der Städte Magdeburger Rechts umfaßt im Großfürstentum Litauen einen Zeitraum vom Ende des 15. Jahrhunderts bis zur Mitte des 17. Jahrhunderts. Analysiert man die Mehrheit der Privilegien, so läßt sich feststellen, daß sie der Stadt eine Möglichkeit garantierten, das Magdeburger Recht „einzuführen". Unter der „Einführung" des deutschen Rechts ist eine Garantie des Grundsatzes der Unabhängigkeit von der Feudalverwaltung und der Justiz bei direkter Unterstellung unter den Großfürsten sowie sichere Privilegien für die wirtschaftliche Entwicklung der Stadt zu verstehen. Man bestätigte das Prinzip des Übergangs der Stadt auf deutsches Recht (ius maideburgense). Jedoch gibt es in den Privilegien keine Hinweise auf konkrete Quellen dieses Rechts (weder auf den „Sachsenspiegel" (Speculum Saxonum) noch auf das „Magdeburger Weichbild" (Ius Municipale). Aus dem Privileg Alexanders für die Bürger der Stadt Volkovysk aus dem Jahre 1503 folgt: „дал месту Волковыi скому право немецкое маитбарское и всим тым, которые въ схотять в том месте садитися, ... дал и даровал и записал у вечность, римское веры и греческое, во всех приводах и розделях, и толкованя во всих члонках такеж держати, отдаляючы все иные права, права польские и литовские, и руские, и вси обычаи иные, которыи ж бы были на переказе праву тому немецкаму маитбарскому" [daß dieser den Ort Volkovysk mit deutschem Magdeburger Recht bewidmete und es allen, die wünschen, in diesem Ort zu leben ... gegeben und geschenkt und für die Ewigkeit in römischem und griechischem Glauben aufgeschrieben hat, in allen Richtungen und Zweigen, um dieses Recht von allen fremden Rechten: polnischen, litauischen und russischen und von allen anderen Sitten, die dieses deutsche Magdeburger Recht stören könnten, entfernt zu halten].[63] Diese Bestimmung erschwert die Beantwortung der Frage nach der Verwendung der Quellen des Magdeburger Rechts an den Magistratsgerichten. Die Wissenschaft ist bislang zu folgendem Schluß gelangt:

- die Normen des Magdeburger Rechts verwendete man im Großfürstentum Litauen überhaupt nicht und nach V. Antonovyč existierten dort eigene städtische Gesetzessammlungen;
- im Gegenteil entlehnte man das deutsche Recht in den Städten des Großfürstentums Litauen von den Urquellen, z. B. dem „Magdeburger Weichbild" oder dem „Sachsenspiegel";[64]
- das Magdeburger Recht verwendete man in erster Linie in der Fassung von B. Groicki und P. Szczerbicz;[65]

---

[63] Litovskaja Metrika. Kniga zapisej 8 [Litauische Metrik. Personenstandregister 8], Vilnius 1996, S. 468.

[64] Michail F. Vladimirskij-Budanov, Recenzii na istoriko-juridičeskie materialy, izvlečennye iz aktovych knig gubernii Vitebskoj i Mogilevskoj [Besprechungen geschichtlich-juridischer Materialien aus den Urkundensammlungen der Gouvernements Vitebsk und Mogilev], Heft 3, Kiev 1877, S. 61–95.

[65] F. V. Taranovskij, Obzor pamjatnikov magdeburgskogo prava zapadno-russkich gorodov litovskoj ėpochi [Übersicht der Denkmäler des Magdeburger Rechts in den westrussischen Städten der litauischen Epoche], Warszawa 1897, S. 189–201.

– in den Städten galten zu gleicher Zeit die Quellen des Magdeburger Rechts sowie das eigene Stadtrecht.[66]

Z. J. Kopysskij, einer der bedeutendsten Forscher auf dem Gebiet der Entwicklung der weißrussischen Ortschaften des Großfürstentums Litauen im 16.–17. Jahrhundert, behauptete aufgrund der sorgfältigen Analyse der Urkunden mit Magdeburger Recht und nach dem Auffinden der Gesetzessammlung des Magistrats der Stadt Orša, daß in den Städten neben den Magdeburger Quellen auch eigenes Stadtrecht Geltung hatte, das nicht immer dem Magdeburger Recht entsprach. Für die Bestätigung seiner Behauptung berief sich der Forscher auf die Willkür von Orša, die als Ergänzung der Magdeburger Quellen verwendet wurde, um die im Magdeburger Recht unverständlichen Bestimmungen zu erklären. Die Willkür bestand aus 36 Artikeln, aus deren Betrachtung folgt, daß die Rezeption des Magdeburger Rechts keine örtlichen Rechtsinstitute wie beispielsweise die Tatbestände Mord und Meineid, das Erbrecht und einige andere berührt hatte. So spricht die Willkür der Stadt Orša dafür, daß in den weißrussischen Ortschaften des Großfürstentums Litauen eigene Stadtrechtsquellen existierten, deren Normen zur Auslegung einzelner Institute des deutschen Rechts gesammelt wurden. Falls also eine der Normen des deutschen Rechts für die örtliche Bevölkerung unverständlich war oder sie ihrer Mentalität nicht entsprach, wendete man das Gewohnheitsrecht an. Da in der Stadt aber das deutsche Recht offiziell angenommen wurde, galt das eigene Recht als zusätzliche Quelle (zur Erläuterung). Der Ansicht F. Taranovskijs und M. F. Vladimirskij-Budanovs über die Wirkung deutscher Quellen oder deren Fassungen in den Städten, in denen sie als Grundrechte in polnischer Sprache Anwendung fanden, ist zuzustimmen. Zugleich ist zu beachten, daß die großen Städte wie Wilna und Lemberg über eigene stadtrechtliche Quellen – Willküren – verfügten. Als Verfasser der Willkür von Wilna gilt der Rechtswissenschaftler und Doktor des Rechts Awgustin Ratondus, der lange Zeit der Stadtverwaltung angehörte.

Die Mehrheit der Wissenschaftler ist der Auffassung, daß die Fassungen des „Sachsenspiegels" und des „Magdeburger Weichbildes" von B. Groicki und P. Szczerbicz, die damals in den weißrussischen Ortschaften des Großfürstentums Litauen sehr aktuell waren, als Quellen des Magdeburger Rechts dienten. Diese Theorie wurde von F. Taranovskij ausführlicher erläutert. V. D. Spasovič, O. Kistjakivs'kyj, S. Borisenok und andere Wissenschaftler pflichteten dem bei.[67]

Bekanntlich wurde die Hauptquelle des Magdeburger Rechts, das „Magdeburger Weichbild", auf Grundlage des Sachsenspiegels erarbeitet. Gerade in diesem Zusammenhang liegen allen Übersetzungen und Fassungen des Magdeburger

[66] Kopysskij, Magdeburgskoe pravo (wie Anm. 35), S. 26–41.

[67] G. V. Dzerbina, Krynicy mahdėbūrhskaha prava ŭ Vjalikim knjastve Litoŭskim XVI st. [Quellen des Magdeburger Rechts im Großfürstentum Litauen aus dem 16. Jh.], in: Mahdėburhskae prava na Belarusi. Matėryjaly navukovaj kanferėncyi, prysvečanaj 500–hoddzju vydannja horadu Minsku hramaty na mahdėburhskae prava (Minsk, 26 sakavika 1999 h.), Minsk 1999, S. 18.

Rechts die Bestimmungen des Sachsenspiegels und des Magdeburger Weichbilds zugrunde. Dies lässt sich u. a. aus den Arbeiten von J. Łaski, M. Jaskier, I. Terazin, B. Groicki und P. Szczerbicz ersehen.

Ohne die Möglichkeit, dem Magdeburger Recht unmittelbar nach lateinischen und deutschen Texten zu folgen, wurde es von vielen Gerichten der weißrussischen Magdeburgien aus zwei Quellen geschöpft: aus den polnischen Büchern P. Szczerbiczs und B. Groickis.[68] Es existierten auch einige wenige Übersetzungen dieser Werke in russischer Sprache. Diese waren jedoch unvollkommen.

F. Taranovskij vertritt die Auffassung, daß bestimmte Normen des Statuts von 1588 unter dem Einfluß der Arbeiten B. Groickis standen. Zum Beispiel ist in „Tytuly" eine Regelung enthalten, die die gleichen Rechte von Eheleuten auf das Familienvermögen festlegt, falls vor der Eheschließung keine anderweitige Verfügung getroffen wurde. Eine ähnliche Regelung enthält auch das Statut von 1588 (V, Art. 21). Es ist bekannt, daß man bei der Erarbeitung von Statuten ausländische Quellen verwendete. Im Kulmer Stadtrecht werden die gleichen Rechte des Ehemannes und der Ehefrau auf das gemeinsame Vermögen anerkannt. Die Übereinstimmungen der Statuten mit den Magdeburger Quellen werden auch in bezug auf die Begrenzungen der Testierfreiheit und das Schenkungsverbot zwischen Eheleuten beobachtet. Eine Hauptrolle bei der Ausfüllung von Lücken des Magdeburger Rechts durch die römischrechtlichen Bestimmungen kommt zweifellos B. Groicki zu. Die in „Tytuly" dargelegten Normen bezüglich des Testaments und der Vormundschaft werden vollständig mit dem römischen Recht begründet. Im Abschnitt über die Vormundschaft nimmt Groicki unmittelbar auf das römische Recht wie auf eine ausführlichere Quelle Bezug. Die hauptsächlichen Bestimmungen zur Vormundschaft in „Tytuly" stimmen mit den Bestimmungen der Statuten überein und zwar: die Bestimmung der Vormundschaft, das Unterscheidungsmerkmal der Vormundschaft des Ehemanns gegenüber seiner Ehefrau von der grundlegenden Vormundschaftsform gegenüber Minderjährigen, die Forderungen gegenüber den Vormündern und ihre Verantwortlichkeit für Schulden. Die Übereinstimmung wird nicht nur in der Auslegung der Gesetze, sondern auch im System der Testaments- und Vormundschaftsinstitute beobachtet. Die Bestimmungen der Statuten entsprechen denen des Magdeburger Rechts. Es ist allerdings schwierig, eine Schlußfolgerung aus diesen Analogien zu ziehen, da das römische Recht in gleichem Maße für das Magdeburger Recht als auch für das Recht des Großfürstentums Litauen und für andere Systeme grundlegend ist. Die Probleme der Rezeption sind für das Recht des Großfürstentums Litauen nicht abschließend erforscht. Was die Quellen des Magdeburger Rechts betrifft, hatte das Recht des Großfürstentums Litauen mit diesen, ungeachtet der vielen allgemeinen Ähnlichkeiten mit den Statuten, mehr Antinomien als Übereinstimmungen vorzuweisen.

---

[68] Taranovskij, Obzor pamjatnikov (wie Anm. 65), S. 50.

Die Praxis der Magistratsgerichte spricht dafür, daß sich die Parteien in Gerichtsverfahren zur Bestätigung ihrer Rechte mehr auf die Arbeiten B. Groickis als auf die Arbeiten P. Szczerbiczs berufen haben.

Die Gerichtspraxis und die Forschungen zeugen von einer umfangreichen Verwendung des Magdeburger Rechts im Großfürstentum Litauen bzw. in dessen weißrussischen Ortschaften, wo es auf fruchtbaren Boden stieß. Über den Charakter der Rezeption des Magdeburger Rechts und der Nutzung seiner Normen sprach auch M. Doŭnar-Zapol'skij.[69]

Auf die Magdeburger Rechtsquellen beriefen sich nicht nur die Magistratsgerichte, sondern auch die Staatsanwaltschaften bei den Landgerichten.[70]

Zum Schluß läßt sich konstatieren, daß das Magdeburger Recht einen Einfluß auf das Rechtssystem der weißrussischen Ortschaften des Großfürstentums Litauen ausgeübt hat. Aus diesem Grund stellen sich folgende Fragen: Galt das Magdeburger Recht nur als Subsidiarquelle oder wurde es rezipiert und in der Gesetzgebung angewendet? Meines Erachtens besteht die grundlegende Rolle der Quellen des Magdeburger Rechts darin, die Rechte des Großfürstentums Litauen zu ergänzen. Gleichzeitig konnte die Einwirkung eines derart starken rechtlichen Gedankens nicht ohne Aufmerksamkeit der Kodifikatoren bleiben.

VI. Bibliographie zum Magdeburger Recht in den weißrussischen Ortschaften des Großfürstentums Litauen

VI. 1 Archivbestände

Hauptarchiv der alten Akten in Warschau (=Warszawa, Archiwum Główne Akt Dawnych [AGAD], Archiwum Radziwiłłów [AR]). Hier: Abteilung XV, Aktenmappe 5, Nr. 5; Abteilung XXIII, Aktenmappe 84, Akta miejskie miasta Ljubča; Aktenmappe 24, Akta miejskie, Sibiez, Nr. 2; Nevel', Nr. 2; Abteilung XXIII, Aktenmappe 132, Priwilegia i listy ..., Bl. 30; Aktenmappe 15 Księstwo Słuckie, Miasto Słuck, S. 1; Aktenmappe 154, Ustaw dla miasta Słucka od Księdza Bogusława; Abteilung XV, Aktenmappe 6, Processa w rozmaitych sprawach.

Staatliches historisches Zentralarchiv der Republik Belarus in Minsk. Hier: Bestand 694, Findbuch 4, Akte 84, S. 24–25; Bestand 333, Findbuch 4, Akte 3376, Art. 5–7.

Staatliches Nationalarchiv der Stadt Grodno, Bestand 875, Findbuch 2, Akte 5, Art. 5–266.

VI. 2 Quellen

Akty, izdavaemye Vilenskoj archeografičeskoj komissiej (AVAK), [Die von der Archäographischen Kommission Vilnius herausgegebenen Urkunden] 1–39 (1865–1902).

Akty, izvlečennye iz knig magistrata Mogileva [Die aus den Büchern des Magistrats von Mogilev herausgezogenen Urkunden], in: Istoriko-juridičeskie materialy, izvlečennye iz aktovych knig gubernii Vitebskoj i Mogilevskoj 7 (1876).

---

[69] M. V. Dovnar-Zapol'skij [Doŭnar-Zapol'skij], Gosudarstvennoe chozjajstvo Velikogo knjažestva Litovskogo pri Jagellonach [Staatswirtschaft im Großfürstentum Litauen unter den Jagiellonen], St. Peterburg 1901, S. 60.

[70] Akty, izvlečennye iz knig magistrata Mogileva [Die aus den Büchern des Magistrats von Mogilev herausgezogenen Urkunden], in: Istoriko-juridičeskie materialy 7 (1876), S. 369–372.

Akty, otnosjaščiesja k istorii Zapadnoj Rossii, sobrannye i izdannye Archeografičeskoj komissiej (AZR), [Akten zur Geschichte Westrußlands, gesammelt und hrsg. von der Archäographischen Kommission], Bd. 1–5, St. Peterburg 1846–1853.

Bartłomiej Groicki, Artykuły prawa majdeburskiego [Artikel des Magdeburger Rechts, die man Speculum Saxonum nennt], hrsg. von Karol Koranyi, Warszawa 1954.

Bartłomiej Groicki, Porządek sądow i spraw miejskich prawa majdeburskiego w Koronie Polskiej [Stadtgerichts- und Prozeßordnung des Magdeburger Rechts im Kronland Polen], hrsg. von Karol Koranyi, Warszawa 1953 (Neudr. der Ausgabe Kraków 1559).

Bartłomiej Groicki, Postępek sądow około Karania na gardle [Halsgerichtsverfahren], Kraków 1559; neu hrsg. von K. Koranyi, in: Bartłomiej Groicki: Artykuły prawa majdeburskiego, Warszawa 1954.

Bartłomiej Groicki, Tytuły prawa majdeburskiego [Titel des Magdeburger Rechts], hrsg. von Karol Koranyi, Warszawa 1954 (Neudr. der Ausgabe Kraków 1557).

Istoriko-juridičeskie materialy, izvlečennye iz aktovych knig gubernii Vitebskoj i Mogilevskoj, chranjaščichsja v central'nom archive v Vitebske, i izdannye pod redakciej archivariusa sego archiva Sozonova [Die aus den Urkundensammlungen des Gouvernements Vitebsk und Mogilev erworbenen historischen und rechtlichen Akten, die im Zentralarchiv von Vitebsk aufbewahrt werden und vom Archivbeamten Sozonov herausgegeben wurden], Hefte 1–16, Vitebsk 1871–1885.

Istoriko-juridičeskie materialy, izvlečennye iz aktovych knig gubernii Vitebskoj i Mogilevskoj, chranjaščichsja v central'nom archive v Vitebske, i izdannye pod redakciej archivariusov sego archiva N. kn. Meščerskogo i M. Verevkina [Die aus den Urkundensammlungen des Gouvernements Vitebsk und Mogilev erworbenen historischen und rechtlichen Akten, die im Zentralarchiv von Vitebsk aufbewahrt werden und von den Archivbeamten N. Meščerskij und M. Verevkin herausgegeben wurden], Hefte 17–29, Vitebsk 1888–1901.

Istoriko-juridičeskie materialy, izvlečennye iz aktovych knig gubernii Vitebskoj i Mogilevskoj, chranjaščichsja v central'nom archive v Vitebske, i izdannye pod redakciej archivariusa sego archiva Dm. I. Dovjalo [Die aus den Urkundensammlungen des Gouvernements Vitebsk und Mogilev erworbenen historischen und rechtlichen Akten, die im Zentralarchiv von Vitebsk aufbewahrt sind und vom Archivbeamten Dm. I. Dovjalo herausgegeben wurden], Heft 30, Vitebsk 1903.

Jazep A. Jucho (Hrsg.), Krynicy belaruska-litoŭskaha prava [Quellen des weißrussisch-litauisches Rechts], Minsk 1991.

Litovskaja Metrika, Kniga zapisej 8 [Litauische Metrik, Personenstandsregister 8], Vil'na 1996.

Litovskaja Metrika, 4-ja kniga sudebnych del [Litauische Metrik. 4. Gerichtsbuch], Vil'na 1997.

Metryka Vjalikaha knjastva Litoŭskaha, Kniha zapisaŭ 44 (1559–1566), [Metrik des Großfürstentums Litauen, Register 44, 1559–1566], Pad red. A. I. Hrušy, Minsk 2001.

Opisanie rukopisnogo otdelenija Vilenskoj publičnoj biblioteki [Beschreibung der Handschriftenabteilung der öffentlichen Bibliothek Vilnius], Heft 1–5, Vil'na, 1895–1906, insb. Heft 3, S. 155–157: Eine Urkunde von 1792 gibt an, daß der Freibrief am 26. November 1500 ausgestellt wurde und daß den Bürgern von Braslav ihre Orte und Grundstücke garantiert werden; Heft 3, S. 126–132: am 5. Januar 1589 unterschrieb Königin Anna Jagiellonka den Freibrief für Kobrin und Gorodec, der am 10. Januar vom König Sigismund III. bekräftigt wurde.

Polnoe sobranie zakonov Rossijskoj Imperii [Vollständige Sammlung der Gesetze des Russischen Reiches], Corpus juris 1, hier: Gesetz Nr. 103850 – Katharina II.: „Plakat" vom 10. August 1772 über die Angliederung der östlichen weißrussischen Ortschaften des Großfürstentums Litauen.

Paweł Szczerbicz, Speculum Saxonum albo prawo saskie i majdeburgskie porządkiem obiecadła z łacińskich i niemieckich egzemplarów zebrane a na polski język z pilnością i wiernie przełożone przez Pawla Szczerbicza [Speculum Saxonum oder sächsisches und Magdeburger Recht in alphabetischer Ordnung aus den lateinischen und deutschen Exemplaren gesammelt und in die polnische Sprache mit Fleiß und Treu übersetzt von Paweł Szczerbicz], 1. Aufl., Lwów 1581, 2. Aufl., Poznań 1620, 3. Aufl., Warszawa 1646.

Paweł Szczerbicz, Ius municipale [...] [Ius municipale, das ist das Magdeburger Stadtrecht neu aus lateinischer und deutscher in die polnische Sprache mit Fleiß und Treu übersetzt], 1. Aufl., Lwów 1581, 2. Aufl., Poznań 1610, 3. Aufl., Warszawa 1646.

VI. 3 Literatur

E. Anners, Istorija evropejskogo prava [Geschichte des europäischen Rechts], Moskva 1994.

J. Bardach, Litovskie Statuty – pamjatniki prava perioda Vozroždenija [Die Litauischen Statuten als Rechtsdenkmäler der Renaissance], in: Kul'turnye svjazi narodov Vostočnoj Evropy v XVI v. [Kulturelle Beziehungen der Völker Osteuropas im 16. Jh.], Artikelsammelband, Moskva 1976, S. 71–79.

Belaruski horad u čase i prastory: 500 hadoŭ Polackaj mahdėburhii [Die weißrussische Stadt in Zeit und Raum: Die Magdeburgie von Polock ist schon 500 Jahre alt], Navapolack, Minsk 2001.

BelSE – Belorusskaja Sovetskaja Ėnciklopedija/Belaruskaja Saveckaja Ėnciklapedyja [Weißrussische Sowjetische Enzyklopädie], Bd. 6, Minsk 1972.

S. A. Beršadskij, A. E. Rebikovič, Podskarbij zemskij, člen Rady VKL [A. E. Rebikovič, Schatzmeister im Zemstvo, Mitglied der Rada des Großfürstentums Litauen], Kyjiv 1909.

Anatol' K. Citoŭ, Haradskaja heral'dyka Belarusi [Stadtheraldik Weißrußlands], Minsk 1989.

Anatol' K. Citoŭ, Heral'dyka belaruskich mestaŭ (XIV-pačatak XX stst.), [Die Heraldik weißrussischer Ortschaften (vom XIV. bis zum Anfang des 20. Jhs.)], Minsk 1998.

Anatol' K. Citoŭ, Vol'nyja belaruskija mesty (Samakiravanne ŭ našych haradach XIV–XVIII stst.), [Freie weißrussische Ortschaften, Selbstverwaltung in unseren Städten, 14.–18. Jh.], Minsk 1996.

G. V. Dzerbina, Krynicy mahdėbŭrhskaha prava ŭ Vjalikim knjastve Litoŭskim XVI st. [Quellen des Magdeburger Rechts im Großfürstentum Litauen aus dem 16. Jh.], in: Mahdėburhskae prava na Belarusi. Matėryjaly navukovaj kanferėncyi, prysvečanaj 500–hoddzju vydannja horadu Minsku hramaty na mahdėburhskae prava (Minsk, 26 sakavika 1999 h.), Minsk 1999.

T. I. Doŭnar, Hramata na mahdėburhskae prava horadu Minsku 1499 hoda [Urkunde des Magdeburger Rechts, die der Stadt Minsk im Jahre 1499 verliehen wurde], in: Mahdėburhskae prava na Belarusi. Matėryjaly navukovaj kanferėncyi, prysvečanaj 500–hoddzju vydannja horadu Minsku hramaty na mahdėburhskae prava (Minsk, 26 sakavika 1999 h.), Minsk 1999.

M. V. Dovnar-Zapol'skij [Doŭnar-Zapol'skij], Gosudarstvennoe chozjajstvo Velikogo knjažestva Litovskogo pri Jagellonach [Staatswirtschaft im Großfürstentum Litauen unter den Jagiellonen], St. Peterburg 1901.

V. Družčyc, Mahistrat u belaruskich mestach z Majdėborhskim pravam u XV–XVII stalec'cjach [Der Magistrat in den weißrussischen Ortschaften Magdeburger Rechts 15.–17. Jh.], in: Zapiski addzelu humanitarnych navuk 8 (1929) = Pracy klasy historyi 3 (1929).

V. Družčyc, Mesta Mensk u kancy XV i pačatku XVI stst. [Die Ortschaft Minsk am Ende des 15. Jahrhunderts und am Anfang des 16. Jhs.], Nr. 12, Mensk 1926, S. 1–22.

V. Družčyc, Mesta Vil'nja ŭ peršaj palove XVI stalec'cja [Die Ortschaft Wilno in der ersten Hälfte des 16. Jhs.], Mensk 1926, S. 20 und Stadtplan von Wilno in der Mitte des 16. Jahrhunderts.

V. Družčyc, Vojty i ich ulada [Vögte und deren Macht], in: Zapiski addzela humanitarnych navuk 8 (1929) = Pracy klasy historyi 3 (1929).

M. Hajba, Mahdėburhskae prava Navahrudku [Magdeburger Recht, verliehen an die Stadt Novogrudok], in: Navahradskija čytanni. Da 480–hoddzja atrymannja Navahrudkam Mahdėburhskaha prava i 160–hoddzja z dnja naradžėnnja U. Borzabahataha [Novogrudoker Lesungen. Zum 480. Jahrestag der Verleihung des Magdeburger Rechts an die Stadt Novogrudok und zum 160. Geburtstag von U. Borzobohats], Navahrudak 1993.

Anatolij P. Grickevič [Hryckevič], Častnovladel'českie goroda Belorussii v 16–18 vv. (Social'no-ėkonomičeskoe issledovanie istorii gorodov), [Privatstädte Weißrußlands vom 16.–18. Jahrhundert (Sozialökonomische Stadtgeschichtsforschung)], Minsk 1975.

Anatol' P. Hryckevič, Kiravanne pryvatnaŭladal'nickich haradoŭ Belarusi bez mahdėburhskaha prava (XVI–XVIII st.), [Verwaltung in den Privatstädten Weißrußlands ohne Magdeburger Recht (XVI.–XVIII. Jh.)], in: Vesci Akadėmii navuk BSSR. Serija obščestvennych nauk 4 (1974), S. 49–58.

Anatolij P. Grickevič [Hryckevič], Social'no-ėkonomičeskoe razvitie častnovladel'českich gorodov Belorussii 16–18 vv. Avtoreferat dissertacii na polučenie stepeni kandidata istoričeskich nauk [Sozialökonomische Entwicklung der landesherrlichen Städte im Weißrußland des 16.–18. Jahrhunderts. Autorreferat der Dissertation zur Erlangung der Doktorwürde], Vil'njus 1984.

U. M. Ihnatoŭski, Karotki narys historyi Belarusi [Kurzer Abriß der weißrussischen Staatsgeschichte], Minsk 1991.

Istorija gosudarstva i prava zarubežnych stran [Staats- und Rechtsgeschichte des Auslandes], Bd. 1, Moskva 1963.

Z. J. Kopysskij, Magdeburgskoe pravo v gorodach Belorussii (konec XV-pervaja polovina XVII v.), [Magdeburger Recht in den weißrussischen Städten, Ende des 15. Jahrhunderts bis zur ersten Hälfte des 17. Jhs.], in: Sovetskoe slavjanovedenie 5 (1972), S. 26–41.

Ivan Ivanovič Lappo, Limitacii gospodarskogo dvornogo suda Velikogo knjažestva Litovskogo v ėpochu pered učreždeniem Glavnogo Litovskogo Tribunala [Die Beschränkungen des herrschaftlichen Hofgerichts zur Zeit vor der Gründung des Haupttribunals im Großfürstentum Litauen], Kazan' 1913.

Ivan Ivanovič Lappo, Velikoe knjažestvo Litovskoe vo vtoroj polovine XVI stoletija. Litovsko-Russkij povet i ego sejmik [Das Großfürstentum Litauen in der zweiten Hälfte des 16. Jahrhunderts. Litauisch-russischer Povet und sein Sejmik], Jur'ev 1911.

Ivan Ivanovič Lappo, Velikoe knjažestvo Litovskoe za vremja ot zaključenija unii do smerti Stefana Batorija (1569–1586), [Das Großfürstentum Litauen in der Zeit vom Abschluß der Lubliner Union bis zum Tode Stephan Báthorys, 1569–1586], Bd. I, St. Peterburg 1901.

Ivan Ivanovič Lappo, Vitebskij central'nyj archiv i ego izdanie [Das Vitebsker Zentralarchiv und seine Veröffentlichungen], ohne Ort 1904, S. 326–353.

F. I. Leontovič, Istorija russkogo prava [Geschichte des russischen Rechts], Heft 1, Odessa 1869.

F. I. Leontovič, Istočniki russko-litovskogo prava [Die Quellen des russisch-litauischen Rechts], Varšava 1894.

F. I. Leontovič, K istorii administrativnogo stroja Litovskogo gosudarstva [Zur Geschichte der Verwaltungsordnung des Großfürstentums Litauen], Varšava 1899.

F. I. Leontovič, Očerki istorii litovsko-russkogo prava [Grundrisse der Geschichte des russisch-litauisches Rechts, Katalog der Weißrussischen Staatlichen Bibliothek Minsk], ohne Ort und Jahr.

F. I. Leontovič, Soslovnyj tip territorial'no-administrativnogo sostava Litovskogo gosudarstva i ego pričiny [Der Standestyp der Territorial- und Verwaltungsgliederung des Großfürstentums Litauen und seine Ursachen], St. Peterburg 1895.

F. I. Leontovič, Spornye voprosy po istorii russko-litovskogo prava [Streitfragen der Geschichte des russisch-litauisches Rechts], St. Peterburg 1893.

Mahdėburhskae prava na Belarusi. Matėryjaly navukovaj kanferėncyi, prysvečanaj 500–hoddzju vydannja horadu Minsku hramaty na mahdėburhskae prava (Minsk, 26 sakavika 1999 h.), [Magdeburger Recht in Weißrußland. Materialien der wissenschaftlichen Konferenz zum 500. Jahrestag der Bewidmung der Stadt Minsk mit Magdeburger Recht, Minsk, 26. März 1999], Minsk 1999.

Matvej Kuz'mič Ljubavskij, Litovskij kancler Lev Sapega o sobytijach smutnogo vremeni [Der Litauische Kanzler Lev Sapega über die Ereignisse in der Zeit der Wirren], Moskva 1901.

Matvej Kuz'mič Ljubavskij, Litovsko-Russkij Sejm [Litauisch-russischer Sejm], Moskva 1900.

Matvej Kuz'mič Ljubavskij, Oblastnoe delenie i mestnoe upravlenie Litovsko-Russkogo gosudarstva ko vremeni izdanija pervogo Litovskogo Statuta [Gebietsgliederung und örtliche Verwaltung des Litauisch-russischen Staates zum Zeitpunkt der Herausgabe des ersten Litauischen Statuts], Moskva 1892.

N. V. Misarėvič, Pryvilei na mahdėburhskae prava horadu Hrodna [Privilegien des Magdeburger Rechts für die Stadt Grodno], in: Mahdėburhskae prava na Belarusi. Matėryjaly navukovaj kanferėncyi, prysvečanaj 500–hoddzju vydannja horadu Minsku hramaty na mahdėburhskae prava (Minsk, 26 sakavika 1999 h.), Minsk 1999.

Navahradskija čytanni. Da 480–hoddzja atrymannja Navahrŭdkam Mahdėburhskaha prava i 160–hoddzja z dnja naradžėnnja U. Borzabahataha [Nawahrudaker Lektüren. Zum 480. Jahrestag der Verleihung des Magdeburger Rechts an die Stadt Nawahrudak und zum 160. Geburtstag von U. Borzobohats], Navahrudak 1993.

Pavel Nikitin, Istorija goroda Smolenska [Geschichte der Stadt Smolensk], Moskva 1848.

Polock, Istoričeskij očerk [Polock: Ein historischer Grundriß], Minsk 1987.

Aleksandr L. Rogačevskij, Meč Rolanda. Pravovye vzgljady nemeckich gorožan XIII–XVII vv. [Rolands Schwert. Rechtliche Anschauungen von deutschen Bürgern im 13.–14. Jh.]. St. Peterburg 1996.

V. D. Spasovič, Istočniki činševogo prava na zapadnoj okraine Imperii v Saksonskom Zercale i ego pol'skich kompiljacijach [Die Quellen des Grundzinsrechts an der westlichen Peripherie des Reiches im Sachsenspiegel und dessen polnischen Kompilationen], St. Peterburg 1885.

Sjargej P. Stren'koŭski, Vol'nasci i pryvilei haradoŭ zachodnjaj častki Vjalikaha knjastva Litoŭskaha [Die Freiheiten und Privilegien des westlichen Teils des Großfürstentums Litauen], Minsk 1997.

Fedor V. Taranovskij, Obzor pamjatnikov magdeburgskogo prava zapadno-russkich gorodov litovskoj ėpochi [Übersicht der Denkmäler des Magdeburger Rechts in den westrussischen Städten der litauischen Epoche], Warszawa 1897.

A. F. Višneŭski, Jazep A. Jucho, Historyja dzjaržavy i prava Belarusi u dakumentach i materyjalach [Staats- und Rechtsgeschichte Weißrußlands aus Urkunden und Akten], Minsk 1998.

Michail F. Vladimirskij-Budanov, Nemeckoe pravo v Pol'še i Litve [Deutsches Recht in Polen und Litauen], St. Peterburg 1868.

Michail F. Vladimirskij-Budanov, Recenzii na istoriko-juridičeskie materialy, izvlečennye iz aktovych knig gubernii Vitebskoj i Mogilevskoj [Besprechungen geschichtlich-juridischer Materialien aus den Urkundensammlungen der Gouvernements Vitebsk und Mogilev], Kiev 1877.

T. Zabela, Mesta barascejskae ŭ XVI stalec'ci [Die Ortschaft Brest im 16. Jh.], in: Zapiski addzelu humanitarnych navuk 3 (1929) = Pracy klasy historyi 8 (1929).

Zapiski addzelu humanitarnych navuk [Veröffentlichungen der Abteilung für Humanistische Wissenschaften] 2 (1928) = Pracy klasy historyi [Arbeiten der historischen Klasse] 3 (1928).

Zapiski addzelu humanitarnych navuk [Veröffentlichungen der Abteilung für Humanistische Wissenschaften] 3 (1929) = Pracy klasy historyi [Arbeiten der historischen Klasse] 8 (1929).

Zapiski Vilenskoj Archeologičeskoj Komissii [Veröffentlichungen der archäologischen Kommission von Vilnius] I (1856).

VI.4 Wörterbücher

Heinz Engelbert, Juristisches Wörterbuch russisch-deutsch, Leipzig 1967.

Sachwörterbuch der Mediävistik, hrsg. von Peter Dinzelbacher, Stuttgart 1992, insb. S. 296–298, 779–781.

Mykola Kobylec'kyj (L'viv)

Das magdeburgische Recht als Quelle des Kodex von 1743[*]

Das Magdeburger Recht, genauer das sächsisch-magdeburgische Recht und seine Anwendung auf dem Territorium der Ukraine, gehört zu den Themen, die innerhalb der ukrainischen Geschichts- und Rechtswissenschaft außergewöhnlich selten behandelt werden. Dies gilt für die Zeit des russischen Zarenreiches und der Sowjetunion gleichermaßen. Die wenigen vorliegenden wissenschaftlichen Arbeiten sind überwiegend als tendenziös und eher subjektiv einzustufen. Die Mehrheit der Vertreter der russischen und sowjetischen Rechtswissenschaft war der Ansicht, daß das Magdeburger Recht den slawischen Völkern fremd war und sich ungünstig auf die Entwicklung der örtlichen Selbstverwaltung auswirkte.[1] Diese Meinung galt z. T. auch innerhalb der ukrainischen Geschichte und Rechtsgeschichte. Das Magdeburger Recht hat in der Ukraine eine über 500jährige Geschichte. Zu den grundlegenden Werken seiner Erforschung zählen die Untersuchungen von M. Vasylenko, V. Antonovyč, D. Bahalij, A. Jakovliv u. a.

Wie das Magdeburger Recht in der Ukraine spielen auch die Rechtskodifikation der Ukraine im 18. Jahrhundert, insbesondere der Kodex aus dem Jahre 1743 mit dem Titel „Prava, za jakymy sudyt'sja malorosijs'kyj narod" [Die Rechte, nach denen das kleinrussische Volk Recht spricht], sowie die entsprechenden Quellen in wissenschaftlichen Untersuchungen keine große Rolle. Ende des 19./ Anfang des 20. Jahrhunderts wandte sich die ukrainische Wissenschaft, vertreten durch I. Teličenko, V. Slabčenko und O. Kistjakivs'kyj wie auch die ukrainischen

---

* Anm. der Red.: Die Wiedergabe von Kyrillica erfolgt nach der wissenschaftlichen Transliteration.

[1] N. Kaloeva, Slavjansko-germanskie otnošenija [Slawisch-deutsche Beziehungen], Moskva 1964.; Michail F. Vladymirskij-Budanov, Nimec'ke pravo v Pol'ščі i Lytvi [Deutsches Recht in Polen und Litauen], L'viv 1903; S. Deržavin, Vekovaja bor'ba slavjan s nemeckimi zachvatčikami [Der lange Kampf der Slawen gegen die deutschen Eindringlinge], Moskva 1943.; I. Gracianskij, Nemeckaja agressija v Pribaltike v XII–XVI vekach [Die deutsche Aggression im Baltikum im 12.–16. Jh.], Moskva 1938; V. Koroljuk, „Drang nach Osten" i istoričeskoe razvitie naroda Central'noj, Vostočnoj i Jugo-Vostočnoj Evropy v period feodalizma [Der „Drang nach Osten" und die historische Entwicklung der Bevölkerung Zentral-, Ost- und Südosteuropas in der Periode des Feudalismus], Moskva 1964; I. Zachar'ina, T. Vozdviženskaja, O rabote gruppy sovetsko-germanskich otnošenij instituta slavjanovedenija [Über die Arbeit der Gruppe der sowjetisch-deutschen Beziehungen des Instituts für Slawistik], Moskva 1964; A. Dvorničenko, O predposylkach vvedenija magdeburskogo prava v gorodach zapadnorusskich zemel' XIV–XV vv. [Zu den Voraussetzungen der Einführung des Magdeburger Rechts in den Städten der westrussischen Gebiete im 14.–15. Jh., in: Vestnik Leningradskogo gosudarstvennogo universiteta 2 (1982); A. Švid'ko, Sovetskaja istoriografija o suščnosti i roli nemeckogo prava v gorodach Ukrainy XV–XVIII vv. [Die sowjetische Historiographie zum Wesentlichen und zur Rolle des deutschen Rechts in den Städten der Ukraine im 15.–18. Jh.], in: Voprosy germanskoj istorii i istoriografija, Dnepropetrovsk 1975; M. Hruševs'kyj, Istorija Ukrajiny-Rusy [Geschichte der ukrainischen Rus']. Tom V, Kyjiv 1994; D. Bahalij, Magdeburz'ke pravo na Livoberežnij Ukrajini [Das Magdeburger Recht in der linksufrigen Ukraine], L'viv 1904; V. Antonovyč, Issledovanija o gorodach Jugo-Zapadnogo kraja [Untersuchungen zu den Städten Südwestrußlands], in: Monografija po istorii Zapadnoj i Jugo-Zapadnoj Rossii. Tom I, Kiev 1885.

Wissenschaftler im Ausland, A. Jakovliv, M. Čubatyj, J. Padoch, stärker der Frage der Geltung des Magdeburger Rechts in der Ukraine und in anderen slawischen Gebieten zu. Die sowjetische Wissenschaft öffnete sich allerdings erst gegen Ende der 80er Jahre des 20. Jahrhunderts einer objektiven Betrachtung dieses Themas.

Die in Leipzig und München verfaßten Arbeiten A. Jakovlivs zum sächsisch-magdeburgischen Recht und zum Kodex von 1743 gelten als die fundiertesten. Erst nach der Proklamation der Unabhängigkeit der Ukraine wurde das Magdeburger Recht zum Gegenstand von Untersuchungen innerhalb der ukrainischen Rechtswissenschaft.

Im Ergebnis des Befreiungskampfes des ukrainischen Volkes gegen die Rzeczpospolita wurde in einem Teil des von Ukrainern besiedelten Territoriums ein Staat, das Hetmanat, auch Kleinrußland genannt, gebildet. Das Rechtsstatut des Hetmanats wurde offiziell in den sogenannten „Märzartikeln" vom 27. März 1654, die den Vertrag von Perejaslav zwischen dem Kosaken-Hetman und dem Moskauer Zarentum zur Folge hatten, gesetzlich verankert. Unmittelbar nach Unterzeichnung des Vertrages von Perejaslav gab es intensive Bemühungen der Moskauer Regierung mit dem Ziel einer Beschränkung der Rechte der Ukraine sowie der Abschaffung ihrer Autonomie. Dies sollte unter gezielter Ausnutzung der Widersprüche innerhalb der Gesetzgebung der Leitung des Hetmanats[*], des unvollkommenen Verwaltungssystems wie auch des geltenden Rechtssystems erreicht werden. Die Ständegerichte der Rzeczpospolita wurden abgeschafft und eine der administrativen Staatsstruktur entsprechende Gerichtsverfassung, bestehend aus Dorf-, Hundertschafts-, Regiments- und Generalgericht gebildet.[2] Die Gerichtsverfassungen der Städte mit Magdeburger Recht waren ebenfalls magdeburgisch geprägt.[3] Im Verlauf der ständigen Kriege mit den Nachbarländern, die bis zum Ende des 17. Jahrhunderts andauerten, bearbeiteten die Gerichte hauptsächlich Straf- und Zivilsachen. Auf dem Territorium der Ukraine blieben die Gesetze und die Privilegien der polnischen Könige wie auch der litauischen Großfürsten, die von den russischen Zaren in ihren Verträgen mit den ukrainischen Kosaken-Hetmanen in den „Märzartikeln" bestätigt worden waren, gültig. „Wir bestätigen die früheren Rechte und Privilegien, die die polnischen und litauischen Großfürsten verliehen haben. Im Rahmen dieser früheren Rechte können Zivilsachen vor Gericht gebracht werden ...".

Das Litauische Statut, die Sammlungen des sächsisch-magdeburgischen Rechts und das ukrainische Gewohnheitsrecht bildeten das auf dem Territorium des

---

* Anm. d. Red.: ukrain. staršyna.

[2] Andrij Jakovliv, Ukrajins'kyj kodeks 1743 r. „Prava za jakymy sudyt'sja malorosijs'kyj narod" [Der ukrainische Kodex des Jahres 1743 „Die Rechte, nach denen das kleinrussische Volk Recht spricht"], München 1949, S. 15.

[3] Oleksandr Kistjakivs'kyj, „Prava za kotorymi suditsja malorossijskij narod" [„Die Rechte, nach denen das kleinrussische Volk Recht spricht"], Kyjiv 1879, S. 2.

Staates geltende Recht. Fehlten Regelungen in der Gesetzgebung oder traten Widersprüche zwischen unterschiedlichen Normen auf, so hatten die Gerichte die Möglichkeit, den Fall selbst, das Gewohnheitsrecht sowie ihr eigenes Rechtsempfinden in die Entscheidung einzubeziehen. Die die Rechte des ukrainischen Volkes einschränkenden Bestimmungen „Ordination des Zaporoger Heeres" (1638), „Ustawy na woloky" [Hufengesetz] (1557), die Verfassungen des Königs und des Sejm u. a. wurden auf dem Territorium der Ukraine außer Kraft gesetzt.

Zu Beginn des 18. Jahrhunderts gibt es wirtschaftliche Verbesserungen. Zivilrechtliche Verfahren nahmen zu und wurden komplizierter. Die Gerichte stützten ihre Entscheidungen auf unterschiedliche Quellen und fällten daher zunehmend in analogen Fällen gegensätzliche Urteile. Die Verschiedenheit der anwendbaren Rechtsgrundlagen führte oft zu Mißbrauch der Amtsstellung und Bestechung, was Unzufriedenheit in der Bevölkerung zur Folge hatte. Beschwerden über die Vorgehensweise der Gerichte mehrten sich.[4]

Die russische Regierung wußte dies für eine Einmischung in die innerstaatlichen Angelegenheiten der Ukraine zu nutzen, was mit einer Beschränkung der autonomen Rechte der Ukraine einherging. Die Nutzung der in polnischer Sprache verfaßten Rechtsquellen und die nicht mehr überschaubare Anzahl der Sammlungen des sächsisch-magdeburgischen Rechts sowie des Litauischen Statuts führten zu Problemen bei den Kosakengerichten.[5] Deshalb sah sich der Kosaken-Hetman I. Skoropads'kyj veranlaßt, die geltenden Rechtstexte ins Ukrainische übersetzen zu lassen. Insbesondere sollten Auszüge aus dem Litauischen Statut sowie die Bücher des sächsisch-magdeburgischen Rechts übersetzt werden. Über einen erfolgreichen Abschluß der Arbeiten ist jedoch nichts bekannt.[6]

Im Jahre 1734 erschien der „Proces kratkij" [Kurzer Prozeß], herausgegeben am 18. August 1734 vom Kosaken-Hetman.[7] Es handelt sich um ein Werk für die praktische Anwendung bei Gericht. Der „Porządek ..." von B. Groicki und der „Sachsenspiegel" gelten als die Grundlagen für den „Proces kratkij" [Kurzer Prozeß]. Im Jahre 1743 erschien der „Akces ili kanceljarskij porjadok dlja nabljudenija v Malorossii v polkovych, magistratovych i sotennych, tak že v getmanskoj kanceljarii – i prisoedenenijach pričinnych ukazov" [Der Akzeß oder die Kanzleiordnung für Beobachtungen in Kleinrußland in den Kanzleien der Regimenter, Magistrate und Hundertschaften sowie in der Kanzlei des Hetmans].[8] M. Vasylenko weist außerdem noch auf den „Proces kratkij" [Kurzer Prozeß] und die

[4] A. Sljusarenko, M. Tomenko, Istorija ukrajins'koji konstytuciji [Die Geschichte der ukrainischen Verfassung], Kyjiv 1998, S. 17–19.

[5] A. Tkač, Istorija kodyfikaciji dorevoljucijnoho prava Ukrajiny v XVI–XVII st. [Geschichte der Kodifizierung des vorrevolutionären Rechts der Ukraine im 16. u. 17. Jh.], Kyjiv 1968, S. 69.

[6] M. Vasylenko, Materijaly do istoriji ukrajins'koho prava [Materialien zur Geschichte des ukrainischen Rechts], Kyjiv 1929, S. 18–82.

[7] Tkač, Istorija (wie Anm. 5), S. 91.

[8] M. Slabčenko, Opyty po istorii prava Malorossii XVII i XVIII vv. [Studien zur Rechtsgeschichte Kleinrußlands im 17. u. 18. Jh.], Odessa 1898, S. 90–95.

1730–1740 geschriebene „Ėkonomika kratka" [Kurze Ökonomie] sowie auf das „Prava malorossijskye z knyh Statuta, Saksona i Porjadka vypysannye" [Kleinrussische Gesetze, aus den Büchern Statut, Sakson und Ordnung] von 1744–1757 hin, die als eine Überarbeitung des „Proces kratkij" [Kurzer Prozeß] von 1734 betrachtet werden können. Als Autor des Kodex von 1743 kommt eins der Mitglieder der Kodifikationskommission in Frage.[9] Die Schriften sind als private Sammlungen anzusehen.

In der ersten Hälfte des 18. Jahrhunderts erschienen zudem noch zwei Sammlungen, die auf den Quellen des sächsisch-magdeburgischen Rechts basierten: „Der Sachsenspiegel" und das „Stadtrechtsbuch".[10] Aber diese Sammlungen konnten letztlich die Frage der Kodifikation des Rechts in der Ukraine nicht lösen. Deshalb hielt man es für erforderlich, eine eigenständige Kodifikation des ukrainischen Rechts zu schaffen. Dazu kam eine günstige politische Lage, weil nach dem Tod des Zaren Peter I. der Druck auf die Autonomiebestrebungen der Ukraine nachließ. Im Vertrag von 1728, den sogenannten „Rešitel'nye punkty" [Entscheidende Punkte], war vorgesehen, die Möglichkeit zur Appellation gegen die Urteile des Generalgerichts aufzuheben und eine Kodifikation des ukrainischen Rechts vorzunehmen. Die Leitung des Hetmanats, der Adel und der Klerus, die danach strebten, ihren rechtlichen Status zu wahren und ihre materiellen Werte zu sichern, versuchten durch rege Beteiligung, die Kodifikation und die Reform des Rechts in der Ukraine in ihrem Sinne zu beeinflussen. Sie waren bestrebt, Widersprüche in der geltenden Gesetzgebung zu beseitigen und ein ukrainisches Rechtsstatut zu etablieren. Die zaristische Regierung versuchte, auf die Kodifikationsbewegung Einfluß zu nehmen. Dies geschah in der Absicht, der russischen Gesetzgebung größere Geltung innerhalb der Ukraine zu verschaffen und das ukrainische Rechtssystem zu russifizieren. Die russische Regierung sanktionierte die Durchführung der Kodifikationsarbeit, holte aber dabei nicht im vollen Umfang Auskünfte über die in der Ukraine geltenden Rechtsnormen ein. In allen drei zaristischen Ukasen von 1728, 1730 und 1734 wurden die Gesetze, die im Hetmanat in Kraft blieben, als „Magdeburger Recht und Sächsische Statuten"[11] bezeichnet, obwohl die Bezeichnung ‚Statut' nur für das Litauische Statut galt. Das Magdeburger Recht war einfach das ‚Recht'. So benutzten auch die Mitglieder der Kodifikationskommission den Terminus ‚Statut' in Bezug auf das Litauische Statut und ‚Recht' in Bezug auf das Magdeburger Recht. Jedoch sind die Angaben der Kodifikatoren nicht völlig authentisch, weil außerdem noch andere Rechtsnormen benutzt wurden.

---

[9] Vasylenko, Materijaly (wie Anm. 6), S. 78–82.

[10] Rolf Lieberwirth, Das sächsisch-magdeburgische Recht als Quelle osteuropäischer Rechtsordnungen (=Sitzungsberichte der Sächsischen Akademie der Wissenschaften zu Leipzig. Phil.-hist. Kl. Bd. 127. H. 1), Berlin 1986, S. 28–29.

[11] Polnoe sobranie zakonov Rossijskoj Imperii [Vollständige Sammlung der Gesetze des Russischen Reiches] VIII (1830), Nr. 5036614.

Nach der Unterzeichnung des zaristischen Ukases befahl der Kosaken-Hetman Danylo Apostol eine Namensliste der mit dem in der Ukraine geltenden Recht vertrauten Personen anzulegen. In die Liste aufgenommen wurden Rechtskundige, Geistliche, städtische Beamte und Angehörige der Leitung des Hetmanats.[12] Anfangs bestand die Kodifikationskommission aus 12, seit 1738 aus 18 Mitgliedern.[13] Dies waren mehrheitlich Absolventen der Mogila-Akademie in Kiew. Sie besaßen eine juristische Ausbildung, waren mit der Rechtspraxis vertraut und bekleideten unterschiedliche Ämter im Gerichtssystem des Hetmanats. Einige von ihnen hatten im Ausland studiert, an den Universitäten Königsberg, Halle oder Straßburg. Eines der erfahrensten und aktivsten Mitglieder der Kommission war der Hundertschaftsführer V. Stefanovyč, der nach dem Abschluß der Mogila-Akademie in Kiew auch in Sachsen, Prag, Wien sowie in Mailand und Rom studiert hatte und seine Studien schließlich an der Universität Breslau abschloß.[14] A. Jakovliv vertrat die Meinung, daß V. Stefanovyč der erste Vorsitzende der Kodifikationskommission gewesen sei. Zudem soll Stefanovyč die Schaffung eines neuen Kodex und nicht die mechanische Zusammenfassung vorhandener Quellen zu einem neuen Kodex unterstützt haben.[15] Im Gegensatz zu Stefanovyč war der oberste Richter I. Borozna für eine Ergänzung des als grundlegendes Recht geltenden Litauischen Statuts mit Rechtsnormen des sächsisch-magdeburgischen Rechts. Borozna sprach sich außerdem gegen die Abfassung eines neuen Kodex aus. Dennoch sind Borozna und seine Anhänger nicht als Gegner des Entwurfs eines neuen Kodex zu betrachten. Sie vertraten die Ansicht, daß bei einer Außerkraftsetzung des Litauischen Statuts die russische Regierung den neu geschaffenen Kodex nicht annehmen würde, was mit einer Verstärkung des Einflusses der russischen Gesetzgebung in der Ukraine einherginge. Bei der Vorbereitung des Kodex von 1743 schloß sich die Kodifikationskommission dem Standpunkt V. Stefanovyčs an. Im Ergebnis wurde ein neuer Kodex geschaffen. Im Jahr 1743 beendete der Ausschuß seine Arbeit, und der Kodex wurde von allen 17 Mitgliedern unterzeichnet. Der Kodex (eigentlich sein Entwurf) ist unter der Bezeichnung „Prava, za jakymy sudyt'sja malorosijs'kyj narod" [Die Rechte, nach denen das kleinrussische Volk Recht spricht] bekannt. Mehrere Exemplare dieses Kodex wurden an den Petersburger Generalgouverneur I. Bibikov gesandt, der ihn im Jahre 1744 dem russischen Senat zur Prüfung vorlegte. Der Kodex wurde nicht

---

[12] N. Teličenko, Očerki kodifikacii malorossijskogo prava do vvedenija svoda zakonov [Die Kodifikation des kleinrussischen Rechts zur Einleitung des Gesetzbuches], in: Kievskaja starina 7 (1888), S. 19.

[13] Andrij Jakowliw, Das deutsche Recht in der Ukraine und seine Einflüsse auf das ukrainische Recht im 16.–18. Jahrhundert, Leipzig 1942, S. 177–178.

[14] Michail F. Vladimirskij-Budanov, Materialy biohrafiji V. Stefanovyča „Čtenie v Istoryčeskom Obščestve Nestora Letopisca" [Materialien zur Biographie V. Stefanovyčs. „Lesung in der Historischen Gesellschaft des Chronisten Nestor"], Kyjiv 1879, S. 20.

[15] Andrij Jakovliv, Do istoriji kodyfikaciji ukrajins'koho prava u 18 st. [Zur Geschichte der Kodifikation des ukrainischen Rechts im 18. Jh.], Praha 1937, S. 53.

offiziell in Kraft gesetzt, sondern im Jahre 1756 zur Korrektur und Ergänzung an die Kodifikationskommission zurückgesandt.[16] In der Leitung des Hetmanats wurde der Entwurf des Kodex 1759, 1761 und 1763 erneut beraten. Es kam jedoch zu keiner neuen Beschlußfassung. Danach fand der Kodex von 1743 in offiziellen ukrainischen und russischen Dokumenten keine Erwähnung mehr. Tkač schrieb, daß die Arbeit an der Überarbeitung des Kodex bis 1767 dauerte.[17] Nach der Abschaffung des Hetmanats hatte die Frage einer offiziellen Bestätigung des Kodex ihre praktische Bedeutung verloren.

Der Entwurf des Kodex von 1743 wurde nie offiziell in Kraft gesetzt, weil er auf einer europäischen Gesetzgebung basierte, was der zentralistischen Einstellung der russischen Zaren, deren Bestreben die vollständige Aufhebung der ukrainischen Autonomie war, widersprach.[18] Obwohl – wie bereits gesagt – die „Prava, za jakymy sudyt'sja malorosijs'kyj narod" [Die Rechte, nach denen das kleinrussische Volk Recht spricht] nie offiziell in Kraft gesetzt wurden, ist ihre praktische Bedeutung durch zahlreiche Kopien belegt. Der Entwurf des Kodex von 1743 fand als eigenständiges Handbuch mit Kommentaren zum Magdeburger Recht und zum Litauischen Statut in der ukrainischen Gerichtspraxis Anwendung.[19] Der Kodex von 1743 wurde von ukrainischen und russischen Juristen für spätere Kodifikationen des Rechts benutzt.

Obwohl der Entwurf des Kodex von 1743 nicht rechtskräftig wurde, fand das sächsisch-magdeburgische Recht im Rechtssystem der Ukraine Anwendung. Außerdem wurde es zur Grundlage nachfolgender Kodifikationen der Rechte des ukrainischen Volkes. Der Kanditat für eine Mitgliedschaft im Obersten Gericht, F. Čujkevyč, begründete in seiner Arbeit „Sud i rozprava v pravach malorosijs'kych" [Gerichtsverfassung und Prozeßordnung nach den kleinrussischen Gesetzen] die Durchführung einer Gerichtsreform.[20] Das Litauische Statut und die Bücher des sächsisch-magdeburgischen Rechts von N. Jaskier, P. Szczerbicz und B. Groicki sind als Quellen dieser Arbeit zu erkennen.

Das sächsisch-magdeburgische Recht gilt auch als Quelle der Werke „Knyga, statut i inši prava malorosijs'ki" [Das Buch, das Statut und andere kleinrussische Rechte] von V. Kondrat'ev (1764) und „Ekstrakty malorosijs'kych prav" [Extrakte der kleinrussischen Rechte] (1767) von O. Bezborod'ko.[21]

In der zweiten Hälfte des 18. Jahrhunderts entstand die Arbeit „Korotkyj pokazčyk magdeburz'koho prava po knyzi ‚Porjadok'" [Kurzer Wegweiser des mag-

---

[16] Heiner Lück, Magdeburger Recht in der Ukraine, in: Zeitschrift für Neuere Rechtsgeschichte 12 (1990), S. 113–126; Jakovliv, Do istoriji kodyfikaciji (wie Anm. 15), S. 7–8.

[17] Tkač, Istorija (wie Anm. 5), S. 91.

[18] Lück, Magdeburger Recht in der Ukraine (wie Anm. 16), S. 125.

[19] W. Mesjac, Istorija kodifikacii prava na Ukraine v pervoj polovine XVIII v. [Geschichte der Kodifikation des ukrainischen Rechts in der ersten Hälfte des 18. Jh.], Kiev 1964, S. 14–17.

[20] Tkač, Istorija (wie Anm. 5), S. 119–134.

[21] A. Pašuk, Orhanizacija sudiv na Ukrajini v druhij polovyni XVIII st. [Organisation der Gerichte in der Ukraine in der zweiten Hälfte des 18. Jhs.], L'viv 1961, S. 5–14.

deburgischen Rechts nach dem Buch ‚Ordnung'].[22] Der Verfasser dieses Werkes ist unbekannt. Einbezogen wurden hier drei Arbeiten von B. Groicki. M. Vasylenko beschrieb eine andere Arbeit, die Rechtsnormen des sächsisch-magdeburgischen Rechts enthielt. „In Kurzform übernommen werden aus den kleinrussischen Rechten des Buches „Porjadok" [Ordnung], aus den Artikeln des Magdeburgischen Rechts und des Kaiserrechtes die Teile, in denen es um die Strafe für bestimmte Verbrechen geht".[23] Abgesehen davon wurden das sächsisch-magdeburgische Recht und das Litauische Statut in der ersten Hälfte des 19. Jahrhunderts zur Grundlage der Kodifikation des Rechts in der Ukraine. So wurde im Jahre 1807 die „Zibrannja malorosijs'kych prav" [Die Sammlungen der kleinrussischen Rechte] unter Verwendung der Sammlungen des sächsisch-magdeburgischen Rechts fertiggestellt.[24] In den ukrainischen Städten gab es eine städtische Selbstverwaltung nach sächsisch-magdeburgischem Recht bis zum Jahre 1831, in Kiew sogar bis 1834. Erst im Jahre 1835 wurde das sächsisch-magdeburgische Recht auf dem Territorium der Ukraine außer Kraft gesetzt. Die Frage, auf welchen Quellen der Kodex von 1743 basiert, wurde von den ukrainischen Rechtshistorikern O. Kistjakivs'kyj, I. Teličenko, V. Kul'čyc'kyj, A. Jakovliv, A. Laščenko u. a. aufgeworfen. Der folgenden Einteilung der Quellen des Kodex stimmen alle einhellig zu: das Litauische Statut, das sächsisch-magdeburgische Recht, das Gewohnheitsrecht, die Gesetzgebung der Leitung des Hetmanats und die Gesetzgebung des russischen Staates.[25] Als die grundlegenden Quellen galten dabei die Sammlungen des sächsisch-magdeburgischen Rechts und das Litauische Statut. Das Original des Litauischen Statuts von 1588 war sowohl in russinischer[*] Sprache, einer der ukrainischen Literatursprache verwandten Sprache, daneben auch in polnisch verfaßt. Jakovliv nennt diese Sprache altukrainisch-weißrussische Literatursprache. Die polnische Übersetzung des Litauischen Statuts wurde im Jahre 1614 zusammen mit der polnischen Gesetzgebung herausgegeben.[26] Die größte Anwendung in der Rechtspraxis fand die polnische Fassung des Litauischen Statuts.

Obwohl es eine russische Übersetzung des Statuts gab, benutzte die Kodifikationskommission die polnische Fassung. Von einigen Wissenschaftlern, insbesondere von V. Barščevs'kyj, wurde die Auffassung vertreten, daß die Kodifikationskommission die in der ruthenischen Sprache geschriebene Variante verwendete. Die „Russkaja Pravda" und das ukrainische Gewohnheitsrecht sind als Quellen des Litauischen Statuts erkennbar. Nach der Ansicht von V. Daškovyč war die Erforschung des sächsisch-magdeburgischen Rechts zum Zeitpunkt der

---

[22] Jakowliw, Das deutsche Recht in der Ukraine (wie Anm. 13), S. 169.
[23] Vasylenko, Materijaly (wie Anm. 6), S. XXXI–XXXVI.
[24] Sobranija malorossijskich prav [Sammlungen der kleinrussischen Rechte]. Pid red. O. Mironenko, Kyjiv 1995, S. 12–21.
[25] Lieberwirth, Das sächsisch-magdeburgische Recht (wie Anm. 10), S. 27.
* Anm. d. Red.: auch ruthenisch; genauer karpato-ruthenisch.
[26] Jakovliv, Ukrajins'kyj kodeks (wie Anm. 2), S. 30.

Abfassung des III. Litauischen Statuts bereits auf einem hohen Niveau.[27] Hinzu kommen die Untersuchungen von N. Jaskier, B. Groicki, S. Tuchol'čyk u. a. Der Bischof Jona Protasovyč sowie der Vogt von Wilna und Doktor beider Rechte, A. Rotond-Milets'kyj, waren mit dem polnischen Experten für das Magdeburger Recht, B. Groicki, freundschaftlich verbunden. Dies mag einer der Gründe dafür gewesen sein, daß sich ein bedeutender Teil des Statuts, insbesondere das Strafrecht, auf das sächsisch-magdeburgische Recht stützt.[28]

Als weitere Quelle des ukrainischen Kodex von 1743 ist das Gewohnheitsrecht zu nennen. Denn die Mitglieder der Kodifikationskommission vertraten die Auffassung, daß die Gerichte bei Lücken im geltenden Recht das Gewohnheitsrecht anwenden sollten. Neben dem Gewohnheitsrecht bezog die Kodifikationskommission die allgemeinen Vorschriften, die Instruktionen und Anweisungen der ukrainischen Kosaken-Hetmane, die Verträge mit den russischen Zaren sowie die russischen Gesetze mit ein.[29]

Die von der Kodifikationskommission benutzten Quellen des sächsisch-magdeburgischen Rechts lassen sich in drei Gruppen gliedern. Zur ersten Gruppe gehören die Rechtsnormen, die in den zaristischen Ukasen als „Magdeburger und sächsisches Recht“ bezeichnet wurden. Zur zweiten Gruppe werden die Quellen gerechnet, die die Kodifikationskommission benutzte und auf die sie Bezug nahm. Zur dritten Gruppe gehörten die Rechtsnormen, die die Kodifikationskommission in ihrer eigenen Arbeit benutzte, aber auf die sie keinen Bezug nahm. Die Kommission gab die verwendeten Quellen im Kodex nicht an.

Zur ersten Gruppe zählen die meisten Rechtshistoriker das „Speculum Saxonum albo prawo saskie i majdeburgskie porządkiem obiecadła z łacińskich i niemieckich egzemplarów zebrane a na polski język z pilnością i wiernie przełożone“ [Speculum Saxonum oder sächsisches und Magdeburger Recht in alphabetischer Ordnung aus den lateinischen und deutschen Exemplaren gesammelt und in polnische Sprache mit Fleiß und Treu übersetzt] von P. Szczerbicz, dem Syndicus der Stadt Lemberg und späterem Sekretär des Königs der Rzeczpospolita.[30] Diese Arbeit basiert auf der lateinischen Sachsenspiegelübersetzung von N. Jaskier. P. Szczerbicz gibt die Übersetzung von N. Jaskier nicht in vollem Umfang wieder, sondern fügt eigene Ergänzungen hinzu.[31]

---

[27] Kistjakivs'kyj, „Prava za [...] narod“ (wie Anm. 3), S. 843, S. 53–54.

[28] Ivan Ivanovič Lappo, Litovskij Statut 1588 g. [Das Litauische Statut von 1588]. Tom I, Kaunas 1934, S. 34–51.

[29] Jakovliv, Ukrajins'kyj kodeks (wie Anm. 2), S. 50–51.

[30] Speculum Saxonum albo prawo saskie i majdeburgskie porządkiem obiecadła z łacińskich i niemieckich egzemplarów zebrane a na polski język z pilnością i wiernie przełożone przez Pawla Szczerbicza [Speculum Saxonum oder sächsisches und Magdeburger Recht in alphabetischer Ordnung aus den lateinischen und deutschen Exemplaren gesammelt und in die polnische Sprache mit Fleiß und Treu übersetzt von Paweł Szczerbicz], Lwów 1581, Poznań 1610.

[31] F. V. Taranovskij, Obzor pamjatnikov magdeburskogo prava južno-russkich gorodov Litovskoj ėpochi [Übersicht der Denkmäler des Magdeburger Rechts in den westrussischen Städten der litauischen Epoche], Varšava 1897, S. 50–51.

Auch das zweite Werk von Szczerbicz, das „Ius Municipale", ebenfalls eine ins Polnische übertragene, auf der lateinischen Übersetzung Jaskiers beruhende Arbeit, wurde benutzt.[32] Ergänzend zog Szczerbicz das Weichbildrecht in seiner deutschen Fassung hinzu.[33] Die Kodifikationskommission übersetzte die Werke dieses Wissenschaftlers. Der Text läßt sich in Gruppen mit laufenden Nummern einteilen. Zur ersten Gruppe kommt noch das „Kulmer Recht" in 5 Büchern hinzu.

Obwohl als Verfasser des „Kulmer Rechts" der Lemberger Ratmann Kuszewicz gilt, scheint es sich vielmehr um die zweite Beilage zum „Sachsenspiegel" von P. Szczerbicz zu handeln. A. Jakovliv vertrat die Ansicht, daß die Zuschreibung zu Kuszewicz von der Kodifikationskommission bewußt vorgenommen worden war, da man kein Interesse daran hatte, andere als die im zaristischen Ukas aufgeführten Quellen zu verwenden.[34] In der Ukraine wurde das Kulmer Recht nur einigen westukrainischen Städten (in Wolhynien) gewährt. In der Ukraine wurde das „Kulmer Recht" von Kuszewicz in den 1623 in Poznań/Posen in polnischer Sprache und 1646 und 1647 in Warschau herausgegebenen Büchern angewandt. Die Werke von Kuszewicz wurden auch ins Russische übersetzt und im Kodex von 1743 unter dem Titel „Prava Chelmins'koji knyhy" [Rechte des Kulmer Buchs] benutzt.[35]

Die Kodifikationskommission schenkte den Werken des Schreibers des Obergerichts des deutschen Rechts auf der Krakauer Burg, B. Groicki, große Beachtung. Diese Arbeiten wurden mehrfach herausgegeben und in den ukrainischen Gerichten als praktische Lehrbücher für Richter und die Parteien bei Gericht benutzt. Zu den grundlegenden Werken von Groicki, die die Kommission benutzte, gehört „Porządek sądów i spraw miejskich prawa majdeburskiego w Koronie Polskiej".[36] Im Kodex gibt es einen ersten Teil des „Porządek": das Recht, der Richter und seine Vollmachten, Rechte und Funktionen, der städtische Rat, die Beamten u. a. Im zweiten Teil geht es um die Stadtgerichte: um das Burggrafengericht, das Gastgericht, das außerordentliche Notgericht. Der dritte Teil behandelte das Gerichtsverfahren und insbesondere den Prozeß, die Zeugen u. a. Der fünfte Teil enthielt die Beschreibung der Strafen, der Folter, einzelner Arten von Verbrechen.[37]

Dann verfaßte B. Groicki ein weiteres Werk „Artykuły prawa majdeburskiego". Bei der Übersetzung ins Russische gliederte die Kommission den Text in Punkte,

---

32 Speculum Saxonum (wie Anm. 30).

33 Jakovliv, Ukrajins'kyj kodeks (wie Anm. 2), S. 41–42.

34 Teličenko, Očerki kodifikacii (wie Anm. 12), S. 25.

35 Jakowliw, Das deutsche Recht in der Ukraine (wie Anm. 13), S. 29.

36 Bartłomiej Groicki, Porządek sądów i spraw miejskich prawa majdeburskiego w Koronie Polskiej [Gerichts- und Stadtrechtsordnung nach Magdeburger Recht im Kronland Polen]. Hrsg. von Karol Koranyi, Warszawa 1953 (=Biblioteka dawnych polskich pisarzy prawników. 1).

37 „Prava, za jakymy sudyt'sja malorosijs'kyj narod" 1743 [„Die Rechte, nach denen das kleinrussische Volk Recht spricht" 1743]. Pid red. O. Mironenko, Kyjiv 1997, S. 26.

die allerdings im Original nicht vorhanden sind. In der ersten Gruppe geht es um Erbschaft und Verwandtschaft, in der zweiten ist von verlobten Mädchen und Frauengewändern die Rede, in der dritten geht es um Normen für Kauf und Verkauf von Vermögen, in der vierten um Verjährung, in der fünften um Schulden und Schuldner, in der sechsten um Zeugen und Beweise, in der siebenten um den Eid, in der achten um Verträge und Verpflichtungen, in der neunten um Geiseln und in der zehnten ist die Rede von Raub, Räubern und Morden. Insgesamt sind es 32 Artikel.[38]

Das dritte von der Kodifikationskommission benutzte Werk Groickis war „Ten Postępek wybran jest z praw cesarskich, który Karolus V cesarz kazał wydać po wszystkich swoich państwiech" [Diese Ordnung ist aus den kaiserlichen Rechten ausgewählt, die König Karl V. herausgeben ließ]. Die Kommission verwendete 91 Artikel. Diese Arbeit wurde von den Kommissionsmitgliedern übersetzt und im Kodex als „Kaiserrecht" (Art. 19) oder „Ordnung des Kaiserrechts" bezeichnet. Aus dem vierten Werk von B. Groicki, "Tytuły prawa majdeburskiego" [Titel des Magdeburger Rechts], wurden 22 Artikel benutzt. Die Kodifikationskommission übersetzte dieses Werk, gliederte es in Punkte und zitierte: Rechtsinstitutionen, Rechtstitel, Mitgift, die Nummern 18 und 182. Zur ersten Gruppe der Quellen zählte die Kommission „Rejestr do Porządku do Artykulów prawa Magdeburskiego i Cesarskiego" [Register zu der Ordnung und zu den Artikeln des Magdeburger und des Kaiserrechts]. Diese Arbeit hatte den Charakter eines Nachschlagewerkes, auch hinsichtlich der übrigen Werke Groickis. Teile dieser Arbeit wurden in den Kodex eingefügt und unter dem Titel „W Poradu w Rejestr polskoji C. Crimenlaesae Maiestatis" bekannt. Die Kodifikationskommission benutzte die Arbeiten Groickis, die 1616, 1619 unter dem Titel „Porządek sądów i spraw miejskich prawa majdeburskiego w Koronie Polskiej" [Stadtgerichts- und Prozeßordnung des Magdeburger Rechts im Kronland Polen] herausgegeben wurden. Im Text des Kodex wurden die Werke Groickis als „Ordnung" zitiert unter Hinzufügung einer eigenen Bezeichnung der entsprechenden Arbeit.[39]

Zur zweiten Gruppe der Quellen des Magdeburger Rechts gehörten die Arbeiten, die von der Kodifikationskommission zusätzlich benutzt und im Text des Kodex zitiert wurden. Hinzu kommt das „Enchiridion aliquot locorum communium Iuris Maidenburgen[sis]. Per Joannem Kirsteyn Cerasinum, eiusdem Iuris in Arce Cracouien[sis] Aduocatum, obiter explicatorum" – die Arbeit von J. Kirstein Cerasinus, der Vogt des Obergerichts des deutschen Rechts auf der Krakauer Burg war. Diese Arbeit erschien in der o. g. Gesamtausgabe der Werke von B. Groicki. Taranovskij[40] meinte, daß die Kodifikationskommission das „Enchiridion" zufäl-

[38] Bartłomiej Groicki, Artykuły prawa majdeburskiego [Artikel des Magdeburger Rechts]. Postępek sądów około karania na gardle [Gerichtshandlung und peinliche Halsgerichtsordnung]. Ustawa płacej u sądów [Gesetz über die Entlohnung bei Gericht]. Hrsg. von Karol Koranyi, Warszawa 1954 (=Biblioteka dawnych polskich pisarzy-prawników. 2).

[39] „Prava, za jakymy sudyt'sja malorosijs'kyj narod" 1743 (wie Anm. 37), S. XXVI.

[40] Taranovskij, Obzor pamjatnikov (wie Anm. 31), S. 51.

lig übersetzt und unter dem Text des Kodex angeführt hat. Im Text des Kodex wurde das „Enchiridion innerhalb der „Ordnung" zitiert: Mitgift Nr. 1. Heute sind die Rechtshistoriker der Meinung, daß das „Enchiridion" nicht zu den Normen des Magdeburger Rechts gehört, weil es sowohl Magdeburger wie auch römisches Recht enthält.

Die meisten Wissenschaftler sind der Ansicht, daß die letzte Arbeit von B. Groicki „Obrona sierot i wdów"[41] [Über den Schutz der Waisen und Witwen] zur zweiten Gruppe der Quellen des Kodex gehört. Dieses Werk wurde in den Gerichten Magdeburger Rechts in der Ukraine angewandt. Die Kodifikationskommission übersetzte es und benutzte es bei der Abfassung des neunten Kapitels des Kodex („Über die Vormunde und über den Schutz der Waisen"), teilweise des zehnten („Über Hochzeit, Mitgift, Erbe von Mann und Frau und über die Scheidung") und des zweiten Artikels des Kapitels („Über die Hafengewässer, Überschwemmungen, versenkte Waren, Mühlen, Teiche und über versenkte Heuernte"). Der Ausschuß zitierte diese Arbeit unter dem gesamten Titel der Werke von B. Groicki „Ordnung über den Schutz der Waisen und Witwen".[42]

In der dritten Gruppe finden sich die Quellen, die die Kommission während der Arbeit am Kodex benutzte. Sie wurden im Kodex aber nicht erwähnt. Hierzu gehören die aus drei Teilen bestehenden Werke von N. Jaskier: 1) Iuris provincialis quod speculum Saxonum vulgo nuncupatur libri tres.[43] 2) Iuris municipalis Maidenburgensis liber vulgo Weichbild nuncupatus.[44] 3) Promptuarium iuris provincialis, quod speculum Saxonum vocatur tum et Municipalis Magdeburgensis. In der Ukraine verwendete man Jaskiers Arbeiten, die in Krakau im Jahre 1535 und in Zamość im Jahre 1602 gedruckt worden waren.[45] Die ersten beiden Teile erwiesen sich als genaue lateinische Übersetzung des Sachsenspiegels und des Magdeburger Weichbildes aus den deutschen Quellen. Das dritte Werk ist als Ergebnis der Arbeit des Autors anzusehen.[46] Die lateinische Übersetzung des Sachsenspiegels und des Weichbildes hielt man für die genaueste Übersetzung, die in den Gerichten als offizieller Kodex Anwendung fand. Aber sie wurde nicht offiziell in Kraft gesetzt. Während der Arbeit entdeckte die Kodifikationskommission, daß die Werke von P. Szczerbicz und B. Groicki den deutschen Originalen nicht entsprechen. Deshalb wurde beschlossen, das Original des sächsischen Rechts in drei Büchern ins Russische zu übersetzen. Diese Arbeit hat viel Zeit und

[41] Bartłomiej Groicki, Obrona sirot i wdów [Über den Schutz der Waisen und Witwen], Warszawa 1958; Lück, Magdeburger Recht in der Ukraine (wie Anm. 16), S. 123.

[42] „Prava, za jakymy sudyt'sja malorosijs'kyj narod" 1743 (wie Anm. 37), S. XXVI.

[43] N. Jaskier, Iuris provincialis quod Speculum Saxonum vulgo nuncupatur libri tres opera vigilanti in correctiorem redacti materiam, adiunctis simul glossis, aliisque addictionibus noviter recollectis pro interpretatione textus magis necessariis, Cracoviae 1535.

[44] N. Jaskier, Iuris Municipalis Maidenburgensis liber vulgo Weichbild nuncupatus ex vetustissimis exemplaribus vigilanti opera latinitati datus, summaque cum diligentia recognitus, adiunctis simul glossis interpretationibus ad necessariis, Cracoviae 1535.

[45] Jakowliw, Das deutsche Recht in der Ukraine (wie Anm. 13), S. 24–26.

[46] Teličenko, Očerki kodifikacii (wie Anm. 12), S. 25.

Mühe gekostet. Die Kommission benutzte die Arbeiten von N. Jaskier, wenn es Widersprüche zwischen den Werken von Groicki und Szczerbicz gab. Wegen ihres seltenen Gebrauchs in den ukrainischen Gerichten waren einige Kommissionsmitglieder dagegen, die Arbeiten von Jaskier im Text des Kodex zu erwähnen.[47]

V. Stefanovyč betonte, daß sich in verschiedenen Quellen Widersprüche finden, weshalb die Kommission die neuesten Ausgaben des sächsischen und anderer Rechte benutzte, was von den anderen Mitgliedern der Kodifikationskommission bestätigt wurde. I. Borozna schrieb, daß von der Kommission außer den drei Büchern, die in den Ukasen der Zaren waren, noch vier lateinische Bücher Saxon verwendet wurden. Taranovskij wies darauf hin, daß die Kommission die deutschen Originale der o. g. Arbeiten benutzte, was auch aus anderen Quellen bestätigt wurde.[48] Drei Bücher des deutschen Kriminalisten Benedikt Carpzov „Processus Juris in foro Saxonico", „Definitiones Forenses ad Constitutiones Electorales Saxonicas", „Practicae Novae Imperialis Saxonicae rerum criminalium Benedicti Carpzovii Synopsis absoluta", die die Kommissionsmitglieder mit nach Moskau genommen hatten, müssen ebenfalls erwähnt werden. Aber es gibt auch Hinweise, daß diese Arbeiten nicht in vollem Umfang übersetzt wurden. Nur ein Kapitel „Über Gottesehre und Herrscherehre" wurde übersetzt. Der Kiewer Magistrat benutzte Carpzovs Bücher, die später vom Bürgermeister M. Nečaj der Kodifikationskommission übergeben wurden.[49]

Unter Bezugnahme auf einzelne Kapitel der „Prava, za jakymy sudyt'sja malorosijs'kyj narod" [Die Rechte, nach denen das kleinrussische Volk Recht spricht], wurde das Magdeburger Recht zur Grundlage für die Kapitel 2, 14, 15, 16, 23, 25, 26, 27, 28, 29. In einen Teil der Kapitel des Kodex von 1743 flossen auch Artikel aus dem Litauischen Statut (3, 5, 6, 7, 9, 10, 11, 12, 20, 22) ein. Die Normen des Magdeburger Rechts fanden sich außerdem in weiteren Kapiteln der „Prava, za jakymy sudyt'sja malorosijs'kyj narod" [Die Rechte, nach denen das kleinrussische Volk Recht spricht]. Sie waren aber nicht von wesentlicher Bedeutung.

Was die Zitate im Text der „Prava, za jakymy sudyt'sja malorosijs'kyj narod" [Die Rechte, nach denen das kleinrussische Volk Recht spricht], betrifft, so ist von insgesamt 3031 auszugehen. Wenn unter einem Artikel für mehrere Quellen Platz war, wurde er für Zitate genutzt.

Die größte Anzahl von Verweisen (d. h. 1580) waren zum Magdeburger Recht, 1006 zum Litauischen Statut und 445 zum ukrainischen Gewohnheitsrecht.[50]

In bezug auf einzelne Ursprünge des Magdeburger Rechts gab es 526 Verweise auf das „Speculum Saxonum" von P. Szczerbicz und 207 auf das „Ius Munici-

---

[47] Kistjakivs'kyj, „Prava za [...] narod" (wie Anm. 3), S. 843.
[48] Taranovskij, Obzor pamjatnikov (wie Anm. 31), S. 50–51.
[49] Teličenko, Očerki kodifikacii (wie Anm. 12), S. 20–23.
[50] Jakovliv, Ukrajins'kyj kodeks (wie Anm. 2), S. 66.

pale". Insgesamt sind 733 Verweise auf die Arbeiten von P. Szczerbicz zu verzeichnen. Die nächste Gruppe bildeten die Arbeiten von B. Groicki. Es gab 201 Verweise auf den „Porządek sądów i spraw miejskich prawa majdeburskiego w Koronie Polskiej" [Stadtgerichts- und Prozeßordnung des Magdeburger Rechts im Kronland Polen], 150 auf die „Tytuły ..." [Titel des Magdeburger Rechts], 149 auf die „Artikuły ..." [Artikel des Magdeburger Rechts], 72 auf den „Postępek wybrany z praw cesarskich" [Prozeß, ausgewählt aus den kaiserlichen Rechten]. Unter der gesamten Bezeichnung „Ordnung" gab es 599 Verweise. Die Kodifikationskommission benutzte eine Reihe von Arbeiten B. Groickis. Am häufigsten wurde aber sein Werk „Über den Schutz der Waisen und Witwen", mit 38 Verweisen, verwendet. Ingesamt gibt es zu den von der Kodifikationskommission benutzten Arbeiten B. Groickis 645 Verweise. Auf die Arbeit von Kuszewicz „Prawo Chełmińskie" [Das Kulmer Recht] gab es 157 Verweise. Mit der Arbeit von J. Kirstein Cerasinus „Enchiridion", mit 35 zitierten Stellen, schließen wir die Aufzählung ab. Während der Analyse der Quellen des Magdeburger Rechts und ihrer Anwendung im Kodex wurden alle Arbeiten von B. Groicki unter der gesamten „Ordnung" zitiert. Darunter verstand man seine oben erwähnte Arbeit „Porządek sądów i spraw miejskich prawa majdeburskiego w Koronie Polskiej" [Stadtgerichts- und Prozeßordnung des Magdeburger Rechts im Kronland Polen]. Dazu gehörte auch die Arbeit J. Kirstein Cerasinus „Enchiridion". Die „Ordnung" wird im Kodex nur mit 201 Verweisen zitiert. Die genaue Anzahl der Verweise auf Magdeburger Recht ist schwer zu bestimmen, weil alle in lateinischer und polnischer Sprache geschriebenen Arbeiten ohnehin einen Bezug zu den deutschen Originalen des „Weichbildes" und des „Sachsenspiegels" hatten.

Prozentual bezog sich die größte Anzahl der Zitate, d. h. 52,1%, auf das Magdeburger Recht, 33,2% auf das Litauische Statut und 14,7% auf das ukrainische Gewohnheitsrecht.

Das Litauische Statut wurde seinerseits im Gegensatz zum sächsisch-magdeburgischen Recht unter der gesamten Bezeichnung ‚Statut' benutzt, weil man es im Ganzen als Rechtsnorm anwandte. Die Kodifikationskommission benutzte gleichzeitig das Litauische Statut und die Sammlungen des sächsisch-magdeburgischen Rechts, stellte aber dabei immer das Statut an die Spitze. Als die grundlegenden Quellen des Kodex von 1743 sind das sächsisch-magdeburgische Recht und das Litauische Statut deutlich zu erkennen.

Hinsichtlich der Quellen des sächsisch-magdeburgischen Rechts wurden im Kodex von 1743 überwiegend die Arbeiten der polnischen Autoren B. Groicki, P. Szczerbicz, N. Jaskier und P. Kuszewicz benutzt.

Außer dem sächsisch-magdeburgischen Recht als unmittelbarer Quelle des Kodex von 1743 gehört auch das Litauische Statut teilweise zu den Quellen des Kodex, denn der wichtigste Teil des Litauischen Statuts, das Strafrecht, basiert auf dem sächsisch-magdeburgischen Recht.

Der Kodex von 1743 „Prava, za jakymy sudyt'sja malorosijs'kyj narod" [Die Rechte, nach denen das kleinrussische Volk Recht spricht] wurde offiziell nicht in Kraft gesetzt, aber man fuhr fort, ihn als praktisches Handbuch in den ukrainischen Gerichten zu benutzen. Der Kodex legte Zeugnis ab vom hohen Niveau der Rechtskultur der damaligen ukrainischen Gesellschaft und machte die ukrainischen Juristen mit den vollkommensten europäischen Rechtsnormen vertraut. Das Wirken des sächsisch-magdeburgischen Rechts in der Ukraine zeugt von den jahrhundertelangen kulturellen Beziehungen unseres Landes mit anderen europäischen Staaten und insbesondere mit den deutschen Städten und Ländern. Mit der Anwendung des sächsisch-magdeburgischen Rechts befand sich die Ukraine mit den anderen europäischen Staaten in einem gemeinsamen Rechtsraum. Die Zahl der Verweise auf das sächsisch-magdeburgische Recht war größer als auf andere Quellen.

Das sächsisch-magdeburgische Recht wurde in der Ukraine nicht als ein fremdes Recht betrachtet. Es wurde zu einem Teil des nationalen Rechts.

Literatur

Bartłomiej Groicki, Artykuły prawa majdeburskiego [Artikel des Magdeburger Rechts]. Postępek sądów około karania na gardle [Gerichtshandlung und peinliche Halsgerichtsordnung]. Ustawa płacej u sądów [Gesetz über die Entlohnung bei Gericht]. Hrsg. von Karol Koranyi, Warszawa 1954 (=Biblioteka dawnych polskich pisarzy-prawników. 2).

Bartłomiej Groicki, Porządek sądów i spraw miejskich prawa majdeburskiego w Koronie Polskiej [Gerichts- und Stadtrechtsordnung nach Magdeburger Recht im Kronland Polen]. Hrsg. von Karol Koranyi, Warszawa 1953 (=Biblioteka dawnych polskich pisarzy prawników. 1).

Bartłomiej Groicki, Ten Postępek wybran jest z praw cesarskich, który Karolus V cesarz kazał wydać po wszystkich swoich panstwiech [...] [Diese Ordnung ist aus den kaiserlichen Rechten ausgewählt, die König Karl V. herausgeben ließ], Kraków 1629.

Bartłomiej Groicki, Tytuły prawa majdeburskiego [Titel des Magdeburger Rechts], Warszawa 1954 (=Biblioteka dawnych polskich pisarzy prawników. 3).

Tetjana Hoško, Narysy z istoriji magdeburz'koho prava v Ukrajini. XVI-počatok XVII st. [Beiträge zur Geschichte des Magdeburger Rechts in der Ukraine. 16. bis Anfang des 17. Jhs.], L'viv 2002.

Andrij Jakowliw, Das deutsche Recht in der Ukraine und seine Einflüsse auf das ukrainische Recht im 16.–18. Jahrhundert, Leipzig 1942.

Andrij Jakovliv, Do istoriji kodyfikaciji ukrajins'koho prava u 18 st. [Zur Geschichte der Kodifikation des ukrainischen Rechts im 18. Jh.], Praha 1937.

Andrij Jakovliv, Ukrajins'kyj kodeks 1743 r. „Prava, za jakymy sudyt'sja malorosijs'kyj narod" [Der ukrainische Kodex von 1743 „Die Rechte, nach denen das kleinrussische Volk Recht spricht"], München 1949.

Oleksandr Kistjakivs'kyj, „Prava za kotorymi suditsja malorossijskij narod" [„Die Rechte, nach denen das kleinrussische Volk Recht spricht"], Kyjiv 1879.

Ivan Ivanovič Lappo, Litovskij Statut 1588 g. [Das Litauische Statut von 1588]. Tom. I, Kaunas 1934.

Rolf Lieberwirth, Das sächsisch-magdeburgische Recht als Quelle osteuropäischer Rechtsordnungen, Berlin 1986 (=Sitzungsberichte der Sächsischen Akademie der Wissenschaften zu Leipzig. Phil.-hist. Kl. Bd. 127. H. 1).

Heiner Lück, Magdeburger Recht in der Ukraine, in: Zeitschrift für Neuere Rechtsgeschichte 12 (1990), S. 113–126.

W. Mesjac, Istorija kodifikacii prava na Ukraine v pervoj polovine XVIII v. [Geschichte der Kodifikation des ukrainischen Rechts in der ersten Hälfte des 18. Jh.], Kiev 1964.

A. Pašuk, Orhanizacija sudiv na Ukrajini v druhij polovyni XVIII st. [Organisation der Gerichte in der Ukraine in der zweiten Hälfte des 18. Jhs.], L'viv 1961.

Polnoe sobranie zakonov Rossijskoj Imperii. T. VIII. Nr. 5036614. [Vollständige Sammlung der Gesetze des russischen Reiches].

„Prava, za jakymy sudyt'sja malorosijs'kyj narod" 1743 [„Die Rechte, nach denen das kleinrussische Volk Recht spricht" 1743]. Pid red. O. Mironenko, Kyjiv 1997.

M. Slabčenko, Opyty po istorii prava Malorossii XVII i XVIII vv. [Studien zur Rechtsgeschichte Kleinrußlands im 17. u. 18. Jh.], Odessa 1898.

A. Sljusarenko, M. Tomenko, Istorija ukrajins'koji konstytuciji [Die Geschichte der ukrainischen Verfassung], Kyjiv 1998.

Sobranija malorossijskich prav [Sammlungen der kleinrussischen Rechte]. Pid red. O. Mironenko, Kyjiv 1995.

Paweł Szczerbicz, Speculum Saxonum albo prawo saskie i majdeburgskie porządkiem obiecadła z łacińskich i niemieckich egzemplarów zebrane a na polski język z pilnością i wiernie przełożone przez Pawla Szczerbicza [Speculum Saxonum oder sächsisches und Magdeburger Recht in alphabetischer Ordnung aus den lateinischen und deutschen Exemplaren gesammelt und in die polnische Sprache mit Fleiß und Treu übersetzt von Paweł Szczerbicz], Lwów 1581, Poznań 1610.

Fedor V. Taranovskij, Obzor pamjatnikov magdeburskogo prava zapadno-russkich gorodov Litovskoj ėpochi [Übersicht der Denkmäler des Magdeburger Rechts in den westrussischen Städten der litauischen Epoche], Varšava 1897.

N. Teličenko, Očerki kodifikacii malorossijskogo prava do vvedenija svoda zakonov [Die Kodifikation des kleinrussischen Rechts zur Einleitung des Gesetzbuches], in: Kievskaja starina 1888.

A. Tkač, Istorija kodyfikaciji dorevoljucijnoho prava Ukrajiny v XVI–XVII st. [Geschichte der Kodifikation des Rechts der Ukraine im XVI–XVII. Jahrhundert], Kyjiv 1968.

M. Vasylenko, Materijaly do istoriji ukrajins'koho prava [Materialien zur Geschichte des ukrainischen Rechts], Kyjiv 1929.

Michail F. Vladimirskij-Budanov, Materialy biohrafii V. Stefanovyča. „Čtenie v Istoričeskom Obščestve Nestora Letopisca" [Materialien zur Biographie V. Stefanovyčs. „Lesung in der Historischen Gesellschaft des Chronisten Nestor"], Kiev 1879.

Michail F. Vladymirskij-Budanov, Nimec'ke pravo v Pol'šči i Lytvi [Deutsches Recht in Polen und Litauen], L'viv 1903.

(Aus dem Ukrainischen übersetzt von Inge Bily.)

Rudolf Kuchar (Bratislava)

Der slowakische Sprachraum im 14. bis 15. Jahrhundert und das Magdeburger Recht

Mit meinem Beitrag möchte ich mich der gesellschaftspolitischen und kulturellen Situation des slowakischen Sprachgebietes im 14. Jahrhundert zuwenden. Außerdem werde ich die Annäherung des Magdeburger Rechts an das Leben der slowakischen Bevölkerung im 15. Jahrhundert beschreiben wie auch die Entstehung der Übersetzung dieses Rechts.

Das slowakische Sprachgebiet wurde nach dem Zerfall des Großmährischen Reiches ein Teil Ungarns. Das slowakische Volk wie auch seine Sprache erfuhren im Laufe des 10. und 11. Jahrhunderts eine deutliche Konsolidierung.[1] Dieser Zeitraum wird durch die Herausbildung des Slowakischen als einer selbständigen slawischen Sprache charakterisiert. Dies unterstreichen auch einige Veränderungen im Sprachsystem, die sich in dieser Zeit in den Nachbarsprachen (Polnisch und Tschechisch) vollzogen haben, nicht aber im Slowakischen.[2] Nach der Eingliederung des vom slowakischen Ethnikums bewohnten Territoriums in das Königreich Ungarn entstand in vielerlei Hinsicht eine neue Situation. Die Konsolidierung der slowakischen Gemeinschaft setzte sich fort. In der Sprache vollzogen sich im 12. bis 15. Jahrhundert alle wichtigen Veränderungen, die zur Stabilisierung der Dialekte nötig waren. Außerdem bildeten sich die Bedingungen für die Entstehung überdialektaler Sprachvarianten (westslowakisch, mittelslowakisch und ostslowakisch) heraus.[3] Die bisher nur im mündlichen Sprachgebrauch exi-

---

[1] Ján Doruľa, Elena Krasnovská, Peter Žeňuch, Dve línie v slovenskom jazykovo-historickom vývine alebo slovensko-české vzťahy v predspisovnom období [Zwei Linien in der slowakischen sprachhistorischen Forschung oder slowakisch-tschechische Beziehungen in vorschriftlicher Zeit], in: Príspevky slovenských slavistov. XII. medzinárodný zjazd slavistov v Krakove. Slovenský komitét slavistov, Kabinet slavistiky SAV [XII. Internationaler Slawistenkongreß in Krakau (Beiträge der slowakischen Slawisten). Slowakisches Slawistenkomitee, Abteilung Slawistik der Slowakischen Akademie der Wisssenschaften], Bratislava 1998, S. 65–68, hier S. 66; Ján Doruľa, Je štúrovská kodifikácia spisovnej slovenčiny odluka? [Ist die Kodifikation der slowakischen Schriftsprache durch Štúr eine Trennung?], in: Slovensko-české vzťahy a súvislosti [Slowakisch-tschechische Beziehungen] (zborník prác z medzinárodnej vedeckej konferencie), hrsg. von Jozef Hvišč, Bratislava 2000, S. 189–195, hier S. 190. Die Ausbreitung des Altslawischen in einzelne slawische Länder bewirkte, daß diese Sprache durch lebendige slawische Sprachen beeinflußt wurde. Das Altslawische geht am Ende des 11. Jahrhunderts unter, und es verwandelt sich in mehrere Typen des Kirchenslawischen (Mikuláš Štec, Príspevok k dejinám cirkevnej slovančiny [Ein Beitrag zur Geschichte des Kirchenslawischen], in: Život slova v dejinách a jazykových vzťahoch [Das Leben des Wortes in den historischen und sprachlichen Beziehungen], hrsg. von Peter Žeňuch, Bratislava 2003, S. 123–133, hier S. 123). Es entstand die Voraussetzung dafür, daß sich einzelne slawische Sprachen im mündlichen Gebrauch durchsetzen konnten.

[2] Rudolf Krajčovič, Vývin slovenského spisovného jazyka a dialektológia [Geschichte der slowakischen Schriftsprache und die Dialektologie], Bratislava 1988, S. 16.

[3] Rudolf Krajčovič, K problematike formovania kultúrnej západoslovenčiny [Zur Problematik der Herausbildung des Westslowakischen], in: Zborník Filozofickej fakulty Univerzity Komenského. Philologica 14 (1962), S. 67–101.

stierende slowakische Sprache wurde nach Übernahme der tschechischen Orthographie in den drei slowakischen überdialektalen Varianten verschriftlicht. Dies zeigt sich auch in der Sprache des Silleiner Buches (im Folgenden SB), das aus zwei Teilen besteht: einer Übersetzung des Magdeburger Rechts und Eintragungen von Rechtsakten (im Folgenden Eintragungen). Das SB entstand in einer Zeit, in der das Tschechische ins slowakische Gebiet vordrang. Eine Reihe von Schriftdenkmälern enthalten Merkmale des Tschechischen. Viele sind als rein tschechisch einzustufen.

Bei der Beurteilung des administrativ-juristischen Schrifttums (hierzu gehört auch das SB) gehen die Ansichten über deren Sprache diametral auseinander. Einerseits heißt es, es sei slowakisiertes Tschechisch (Blanár, Dorul'a u. a.), andererseits tschechisiertes Slowakisch (Kuchar, Blanár,[4] Dorul'a u. a.). Die Ansicht, daß das SB tschechisch sei (Habovštiaková, Krajčovič, Ďurovič), ist vorherrschend. Mein Beitrag zielt allerdings nicht auf eine Lösung dieses Problems ab. Aufgrund unserer Forschungen ordnen wir das SB den slowakischen Schriftdenkmälern zu.

Im Bereich des wirtschaftlichen und gesellschaftlichen Lebens (auch wenn es dabei um Institutionen der rechtlichen Selbstverwaltung geht) nahm die Entwicklung eine neue, ganz andere Richtung als vor dem Zerfall des Großmährischen Reiches. Es entstanden Städte und in ihnen eine Selbstverwaltung nach deutschem Vorbild. Die Entstehung der Städte hatte große Bedeutung für die Entwicklung der Sprache und für ein wachsendes Interesse an Bildung.

Ungefähr seit dem 13. Jahrhundert erlangten die deutschen Ankömmlinge eine führende Position in den Städten (auch in Žilina[5]). Schrittweise erstarkte jedoch auch die einheimische Bevölkerung auf wirtschaftlichem Gebiet wie auch bei der Herausbildung ihres Nationalbewußtseins (ähnlich wie in anderen Städten). Ihre ökonomische Kraft und ihr Nationalbewußtsein begannen sich zu äußern. Die einheimische Bevölkerung erhielt im Laufe der Zeit Zugang zur Macht, konkret zum Selbstverwaltungssystem der Stadt. Ihr Recht setzte sich durch. In der gesamten Periode des Feudalismus war das Gewohnheitsrecht[6] die entscheidende

---

[4] Eine Bewertung der älteren Ansichten zu der oben erwähnten Problematik gibt Katarína Habovštiaková (Na okraj diskusie o jazyku Žilinskej knihy [Am Rande der Diskussion zur Sprache des Silleiner Buches], in Slavia 24 (1955), S. 480–487), mit Literatur. Vincent Blanár, Podmienky a predpoklady vývinu spisovnej slovenčiny [Bedingungen und Voraussetzungen der Entwicklung der slowakischen Schriftsprache], in: Wiener Slawistischer Almanach: Festschrift für L'ubomír Ďurovič zum 65. Geburtstag. Bd. 25/26, hrsg. von A. Binder, Wien 1990, S. 101–109, und wendet sich der Thematik des SBs und der Problematik dieses Zeitraumes bis zum Ende des 18. Jahrhunderts zu.

[5] Richard Marsina, Výsady pre Žilinských Slovákov z roku 1381 [Privilegien für die Silleiner Slowaken aus dem Jahre 1381], in: Národnostný vývoj miest na Slovensku do roku 1918 [Die nationale Entwicklung der Städte in der Slowakei bis zum Jahre 1918], hrsg. von Richard Marsina, Martin 1984, S. 13–40, hier S. 14.

[6] Rudolf Kuchar, Právo a slovenčina v dejinách [Das Recht und das Slowakische in der Geschichte], Budmerice 1998; ebd., S. 14.

Rechtsform, was in Ansätzen schon für die Zeit der Entstehung des Großmährischen Reiches (Mission von Kyrill und Method – Zakon sudnyj ljudem) gilt. Die Geltung solcher Rechtsverordnungen (der Könige, Magnaten u. a.) war völlig vom Gewohnheitsrecht abhängig.[7] Das seit Jahrhunderten geltende Gewohnheitsrecht spiegelte sich in verschiedenen Aufzeichnungen sprachlich wider. Ein Beleg dafür ist z. B. die Wortverbindung *volat' trhom* in der Bedeutung „öffentlich kundmachen, daß jemand etwas verkauft". Es ging vor allem um die Bekanntmachung einer hoheitlichen Vorschrift, die öffentlich auf den Komitatskongregationen und Märkten u. ä. verlesen wurde. Die Silleiner Bürger waren als Erbschultheißen nahegelegener Dörfer tätig, die nach dem Silleiner Recht lebten. Diese gesellschaftlichen Entwicklungen sowie weitere soziale Faktoren führten schon vorher zur Privilegierung slowakischer Einwohner in Žilina (1381 – Privilegium pro Slavis) und schließlich zur Entstehung des SB. Žilina wurde zum Zentrum des größten Kreises deutschen Rechts in der Slowakei.[8]

Die Deutschen brachten neben unterschiedlichen Produktionszweigen auch ihr Recht, ihre Selbstverwaltungs- und Gerichtsstruktur und natürlich ihre Terminologie mit. Das slowakische Ethnikum traf so auf das Magdeburger Recht, was letztlich zur Übersetzung des Magdeburger Rechts ins Slowakische führte. Die sprachliche Beziehung zwischen Slowaken und Deutschen findet in dieser Zeit auch einen juristischen Niederschlag. Im genannten Kodex wird z. B. in § 90 festgestellt: *kdyby se dwa ranila mezy sebu a ti by oba przyssla od slowenskeho przyrozeni awssak by neumiela ne slowensky, tedy ten prwni ma przygiti a zalowati slowensky ...* (*wundent sich zwen vnder ein ander binnen dem wicbilde vnd die beide chvmen sein von windischer art vnd doch nich windisch sint der chvm vnd clag windischen ...*). Daran kann man die wirtschaftliche und soziale Kraft und die Lebendigkeit des slowakischen Ethnikums ablesen. Deutlich wird daran außerdem, daß sich die Slowaken und die slowakische Sprache in der Rechts- und Gerichtspraxis und in der städtischen Selbstverwaltung durchsetzten. Eintragungen, die anfangs in Latein und Deutsch waren, werden schon bald in der Ortssprache vorgenommen. Die älteste Rechtsaufzeichnung in slowakischer Sprache stammt aus dem Jahre 1451. Sie ist jedoch tschechisch geprägt, da sie in tschechischer Orthographie geschrieben wurde. Das Tschechische, seine literatursprachliche Form wie auch andere Elemente des Tschechischen waren zu dieser Zeit bereits auf das Gebiet der Slowakei vorgedrungen.

Konzentrieren wir uns jetzt auf die charakteristischen Züge der Übersetzung des Magdeburger Rechts und auf seine sprachlichen Besonderheiten. Kontakte

---

[7] Štefan Luby, Dejiny súkromného práva na Slovensku [Geschichte des Privatrechts in der Slowakei], Bratislava 1946; ebd., S. 56.

[8] Richard Marsina, Žilina vo víre dejín [Sillein im Strudel der Geschichte], in: Žilina v slovenských dejinách [Žilina in der slowakischen Geschichte]. Zborník z vedeckej konferencie k 620. Výročiu udelenia výsad pre Žilinských Slovákov, hrsg. von Richard Marsina, Peter Štanský, Žilina 2002, S. 7–13.

zwischen der slowakischen und der deutschen Sprache gibt es seit ältester Zeit (alte Germanen und Urslawen). Diese Kontakte sind kultureller und militärischer Art, aber sie ergeben sich auch aus der Besiedlung. Dem Zeitraum der älteren historischen Kontakte zwischen den untersuchten Sprachen wendet sich die Arbeit P. R. Rudolfs[9] zu.

Deutsche Lexik setzte sich im SB nur in bestimmtem Maße durch. Es ging vielmehr um die Ergänzung des Wortschatzes, der durch den Zustrom der deutschen Siedler in die Bergbaustädte, in die Zips und an die obere Nitra bedingt war. Die deutsche Lexik trat besonders bei der Übernahme von Wortschatz aus den Bereichen der städischen Selbstverwaltung, der Wirtschaft und des Gerichtswesens auf. Die Deutschen brachten viele ihrer Gewohnheiten und ihr Recht mit. Die Anwendung deutschen Rechts spiegelte sich in verschiedenen Rechtsinstitutionen und -normen wider. Als Folge der Angleichung und der partiellen Assimilierung von Deutschen an die einheimische slowakische Bevölkerung wurde damit begonnen, den deutschen Kodex ins Slowakische zu übersetzen.[10]

Zu den Begriffen, die das Zusammenleben der Deutschen und Slowaken (in Žilina) charakterisieren und die im SB verwendet werden, gehören: *erb, fedrunk, fojt, fortiel', ríd, funt, glejt, grunt, gvalt, hajtman, hindrovat', hofier, jarmark, krám, lôn, minca, mincier, mistr, mord, oberman/ubrman, ortiel', pavovat', purkrabie, purkmistr, retovat', richtár, rytier, šacovat', šanovat', šarha, šilink, šoltýs, spíža, štráfat', zrajtovat'.* Viele haben auch abgeleitete Formen: *erbovat', fojtov, fojtovský, mordovat', ortiel'ny, ortiel'ovat', richtársky, rytiersky, šacovanie, šacunk, pavovanie* usw. Dabei sind auch Wortbildungsnester zu erkennen (*erb, erbovat', erbovný (adj.), erbovný (m.), erbovník*). Die Integration einiger Begriffe (Termini) erkennt man daran, daß sie Verbindungen mit heimischen Lexemen eingehen, z. B. *krádežský mord, ortiel'ny list* usw. Von den hier genannten einheimischen Wörtern findet sich nur ein Bruchteil im SB.

Der Rechtswortschatz wie auch der allgemeine Wortschatz deutschen Ursprungs ist in der Übersetzung des Magdeburger Rechts (auch in zusätzlichen Eintragungen) ziemlich selten vertreten.[11] Dies zeigt hinsichtlich der Sprache und

---

[9] Rainer Rudolf, Die deutschen Lehn- und Fremdwörter in der slowakischen Sprache, Wien 1991 (= Beiträge zur Sprachinselforschung. 9). Die Epoche der älteren historischen Kontakte zwischen den untersuchten Sprachen werden in der Arbeit von R. Rudolf beschrieben. Die Mehrheit der vom Autor angeführten Wörter war im Slowakischen bereits bekannt. Das slowakische Ethnikum hat sie in der mündlichen Kommunikation schon vor der Entstehung der Übersetzung des MR (Rudolf Kuchar, Žilinská právna kniha. Magdeburské právo [Das Silleiner Rechtsbuch. Magdeburger Recht], Bratislava 1993) benutzt. Ihr Vorkommen in der Übersetzung des MR und in anderen schriftlichen Denkmälern bestätigt eine spätere Kontinuität, die im gesamten Verbreitungsgebiet der slowakischen Sprache festgestellt wurde.

[10] Der Impuls zur Übersetzung ging von V. Pongrác, Bürger von Sillein und Schultheiß, aus.

[11] Rudolf Kuchar, Z jazykovej nemecko-slovenskej problematiky prekladu magdeburského práva [Zum deutsch-slowakischen Sprachproblem bei der Übersetzung des Magdeburger Rechts], in: Wort und Name im deutsch-slavischen Sprachkontakt: Ernst Eichler von seinen Schülern und Freunden, hrsg. von Karlheinz Hengst, Dietlind Krüger, Hans Walther unter Mitarbeit von Inge Bily, Köln, Weimar, Wien 1997, S. 533–544; ebd., S. 537.

auch des Textes eine gewisse Unabhängigkeit der Übersetzung des Magdeburger Rechts von der Originalsprache, was aus der Existenz des heimischen Fachwortschatzes erklärt wird.[12] Die slowakische Übersetzung war für die Einheimischen bestimmt, die schon seit langem über eine Rechtsterminologie verfügten, an die man anknüpfen konnte.

Beide Sprachen verwendeten in der Vergangenheit für eine bestimmte Sache mehrere Begriffe. Im deutschen Original ist bei der Benennung einiger Realien (z. B. Vermögen, Besitz und Erbschaft[13]) eine terminologische Vielfalt festzustellen. Um sie ins Slowakische zu übersetzen, wurden mehrere slowakische Synonyme verwendet.[14] Wie für den deutschen Text so ist auch für den slowakischen eine Synonymie von Lexemen und die wechselnde Benutzung slowakischer (auch slawischer) Äquivalente charakteristisch.[15]

Das SB enthält viele verschiedene terminologische und nicht-terminologische Redewendungen und Wortverbindungen. Solche Lexik war und ist – wie sich zeigte – sowohl in der gesprochenen Sprache wie auch in der schriftlichen Rechtskommunikation vorhanden. Wir können die Existenz einiger Worteinheiten aus dem Prozeß- oder Eigentumsrecht im SB nachweisen. Natürlich – und die Ursache wurde oben angeführt – stimmen einige der Worteinheiten mit dem Tschechischen überein bzw. korrespondieren in ihrer Struktur mit mehreren Äquivalenten in anderen slawischen Sprachen. Zahlreiche Gruppen bilden aber spezifische slowakische Wortverbindungen, die eher älteren Datums sind (urslawischen Ursprungs und von gesamtslawischer Gültigkeit), wie man heute weiß. Um das Alter dieser Termini genau bestimmen zu können, bedarf es des Sprachvergleichs und weiterer Forschungen. Diese Problematik kann daher lediglich in Grundzügen gestreift werden.

Das Prozeßrecht hatte in der Vergangenheit sein besonders spezifiziertes und erprobtes Verfahren. Ein bestimmter Teil der Gemeinschaft mußte es befolgen und sich dadurch gegenseitig respektieren. Auf dem Gebiet des Prozeßrechts gibt es eine Reihe von mit der Gerichtsverhandlung und der Beweisführung verbundenen Wendungen. Von zahlreichen[16] Beispielen aus diesem Umfeld nennen wir folgende: *to zaklanie nozem to gest kradezsky mord* (= úkladná vražda – hinterhältiger Mord) 16, *by se hnali przed prawo* (= podali Žalobu – Klage erheben) 31, *gestli gsu geho na gistotie widieli* (= pristihli pri čine – bei der Tat) 79, *gemu dali za/to*

[12] Rudolf Kuchar, Zo staršej slovenskej a poľskej právnej terminológie v širšom slovanskom kontexte [Zur älteren slowakischen und polnischen Rechtsterminologie im breiteren slawischen Kontext], in: XII. medzinárodný zjazd slavistov v Krakove. (Príspevky slovenských slavistov). Slovenský komitét slavistov, hrsg. von Ján Doruľa, Bratislava 1998, S. 93–108; ebd., S. 15–17.

[13] Kuchar, Z jazykovej nemecko-slovenskej problematiky (wie Anm. 11).

[14] Ebd., S. 538.

[15] Ebd., S. 540–542.

[16] Den größten Teil dieser Wortverbindungen haben wir im Beitrag Najvýznamnejšia jazyková pamiatka Slovákov (2002) [Das bedeutendste Sprachdenkmal der Slowaken] veröffentlicht, auf den wir uns auch bei anderen Wortverbindungen berufen werden.

winu przed prawem (= obžalovali ho – sie haben ihn angeklagt) 80, *gaty w tem skutku* (= lapený pri čine – bei der Tat) 84, *kohoz przed prawem winu pokladagu* (= obžalúvajú ho – sie klagen ihn an) 85, *gistinnika stawi* (= utanovuje svedka – den Zeugen bestimmen) 102, *gemu winu dawagi* (= obžalúvajú ho – sie klagen ihn an) 106, *muoz ho w winu poloziti* (= niekoho obžalovať – jemand anklagen) 108, *gestli geho naygdu na gistinnosti* (= pristihnú pri čine – bei der Tat antreffen) 113, *dokadz den a rok wingde* (= vyprší termín – Frist läuft ab) 114, *zapowiedi gey rok a den s/toho miesta tak dlho* (= vypovedajú z mesta niekoho, obmedzia mu vstup do mesta – jemanden aus der Stadt verweisen, jemanden den Zutritt zur Stadt verwehren), *rychtarz ma gim gisty den dati* (= uložiť, určiť termín – einen Termin bestimmen) 119.

Güterrechtliche Belange, die z. B. Erbverfahren, gemeinsames Eigentum, Vormundschaft, Bürgschaft, Lösegeld, Pfand, Mord oder Selbstverwaltung betreffen, werden durch folgende Redewendungen und Wortverbindungen vertreten:

czoz by naň zemrzelo po otney smrti 27, *zaruczeny czlowiek* 39, *to zbozi miel pod swu ruku* 40 § 164: *er en habe daz gut vnder ym,*[17] *czoz w swey moci miel* 60 § 230: *der sy in seyner gewalt hot, czoz pod sebu ma* 61 § 234: *der sy* (*varende habe*) *vnter ym hot, zbozij mezy rukama gma* 80 § 286: *der iz* (*gut*) *vnder henden hot, czoz czlowiek negmiel rok a den w swe moczy* (= nevlastnil niečo istý čas – gewisse Zeit besaß er nichts) 85 § 305: *waz der man iar vnd tag in seyner gewalt nicht hot, pobiehle zbozy* (= hnuteľný majetok – bewegliches Vermögen) 87, *hnute zbozy* (= hnuteľný majetok – bewegliches Vermögen) 95 und andere. Viele der genannten Termini sind in den Aufzeichnungen belegt.[18] Das bestätigt, daß sie bekannt waren und von unseren Vorfahren in der Gerichtspraxis verwendet wurden. Die Mehrheit dieser Wendungen hat ihren Ursprung in der Umgangssprache. Einige können aus formalen Gründen nicht als fachsprachlich angesehen werden. Aus lexikalisch-semantischer Sicht handelt es sich um Übergangserscheinungen. Diese Wendungen befinden sich an der Grenze zwischen einer relativ stark frequentierten, typischen Verbindung und ihrer noch nicht stabilen, für Phraseologismen typischen Form (als Rechtsterminus). Es geht um Wendungen, deren Inhalt noch nicht „rein“ rechtliche Prägung hat, bzw. die im Grenzbereich liegt. Einerseits ist es ein normales umgangssprachliches Wort andererseits ein Rechtsterminus. Solche Wendungen sind z. B.: *to zbozi miel pod swu ruku* (= vlastnil – er besaß) 40, *czoz pod sebu ma* (= vlastní – er besitzt) 61, *mezy rukama gma* (= vlastní – er besitzt) 80, *on geho widiel z/oczu w oczy* (= na vlastné oči, očividne – augenfällig) 99, *czoz pod sebu gmiel* (= vlastnil – er besaß) 106, *dietie k*

[17] Die Nummer bezeichnet die Seite im Žilinská právna kniha. Magdeburské právo [Das Silleiner Rechtsbuch. Magdeburger Recht], Bratislava 1993. Dahinter steht die Nummer des Paragraphen und der Text aus dem Beitrag von Ilpo Tapani Piirainen, Das Stadtrechtsbuch von Sillein, Berlin, New York 1972.

[18] Wir haben dies in Žilinská právna kniha. Zápisy právnych úkonov Žilinských mešťanov [Das Silleiner Rechtsbuch. Abschrift der Rechtsakten von Silleiner Bürgern], Žilina 2001 veröffentlicht.

swym rokom przigde (= dosiahne dospelý vek – er erreicht die Reife) 114, *rozlil geho krew* (= ublížil mu preliatim krvi – er hat jemanden verwundet) 119 § 425: *eynem mensche vor geuest seyn blut ...*

Interessant ist der Typ einer deverbalen Nominalbildung, deren Bestandteil das Verb *mať* (*haben*) und das Substantiv *moc* (*Macht*) ist. Die sprachliche Form des Begriffes *vlastniť* (*besitzen* oder *haben*) in der Präpositionalverbindung *mať v moci čo* (*etwas in Gewalt haben*) hat mehrere Varianten: *mať pod svojou rukou* (*unter seiner Hand haben*), *mať pod sebou* (*unter sich haben*), *mať medzi rukami* (*zwischen den Händen haben*). Es stellt sich die Frage, inwiefern die Übersetzung dieser Wendungen vom Original abhängig ist. Standen die angeführten Varianten und die Wendungen wie auch das Äquivalent *mať v moci* in einem direkten Abhängigkeitsverhältnis zum deutschen Phraseologismus *etwas in der Gewalt haben*?

Betrachtet man den Inhalt des Wortes *vlastniť*, läßt sich – wie wir sehen konnten – vermuten, daß ein bestimmter Inhalt auf universelle Weise und unabhängig von anderen Sprachen vorliegt. Eine Analogie zeigt sich z. B. bei der Wendung *mať nárok na niečo.* Sie wird durch eine aus dem Lateinischen ins Slowakische übersetzte Konstruktion *mať pretenziu* ausgedrückt. Im Slowakischen kommt hier neben den heimischen Äquivalenten *mať cestu, právo, prístup do čoho, k čomu* auch die univerbierte Form *pretendovať* (lat. pretendo[19]) vor.

In den genannten Fällen kann es sich um allgemeine (gnoseologische) Grunduniversalien archisemer Konstruktionen handeln, die in jeder Sprache vorkommen. Man kann sie als (in jeder Einzelsprache) heimische, historisch ursprüngliche Konstruktionsformen und -einheiten ansehen. Es ist daher fraglich, ob der Phraseologismus *byť na koho chlebe,* heute im Slowakischen bekannt, eine wortgetreue Übersetzung des deutschen Originals im Magdeburger Recht ist. Wenn wir die Existenz der Universalität der Sprache (und des Denkens) berücksichtigen, dann kann man das Vorkommen bestimmter Termini und Wendungen im Slowakischen (und auch im Deutschen) als Folge der Universalität der Sprache aus älterer Zeit verstehen. Man kann von einem altertümlichen, petrifizierten und mit der urslawischen Zeit zusammenhängenden Phraseologismus ausgehen (Čukovskij, 1963 (1961), S. 192; 195 f.).

Auch Wortverbindungen und Wendungen, die als volkstümlich einzustufen sind, bilden dabei keine Ausnahme. Bei vielen Redewendungen und Wortverbindungen, die nicht zu den Termini gerechnet werden können, ist ein Eindringen in den Rechtswortschatz[20] evident.

---

[19] Rudolf Kuchar, Vyjadrovanie právneho nároku v predspisovnej slovenčine [Die Herausbildung des Rechtsanspruchs im vorschriftsprachlichen Slowakisch], in: Slavica Slovaca 24 (1989), 22, S. 34.

[20] Folgende Einheiten sind Beispiele für solche Begriffe (die betreffenden Termini sind hervorgehoben): *kerzy na geho ottczyssne* ***sediely*** (= ktorú vlastnili); *od prawa* ***postupyl*** (= vzal Žalobu späť) 6.64; *ziwym hlasem* (= osobne) 16.74; *dal gest* ***rok a den*** *ku placzeni a kladeni* (= určil termín platby) 17.75; *przed prawem sam* ***vstnie*** *wyznal* (= osobne); *na to* ***ziwe*** *swedomi gma* (= svedka) 22.80; *chowal gest tu syrotu* ***z diedinstwa az do leth*** (= do dospelosti), *dobrowolnie swym* ***ya-***

Die Übersetzung des Magdeburger Rechts und die Eintragungen umfassen vor allem Verbindungen und Redewendungen rechtlichen Charakters. In der Sprache dieses Denkmals wird der Prozeß, in dem viele ursprünglich volkstümliche Wortverbindungen und Redewendungen allmählich zu feststehenden Begriffen wurden, deutlich sichtbar. Diese Wortverbindungen und Redewendungen wurden ein untrennbarer Bestandteil der slowakischen Umgangssprache und drangen dann auch in den überdialektalen Gebrauch des Slowakischen ein. Neben den terminologischen Redewendungen und Wortverbindungen in der Gruppe der nicht terminologischen Einheiten haben erklärende, informierende sowie belehrende Redewendungen und Wortverbindungen in der Übersetzung des Magdeburger Rechts einen wichtigen Platz.[21]

Die seit dem 15. Jahrhundert bestehende Kontinuität vieler deutscher Termini im Slowakischen wird auch im „Slowár" von Bernolák bestätigt.[22] Aus dem Bereich des Prozeß- und Strafrechts sind im SB Begriffe enthalten, die auch das Wörterbuch von Bernolák nennt. Hier finden wir z. B.: *richtár, fojt, gvalt, ortiel'*... Bei Bernolák sind auch die im SB bekannten Termini vorhanden, die zum Bereich Vermögen und Recht gehören: *grunt, kšaft, naborgovat'*... Viele werden auch im heutigen Slowakisch bzw. in den slowakischen Dialekten verwendet (*borg, grunt, gvalt, mord, mordovat' [sa]* usw.).

Abschließend kann man sagen, daß die deutsche Sprache bei der Entwicklung der slowakischen Sprache eine wichtige Rolle spielte. Ganz besonders zeigt sich das am Wortschatz. Bei der Übersetzung des Magdeburger Kodex konnten wir eine vollständige Übersetzung ihres Rechtstextes feststellen. Nur bestimmte Teile einiger Paragraphen wurden ausgelassen. In der Übersetzung des Magdeburger Rechts wurden nur relativ wenige deutsche Wörter benutzt. Die Übersetzung des Kodex war für die in Žilina und die in der Umgebung dieser Stadt lebenden Einwohner bestimmt. Deshalb werden die Regeln des damaligen Sprachgebrauchs

---

zykem** rzekl* (= osobne) 32.91; *gesste sa przi **dobrey pameti (= právne spôsobilý) 21.79, 29.88; *zbozie ... na czuze rucze pustiti* (= odstúpit' majetok) 36.96; *chtieli k swym statkom **przystupowati*** (= nárokovat' si naň) 39.99; ***wpustil se** we/wssetky geho dluhy* (= prevzal ich na seba) 78.48; *kazal **wolati trhom*** (= verejne oznámit' predaj) 59.50; *na keremz* (dome a statku) *sedy a drzy* (= ktorý vlastní) 71.115 [...].

[21] Die Autoren des Kodex verfolgen offensichtlich lediglich ein einziges Ziel: den Benutzer des Textes und durch ihn den Teilnehmer an einer Gerichtsverhandlung oder an einem anderen Rechtsakt mit dem Verfahren und der Prozedur bekanntzumachen. Diese Prozedur wurde im Gewohnheitsrecht eingehalten, damit ein Gerichts- oder Rechtsakt das Ziel nicht verfehlte. Eine bestimmte Gewohnheitsprozedur des Aktes wird dadurch unterstrichen (z. B. Schwere des Fehlers bei Eid), oder sie umfaßt das Rechtsbewußtsein einer bestimmten Gesellschaft. Einige Belege zur o. g. Problematik: *zadna zena nema byti odehnana od gegi muze zbozi* 25; *kazdy muz musy opatrny byti przed prawem na zalobie swym swiedomiem* 31; *kuozy przynesu przed prawo* 36; *na nesmyslnych a blazniwych lidech ne_ma byti zadne prawo* 61; *ma swu nohu koniowi na/lewu naprzed wstupiti a ma swogi lewu ruku koniowi k prawemv vchu sahnuti a ma se na hlawu koniowi przysahati, ze ten kuon geho wlastni byl y gest gesscze nyni* 70; *zadny negma rychtarzem byti, lecz by prwe bywal byl bozeynikem a bozenstwa by swoboden byl* 85 [...].

[22] Anton Bernolák, Slowár Slowenskí, Česko-Lat'insko-Ňemecko-Uherskí [Slawisches Wörterbuch, tschechisch-lateinisch-deutsch-ungarisch]. 1–6, Budín 1825–1827.

des slowakischen Ethnikums gewahrt. Die damalige slowakische Sprache hatte für die Mehrheit der angeführten deutschen Begriffe heimische Äquivalente. Sie bot, wie es im übersetzten Text deutlich wird, ein Arsenal von mehreren slawischen bzw. spezifisch slowakischen Worteinheiten der damaligen slowakischen Umgangssprache. Dies weist auf die Reife der slowakischen Rechtsterminologie in dieser Zeit hin. Im SB spiegelt sich auch ein hohes kulturelles Niveau der damaligen slowakischen Sprache wider, die auf das Geschehen in der europäischen Region reagierte.

Bibliographie

Anton Bernolák, Slowár Slowenskí, Česko-Lat'insko-Ňemecko-Uherskí [Slawisches Wörterbuch, tschechisch-lateinisch-deutsch-ungarisch]. 1–6, Budín 1825–1827.

Vincent Blanár, K hodnoteniu jazyka Žilinskej knihy [Zur Würdigung der Sprache des Silleiner Buches], in: Jazykovedný časopis 5, 2 (1964), S. 116–137.

Vincent Blanár, Podmienky a predpoklady vývinu spisovnej slovenčiny [Bedingungen und Voraussetzungen der Entwicklung der slowakischen Schriftsprache], in: Wiener Slawistischer Almanach: Festschrift für L'ubomír Ďurovič zum 65. Geburtstag. Bd. 25/26, hrsg. von A. Binder, Wien 1990, S. 101–109.

Kornej Čukovskij, Od dvoch do piatich [Von zwei bis fünf]. Mladé letá [Übersetzung aus Ot dvuch do piati, Moskva 1961], Bratislava 1963.

Ján Dorul'a, Elena Krasnovská, Peter Žeňuch, Dve línie v slovenskom jazykovo-historickom vývine alebo slovensko-české vzt'ahy v predspisovnom období [Zwei Linien in der slowakischen sprachhistorischen Forschung oder slowakisch-tschechische Beziehungen in vorschriftlicher Zeit], in: XII. medzinárodný zjazd slavistov v Krakove (Príspevky slovenských slavistov). Slovenský komitét slavistov, Kabinet slavistiky SAV [XII. Internationaler Slawistenkongreß in Krakau (Beiträge der slowakischen Slawisten). Slowakisches Slawistenkomitee, Abteilung Slawistik der Slowakischen Akademie der Wisssenschaften], Bratislava 1998, S. 65–68.

Ján Dorul'a, Je štúrovská kodifikácia spisovnej slovenčiny odluka? [Ist die Kodifikation der slowakischen Schriftsprache durch Štúr eine Trennung?], in: Slovensko-české vzt'ahy a súvislosti [Slowakisch-tschechische Beziehungen] (zborník prác z medzinárodnej vedeckej konferencie), hrsg. von Jozef Hvišč, Bratislava 2000, S. 189–195.

Ján Dorul'a, Slováci v dejinách jazykových vzt'ahov [Die Slowaken in der Geschichte sprachlicher Beziehungen], Bratislava 1977.

L'ubomír Ďurovič, Koncepcie spisovného jazyka chrbtová kost' slovenskej kultúrnej histórie [Das Konzept der Schriftsprache als Rückgrat der slowakischen Kulturgeschichte], in: OS – Fórum občianskej spoločnosti, mesačník o prítomnosti s minulost'ou pre budúcnost' 11 (2000), S. 32–38.

Katarína Habovštiaková, Na okraj diskusie o jazyku Žilinskej knihy [Am Rande der Diskussion zur Sprache des Silleiner Buches], in: Slavia 24 (1955), S. 480–487.

Rudolf Krajčovič, K problematike formovania kultúrnej západoslovenčiny [Zur Problematik der Herausbildung des Westslowakischen], in: Zborník Filozofickej fakulty Univerzity Komenského. Philologica 14 (1962), S. 67–101.

Rudolf Krajčovič, Vývin slovenského spisovného jazyka a dialektológia [Geschichte der slowakischen Schriftsprache und die Dialektologie], Bratislava 1988.

Rudolf Kuchar, Administratívno-právna terminológia v predspisovnom období a jej spracovanie v Bernolákovom Slovári [Rechtsterminologie in der vorschriftlichen Zeit und ihre Bearbeitung im Wörterbuch von Bernolák], in: Slovenská reč 52, 5 (1987), S. 289–295.

Rudolf Kuchar, Najvýznamnejšia jazyková pamiatka Slovákov [Das bedeutendste Sprachdenkmal in der Slowakei], in: Žilina v slovenských dejinách [Sillein in der slowakischen Geschichte] (Zborník z vedeckej konferencie k 620. Výročiu udelenia výsad pre Žilinských Slovákov), hrsg. von Richard Marsina, Žilina 2002, S. 44–50.

Rudolf Kuchar, Právo a slovenčina v dejinách [Das Recht und das Slowakische in der Geschichte], Budmerice 1998.
Rudolf Kuchar, Vyjadrovanie právneho nároku v predspisovnej slovenčine [Die Herausbildung des Rechtsanspruchs im vorschriftsprachlichen Slowakisch], in: Slavica Slovaca 24 (1989), 22.
Rudolf Kuchar, Z jazykovej nemecko-slovenskej problematiky prekladu magdeburského práva [Zum deutsch-slowakischen Sprachproblem bei der Übersetzung des Magdeburger Rechts], in: Wort und Name im deutsch-slavischen Sprachkontakt: Ernst Eichler von seinen Schülern und Freunden, hrsg. von Karlheinz Hengst, Dietlind Krüger, Hans Walter unter Mitarbeit von Inge Bily, Köln, Weimar, Wien 1997, S. 533–544.
Rudolf Kuchar, Žilinská právna kniha. Magdeburské právo [Das Silleiner Rechtsbuch. Magdeburger Recht], Bratislava 1993.
Rudolf Kuchar, Žilinská právna kniha. Zápisy právnych úkonov Žilinských mešťanov [Das Silleiner Rechtsbuch. Abschrift der Rechtsakten von Silleiner Bürgern], Žilina 2001.
Rudolf Kuchar, Zo staršej slovenskej a poľskej právnej terminológie v širšom slovanskom kontexte [Zur älteren slowakischen und polnischen Rechtsterminologie im breiteren slawischen Kontext], in: XII. medzinárodný zjazd slavistov v Krakove. (Príspevky slovenských slavistov). Slovenský komitét slavistov, hrsg. von Ján Doruľa, Bratislava 1998, S. 93–108.
Štefan Luby, Dejiny súkromného práva na Slovensku [Geschichte des Privatrechts in der Slowakei], Bratislava 1946.
Richard Marsina, Žilina vo víre dejín [Sillein im Strudel der Geschichte], in: Žilina v slovenských dejinách [Sillein in der slowakischen Geschichte] Zborník z vedeckej konferencie k 620. Výročiu udelenia výsad pre Žilinských Slovákov, hrsg. von: Richard Marsina, Peter Štanský, Žilina 2002, S. 7–13.
Richard Marsina, Výsady pre Žilinských Slovákov z roku 1381 [Privilegien für die Silleiner Slowaken aus dem Jahre 1381], in: Národnostný vývoj miest na Slovensku do roku 1918 [Die nationale Entwicklung der Städte in der Slowakei bis zum Jahre 1918], hrsg. von Richard Marsina, Martin 1984, S. 13–40.
Eugen Pauliny, Začiatky kultúrneho jazyka slovenskej národnosti [Die Anfänge der Kultursprache der slowakischen Nation], in: Jazykovedné štúdie 6 (1961), S. 5–39.
Ilpo Tapani Piirainen, Das Stadtrechtsbuch von Sillein, Berlin, New York 1972.
Rainer Rudolf, Die deutschen Lehn- und Fremdwörter in der slowakischen Sprache, Wien 1991 (=Beiträge zur Sprachinselforschung. 9).
Jana Skladaná, Jazyk mestských kníh zo 16.–18. storočia [Die Sprache der Stadtbücher vom 16.–18. Jh.], in: Mesto a jeho jazyk [Die Stadt und ihre Sprache], hrsg. von Slavomír Ondrejovič (=Sociolingvistica Slovaca. 5), Bratislava 2000, S. 125–131.
Mikuláš Štec, Príspevok k dejinám cirkevnej slovančiny [Ein Beitrag zur Geschichte des Kirchenslawischen], in: Život slova v dejinách a jazykových vzťahoch [Das Leben des Wortes in den historischen und sprachlichen Beziehungen], hrsg. von: Peter Žeňuch, Bratislava 2003, S. 123–133.

Rolf Lieberwirth (Halle/Saale)

Einführung oder Rezeption? Mittelalterlich deutsches Recht in slawischen Herrschaftsgebieten. Das Beispiel: Polen

Die noch laufende internationale und interdisziplinäre Konferenz „Rechts- und Sprachtransfer in Mittel- und Osteuropa. Sachsenspiegel und Magdeburger Recht" erinnert an Anfänge ähnlicher Unternehmungen oder damals erste wohlgemeinte Versuche, die nach dem Zweiten Weltkrieg in unseren südöstlichen und östlichen Nachbarländern unternommen worden waren, um Fachgelehrte z. B. auf dem Gebiet der Rechtsgeschichte über die staatlichen Grenzen hinweg zu gemeinsamer Arbeit an beiderseits interessierenden Forschungsprojekten zusammenzuführen. So fanden seit Mitte der 60er Jahre auf Initiative bekannter tschechoslowakischer und ungarischer Rechtshistoriker Jahr für Jahr wechselseitig an Universitäten beider Staaten Tagungen statt, an denen auf der Grundlage eines Generalthemas fachwissenschaftliche Vorträge gehalten oder Forschungsberichte erstattet wurden. Wenig später erfolgte dann eine Veröffentlichung der Ergebnisse in Sammelbänden jeweils mit Resümees in englisch, französisch, russisch und deutsch, so daß sie von weiteren europäischen Fachvertretern ebenfalls verwertet werden konnten. Bald ergingen zu diesen Tagungen auch Einladungen an Rechtshistoriker Bulgariens, der Bundesrepublik Deutschland, der DDR, Jugoslawiens, Österreichs, Polens, Rumäniens und der Sowjetunion, die wie selbstverständlich wahrgenommen wurden. Sie führten sogar dazu, daß in diesen Staaten nach und nach ebenfalls Tagungen dieser Art stattfanden. Zu den Gastgebern zählten nun z. B. auch die Universitäten Krakau, Sofia, Bukarest sowie die Humboldt-Universität Berlin. Da sich nun zwangsläufig der Kreis der Vortragenden ständig erweiterte, wurde es immer schwieriger, ein alle interessierendes Generalthema zu finden. Gemeinsame Berührungspunkte ergaben sich immerhin aus der Rezeption fremder Rechte oder aus der großen geistigen Bewegung der europäischen Aufklärung. Weitere jetzt auch rechtsvergleichende Gesichtspunkte, wie der Austausch von Informationen über die historisch interessante Entwicklung des Zivil-, des Straf- und des Verwaltungsrechts sowie die möglichen Berührungspunkte in den einzelnen mittel- und osteuropäischen Staaten, kamen hinzu und waren für alle Teilnehmer sehr instruktiv. Ganz besonders gewinnbringend empfanden diese jedoch das gegenseitige Kennenlernen und den Abbau noch bestehender Vorurteile. Es trat gewissermaßen ein Verstehen durch Begegnen ein. Obwohl die sprachliche Hürde immer größer wurde, entstand ein Vertrauensverhältnis zwischen den beteiligten Wissenschaftlern, das sich später auch auf die Schüler und Nachfolger erstreckte und bis in die Gegenwart weiterwirkt. Es schuf die Grundlage für einen vorurteilsfreien Gedankenaustausch über die politischen Grenzen hinweg. Ein erstes erfolgversprechendes Beispiel dafür war das wissenschaftliche Symposion, das vom 3. bis zum 7. Juni 1977 in Krakau (Kraków) stattgefunden und sich damals mit einer ähnlichen Thematik wie der gegenwärtigen beschäftigt hatte.

Ausgerichtet von Wissenschaftlern der Jagiellonen-Universität Krakau, finanziell unterstützt von der Volkswagen-Stiftung in Wolfsburg und der Freien Universität Berlin, befaßten sich damals namhafte polnische Rechtshistorikerinnen und Rechtshistoriker einerseits sowie Rechtshistoriker und Mediävisten der Freien Universität Berlin andererseits mit immer noch offenen Fragen zum sächsisch-magdeburgischen Recht in Deutschland und Polen.[1] Allein schon die Formulierung des Themas „sächsisch-magdeburgisches Recht in Polen" anstelle des bisher üblich gewordenen und oft kontrovers diskutierten Ausdrucks „deutsches Recht in Polen" oder „deutsches Recht in Schlesien", zeigt schon rein äußerlich das Bemühen aller Teilnehmer um eine den Tatsachen auf den Grund gehende Betrachtungsweise. Dazu einige Erläuterungen, die für mein Thema ebenfalls von Bedeutung sind.

Für polnische und deutsche Rechtshistoriker läßt die Formel „Deutsches Recht in Polen" keine Mißverständnisse aufkommen; jedoch für Außenstehende ist in diesem Zusammenhang völlig offen, ob deutsches Recht in seiner Gesamtheit oder in Teilen und zu welcher Zeit einmal in Polen gegolten haben soll. Ähnliches gilt auch für die Formulierung „deutsches Recht in Schlesien". Nur den Fachhistorikern ist klar, daß die schlesischen Teilherzogtümer[2] im hohen Mittelalter und in früher Neuzeit bis 1335 polnisches, dann lange Zeit böhmisches Lehnsgebiet unter den Przemysliden, danach unter den Luxemburgern, seit 1526 unter den Habsburgern waren. Die schlesischen Gebiete standen aber von 1138 bis 1675 stets unter der Herrschaft polnischer Fürsten aus dem Adelsgeschlecht der Piasten. Lange Zeit entstammten auch die Bischöfe des Bistums Breslau dem polnischen Adel. Nicht viel anders war die staatsrechtliche Situation in Böhmen und Mähren, also im heutigen Tschechien. Nun könnte eingewandt werden, daß der anfangs des 13. Jahrhunderts geprägte und in polnischen und in böhmischen Urkunden benutzte lateinische Begriff *ius t(h)eutonicum*[3] nur wörtlich übersetzt worden war. Er ist aber, wie eben angedeutet, als Übersetzung in dieser Allgemeinheit äußerst mißverständlich und konnte und könnte politisch mißbraucht werden.

---

[1] Die wissenschaftlichen Ergebnisse dieses Symposions wurden unter dem Titel veröffentlicht: Dietmar Willoweit/Winfried Schich (Hrsg.), Studien zur Geschichte des sächsisch-magdeburgischen Rechts in Deutschland und Polen, Frankfurt a. M., Bern, Cirencester/UK 1980 (=Rechtshistorische Reihe. 10).

[2] Wilhelm Wegener, Schlesien, in: Handwörterbuch zur deutschen Rechtsgeschichte, hrsg. von Adalbert Erler, Ekkehard Kaufmann u. Dieter Werkmüller, mitbegründ. von Wolfgang Stammler, unter philolog. Mitarb. von Ruth Schmidt-Wiegand (HRG), Bd. 4, Berlin 1990, Sp. 1413–1426.

[3] Rudolf Kötzschke, Die Anfänge des deutschen Rechtes in der Siedlungsgeschichte des Ostens (Ius teutonicum), in: Berichte über die Verhandlungen der Sächsischen Akademie der Wissenschaften zu Leipzig, Phil.-hist. Klasse 93. Bd., 1941, 2. Heft.

Es bedarf deshalb einer Klärung, was inhaltlich unter diesem Rechtswort zu verstehen ist und wo sowie von wem diese Bezeichnung eingeführt wurde; denn in Urkunden und sonstigen Quellen für deutsche Herrschaftsgebiete, in denen mit Flamen, Holländern und Franken zuerst land- und doch wohl auch rechtsfremde Siedler für die mühevolle Rodung und Urbarmachung angesetzt worden waren und dafür besondere Privilegien[4] erhielten, war zu jener Zeit die Bezeichnung *ius t(h)eutonicum* unbekannt.[5] Hier hielt man, wenn erforderlich, an den Stammesbezeichnungen fest und bezog sich dem entsprechend auf das *ius Hollendensium* oder *Hollandensium, ius Flamingorum, ius Francorum, ius Thuringorum* usw.[6] Jedoch eines ist unstrittig. Was inhaltlich später unter *ius t(h)eutonicum* zusammengefaßt wurde, hatte sich schon in der deutschen Binnenkolonisation, in der zweiten Phase der großen mittelalterlichen Siedlungsbewegung entwickelt, die in weiten Teilen Europas vonstatten ging. Im wesentlichen Rodungssiedler, aber auch andere Fachkräfte für die Urbarmachung ließen sich unter dem Schutz eines Mächtigen in seinen Gebieten nieder, der ihnen für ihre wirtschaftlich so wichtige Arbeit in einem Privileg Land und mannigfache Freiheiten gewährte.[7] Hierin liegen wichtige Ansätze für die Herausbildung einer neuen Schicht freier Bauern.[8] Alle diese Privilegien für die holländisch-flämischen, fränkischen und anderen Siedlergruppen enthalten Hinweise über die Ansiedlung, meist in ganzen Orten, in gleich große Hufen aufgeteilt mit dementsprechend gleichen Abgaben. Ein weiterer Anreiz für die Siedler waren ein erbliches Besitzrecht ohne grundherrliche Bindung, d. h. also persönliche Freizügigkeit und der Vorteil, daß ihr Nachlaß von den sonst üblichen Abgaben an den jeweiligen Herrn befreit war. Den Kolonisten wird außerdem eine besondere Gemeinde- und Gerichtsverfassung zugestanden. Sie sind von den bisher im Gebiet allein zuständigen Gerichten weitgehend befreit, wählen ihren eigenen Dorfrichter und fällen oft, aber durchaus nicht zwingend, Urteile nach ihren eigenen Rechtsgewohnheiten,[9] womit sich zwar personalrechtliche Ordnungselemente geltend machen, aber von einer Durchsetzung des Personalitätsprinzips keine Rede sein kann. Dem neuen Landesherrn und seinem Privileg verdanken sie ihre besondere Rechtsstellung. Es bildet sich ein einheitliches Siedel- oder Siedlerrecht mit typischen Freiheiten, für das sich außerhalb der deutschen Herrschaftsbereiche der Begriff *ius t(h)eutonicum* herauszubilden begann,[10] wobei sich nun vor allem auch die einheimischen slawischen

[4] Hermann Krause, Privileg, mittelalterlich, in: HRG, Bd. 3, Berlin 1984, Sp. 1999–2005.

[5] Kötzschke (wie Anm. 3), S. 21.

[6] Kötzschke (wie Anm. 3), S. 14 f.

[7] Karl Kroeschell, Deutsche Rechtsgeschichte 1, 11. Aufl., Opladen 1999, S. 213.

[8] Kroeschell (wie Anm. 7); ders., Rechtsgeschichte und Sozialgeschichte am Beispiel der deutschen Ostkolonisation, in: Sozialwissenschaften im Studium des Rechts, Bd. IV: Rechtsgeschichte, hrsg. von Gerhard Dilcher und Norbert Horn, München 1978, S. 84–94; M. Herberger, Kolonisation, in: HRG, Bd. 2, Berlin 1978, Sp. 954–959.

[9] Kroeschell (wie Anm. 7), S. 213 f.

[10] Dietmar Willoweit, Zur Frage des Personalitätsprinzips im Sachsenspiegel und in schlesischen Lokationsurkunden des 13. Jahrhunderts, in: Willoweit/Schich (wie Anm. 1), S. 100–115.

Fürsten in Mecklenburg, auf Rügen, in Pommern, dann auch in Schlesien und anderen polnischen Herrschaftsbereichen als Organisatoren der Siedlungsbewegung erweisen.[11]

Das aus den Bedürfnissen der Praxis entstandene neue Siedelrecht fand sowohl im Sachsenspiegel als sonderliches Dorfrecht (III 79) Erwähnung als auch im Magdeburger Recht, das sich als das Recht eines Mischsystems von Stadt, Markt und befreiter Dorfsiedlung darstellt und noch erhebliche Berührungspunkte zum Landrecht aufweist,[12] was für die weitere Entwicklung von besonderer Bedeutung sein sollte. Das Magdeburger Recht wurde als sehr brauchbar, ja als vorbildlich empfunden und fand deshalb um die Mitte des 12. Jahrhunderts östlich der Elbe-Saale-Linie rasche Verbreitung. Die Städte Halle, Leipzig, Stendal, Jüterbog und Brandenburg wurden von ihren jeweiligen Territorialherren mit diesem Recht bewidmet, und diese Städte sorgten für weitere Ausbreitung des Magdeburger Rechts, zumal es von einem der Stadtherren dieser Stadt und großen Kolonisator dieses Raumes, Erzbischof Wichmann (vor 1116 bis 1192) mit dem Privileg von 1188 in einigen wesentlichen Punkten modernisiert worden war.[13] So wurde den Bürgern z. B. ein uneingeschränktes Erbrecht und die freie Richterwahl gewährt sowie das Gerichtsverfahren von lästigen Formalismen befreit. Auch die Gerichtsverfassung dieser Stadt hat dieser Kirchenfürst neu geordnet.

Inzwischen war die Siedlungsbewegung über die deutschen Herrschaftsbereiche hinweggegangen. Aus dem Jahre 1175 stammt schon das erste urkundliche Zeugnis für eine deutsche Siedlung in Schlesien. Herzog Bolesław I., der Lange, von Schlesien befreit die vom Zisterzienserkloster Leubus in Niederschlesien angeworbenen deutschen Siedler ab omni iure Polonico, was dann sein Sohn, Herzog Heinrich I., der Bärtige, in der Bestätigungsurkunde aus dem Jahre 1202 als Befreiung von vielfältigen Diensten und Lasten des polnischen Rechts deutlicher zum Ausdruck brachte.[14] Dieser polnische Fürst bat auch wenig später die Stadt Magdeburg um eine Abschrift des Wichmannschen Privilegs von 1188, das er im Jahre 1211 seiner gerade gegründeten Stadt Goldberg (Złotoryja) als maßgebende Rechtsgrundlage übersandte. Vermutlich erging schon kurz darauf eine undatierte Rechtsweisung an diese Stadt, aus der hervorgeht, daß sie von Herzog Heinrich I. mit Magdeburger Recht bewidmet worden war.[15] Um dieselbe Zeit wird den mährischen Städten Freudenthal (Bruntál) und Mährisch Neustadt (Uničov) vom Markgrafen von Mähren, Vladislav Heinrich, ebenfalls Magdeburger Recht verliehen, worunter nicht allein das *ius fori*, das Marktrecht mit allen seinen Frei-

[11] Kroeschell (wie Anm. 8), S. 85.
[12] Gerhard Dilcher, Stadtrecht, in: HRG, Bd. 4, Berlin 1990, Sp. 1868.
[13] Rolf Lieberwirth, Das Privileg des Erzbischofs Wichmann und das Magdeburger Recht (=Sitzungsberichte der Sächs. Akad. d. Wiss., phil.-hist. Klasse. Bd. 130, 3), Berlin 1990, S. 3 f.
[14] Willoweit (wie Anm. 10), S. 102.
[15] Rolf Lieberwirth, Die Wirkungsgeschichte des Sachsenspiegels, in: Die Wolfenbütteler Bilderhandschrift des Sachsenspiegels. Aufsätze und Untersuchungen. Kommentarband zur Faksimile-Ausgabe, hrsg. von Ruth Schmidt-Wiegand, Berlin 1993, S. 72 f.

heiten und die Selbstverwaltung der Bürgergemeinde, sondern auch die Organisationsformen der Stadtbehörden und der Gerichtsverfassung in allen ihren Wandlungen zu verstehen sind.[16]

Für die weitere Entwicklung bedeutet das Jahr 1235 insofern einen Einschnitt, als die schlesische Stadt Neumarkt in diesem Jahr von den hallischen Schöffen eine Rechtsmitteilung erhielt, die rein magdeburgisches und rein hallisches Recht vermittelte.[17] Viele Sätze lesen sich wie eine lateinische Fassung des kurz zuvor entstandenen Sachsenspiegels Eikes von Repchow,[18] woraus hervorzugehen scheint, daß den Schöffen ein lateinisches (?) Exemplar dieses Rechtsbuches zur Verfügung gestanden haben muß, und daß ihnen seine Bestimmungen in verschiedener Hinsicht auch auf städtische Verhältnisse anwendbar erschienen. Diese Ansicht ist neuerdings mit guten Gründen in Frage gestellt worden,[19] was allerdings nichts daran ändert, daß nur kurze Zeit später, im Jahre 1261, eine Rechtsmitteilung der Ratmannen und Schöffen von Magdeburg an die Stadt Breslau erging, in der nicht nur Auszüge aus dem Sachsenspiegel enthalten waren, sondern mit der auch ein Exemplar des Sachsenspiegels übersandt worden sein mußte:[20] Denn schon zwischen 1272 und 1292 übersetzte der deutsche Notar Magister Konrad von Oppeln im Auftrag des Breslauer Bischofs, Thomas II., eine dort vorhandene deutsche Sachsenspiegel-Handschrift ins Lateinische. Die hier deutlich erkennbare Berührung von Magdeburger Recht und Sachsenspiegel wurde besonders in den Neusiedelgebieten Osteuropas zukunftweisend. Dort ging die Ausbreitung des Magdeburger Rechts mit der des Sachsenspiegels gewissermaßen Hand in Hand.

Auf den Haupthandelswegen erreichte das Magdeburger Recht die Oder und bald auch die untere Weichsel. Hier spielte eine besondere politische Situation

---

[16] Lieberwirth (wie Anm. 15), S. 73 unter Hinweis auf Jiří Kejř, Stadtverfassung und Stadtrecht in Böhmen, in: Die deutsche Ostsiedlung des Mittelalters als Problem der europäischen Geschichte, hrsg. von Walter Schlesinger (=Vorträge und Forschungen. XVIII), Sigmaringen 1975, S. 439–470, hier S. 445.

[17] Gertrud Schubart-Fikentscher, Die Verbreitung der deutschen Stadtrechte in Osteuropa (=Forschungen zum deutschen Recht. IV, 3), Weimar 1942, S. 192; Rolf Lieberwirth, Das sächsisch-magdeburgische Recht als Quelle osteuropäischer Rechtsordnungen (=Sitzungsberichte der Sächs. Akad. d. Wiss. zu. Leipzig, phil.-hist. Klasse, Bd. 127, Heft 1), Berlin 1986, passim; Heiner Lück, Über den Sachsenspiegel. Entstehung, Inhalt und Wirkung des Rechtsbuches. Mit einem Beitrag zu den Grafen von Falkenstein im Mittelalter von Joachim Schymalla (=Veröffentlichungen der Stiftung Schlösser, Burgen und Gärten des Landes Sachsen-Anhalt. 1), Halle 1999, S. 64–75.

[18] Kroeschell (wie Anm. 7), S. 258.

[19] Bernd Kannowski/Stephan Dusil, Der Hallensische Schöffenbrief für Neumarkt von 1235 und der Sachsenspiegel, in: Zeitschrift der Savigny-Stiftung für Rechtsgeschichte, Germanistische Abteilung (ZRG GA) 120 (2003), S. 61–90.

[20] Karl Kroeschell, Rechtswirklichkeit und Rechtsbücherüberlieferung. Überlegungen zur Wirkungsgeschichte des Sachsenspiegels, in: Text-Bild-Interpretation. Untersuchungen zu den Bilderhandschriften des Sachsenspiegels. I. Textband, hrsg. von Ruth Schmidt-Wiegand, Redaktion Dagmar Hüpper, II. Tafelband, hrsg. von Ruth Schmidt-Wiegand, Redaktion Dagmar Hüpper und Ulrike Lade (=Münstersche Mittelalter-Schriften. 55/ I u. II), München 1986, I. S. 1–10, hier S. 8.

eine entscheidende Rolle. Herzog Konrad von Masowien versprach um 1225 dem Deutschen Orden als Gegenleistung für militärische Hilfe gegen die heidnischen Pruzzen das Kulmer Land.[21] In der Kulmer Handfeste von 1233 wurde den städtischen Neugründungen Kulm und Thorn sowie später allen Städten des Deutschordenslandes Magdeburger Recht verliehen,[22] das dort als Kulmisches Recht galt.

Etwas später gelangte nun Magdeburger Recht auch in anderen polnischen Fürstentümern zur Anerkennung. Schon 1253 führten die großpolnischen Herzöge, die Brüder Przemyśl I. und Bolesław der Fromme, durch ein Lokationsprivileg Magdeburger Recht für die deutschen Ansiedler ihrer schon seit langem existierenden Hauptstadt Posen ein. Wie die anderen Fürsten beabsichtigten sie auch, mit wirtschaftlichen und rechtlichen Vergünstigungen Ansiedlungswilligen einen Anreiz zu geben, in siedlungsarme Gebiete Großpolens zu kommen, und mit Hilfe des Magdeburger Rechts sollten die in Westeuropa entwickelten neuen Wirtschaftsformen nach Osteuropa verpflanzt werden.[23] Rechtssprüche und -belehrungen aus Magdeburg sowie Urteile des Oberhofs des deutschen Rechts in Posen sind Beweis dafür, daß in Posen längere Zeit sächsisch-magdeburgisches Recht neben polnischem Recht galt. Auch die Juden lebten nach ihrem Recht.

In Kleinpolen erhielt die Hauptstadt Krakau (Kraków),[24] Mitte des 13. Jahrhunderts durch die Mongolen völlig zerstört, bei ihrer Neugründung 1257 durch Herzog Bolesław den Schamhaften Breslauer Recht, wie es von Magdeburg dorthin verliehen worden war, aber nicht wie es in Breslau weiterentwickelt wurde. Diese Bewidmung bestätigte der erste polnische König Władysław Łokietek (Ellenlang) im Jahre 1306. Die später in Bürgeraufständen verloren gegangenen Vorrechte stellte 1358 der bedeutende polnische Herrscher, Kasimir der Große, wieder her, verbot aber den Rechtszug nach Magdeburg und richtete in Krakau mit dem Iudicium Supremum Provinciale Theutonicale Castri Cracoviensis ein eigenes Obergericht für die kleinpolnischen Städte Magdeburger Rechts ein.[25] Dieser Herrscher schuf ferner in Krakau mit dem Gerichtshof der sechs Städte ein Sachverständigenkollegium in Angelegenheiten des *ius theutonicum* und Hilfsorgan für das königliche Gericht, woraus später ein Gericht letzter Instanz für Urteile *iuris theutonici* erwuchs.[26]

Die osteuropäische Siedelbewegung ist nicht nur von Angehörigen der verschiedenen deutschen Stämme, sondern seit der zweiten Hälfte des 13. Jahrhunderts zum erheblichen Teil auch von der einheimischen Bevölkerung Schlesiens, Großpolens, Kleinpolens, Masowiens, Galiziens, Podoliens, Wolhyniens usw. ge-

---

[21] Hans Hubert Hofmann, Deutscher Orden, in: HRG, Bd. 1, Berlin 1971, Sp. 698–702.

[22] Brigitte Köhler, Kulmer Handfeste, in: HRG, Bd. 2, Berlin 1978, Sp. 1244–1246.

[23] Witold Maisel, Die Quellen des deutschen Rechts im mittelalterlichen Posen, in: Willoweit/Schich (wie Anm. 1), S. 116–121.

[24] Schubart-Fikentscher (wie Anm. 17), S. 284–292.

[25] Ebd., S. 285 f.

[26] Ludwik Łysiak, Über den sogenannten Gerichtshof der sechs Städte in Krakau, in: Willoweit/Schich (wie Anm. 1), S. 122–129.

tragen worden, die nun ebenfalls nach den Freiheiten und Befreiungen von Lasten strebten, die den deutschen Siedlern unter dem zusammenfassenden Begriff *ius t(h)eutonicum* gewährt wurden. Mit diesem Recht wurden letztlich auch Dörfer und Städte privilegiert, die kaum oder überhaupt keine deutschen Siedler unter ihren Einwohnern aufzuweisen hatten. Zumindest zu diesem Zeitpunkt scheint es erforderlich zu sein, den in langer Praxis entstandenen Begriff *ius theutonicum* für die den Deutschen gewährten Siedlervorrechte nicht zu übersetzen, sondern als terminus technicus für das in jener Zeit entstandene Siedlerrecht zu benutzen.

Aber nicht nur die Bauern waren an sozial und wirtschaftlich günstigeren Rechtsregelungen interessiert, sondern, wie gesehen, auch die sich niederlassenden Kaufleute und die einheimischen Bürger der immer zahlreicher entstehenden Städte und Ortschaften an den dort geltenden nicht nur moderneren, sondern eben auch persönlich günstigeren Bestimmungen des Sächsischen Weichbildes, wie das Magdeburger Recht häufig genannt wurde. Wenn sie von ihren Herrschern durch Privileg auf diese Rechte umgesetzt wurden, galt für sie nun eigentlich ein fremdes Recht; denn sie hatten ihre eigenen Rechtssysteme, weshalb zunächst noch ein Blick auf das Recht des alten Polen zu werfen ist, das Ende des 18. Jahrhunderts untergegangen war.

Bis zu diesem Zeitpunkt galt Polen als ein typisches Land des Gewohnheitsrechts,[27] das bei aller Eigenständigkeit viele Ähnlichkeiten mit den Institutionen anderer, auf gleicher Entwicklungsstufe stehender europäischer Rechtssysteme aufwies, wie z. B. die vorwiegende Rolle der Blutsverwandtschaft und des Bodeneigentums im Bereich des Privatrechts, das Kompositionensystem im Strafrecht sowie Gottesurteile und Urteilsschelte im Verfahrensrecht. Dieses einheimische polnische Recht, Landrecht (*ius terrestre*) genannt, war das Ständerecht des in Polen allmächtigen Adels, unterschieden nach dem allgemeinen Landrecht des Kronlandes (*ius terrestre commune*) und den Partikularrechten einzelner Landesteile, wie die beiden Statuten Masowiens von 1532 und 1540, die Preußische Korrektur Königlich-Preußens von 1598 und die drei Statuten des Großherzogtums Litauen von 1529, 1566 und 1588. Nur diese Partikularrechte sind im 16. Jahrhundert aufgezeichnet worden, das allgemeine Landrecht niemals vollständig, weshalb private Darstellungen des Rechts, wie amtlich anerkannte Rechtsbücherausgaben und auch juristische Literatur für die Praxis eine große Rolle spielten.[28] Daneben galten im alten Polen auch andere Rechtssysteme, und zwar das Kirchenrecht, Stadtrecht und Dorfrecht sowie die Rechte einzelner nationaler und sozialer Gruppen wie Walachen, Armenier und Juden.[29] Eine ähnliche Entwick-

---

[27] Lesław Pauli, Polnisches Recht, in: HRG, Bd. 3, Berlin 1984, Sp. 1808–1813; ders., Die polnische Literatur des Magdeburger Rechts im 16. Jahrhundert, in: Willoweit/Schich (wie Anm. 1), S. 150–162; ders., Gesetzgebung in Polen, in: Helmut Coing (Hrsg.), Handbuch der Quellen und Literatur der neueren europäischen Privatrechtsgeschichte, Bd. II: Neuere Zeit, Zweiter Teilband: Gesetzgebung und Rechtsprechung, München 1976, S. 551–560.

[28] Pauli, Gesetzgebung in Polen (wie Anm. 27), S. 553–557.

[29] Pauli, Polnisches Recht (wie Anm. 27), Sp. 1809.

lung wie in Polen vollzog sich auch in Böhmen und Mähren, also im Gebiet des heutigen Tschechien.[30]

Damit komme ich zu der eigentlichen Thematik, für deren Verständnis mir diese lange Einführung notwendig erschien. Auf den eben beschriebenen Entwicklungsprozeß wird in der Fachliteratur die Denkfigur Rezeption[31] angewandt, worunter im weitesten Sinne die freiwillige Aufnahme und Verarbeitung überkommenen oder fremden Kulturgutes bei neuen Kulturträgern, hier speziell die Übernahme der materiellen Normen und Institutionen fremden Rechts zu verstehen ist. Unter den weltweit häufigen Beispielen einer Rezeption fremder Rechte wird eben auch „die (teilw.) Aufnahme des ... sächsischen Rechts ... in Deutschland (z. B. Thüringen bis 1900) und weit über das deutsche Reichs- und Sprachgebiet hinaus in Teilen Osteuropas“ genannt. Das scheint prima facie einleuchtend zu sein, ist jedoch wesentlich komplizierter, wie hier aufgezeigt werden soll.

Zunächst soll die Denkfigur Rezeption fremder Rechte auf das im Mittelalter außerhalb deutscher Herrschaftsgebiete entstandene Rechtswort *ius t(h)eutonicum* angewandt werden, wobei besonders auf die Kriterien Freiwilligkeit der Aufnahme, Fremdheit des aufzunehmenden Rechts und Umfang des späteren Geltungsbereichs eingegangen werden soll.

Das wichtige Merkmal der freiwilligen Aufnahme dieser Rechtsregeln für Neusiedler ist zweifellos gegeben. Die jeweiligen Herrscher in den polnischen, böhmischen, auch deutschen und anderen Siedlungsgebieten unter slawischen Fürstenhäusern waren keineswegs von inneren oder äußeren Mächten gezwungen worden, den Siedlern dieses Recht zu gewähren. Sie benutzten es im Gegenteil als Anreiz und erteilten ihnen deshalb Privilegien mit diesen vorteilhaften, bisher in ihrem Herrschaftsgebiet noch nicht üblichen wirtschaftlichen und rechtlichen Bedingungen. Privilegien waren damals das flexible Element in den auf feststehender Gewohnheit beruhenden Rechtsordnungen. Die Anpassung an die augenblicklichen sozialen und wirtschaftlichen Gegebenheiten geschieht im modernen Vermögensrecht mit seinen überwiegend dispositiven Normen auf der Grundlage von Verträgen, im damals noch wenig entwickelten und darüber hinaus ständisch gebundenen Recht mit Hilfe von Urteilen und eben auch von Privilegien der jeweiligen Machthaber,[32] die auch, aber, insgesamt gesehen, nur langsam zur Weiterentwicklung des Rechts, anfänglich des schon bestehenden Dorfrechts beitragen können, wie am Siedlerrecht zu erkennen ist.

Die rechtlichen Bestimmungen in den Privilegien für Neusiedler waren fremdes Recht, weil sie in einer fremden Rechtsordnung entstanden und der einheimischen Bevölkerung zunächst unbekannt waren. Für sie galt es anfangs auch noch nicht,

---

30 Kötzschke (wie Anm. 2), S. 64–66; Heinrich Gehrke, Böhmen und Mähren, in: Coing, Handbuch der Quellen (wie Anm. 27), S. 429–435.

31 H. Kiefner, Rezeption (privatrechtlich), in: HRG, Bd. 4, Berlin 1990, Sp. 970–984; D. Giesen, Rezeption fremder Rechte, in: HRG, Bd. 4, Berlin 1990, Sp. 995–1004.

32 Theo Mayer-Maly, Vertragsfreiheit, in: HRG, Bd. 5, Berlin 1998, Sp. 855–858.

sondern nur für die zugezogenen Fremden. Siedlerrecht war im Rahmen der einheimischen Rechtsordnung somit erst einmal fremdes Recht für fremde Menschen, und zwar in den Anfängen für eine kleine Gruppe aus deutschen und niederländisch-flämischen Gebieten stammender Bauern, denen im Laufe der Zeit immer zahlreicher werdende Gruppen mit gleichen oder ähnlichen Vergünstigungen folgen sollten. Lange Zeit blieb die einheimische polnische Bevölkerung und ihr Dorfrecht noch sehr stark, so daß ihr Recht durch die Siedlungsbewegung keineswegs verdrängt wurde, sondern in ihrer Rechtsordnung auf diese Weise eine zweite Form von Dorfrecht entstand, das über die sich häufenden Privilegien der Fürsten eingeführt worden war, und das zunächst immer noch nur für die Zugezogenen galt, die dann in einem längeren Assimilationsprozeß zu Einheimischen werden sollten. In diesem Zusammenhang kann man deshalb nur von einer Einführung[33] des im deutschen Bereich mit Hilfe der Flamen und Niederländer entwickelten Siedlerrechts in polnische oder andere Herrschaftsgebiete sprechen, nicht oder vielleicht noch nicht von einer Rezeption; denn diese müßte weitgehend für die gesamte Bevölkerung gelten. Erst als Teile der einheimischen Bevölkerung in die Siedeltätigkeit einbezogen wurden, nach den Vergünstigungen des Siedlerrechts strebten und darauf umgesetzt wurden, könnte man von einem beginnenden Rezeptionsvorgang sprechen. Eine weithin ähnliche, aber sich schneller vollziehende Entwicklung scheint sich in Osteuropa auf dem Gebiet des Stadtrechts vollzogen zu haben, wobei das Magdeburger Recht als Mutterrecht einer großen Stadtrechtsfamilie eine besondere Rolle gespielt hatte.

Das Rechts- und Verfassungsmodell der Stadt Magdeburg, das sich in Jahrhunderten eines regen West-Ost-Handelsverkehrs herausgebildet hatte, entsprach auch im hochmittelalterlichen Polen nach einhelliger Ansicht der polnischen Historiker „besser den Bedürfnissen des freien Geld- und Warenumsatzes, begünstigte die Entwicklung der Lokalmärkte, beschrieb genauer die Rechte und Verpflichtungen der Bewohner und brachte die im Westen entwickelten höheren Organisationsformen“[34] mit sich. Dieses Modell hat nicht nur für die städtischen Neugründungen in den deutschen Gebieten östlich der Elbe-Saale-Linie als Muster gedient, sondern wurde auch in den polnischen Fürstentümern als Fortschritt empfunden und deshalb zunehmend angestrebt. Seit dem Ende des 12. Jahrhunderts, verstärkt seit Anfang des 13. Jahrhunderts, verliehen polnische Fürsten und Könige den auf ihrem Herrschaftsgebiet gegründeten Städten deutsches Stadtrecht. Im Kronland Polen, dann auch in Litauen und in den Ostgebieten war das Magdeburger Recht verbreitet, in Schlesien das Neumarkter Recht[35] und in Königlich-Preußen sowie in Masowien das Kulmer Recht, wobei die beiden Letz-

[33] Krystyna Bukowska-Gorgoni, Das sächsisch-magdeburgische Recht und die vermögensrechtlichen Verhältnisse in den polnischen Städten der Renaissance, in: Willoweit/Schich (wie Anm. 1), S. 130–144.

[34] Bukowska-Gorgoni (wie Anm. 33), S. 130.

[35] Schubart-Fikentscher (wie Anm. 17), S. 187 ff.

teren als Tochterrechte des Magdeburger Rechts anzusehen sind.[36] Diese Rechte mußten für die polnische Bevölkerung zunächst als fremd gelten, aber sie wurden von den herrschenden Fürsten eingeführt, weil sie besser der städtischen Wirtschaft entsprachen. Obwohl die Verleihung jedoch stets nur für eine Neugründung galt, kann man bei ihrer zunehmenden Häufigkeit doch schon von einer beginnenden Rezeption von deutschen Stadtrechten sprechen, von denen das Magdeburger bald die anderen überwog. Zu diesem Entwicklungsprozeß trug auch die Notwendigkeit bei, daß die immer häufiger werdende Verbreitung des Magdeburger Rechts schließlich seine Aufzeichnung nötig machen mußte. Nach und nach entstanden seit 1235 die Rechtsbücher Magdeburger Rechts,[37] häufig angepaßt an die gegebenen Verhältnisse, in verkürzten und erweiterten, aber auch in speziellen Formen für Schlesien, Großpolen und Kleinpolen sowie dem Deutschordensland.[38] Die Magdeburger Rechtsbücher enthielten meist nur indirekt Berührungspunkte zum Sachsenspiegel. Es entstanden allerdings einige Aufzeichnungen, die sowohl Bestimmungen des Sachsenspiegels als auch des Magdeburger Rechts verarbeitet hatten, wie das um 1358 abgeschlossene Zwickauer Stadtrechtsbuch und das hier wegen seiner Ausstrahlung nach Böhmen und Polen besonders interessierende, zwischen 1357 und 1387 entstandene Meißener Rechtsbuch, das noch in etwa 100 Handschriften erhalten ist.[39]

In Polen waren die wichtigsten Quellen des Magdeburger Rechts die aus dem 13. Jahrhundert stammenden Rechtsbücher des sächsischen Gewohnheitsrechts: Sachsenspiegel-Landrecht und das Sächsische oder Magdeburger Weichbild.[40] Beide standen inzwischen dort in Handschriften zur Verfügung, fanden in der gerichtlichen Praxis der polnischen Städte Anwendung und erhielten schließlich einen sehr großen Auftrieb, als sie 1535 vom Krakauer Stadtschreiber Nikolaus Jaskier ins Lateinische,[41] der damaligen polnischen Amtssprache, übertragen wurden. Diese Übersetzung erlangte in Polen insofern außerordentliche Bedeutung, als der gerichtlichen Praxis nunmehr nicht nur die ursprünglichen Texte beider Rechtsbücher, sondern auch ihre Weiterentwicklung durch Vergleich mit dem wissenschaftlich bearbeiteten römischen Recht in Form von Glossen[42] nach dem Vorbild der *Glossa ordinaria* des Accursius und gestützt auf sie zugänglich wurde.

---

[36] Pauli, Polnische Literatur, in: Willoweit/Schich (wie Anm. 1) S. 150.

[37] Ulrich-Dieter Oppitz, Deutsche Rechtsbücher des Mittelalters, Bd. I: Beschreibung der Rechtsbücher, Köln-Wien 1990, S. 46–63.

[38] Einzelheiten bei Lieberwirth (wie Anm. 15), S. 75–77.

[39] Ebd., S. 77.

[40] Pauli, Polnische Literatur, in: Willoweit/Schich (wie Anm. 1), S. 151.

[41] Iuris provincialis quod Speculum Saxonum vulgo nuncupatur, libri tres. Opera vigilanti in correctiorem redacti materiam, adiunctis simul glossis, aliisque addictionibus noviter recollectis pro interpretatione textus magis necessariis, Cracoviae 1535, Zamość 1602; Iuris Municipalis Maidenburgensis liber vulgo Weichbild nuncupatus ex vetustissimis exemplaribus vigilanti opera nuper latinitati datus, summaque cum diligentia recognitus, adiunctis simul glossis et textus interpretationibus ad id necessariis, Cracoviae 1535, Zamość 1602.

[42] Über die von Jaskier verwendeten Glossen vgl. Bukowska-Gorgoni (wie Anm. 33), S. 131.

Auch das 1356 gegründete Obergericht auf der Krakauer Burg und das königliche Assessorengericht erkannten den Vorschriften des sächsisch-magdeburgischen Rechts dieselbe Bedeutung zu wie der Glosse.[43] Den Rechtswissenschaftlern der 1364 gegründeten Universität Krakau standen jetzt die beiden deutschen Rechtsbücher in weiterentwickelter Form zur Verfügung, was letztlich eine umfangreiche Literatur zum Stadtrecht in Polen auslöste. Jaskiers Ausgabe erhielt die ausdrückliche Sanktion von König Sigismund I. dem Alten oder dem Großen (1467–1548) mit der dringlichen Empfehlung, sie in allen Stadt- und Dorfgerichten des Magdeburger Rechts in Polen anzuwenden.[44] Gestützt auf Jaskiers Werk, fertigte der Syndikus der Stadt Lemberg, Paweł Szczerbicz, im Jahre 1581 eine polnische Übersetzung des Weichbildes an und brachte den Sachsenspiegel in eine alphabetische Ordnung.[45]

Seit der königlichen Sanktion von Jaskiers Ausgabe kann endgültig von einer Rezeption des sächsisch-magdeburgischen Rechts gesprochen werden, weil dieses Rechtssystem in Polen offensichtlich in erheblichem Umfange zur Anwendung kam. Diese Erkenntnis wirft jedoch neue Fragen auf. Zum einen bedurfte damals das Nebeneinander der in Polen konkurrierenden fremden und einheimischen Rechtssysteme einer Klärung, wobei die einheimischen selber noch keine Einheit bildeten.[46] Die polnischen Juristen, die sich in diesem Zusammenhang mit der Bildung einer Normenhierarchie beschäftigten, knüpften an die Erkenntnisse der Glossatoren und Kommentatoren an, die den Begriff *ius commune* für das wissenschaftlich bearbeitete römische Recht zu Grunde legten und ihm das *ius singulare* (*provinciale*) als das bisher und weiterhin geltende örtliche Recht entgegensetzten. Die polnischen Gelehrten versuchten nun die in ihrem Lande geltenden einheimischen und fremden Rechte in dieses Begriffspaar einzuordnen. Im Hinblick auf das sächsisch-magdeburgische Recht wurden dabei in der Literatur zwei unterschiedliche Meinungen vertreten. Für die einen wird das sächsisch-magdeburgische Recht im Verhältnis zum römischen Recht, dem *ius commune*, als *ius provinciale* eingestuft. Das römische Recht ist dem Stadtrecht übergeordnet und übt ihm gegenüber eine Hilfsfunktion aus. Die Vertreter der

---

43 Bukowska-Gorgoni (wie Anm. 33), S. 131.

44 Bukowska-Gorgoni (wie Anm. 33), S. 130; Pauli, Polnische Literatur, in: Willoweit/Schich (wie Anm. 1), S. 151.

45 Ius Municipale to jest prawo miejskie majdeburskie nowo z łacińskiego i z niemieckiego na polski język z pilnością i wiernie przełożone [Ius Municipale, das ist das Magdeburger Stadtrecht neu aus lateinischer und deutscher in polnische Sprache mit Fleiß und Treu übersetzt], Lwów 1581, 2. Aufl., Poznań 1610, 3. Aufl. 1646; Speculum Saxonum albo prawo saskie i majdeburskie porządkiem obiecadła z łacińskich i niemieckich egzemplarzów zebrane a na polski język z pilnością i wiernie przełożone [Speculum Saxonum oder sächsisches und Magdeburger Recht in alphabetischer Ordnung aus den lateinischen und deutschen Exemplaren gesammelt und in polnische Sprache mit Fleiß und Treu übersetzt], Lwów 1581, 2. Aufl., Poznań 1620, 3. Aufl., Warszawa 1646.

46 Irena Kwiatkowska, Die Stellung des sächsisch-magdeburgischen Rechts in der Normenhierarchie nach den Anschauungen polnischer Juristen des 16. und 17. Jahrhunderts, in: Willoweit/Schich (wie Anm. 1), S. 145–149.

anderen Ansicht wandten den Begriff *ius commune* nicht mehr auf das römische, sondern auf das polnische Recht an und gebrauchten ihn sowohl für das polnische als auch für das sächsisch-magdeburgische Recht,[47] was für das polnische Recht als selbstverständlich erscheint, für das sächsische Recht aber – noch im 17. Jahrhundert das *ius commune* für das Stadtrecht – als ein Beweis für die noch vorhandene Lebenskraft dieses Rechtssystems dienen könnte. Jedoch auch hier gilt es noch manches zu bedenken.

Sachsenspiegel und Weichbild haben im 13. Jahrhundert in ihrer ursprünglichen mittelalterlichen Form Eingang in das polnische Staatsgebiet gefunden und wurden dort zunächst auf die einwandernden Siedler und Kaufleute, später auch in Gerichten angewandt, die als Stadt- und Dorfgerichte Magdeburger Rechts bezeichnet wurden und die im Laufe der Zeit zum Teil auch für die Einheimischen galten. Es setzte also ein Veränderungsprozeß ein, der sowohl in einer allmählichen Polonisierung der Einwanderer erkennbar wird, als auch in einer Assimilierung des Rechts durch einen Jahrhunderte währenden Gerichtsgebrauch in einer sich weiter entwickelnden Wirtschaft und Gesellschaft Polens. Auch die Bestimmungen von Sachsenspiegel und Weichbild waren Veränderungen unterworfen, wie aus dem Vergleich mit den nicht wenigen Tochterrechtsbüchern hervorgeht. Mit ihrer Glossierung haben sie sogar Anschluß an das eindringende römische und kanonische Recht gefunden, was Jaskier bewogen haben mag, nicht nur die Texte von Sachsenspiegel und Weichbild ins Lateinische zu übersetzen sondern auch die Glossen mit zu veröffentlichen, was mit zur Rezeption auch des römischen Rechts in den polnischen Städten Magdeburger Rechts beigetragen hat. Die im 16. Jahrhundert einsetzende Romanisierung der zahlreichen juristischen Literatur zum Stadtrecht hat das sächsisch-magdeburgische Recht ebenso beeinflußt wie das weiterentwickelte polnische Recht. Es trat ein Verschmelzungsprozeß ein, der dazu führte, daß „nach dem ersten Drittel des 16. Jahrhunderts wohl von einem polnischen Zweig des sächsisch-magdeburgischen Rechts gesprochen werden" sollte.[48]

Die hier vorgetragenen Ergebnisse stützen sich auf die Forschungen von polnischen und deutschen Siedlungs- und von Verfassungshistorikern sowie von polnischen Archäologen. Wichtig wären aber auch zielgerichtete Untersuchungen von Vertretern der Archivwissenschaften zur Erschließung weiterer Quellen, von Vertretern der Slawistik über altpolnische und andere slawische Rechtswörter. Die Fachvertreter des Mittellatein sind ebenfalls gefordert, denn es ist zu prüfen, ob die Benutzung lateinischer Fachausdrücke des römischen Rechts tatsächlich rezipiert wurden oder ob nur die Terminologie benutzt wurde, um ein polnisches oder deutsches Rechtswort zu übersetzen.

---

[47] Die Einzelheiten zu dieser Problematik in der polnischen Literatur behandelt Kwiatkowska (wie Anm. 45), S. 145–147.

[48] Pauli, Polnische Literatur, in: Willoweit/Schich (wie Anm. 1), S. 151.

Es ist also noch viel und vieles zu tun. Ein großer Schritt ist mit der gegenwärtigen Konferenz getan; weitere Schritte sind jedoch nötig, um auch die Geschichte zu einer europäischen werden zu lassen.[49]

---

[49] Nachwort von Hans Hattenhauer, Europäische Rechtsgeschichte, Heidelberg 1992.

Ilpo Tapani Piirainen (Münster)

Auswirkungen des Magdeburger Rechts auf die Gesetzgebung des Spätmittelalters und der Frühen Neuzeit in der Slowakei

1. Einleitung

Das Gebiet der heutigen Slowakei geriet im 10. Jahrhundert unter die ungarische Herrschaft und wurde bis zur Gründung des ersten tschechoslowakischen Staates im Jahre 1918 als Oberungarn bezeichnet. Die Einwohner waren zur Zeit der Landnahme durch Ungarn hauptsächlich Slawen, die dort seit dem 5.–6. Jahrhundert ansässig waren. Ungarn baute zuerst Grenzposten auf, die später zur Entwicklung der madjarischen Minderheit im Gebiet der heutigen Slowakei führten. Vor allem während der Regierungszeit des ungarischen Königs Béla IV. (1235–1270) wurden zahlreiche Städte gegründet, in denen sich auch deutsche Kaufleute und Handwerker niederließen. In der Umgebung dieser Städte entstanden landwirtschaftliche Siedlungen mit deutschen Bauern und Weingärtnern.

Das Leben in den multiethnischen Ortschaften wurde – wie überall in Mitteleuropa – durch Land- und Stadtrechte geregelt. In Oberungarn wurde seit dem 14. Jahrhundert ein geordnetes Kanzleiwesen aufgebaut; die Land-, Stadt- und Bergrechte gingen weitgehend auf die deutschsprachige Gesetzgebung zurück.

Im vorliegenden Beitrag werden das Silleiner Stadtrecht aus dem Jahre 1378, das Zipser Recht, genannt auch die Zipser Willkür, mit 15 Handschriften aus dem 15.–18. Jahrhundert sowie ein Rechtsbuch von Balthasar Apel aus dem Jahre 1628 ausführlich behandelt. Es handelt sich dabei um Quellen mit einer slowakeideutschen lokalen Rechtstradition, die mehr oder minder genau auf das Magdeburger Recht und den Sachsenspiegel zurückgehen.

2. Das Silleiner Recht

Die Handschrift des Stadtrechtsbuchs von Sillein (Žilina) befindet sich heute im Archiv Sillein, das in einem Vorgebäude des Schlosses am Stadtrand (Budatínsky zámok) untergebracht ist. Für die 1972 veröffentlichte Ausgabe wurden sowohl die Originalhandschrift als auch eine über Film hergestellte Kopie in der Originalgröße genutzt.

Die Handschrift ist in einem Codex aus Papier enthalten. Die Höhe des Papiers beträgt einheitlich 29 cm und die Breite 22 cm. Die insgesamt 149, abgesehen von einigen Ausnahmen beiderseitig beschriebenen Blätter der Handschrift sind in braunes, halb weiches Leder gebunden: Die Deckel sind ca. 3 mm stark. Der Rücken des Einbands ist mit einem rechteckigen Stück aus Horn verstärkt, das mit dreieckigen Schnitzereien verziert ist. Auf den Einbanddeckeln sind Riemen aus demselben Leder angenäht, mit denen der buchförmige Codex auch heute verschlossen werden kann. – Abgesehen von Gebrauchsspuren im Leder ist der Einband gut erhalten. Das Leder, die Hornschnitzerei sowie die Bindeart lassen die Bindearbeit auf das 15. Jahrhundert zurückführen, während der Rechtstext aus dem Jahre 1378 stammt.

Die Blätter 1 und 9–97 gehören dem ursprünglichen Band an. Die Blätter 2–8 und 98–148 sind in diesen Einband nachträglich als Einlagen hinzugefügt worden. Die Größe der später mit eingebundenen Blätter ist dieselbe wie die der ursprünglichen.

Das Papier des Codex ist mittelstark und leicht vergilbt. Es lassen sich darin deutliche Wasserzeichen erkennen. Blätter 1 und 9–97 haben dieselbe Papiersorte, in der Wasserzeichen aus Spinnfäden das Grundmuster darstellen. Blätter 1 und 10–18 weisen nur Spinnfäden, 19–58 weiterhin einen Rehbock, 59–68 wieder Spinnfäden, 69–97 weiterhin Birnenmuster auf. Die Wasserzeichen der nachträglich eingeschobenen Blätter haben kein Grundmuster (Spinnfäden) und weisen eindeutig eine andere Papiersorte auf als die früheren Blätter. Auf den Blättern 2–8 sind Lilien, 98–103 ein Löwe, 104–149 Kreise und Sterne als Wasserzeichen zu sehen. An einigen Stellen treten im Papier stärkere Vergilbungen infolge von Feuchtigkeitsschäden auf. Wurmschäden hat das Papier nur vereinzelt (z. B. Blatt 58) erfahren. Blatt 8 ist durch Wasser und Risse stark beschädigt. Insgesamt ist der Zustand des Codex relativ gut und der Text ohne größere Schwierigkeiten lesbar.

Die Blätter tragen keine ursprüngliche Blattnummerierung. Die laufende Nummerierung am oberen Rand der rechten Seite jedes Blattes stammt von einer anderen Hand und ist jüngeren Datums. Am unteren Rand der rechten Seite jedes Blattes erscheint weiterhin eine gestempelte Blattnummerierung, die offensichtlich um 1930 herum für die damalige Bearbeitung vorgenommen wurde. Die in der Druckausgabe benutzte kontinuierliche Blattnummerierung entspricht der in der Handschrift.

Abgesehen von den späteren Einzeleintragungen des Silleiner Stadtgerichts, die z. T. auch über die ganze Breite einer Seite geschrieben sind, stehen auf jeder Seite zwei Blöcke, deren Höhe 21 cm und Breite 6 cm beträgt. Der Rand über den Textblöcken ist ca. 2,5 cm hoch. Der innere Rand, zum Buchrücken hin, ist ebenfalls ca. 2,5 cm breit. Der untere und der äußere Rand sind jeweils ca. 4,5 cm breit (das Zeilenende kann jedoch bis zu ca. 1 cm schwanken). Der leere Raum zwischen den beiden Textblöcken beträgt durchschnittlich 18 mm.

Die Schrift des Schreibers, der den Aufzeichnungen nach „nycolay de lucouia" (Nikolaus de Lucovia; gemeint ist der Ort Lukové im Kreis Altsohl/Zvolen) heißt, erscheint in schwarzer Tinte auf vorgezeichneten Linien der jeweiligen Textblöcke. Die Überschriften der einzelnen Kapitel sind wiederum im Original mit roter Tinte geschrieben und werden in der Druckausgabe fett gedruckt. Die Kapitel fangen mit Initialen an, die zwei Zeilen hoch und mit roter Tinte gezeichnet sind; in der Initialbemalung kommt außer roter nur schwarze Tinte vor. Ab

Blatt 65b sind die Initialenfelder leer und weisen auf den für das Mittelalter charakteristischen Usus hin, die Initialen nachträglich, oft von einem anderen Schreiber, malen zu lassen. Im Textinneren kommen keine Initialen vor. Die fehlenden Initialen werden in der Druckausgabe in eckigen Klammern hinzugefügt.

Die gleichmäßige gotische Schrift mit Majuskeln und Minuskeln weist eine übliche Schreibform des 14.–15. Jahrhunderts auf; die klassische Form der Textura weicht zu Gunsten der gotischen Kursive; die Unterlängen bei /s/ und /f/ sind schon ausgeprägt, und die Oberlängen treten ohne feste Regeln bei verschiedenen Zeichen auf. – Die Gebete (Blatt 10a–12a), das Register des Land- und Lehnrechts (Blatt 13a–17a), die Weichbildchronik (Blatt 19a–22a), das eigentliche Recht (Blatt 22a–71a), das Bergrecht von Rodenau (Blatt 74a–76vb) sowie wahrscheinlich auch die Eintragung auf Blatt 71 a (*Daz recht hat man fon Korppen / pracht*) stammen von einer Schreiberhand. Die übrigen Einzeleintragungen der Rechtssprüche des Silleiner Stadtgerichts stammen von verschiedenen Schreibern, deren Namen im Einzelnen nicht zu ermitteln sind. Für die slowakische Übersetzung des Silleiner Rechtsbuchs ist der Handschrift nach Wenzel von Kremsier (Václav Kroměříž) verantwortlich, der offensichtlich auch als Schreiber tätig war (Blatt 149a: *Finis adest operis ... presens opus est translatum per manus Wenceslai de Kromierzyz*).

Die älteste Nachricht über die Handschrift und deren Schicksal ist dem Codex selbst zu entnehmen. Auf Blatt 12b steht eine lateinische Notiz über den Inhalt des Rechtsbuchs mit der folgenden Unterschrift: *Die 20 Novembris Anno D[omini] 1842. Ludovicus Sztarek h. Canonicus Nitriensis*. Dieser Ludovicus B. Sztarek (Sztarka) hat 1856 eine „Historia Civitatis Solna" geschrieben, in der das Stadtrechtsbuch zum ersten Male erwähnt wird; das Manuskript dieser „Historia" wurde später im Nationalmuseum in Budapest aufbewahrt. Dieses nur im Manuskript vorliegende Werk hat als Grundlage für Alexander Lombardini gedient, der 1874 eine Geschichte der Stadt Sillein vorlegte.

Lombardini hat die Originalhandschrift jedoch kaum einsehen können, da der Historiker Josef Beck bereits 1857 Proben aus dem Stadtrechtsbuch veröffentlicht und die Handschrift vermutlich in seinem Besitz hatte. Die Auszüge in der Beschreibung von Beck wurden 1865 von Hermenegild Jireček in Wien herausgegeben. In demselben Jahr erschienen noch weitere Notizen über das Stadtrechtsbuch, besorgt von Andrej Radlinký und František Sasinek.

Der wertvolle Codex war für Jahrzehnte in Vergessenheit geraten, bis ihn der tschechische Historiker Václav Chaloupecký 1928 im Mährischen Landesarchiv in Brünn (Brno) fand. Im selben Jahr wurde die Handschrift nach Pressburg (Bratislava) gebracht, wo V. Chaloupecký zusammen mit Rudolf Rauscher die Vorbereitungen für die Edition traf. Als Ergebnis erschien 1933 in Pressburg das Buch Chaloupeckýs mit der Wiedergabe des slowakischen Teils des Rechtsbuchs. Rudolf Rauscher, der in der genannten Ausgabe die Überschriften der Kapitel des älteren, deutschsprachigen Rechts besorgte, konnte seinen Plan, den ganzen deutschsprachigen Text zu edieren und mit einem Glossar herauszugeben, nicht zu Ende führen. Das einzige Resultat war ein erweiterter Vorabdruck aus der Einleitung Chaloupeckýs mit den deutschen Kapitelüberschriften des Codex. Der Erfolg dieses Unternehmens war jedoch, dass die Existenz eines deutschsprachigen Rechts- und Sprachdenkmals aus dem Jahre 1378 bekannt wurde und später zu einzelnen Notizen in der Forschung führte. Der deutsche Text blieb den Forschern jedoch unerreichbar. – Der Codex befindet sich heute wieder an seinem Entstehungsort, in Sillein.

Da die einzelnen Rechtssprüche des Silleiner Stadtgerichts nur bis 1429 auf Deutsch, dann auf Latein und seit dem 22.1.1451 neben Latein auch auf Slowakisch sowie schließlich seit 1459 nur auf Slowakisch verfasst sind, ist der slowakische Teil dieser Eintragungen, neben der Übersetzung des Rechts aus dem Jahre 1473, ein geeignetes slawistisches Forschungsobjekt. Die Bemühungen der Bohemisten und Slowakisten haben zu einem umfangreichen Wörterbuch über die Sprache des Silleiner (slowakischen) Stadtrechts von František Ryšánek sowie zu einer Reihe von kleineren Abhandlungen über die Sprache der „Kniha Žilinská“ [Das Silleiner Buch] geführt.

Mit einem Blick in die sehr spärliche germanistische Fachliteratur über die Sprache des Silleiner Stadtrechtsbuchs sowie allgemein über die frühneuhochdeutsche Sprache in der Slowakei kann festgestellt werden, dass die Forschungen nur flüchtig vorgenommen worden sind.

Nach einigen Anfängen wurde während des Dritten Reichs vielfach versucht, die Ergebnisse der sprachlichen Denkmäler für die Politik zu missbrauchen. Vielleicht mag aus diesem Grund nach dem Zweiten Weltkrieg nur zögernd ein neuer Beginn der außerdem sehr mühsamen Forschung versucht worden sein. In vielen Fällen muss auf die Vorarbeiten aus der Vorkriegs- und Kriegszeit verzichtet werden; gesicherte, von der Forschung allgemein anerkannte Ergebnisse liegen kaum vor. Dies gilt auch für viele rechtsgeschichtlich orientierte Arbeiten aus der genannten Periode, da diese, zeitpolitisch bedingt, sehr auf eine starke Betonung der deutschen Rolle beim Aufbau einer bodenständigen Kultur bedacht waren.

Es ist daher die Intention der Ausgabe des deutschsprachigen Textes des Codex, das Denkmal der internationalen Forschung zugänglich zu machen und eine unvoreingenommene, objektive Handhabung des Textes für die weiteren Untersuchungen zu ermöglichen.

In der gedruckten Ausgabe der deutschen Überschriften der einzelnen Artikel hat Rudolf Rauscher auf inhaltlich übereinstimmende Stellen in anderen Rechtsaufzeichnungen hingewiesen und somit die rechtshistorische Vorlage des Silleiner Rechts z. T. erklärt. Demnach gehört das Silleiner Recht zu der großen Zahl der Einzelrechte, die mehr oder minder genau auf das Magdeburger Recht zurückgehen. Das Silleiner Recht enthält einen vollständigen Text des Sachsenspiegels und des Sächsischen Weichbildrechts. Die Weichbildchronik bildet das Vorwort des Rechtsbuchs, im weiteren Verlauf werden die Inhalte des Sachsenspiegels und des Weichbildrechts in einzelnen Artikeln miteinander verschmolzen. Weiterhin enthält der Silleiner Text die sog. Krakauer Varianten und vereinzelte Artikel aus dem Magdeburg-Breslauer Recht von 1261 und 1295, aus dem Magdeburg-Görlitzer Recht von 1304 sowie etliche weitere aus dem angeschlossenen Rodenauer Bergrecht, das im Unterschied zu den übrigen Bergrechten in der Slowakei einen landesfürstlichen Charakter hatte und offensichtlich über Karpfen nach Sillein gelangte. Das Lehnrecht enthält auch die lehnrechtlichen Artikel des Landrechts, die in der slowakischen Übersetzung, im Gegensatz zu dem übrigen Inhalt des Silleiner Rechts in deutscher Sprache, nicht mit übersetzt sind.

Angesichts einer derartigen Verschachtelung der Bestimmungen einzelner Rechtsbücher in einzelnen Kapiteln des Silleiner Rechts wird es auch den Rechtshistorikern, die üblicherweise durch das Vergleichen der Kapitel und der Absatzeinteilung sowie des Wortlauts in ausgewählten Artikeln die Zusammengehörigkeit von rechtssprachlichen Aufzeichnungen zu untersuchen pflegen, etliche Schwierigkeiten bereiten, die unmittelbare, in allen einzelnen Punkten übereinstimmende Vorlage zu finden und das Alter der Silleiner Fassung zu bestimmen. In diesem Fall kommt noch hinzu, dass der slowakische Text, die einzige bisher vorhandene Edition des Rechtsbuches, eine sehr missverständliche Übersetzung des ursprünglich auf Deutsch verfassten Teiles ist. Das Fehlen eines Abdrucks des auf 1378 datierten deutschen Rechtstextes hat u. U. dazu führen können, dass durch den der Forschung zugänglichen slowakischen Text ein falsches Bild vom Inhalt entsteht. Auf diese Lücke ist es zurückzuführen, dass bis jetzt keine rechtsgeschichtlichen Erläuterungen zur Stellung des Silleiner Rechts innerhalb der Familie deutscher Rechtsaufzeichnungen des Mittelalters oder speziell im Zuge der deutschen Ostsiedlung zur Verfügung stehen.

Die Frage nach dem rechtsgeschichtlich verbindlichen Ursprung des Silleiner Rechts kann auch durch die gängige historisch-vergleichende, sich auf die urkundlichen Belege stützende Methode nur unzureichend beantwortet werden. Geographisch liegt Sillein zwischen dem deutsch besiedelten ostmährisch-oberschlesischen Gebiet und der deutschen Sprachinsel der Mittelslowakei. In der näheren Umgebung Silleins liegen keine größeren deutschen Siedlungen.

Terra de Selinan, was eventuell auf die Stadt Sillein oder den Ort, an dem sich eine romanische Kirche befindet, hinweist, wird bereits 1208 urkundlich erwähnt; die Gründung der deutschen Stadt mit diesem Namen ist jedoch erst für Anfang des 14. Jahrhunderts anzunehmen. Von 1321 liegt die Aufzeichnung *hospites nostri de Sylna* vor, die auf eine selbstständige Stadt hinweist, da im Anschluss daran für den Ort die Bezeichnung *civitas* angeführt wird. Über die Geschichte der Stadt lässt sich in den Urkunden aus Ungarn und der Slowakei weiterhin feststellen, dass sie von dem ostschlesischen Raum her besiedelt worden ist; die Erklärung dafür liegt von der Sieldungsgeographie her auf der Hand. Die Stadt Sillein hat von dort auch ihr erstes Recht erhalten. Es galt für Sillein zuerst das

Recht von Teschen (Cieszyn), das offensichtlich nach dem sächsisch-fränkischen Recht von Löwenberg (heute Lwówek Śląski) verfasst war. Erst im Jahre 1374 trat Teschen zum Breslauer Recht über. Im Gegensatz zu dieser Ansicht W. Weizsäckers meint H. Brauner, dass Sillein nach dem Magdeburger Recht gegründet worden sei, und zwar in einer schriftlich heute nicht mehr überlieferten Form, die über Neumarkt (heute Środa Śląska) in Schlesien an Teschen weitergegeben worden war. Beide Forscher beziehen sich auf Urkundenmaterial, das lückenhaft ist und deshalb verschiedenen Auslegungen Raum lässt. Es steht jedoch von verschiedenen Seiten fest, dass Sillein anfänglich das Teschener Recht besaß. Angesichts der Tatsache, dass es Sillein 1379 ausdrücklich verboten wurde, nach dem Teschener Recht zu verfahren, ist es für die Fragestellung des vorliegenden Rechtsbuches nicht von besonderer Bedeutung, ob das ursprüngliche Teschener Recht auf den Magdeburger, den sächsisch-fränkischen oder gar den flämischen Elementen beruht.

Für die Erörterung der Rechtsverhältnisse ist es jedoch von primärer Wichtigkeit, dass Sillein 1370 das Recht von Karpfen (Krupina) übernommen hat, das seinerseits sein Magdeburger Recht wiederum schon im 13. Jahrhundert aus Schlesien erhalten hatte und zu einem Rechtsmittelpunkt in der Mittelslowakei geworden war. Die Tatsache, dass Sillein im 14. Jahrhundert das Recht gewechselt hat, macht jedoch die Suche nach der Vorlage des kodifizierten Rechts von Sillein von 1378 kompliziert. Einerseits ist es – angesichts der fehlenden Urkunden – nicht genau zu bestimmen, welches Recht die Stadt Teschen (das Löwenberger, das Neumarkter oder gar das späte Breslauer Recht) Sillein zur Abschrift gegeben hat, zumal bereits für Teschen verschiedene Ansichten gelten. Andererseits ist es durchaus in den Grenzen des Möglichen, dass 1378 nicht das erst 1370 verliehene Karpfener Recht, sondern das ältere Teschener Recht in der einen oder anderen Fassung ins Rechtsbuch eingetragen wurde. Diese Tatsache wird jedoch angesichts des ausdrücklichen Verbots des Teschener Rechts in Sillein 1379 widerlegt, es könnte jedoch auf ein zeitweiliges Nebeneinander des Teschener und Karpfener Rechts in Sillein hinweisen. Sowohl das Teschener als auch das Karpfener Recht sind, soweit sie schriftlich vorlagen, verloren gegangen und können keine Entscheidung bringen. Da das Rechtsbuch jedoch Eintragungen enthält, in denen die Übernahme des Rechts aus Karpfen bestätigt wird (Blatt 71a: *Daz Recht hat man fon Korppen pracht*) und die auch Brauner und Weizsäcker bekannt gewesen sein müssen, wird das Silleiner Recht – trotz der obigen Bedenken – auf das Karpfener Recht zurückzuführen sein. Mangels historisch belegbarer Fakten bzw. entsprechender Urkunden kann kein exakteres Resultat als diese hypothetische Feststellung erzielt werden. – Es wird also eine der wichtigsten Aufgaben der künftigen Forschung sein, die Stellung des Silleiner Rechts in der Menge der spätmittelalterlichen Rechtsaufzeichnungen zu klären.

Für die Untersuchung mittelalterlicher Rechtsdenkmäler bietet sich schließlich die sprachgeschichtliche Methode an, die u. U. zur Klärung verschiedener, auch rechtshistorisch interessanter Fakten führen kann, indem der Raum sowie die Zeit der Entstehung eines Textes mit einer gewissen Sicherheit bestimmt werden können. Wie aber etliche Male in der rechtswissenschaftlichen Literatur hervorgehoben wurde, wird von dieser Möglichkeit bei der Untersuchung deutscher Rechtsbücher nur wenig Gebrauch gemacht. Dies liegt gewiss z. T. darin begründet, dass der Eigenwert der Rechtsaufzeichnungen als sprachliche und auch als literarische Denkmäler seitens der Germanistik und der deutschen Rechtsgeschichte zu gering geschätzt wird. Vielmehr wird bei den einzelnen Rechten – offensichtlich in der Tradition philologischer Textkritik – die Erschließung der „Urschrift" oder des „Urrechts" in den Vordergrund gestellt, als seien die Rechte verschiedener Orte Lesarten eines Literaturwerks und im Falle einer fehlenden Vorlage zu rekonstruieren. Dabei handelt es sich jedoch um eine Handschrift, die linguistisch bzw. sprachgeschichtlich auf ihre Eigencharakteristik, auf die Graphematik („Schreibung"), Morphologie, Syntax oder ihren Wortschatz hin analysiert werden kann. Dabei bietet die Wortgeographie offensichtlich die besten Voraussetzungen dafür, den Text einer bestimmten sprachlichen Region zuzuweisen. Es ist gerade angesichts der Besonderheiten der Rechtssprache aber nicht unproblematisch, ein Rechtsdenkmal in sprachlicher Sicht kontrastiv anderen Texten und deren jeweils entsprechenden Merkmalen gegenüberzustellen; bereits das Vergleichen mehrerer Handschriften eines Rechts ist mit Schwierigkeiten theoretischer und praktischer Art verbunden. Die Autonomie eines jeden Textes darf bei diesen Untersuchungen nicht aus den Augen verloren werden.

Aus einer linguistischen bzw. sprachgeschichtlichen Untersuchung gewonnene Resultate, die auf eine bestimmte Schreiberschule, auf eine eingrenzbare Textlandschaft oder gar auf einen bestimmten Rechtskreis deuten, können für die Herkunftsbestimmung und die Überlieferungsgeschichte einer Rechtshandschrift aufschlussreich werden, auch wenn sie keine absolute Gültigkeit besitzen. Die linguistische Textanalyse der Rechtsaufzeichnungen könnte somit im weiteren Verlauf, nach der Bearbeitung größerer Textmengen, zum Umreißen von sprachlich bestimmbaren Rechtslandschaften führen. Im Fall des Silleiner Rechts könnte dies, wenn die Vorarbeiten einmal vorhanden sein sollten, klären, ob sprachliche Elemente (etwa Lexeme) im Silleiner Codex Ähnlichkeiten mit der Magdeburger Rechtslandschaft aufweisen; die rechtsgeschichtlichen, urkundlichen Belege weisen ja (hypothetisch) auf die Option hin.

Bei der Untersuchung älterer Sprachdenkmäler wird gelegentlich eine Methode angewandt, in der die Sprache eines Textes in seinen Teildimensionen mit heutigen Sprachzuständen bzw. mit verschiedenen lebendigen Dialekten verglichen wird. Diese Vorgehensweise ist jedoch mit erheblichen Bedenken verbunden, da die Sprache sich im Laufe der Jahrhunderte geändert hat, ohne dass die einzelnen Phasen dieser Wandlung im Einzelnen bekannt wären. Die Gegenüberstellung von schriftlich fixierten Sprachstufen (in diesem Fall der Text aus dem Silleiner Codex) und lebendigen Mundarten würde darüber hinaus nicht auf methodisch einwandfreier Basis beruhen, zumal der Ursprungsort und die einzelnen Etappen der Überlieferung nicht genau bestimmbar sind. Auch wenn ein derartiger Vergleich zulässig wäre, könnte die Methode bei der sprachlichen Untersuchung des Silleiner Rechtsbuchs nicht angewandt werden. Die Stadt Sillein, die niemals eine Stadt mit deutschsprachiger Mehrheit gewesen ist, hat – umgeben von slowakischsprachigen, nur spärlich Deutsch besiedelten Gegenden – Deutsch als Amtssprache nur kurze Zeit bewahren können: Bereits 1381 war der slowakisch sprechenden Bevölkerung die Hälfte der Geschworenen im Rat zugestanden worden, und nach 1429 treten in den erhaltenen Aufzeichnungen aus Sillein nur noch Latein und Slowakisch, seit 1459 nur Slowakisch, auf. Bereits im deutschsprachigen Recht selbst wird darauf hingewiesen, dass jedermann vor dem Gericht seine Muttersprache sprechen darf – eine rechtsgeschichtlich außerordentlich wichtige Bestimmung, die wegen des Fehlens einer Edition der Handschrift der Forschung nicht bekannt war. Die Zweisprachigkeit war in der Stadt wohl immer vorhanden; insofern ist es nicht verwunderlich, dass Deutsch in dem sonst slowakisch sprechenden Gebiet der regional überwiegenden Sprache weicht. Daher ist es ausgeschlossen, die Sprache des Rechtsbuches mit einer heutigen Mundart vom Silleiner Gebiet zu vergleichen; das Gleiche gilt für die möglichen weiteren Vergleichsorte Teschen und Karpfen, in denen heute kein Deutsch mehr gesprochen wird. Noch willkürlicher wäre es, die Sprache des Codex mit den lebendigen Mundarten etwa in Breslau oder Magdeburg zu vergleichen, über die das Recht eventuell nach Karpfen und Sillein gekommen ist.

Da im Stadtarchiv Sillein und in anderen in Frage kommenden Archiven des früheren oberungarischen Raums keine weiteren deutschsprachigen Texte aus Sillein zu finden sind, bleibt keine andere Möglichkeit, als das Rechtsbuch allein zu untersuchen. Dabei bietet der Codex die Gelegenheit, einige Aspekte der spätmittelalterlichen Rechtssprache genauer zu betrachten. Die Rechtssprache des ausgehenden Mittelalters ist vor dem Hintergrund ihrer damaligen Funktion zu sehen; ihre verschiedenen Erscheinungsformen spielten eine weitaus größere Rolle im schriftbezogenen Sprachgebrauch als in der Sprache der modernen Gesellschaft. Rechte mit langer, z. T. überregionaler Tradition, Urkunden mit ihren formelhaften Wendungen und erstarrten Ausdrücken, Rechtssprüche mit Reflexionen der volkssprachlichen Gerichtsverhandlungen und ähnliche Texttypen gehören in der Sprachforschung zu einer Form von Sondersprachen, die kaum untersucht worden sind. Von dort her ist es berechtigt und wünschenswert, ein Rechtsbuch auf seine sprachliche Charakteristik hin, unter Berücksichtigung seiner Eigenständigkeit als Sprach- und Rechtsdenkmal, mit den Methoden der textorientierten Linguistik zu untersuchen.

Bei einer sprachlichen Analyse soll darauf geachtet werden, dass den Einzelbelegen keine zu große Beweiskraft beigemessen wird. Die „exzeptionellen" Schreibformen, „seltenen" Formen, „auffallenden" Wörter u. ä. haben oft dazu geführt, dass voreilige Schlüsse über Dialekteinflüsse und Wortgeographie gezogen worden sind; dagegen ist der Grundbestandteil der Texterscheinungen leicht außer Acht geblieben. Es stehen der modernen Forschung die Methoden der quantitativen und der Daten verarbeitenden Linguistik zur Verfügung, die die Bestandteile eines Textes nach seinen Ebenen („Levels“) sortieren und klassifizieren und die a-priori-Erkenntnisse so ausschließen. Von diesen Überlegungen aus wird der Blick von den „interessanten“ oder „abweichenden“ Einzelbelegen abgewandt und statt deren auf die gesamte Textkonstitution auf eine oder mehrere Ebenen gerichtet. Demnach wird es möglich, speziell für die älteren Rechtsaufzeichnungen festzustellen, inwieweit diese mit anderen Texten übereinstimmen bzw. wie „altertümlich“ oder „progressiv“ ein Rechtstext in seinen verschiedenen Dimensionen im Vergleich mit anderen, nicht rechtssprachlichen Texten ist. Im Hinblick auf die Entstehung der neuhochdeutschen Schriftsprache ist bei den Rechtstexten des späten Mittelalters darauf zu achten, inwieweit ein Rechtstext bereits als „gemeinsprachlich“ oder „neuhochdeutsch“ zu bezeichnen ist. Dies ermöglicht der Forschung, sprachgeschichtliche Fakten zu gewinnen, zugleich aber die lateinische und deutsche Tradition in der Entwicklung und Eigencharakteristik der deutschen Rechtssprache genauer zu untersuchen.

Die einzelnen Aufzeichnungen und Rechtssprüche des Silleiner Stadtgerichts, die der Codex neben dem eigentlichen Recht enthält, sind ein geeignetes Objekt für sprachwissenschaftliche bzw. sprachhistorische Erörterungen. Einerseits liegt der Unterschied im ursprünglichen Entstehungsort der Texte: Die Rechtssprüche stellen eine schriftlich fixierte Form der Sprache Silleins dar, wie sie bei der Verhandlung vor Gericht oder dem Rat der Stadt gesprochen und dann vom Notar bzw. Stadtschreiber mit mehr oder weniger Exaktheit bzw. Reflexionen der Schreibersprache in das Stadtbuch eingetragen wurde. Es ist dabei jedoch zu berücksichtigen, dass ein Stadt- oder Gerichtsschreiber niemals die eventuell mundartlichen Aussagen vor Gericht mit der Genauigkeit eines modernen Dialektforschers wiedergegeben hat – die Infiltration seiner eigenen Sprache und Schreibkonvention ist selbstverständlich. Das eigentlich aufgezeichnete Recht ist wiederum die Abschrift eines Textes, dessen Ursprung bzw. genauer Entstehungsort nicht sicher festgestellt werden kann. Andererseits handelt es sich um zwei verschiedene Schichten der Rechtssprache: Die erste, die die Aufzeichnungen aus der Gerichtspraxis in Sillein umfasst, ist trotz ihrer Gebundenheit an die Schreiberschulen und ihre Traditionen ein Gelegenheitserzeugnis mit der Wiedergabe von örtlichen Angelegenheiten mit einem entsprechenden, nicht überregionalen Inhalt. Die andere Schicht, das eigentliche Recht, ist in seiner Vertextung durch mehrere Schreibstuben gewandert, in denen es inhaltlich und sprachlich gestaltet und an die überregionale Form der Rechtsprechung angeschlossen wurde.

Wenn im Folgenden einige sprachliche Aspekte hervorgehoben werden, so dient es der ersten Orientierung in der Sprache des Codex. Sie erheben keinen Anspruch auf Vollständigkeit und werden sich eventuell bei einer systematischen Untersuchung der Sprache als revisionsbedürftig erweisen. Deshalb sollen sie eher als eine Anregung für die künftige Forschung aufgefasst werden, die Sprache des Codex eingehend und Vollständigkeit anstrebend zu analysieren.

Wird zuerst die Sprache der einleitenden Weltchronik oder des eigentlichen Rechtstextes betrachtet, so lässt sich dort in Syntax und Wortwahl eine starke Anlehnung an die lateinische Tradition erkennen: Die kurzen, fast nur aufzählenden Sätze geben eine knappe, zugleich aber eindeutige Information über den jeweiligen Sachverhalt. Die verwandten Lexeme gehören dem zentralen Wortschatz der deutschen Sprache, also nicht speziell dem der Rechtstexte oder der Weltchronik an. Darunter finden sich keine bildhaften oder dunklen, schwer verständlichen Ausdrücke dichterischer Prägung, die vom Kontext her erschlossen werden müssten. Der Inhalt des Textes wird – abgesehen von der Pseudo-Exaktisierung etwa bei den Zeitangaben in der Weltchronik – durch gängige Termini wie *chuenigreych*, *rechte* usw. angegeben. Das Gleiche gilt für die späteren, im Codex enthaltenen Rechtssprüche des Silleiner Stadtgerichts. Der Unterschied liegt jedoch darin, dass die Sätze in diesen Aufzeichnungen nicht die entschiedene Kürze aufweisen wie im Recht selbst, sondern vielfach anakoluthisch unterbrochen und andersartig fortgesetzt werden. Ob darin eine Reflexion der gesprochenen Sprache oder eine Konvention der Schreiberschule zu sehen ist, kann nicht entschieden werden.

Die morphologische Ebene bietet bereits eine neuhochdeutsche Charakteristik mit einigen älteren Formen. Präterita wie *waz* (mhd. *wesen*; bis ins 17. Jahrhundert) und *wart* (mhd. *werden*; bis heute) weichen vom Sprachgebrauch derselben Entstehungszeit nicht ab; dagegen stellen *het* 3. Sg. Pr. (mhd. *hân* inf.) und *queme* (mhd. *quemen*) archaische Formen „mittelhochdeutscher" Prägung dar, die im Recht konserviert sind. Es ist jedoch zu vermuten, dass angesichts der sonst fortschrittlichen, neuhochdeutschen Formenbildung derartige Einzelbelege einiger sehr frequenter Wörter keine Aussage über morphologische Verhältnisse in der Stadtsprache zu Sillein gestatten, sondern eher erstarrte Schreibformen einer überregionalen Konvention darstellen. Insgesamt ist die Sprache des Codex – im Vergleich mit anderen Texten aus dem 14. und 15. Jahrhundert – dem ersten Eindruck nach recht progressiv.

Die Unterschiede zwischen den verschiedenen Texten (1378 und später) liegen vor allem auf der graphematischen Ebene. Die Weltchronik, desgleichen das gesamte Recht, weist eine Schreibform auf, in der eine weitgehende Vereinheitlichung, vor allem in der Digraphemisierung, erreicht ist. Als Uneinheitlichkeiten in der vokalischen Graphematik treten ⟨a⟩ und ⟨o⟩ für mhd. ⟨â⟩ auf, ⟨ei⟩, ⟨ey⟩, ⟨ai⟩ und ⟨ay⟩ für mhd. ⟨ei⟩ sowie ⟨u⟩, ⟨v⟩ und ⟨w⟩ für mhd. ⟨u⟩ usw. Im Großen und Ganzen lässt sich das Schreibbild, gemessen auch an weitaus jüngeren ostmitteldeutschen Texten (z. B. Luther) als fortschrittlich bezeichnen. Die einzelnen abweichenden Erscheinungen der konsonantischen Graphematik wie das Erhalten von ⟨tw⟩ in *betwingunge* und der Wechsel zwischen ⟨p⟩ – ⟨b⟩, ⟨k⟩ – ⟨g⟩ ändern nicht das Bild von einem Text, der auf eine überregionale Schreibtradition hinweist.

Um so auffallender ist, dass die einzelnen Texte der Rechtssprüche eine weitaus größere Variation in der Zeichensetzung bieten. Obwohl z. B. der Abschnitt auf Blatt 71a (*Das Recht hat man fon Korppen pracht* ...) der Handschrift zufolge von dem Schreiber des gesamten Rechts stammt, treten dort Schreibungen wie *chwumen*, *plyben*, *yz*, *soldn* und *chehen* auf, die dem Recht in diesen Zeichenkombinationen fremd sind. Ein wichtiger gemeinsamer Zug mit dem Recht ist jedoch, dass in den Nebensilben konsequent ein ⟨e⟩ steht, falls es nicht synkopiert ist; in zahlreichen anderen Aufzeichnungen steht in den Nebensilben dagegen überwiegend ⟨i⟩. Auch im Übrigen treten dort Schreibungen ohne festen Usus auf, z. B. *dirkennen*, *dezym*, *geschreben*, *vorlemit*, *ys*, die das Schriftbild weitaus uneinheitlicher gestalten als dasselbe des eigentlichen Rechtstextes.

Die angeführten Beispiele, die nur einen informativen Charakter besitzen, lassen selbstverständlich kein Urteil darüber bilden, wie die einzelnen Schreibungen zu deuten wären; dazu ist eine quantitative linguistische Analyse des gesamten Textes nötig. Auf Grund der einzelnen Beobachtungen ist jedoch zu vermuten, dass das Silleiner Recht eine lange kanzleigebundene Tradition durchlaufen hatte, bevor es für Sillein abgeschrieben wurde. Dagegen besaß die örtliche Schreibersprache, wiedergegeben in den Einzelaufzeichnungen, noch keinen vereinheitlichten Schreibusus. Das uneinheitlich konstituierte, oft variierende graphematische Bild ist von der Entstehungszeit der Texte her verständlich und mit anderen Ortskanzleien zu vergleichen; es kommt noch hinzu, dass Sillein eine zweisprachige Stadt war und bald das Deutschtum verloren hatte. Dass in der Schreibung bereits slowakische Einflüsse zu sehen sind, ist kaum anzunehmen. Es ist jedoch in rechtssprachlicher und sprachgeschichtlicher Hinsicht interessant, dass die Einzelaufzeichnungen ein uneinheitliches graphematisches Bild aufweisen, das derselbe Schreiber in dem Karpfener (Magdeburger) Recht Silleins nicht beibehält; daraus ist die Kanzleitradition des Rechts zu folgern.

Es ist kaum zu beurteilen, ob die Schreibform des Silleiner Rechts eine ostmitteldeutsche Grundlage hat oder ob diese erst durch die verschiedenen Städte und deren Kanzleien so gestaltet wurde, wie sie im Silleiner Buch erscheint: dafür wären die verlorenen Rechtshandschriften die alleinigen Beweise. Im Hinblick auf das Silleiner Stadtrechtsbuch lässt sich jedoch, mit gewissen Vorbehalten seitens der Sprachgeographie, behaupten, dass ein überregional verbreitetes und von Stadt zu Stadt verliehenes Recht eher dazu gelangt, eine gemeinsprachliche Form zu besitzen als die gleichzeitigen urkundlichen Beiträge einer örtlichen Kanzlei. Dagegen ist in diesem Zusammenhang nicht zu beurteilen, ob es die einzelnen Erscheinungen in den Texten zulassen, auf eine Gebundenheit an eine örtliche Mundart in spätmittelalterlicher Zeit zu schließen. Deswegen ist es auch verfrüht, jetzt Vermutungen darüber anzustellen, ob die Sprache des Sillleiner Rechtsbuches als „ostmitteldeutsch" oder als „schlesisch" zu bezeichnen ist und die verstreuten Schreibvarianten auch Hinweise auf einen eventuellen bairischen Einfluss geben. Vielmehr begnügen wir uns in diesem Zusammenhang damit, das

Silleiner Stadtrechtsbuch als rechtssprachliches und sprachgeschichtliches Denkmal des Spätmittelalters den Germanisten und Rechtshistorikern zugänglich zu machen und ausführliche Untersuchungen den entsprechend interessierten Forschern zu überlassen.

2.1 Textbeispiel:

Von der ſtat czu meidburch wy ſi geſaczt wart
Do meidburch geſaczt wart mit dez landez rate vnd beſtetigt wart mit yrm rechte wen ſi noch wicbilde rechte hot vnd daz eltiſte geſtift iſt von dem lande wan halle dar aus geſtift wart vnd beide mit einem recht ſint begriffen dar vmb ſullen dy aus der marche vnd dy czu meychſen ſeynt ir recht czu halle holen Vnd dy von polen vnd von peheim dy ſullen ire recht holen czu meidburch in der ſtat odir czu halle wen ſi beide mit einem recht begriffen ſint Dar vmb daz ir wicbilde beſchir men alle dy dy dar inne wonhaft ſein daz mag in lant recht nicht geſein daz auz einer marche in einer graſchaft mit einem be ſcholden vrteil gezihen muge wen der margrave in dinget pei ſeinez ſelbez hulden Daz tvt der graue nicht der dinget vn der chunigez banne Daz ſelbe tut man in allen ſteten do chu nigez ban inne iſt Wo man dinget vnder chunigez banne do vor puzzet Der man dem purgrauen drey phvnt dem ſchultez acht ſchilling

Von hemſuchen Ueicht ein man den andern mit heym ſchuchen nachtez odir tagez daz er bewey ſen mag odir notzucht eyn iunchfravwen odir frauwen wirt der man gevangen vnd mit geruffte fur gericht bracht vnd hot dy frauwe dez gezevg an irm ſchre mannen ſelb ſiben de vnd mak beweyſen alz recht iſt ez get ym an den halz vber nachtet ez ſo richtet ez der obe riſte richter Iſt ez aber geſche hen dy not an einer iunchfrau wen ſo ſol man ez bevelchen zwein erhaften frauwen auf iren eid daz ſy dy worheit chy ſen an der ſtat do der ſchade iſt geſchehen vnd beweren ſy den ſchaden pey dem eide man fol der iunchfrauwen czu hant rich ten Wer aber iener auf den dy clag get entwichen vnd dy clage ſchol man verveſten ver nacht Iſt aber chein hanthaf te tat ſo iſt iener neher czu enken ſelb ſibende dann ez ym ant mug auf yn gezevgen

3. Das Zipser Recht

Die kulturhistorisch bedeutsame Landschaft, die auf Slowakisch Spiš, auf Ungarisch Szepes und auf Deutsch die Zips heißt, liegt im Osten der heutigen Slowakei, des früheren Oberungarns. Sie wird im Westen durch die Hohe Tatra begrenzt, liegt im Tal des Flusses Poprad/Popper, im Gebiet des oberen Hornád/Hernád, sowie im Osten im alten Bergbaugebiet des Slowakischen Erzgebirges. Im Norden erstreckt sie sich bis an die heutige Staatsgrenze zwischen der Slowakei, Polen und der Ukraine. Seit dem Altertum kreuzten sich hier die wichtigsten Handelswege, im Mittelalter entstanden in diesem gebirgigen und waldreichen

Gebiet zahlreiche Städte mit großem materiellem und kulturellem Reichtum. Als Zeichen der Bedeutung dieser Landschaft ragt auf einem Hügel in der Nähe der heutigen Stadt Spišské Podhradie/Kirchdrauf vom 12. Jahrhundert an die Zipser Burg (Spišský hrad), eine der größten Burganlagen Europas, empor.

Ein großer Teil der schriftlichen Überlieferung in der Zips wurde in deutscher Sprache verfasst. Die ältesten Urkunden wurden auf Latein geschrieben, aber neben dem Lateinischen und vom 16. Jahrhundert an auch neben dem Slowakischen gewinnt Deutsch als Kanzleisprache in der ganzen Slowakei seit dem 15.–16. Jahrhundert an Bedeutung und wird in vielen Kanzleien die dominante Sprache der rechtlichen und administrativen Kodifizierung. Deutsch als Urkundensprache in der Slowakei wird im Jahre 1840 durch das Ungarische und mit der Gründung des ersten tschechoslowakischen Staats im Jahre 1918 durch das Slowakische ersetzt.

Die deutsche Sprache in der Zips ist häufig Gegenstand der historischen und dialektologischen Forschung gewesen. Seit dem 18. Jahrhundert liegen Textausgaben Zipser Provenienz vor. Im 19. Jahrhundert haben ungarische Historiker eine ganze Reihe von Editionen veröffentlicht. Ebenfalls im 19. Jahrhundert wurden Versuche unternommen, die deutschen Mundarten zu beschreiben. Vor dem Zweiten Weltkrieg wurden mehrere Veröffentlichungen über die deutsche Sprache in der Zips herausgegeben. Nach dem Zweiten Weltkrieg, als sich die deutschen Mundarten in der Slowakei bereits im Untergang befanden, hat Juraj Valiska im Jahre 1960 begonnen, Tonbandaufnahmen von noch gesprochenen deutschen Mundarten in der Ostslowakei zu machen. Als Ergebnis dieser Tätigkeit hat er drei Monographien veröffentlicht. Weiterhin liegt eine Vorstudie zu einem Wörterbuch der deutschen Mundarten in der Oberzips vor, an dem er seit mehreren Jahren arbeitet. Dieses Wörterbuch soll etwa 40.000 Lemmata enthalten und 400–500 Druckseiten umfassen; von einer maschinenschriftlichen Probelieferung abgesehen, ist von diesem geplanten Buch bis jetzt jedoch nichts erschienen. Diese dialektologischen Untersuchungen bilden eine Dokumentation von deutschen Sprachinseln in der Slowakei, die in absehbarer Zeit untergehen; es gibt nur noch wenige deutsche Mundartsprecher in der Slowakei. Auf jeden Fall ist davon auszugehen, dass die germanistische Forschung von der deutschen Sprache und ihren unterschiedlichen Erscheinungsformen in der Slowakei nur ein lückenhaftes Bild wiedergeben kann. Dies gilt sowohl für die Beschreibung gesprochener deutscher Mundarten als auch deutschsprachiger Handschriften und Drucke in der Slowakei. Die vorliegende Arbeit soll einen Beitrag dazu leisten, ältere Stadien der deutschen Sprache in der Landschaft Zips zu präsentieren und zu analysieren.

In einer zweibändigen Ausgabe hat der Verfasser des vorliegenden Beitrags zusammen mit Mária Papsonová die 13 erhaltenen Handschriften des Rechts der Zips, die bis Ende der 80er Jahre des vorigen Jahrhunderts ausfindig gemacht werden konnten, in einer buchstabengetreuen Form, in diplomatischen Editionen mit dem vollen Wortlaut der einzelnen Handschriften der internationalen Forschung zugänglich gemacht. Die Handschriften, die sich zeitlich vom 15. Jahrhundert bis ins späte 18. Jahrhundert erstrecken, wurden graphemisch untersucht; somit lässt sich die Entwicklung der Schreibformen in der Zips vom Frühneuhochdeutschen zum Neuhochdeutschen verfolgen. Das Glossar zu den Handschriften bietet einen Einblick in die fachsprachliche Lexik des Rechts der Zips, soll aber vor allem den Rechtshistorikern und Geisteswissenschaftlern als Hilfe für das Textverständnis dienen.

Mit dieser Veröffentlichung aller bis 1990 auffindbaren Handschriften des Rechts der Zips wurde der Wunsch verbunden, dass diese Textausgabe seitens der slowakischen und der internationalen Forschung für die Untersuchung der Geschichte und der Rechtsverhältnisse der Landschaft Zips benutzt wird. Abgesehen von ein paar Untersuchungen im 19. Jahrhundert und einigen kürzeren Beiträgen aus den 70er Jahren des vorigen Jahrhunderts liegen keine Arbeiten über die Rechtsgeschichte der Zips vor. Da der größte Teil der Handschriften in der Ausgabe von 1992 erstmalig veröffentlicht wurde, bietet sich für Juristen und Historiker eine Möglichkeit, eine ausführliche Analyse von Rechtsverhältnissen in der Zips sowie deren Verbindung zu der Gesetzgebung in anderen Gegenden Europas vorzunehmen. Die Autoren dieser Ausgabe beschränkten sich auf die sprachhistorische Auswertung der Dokumente; sie verzichteten darauf, die Inhalte der verschiedenen Handschriften miteinander zu vergleichen oder die Paragrapheneinteilung zu vereinheitlichen. Die Handschriften wurden vollständig abgedruckt; die Einteilung in Paragraphen für jede Handschrift entsprach dem jeweiligen handschriftlichen Original.

Für die Ausformung der Kultur im Gebiet der heutigen Slowakei waren Einflüsse älterer und benachbarter europäischer Kulturen von großer Bedeutung. Die Slawen hatten ihre Urheimat wahrscheinlich im Gebiet des Flusses Dnjepr; von dort zogen sie in weniger besiedelte Gebiete, in denen eine extensive Landwirtschaft möglich war. Im Gebiet der heutigen Slowakei lassen sich seit dem 5.–6. Jahrhundert vorwiegend in Tälern der Flüsse, in der ostslowakischen Tiefebene sowie im so genannten Kaschauer Becken (Košická kotlina) slawische Siedlungen finden. Die Besiedlung war jedoch sehr dünn; in der zweiten Hälfte des 7. Jahrhunderts erstreckte sie sich nur über 5 Prozent des Gebiets. Neben der Brandwirtschaft (Brandrodung) wurden Fischfang, Jagd und Imkerei betrieben. Im 6.–7. Jahrhundert wurde diese halb nomadische Lebensweise vor allem in der Mittelslowakei und in der Zips durch das Schürfen von Edelmetallen und die Entfaltung des Handwerks ergänzt sowie durch eine neue territoriale Organisation in Dorfgemeinden verdrängt. Allmählich entwickelte sich ein Feudalsystem in Abhängigkeit von Burgen und Kirchen; der Handel über größere Entfernungen spielte eine beträchtliche Rolle.

Nach der Gründung des Königreichs Ungarn geriet die Slowakei im 10. Jahrhundert in dessen Herrschaftsbereich. Nach dem Tatareneinfall bzw. Mongolensturm der Jahre 1241/42 kamen in größerem Maße deutsche Siedler in dieses

Gebiet. Besonders während der Regierungszeit des ungarischen Königs Béla IV. (1235–1270) wurden wirtschaftliche Begünstigungen geschaffen, durch die zahlreiche deutsche Bauern, Bergleute und Handwerker in die Slowakei kamen.

Seit dem 13. Jahrhundert wurden im Bergbaugebiet der Mittelslowakei sowie in der Landschaft Zips Städte gegründet, in denen bodenständige Slowaken, benachbarte Ungarn sowie zugezogene Deutsche lebten. Der ungarische König verlieh den Städten Privilegien, durch die die wirtschaftliche und politische Organisation dieser Ortschaften geschaffen wurde. Es entstand nach dem Muster anderer mitteleuropäischer Städte eine Rechtstradition, in der die lokale, z. T. seit der slawischen Zeit überlieferte und durch die ungarische Krone ergänzte lokale Rechtsprechung mit den überregionalen, weitgehend aus dem deutschen Kulturraum kommenden Rechtsgrundsätzen verbunden wurde. Häufig wurden die Stadtrechte aufgezeichnet. Der Grund dafür dürfte nicht nur der geforderte schriftliche Rechtsbeweis gewesen sein, sondern auch die Tatsache, dass auch die Amtspersonen nicht in der Lage waren, die durch die komplizierte Rechtsstruktur der Stadt notwendige Zahl der Rechtssätze mit der erforderlichen Genauigkeit im Gedächtnis zu behalten. Ein weiterer Grund für die Aufzeichnung der Stadtrechte dürfte das Misstrauen der verschiedenen sozialen Gruppen untereinander gewesen sein, die sich in den Städten des späten Mittelalters fanden. Ein wichtiger Grund für die schriftliche Abfassung von Stadtrechten war auch die Verleihung des Stadtrechts an eine andere Stadt; dies war öfter in der Slowakei ganz offensichtlich der Fall. Die älteste erhaltende Rechtskodifizierung in der Slowakei ist das Stadtrecht von Sillein aus dem Jahre 1378, das auf das Recht von Karpfen zurückgeht.

Die slowakisch-deutschen Rechtstexte haben bereits im 18. Jahrhundert Historiker interessiert. Im 19. Jahrhundert wurden die Stadt- und Bergrechte von Banská Štiavnica/Schemnitz und Kremnica/Kremnitz in der Mittelslowakei sowie das Recht der Zips aus Levoča/Leutschau, die so genannte Zipser Willkür, in Editionen veröffentlicht, die jedoch nach den heutigen diplomatischen, buchstabengetreuen Editionsgrundsätzen als recht unvollkommen anzusehen sind. Dasselbe gilt für die Edition des Stadt- und Bergrechts von Kremnitz, in der graphemische Abweichungen von der Handschrift vorkommen sowie einzelne Wörter und ganze Sätze fehlen.

In den 30er Jahren des vorigen Jahrhunderts erwuchs erstmals auch ein philologisches Interesse an den slowakisch-deutschen Handschriften. Herbert Weinelt legte eine Gesamtdarstellung der mittelalterlichen deutschen Kanzleisprache der Slowakei vor und veröffentlichte eine Edition des Stadtbuchs von Spišská Nová Ves/Zipser Neudorf, das eine Handschrift des Rechts der Zips enthält. Diese beiden Werke sind als Quellen recht zuverlässig; vor allem die späteren Veröffentlichungen Weinelts sind jedoch tendenziös im Sinn der nationalsozialistischen Ideologie. Dies hat dazu beigetragen, dass die Erforschung der slowakisch-deutschen Texte für mehrere Jahrzehnte ruhte, bis der Verfasser des vorliegenden

Beitrags im Rahmen des finnisch-tschechoslowakischen Kulturabkommens seit 1969 die Möglichkeit erhielt, jährlich an deutschen Handschriften in slowakischen Archiven zu forschen. Diese Tätigkeit dauert seit nunmehr 35 Jahren an.

Bei der Realisierung des Vorhabens für die Edition des Rechts der Zips zeigte es sich, dass mit der unermüdlichen Hilfe von Archivaren, vor allem der von Ivan Chalupecký, eine Reihe von als verschollen geltenden oder von in der Forschung bisher ganz unbekannten Handschriften des Rechts der Zips gefunden und für die Ausgabe von 1992 ediert werden konnten. Es gibt Hinweise auf weitere Handschriften, die jedoch nicht ausfindig gemacht werden konnten. Diese Hinweise werden im Folgenden kurz angeführt:

a) Eine Handschrift der so genannten Zipser Willkür wurde im Jahr 1450 von Henrich Genersich auf Pergament aufgezeichnet. Sie wurde in den vergangenen Jahrhunderten drei Mal abgedruckt. Die älteste Edition befindet sich in Analecta Scepusii sacri et profani ... A Carolo Wagner ... notis illustra ... I–II, Viennae 1774, S. 240–261. Das Recht der Zips nach dieser Handschrift ist ebenfalls in Michnay-Lichner: Buda városának törvénykönyve – Ofener Stadtrecht, Bratislava 1845, S. 221–235 enthalten. Eine vollständige Edition dieser Handschrift sowie ein Vergleich der Artikel dieser Handschrift mit denen der Handschrift im Stadtbuch von Zipser Neudorf stehen in K. Demkó: Lőcse története [Leutschauer Geschichte]; Levoča 1887, S. 17–86. Diese Ausgabe wurde dann für das Deutsche Rechtswörterbuch exzerpiert. Ein Text des Rechts der Zips findet sich nicht im Quellenverzeichnis des Deutschen Wörterbuchs von Jacob und Wilhelm Grimm.

Da der Text dieser Handschrift mehrfach abgedruckt worden und nach den Untersuchungen von A. Vizkelety mit dem der Handschrift 8 aus Budapest identisch ist, wurde er in der Ausgabe von 1992 nicht mehr nachgedruckt. Die Pergamenthandschrift ist offensichtlich schon seit dem vergangenen Jahrhundert verschollen und trotz intensiver Nachforschungen nicht mehr auffindbar.

b) F. Klein-Bruckschwaiger (1954) berichtet als einer der ersten westlichen Forscher nach dem Zweiten Weltkrieg über seine Reise in die slowakischen Archive. Dort führt er Handschriften des Rechts der Zips an, nennt aber nicht die Archive, sondern verweist vielmehr auf Informationen von Einzelpersonen. Dort taucht eine Angabe über eine Abschrift der Zipser Willkür aus dem 17. Jahrhundert aus Velká/Felka auf. Auf Grund dieses Hinweises hat der Autor des vorliegenden Beitrags zusammen mit dem Archivar I. Chalupecký aus Levoča/Leutschau das evangelische Pfarramt im Stadtteil Velká/Felka in Poprad/Deutschendorf besucht. Dort befindet sich das frühere Pfarrarchiv Felka mit einem beachtlichen Handschriftenbestand. Dort liegen die Bände 1, 3 und 4 des „Historischen Städtischen Protokolls“ im Zeitraum von 1553 bis 1816 vor, aber der Band 2 für die Jahre 1674–1709 ist nicht mehr auffindbar. Klein-Bruckschwaiger hat diese Handschrift nicht in den Händen gehabt, sondern beruft sich auf eine Information aus zweiter Hand, offensichtlich auf einen Stand vor dem Zweiten Weltkrieg. Es ist anzunehmen, dass dieser Band des *Historischen Städtischen Protokolls* eine Auf-

zeichnung des Rechts der Zips enthält, aber in den Ereignissen des Krieges und der Nachkriegszeit verloren gegangen ist. Im Übrigen ist anzunehmen, dass Klein-Bruckschwaiger mit zwei Handschriften Stráne pod Tatrami/Forberg und Stráže pod Tatrami/Michelsdorf nur die letztgenannte meint und wegen der Ähnlichkeit der slowakischen Ortsnamen einem Irrtum erlegen ist; auch hier beruft er sich auf eine Information einer Einzelperson und hat die Handschriften nicht eingesehen – darüber hinaus fehlt jeder Hinweis auf den Aufbewahrungsort.
c) Eine weitere Handschrift des Zipser Rechts sollte sich in der Czartoryski-Bibliothek (Biblioteka Czartoryskich) in Kraków/Krakau in Polen befinden. Mit einem Brief vom 23.5.1984 hat die Bibliothek dem Autor des vorliegenden Beitrags mitgeteilt, dass dort keine Handschriften der Zipser Willkür zu finden sind. Die polnische Geschichtswissenschaft hat sich aber mit dem Recht der Zips beschäftigt: J. Radziszewska (1969) hat eine Untersuchung zur Geschichte der Zips vorgelegt, in der auf den Seiten 85–87 die Zipser Willkür (Wilkierz spiski) behandelt wird.

Wie in der Einleitung angeführt, legten die Verfasser der Ausgabe von 1992 die Editionen der 13 erhaltenen Handschriften sowie eine graphemische Untersuchung und ein Glossar vor. Es wäre sehr zu begrüßen, wenn Geschichtswissenschaftler und Rechtshistoriker aus ihrer Sicht die Genealogie des Rechts der Zips klären und dieses im Zusammenhang mit anderen bedeutenden Rechtsdenkmälern des Spätmittelalters untersuchen würden.

Auch nach dem Erscheinen der Ausgabe von 1992 mit der Edition der 13 Handschriften ging die Suche nach eventuell noch auffindbaren Handschriften des Zipser Rechts weiter. Das Zipser Recht bildete bis zum Ende des 18. Jahrhunderts die administrative und rechtliche Grundlage für das Zusammenleben der Menschen in den Zipser Städten; insofern ist im Laufe der Jahrhunderte von einer größeren Zahl der Handschriften mit der Kodifizierung der Rechtsbestimmungen auszugehen. Es ist aus heutiger Sicht erstaunlich, dass eine immerhin so große Zahl von Handschriften erhalten geblieben ist, wie sie in der Ausgabe von 1992 abgedruckt werden konnten. In den 90er Jahren des vorigen Jahrhunderts konnten dann mit Hilfe von I. Chalupecký zwei weitere Handschriften entdeckt werden, die hier mit Nr. 14 und 15 bezeichnet werden. Diese wurden 2001 in buchstabengetreuen, diplomatischen Editionen abgedruckt. Um den Inhalt einem breiteren, nicht nur dem germanistisch oder rechtsgeschichtlich orientierten Leserkreis verständlich zu machen, wurde die Inhaltswiedergabe in heutiger Sprachform dem Abdruck der Texte vorangestellt. Das Glossar erläutert die wichtigsten Termini des Zipser Rechts; es wurde auf Grund der Handschrift Nr. 14 zusammengestellt.

3.1 Textbeispiel

2. Daß ein jeder ehrbahrer Mann, und ehrbare Frau, ein frey Drittel in ihren Güttern zu bescheiden hat.

Fort mehr haben wir daß zu einem Rechten, wo ein ehrbahrer Mann, mit seiner ehrbahren Frauen, in der Ehe sitzt, daß ein jeglicher Mann gewaltig sey zu bescheiden, ein 3tel von seiner Helft, zu Gottes Häußern, oder seinen armen Freünden, oder wo Er hin will, nach seinem Tode zu nehmen; und seine Frau auch daßelbe Recht habe, als der Mann; auf daß die Frauen also gut Recht haben, in diesem Lande, als die Män(n)er. Und ob der Mann oder die Frau ein 3tel hinweg wolden geben bey lebendigen Leib, zu nehmen. Das wollen wir nicht gestatten, sie sollen es bescheiden, nach ihrem Todt zu nehmen, zu welcher Zeit Sie es hinweg bescheiden, sie seyn gesundt oder krank, daß seyn Sie gewaltig. Und ob es ihr beyder Wille wäre, sie mit einander ein 3tel von aller ihrer Haab hinweg bescheiden mögen, oder geben, weme sie wolten, bey ihrem Leben zu nehmen oder nach ihrem Todt.

14. Ob mann eine Ehrbahre Witwe, oder Jungfrau zücket mit Gewalt, waß darum ein Recht ist.

Ob daß käme daß Ehrbahrer Mann, eine Tochter hätte; die eine Jungfrau oder eine Witwe, oder einen Sohn hätte, oder Witwen Söhne oder Töchter hätten, und der Kinder Eltern lebend, oder tod wären, und sonst andere Freunde vor die Kinder zu rathen hätten, und es käme einer und zucket die Witwe, oder die Jungfrau mit Gewalt, und der Jungfrauen oder Witwen Vatter, oder Mutter, oder ihre Freünde, daß mit ihren Nachbarn überthalben, oder untterhalben bewären mögen, oder mit 2. Ehrbahren Männern, denen es zu glauben ist. So hat der selbstschuldige, und alle die ihm daß zulegen Leib und Gutt verlohren, und sie sollen verschrieben werden, daß Sie vorbaß kein Recht mehr mit unß haben solten. Ob die Witwe oder die Jungfrau die gezuckt ist den selbschuldigen wolte, und spreche, es wäre ihr Will gewes(e)n. Wollen wir, daß der Frauen rede nicht Bund habe und ihn nicht entschuldigen möge, und dem selbstschuldigen Man keine Gnade beschehe.

4. Das Rechtsbuch von Balthasar Apel

Bei den Untersuchungen über frühneuhochdeutsche Handschriften in der Slowakei machte der Leutschauer Archivar Ivan Chalupecký bereits vor mehreren Jahren auf ein Rechtsbuch aufmerksam, das im Staatlichen Kreisarchiv Zipser Neudorf mit der Zweigstelle in Leutschau aufbewahrt wird. Es ist von Balthasar Apel aus Kirchdrauf/Spišské Podhradie verfasst und aufgezeichnet worden und enthält in alphabetischer Reihenfolge Rechtstermini, die inhaltlich erläutert werden: die Rechtsbestimmungen werden mit Hinweisen auf mehrere Vorlagen belegt – diese werden im Folgenden einzeln beschrieben.

Über den Autor dieses Rechtsbuches steht nur fest, dass er Notar in dem Marktflecken (*oppidum*) Kirchdrauf in der Landschaft Zips war in der Ostslowakei, im früheren Oberungarn. Weder die ungarischen noch die slowakischen oder deutschen Lexika bzw. biographischen Nachschlagewerke führen ihn an; somit ist anzunehmen, dass er über seine Notartätigkeit hinaus im öffentlichen Leben Oberungarns, der heutigen Slowakei, keine herausragende Rolle gespielt hat.

Das handschriftliche Buch im Umfang von etwa 200 nicht-nummerierten Blättern aus Papier ist in Pappdeckel gebunden, überzogen mit einer liturgischen Handschrift aus Pergament. Die Blattgröße beträgt 190x310 mm; die Eintragungen werden in Schriftblöcken in der Größe 90x275 mm mit schwarzer Tinte geschrieben. Die Überschriften sind rot, ebenfalls die alphabetisch geordneten, nicht nummerierten Rechtstermini am oberen Seitenrand. Die Schrift ist eine Kursive, die sowohl für die deutschen Texte auch als für die dazwischen geschobenen kleineren lateinischen Textstücke benutzt wird. Die gleiche Schreiberhand – offensichtlich von Balthasar Apel – hat am Ende des Rechtsbuches eine 23 Seiten umfassende, deutschsprachige Abhandlung „Tractatus Von den Richter(n)“ geschrieben, als deren Autor Matthias Hertelius angeführt wird.

Die Bestände des Staatlichen Kreisarchivs Zipser Neudorf in Leutschau sind z. T. nicht katalogisiert worden; daher kann für die hier beschriebene Handschrift keine Signatur genannt werden. Es ist den Mitarbeiterinnen und Mitarbeitern dieses Kreisarchivs und des Staatlichen Gebietsarchivs/Státny oblastný archív in Leutschau zu verdanken, dass diese Handschrift benutzt und auf Mikrofilm aufgenommen werden konnte.

Das Rechtsbuch von Balthasar Apel ist offensichtlich auf Grund eines genauen Konzepts ins Reine geschrieben worden; die alphabetische Anordnung ist korrekt; es gibt – abgesehen von einigen Überstreichungen – keine Schreibfehler. Auch die Benutzung der roten Tinte für die Termini und Überschriften weist darauf hin, dass das Rechtsbuch nicht nur für den privaten Gebrauch geschrieben wurde, sondern offensichtlich einen amtlichen Charakter haben sollte. Dafür spricht auch die Tatsache, dass es archivalisch über Jahrhunderte hinaus aufbewahrt wurde.

Inhaltlich lassen sich die einzelnen Stichwörter und ihre Erläuterungen in die Gebiete Rechtswesen, Vermögensangelegenheiten, Ehesachen und Strafrecht einteilen; zusätzlich kommen noch Bestimmungen für die Pfarrer bzw. Priester hinzu. Unter dem Stichwort „Gesetz und Rechte“ kommt das seit Jahrtausenden in der jüdischen und christlichen Welt herrschende Prinzip zum Ausdruck, dass jegliches Recht göttlichen Ursprungs ist. Es heißt dort: „Alle Gesetz Vnd Rechte, wie dieselben immer mögen geordnet werden, sollen also alzeitt Verstanden, Vnnd dahin gerichtet werden, damit sie dem Göttlichen Gesetz nicht Zue wieder sein.“ Diese in der Bibel überlieferte Auffassung vom Recht kommt auch beim Stichwort „Richter“ zur Sprache: Es wird von der Gerechtigkeit des Richters gesprochen und weiter angeführt: „Weyll Gott den Ampts Personen mehr gaben giebt als anderen schlechten Leuthen, so sollen sie auch darumb Gott mehr Lob vnnd ehre geben; Vnnd sonderlich davor antworten, daz ist, Gottes Ehre Verfechten.“ Weitere Bestimmungen über das Rechtswesen betreffen Privilegien, Eid, Kläger, Prokurator (Bevollmächtigter), Vormund sowie Zeugen; schließlich werden auch noch die Strafe bzw. die Buße beschrieben.

Die Erörterung der Ehesachen nimmt einen breiten Raum ein. Das Eheversprechen hatte nach diesem Rechtsbuch einen verbindlichen Charakter und durfte nicht verletzt werden. Am ausführlichsten – sowohl auf Deutsch als auch auf Latein – wird der Ehebruch behandelt; als Strafe für den Ehebruch wird aus dem Alten Testament des Buch Exodus zitiert: „Ehebrecher sollen des todes sterben. Vnndt: Ob einer bey seiner Schwieger schlefft, den sol man Verbrennen.“ Dass eine Ehescheidung unter bestimmten Voraussetzungen möglich war, deutet darauf hin, dass der Verfasser des Rechtsbuches dem protestantischen Gedankengut zugeneigt war; nirgends wird der Papst oder die Kurie als Rechtsinstanz erwähnt. Unter dem Stichwort „Banckert“ werden uneheliche Kinder und deren Rechte erörtert; das Wort geht auf das mittelhochdeutsche „banchart“ in der Bedeutung „das auf der Schlafbank der Magd gezeugte Kind“ zurück, wird landschaftlich unterschiedlich für das uneheliche Kind benutzt und ist stark abwertend.

Unter den Vermögenssachen werden einerseits Schulden sowie Pfand und Bürgschaft dafür, andererseits Güter (Immobilien und Mobilien) sowie deren Kauf und Verkauf im Einzelnen behandelt. Ähnlich wie in mittelalterlichen Rechtsbüchern – vor allem im Sachsenspiegel und in der Zipser Willkür – werden auch in diesem Rechtsbuch die Erbangelegenheiten sehr ausführlich erörtert. Zwar gibt es auch Bestimmungen darüber, wie man ein gültiges Testament machen soll, aber in Bezug auf die Erbfolge und -berechtigung, die Verteilung des Vermögens und die Abgaben werden besondere Anweisungen gegeben.

Bei den Strafsachen werden verschiedene Arten von Diebstahl beschrieben und mit Strafen bedroht: „Der Diebstahl ist eine Betrügliche Zueziehung oder anmaßung eines Frembden dinges, oder deßen gebrauchs oder deßen besitzung betreffend, welches im Gesetz der Natur verboten ist.“ Es werden Holzdiebe, Grasdiebe und Fischdiebe genannt; beim ersten Mal werden sie mit einer Geldbuße bestraft. Aber auch für den Diebstahl konnte die Todesstrafe verhängt werden: „Hat ein Dieb Vber ungarische Florine 5 wert gestolen den soll man auffhencken.“ Das Gleiche galt für den Raub: „Die einen Mann Fangen Berauben, oder erschlagen dehnen soll man daz haupt abschlagen.“ Mord und Totschlag bleiben bei der Notwehr ohne Strafe; ebenfalls darf ein Mann töten, der „einen andern begreifft bey seinem weibe im Ehebruch“. In der Regel wird für Mord oder Totschlag die Todesstrafe verhängt; das Gleiche gilt für die Vergewaltigung einer Frau. Schlägereien unterschiedlicher Art werden unter „Friedbrecher“, „Rauffen vnd Schlagen“ und „Vbelthäter“ erörtert: „Vbeltheter haben kein Freythumb, man soll sie fangen.“ Dass die kriminelle Tätigkeit in der Frühen Neuzeit ebenso wenig Grenzen kannte wie heute, zeigt das Stichwort „Müntz“: „Falsche Müntzer Sol man verbrennen.“ Die wirtschaftliche Struktur im ländlichen Raum bedarf auch bestimmter Bestimmungen u. a. „von schändlichem Vieh“: Der Besitzer haftete für die Schäden, die z. B. sein Ochse oder sein beißender Hund verursachten.

Im Oberungarn des 16.–18. Jahrhunderts war es üblich, dass begabte Söhne zum Studium nach Deutschland, vor allem nach Wittenberg, Halle, Leipzig, Erfurt und Berlin geschickt wurden. Von dort kam schon in den 20er Jahren des 16. Jahrhunderts reformatorisches Gedankengut in die Zips. Es wurde muttersprachlich gepredigt, es gab Gemeindegesang. Der Übergang zum Protestantismus verlief nicht überall friedlich; auch in Kirchdrauf gab es während der Reformation und der darauf folgenden Rekatholisierung große Unruhen. Daher ist es nicht verwunderlich, dass das Rechtsbuch von Balthasar Apel besondere Bestimmungen auch für Pfarrer bzw. Priester enthält: „Pfaffen sollen ni Jn die Schenckheuser gehen. Mitt Leuthen sich schlagen. Bunte Kleider tragen, sonderlich Grün vnnd Roth. Frembde weiber halten. Rauffschlagen, noch Spielen. Hunde, Vnd Sperber halten. Mit weltlichen Sachen Vnd amptern vmbgehen. Waffen Vnd Schwerter führen."

Balthasar Apel nennt bei den behandelten Stichwörtern und Bestimmungen konsequent die Vorlagen, die er jeweils herangezogen hat. An erster Stelle ist der Sachsenspiegel bzw. das Magdeburger Recht hervorzuheben; es wird jedoch nicht genannt, auf welche Handschriften er sich bezieht. Da es vom Sachsenspiegel, der vom 13. Jahrhundert bis zum 19. Jahrhundert über große Teile Mittel- und Ostmitteleuropas die Grundlage für das Verwaltungs-, Zivil- und Strafrechts bildete, mehrere Hundert Handschriften gibt, ist es nicht möglich, die genaue Vorlage für Apel ausfindig zu machen. Als weitere Vorlagen werden Sächsisches Landrecht sowie Magdeburger und Leipziger Schöppenurteile genannt. Dies weist darauf hin, dass Apel die deutsche Rechtsliteratur gut kannte. Er kannte sich auch mit der ungarischen Rechtstradition aus; er weist gelegentlich auf „Des Keysers Recht" und auf „konigliches Practicum" hin. Es hängt mit der europäischen Rechtstradition zusammen, dass auch in diesem Rechtsbuch klassische Autoren der Antike genannt werden. So weist Apel auf den griechischen Geschichtsschreiber Thucydides und den römischen Historiker Justinus hin. Als Autorität für Apel galt aber die Bibel, vor allem das Alte Testament, das immer wieder zitiert wird. Neben den heute geltenden Bezeichnungen der einzelnen Bücher der Bibel benutzt er regelmäßig „Deuteronomium" für das 5. Buch Mose sowie „Paralipomena" für die Bücher der Chronik, die in der Septuaginta angeblich die Bücher Samuelis und der Könige ergänzen. Aus dem Neuen Testament werden gelegentlich das Matthäus-Evangelium sowie der Brief an die Hebräer genannt.

Apel führt aber auch zeitgenössische Rechtsgelehrte an und zeigt damit, dass er offensichtlich gute Verbindungen zu den protestantischen Universitäten in Deutschland hatte. An mehreren Stellen gebraucht er die Formulierung „Ex Benedicto Carpzovii"; gemeint ist damit Benedikt Carpzov (1595–1666), der 1620 Beisitzer am Leipziger Schöppenstuhl und 1645 Professor in Leipzig wurde. Er wurde bekannt sowohl durch seine Schöppentätigkeit als auch durch seine Schriften, die sich durch Klarheit und Gelehrsamkeit auszeichneten, jedoch auf Grund ihrer Härte und Orthodoxie berüchtigt waren. Ein anderer Zeitgenosse Apels, den dieser zitiert, ist Jakob Ayrer, der um 1543 geboren wurde und 1605 als Gerichtsprokurator und kaiserlicher Notar in Nürnberg gestorben ist; er hat sowohl juristische als auch dramatische Werke verfasst und veröffentlicht. Eine dritte Persönlichkeit, die im Rechtsbuch von Apel bei den Ehesachen seitenlang unter dem

Namen Nicolao Hemmingio zitiert wird, ist Nils (Nicolaus) Hemming (1513–1600), ein dänischer Schüler von Philipp Melanchthon. Dieser hat vorwiegend auf Latein zahlreiche Werke veröffentlicht, u. a. eines über die Ehe. Es zeigt sich, dass Apels wissenschaftliche Kontakte wahrscheinlich über Wittenberg liefen.

Sowohl der Inhalt als auch die Vorlagen des Rechtsbuches von Apel zeigen, dass dieser ein vielseitig gebildeter, juristisch und theologisch bewanderter Mann war. Er hat seine „Collectanea Allerley Nutzlicher Vnnd Nothwendiger Regeln des Rechtens" offensichtlich als Hilfsmittel für die Rechtsprechung in örtlichen Gerichten vorgesehen. Kirchdrauf war jedoch eine Kleinstadt – ohne eine überregionale Bedeutung wie die benachbarten königlichen Freistädte Leutschau und Käsmark; daher hatte das Rechtsbuch offensichtlich einen lokalen Charakter. Die Handschrift ist bis heute gut erhalten, zeigt aber deutliche Gebrauchsspuren; vielleicht hat die Rekatholisierung bzw. Gegenreformation, die gegen Ende des 16. Jahrhunderts einsetzte und in Oberungarn auch gewaltsame Formen annahm, das protestantisch geprägte Rechtsbuch von Balthasar Apel wenige Jahrzehnte nach seinem Erscheinen ungültig gemacht.

In dem am Ende der Handschrift von Apel abgeschriebenen „Tractatus Von den Richtern wie sie ihre ämpter trewlich vnd mitt Fleyß verrichten sollenn" von Matthias Hertelius und in dem Rechtsbuch von Apel selbst werden Bibelzitate als Grundlage für richtiges Handeln der Richter angeführt. Auch über diesen Matthias Hertelius lässt sich in ungarischen, slowakischen und deutschen Nachschlagewerken nichts finden; nur in der Handschrift wird sein Beruf als Schreiber angegeben. Die Abhandlung von Matthias Hertelius wurde in der Ausgabe von 1995 um der Vollständigkeit der Edition willen mit abgedruckt; das eigentliche Ziel des vorliegenden Beitrags ist es, das bisher unbekannte Rechtsbuch von Balthasar Apel einer breiteren Öffentlichkeit zugänglich zu machen und auf die Beziehungen zwischen der Zips und dem geschlossenen deutschen Sprachraum im 17. Jahrhundert hinzuweisen.

4.1 Textbeispiel

Erbschafft
Was ein Vater einem seiner Kinder giebt beym Leben, oder auff ihn wagett, d[a]z darff er nach des Vatters Tode mit den andern nicht theylen. Sax[enspiegel]: lib[er]: 1 Art[ikel]: 10 Als wenn Ein Vatter einem seiner Söhne in den Kriegk schickte. Vnnd gebe ihm harnisch Vnnd w[a]z dazue gehörett; oder da er einen seiner Söhne Ließe Studiren, oder ein handwerck lernen, w[a]z er darauff wagett, da darff er den andern kindern nicht rathung drumb thuen.

Von Man vnd weib Vnd Jhrem Gutt so dehren eineß abstirbt. Mann Vnndt Weib haben kein gezweyet gutt bey ihrem Leben; stirbt aber das Weib, Vnndt der Mann bleibett, so er=bett d[a]z Weib keine fahrende haab auff ihre Erben. (damit verstehett er d[a]z Parr geld Vnndt w[a]z nicht Zum haußge=rede gehörett) aus genomm[e]n Exgen Vnd geräthe. durch Exgen, Verstehe hauß, hoff Acker, Vnnd dergleichen; Vnndt durch d[a]z wortt, Gerede, verstehe allerley haußrath vide lib[er]: 1. Art[ikel]: 24 da macht er alles Nahm=hafftig, vnndt setzett, d[a]z der Mann seinen sawren schweyß d[a]z Parr geld d[a]z er mit mühe vnnd arbeytt zue wegen gebracht hatt, mit seiner Verstorbenen haußfrav=en freunden nicht theylen solle: lib[er]: 3. Art[ikel] 38. dem Manne gebührett ein gebett bette Vnndt ein gedackter tisch Idem competit Vxori. lege lib[er]: 3: Art[ikel]: 76.

Ein weib mag Jhres guttes nichts Vergeben ohne ihres Mannes willen, d[a]z ers durch recht ley=den müste: Sax[enspiegel]: lib[er] 1: Art[ikel]: 31. Item Wenn ein Mann ein weib nimbt, so nimbt er in sein gewehr alles ihr gutt Zue rechter Vormundschafft; darumb mag ein Weib ihrem Manne keine gabe geben an ihren fahrenden oder liegenden güttern; So sie es ihren rechten Erben mit endführen möchte nach ihrem tode. Denn ein Mann mag an seines Weibes güttern, keine andere gewehr gewinn[e]n, denn er Zuevor empfing in Vormundschafft; d[a]z ist, d[a]z ertreulich mit vmbgehen soll, Ihr Vnndt Jhm Zum besten, d[a]z selbige wehren Vnndt nicht durchjagen. Von Schwangern Weibern besiehe lib[er]. 1. Art[ikel]: 33: da findestu, w[a]z sie nach Jhres Mannes tode Vor Recht haben.
Nothzog
Nothzog sol man bey großer Poen klagen, vnd nicht verschwei=gen. verschweigens die Eltern, so sendet man sie ins Ewige Elend; Ob der Richter von solcher sach wüste; so soll er den thäter Laßen suchen, vnndt ihm sein Recht thu[e]n, ob schon niemand klagte; die Poen der Nothzieher ist nach Schöppen Vrtheyl (ob er auff freyer Straßen mit gerechter hand eine Nothzöge) d[a]z man ihn endhaupte, Vnd darnach auffs Radt Legte. Item Alle die dazue helfff[e]n Leyden gleiche poen. Sax[enspiegel]: lib[er]: 2: Art[ikel]: 64. It[e]m. lib[er]: 3. Art[ikel]: 1.

Die dörffer da ma[n] Frawen oder Jungfrawen Nothziehett oder genothzoget einführett, die soll man Auff=hau[e]n, vnndt darüber richt[e]n; oder man end=schuldige es mit Recht[e]n. Sax[enspiegel]: lib[er]: 3: Art[ikel]: 1. Item: Alle Lebendige thiere so dabey gewes[e]n sein soll man endhaupt[e]n. Item: dehr eine Nothzog[e]n hatt, der kan sie Zum Weibe nicht hab[e]n. Vnd ob die Eltern Jhre Nothzo=gene Tochter dem thäter Zum weibe ge=b[e]n woll[e]n, so soll man sie die Eltern vff ewig Verweys[e]n. Ob einer ein Frey weib oder Eine die zuevor hurerey getrieben hette, Vnnd sie nu willens wehre sich zue beßern, wieder ihren wil=len Nothzöge, der hatt sein Leben verwirckett: Sax[enspiegel]: lib[er]. 3: Art[ikel]: 46. Gehet einer mit seinem Weibe auff der Straßen, Vnnd kombt ein ander, Vnnd nimbt dem Manne mit gewehrter hand sein weib, Vnndt braucht sein[e]n Mutt=will[e]n mit ihr, den soll man end=haupt[e]n vnndt darnach auffs Radt Legen: ex Sent[entia]: Lips[iens]: scabinat:

5. Zusammenfassung

Im vorliegenden Beitrag wurde die Rechtsgeschichte von drei Quellen des Spätmittelalters und der Frühen Neuzeit aus Oberungarn, dem Gebiet der heutigen Slowakei untersucht. Das Stadtrecht von Sillein/Žilina aus dem Norden der Slowakei geht auf eine Handschrift aus dem Jahre 1378 zurück und ist das älteste erhaltene Rechtsbuch aus der Slowakei. Das Zipser Recht, dessen 15 erhaltene Handschriften vom Autor des vorliegenden Beitrags ediert wurden, bildete für mehrere Jahrhunderte die Rechtsgrundlage für Verwaltungs-, Zivil- und Strafrecht für die Zipser Städte und Marktflecken (Oppida) im Osten der heutigen Slowakei. Das Rechtsbuch von Balthasar Apel aus dem Jahre 1628 ist wiederum ein Hilfsmittel für die tägliche Rechtsprechung in einer Kleinstadt im Osten der heutigen Slowakei gewesen. Die sichtbaren Gebrauchsspuren der Originalhandschrift weisen auf einen regen Umgang mit dieser Quelle hin.

Die drei behandelten Rechtsquellen haben eine starke Anlehnung an das Magdeburger Recht und den Sachsenspiegel. Sie sind historische Zeugnisse dafür, dass das Magdeburger Recht im Gebiet der heutigen Slowakei Jahrhunderte lang eine große Rolle gespielt hat.

Literaturverzeichnis

Václav Chaloupecký (1934): Kniha Žilinská [Das Silleiner Buch]. Bratislava.

Friedrich Ebel (Hrsg.) (1993): Sachsenspiegel. Landrecht und Lehnrecht. Stuttgart.

Karl-August Eckhardt (Hrsg.) (1956): Sachsenspiegel Lehnrecht. Göttingen, Berlin, Frankfurt a. M.

Karl-August Eckhardt (Hrsg.) (1967): Sachsenspiegel. Landrecht in hochdeutscher Übertragung. Hannover.

Karl-August Eckhardt (Hrsg.) (1975): Das Landrecht des Sachsenspiegels. 3. Bearb. Göttingen, Berlin, Frankfurt a. M.

Hans Christoph Hirsch (1936): Eike von Repgow: Der Sachsenspiegel (Landrecht). In unsere heutige Muttersprache übertragen und dem deutschen Volke erklärt. Berlin, Leipzig.

Rudolf Kuchar (1993): Žilinská právna kniha. Magdeburské právo [Das Silleiner Rechtsbuch. Magdeburger Recht]. Bratislava.

Mária Papsonová (2003): Das Magdeburger Recht und das Silleiner Rechtsbuch. Wörterbuch zur deutschsprachigen Vorlage des Landrechts (1378) und zu ihrer Übersetzung (1473). Frankfurt a. M.

Ilpo Tapani Piirainen (1972): Das Stadtrechtsbuch von Sillein. Einleitung, Edition und Glossar. Berlin, New York.

Ilpo Tapani Piirainen – Mária Papsonová (1992): Das Recht der Zips. Texte und Untersuchungen zum Frühneuhochdeutschen in der Slowakei (Veröffentlichungen des Germanistischen Instituts 8, Universität Oulu). 2 Bde. Oulu.

Ilpo Tapani Piirainen – Arne Ziegler (1995): Collectanea Allerlay Nutzlicher Vnnd Nothwendiger Regeln des Rechtens. Ein deutsches Rechtsbuch aus dem Jahre 1628 aus der Slowakei. Levoča.

Ilpo Tapani Piirainen – Arne Ziegler (1998): Das älteste Gerichtsbuch der Stadt Käsmark/Kežmarok aus den Jahren 1533–1553. Levoča.

Ilpo Tapani Piirainen (2001): Nachträge zum Zipser Recht. Die Handschrift 14 und 15 der Zipser Willkür. Levoča.

Julia Radziszewska (1969): Studia z dziejów ustroju Spisza. [Studien zur Geschichte der Struktur der Zips]. Katowice.

František Ryšánek (1954): Slovník k Žilinské knize [Wörterbuch zum Silleiner Buch]. Bratislava.
Clausdieter Schott (Hrsg.) (^{2}1991): Eike von Repgow. Der Sachsenspiegel. Übertragung des Landrechts v. Ruth Schmidt-Wiegand. Übertragung des Lehnrechts u. Nachwort v. Clausdieter Schott, Zürich.
Herbert Weinelt (1938): Die mittelalterliche deutsche Kanzleisprache in der Slowakei. Brünn, Leipzig.
Herbert Weinelt (1940): Das Stadtbuch von Zipser Neudorf und seine Sprache. Forschungen zum Volkstum einer ostdeutschen Volksinselstadt. München.
Alexander Zrebený (1974), Z feudálnych dejín Krupiny [Aus der Feudalgeschichte Karpfens], Martin.

Alexander Rogatschewski (St. Petersburg)

Das Magdeburger Recht auf dem heutigen Territorium Rußlands: Forschungsstand und Forschungsperspektiven

I. Die westliche mittelalterliche und frühneuzeitliche Rechtstradition auf dem Territorium des heutigen Rußlands als Forschungsproblem*

Das Thema der Leipziger Konferenz „Rechts- und Sprachtransfer" kann als Bestandteil eines weiteren Rahmenthemas, und zwar der rechtlichen Aspekte des Urbanisierungsprozesses und der Kolonisation, betrachtet werden. In den russischen Ländern verliefen diese Prozesse im Mittelalter und in der Frühen Neuzeit im wesentlichen anders als in den katholischen und protestantischen Staaten Europas.

Die Entwicklung des Bürgertums vollzog sich in Rußland wegen zahlreichen politischen, wirtschaftlichen und kulturellen Hindernissen sehr langsam. Die Rechtsformen, die die Gesellschaft für das städtische Leben wählte, spiegelten hauptsächlich das Streben der Oberherrschaft, möglichst sämtliche Ressourcen zu kontrollieren, wider. Die Struktur der Nationalwirtschaft, das Überwiegen des unfreien Bauerntums und Bürgertums und die Entstehung des zentralisierten absolutistischen Staates prägten die Entwicklung des Landes und bestimmten die historischen Schicksale Rußlands. Die Stadtbewohner waren in der Regel unfrei und an die Gemeinde zwangsweise gebunden. Autonome Städte mit freien Bürgern, die gegenüber der Landesherrschaft als unabhängige Körperschaften auftreten konnten und zur Keimzelle der künftigen freien Gesellschaft wurden, waren in Rußland eher eine Ausnahme. Das bürgerliche Element war vom 16. bis zum 18. Jahrhundert in Kernrußland schwach und übte fast keinen Einfluß auf die Staatspolitik aus. In vielerlei Hinsicht wiederholte die Stadtentwicklung Rußlands die früheren Stufen der vorherigen europäischen Stadtentwicklung, jedoch mit starker staatlicher Beteiligung. „Burgen ohne Bürger" – so beurteilen heute die russische Geschichtsschreibung und die historische Soziologie die Lage der russischen Städte, die praktisch bis zur Aufhebung der Leibeigenschaft (1861) oder sogar länger dauerte. Merkwürdigerweise wiederholte sich diese Situation nach der Oktoberrevolution. Nach 1917 trat die städtische Bevölkerung in Rußland größtenteils als eine Menge vom Staate völlig abhängiger Leute, die weder feste Besitzrechte noch eine Selbstverwaltung hatten, in Erscheinung. Diese Tradition der Stadt-Herrschaft-Beziehungen ist übrigens bis heute sehr stark. Im wesentlichen bestimmt sie das Leben der meisten heutigen russischen Stadtgemeinden.[1]

* Mehrfach benutzte Abkürzungen: KR – Kulmer Recht; MR – Magdeburger Recht; Tab. – Tabelle.

[1] Die Übersichten dieser Problematik unter Berücksichtigung der rechtspolitischen Aspekte enthalten

Trotzdem gibt es auf dem *heutigen* Territorium Rußlands eine Reihe von Städten, die ehemals zu einer der drei westlichen Rechtstraditionen gehörten. Es handelt sich hauptsächlich um die Städte, die sich in den Grenzländern befanden und deren Herrscher wechselten. Sie vertreten die italienische, die schwedische und die deutsche Rechtstradition.

Zur *italienischen* Gruppe gehören die ehemaligen Faktoreien der venezianischen und genuesischen Kaufleute am Asowschen und Schwarzen Meer, die vom 12. bis zum 15. Jahrhundert (bis zur Eroberung durch die Türkei) bestanden. Vor allem kommt hier die Stadt Asov (ehemals Tanais) in der Donmündung, der Endpunkt der berühmten Großen Seidenstraße, in Frage. Es entstanden auch weitere Siedlungen: Anapa (Mappa), Taman (Matrega), Temrjuk (Copa), die mit ähnlichen Kolonien auf der Krim eng verbunden waren. Es ist ihnen gelungen, nicht nur gewisse Privilegien von den tatarischen Chanen zu erlangen, sondern auch eigene Rechtstexte auszuarbeiten. Manche Rechtsdenkmäler dieser Kolonien wurden schon im 19. Jahrhundert erforscht und veröffentlicht.[2] Später wurde diese Arbeit fortgesetzt.[3] Hier muß man die Rolle des Moskauer Historikers Sergej Karpov und seiner Schüler, die u. a. die italienischen Archive untersuchten, betonen.[4] Nach der türkischen Eroberung und Vernichtung der westlichen Bevöl-

---

u. a. die folgenden Publikationen: Otto Brunner, Europäisches und russisches Bürgertum, in: Heinz Stoob, Altständisches Bürgertum, Bd. 1 (=Wege der Forschung. CCCLII), Darmstadt 1978, S. 220–243; Rudolf Mumenthaler, Spätmittelalterliche Städte West- und Osteuropas im Vergleich: Versuch einer verfassungsgeschichtlichen Typologie, in: Jahrbücher für Geschichte Osteuropas 46, H. 1 (1998), S. 39–68. Aus russischer Sicht ist das Problem in einer hervorragenden modernen Arbeit des Petersburger Historikers Boris Mironov dargestellt, die nun auch in englischer Übersetzung zugänglich ist: Boris Mironov, The Social History of Imperial Russia, 1700–1917, Vol. 1–2, Boulder 2000. Etliche wichtige Punkte dieses Problemkomplexes mit Berücksichtigung der historischen Aspekte sind in den neueren Arbeiten berührt: Anatolij G. Višnevskij, Serp i rubl', Konservativnaja modernizacija v SSSR [Sichel und Rubel: die konservative Modernisierung in der UdSSR], Moskva 1998, S. 78–111; Alexander S. Senjavskij, Urbanizacija v Rossii v XX veke. Rol' v istoričeskom processe [Die Urbanisierung in Rußland im 20. Jh. Ihre Rolle im historischen Prozeß], Moskva 2003, S. 47–76; Vjačeslav L. Glazyčev, Glubinnaja Rossija, 2000–2002 [Das innere Rußland: 2000–2002], Moskva 2003, S. 115–167.

2 Guglielmo Heyd, Le colonie commerciali degli italiani in Oriente nel Medioevo. Trad. di G. Müller, Venezia 1866–1868; Vladislav N. Jurgevič, Ustav dlja genuezskich kolonij v Černom more, izdannyj v Genue v 1449 g. [Die Ordnung für die genuesischen Kolonien am Schwarzen Meer, erlassen im J. 1449 in Genua], in: Zapiski Odesskogo obščestva istorii i drevnostej 5,2 (1865), S. 629–837.

3 Georges I. Bratianu, Recherches sur le commerce Génois dans la Mer Noire au XIII siècle, Paris 1929; Mihnea Berindei, Gilles Veinstein, La Tana-Azaq de la prèsence italienne à l'empire Ottomane (fin XIIIe-milieu XVIe siècle), in: Turcica VIII/1 (1976), S. 110–201; Michel Balard, La Romanie Génoise (XIIe-début du XVe siècle), T. I. Roma, Genova 1978, S. 151–156.

4 Sergej P. Karpov, Dokumenty po istorii venecianskoj faktorii Tana vo vtoroj polovine XIV v. [Die Urkunden zur Geschichte des venezianischen Faktoriums Tana in der zweiten Hälfte des 14. Jhs.], in: Pričernomor'e v srednie veka 1 (1991), S. 191–216; ders., Venecianskaja Tana po aktam kanclera Benedetto B'janko (1359–1360 gg.) [Die venezianische Tana nach den Akten des Kanzlers Benedetto Bianco (1359–1360)], in: ebd. 5 (2001), S. 9–26; N. D. Prokof'eva, Akty venecianskogo notarija v Tane Donato a Mano (1413–1419) [Die Akten des venezianischen Notars in Tana Donato a Mano (1413–1419)], in: ebd. 4 (1999), S. 36–174; Anna A. Talyzina, Venecianskij notarij v Tane Kristoforo Ricco (1411–1413) [Der venezianische Notar in Tana Christoforo Rizzo (1411–1413)],

kerungselemente riß die erwähnte rechtliche Entwicklung ab. Nach der Einverleibung ins Russische Reich hatten diese Städte keine Verbindung mehr zu den italienischen Kolonien.

Die zweite Gruppe umfaßt die Städte, die ursprünglich die *schwedische Rechtstradition* vertraten. Die älteste Gemeinde dieser Art war die Stadt Vyborg im heutigen Leningrader Gebiet, die 1293 entstand und 1403 das Stadtrecht nach dem Vorbild von Uppsala bekam.[5] Die „zweite Welle" der Stadtrechtsverleihungen fand im 17. Jahrhundert statt, als Schweden zur Großmacht an der Ostsee wurde und die Grenzländer u. a. mit planmäßiger Kolonisation zu befestigen versuchte. Manche Gemeinden im Ingermanland und in Karelien wurden loziert oder zu Städten erhoben. In erster Linie handelt es sich um die Stadt Ivangorod im heutigen Leningrader Gebiet, die 1617–1649 als selbständige schwedischrechtliche und zugleich orthodoxe russische Stadt unmittelbar bei Narwa bestand.[6] Später kamen weitere Städte hinzu. Von großer Bedeutung war die Gründung der Stadt Nyen (bei der Festung Nyenschanz) auf dem Territorium des heutigen St. Petersburg. Als Stützpunkt und Hafenstadt unweit des Newadeltas wurde sie 1632 gegründet und hat 1642 Stadtrecht bekommen. Nyen wurde 1703 im Nordischen Krieg zerstört.[7] Glücklicher war das Schicksal der bis heute bestehenden Stadt Sortavala in Karelien, die 1643 gegründet wurde und 1646 das Stadtrecht bekam.[8]

---

in: ebd., S. 19–35; dies., Zaveščanija notarija Kristoforo Ricco, sostavlennye v Tane (1411–1413) [Die Testamente des Notars Christoforo Rizzo, verfaßt in Tana (1411–1413)], in: ebd. 5 (2001), S. 27–39; Arkadij P. Grigor'ev, Vadim P. Grigor'ev, Kollekcija zolotoordynskich dokumentov XIV veka iz Venecii. Istočnikovedčeskoe issledovanie [Die Sammlung der Urkunden der Goldenen Horde des 14. Jhs. aus Venedig. Eine quellenkundliche Untersuchung], St. Peterburg 2002. Die letztgenannte Monographie enthält u. a. die Übersetzungen der Privilegien, die von den tatarischen Chanen den venezianischen Kaufleuten in Azov (Tanais) verliehen wurden.

[5] Privilegier, resolutioner och förordningar för Sveriges städer [Privilegien, Resolutionen und Verordnungen für die Städte Schwedens], Första delen (1251–1523). Utg. av Nils Herlitz, Stockholm 1927, S. 62. Über Vyborg siehe Johan Wilhelm Ruuth, Viborgs stads historia. [Vyborgs Stadtgeschichte], Del. 1–2, Helsingfors 1903–1905; Rolf Dencker, Finnlands Städte und hansisches Bürgertum (bis 1471), in: Hansische Geschichtsblätter 77 (1959), S. 13–93; ders., Das deutsche Bürgertum im mittelalterlichen Finnland, in: Deutsche im Nordosten Europas, hrsg. von Hans Rothe (=Studien zum Deutschtum im Osten. 22), Köln, Wien 1991, S. 87–108.

[6] Privilegier, resolutioner och förordningar (wie Anm. 5.), Femte delen (1611–1620). Utg. av Folke Sleman, Stockholm 1964, S. 605; Über dieses interessante Experiment, das durch die Geschichte veranstaltet wurde, s. im Beitrag: Arnold Soom, Ivangorod als selbständige Stadt 1617–1649, in: Sitzungsberichte der Gelehrten Estnischen Gesellschaft 1935, Tartu 1937, S. 215–315. Die russischen Historiker interessierten sich für diese Episode leider sehr wenig, vornehmlich im Zusammenhang mit der Handels- und Architekturgeschichte. Siehe den neuesten Sammelband, hrsg. von Michail M. Mil'čik, Krepost' Ivangorod. Novye otkrytija [Die Festung Ivangorod: Neue Entdeckungen], St. Peterburg 1997 (mit Verweisen auf weitere Literatur). Das innere Leben der Stadt in der schwedischen Zeit bleibt jedoch ungenügend untersucht, ungeachtet der Tatsache, daß die entsprechenden Archivalien erhalten sind. Über diese Archivalien siehe Dirk G. Erpenbeck, Roland Seeberg-Elverfeldt, Narva 1581–1721. Quellen zur Geschichte der Stadt in schwedischer Zeit, Dortmund 1993, S. 15, 26, 32 f.

[7] Andrej I. Gipping, Neva i Nienšanc [Newa und Nyenschanz], Bd. 1–2, St. Peterburg 1909 (das Buch wurde Mitte des 19. Jahrhunderts geschrieben); Sbornik dokumentov, kasajuščichsja Nevy i Nienšanca. Priloženie k trudu A. I. Gippinga „Neva i Nienšanc" [Urkundenbuch der Newa und von Nyenschanz. Anhang zum Aufsatz von A. I. Gipping „Newa und Nyenschanz"], hrsg. von Alexander S. Lappo-Danilevskij, Petrograd 1916; Carl von Bonsdorff, Nyen och Nyenskans [Nyen und

Es wurde auch der Versuch unternommen, etlichen kleinen Siedlungen in Ingermanland und Karelien Privilegien zu verleihen, was jedoch mißlang. Hierbei handelte es sich um Kopor'e, Taipale (jetzt Solov'evo auf der Karelischen Landenge), Nöteborg (russisch Orešek, jetzt Schlüsselburg) und Kexholm (russisch Korela, jetzt Priozersk), Kronoborg (russisch Kirjažskij pogost, jetzt Kurkijoki) und Salmi (russisch Solomenskij ostrog, jetzt Salmi).[9] Unter den verzeichneten Gemeinden haben Vyborg, Kexholm und zum Teil Sortavala ihre alte Verfassung beibehalten, da diese Städte zum Großfürstentum Finnland gehörten und erst 1940 (bzw. 1944) zum sowjetischen Territorium kamen.

Das rechtliche Erbe dieser Städte wurde vornehmlich von den schwedischen und finnischen Forschern im Rahmen der Orts- und Regionalgeschichte untersucht, wie die oben angeführten Literaturhinweise zeigen. Die russischen Historiker erforschten hauptsächlich die Rechtsdenkmäler von Nyen. Das 2003 stattgefundene 300jährige Jubiläum von St. Petersburg gab den Anlaß für neue Forschungen in diesem Bereich. Leider muß man konstatieren, daß die eigentlichen Rechtsmaterialien von Nyen kaum das Interesse der Rechtshistoriker erwecken.[10]

Nyenschanz], in: Acta Societatis Scientiarum Fennicae XVII (1891), S. 349–504. Unter den späteren nichtrussischen Arbeiten, die auch manche neuen Erkenntnisse zum Thema enthalten, kann ich auf folgende Untersuchung verweisen: Gerhard Eimer, Die Stadtplanung im schwedischen Ostseereich 1600–1715. Mit Beiträgen zur Geschichte der Idealstadt, Stockholm 1961, S. 290–295, 435–443.

[8] Uuno Karttunen, Sortavalan kaupungin historia [Geschichte der Stadt Sortavala], Sortavala 1932.

[9] Privilegier, resolutioner och förordningar (wie Anm. 5), Femte delen, S. 602 f., 606; Erik Amburger, Ingermanland. Eine junge Provinz Rußlands im Wirkungsbereich der Residenz und Weltstadt St. Petersburg/Leningrad. Teilbd. I, Köln, Wien 1980, S. 37–41; Erkki Kuujo, Eino Puramo, Jaakko Sarkanen, Käkisalmen historia [Geschichte der Stadt Kexholm], Lahti 1958; Jarmo T. Kotilaine, Russia's Foreign Trade and the Economic Expansion in the Seventeenth Century. Windows on the World (=The Northern World. North Europe and the Baltic c. 400–1700 A. D. Peoples, Economies and Cultures. 13), Leiden, Boston 2005, S. 41 f., 383 f.

[10] Nikolaj P. Šaskol'skij, Materialy po istorii Ižorskoj zemli i Korel'skogo uezda XVII v. v Gosudarstvennom archive Finljandii [Die Materialien zur Geschichte des Ingermanlandes und des Korela-Kreises des 17. Jhs. im Staatsarchiv Finnland], in: Vspomogatel'nye istoričeskie discipliny 11 (1979), S. 113–134; ders., O sud'be archivnych materialov g. Nienšanca [Über das Schicksal der Archivalien der Stadt Nyen], in: ebd. 18 (1987), S. 333–342; ders., Ižorskaja zemlja (Ingermanlandija) v poslednie mesjacy švedskoj vlasti (1702–1703 gg.) [Ischorer Land (Ingermanland) in den letzten Monaten der schwedischen Herrschaft (1702–1703)], in: Drevnejšie gosudarstva na territorii SSSR 1987 (1989), S. 145–151; Georgij Priamurskij, Sankt-Peterburg i sud'ba Nienšanca [St. Petersburg und das Schicksal von Nyenschanz], in: Boris Ostanin, Bengt Jangfeldt (Hrsg.), Švedy na beregach Nevy. Sbornik statej [Die Schweden an den Newaufern. Eine Sammelschrift], Stockholm 1998, S. 44–51; Sergej Semencov, Sistema poselenij švedskogo vremeni i planirovka Sankt-Peterburga pri Petre I [Das Siedlungssystem der schwedischen Zeit und die Stadtplanung von St. Petersburg unter Peter I.], in: ebd., S. 129–138; Petr Je. Sorokin, Landskrona, Nevskoe ust'e, Nienšanc. 700 let poseleniju na Neve [Landskrona, Newamünde, Nyenschanz: 700 Jahre Siedlung an der Newa], St. Peterburg 2001. – Zum 300jährigen Jubiläum von St. Petersburg erschien auch die Neuausgabe des Buchs von A. Gipping unter dem Titel: Andrej I. Gipping [Hipping, Anders Johan], Vvedenie v istoriju Sankt-Peterburga, ili Neva i Nienšanc [Einführung in die Geschichte von St. Petersburg, oder die Newa und Nyenschanz], Moskva 2003. Die erwähnte Neuausgabe hat einen separaten Anhang mit den Nachdrucken alter Landkarten und enthält eine Reihe der Ergän-

Die städtischen Siedlungen, die zur *deutschen Rechtstradition* gehörten, lassen sich in drei Gruppen gliedern. Die erste Gruppe umfaßt die einzige Gemeinde, und zwar die berühmte Faktorei der deutschen Kaufleute in Nowgorod. Obwohl es dort keine ständig anwesende Bevölkerung gab, da die Kaufleute und ihre Gehilfen entweder nur den Sommer oder nur den Winter über blieben (Sommerfahrer und Winterfahrer), bestanden dort viele Lebensformen, die für deutsche Städte charakteristisch waren. Ihr Rechtserbe (in erster Linie die Nowgoroder Skra, die unter dem Einfluß der hansischen, besonders der lübischen Vorbilder entstand) ist im allgemeinen seit langem gut bekannt.[11] Nach der Oktoberrevolution wurde dieses Thema in Rußland aus ideologischen Gründen lange mißachtet. In den letzten Jahrzehnten wurde die Geschichte des Deutschen Hofes und seiner Rechtsdenkmäler auch wieder zum Gegenstand der russischen Forschung.[12]

Zwei weitere Gruppen der Siedlungen interessieren uns insofern, als sie zur *Magdeburger Stadtrechtsfamilie* gehörten. Es handelt sich um zwei ganz unterschiedliche Regionen, und zwar das heutige Kaliningrader Gebiet (das ehemalige nördliche Ostpreußen) und Westrußland (die historischen Smolensker und Staroduber Länder). Am Rande sei bemerkt, daß diese Gebiete auch vor der gemeinsamen Zugehörigkeit zu Rußland einander nicht ganz fremd waren. 1689 hat die Moskauer Regierung den Königsberger und Danziger Kaufleuten erlaubt, direkt in Smolensk frei zu handeln. Im 18. Jahrhundert entwickelten sich die wirtschaftlichen Verbindungen dieser Städte weiter.[13] Auch die Stadt Starodub, als einer der Mittelpunkte des damaligen Hetmanats, war ein wichtiges Wirtschaftszentrum und hatte zu gleicher Zeit rege Handelsbeziehungen mit Preußen.[14] Trotzdem waren die historischen Schicksale dieser Gebiete sehr verschieden.

---

zungen, die sich auf die kartographischen Quellen dieser Gegend beziehen. Das Buch hat aber leider einen wesentlichen Nachteil: Die Anmerkungen Gippings verweisen auf die Urkundenbeilage im Anhang; in der Neuausgabe fehlen jedoch diese Urkunden, da das obenerwähnte 1916 erschienene Urkundenbuch nicht nachgedruckt wurde.

[11] Vor kurzem wurde diese Problematik wieder gut dargestellt: Ernst Schubert, Nowgorod, Brügge, Bergen und London: Die Kontore der Hanse, in: Concilium medii aevi 5 (2002), S. 1–50, hier S. 7–18 (mit Verweisen auf die ältere Literatur).

[12] Elena A. Rybina, Inozemnye dvory v Novgorode [Die ausländischen Höfe in Nowgorod], Moskva 1986; dies., Torgovlja srednevekovogo Novgoroda. Istoriko-archeologičeskie očerki [Der Handel vom mittelalterlichen Nowgorod. Geschichtlich-archäologische Beiträge], Velikij Novgorod 2001.

[13] Sergej D. Širjaev, Smolensk i ego social'nyj landšaft v XVI–XVII veke [Smolensk und seine Soziallandschaft vom 16. bis zum 17. Jh.], Smolensk 1931, S. 14, 53; Natalija V. Kozlova, Rossijskij absoljutizm i kupečestvo v XVIII veke (20–je-načala 60-ch godov) [Russischer Absolutismus und die Kaufmannschaft im 18. Jh. (Von den 1720er bis zum Anfang der 1760er Jahre)], Moskva 1999, S. 163.

[14] Domet Oljančyn, Do istoriji torgovli Rusi-Ukrajiny z Baltykoju, zokrema ž Staroduba z Kenigsbergom naprikinci XVII i poč. XVIII st. [Zur Geschichte des Handels zwischen Rußland-Ukraine und dem Baltikum, insbesondere zwischen Starodub und Königsberg, Ende des 17. und Anf. des 18. Jhs.], in: Zapyski Čyna sv. Vasylija Velykoho, Analecta Ordinis S. Basilii Magni VI,1,2 (1935), S. 16–40; Olena S. Kompan, Mista Ukrajiny v druhiji polovyny XVII st. [Die Städte der Ukraine in der zweiten Hälfte des 17. Jhs.], Kyjiv 1963, S. 304, 349; Kozlova, Rossijskij absoljutizm (wie Anm. 13), S. 163.

Im Folgenden wird jede Region separat besprochen. Vor allem wird die Geschichte des Magdeburger (bzw. des Kulmer) Rechts in den Städten berücksichtigt werden, da die Städte als Zentren dieser Rechtstradition hervortraten.

II. Die Städte des heutigen Kaliningrader Gebietes[15]

1. Vorbemerkung

Das nördliche Ostpreußen, das nach dem Zweiten Weltkrieg in die UdSSR eingegliedert wurde, hat eine lange ununterbrochene Tradition städtischer Entwicklung und städtischer Autonomie, die als Bestandteil der entsprechenden westeuropäischen Tradition betrachtet werden kann. Es handelt sich vor allem um das sogenannte Kulmer Recht, das im 13. Jahrhundert als Tochterrecht des Magdeburger Rechts (MR) entstand und später zur Basis des preußischen Rechtssystems wurde.

Der Begriff „Kulmer Recht" (KR) umfaßt zwei Quellengruppen, die zwar eng miteinander verbunden waren, aber unterschiedliche Verhältnisse regelten. Die erste Gruppe bildete die Gesamtheit der Privilegien, die den Bürgern und den freien Bauern von der Herrschaft verliehen wurden und die Beziehungen zwischen Untertanen und Staat regelten. Diese Gnadenbriefe hatten ihren Ursprung in der berühmten Kulmer Handfeste von 1233/1251 und waren ihr typologisch ähnlich. Die zweite Gruppe umfaßt die Gesamtheit der Rechtsbücher, die teils durch die Rezeption des mittel- und ostdeutschen (insbesondere des schlesischen) Rechtserbes und teils durch die eigene Tätigkeit der preußischen Gemeinden und Juristen entstanden. Diese Rechtsbücher regelten hauptsächlich die Beziehungen der Einwohner untereinander.

Der Zeitraum vom 13. bis zum 17. Jahrhundert war die Periode der Entwicklung des KRs in Preußen. Für die bessere Orientierung der Leser wird unten eine Übersichtstabelle der Städte, die 1286–1642 das KR bekamen, angeführt (s. Tab. 1). Außerdem wurde das KR zahlreichen Dörfern verliehen, deren Zahl jedoch durch die allmähliche Verschlechterung der Lage der Bauern seit dem 15. Jahrhundert sank.

Ungeachtet der Tatsache, daß die mittelalterliche und frühneuzeitliche Landesgeschichte (Ost-)Preußens im allgemeinen gut bekannt ist, weiß man über die Rechts- und Stadtgeschichte noch zu wenig. Im folgenden kommen zwei Bereiche in den Blickpunkt: die Quellenpublikationen (samt quellenkundlichen Arbeiten) und die Darstellungen.

---

[15] Die Materialien für diesen Abschnitt wurden von mir dank der Unterstützung der Gerda-Henkel-Stiftung (Düsseldorf), des Herder-Instituts (Marburg) und des Max-Planck-Instituts für Europäische Rechtsgeschichte (Frankfurt a. M.) gesammelt.

2. Quellenpublikation und Quellenkunde[16]

a. Die Urkunden

Das Urkundenmaterial der ostpreußischen Gemeinden umfaßt die Privilegien, die die deutschen Ansiedler von der Staatsobrigkeit bekamen, und die Akten, die innerhalb der Gemeinden entstanden. Die Lage des Forschers, der diese Materialien zu untersuchen plant, kann nur teilweise als befriedigend bewertet werden.

Die Publikation dieser Akten und Urkunden für wissenschaftliche Zwecke begannen *deutsche Forscher* bereits im 18. Jahrhundert.[17] Aber erst seit Johannes Voigts Werk bekamen die Wissenschaftler eine Editionsreihe, die auch heute noch von Wert ist und die durch neuere Publikationen nur teilweise ersetzt wurde.[18]

Das langjährige Projekt, das mit dem Preußischen Urkundenbuch und sonstigen Urkundenbüchern verbunden ist,[19] berücksichtigt leider die innerstädtischen Quellen nur in geringem Umfang.

Es fehlen die umfangreichen Urkundensammlungen einzelner ostpreußischer Städte. Zwei Forscher (M. Perlbach und H. Mendthal) bereiteten solche Sammlungen für Königsberg vor. Perlbachs Urkundenbuch und die Regestensammlung

---

[16] Über die bestehenden Editionen zur preußischen Geschichte und die weiteren Editionspläne s. besonders die Materialien der internationalen Tagungen von 1994–2002: Stefan Kwiatkowski, Źródła do dziejów zakonu niemieckiego w Prusach, Rzeszy i Inflantach [Quellen zur Geschichte des deutschen Ordens in Preußen, im Reich und in Livland], in: Stan badań i potrzeby edycji źródłowych dla historii Pomorza i innych krajów południowej strefy bałtyckiej. Materiały konferencji ogólnopolskiej z 25–26 listopada 1994 r. w Toruniu [Forschungsstand und Editionserfordernisse der Quellen für die Geschichte Pommerns und anderer Länder der baltischen Region: Materialien der gesamtpolnischen Konferenz vom 25.–26. November 1994 in Thorn], hrsg. von Marian Biskup, Toruń 1995, S. 9–29; Janusz Małłek, Źródła do dziejów reprezentacji stanowej w krajach nadbałtyckich od Pomorza Zachodnego po Inflanty [Quellen zur Geschichte der Standesrepräsentation in den baltischen Ländern von Westpommern bis Livland], in: ebd., S. 31–38, bes. S. 31–34; Bernhart Jähnig, Die gegenwärtigen Editionsplanungen in Deutschland für die Geschichte Pommerns, Preußens und Livlands in Mittelalter und Neuzeit, in: ebd., S. 163–173; Janusz Tandecki, Źródła do dziejów miast pomorskich do końca XVIII wieku [Quellen zur Geschichte der Ostseestädte bis zum Ende des 18. Jhs.], in: ebd., S. 51–67; ders., Stand und Bedürfnisse der Quellenedition zur Geschichte Preußens im Mittelalter und an der Schwelle zur Neuzeit, in: Edition deutschsprachiger Quellen aus dem Ostseeraum (14.–16. Jahrhundert), hrsg. von Matthias Thumser, Janusz Tandecki, Dieter Heckmann (=Publikationen des Deutsch-Polnischen Gesprächskreises für Quellenedition. 1), Toruń 2001, S. 201–212; Roman Czaja, Zum Stand hansischer und preußischer Editionen, in: ebd., S. 213–227. Unten werden Publikationen von Rechtsquellen besonders hervorgehoben werden, die das Territorium des heutigen Kaliningrader Gebiets betreffen.

[17] Erleutertes Preußen oder auserlesene Anmerckungen ueber verschiedene zur preußischen Kirchen-, Civil- und Gelehrten-Historie gehörige besondere Dinge, Bd. I–IV, hrsg. von Michael Lilienthal, Königsberg 1724–1728 [Bd. V]. Preußische Merkwürdigkeiten, Königsberg 1741.

[18] Codex diplomaticus Prussicus, Urkunden-Sammlung zur älteren Geschichte Preußens aus dem Königlichen Geheimen Archiv zu Königsberg, nebst Regesten, Bd. I–VI, hrsg. von J. Voigt, Königsberg 1836–1861.

[19] Preußisches Urkundenbuch, Politische (allgemeine) Abteilung, hrsg. von R. Philippi u. a. Königsberg, Marburg/Lahn, Bd. I–V, Königsberg, Marburg 1882–2000; Neues Preußisches Urkundenbuch, Ostpreußischer Theil, Abt. II, Urkunden der Bisthümer, Kirchen und Klöster, Bd. II. Urkundenbuch des Bisthums Samland, H. I–III, hrsg. von C. P. Woelky und H. Mendthal, Leipzig 1891–1905. Ausführlicher darüber s. Hans Koeppen, Das Preußische Urkundenbuch, in: Preußenland 14 (1976), S. 17–28.

umfaßten nur die Deutschordensperiode.[20] Mendthals Urkundenbuch wurde nicht vollendet.[21] Zu den wichtigen Maßnahmen muß man auch die Publikationen der Königsberger Willküren zählen.[22] Im übrigen ist man genötigt, sich mit den spärlichen Publikationen in Zeitschriften und in einzelnen Monographien zu begnügen.

Gleiches gilt für die Kleinstädte Ostpreußens. Es bestehen etliche Urkundensammlungen sowie auch Ortsmonographien mit Urkundenbeilagen, die auch Rechtsquellen enthalten.[23] Es fehlen aber die vollständigen Urkundenbücher dieser Städte für die ganze Periode der Geltungszeit des KRs.

Teilweise wurde diese Situation dadurch bedingt, daß viele Urkunden einfach vernichtet worden waren. Beispielsweise kann man auf die Geschichte des Königsberger Stadtarchivs verweisen, dessen alte Bestände im wesentlichen in der Mitte des 19. Jahrhunderts durch Kompetenzmangel der Stadtbeamten als Altpapier verwertet wurden.[24] Noch schlimmer war das Schicksal der meisten Stadtarchive im Zweiten Weltkrieg. Das erwähnte Königsberger Stadtarchiv sowie auch die Deposita der meisten ostpreußischen Kleinstädte gelten heute als Kriegsverlust.[25]

Nach dem Zweiten Weltkrieg wird die Edition des Preußischen Urkundenbuchs fortgesetzt. Man plant, die Urkunden und Regesten bis einschließlich der Amtszeit des Hochmeisters Winrich von Kniprode (1352–1382) zu edieren. Über die

[20] Max Perlbach, Quellen-Beiträge zur Geschichte der Stadt Königsberg im Mittelalter, Königsberg 1878 (Nachdr., Wiesbaden, 1969); ders., Regesten der Stadt Königsberg 1256–1524. Aus gedruckten Werken gesammelt, in: Altpreußische Monatsschrift 18 (1881), S. 1–39.

[21] Hans Mendthal, Urkundenbuch der Stadt Königsberg i. Pr., Bd. I (1256–1400), Königsberg i. Pr. 1910 (=Mitteilungen aus der Stadtbibliothek zu Königsberg i. Pr. III).

[22] Walther Franz, Königsberger Willküren, Königsberg i. Pr. 1928 (=Einzelschriften der Historischen Kommission für ost- und westpreußische Landesforschung. 2); Johannes Voigt, Über Kleider-Ordnung. Ein Beitrag zur Sitten-Geschichte Preußens, in: Neue Preußische Provinzial-Blätter 2. F., 2 (1852), S. 417–448; Friedrich Adolf Meckelburg, Kleider-, Hochzeit- und Kindtauf-Ordnung der drei Städte Königsberg. Aus den Jahren 1529–1553, in: ebd. 7 (1855), S. 364–379.

[23] Hugo Bonk, Aus Allenburgs Vergangenheit. Darstellungen und Urkunden zur Feier des fünfhundertjährigen Stadtjubiläums am 15. Juli 1900, Königsberg i. Pr. 1900; Anton Wormit, Geschichte der Gemeinde Allenburg, Königsberg i. Pr. 1905; Wilhelm Sahm, Geschichte der Stadt Creuzburg Ostpr., Königsberg i. Pr. 1901; C. A. Funk, Geschichte der Stadt Domnau mit Berücksichtigung ihrer Umgegend. Als Manuskript gedruckt, 1900, Königsberg i. Pr. 1901; G. A. Scheiba, Geschichte der Stadt Fischhausen. Festschrift zur Feier des 600jährigen Bestehens der Stadt Fischhausen am 19. August 1902, Fischhausen 1905; Wilhelm Sahm, Geschichte der Stadt Friedland Ostpr., Königsberg i. Pr. 1913; Georg Conrad, Neun Urkunden zur Geschichte der Stadt Gerdauen (1398–1708), in: Zeitschrift der Altertumsgesellschaft Insterburg 5 (1898), S. 1–19; H. Eysenblätter, Geschichte der Stadt Heiligenbeil, Königsberg i. Pr. 1896; J. A. Kossmann, Historisch-statistische Notizen über die Stadt Insterburg, Insterburg 1844; Urkunden zur Geschichte des ehem. Hauptamts Insterburg, hrsg. von H. Kiewning und M. Lukat, Insterburg 1895; Wilhelm Sahm, Geschichte der Stadt Labiau, Labiau 1942; Waldemar Thalmann, Bau- und Kulturgeschichte Tilsits, Bd. I–II, Tilsit 1923–1927; Heinrich Lenz, Geschichte der Stadt Zinten, Königsberg i. Pr. 1913.

[24] Schicksale des Drei-Städte-Archivs und der Raths-Bibliothek zu Königsberg, in: Neue Preußische Provinzial-Blätter 3. F., IX (1864), S. 520–522.

[25] Rainer Täubrich, Archive in Ostpreußen vor und nach dem Zweiten Weltkrieg unter Einschluß des Memellandes und des Soldaugebietes, Bonn 1990.

spätere Periode bestehen noch keine konkreten Planungen.[26] In den letzten Jahren entstand eine digitalisierte Version dieser Ausgabe, die neuerdings in Regestenform im Internet zugänglich ist.[27] Diese Netzseiten, die von Jürgen Sarnowsky aus Hamburg erstellt wurden, enthalten nicht nur die Regesten der schon in Buchform edierten Urkunden, sondern auch die Regesten etlicher Materialien aus der späteren Periode (zweite Hälfte des 14. Jahrhunderts bis zur Mitte des 16. Jahrhunderts).

Nach dem Zweiten Weltkrieg edierte man die wertvolle Regestensammlung, die die Bestände des ehemaligen Königsberger Staatsarchivs aus der Ordenszeit umfaßt.[28] Es erschienen auch Übersichten einzelner Bestände und deren Teile, die sich auf das besprochene Territorium beziehen. Hier ist zu betonen, daß seit den 1990er Jahren die „Beuteurkunden" zugänglich wurden. So z. B. die Sammlungen aus Wilna, deren Beschreibung von den litauischen Forschern erstellt wurde.[29]

Die Preußische Historische Kommission plant auch, die Edition des Urkundenbuchs des Bistums Samland fortzusetzen, welches die Urkunden von 1386–1417 einschließen muß.[30]

In der Nachkriegszeit erschienen leider keine neuen Urkundenbücher einzelner Orte des heutigen Kaliningrader Gebietes. Man publizierte nur zerstreute Quellen aus dem Geheimen Staatsarchiv Preußischer Kulturbesitz, die vornehmlich Königsberger Angelegenheiten widerspiegeln.[31]

---

[26] Jähnig, Die gegenwärtigen Editionsplanungen in Deutschland (wie Anm. 16), S. 166.

[27] www1.uni-hamburg.de/Landesforschung/orden.html.

[28] Regesta historico-diplomatica Ordinis S. Mariae Theutonicorum 1198–1525, hrsg. von Erich Joachim, Walter Hubatsch. Pars I. Index Tabularii Ordinis S. Mariae Theutonicorum. Regesten zum Ordensbriefarchiv, Vol. 1–3, Göttingen 1948–1973; Pars II. Regesta Privilegiorum Ordinis S. Mariae Theutonicorum. Regesten der Pergament-Urkunden aus der Zeit des Deutschen Ordens, Göttingen 1948.

[29] Klaus Conrad, Die Entstehung der Handfestensammlung des Marschallamts, in: Preußenland 1 (1963), S. 19–26; Helmar Härtel, Entstehung und Schicksal der wiederaufgefundenen Handfestensammlung der Komturei Brandenburg in Ostpreußen, in: ebd. 14 (1976), S. 28–43; Klaus Neitmann, Ostpreußische Güterurkunden des 14. bis 16. Jahrhunderts aus Mülverstedts „Grünem Privilegienbuch", in: ebd. 26 (1988), S. 21–38; Sven Ekdahl, Archivalien zur Geschichte Ost- und Westpreußens in Wilna, vornehmlich aus den Beständen des Preußischen Staatsarchivs Königsberg, in: ebd. 30 (1992), S. 41–55; Christian Sachse, Das Archivgut der Altertumsgesellschaft Insterburg im Geheimen Staatsarchiv, in: ebd. 31 (1993), S. 7–15; R. Narbutaitė, Mažosios Lietuvos istorinių aktų fondas Lietuvos nacionalinėje Martyno Mažvydo bibliotekoje [Der Aktenbestand zur Geschichte Kleinlitauens in der Litauer Martin-Mažvydas-Nationalbibliothek], in: Lietuvos istorijos metraštis 1998 (1999), S. 383–387.

[30] Jähnig, Die gegenwärtigen Editionsplanungen in Deutschland (wie Anm. 16), S. 166.

[31] Kurt Falcke, Eine Königsberger Ratsordnung von 1539, in: Preußenland 3 (1965), S. 1–5; Ludwig Biewer, Eine unbekannte Königsberger Urkunde aus dem Jahr 1460, in: ebd. 19 (1981), S. 54–57; Dieter Heckmann, Das Fragment eines Buches der Königsberger Olafsgilde von 1477 bis 1503 (mit Quellenpublikation), in: Zeitschrift für Ostforschung 43, H. 3 (1994), S. 353–367; ders., Die ältesten Satzungen des Junkerhofes und -gartens der Altstadt Königsberg aus dem Jahre 1431, in: Zeitschrift für Ostmitteleuropaforschung 44, H. 3 (1995), S. 358–374; ders., Das Kontenführungsbuch der Elenden Bruderschaft von Königsberg-Löbenicht (1477–1523), Köln, Weimar, Wien 2000 (=Veröffentlichungen aus den Archiven Preußischer Kulturbesitz. 51); Stephan Selzer, Artushöfe im Ostseeraum. Ritterlich-höfische Kultur in den Städten des Preußenlandes im 14. und 15. Jahrhundert, Frankfurt a. M. etc. 1996 (=Kieler Werkstücke, Reihe D. 8).

Die *polnischen Autoren*, die nach dem Krieg übrigens viele interessante Urkunden zur Geschichte Preußens ediert haben, zeigten praktisch kein Interesse für die Publikation von Rechtsquellen, die sich auf dieses Territorium beziehen. In der *Sowjetunion* und im heutigen *Rußland* wurden bisher auch fast keine neuen Urkunden ediert, die die deutsche Rechtsgeschichte Preußens erläutern. Gerechtigkeitshalber ist hier die Moskauer Tagung der Archäographen (1972) zu erwähnen. Diese Veranstaltung wurde der Besprechung des künftigen Korpus der ältesten Urkunden zur Geschichte der Völker der UdSSR gewidmet. Die litauischen Historiker haben dabei vorgeschlagen, auch die Materialien (u. a. die Rechtsdenkmäler), die sich auf das preußische Gebiet der Ostseeländer beziehen, zu edieren.[32] Diese Pläne wurden aber nicht in Betracht gezogen. 1978 wurde eine interrepublikanische Konferenz für Quellenkunde und Geschichtsschreibung der Ostseevölker in Wilna organisiert, die das Projekt der Publikation eines Korpus der ältesten Urkunden zur Geschichte dieser Völker billigte.[33] Dieses Projekt berücksichtigte nur die damaligen baltischen Republiken der UdSSR (d. h. Litauen, Lettland und Estland). Die Ostseegebiete Rußlands, und zwar die Kaliningrader und Leningrader Gebiete, wurden darin leider nicht eingeschlossen. Diese Gebiete blieben somit aus dem historischen Regionalkontext künstlich außen vor, was ausschließlich durch die ideologischen Erwägungen verursacht wurde.

Bei der Erforschung der preußischen Quellen, soweit sie überhaupt unternommen wurde, behandelten die sowjetischen Historiker nur die Urkunden, die die Geschichte der preußischen Bevölkerung widerspiegelten. Auf diesem Gebiet verdanken wir viele interessante Ergebnisse dem sowjetischen Historiker Vladimir Pašuto.[34] Aber die deutschen Rechtsquellen erweckten praktisch kein Interesse.

---

[32] Korpus drevnejšich istočnikov po istorii narodov SSSR. Materialy soveščanija archeografov-medievistov RSFSR. 11–12 aprelja 1972 g. [Das Korpus der ältesten Quellen zur Geschichte der UdSSR-Völker. Materialien der Tagung der Archäographen-Mediävisten der Russischen Sowjetischen Föderativen Sozialistischen Republik. 11.–12. April 1972], hrsg. von Vladimir T. Pašuto, Jaroslav N. Ščapov, Moskva 1973, S. 27 f.

[33] Sulev Ch. Vachtre, Teodor Ja. Zejds, Vladimir T. Pašuto, Mečislovas Jučas, O svode drevnejšich istočnikov po istorii narodov Pribaltiki [Über das Korpus der ältesten Quellen zur Geschichte der Ostseevölker], in: Voprosy istorii 8 (1979), S. 151–155.

[34] Vladimir T. Pašuto, Kišporkskij (Christburgskij) dogovor 1249 goda kak istoričeskij istočnik [Der Christburger Vertrag von 1249 als Geschichtsquelle], in: Problemy istočnikovedenija 7 (1959), S. 357–390. Dieser Vertrag wurde im Buch desselben Verfassers ins Russische übersetzt und erläutert: Vladimir T. Pašuto, Obrazovanie Litovskogo gosudarstva [Die Entstehung des Litauischen Staates], Moskva 1959, S. 494–507. S. auch: Vera I. Matuzova, Prusskie nobili i Tevtonskij orden (žalovannye gramoty prusskim nobiljam i ėpizody „Chroniki zemli Prusskoj“ Petra iz Dusburga) [Die prußischen nobiles und der Deutsche Orden (die Gnadenbriefe an die prußischen nobiles und die Episoden aus der „Chronik des Preußenlandes“ Peters von Dusburg)], in: Drevnejšie gosudarstva na territorii SSSR 1987 (1989), S. 281–287; Vera I. Matuzova, Evgenija L. Nazarova, Žalovannye gramoty mestnym nobiljam v Prussii i Livonii XIII v. (sravnitel'noe issledovanie) [Die Gnadenbriefe an die einheimischen nobiles in Preußen und Livland im 13. Jh. (vergleichende Untersuchung)], in: Vostočnaja Evropa v drevnosti i srednevekov'e: problemy istočnikovedenija. Čtenija pamjati V. T. Pašuto. Moskva, 18–20 aprelja 1990 g. Tezisy dokladov [Osteuropa im Altertum und Mittalalter: Probleme der Quellenkunde. V. T. Pašuto-Gedächtniskonferenz, Moskva, den 18.–20. April 1990. Thesen der Vorträge], hrsg. von Anatolij P. Novosel'cev, Moskva 1990, S. 72–74.

Auch nach der Beseitigung der politischen Zensur hat sich die Situation leider kaum verändert.

Manche Quellen wurden vom Autor dieser Zeilen vor kurzem ediert und erläutert. Es wurde eine kommentierte russische Übersetzung der Gründungsurkunde der Stadt Gerdauen (1398) vorbereitet.[35] 2002 erschien eine kommentierte russische Ausgabe der Kulmer Handfeste von 1233/1251, die auch manche unveröffentlichte Materialien aus St. Petersburg und Berlin berücksichtigt.[36] Zwei weitere Quellen, deren Editionen bald erscheinen müssen, stammen aus dem Geheimen Staatsarchiv Preußischer Kulturbesitz: die Verleihungsurkunde für 20 Hufen Wald an die Stadt Gerdauen (1407)[37] und die Gründungshandfeste der Stadt Nordenburg (1407).[38] Beide Privilegien werden im Original mit der russischen Übersetzung ediert und ausführlich erläutert. Außerdem verfasste ich zwei Miszellen, die kleine Fragmente zur Geschichte des Königsberger Rechtslebens im 16. Jahrhundert enthalten.[39]

b. Die Rechtsbücher

Die Lage der wissenschaftlichen Edition der Rechtsbücher, die einst auf dem Territorium des heutigen Kaliningrader Gebietes galten, scheint noch schlimmer als die der urkundlichen Quellen zu sein. Die bekannte Edition des Alten Kulms[40]

---

35 Aleksandr L. Rogačevskij, Učreditel'naja gramota g. Gerdauena (k 600–letiju goroda) [Die Gründungshandfeste der Stadt Gerdauen (zum 600jährigen Jubiläum der Stadt], in: Kaliningradskie archivy. Materialy i issledovanija. Naučnyj sbornik 2 (1999), S. 33–48.

36 Aleksandr L. Rogačevskij, Kul'mskaja gramota – pamjatnik prava Prussii XIII v. [Die Kulmer Handfeste – ein preußisches Rechtsdenkmal des 13. Jhs.], St. Peterburg 2002.

37 Aleksandr L. Rogačevskij, K istorii gorodskogo zemlevladenija v Prussii v srednie veka: gramota Tevtonskogo ordena g. Gerdauenu 1407 g. (iz berlinskogo archiva) [Zur Geschichte des städtischen Landbesitzes in Preußen im Mittelalter: Eine Handfeste des Deutschen Ordens für die Stadt Gerdauen von 1407 (aus dem Berliner Archiv)], in: Staraja Evropa. Očerki istorii obščestva i kul'tury. Pamjati Aleksandra Nikolaeviča Nemilova (1923–2002). Sbornik naučnych statej [Alteuropa: Beiträge zur Sozial- und Kulturgeschichte. Gedenkschrift für Aleksandr Nikolaevič Nemilov (1923–2002)], hrsg. von Andrej J. Prokop'ev, St. Peterburg 2007, S. 70–114.

38 Aleksandr L. Rogačevskij, Očerki po istorii prava Prussii XIII–XVII vv. (po materialam rukopisnych sobranij Berlina i Sankt-Peterburga) [Beiträge zur preußischen Rechtsgeschichte des 13–17. Jhs. (anhand der Berliner und St. Petersburger Handschriftensammlungen)], St. Peterburg 2004.

39 Aleksandr L. Rogačevskij, Rukopisnye istočniki po istorii prava i kul'tury Prussii XIII–XVII vv. v sobranijach Sankt-Peterburga [Die handschriftlichen Quellen zur preußischen Rechts- und Kulturgeschichte des 13.–17. Jhs. in den St. Petersburger Sammlungen], in: Srednevekovoe obščestvo: social'no-političeskie i kul'turnye aspekty. Tezisy dokladov i soobščenij XX vserossijskoj konferencii studentov, aspirantov i molodych učenych. Sankt-Peterburg, 27 nojabrja–1 dekabrja 2000 goda [Die mittelalterliche Gesellschaft: die sozialpolitischen und kulturellen Aspekte. Thesen der Vorträge und Mitteilungen der 20. Allrussischen Konferenz der Studenten, Doktoranden und jungen Gelehrten, St. Petersburg, 27. November bis 1. Dezember 2000], hrsg. von Galina E. Lebedeva, St. Peterburg 2001, S. 87 f. (die Formel des Schöffeneides); ders., Juridičeskie pamjatniki Prussii XIII–XVII vv. v rukopisnom sobranii Rossijskoj Nacional'noj biblioteki [Preußische Rechtsdenkmäler des 13.–17. Jhs. in der Handschriftensammlung der Russischen Nationalbibliothek], in: Juridičeskaja mysl' 5 (2001), S. 8–17 (Publikation einer Formel, die vom Sekretär des Stadtgerichts gesprochen wurde).

40 Carl K. Leman (Hrsg.), Das alte Kulmische Recht mit einem Wörterbuche, Berlin 1838 (Neudr. Aalen 1969).

hat zahlreiche Mängel. Eine der späteren Fassungen des Kulmer Rechts, die auch gewisse Bedeutung für Ostpreußen hatte, nämlich das Jus Culmense Emendatum (1580), wurde vor kurzem neu von polnischen Forschern ediert.[41] Die sonstigen Fassungen, insbesondere das Jus Culmense Correctum (1566) und Jus Culmense Revisum (1594) liegen nicht in modernen Ausgaben vor.

1994 edierte der polnische Forscher Z. Rymaszewski die sogenannte unbekannte Fassung des Alten Kulms. Sein Buch enthält zwei lateinische Texte des Rechtsdenkmals, die bisher nie veröffentlicht wurden. Diese verdienstvolle Ausgabe ist mit polnischer Übersetzung und rechtshistorischem Vorwort versehen.[42]

Eine wichtige Richtung der quellenkundlichen Literatur ist die Beschreibung der Rechtshandschriften, darunter auch der des KRs. Abgesehen vom Rechtsbücherverzeichnis von U.-D. Oppitz[43] muß man auch etliche andere Kataloge berücksichtigen. Es handelt sich vor allem um den Katalog der Danziger Bibliothek,[44] der u. a. die späten Abschriften des KRs verzeichnet, die bei Oppitz zwar nicht erwähnt sind, aber als Denkmäler des preußischen juristischen Buchwesens bedeutsam sind. Wichtige Ergänzungen dazu wurden in den letzten Jahren von R. Päsler gemacht.[45]

In der *Sowjetunion* wie später in *Rußland* blieben die erwähnten Rechtsbücher unerforscht. Man untersuchte nur die Rechtsbücher, die die Gewohnheiten der preußischen Bevölkerung enthielten.[46]

41 Rewizja nowomiejska prawa chełmińskiego 1580 (1814) zwana także Jus Culmense Emendatum lub Jus Culmense Polonicum Kwiatkowska [Die Neumarkter Fassung des Kulmer Rechts von 1580 (1814), auch Jus Culmense Emendatum oder Jus Culmense Polonicum genannt], hrsg. von Zbigniew Zdrójkowski. Polnische Übersetzung von I. Malinowska, Toruń 1993 (=Teksty pomników prawa chełmińskiego w przekładach polskich 6).

42 Zygfryd Rymaszewski, Nieznany spis prawa chełmińskiego z przełomu XIV–XV wieku [Eine unbekannte Abschrift des Kulmer Rechts vom Ende des 14. bis Anfang des 15. Jhs., Łódz 1993 (=Łódzkie towarzystwo naukowe. Prace wydziału II – nauk historycznych i społecznych. 95).

43 Ulrich-Dieter Oppitz, Deutsche Rechtsbücher des Mittelalters, Bd. II, Beschreibung der Handschriften, Köln, Wien 1990.

44 Katalog der Danziger Stadtbibliothek, Danzig, Bd. I, Theil 1. Die Danzig betreffenden Handschriften, 1892, Bd. II, Katalog der Handschriften, Teil 2, hrsg. von Otto Günther, 1903; Bd. III, Katalog der Handschriften, Teil 5, Juristische Handschriften – Theologische Handschriften [...], bearb. von Otto Günther 1909.

45 Katalog der mittelalterlichen deutschsprachigen Handschriften der ehemaligen Staats- und Universitätsbibliothek Königsberg. Nebst Beschreibungen der mittelalterlichen deutschen Fragmente des ehemaligen Staatsarchivs Königsberg. Auf Grundlage der Vorarbeiten Ludwig Deneckes, erarb. von Ralf G. Päsler, hrsg. von Uwe Mewes, München 2000; Ralf Päsler, Einige Ergänzungen zu „Deutsche Rechtsbücher des Mittelalters“, in: Zeitschrift der Savigny-Stiftung für Rechtsgeschichte. Germanistische Abt. 117 (2000), S. 652 f.; ders., Deutschsprachige Sachliteratur im Preußenland bis 1500. Untersuchungen zu ihrer Überlieferung, Köln, Weimar, Wien 2003 (=Aus Archiven, Bibliotheken und Museen Mittel- und Osteuropas. 2).

46 Vladimir T. Pašuto, Neskol'ko nabljudenij nad „Prusskoj pravdoj“ [Einige Beobachtungen zum „Prußischen Recht“], in: Akademiku Borisu Dmitrieviču Grekovu ko dnju semidesjatiletija [Dem Akademiker Boris Dmitrievič Grekov zu seinem 70. Geburtstag], hrsg. von Vjačeslav P. Volgin, Moskva 1952, S. 112–116; ders., Pomezanija, „Pomezanskaja pravda“ kak istoričeskij istočnik dlja izučenija obščestvennogo stroja Pomezanii XIII–XIV vv. [Pomesanien. „Pomesanisches Recht“ als Geschichtsquelle für die Erforschung der Gesellschaftsordnung Pomesaniens im 13.–14. Jh.],

Der Autor dieser Zeilen hat eine ausführliche Beschreibung der neun Handschriften des KRs aus dem 16.–17. Jahrhundert, die heute in St. Petersburger Bibliotheken aufbewahrt werden, vorbereitet. Diese Beschreibung wird in den oben erwähnten „Beiträgen zur preußischen Rechtsgeschichte" erscheinen.[47] Diese Rechts- und Schriftlichkeitsdenkmäler werden im weiteren rechts- und kulturgeschichtlichen Kontext des Mittelalters und der Frühen Neuzeit erforscht und erörtert. Dazu zählen zwei Handschriften Königsberger Provenienz aus dem 16.–17. Jahrhundert, die eine Reihe interessanter Rechtsmaterialien enthalten.[48]

3. Die Darstellungen

Die Geschichte des KRs wurde schon früh in der deutschen rechtshistorischen Literatur thematisiert.[49] Nach der Publikation der wichtigsten Quellen begann die Untersuchung der Entstehung des KRs[50] sowie auch der Verbreitungsgeschichte des KRs, insbesondere im Rahmen der Siedlungsgeschichte Preußens.[51] Man er-

---

Moskva 1955; eine unbekannte Abschrift der letzteren Rechtsquelle wurde auch im Buch Pašutos „Obrazovanie Litovskogo gosudarstva" (wie Anm. 34), S. 508–525, ediert und erläutert; Vladimir I. Kulakov, Istorija Prussii do 1283 g. [Geschichte Preußens bis 1283] (=Prussia Antiqua. I), Moskva 2003, S. 209 f.

[47] Rogačevskij, Očerki po istorii prava Prussii (wie Anm. 38).

[48] Darüber liegt auch meine ausführlichere deutschsprachige Übersicht vor: Aleksandr Rogačevskij, Handschriften zur preußischen Geschichte des 13. bis 18. Jahrhunderts in St. Petersburger Sammlungen, in: Quellenvielfalt und editorische Methoden, hrsg. von Matthias Thumser und Janusz Tandecki unter Mitarb. von Antje Thumser (=Publikationen des Deutsch-Polnischen Gesprächskreises für Quellenedition. 2), Toruń 2003, S. 123–151.

[49] Michael Hanow, Jus Culmense ex ultima revisione, Danzig 1745 (2. Aufl., Danzig 1767); Johann Heinrich Hauenstein, Repertorium juris Pruthenici nimirum municipalis, culmensis emendati, correcti et revisi ut et juris terrestria terrarum Prussiae singulari studio collectum, combinatum et sub completentes titulos redactum, Gedani 1730.

[50] I. C. Kretzschmer, Die Kulmische Handfeste. Bei der sechshundertjährigen Feier ihrer Erteilung übersetzt und erläutert, Marienwerder 1832; K. G. Prätorius, Versuche über die Culmische Handfeste, das älteste Grundverfassungsgesetz Preußens, unter der Regierung des teutschen Ordens, hrsg. von W. T. Lohde, Thorn 1842; Emil Steffenhagen, Deutsche Rechtsquellen in Preußen vom 13. bis zum 16. Jh., Leipzig 1875; Otto Stobbe, Das alte Kulmer Recht, in: Zeitschrift für deutsches Recht 17 (1857), S. 406–439; ders., De jure Culmensi, Regimontii 1857; E. Strützki, Über den Ursprung des Weichbildes und insbesondere über die Kulmische Handfeste, in: Zeitschrift des historischen Vereins für den Regierungs-Bezirk Marienwerder 9 (1883), S. 1–55; Guido Kisch, Forschungen und Quellen zur Rechts- und Sozialgeschichte des Deutschordenslandes, Bd. 1–3, Sigmaringen 1973–1978 (=Schriften des Kopernikusvereins Freiburg im Breisgau. 8–10); Arthur Methner, Die kulmische Handfeste in ihren Beziehungen zu Schlesien, in: Zeitschrift des Vereins für Geschichte Schlesiens 67 (1933), S. 32–45; Hermann Kleinau, Untersuchungen über die Kulmer Handfeste, besonders ihre Stellung im Recht der deutschen Kolonisation. Zugleich Bemerkungen zu Guido Kisch, Die Kulmer Handfeste, in: Altpreußische Forschung 10 (1933), S. 231–261.

[51] Georg Eschenhagen, Ostpreußische Städtegründungen auf Ordensgebiet. Eine rechtsgeschichtliche Untersuchung, Inaug.-Diss., Elbing 1912; Richard Plümicke, Zur ländlichen Verfassung des Samlandes unter der Herrschaft des Deutschen Ordens, Leipzig 1912; O. Zippel, Die Kolonisation des Ordenslandes Preußen bis zum Jahre 1309, in: Altpreußische Monatsschrift 58 (1921), S. 176–213, 239–279; Martin Rousselle, Das Siedlungswerk des Deutschen Ordens im Lande Gerdauen, in: Altpreußische Forschung 6 (1929), S. 220–255; Karl Kasiske, Die Siedlungstätigkeit des Deut-

forschte auch einzelne Institute des KRs.[52] Seit etwa 1980 wird die Problematik vielfältiger als vorher und man versuchte, sich manchen neuen Problemen zu stellen.[53]

Im Rahmen der Geschichte einzelner Orte wurde auch die Verfassung und Verwaltung etlicher ostpreußischer Städte erforscht. Als besonders ergiebig erwiesen sich die Arbeiten über Königsberg und Tilsit.[54]

---

schen Ordens im östlichen Preußen bis zum Jahre 1410, Königsberg i. Pr. 1934 (=Einzelschriften der Historischen Kommission für ost- und westpreußische Landesforschung. 5); Klaus Riel, Die Siedlungstätigkeit des Deutschen Ordens in Preußen in der Zeit von 1410–1466, in: Altpreußische Forschungen 14 (1937), S. 224–267; Walter Kuhn, Geschichte der deutschen Ostsiedlung in der Neuzeit, Bd. I–II, Köln, Graz 1955–1957 (=Ostmitteleuropa in Vergangenheit und Gegenwart. 1); Peter Erlen, Europäischer Landesausbau und mittelalterliche deutsche Ostsiedlung. Ein struktureller Vergleich zwischen Südwestfrankreich, den Niederlanden und dem Ordensland Preußen, Marburg 1992 (=Historische und landeskundliche Ostmitteleuropa-Studien. 9).

[52] [George] Adalbert von Mülverstedt, Beiträge zur Geschichte des Wergeldes in Preußen, in: Neue Preußische Provinzial-Blätter N. F. 3 (1853), S. 373–382, 390–413; Wilhelm von Brünneck, Zur Geschichte des Grundeigenthums in Ost- und Westpreußen, Bd. 1–2, Berlin 1891–1896; ders., Zur Geschichte des Kirchenpatronats in Ost- und Westpreußen, Berlin 1902; ders., Das Burggrafenamt und Schultheißentum in Magdeburg und Halle sowie die Umbildung dieser Ämter durch das magdeburgisch-schlesische und kulmisch-preußische Recht, Berlin 1908; ders., Zur Geschichte des Kulmer Oberhofes, in: Zeitschrift der Savigny-Stiftung für Rechtsgeschichte. Germanistische Abt. 34 (1913), S. 1–48; ders., Zur Geschichte des altpreußischen Jagd- und Fischereirechts, in: ebd. 39 (1918), S. 88–144; Hans Steffen, Das ländliche Mühlenwesen im Deutschordenslande, in: Zeitschrift des Westpreußischen Geschichtsvereins 58 (1918), S. 71–92; ders., Die soziale Lage der Pfarrgeistlichkeit im Deutschordensstaate, in: Zeitschrift für die Geschichte und Altertumskunde Ermlands 23 (1927), S. 1–97; Arthur Semrau, Der Markt nach kulmischem Rechte im 13. Jh., in: Mitteilungen des Coppernicus Vereins für Wissenschaft und Kunst zu Thorn 28 (1920), S. 72–83; ders., Die Organe der Stadtgemeinde nach kulmischem Rechte im 13. Jh., in: ebd. 29 (1921), S. 1–26; ders., Bürger, Einwohner und Gäste in den Städten des Ordensstaates, in: ebd. 35 (1927), S. 70–81; ders., Zur Geschichte des Mühlenregals im Deutschordenslande, in: ebd. 37 (1929), S. 1–10; Hans Heynike, Entwicklung der ostpreußischen Städte. Eine wirtschaftshistorische Untersuchung, Königsberg 1931 (=Königsberger Statistik, N. F. 2); Thomas Lewerenz, Die Größenentwicklung der Kleinstädte in Ost- und Westpreußen bis zum Ende des 18. Jahrhunderts, Marburg 1976 (=Wissenschaftliche Beiträge zur Geschichte und Landeskunde Ostmitteleuropas. 101); Wilhelm Krimpenfort, Der Grundbesitz der Landstädte des Herzogtums Preußen. Geschichte, Wirtschaft, Recht, Sozialordnung, Marburg 1979 (=Marburger Ostforschungen. 35).

[53] Friedrich Ebel, Kulmer Recht – Probleme und Erkenntnisse, in: Beiträge zur Geschichte Westpreußens 8 (1983), S. 9–26; Dietmar Willoweit, Die Kulmer Handfeste und das Herrschaftsverständnis der Stauferzeit, in: ebd. 9 (1985), S. 5–24; Harald Witthöft, Metrologische Überlegungen zur Kulmer Handfeste 1233/51, in: Beiträge zur Geschichte des Deutschen Ordens, Bd. 2, hrsg. von Udo Arnold (=Quellen und Studien zur Geschichte des Deutschen Ordens. 49), Marburg 1993, S. 68–86.

[54] Abgesehen von den in Anm. 53 erwähnten Darstellungen s. besonders H. Wermbter, Die Verfassung der Städte im Ordenslande Preußen, in: Zeitschrift des Westpreußischen Geschichtsvereins 13 (1884), S. 1–73; Paul Rhode, Königsbergs Stadtverwaltung einst und jetzt. Festgabe für den sechsten preußischen Städtetag, Königsberg i. Pr. 1908; Deutsches Städtebuch, hrsg. von Erich Keyser, Bd. I, Nordostdeutschland, Stuttgart, Berlin 1939; Helmut Freiwald, Der Plan Herzog Albrechts vom 2. August 1525 zur Vereinigung und rechtlichen Umgestaltung der drei Städte Königsberg. Eine Einführung in die Verfassungs- und Machtproblematik der Reformationszeit in Preußen, in: Jahrbuch der Albertus-Universität in Königsberg/Pr. XI (1961), S. 153–172; ders., Die Verfassungsverhältnisse von Riga als Modell eines landesherrschaftlichen Reformplanes für die drei Städte Königsberg? in: Acta Prussica. Abhandlungen zur Geschichte Ost- und Westpreußens. Fritz Gause zum 75. Geburtstag (=Beihefte zum Jahrbuch der Albertus-Universität in Königsberg/Pr.

Die polnischen Wissenschaftler begannen die systematische Untersuchung dieser Problematik später, vornehmlich in der Nachkriegszeit. Vor allem wurde die Entstehungs- und Verbreitungsgeschichte des KRs berücksichtigt. Sehr wertvoll waren darunter die Beiträge, die zum 750jährigen Jubiläum der Kulmer Handfeste vorbereitet wurden.[55] Man untersuchte auch die Entwicklung der Rechtsbücher des KRs und einzelner Institute desselben.[56]

XXIX), Würzburg 1968, S. 135–162; Fritz Gause, Die Geschichte der Stadt Königsberg in Preußen, Bd. I, Von der Gründung der Stadt bis zum letzten Kurfürsten, 3. Aufl., Köln, Weimar, Wien 1996; Horst Kenkel, Rat und Gericht der Stadt Tilsit, Hamburg 1974 (=Sonderschriften des Vereins für Familienforschung in Ost- und Westpreußen e. V. 28); ders., Aus Tilsiter Gerichtsprotokollen des 16. Jahrhunderts, in: Preußenland 19, 1/2 (1981), S. 1–7.

[55] Zbigniew Zdrójkowski, Prawo chełmińskie – powstanie, rozwój i jego rola dziejowa [Kulmer Recht: Entstehung, Entwicklung und historische Rolle], in: Dzieje Chełmna i jego regionu. Zarys monograficzny [Geschichte Kulms und ihrer Region. Ein monographischer Abriß], hrsg. von Marian Biskup, Toruń 1968, S. 483–535; Karola Ciesielska, Przywilej Chełmiński 1233, 1251 [Kulmer Handfeste 1233, 1251], Toruń 1983; Krystyna Zielińska-Melkowska [Hrsg.], Przywilej chełmiński 1233 i 1251 [Kulmer Handfeste von 1233 und 1251], Toruń 1986 (=Teksty pomników prawa chełmińskiego w przekładach polskich. 1); Zbigniew Zdrójkowski, Zarys dziejów prawa chełmińskiego (1233–1862). Studium z okazji siedemsetpięćdziesięciolecia wydania przywileju chełmińskiego oraz lokacji miast Chełmna i Torunia [Abriß der Geschichte des Kulmer Rechts (1233–1862). Eine Studie anläßlich des 750jährigen Jubiläums der Verleihung der Kulmer Handfeste und der Lokation der Städte Kulm und Thorn], Toruń 1983 (=Monografie Instytutu hystoryczno-prawnego UMK. 1)]; Studia Culmensia Historico-Juridica, czyli Księga pamiątkowa 750-lecia prawa chełmińskiego [Studia Culmensia Historico-Juridica, oder Festschrift zum 750jährigen Jubiläum des Kulmer Rechts], 2 Bde., hrsg. von Zbigniew Zdrójkowski, Toruń 1988–1990; Antoni Czacharowski, Städte und Landesherrschaft im Ordensland Preußen, während der Auseinandersetzungen um das Kulmer Recht, in: Wissenschaftliche Zeitschrift der Ernst-Moritz-Arndt Universität Greifswald. Gesellschaftswissenschaftliche Reihe 36, 3–4 (1987), S. 104–107; Edwin Rozenkranz, Układ toruński z 1233 roku oraz jego rozszerzona wersja chełmińska z 1251 roku [Thorner Handfeste von 1233 und ihre erweiterte Kulmer Fassung von 1251], in: Rocznik Gdański 49, 1 (1989), S. 165–174; Jerzy Szymański, Chełmiński system metrologiczny [Kulmer Maßsystem], in: Źródłoznawstwo i studia historyczne [Quellenkunde und historische Forschungen] (=Acta Universitatis Wratislaviensis, No 1112, Ser. Historia. LXXVI), Wrocław 1989, S. 241–255; Marian Dygo, Studia nad początkami władztwa zakonu niemieckiego w Prusach (1226–1259) [Studien zu den Anfängen der Herrschaft des Deutschen Ordens in Preußen (1226–1259)], hrsg. von K. Bobowski, Warszawa 1992; Tomasz Jasiński, Die Rolle des Deutschen Ordens bei der Städtegründung in Preußen im 13. Jahrhundert, in: Stadt und Orden. Das Verhältnis des Deutschen Ordens zu den Städten in Livland, Preußen und im Deutschen Reich, hrsg. von Udo Arnold (=Quellen und Studien zur Geschichte des Deutschen Ordens. 44), Marburg 1993, S. 94–111; Marian Biskup, Der Deutsche Orden und die Freiheiten der großen Städte in Preußen vom 13. bis zur Mitte des 15. Jahrhunderts, in: ebd., S. 112–128.

[56] Studia Culmensia (wie Anm. 55); Janusz Małłek, Das Kulmer Recht im Ordensland Preußen (1466–1525) und im Herzogtum Preußen (1525–1620), in: Zeitschrift für Ostforschung 32 (1983), S. 321–340; Janusz Sondel, Studia nad prawem rzymskim w Jus Culmense (w 750–lecie wydania przywileju chełmińskiego) [Studien zum römischen Recht im Jus Culmense (zum 750jährigen Jubiläum des Erlasses der Kulmer Handfeste)], hrsg. von Zbigniew Zdrójkowski, Kraków 1984 (=Zeszyty Naukowe Uniwersytetu Jagiellońskiego, DCCXVII. Prace prawnicze. 109); ders., Elemente des römischen Rechts in den Kodifikationsprojekten des Kulmer Rechts, in: Ius commune XX (1993), S. 35–60; ders., Leges sumptuariae w rewizji toruńskiej prawa chełmińskiego – twór samodzielny czy recypowany? [Die leges sumptuariae in der Thorner Fassung des Kulmer Rechts – ein eigenständiges oder rezipiertes Werk?], in: Acta Universitatis Nicolai Copernici. Nauki humanistyczno-społeczne 218 (Prawo XXX) (1990), S. 57–68; Danuta Janicka, Istota i cele kary oraz system kar w trzech rewizjach prawa chełmińskiego z XVI wieku [Die Entstehung und die Ziele der Strafe nebst Strafsystem in drei Fassungen des Kulmer Rechts des 16. Jahrhunderts], in: ebd., S. 69–72.

Im Rahmen der Stadtgeschichte interessierten sich die polnischen Autoren vornehmlich für Westpreußen. Erst später erschienen etliche Werke, die die ostpreußischen, besonders die Königsberger Materialien berücksichtigten.[57]

Seit 1980 wurde die polnisch-deutsche Zusammenarbeit im besprochenem Bereich belebt. Ihre Ergebnisse scheinen sehr vielversprechend zu sein.[58]

Ganz anders war die Situation in der Sowjetunion. Die Vorkriegsgeschichte des nördlichen Ostpreußens war hier lange kein Thema.[59] Als einzige frühe Ausnahme, die die allgemeine Situation leider nicht verändert hat, kann man die Forschungen des sowjetischen Historikers Grigorij Rier (1912–1982) betrachten. Er untersuchte die ordenszeitliche Geschichte Königsbergs. Sofort nach dem Zweiten Weltkrieg begab er sich nach Kaliningrad, um dort die noch verbliebenen Archivalien zu nutzen. Das Ergebnis dieser Forschungen war seine historische Inaugural-Dissertation über Königsberg im Mittelalter (s. u.). Ungeachtet der ideologischen Einstellungen, die den Inhalt der Dissertation prägten, versuchte

---

57 Tadeusz Maciejewski, Wilkierze miast lokowanych na prawie chełmińskim w państwie zakonnym (do 1454 r.) [Die Willküren der auf dem Kulmer Recht lozierten Städte im Ordensstaate (bis 1454)], in: Studia Culmensia (wie Anm. 55), Bd. 1, S. 361–392; ders., Zbiory wilkierzy w miastach państwa zakonnego do 1454 r. i Prus Królewskich lokowanych na prawie chełmińskim [Die Willkürensammlungen der auf dem Kulmer Recht lozierten Städte im Ordensstaate (bis 1454) und im Königlichen Preußen], hrsg. von Zbigniew Zdrójkowski, Gdańsk 1989 (=Uniwersytet Gdański. Zeszyty naukowe. Rozprawy i monografie. 144); ders., Kierunki badań nad prawem miast pomorskich i pruskich (uwagi nad miejskim prawem sądowym) [Forschungsrichtungen zum Recht der pommerschen und preußischen Städte (Beobachtungen im städtischen Gerichtsrecht)], in: Czasopismo Prawno-Historyczne L, 1 (1998), S. 267–277; Janusz Tandecki, Średniowieczne księgi wielkich miast pruskich jako źródła historyczne i zabytki kultury mieszczańskiej (organizacja władz, zachowane archiwalia, działalność kancelarii) [Die mittelalterlichen Stadtbücher preußischer Großstädte als Geschichtsquellen und Denkmäler der bürgerlichen Kultur (Herrschaftsverfassung, aufbewahrte Archivalien, Kanzleitätigkeit)], Warszawa, Toruń 1990; ders., Struktury administracyjne i społeczne oraz formy życia w wielkich miastach Prus Krzyżackich i Królewskich w średniowieczu i na progu czasów nowożytnych [Die Verwaltungs- und Gesellschaftsstrukturen und die Lebensformen in den Großstädten des Ordens- und Königlichen Preußens im Mittelalter und an der Schwelle zur Neuzeit], Toruń 2001; Janusz Jasiński, Historia Królewca. Szkice z XIII-XX stulecia [Geschichte Königsbergs. Skizzen vom 13. bis zum 20. Jh.], Olsztyn 1994; Roman Czaja, Miasta pruskie a zakon krzyżacki. Studia nad stosunkami między miastem a władzą terytorialną w późnym średniowieczu [Die preußischen Städte und der Deutsche Orden. Forschungen zu den Beziehungen zwischen Stadt und Territorialherrschaft im späten Mittelalter], Toruń 1999.

58 Siehe z. B. Studien zur Geschichte des sächsisch-magdeburgischen Rechts in Deutschland und Polen, hrsg. von Dietmar Willoweit, Winfried Schich, Frankfurt a. M., Bern, Cirencester 1980 (=Rechtshistorische Reihe. 10); Handbuch der Geschichte Ost- und Westpreußens, hrsg. von Ernst Opgenoorth, Bd. II/1. Von der Teilung bis zum Schwedisch-Polnischen Krieg, 1466–1655 Lüneburg 1994 (=Einzelschriften der Historischen Kommission für ost- und westpreußische Landesforschung. 10), (der erste Band dieser verdienstvollen Ausgabe ist noch in Vorbereitung).

59 Peter Wörster, Zu einigen neueren russischen Veröffentlichungen über Königsberg, in: Nordost-Archiv. Zeitschrift für Regionalgeschichte N. F. III, H. 4 (1994), S. 567–585; Eckhard Matthes, Verbotene Erinnerung. Die Wiederentdeckung der ostpreußischen Geschichte und regionales Bewußtsein im Gebiet Kaliningrad (1945–2001), in: Osteuropa 11/12 (2001), S. 1350–1390. Aus russischer Sicht, s. auch den Übersichtsaufsatz: Vladimir I. Kulakov, Istorija Kenigsberga v otečestvennoj istoriografii s 1945 goda [Die Geschichte Königsbergs in der vaterländischen Geschichtsschreibung nach 1945], in: Kaliningradskie archivy. Materialy i issledovanija. Naučnyj sbornik 1 (1998), S. 128–135.

der Autor, das ganze zugängliche Material zum Thema zu berücksichtigen. Die Dissertation wurde jedoch unter recht ungünstigen Umständen geschrieben. Der Verfasser wurde zum Opfer des sog. „Kampfes gegen den Kosmopolitismus" (der einen deutlichen antisemitischen Hintergrund hatte), und es ist ihm nicht gelungen, seine Forschungen fortzusetzen. Abgesehen von dem im folgenden Jahre veröffentlichten Autorreferat[60] erschienen keine weiteren Publikationen zum Thema. Später gingen die Materialien, die Rier in Kaliningrad kopiert hatte, verloren.[61] All dieses führte dazu, daß Riers Forschungen selbst in Rußland, geschweige denn im Ausland, wenig bekannt sind.

Das nähere Kennenlernen seiner Dissertation[62] enttäuscht den Leser. Die Stellen, die der städtischen Verfassung und Verwaltung gewidmet sind, enthalten strenggenommen keine neue Information zum Thema, sie stammen vornehmlich aus den veröffentlichten Urkundenbüchern und aus den Monographien von Richard Armstedt und Walther Franz.[63] Die gesammelten Archivalien wurden leider nicht ausgewertet. Die konzeptionellen Stellen sind nicht zahlreich. Der Autor meint u. a., daß die Verleihung des KRs an Königsberg 1286 ein rein formeller Akt sei, da die Stadt mit der Entwicklung der Gewerbe charakterisiert ist und die letzten erst im 14. Jahrhundert entstanden.[64] Er schreibt, daß die städtische Selbstverwaltung in Preußen nicht im langen Kampf des Bürgertums mit der Landesherrschaft entstand (wie es in Deutschland der Fall war). Der Orden verlieh die (Selbst-)Verwaltung den blühenden Gemeinden aus eigener Initiative und übergab die Herrschaft „in die zuverlässigen Hände des Patriziats". Darum war das Patriziat erst dem Orden treu und später, als die Stadt in der Mitte des 14. Jahrhunderts zum Hansemitglied wurde, bekam es dadurch eine feste wirtschaftliche Basis.[65] Nach Riers Meinung versuchte der Orden von Anfang an, ein oligarchisches System in der Stadt zu schaffen und eine feste Stütze unter den städtischen Aristokraten zu bekommen.[66]

Nach Riers Forschungen folgte in der sowjetischen Geschichtsschreibung eine lange Pause. Die sowjetischen Autoren berücksichtigten fast ausschließlich die Geschichte der alten Prussen, was aus ideologischen Gründen nicht verboten war.

---

[60] Grigorij Ja. Rier, Kenigsberg XIII-načala XVI vv. – oplot agressii nemeckogo rycarstva v Pribaltike [Königsberg vom 13. bis zum Anfang des 16. Jhs.: Ein Stützpunkt der Aggression des deutschen Rittertums an der Ostsee]. Autorreferat der historischen Inaug.-Diss., Leningrad 1954.

[61] Diese Information wurde mir vom Sohn des Forschers, Herrn Jakov Grigorevič Rier, der nun als Historiker in der weißrussischen Stadt Mogilev tätig ist, freundlich mitgeteilt.

[62] Grigorij Ja. Rier, Kenigsberg XIII-načala XVI vv. – oplot agressii nemeckogo rycarstva v Pribaltike [Königsberg vom 13. bis zum Anfang des 16. Jhs.: Ein Stützpunkt der Aggression des deutschen Rittertums an der Ostsee], Inaug.-Diss., (Masch.-Schr.), Minsk 1953. Ein Exemplar der Dissertation wird in der Bibliothek der St. Petersburger Universität aufbewahrt (Signatur: F III 3647 Nr. 6823).

[63] Richard Armstedt, Geschichte der Königlichen Haupt- und Residenzstadt Königsberg, Königsberg 1899; Walther Franz, Geschichte der Stadt Königsberg, Königsberg 1934.

[64] Rier, Kenigsberg XIII-načala XVI vv. (wie Anm. 62), S. 138 f.

[65] Ebd., S. 194.

[66] Ebd., S. 86.

Die Geschichte der eigentlichen deutschen Kolonisation und der damit verbundenen Rechtsdenkmäler blieb „im Schatten" dieser Problematik.

Unter den wenigen sowjetischen Arbeiten der späteren Zeit, die der mittelalterlichen Geschichte Preußens gewidmet wurden, kann man auch eine Dissertation von T. I. Kirsanova erwähnen.[67] Darin aber wurden die rechtsgeschichtlichen Aspekte nicht berücksichtigt. Erst in der Mitte der 1980er Jahre erschienen etliche Werke des Historikers Alexander Masan. Er untersuchte die Lage des preußischen Bürgertums im Ordensland vom 13. bis zur zweiten Hälfte des 15. Jahrhunderts.[68] Unter anderem berührte er auch die rechtspolitischen Aspekte, und zwar die Frage nach den Privilegien des Bürgertums. Die preußischen Rechtsbücher aber wurden nicht berücksichtigt. Masan hat seine Forschungen leider nicht fortgesetzt. Gegenwärtig ist er als Professor der Universität Černivci tätig und erforscht die Geschichte der Bukowina.

Die Geschichte des KRs berührte man auch in manchen anderen Werken, die sich auf die Geschichte des deutschen Bauerntums bezogen.[69] Eine tiefe Analyse dieser Problematik wurde jedoch dabei nicht unternommen.

Seit Ende der 1980er Jahre erschien eine Reihe von Arbeiten, die der preußischen Geschichte des 13.–17. Jahrhunderts gewidmet waren. Es fehlen aber die rechtshistorischen Werke. Die Geschichte des KRs und der bürgerlichen Selbstverwaltung wird zwar thematisiert (vornehmlich im Zusammenhang mit der Siedlungsgeschichte), aber nicht ausführlich genug.[70] Die modernen Arbeiten sind meistens eher populärwissenschaftliche Beiträge als gründliche Darstellungen. Die wenigen Versuche einer tieferen Erforschung, die auch die rechtsgeschichtlichen Aspekte berücksichtigen, sind mit der Geschichte des preußischen Städtewesens verbunden.[71] Im großen und ganzen aber bleibt diese Problematik ungenügend erforscht.

---

67 T. I. Kirsanova, Social'no-ėkonomičeskoe položenie Tevtonskogo ordena vo vtoroj polovine XIV-pervoj poloviny XV vv. [Die sozialökonomische Lage des Deutschen Ordens in der 2. Hälfte des 14. und in der 1. Hälfte des 15. Jhs.]. Autorreferat der historischen Inaug.-Diss., Moskva 1966.

68 Alexander N. Masan, Prusskoe bjurgerstvo i Tevtonskij orden (vtoraja polovina XIV v.–1454 g.) [Preußisches Bürgertum und der Deutsche Orden (2. Hälfte des 14. Jhs. bis 1454)], in: Obščestvo i gosudarstvo v srednie veka [Gesellschaft und Staat im Mittelalter], hrsg. von Jurij A. Saprykin, Moskva 1986, S. 69–89; ders., Gorod v gosudarstve Tevtonskogo ordena v XIII-pervoj poloviny XV vv. (po materialam srednevekovoj Prussii) [Die Stadt im Deutschordensstaate im 13. bis zur 2. Hälfte des 15. Jhs. (nach den Materialien des mittelalterlichen Preußens)]. Autorreferat der historischen Inaug.-Diss., Moskva 1989.

69 Istorija krest'janstva v Evrope. Ėpocha feodalizma. T. 3. Krest'janstvo Evropy v period razloženija feodalizma i zaroždenija kapitalističeskich otnošenij [Geschichte des Bauerntums in Europa, Bd. 3. Das Bauerntum Europas in der Periode des Feudalismusverfalls und der Entstehung der kapitalistischen Beziehungen], Moskva 1986; Ivan I. Kostjuško, Prusskaja agrarnaja reforma: K probleme buržuaznoj agrarnoj ėvoljucii prusskogo tipa [Preußische Agrarreform: Zum Problem der bürgerlichen Agrarrevolution preußischen Typs], Moskva 1989.

70 Matuzova, Nazarova, Žalovannye gramoty mestnym nobiljam (wie Anm. 34).

71 Aleksej B. Gubin, Viktor N. Strokin, Očerki istorii Kenigsberga [Skizzen zur Geschichte Königsbergs], Kaliningrad 1991; Vostočnaja Prussija. S drevnejšich vremen do konca vtoroj mirovoj vojny [Ostpreußen. Von den ältesten Zeiten bis zum Ende des Zweiten Weltkriegs], red. kollegija V. S. Isupov, 1996; Vera I. Matuzova, Kenigsberg – gorod-krepost' Tevtonskogo ordena XIII–XIV

4. Die Editions- und Forschungsperspektiven

Die heutige Lage der preußischen Studien überzeugt mich von der Notwendigkeit, eine weitere internationale Zusammenarbeit zu entwickeln, um die Forschung zu Preußen erfolgreich zu führen. Einige Desiderata, vor allem eine Neuausgabe des Alten Kulms, wurden schon von Friedrich Ebel erwähnt.[72] Die Entwicklung der modernen Medien, besonders des Internets, schafft neue Möglichkeiten für den Informationsaustausch. Hier möchte ich jedoch einige Überlegungen äußern, die mir aus russischer Sicht aktuell scheinen.

Das Grundproblem der russischen Wissenschaftler, die die allgemeine und Rechtsgeschichte des heutigen Kaliningrader Gebietes zu erforschen versuchen, besteht darin, daß sie sowohl von Quellen als auch von den meisten Werken zum Thema isoliert sind. Die Archivsammlungen sind ihnen oft unzugänglich. Viele Probleme sind auch durch die mangelnden Sprachkenntnisse verursacht. Durch diese Faktoren ist das ungenügende Niveau der relevanten Werke vorprogrammiert. Aus diesen Gründen wäre es notwendig, in erster Linie die Quellen zugänglich zu machen sowie auch die wichtigsten Werke ins Russische zu übersetzen. Diese Ideen sind bereits geäußert bzw. teilweise verwirklicht worden. Über die Notwendigkeit, ein Korpus der Urkunden zur Geschichte Königsbergs zu schaffen, hat schon der Moskauer Historiker Vladimir Kulakov geschrieben.[73] Manche alten deutschen Werke zur Stadtgeschichte sind auch ins Russische übersetzt.[74] Es ist jedoch notwendig, diese Arbeit fortzusetzen.

Unter meinen eigenen Plänen ist die Vorbereitung der Sammlung Königsberger Stadturkunden. Das 750jährige Stadtjubiläum im Jahr 2005 gab dazu einen geeigneten Anlaß. Chronologisch könnte diese Sammlung den Zeitraum bis zum Tode des Herzogs Albrecht (1568), d. h. bis zum Ende der Übergangsepoche,

---

vekov [Königsberg – eine Festungsstadt des Deutschen Ordens des 13.–14. Jhs.], in: Gorod v srednevekovoj civilizacii Zapadnoj Evropy. T. 1. Fenomen srednevekovogo urbanizma [Die Stadt in der westeuropäischen mittelalterlichen Zivilisation. Bd. 1, Phänomen des mittelalterlichen Urbanismus], hrsg. von Ada A. Svanidze, Moskva 1999, S. 360–363; Irina V. Belinceva, Architekturno-gradostroitel'naja kul'tura gorodov Baltiki (Gdan'sk, Kaliningrad, Ėl'blong) [Die baukunstliche und städtebauliche Kultur der Städte des Ostseeraums (Danzig, Kaliningrad, Elbing)], Moskva 2002; Očerki istorii Vostočnoj Prussii [Studien zur Geschichte Ostpreußens], hrsg. von Gennadij V. Kretinin, Kaliningrad 2002. Einige Beiträge, die über die Archivalien zum Thema berichten, enthält die vor kurzem gegründete Kaliningrader Zeitschrift Kaliningradskie archivy. Materialy i issledovanija [Kaliningrader Archive. Materialien und Forschungen], 1–3 (1998–2001). Vollständigkeitshalber sei hier noch die russische Ausgabe der Chronik Peters von Dusburg erwähnt, die auch etliche rechtsgeschichtliche Erläuterungen enthält: Petr iz Dusburga, Chronika zemli Prusskoj [Peter von Dusburg, Chronik des Preußenlandes], hrsg. und erl. von Vera I. Matuzova, Moskva 1997.

[72] Ebel, Kulmer Recht – Probleme und Erkenntnisse (wie Anm. 53), S. 16.

[73] Kulakov, Istorija Kenigsberga v otečestvennoj istoriografii (wie Anm. 59), S. 134.

[74] Es handelt sich vor allem um folgende Übersetzungen: Fritz Gause, Königsberg in Preußen: die Geschichte einer europäischen Stadt, München 1968 (russische Ausgabe erschien 1994 in Recklinghausen); Scheiba, Geschichte der Stadt Fischhausen (wie Anm. 23, russische Ausgabe erschien 2003 in Kaliningrad).

umfassen. Es ist nicht nur geplant, die bereits bekannten Quellen aus den Urkundenbüchern Mendthals und Perlbachs in russischer Sprache wieder zu veröffentlichen. Wichtig wäre, auch die bisher unedierten Akten (besonders die Zunfturkunden aus dem 15.–16. Jahrhundert) aus dem Geheimen Staatsarchiv Preußischer Kulturbesitz heranzuziehen und im Original mit russischer Übersetzung zu publizieren. Sinnvoll wären die historischen und die rechtsgeschichtlichen Erläuterungen dazu. Dieses Vorhaben scheint mir eine notwendige Forschungsstufe zu sein, die nicht nur für die heutigen Kaliningrader, sondern auch für die deutschen Preußenkundler und Rechtshistoriker von Interesse sein könnte.

Eine weitere Forschungsrichtung ist die systematische Untersuchung der russischen Urkundensammlungen, die Materialien preußischer Provenienz bergen können. Es handelt sich hierbei nicht nur um Kriegsbeute, sondern auch um Vorkriegserwerbungen. Vor allem kommen hier die Moskauer Archive in Frage. Es wurden neuerdings meistens die Bestände aus dem 18. Jahrhundert erforscht und ausgewertet,[75] ohne jedoch auf die rechtshistorischen Problemen einzugehen. Mit Verdruß muß man konstatieren, daß es bisher keine ernsthafte und gründliche Suche nach Moskauer Prussica gegeben hat. Eine irreführende Miszelle des Kaliningrader Autors (zugleich Mitarbeiter des Kaliningrader Gebietsarchivs) Anatolij Bachtin, die angebliche Beuteurkunden des Deutschen Ordens aus dem 13. Jahrhundert im Moskauer Sonderarchiv erwähnte,[76] erwies sich als eine Täuschung.[77]

Schließlich ist zu betonen, daß die Vorbereitung der wissenschaftlichen Ortsmonographien einzelner Städte des Kaliningrader Gebietes eine aktuelle Aufgabe bleibt. Unter den Gemeinden, die in der Tabelle 1 erwähnt sind, gibt es zu Gerdauen, Nordenburg und Preußisch Eylau keine zusammenfassenden historischen Untersuchungen. Die bestehenden knappen Abrisse ihrer Stadtgeschichten in den entsprechenden Kreisheimatbüchern können solche Werke nicht ersetzen. Ein Desiderat bleibt auch eine ausführliche Untersuchung zur Geschichte Tilsits. In den Ortsmonographien könnten auch die rechtshistorischen Probleme erörtert werden. Die Chancen eines solchen Vorhabens kann man als günstig bewerten. In

---

[75] Vostočnaja Prussija u. Očerki istorii Vostočnoj Prussii (beide wie Anm. 71); Gennadij V. Kretinin, Prusskie maršruty Petra I [Die preußischen Reiserouten Peters I.], Kaliningrad 1994; ders., Pod rossijskoj koronoj, ili russkie v Kenigsberge 1758–1762 [Unter der russischen Krone oder Die Russen in Königsberg 1758–1762], Kaliningrad 1996; Jurij V. Kostjašov, Gennadij V. Kretinin, Petrovskoe načalo. Kenigsbergskij universitet i rossijskoe prosveščenie v XVIII veke [Petrinischer Anfang. Die Königsberger Universität und die russische Aufklärung im 18. Jh.], Kaliningrad 1999; Jurij V. Kostjašov, Gennadij V. Kretinin, Rossijane v Vostočnoj Prussii [Die Rußländer in Ostpreußen], Bd. 1–2, Kaliningrad 2001.

[76] Anatolij P. Bachtin, Kratkaja istorija kofe v Prussii [Kurze Geschichte des Kaffees in Preußen], in: Zapad Rossii 2 (1994), S. 96–105. Der Verfasser behauptete, daß er die mittelalterlichen Deutschordensurkunden, die die frühe Verbreitung des Kaffees im Ordensland bewiesen, in Moskau gefunden hätte.

[77] Herr Bachtin hat mir mitgeteilt, daß es eine bloße Täuschung gewesen sei und bat um Verzeihung mit Hinweis darauf, daß ich nicht das einzige Opfer dieses Schabernacks sei (undatierter Brief von A. P. Bachtin an den Autor vom Januar 1998).

den Beständen des Geheimen Staatsarchivs Preußischer Kulturbesitz sind nicht nur Materialien staatlicher Provenienz zur Geschichte der genannten Städte, sondern auch die Deposita von Gerdauen und Tilsit (u. a. aus der Geltungszeit des KRs) aufbewahrt. Das letztgenannte Depositum ist besonders wichtig, weil es u. a. die Tilsiter Rats- und Gerichtsprotokolle enthält.[78] Manche Urkunden aus derselben Zeit sind heute auch in Wilna und Kaliningrad nachweisbar.[79]

Zusammenfassend darf man sagen, daß die Beseitigung der früheren Zensurbeschränkungen und die Entwicklung der internationalen Zusammenarbeit im Bereich der (Rechts-)Geschichte Osteuropas wesentlich bessere Perspektiven für die Erforschung dieser Problematik in Rußland schaffen.

III. Die Städte Westrußlands (Smolensker und Staroduber Länder)[80]

1. Die Hauptzüge der Rechtsentwicklung westrussischer Städte im 15.–18. Jahrhundert im Kontext der gesamtrussischen rechtspolitischen Entwicklung

Die westliche Tradition der Stadtverwaltung war auch manchen Gemeinden in den westlichen Ländern Kernrußlands nicht fremd. Es handelt sich insgesamt um zwölf Städte und zwar: Belyj (Belaja), Dorogobuž, Krasnyj, Mglin, Nevel', Pogar (Radogošč), Počep, Roslavl', Smolensk, Sebež, Starodub und Veliž. Zwei weitere Städte, nämlich Brjansk (Debrjansk) und Toropec, bekamen gewisse Privilegien von den Großfürsten von Litauen, aber durch die frühe Zurückgewinnung dieser Gemeinden durch Moskau wurde diese rechtliche Entwicklung abgerissen.

Die Bekanntschaft der erwähnten Städte mit der westlichen Rechtstradition wurde jedoch durch den Herrscherwechsel oft erschwert und deshalb stark politisiert. Vor der Darstellung des heutigen Forschungsstandes zu diesem Thema wäre es sinnvoll, sich die Vergangenheit der relevanten Gemeinden und das

---

[78] Walter Müller-Dultz, Das Depositum der Stadt Gerdauen, in: Altpreußische Geschlechterkunde 20, 1/3 (1972), S. 7–14; Täubrich, Archive in Ostpreußen (wie Anm. 25), S. 38, 90.

[79] Tadeusz Brzeczkowski, Archiwalia wschodniopruskie w archiwach rosyjskich oraz w archiwach i bibliotekach wileńskich [Ostpreußische Archivalien in den russischen Archiven sowie auch in den Archiven und Bibliotheken von Vilnius], in: Białostocczyna 45, 1 (1997), S. 123–132; Narbutaitė, Mažosijos Lietuvos istorinių aktų fondas (wie Anm. 29).

[80] Die neuere Historiographie der UdSSR und ihrer Nachfolgestaaten für etwa 30 Jahre wurde von mir in zwei Übersichten besprochen: Alexander Rogatschewski, Übersicht über das sowjetische Schrifttum der 1970er und 1980er Jahre zur Geschichte des Magdeburger Stadtrechts, in: Zeitschrift der Savigny-Stiftung für Rechtsgeschichte. Germanistische Abteilung 109 (1992), S. 390–399; ders., Geschichte des Magdeburger Stadtrechts im Schrifttum der UdSSR und ihrer Nachfolgestaaten der 1980er und 1990er Jahre (Übersicht), in: Zeitschrift für Ostmitteleuropa-Forschung 1 (2000), S. 62–82. In diesen Übersichten wurde die Geschichte des MRs auf dem ganzen damaligen Territorium der Sowjetunion behandelt, wobei die Zahl der Arbeiten zur Geschichte der nunmehrigen russischen Städte recht gering war (s. u.). Im vorliegenden Abschnitt konzentriere ich mich auf die heutigen russischen Gebiete; Außerdem wird hier ein Versuch unternommen, die relevante Publikationsgeschichte und die Entwicklung der Geschichtsschreibung seit ihrer Entstehung darzustellen.

Schicksal ihrer Privilegien zu vergegenwärtigen. Die Einzelheiten zur Geschichte dieser Städte sind in der Tabelle 2 dargestellt.

Ursprünglich galten die russisch-litauischen Grenzländer als Besitz der altrussischen Teilfürsten (vor allem der Fürsten von Smolensk), die zur Dynastie der Rjurikiden gehörten. Seit Mitte des 14. Jahrhunderts beherrschte allmählich das Großfürstentum Litauen diese Länder. Teilweise handelte es sich um eine Eroberung und teilweise um den Übertritt etlicher Teilfürsten in den Dienst bei den Großfürsten von Litauen, was in jener Epoche als legitime Praxis betrachtet wurde.

Die „litauische Zeit" dauerte bis Anfang bzw. bis ins erste Drittel des 16. Jahrhunderts. Aus dieser Epoche sind die Privilegien der litauischen Großfürsten für drei Gemeinden überliefert, und zwar für Smolensk, Brjansk (Debrjansk) und Toropec. Smolensk als historischer Mittelpunkt des ehemaligen Smolensker Teilfürstentums war die bedeutendste Stadt und hat ihre Stellung durch diese Urkunden gestützt. Damals ging es noch nicht um die eigentliche Verleihung des MRs. Aber der Umfang der erwähnten Privilegien, besonders im Hinblick auf Wirtschaft und Steuern, war stark an dem der großen MR-Stadtgemeinden Litauens, wie etwa Polock, Minsk und Grodno orientiert (s. Tab. 4a, Abschn. I). Smolensk galt offensichtlich als wichtige Einnahmequelle. Es sind zwei Pachtbriefe von 1498 und 1508 erhalten, die die Pacht der Smolensker Krüge von den dortigen Bürgern belegen.[81] Aus dem Jahre 1499 stammt auch ein Pachtbrief des Smolensker Zollamtes für Fedor, Petr und Ivan Novokreščenyj für fünf Jahre.[82] Im letzteren Fall ist eine Beteiligung der Juden zu vermuten: der Familienname Novokreščenyj bedeutet buchstäblich „der Neugetaufte", er war bei den einstigen Glaubensjuden in Litauen und Rußland üblich.[83]

Die neueren Forschungen des polnischen Rechtshistorikers Ludwik Łysiak erweisen auch die Teilnahme etlicher Smolensker Bürger am Rechtsleben Polens. In den Akten des Oberhofs des deutschen Rechts auf der Burg zu Krakau von 1505 tritt ein *Iwan Lucznyk Ruthenus civis de Smolyensko* als eine der Streitparteien in einer Zivilsache wegen Glasurlieferung auf.[84]

---

81 Akty Litovsko-Russkogo gosudarstva [Akten des litauisch-russischen Staates], hrsg. von M. V. Dovnar-Zapol'skij, H. I (1390–1529), Moskva 1899, Nr. 55 (S. 80 f.); Nr. 109 (S. 130 f.).

82 Ebd., Nr. 62 (S. 88 f.).

83 In jener Epoche war die Präsenz der Juden auch in Brjansk zu beobachten: 1486 pachteten die Kiewer Juden das dortige Zollamt und die Entrichtung weiterer Steuern (Russkaja istoričeskaja biblioteka, izdavaemaja Archeografičeskoj Komissiej. T. 27. Litovskaja metrika. Otd. 1. C. 1. Knigi zapisej. T. 1. [Russische historische Bibliothek, hrsg. von der Archäographischen Kommission, Bd. 27, Litauische Metrik, Abt. 1, Teil 1, Die Eintragungsbücher, Bd. 1], St. Peterburg 1910, Sp. 212 f.).

84 Decreta iuris supremi Magdeburgensis castri Cracoviensis. Die Rechtssprüche des Oberhofs des deutschen Rechts auf der Burg zu Krakau, hrsg. und eingeleitet von Ludwik Łysiak unter Mitw. von Karin Nehlsen-von Stryk, Bd. 2: 1481–1511, Frankfurt a. M. 1997 (=Ius commune. Sonderhefte. 104), S. 314, 318.

Die Städte Brjansk und Toropec waren dagegen gering privilegiert. Die von ihnen erhaltenen Urkunden bezogen sich hauptsächlich auf die Regelung der Gerichtsverfassung in den ihnen untergeordneten Gebieten. Außerdem garantierten die Großfürsten die Bewahrung der Besitzrechte der Gemeinden und die Nichteinmischung in die kirchlichen Angelegenheiten (s. Tab. 4b). Der Inhalt der Urkunden demonstriert die Fortdauer der altrussischen Staats- und Rechtsinstitute, die in diesen nach Osten vorgeschobenen Ländern des Großfürstentums lebendig waren. Über die Entwicklung der städtischen Autonomie in sonstigen Gemeinden der östlichen Grenzländer in dieser Epoche ist z. Z. nichts bekannt.

In der ersten Hälfte des 16. Jahrhunderts wurden die westrussischen Städte durch Moskau zurückerobert. In erster Linie ist für uns das Schicksal Smolensks wichtig. Die Wirren der Kriegszeit waren nicht das einzige Übel für diese Stadt. Die Veränderung der ökonomischen Konjunktur Ende des 15. und Anfang des 16. Jahrhunderts verursachte die Umorientierung der Hauptrichtungen des Handels. Eine Reihe der Privilegien an Polock bestimmte die monopole Stellung dieser Stadt im internationalen Fernhandel Westrußlands, besonders im Handel mit dem Baltikum, wodurch das Smolensker Land stark geschädigt wurde.[85] Trotzdem blieben die Smolensker dem litauischen Großfürsten treu und widerstanden bis zuletzt russischen Belagerungen. Wie die neueren Forschungen von Michael Krom (s. u.) beweisen, waren nur die Moskauer Feldzüge gegen die litauischen Randländer erfolgreich, da die Zentralgebiete viel tiefer im litauischen Boden verwurzelt waren und mit den Moskowitern nicht sympathisierten.

Der einzige Versuch Moskaus, die alten Freiheiten Smolensks zu garantieren und seinen Bürgern eine entsprechende Urkunde zu verleihen (1514), blieb nur eine kurze Episode im Prozeß der Einverleibung des Landes. Schon bald nach der Zurückeroberung der Stadt und Unterdrückung der prolitauischen Revolte begann Moskau mit Zwangsumsiedlungen. In erster Linie verletzten diese Regierungsmaßnahmen die Adelsschicht des Smolensker Landes, daneben auch die Bürger. Letztere litten wohl am meisten, da die Güterverluste adliger Aussiedler bzw. adliger Flüchtlinge durch die moskowitische bzw. die litauische Herrschaft oft aufgewogen wurden, die Städter jedoch häufig alles verloren. Zwei Aussiedlungswellen (1514–1515 und 1524–1526) verursachten das Verschwinden der ursprünglichen Träger städtischer Rechtstraditionen. Seitdem sind in den Quellen keine Spuren der alten Rechtsinstitute städtischen Lebens nachweisbar. Gleiches gilt im wesentlichen auch für die Führungsschicht des Starodubei Landes.[86] In den unterworfenen Gebieten (u. a. in Sebež, Starodub, Počep und Radogošč) haben die neuen Herrscher die Zöglinge der inneren russischen Länder angesiedelt. Des-

[85] Širjaev, Smolensk i ego social'nyj landšaft (wie Anm. 13), S. 4 f.

[86] Michail M. Krom, Mež Rus'ju i Litvoj. Zapadnorusskie zemli v sisteme russko-litovskich otnošenij konca XV- pervoj treti XVI v. [Zwischen Rußland und Litauen. Westrussische Länder im System russisch-litauischer Beziehungen Ende des 15. bis zum ersten Drittel des 16. Jhs.] (=Issledovanija po russkoj istorii. 4), Moskva 1995, S. 220–227.

halb blieben die neuen Städter der Moskauer Regierung im nachfolgenden Staroduber Kriege (1534–1537) treu. Sie waren jedoch nicht die freien Bürger, die ständische Privilegien hatten, sondern die Zarendienstleute.[87] Die Stadt Toropec hat unter Moskauer Herrschaft etliche Elemente der ursprünglichen Autonomie beibehalten,[88] die jedoch später auch mit dem allrussischen Verwaltungssystem allmählich ersetzt wurden.

Nach der Stabilisierung der politischen Lage in den eingegliederten westrussischen Ländern seit dem zweiten Viertel des 16. Jahrhunderts ist eine gewisse Belebung des Smolensker Wirtschaftslebens zu beobachten, weil diese Stadt zum Mittelpunkt des russisch-litauischen Transithandels wurde. Nichtsdestoweniger wuchs die Militärbedeutung dieser Stadt immer mehr. Teilweise wurde dies durch die Veränderung der Handelshauptrichtungen wegen der zunehmenden Markthegemonie Englands und der Niederlande und teilweise durch die wachsende Rolle Polens in Osteuropa verursacht. Die kriegspolitischen Interessen standen in dieser Region im Vordergrund, was für die Entwicklung des Wirtschaftslebens in Smolensk schädigend war.

1539–1555 wurde in Rußland ein Versuch der Verwaltungsreform unternommen. Im Rahmen des Kampfes gegen die Kriminellen wurden in den russischen Ländern neue Fahndungs- und Gerichtsorgane eingerichtet. Diese Maßnahmen sahen auch einzelne Elemente der Selbstverwaltung vor: Die Bevölkerung wählte die Bezirksältesten (*gubnye starosty*) aus den „Bojarenkindern" (*deti bojarskie*), d. h. aus den Zarendienstleuten. Auch wenn diese Reform die Willkür der Statthalter einschränkte, führte sie nicht zu einer Gemeindeautonomie. Der Bezirksälteste wirkte nicht als städtischer Würdenträger, sondern als der des ganzen Kreises. Die Stadtgemeinde existierte nicht als ein integraler Organismus, sondern als eine Menge der untereinander nicht verbundenen Bevölkerungsgruppen, die keine einflußreiche einheitliche Vertretung hatte. Die damalige Steuer- und Verwaltungspolitik verursachte eher eine Fragmentierung der Bürgerschaft als eine Konsolidierung derselben. Die Städter hatten fast keine legitimen Einflußmittel auf die Oberherrschaft. Es blieb ihnen nur übrig, in ihren Bittgesuchen und Beschwerden zu drohen, „auseinanderzulaufen" oder (wie es im 17. Jahrhundert der Fall war) sich zu empören.[89] Nur in den dünnbesiedelten Gegenden des russischen

---

[87] Michail M. Krom, Starodubskaja vojna (1534–1537) [Der Staroduber Krieg (1534–1537)], in: Očerki feodal'noj Rossii 3 (1999), S. 85–148.

[88] Krom, Mež Rus'ju i Litvoj (wie Anm. 86), S. 142.

[89] Ivan I. Ditjatin, Ustrojstvo i upravlenie gorodov Rossii. T. I. Vvedenie. Goroda Rossii v XVIII stoletii [Rußlands Stadtverfassung und Stadtverwaltung. Bd. I. Einführung. Die Städte Rußlands im 18. Jh.], St. Peterburg 1875, S. 131–141; Georgij V. Semenčenko, Posad i volost' v pravitel'stvennoj politike v seredine XVI veka [Stadt und Kreis in der Regierungspolitik in der Mitte des 16. Jhs.], in: Igor' Ja. Frojanov (Hrsg.), Genezis i razvitie feodalizma v Rossii. Problemy istorii goroda [Die Genese und Entwicklung des Feudalismus in Rußland. Probleme der Stadtgeschichte] (=Problemy otečestvennoj i vseobščej istorii. 11), Leningrad 1988, S. 176–186; Vladimir N. Glaz'ev, Vlast' gubnych starost v russkich uezdach i gorodach (konec 1530-ch–1702 gg.) v otečestvennoj istoriografii [Die Herrschaft der Bezirksältesten in den russischen Kreisen und Städten

Nordens, wo die Regierungskontrolle kaum effektiv sein konnte, existierte die Selbstverwaltung weiter und manche dieser Gemeinden, wie z. B. die obenerwähnte Korela, erhielten sogar Freibriefe vom Zaren.[90]

Gegen Ende der Regierungszeit Ivans des Gestrengen (1533–1584) bildete sich im Moskauer Staat allmählich das System der unbeschränkten Zarengewalt heraus. Die schriftlichen Quellen der Moskauer Epoche lassen darauf schließen, daß diese Stadt-Herrschaft-Beziehungen zugunsten des Staates und seiner Würdenträger etabliert wurden. Das gilt insbesondere für die Kleinstädte der betroffenen Region. Etliche Städte dieser Länder, wie z. B. Roslavl' (1576), Nevel' (1578), Belaja (1581), wurden einzelnen russischen Würdenträgern als „Unterhalt" (*kormlenie*) verliehen.[91] So verzeichnet die sog. Einkommensliste (*dochodnyj spisok*) des Statthalters von Roslavl', Nikita Klokačov (1587), umfangreiche Einkommen, darunter die Krug- und Gerichtseinkommen.[92] Die Urkunden der Stadt Roslavl' aus dieser Epoche berichteten von Zwangsenteignung des Vermögens der Städter für die angesiedelten Kosaken[93] usw.

Nach der Union von Lublin (1569) entstand ein neuer Staat in Osteuropa, die „Republik zweier Nationen" (*Rzeczpospolita obojga narodów*), die die Kräfte Litauens und Polens (tatsächlich auch des Königlichen Preußens) vereinigte. Seit Ende des 16. Jahrhunderts setzen sich die Kämpfe in den westrussischen Gebieten fort. Die Feldzüge der litauisch-polnischen Armee verliefen u. a. im Rahmen des Livländischen Krieges (1558–1583). Nach der Besetzung der einstigen russischen Gebiete versuchte die polnische Herrschaft, ihre Positionen in dieser Region zu stärken. Unter anderem wurden auch etliche Maßnahmen durchgeführt, die die Interessen der Stadtbevölkerung berücksichtigten.

Unter den Gemeinden, die unter polnisches Szepter gerieten, war die Stadt Veliž im heutigen Smolensker Gebiet, die als Grenzfestung eine wichtige Rolle

---

(Ende der 1530er Jahre bis 1702) in der vaterländischen Geschichtsschreibung, in: Voprosy istorii slavjan 13 (1998), S. 52–61; Vladimir A. Arakčeev, Pskovskij kraj v XV–XVII vekach. Obščestvo i gosudarstvo [Pleskauer Land im 15.–17. Jh. Gesellschaft und Staat], St. Peterburg 2003, S. 109 f., 134–140, 160, 235–272.

[90] Michail M. Bogoslovskij, Zemskoe samoupravlenie na Russkom Severe v XVII veke [Die Landesselbstverwaltung im Russischen Norden im 17. Jh.], Bd. 1–2, Moskva 1909–1912; Materialy po istorii Karelii XII–XVI vv. [Materialien zur Geschichte Kareliens im 12.–16. Jh.], hrsg. von V. G. Gejman, Petrozavodsk 1941, S. 362 f.; Elena N. Švejkovskaja, K sotennoj organizacii goroda na Severe Rossii v XVII veke [Zur Hundertschaftsorganisation der Stadt im russischen Norden im 17. Jh.], in: Andrej V. Jurasov, Valentin L. Janin (Hrsg.), Ot Drevnej Rusi k Rossii Novogo vremeni. Sbornik statej k 70-letiju Anny Leonidovny Choroškevič [Vom alten Rußland zum Rußland der Neuzeit. Festschrift zum 70. Geburtstag von Anna Leonidovna Choroschkewitsch], Moskva 2003, S. 234–242.

[91] A. V. Antonov, Častnye archivy russkich feodalov XV-načala XVII veka [Die Privatarchive russischer Feudalherren des 15. bis Anf. des 17. Jhs.], in: Russkij diplomatarij 8 (2002), Nr. 1180 f., 1272, 2332 f.

[92] A. Juškov, Akty XIII–XVII vv., predstavlennye v Razrjadnyj prikaz predstaviteljami služilych familij [Akten des 13.–17. Jhs., die ins Dienstleuteamt von Familienangehörigen der Dienstleute abgegeben wurden], Bd. 1, Moskva 1898, Nr. 229.

[93] Antonov, Častnye archivy russkich feodalov (wie Anm. 91), Nr. 1844, 1867.

spielte. Mit dieser Stadt ist eine Reihe der Privilegien verbunden, die zur polnischen Rechtstradition gehörten. Kurz nach der Eroberung bekam Veliž den ersten Gnadenbrief (1585). Das Privileg gewährte der Stadt erheblichen Landbesitz, die Städter bekamen zollfreie Fahrt im Staat, sie durften zwei Jahrmärkte jährlich veranstalten und Met und Bier (jedoch ohne Verkaufsrecht) erzeugen. Die Bürger wurden vom Dienst befreit, mit Ausnahme der Pflicht, die Burg und Brücke zu reparieren. Die Gemeinde mußte von dem Vogt geleitet werden, der von den Bürgern selbst zu ernennen war und einen steuerfreien Grundbesitz hatte. Die Rechtsangelegenheiten der Stadt wurden wie folgt geregelt: Die Starosten und ihre Statthalter mußten die Bürger „nach Art der Stadt Vitebsk" richten, und die Gerichtsgebühren mußten nach dem „gemeinen Rechte" und nach dem Litauischen Statut entrichtet werden. Schließlich hat Veliž ein Wappen bekommen. Die Wörter „Magdeburger Recht" fehlen in dieser Urkunde wie auch in den späteren Veližer Privilegien. Jedoch darf man die Stadt Veliž wohl zu den MR-Gemeinden der Rzeczpospolita zählen. Dafür sprechen folgende Tatsachen: 1) die Mutterstadt Vitebsk bekam Ende des 16. Jahrhunderts das MR selbst; 2) die Privilegien von Veliž wurden später (durch die Gnadenbriefe von 1616 und 1634) erheblich erweitert; 3) das Vorhandensein eines Magistrats ist urkundlich belegt; 4) es bestanden de facto die äußeren Attribute der autonomen Gemeinde: Stadtwappen, Stadtsiegel und Rathaus. Die Beschreibung des Rathauses von Veliž aus dem Jahr 1772 besagt, daß das Gebäude aus Balken gebaut war und auf dem Schindeldach eine Windfahne mit dem Jahr 1723 hatte.[94] Später, unter russischer Herrschaft, wurde das Rathaus aus Stein neu gebaut und bestand bis zum Zweiten Weltkrieg (s. Abb.).

Die Veližer Privilegien wurden mehrmals ergänzt und bestätigt. Diese Stadt gehörte Polen am längsten (1580–1655, 1678–1772) und war deshalb mit dessen „rechtlichem Boden" am tiefsten verwurzelt. Auch der russische Zar Aleksej Michajlovič (1654) hat eine Urkunde erlassen, in welcher er versprach, die alten polnischen Privilegien zu bestätigen. Diese Zarenurkunde galt in der Periode der Zugehörigkeit dieser Stadt zu Rußland. Im großen und ganzen blieb jedoch die Verfassungsgeschichte der Stadt Veliž eine relativ isolierte Episode in der Geschichte des MRs auf dem westrussischen Territorium.

Viel dramatischer verliefen die Einführung und Entwicklung der MR-Privilegien in den sonstigen Gemeinden, die im 17. Jahrhundert polnisch wurden. Im Laufe des Krieges mit Moskau eroberte Polen 1606–1611 zahlreiche Länder, die teils zum historischen Smolensker Land und teils zum historischen Sewerien (Severščina) gehörten. Vertragsmäßig wurde diese Unterwerfung erst 1618 durch den Waffenstillstand von Deulino bekräftigt. Dennoch begann sofort nach der Besetzung die polnische Regierung mit der Neuordnung der erworbenen Gebiete. Be-

---

[94] Istoriko-juridičeskie materialy, izvlečennye iz aktovych knig gubernij Vitebskoj i Mogilevskoj, chranjaščichsja v central'nom archive v Vitebske 29 (1901), S. 303 f.

Rathaus in Velіž (Zeichnung des 19. Jahrhunderts; Onufrij M. Kiselev: Velіž, Vitebsk, 1865).

reits 1613 wurde vom Sejm die Gründung der Smolensker Wojewodschaft (als Bestandteil des Großfürstentums Litauen) verkündet.[95] Diese Wojewodschaft umfaßte den Smolensker und den Staroduber Bezirk (*powiaty*). Der letztere bildete den nördlichen Teil Seweriens. Der südliche Teil wurde dagegen erst in die Kiewer Wojewodschaft eingegliedert und seit 1635 in die Wojewodschaft Černigov umgewandelt. Diese Wojewodschaft gehörte nicht zum Großfürstentum Litauen, sondern direkt zu den polnischen Kronländern. Die einzige MR-Stadt des heutigen Rußlands, die sich auf diesem Territorium befand, war Pogar, die an der russisch-polnischen Grenze lag.

[95] Die inneren Angelegenheiten dieser Territorien wurden durch die sogenannte Ordination von 1620 geregelt (Volumina legum. Przedruk zbioru praw staraniem XX. Pijarów w Warszawie, od roku 1732 do roku 1782, wydanego [Volumina legum. Nachdruck der Rechtssammlung, die durch die Mitglieder des Ordens Piarum in Warschau 1732–1782 herausgegeben wurde], Bd. III (1609–1640), Peterburg 1859, S. 179–181).

Die Bezirke bestanden ihrerseits aus Kreisen (*uezdy*). Das Territorium der Smolensker Wojewodschaft wurde später verkleinert, da die Städte Serpejsk (1634) und Trubčevsk (1645) mit ihren Kreisen zugunsten Rußlands abgetreten wurden. 1638 wurden vom Smolensker Bezirk die Städte Sebež, Nevel' und Krasnyj Gorodok mit ihren Kreisen abgetrennt und der Wojewodschaft von Polock eingegliedert. Gegen 1654 wurden sämtliche oben erwähnte Länder durch die Russen bzw. die Kosaken zurückerobert. 1678 aber fielen drei Städte (Veliž, Sebež und Nevel') wieder an die Rzeczpospolita und gehörten ihr bis zur ersten Teilung von 1772 an.[96]

Etwas vorgreifend ist zu erwähnen, daß die administrative Bedeutung der Städte in der betroffenen Region nicht unbedingt mit der MR-Verleihung verbunden war. Die Kreisstädte Krasnyj Gorodok und Serpejsk im Smolensker Bezirk sowie auch Popova Gora und Trubčevsk im Staroduber Bezirk haben das MR nie bekommen. Andererseits blieben die MR-Städte Krasnyj, Mglin und Pogar kreisfrei (s. Karte).

Auf dem flachen Lande wurde die Massenverteilung der Güter an die polnischen Edelleute und an die wenigen russischen Anhänger Sigismunds III. übertragen. Anders als in den meisten Kronländern, wo das Allodialrecht dominierte, wurde diese Begüterung auf Grundlage des Lehnrechts organisiert. Der Inhalt der relevanten Privilegien läßt darauf schließen, daß dieses Lehnrecht sich unter starkem Einfluß livländischer Muster entwickelte, da Livland teilweise der polnischen Krone untergeordnet war. Die weite Verbreitung des Lehnrechts, das die Bedingung des Kriegsdienstes vorsah, wurde vor allem durch die spezifischen Umstände in diesem Grenzland begünstigt.[97]

Dieser Begüterungsprozeß berührte auch manche Städte der unterworfenen Gebiete. Sogar vor der formellen Gründung der Wojewodschaft wurden vom polnischen König etliche Städte als wichtige Stützpunkte einzelnen Edelleuten verliehen. So wurden 1610–1611 Roslavl', Belyj, Starodub und Brjansk verschiedenen Besitzern übergeben, allerdings unter dem Vorbehalt, daß die Besitzer nach Kriegsende noch einmal wechseln könnten (s. Tab. 3). In den erwähnten Fällen

---

[96] Stanislav V. Dumin, Zapadnorusskoe krest'janstvo pod vlast'ju Reči Pospolitoj [Westrussisches Bauerntum unter der Herrschaft der Rzeczpospolita], in: Aleksej A. Kondrašenkov (Hrsg.), Istorija krest'janstva Zapadnogo regiona RSFSR. Period feodalizma [Geschichte des Bauerntums der westlichen Region der Russischen Sowjetischen Föderativen Sozialistischen Republik. Die Periode des Feudalismus], Voronež 1991, S. 111.

[97] Vladimir [P.] Mal'cev, Bor'ba za Smolensk (XVI–XVII vv.) [Der Kampf um Smolensk (16.–17. Jh.], Smolensk 1940, S. 291–299; Stanislav V. Dumin, K istorii razvitija lennogo zemlevladenija v Reči Pospolitoj v XVII veke (Smolenskoe voevodstvo v zemel'noj politike dinastii Vazov) [Zur Geschichte des Lehnsgrundbesitzes in der Rzeczpospolita im 17. Jh. (Die Smolensker Wojewodschaft in der Grundpolitik der Wasa-Dynastie], in: Sovetskoe slavjanovedenie 2 (1986), S. 43–57; Boris N. Florja, Svedenija o zemlevladenii russkich dvorjan konca XVI-načala XVII veka v dokumentach Litovskoj metriki [Angaben über Grundbesitz russischer Edelleute Ende des 16. und Anf. des 17. Jhs. in den Urkunden der Litauischen Metrik], in: Russkij diplomatarij 7 (2001), S. 403–414.

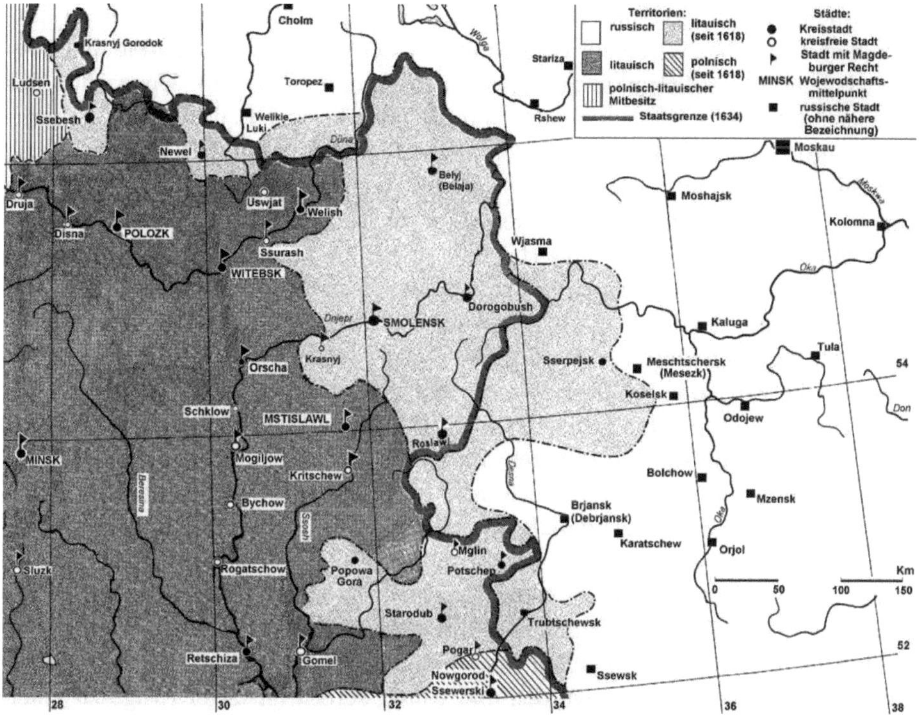

Die Grenzländer Litauens, Polens und Rußlands in der Mitte des 17. Jahrhunderts.
Als Vorlage für die Darstellung der Grenzziehung diente die Karte in: Atlas historyczny Polski [Historischer Atlas Polens]. 12. Ausg. Warszawa/Wrocław, 1993. S. 25. Die Karte ist auch unter Heranziehung folgender Arbeiten verfaßt: Zygmunt Gloger, Geografia historyczna ziem dawnej Polski [Historische Geographie der Länder Altpolens]. Kraków, 1903; Stanisław Alexandrowicz, Geneza i rozwój sieci miasteczek Białorusi i Litwy do połowy XVII w. [Die Genese und Entwicklung des Fleckennetzes Weißrußlands und Litauens bis zur Mitte des 17. Jhs.], in: Acta Baltico-Slavica, Bd. 7. 1970. S. 47–108.

stellten die relevanten Gemeinden bloße Eroberungsobjekte dar, ohne Hinweis auf ihre inneren Angelegenheiten.

Der einzige Versuch, das innere Leben einer Stadt noch vor dem Kriegsende rechtlich zu regeln, war die Verleihung des MRs an Smolensk. Es ist zu vermuten, daß dieser Schritt eher erzwungen war: Die meisten Bürger kamen während der zwanzigmonatigen Belagerung ums Leben, das Smolensker Land war völlig verwüstet. Die königliche Regierung hoffte, so neue Siedler für die unterworfenen Gebiete anwerben zu können.[98] Das MR-Privileg wurde am 4. November 1611 sofort nach der Stadteinnahme verliehen. Als Mutterstadt wurde im königlichen Gnadenbrief die litauische Hauptstadt Wilna bestimmt. In der Stadt wurde die Magistratsverwaltung mit dem vom König ernannten Vogt eingeführt. Die Bürger bekamen verschiedene wirtschaftliche Privilegien (Zölle zu entrichten, im Dnjepr

[98] Mal'cev, Bor'ba za Smolensk (wie Anm. 97), S. 337–340.

zu fischen, Alkoholgetränke zum Verkauf (mit 12jähriger Steuerfreiheit) zu produzieren, Gewerbe zu treiben, Zünfte einzurichten, zwei Wochenmärkte und zwei vierwöchentliche Jahrmärkte zu veranstalten, Läden zu bauen). Ungeachtet des Strebens des neuen Herrschers, das verödete Smolensker Land wieder zu besiedeln, wurde es den Tataren und Juden nicht erlaubt, in Smolensk zu wohnen, sie durften die Stadt nur während der Jahrmärkte besuchen.[99] Schließlich bekam Smolensk Siegel und Wappen. Smolensker Bürger waren verpflichtet, das Rathaus mit Uhr sowie Stein- und Holzhäuser zu errichten. Der König versprach auch, der Stadt Ländereien zu verleihen. Zwei Jahre danach wurde dieses Versprechen erfüllt: am 12. März 1613 bekamen die Stadt und ihre Amtsleute (Vogt, Rats- und Gerichtsschreiber) große Ländereien. Teils ging es um die Frei- und teils um die Zinshufen (Äcker, Weiden und Wälder) sowie auch um 10 Ziegelöfen. Die Stadtobrigkeiten hatten das Recht, in den verliehenen Ländereien eigene Jurisdiktion auszuüben. Kurz vorher (am 1. Februar 1613) wurde in der Stadt das Gastrecht eingeführt; außerdem wurden die Festungseinwohner von der Fuhrpflicht befreit. Die Königsurkunde forderte überdies, die Verteilung der Bebauungsplätze in der Stadt geordnet durchzuführen.

In den folgenden Jahren (1623–1649) erhielt Smolensk etliche weitere Privilegien, die sich auf die Erweiterung des städtischen Landbesitzes bezogen. Die Stadt bekam auch das Stapelrecht für sämtliche Waren, die aus Rußland auf der Vjaz'maer Straße importiert wurden und wurde berechtigt, zwei Krüge zu unterhalten, Einige Smolensker Kaufleute wurden (nach dem Vorbild von Wilna) von den inneren Zöllen befreit, mit Ausnahme der Salz- und Wachshändler. Um die städtischen Finanzen von Smolensk besser zu kontrollieren, wurden 1623 die

---

[99] Einzelne Juden sind in den betroffenen Städten bereits seit dem Ende des 16. Jahrhunderts nachweisbar, so in Veliž 1594 (Istoriko-juridičeskie materialy (wie Anm. 94), 20 (1890), Nr. 63). Die Entstehung der jüdischen Gemeinde in Sebež, die laut chassidischer Tradition auch Ende des 16. Jahrhunderts stattgefunden haben soll (Lubavitcher Rabbi's Memoirs. The Memoirs of Rabbi Joseph I. Schneersohn, the Late Lubavitcher Rebbe. Brooklyn, N. Y., 1988), ist offensichtlich erfunden: Diese Stadt gehörte damals nur etwa drei Jahre (1579–1582) zur Rzeczpospolita und wurde erst 1616 wieder durch die Polen erobert. Ungeachtet des erwähnten Ansiedlungsverbots für Juden in Smolensk (1611) und später in den anderen Städten der Smolensker Wojewodschaft ist ihre Präsenz während der polnischen Herrschaft durch die erhaltenen Urkunden belegt. In den durch die Rzeczpospolita wiedergewonnenen Städten Veliž, Sebež und Nevel' (s. u.) hat die jüdische Bevölkerung besonders gegen Ende des 18. Jahrhunderts zugenommen (Stanislav V. Dumin, Social'no-političeskoe razvitie gorodov Smolenskogo voevodstva v sostave Reči Pospolitoj (1618–1648 gg.) [Die sozialpolitische Entwicklung der Städte der Smolensker Wojewodschaft, die zur Rzeczpospolita gehören (1618–1648)], in: Problemy istorii antičnosti i srednich vekov [Probleme der Geschichte der Antike und des Mittelalters], hrsg. von Ju. M. Saprykin, Moskva 1980, S. 97; Vossoedinenie Ukrainy s Rossiej. Dokumenty i materialy v trech tomach [Die Wiedervereinigung der Ukraine mit Rußland. Urkunden und Materialien in 3 Bänden], Bd. II, 1648–1651, Moskva 1952, S. 52; Istoriko-juridičeskie materialy (wie Anm. 94), 6 (1875), Nr. 22; Belorussija v ėpochu feodalizma, Bd. III. Vossoedinenie Belorussii s Rossiej i ee ėkonomičeskoe razvitie v konce XVIII-pervoj polovine XIX veka (1772–1860). [Weißrußland in der Feudalepoche, Bd. III. Die Wiedervereinigung Weißrußlands mit Rußland und seine ökonomische Entwicklung Ende des 18. und in der ersten Hälfte des 19. Jhs. (1772–1860)], Minsk 1961, S. 42).

städtischen Eidkämmerer unter Aufsicht des Vogtes ernannt. Auf königliche Anordnung musste das innere Leben nach der aktuellen Fassung der Willkür der Stadt Wilna geregelt werden.

Abgesehen von den verschiedenen Manufakturen (Papiermühle, Tuchmacherei, Ziegelei), deren Gründung im MR-Privileg vorgesehen wurde, entwickelten sich in der Stadt in der polnischen Zeit auch mehrere Zünfte. Es sind die drei Satzungen der Schuster (verkündet um 1619, bestätigt vom König 1623), der Schneider (1624 bzw. 1625) und der gemeinsamen Zunft der Maurer, Zimmerleute, Müller und Bäcker (1625) überliefert. Diese Zünfte wurden von Handwerkern aus verschiedenen Städten Polens und Litauens gegründet.[100]

Zwei weitere Merkmale der königlichen Politik gegenüber Smolensk scheinen sehr wichtig zu sein. Erstens war es das Streben, die Position der katholischen Kirche möglichst zu stärken. Dazu wurden unterschiedliche Mittel benutzt, u. a. die Zwangsbekehrung zur Union und die Förderung der Jesuiten. Manche Maßnahmen werden auch aus dem Inhalt der Privilegien deutlich. Man strebte an, die orthodoxe Bevölkerung von der Teilnahme an den Stadtbehörden auszuschließen. Nur die Katholiken waren dazu zugelassen. Die Paragraphen der Zunftsatzungen machten die Mitgliedschaft darin nur für Katholiken und für Unierte möglich. Dies benachteiligte die orthodoxe Bevölkerung. Die Feindseligkeiten während der langen Belagerung, die religiöse Intoleranz in der Nachkriegszeit[101] und die dadurch verursachte Flucht der Smolensker Orthodoxen sowie der Zuzug von polnischen und litauischen Siedlern führten zur allmählichen Veränderung der Bevölkerungsqualität. Gegen Ende 1640 fehlten in Smolensk die orthodoxen Einwohner.

Zweitens: Formal erstreckte sich die Kompetenz des Magistrats auf alle Stadtbewohner, u. a. auch auf die Edelleute und die königlichen Dienstleute. Das Privileg von 1625 aber enthält einen wichtigen Vorbehalt: Diese Regel betraf nur diejenige Edelleute, Kosaken und Dienstleute, die in der Stadt wohnten und zugleich Handel und Gewerbe trieben. Die Vertreter der erwähnten Gruppen sowie auch die Geistlichen und die Personen, die in ihren Häusern in Smolensk wohnten, unterstanden nicht dem Magistrat und trugen keine Stadtleistungen, solange sie keinen Handel und kein Gewerbe trieben. So entstanden in Smolensk, wie übrigens auch in den anderen Städten der Rzeczpospolita, die sogenannten Juridiken, die der Burg, den Adelsleuten und der Kirche gehörten. Dies zerstörte die Homogenität der Gemeinde und führte zur Schwächung der Position der Stadtbehörden. In manchen Orten des Hetmanats (s. u.) fand diese Entwicklung auch in der nachpolnischen Zeit statt.[102]

---

[100] Dumin, Social'no-političeskoe razvitie (wie Anm. 99), S. 107–109.

[101] Boris N. Florja, Prerogativa Sigizmunda III smolenskoj šlachte. K istorii religioznoj neterpimosti v Reči Pospolitoj pervoj poloviny XVII veka [„Prärogative" Sigismunds III. für den Smolensker Adel. Zur Geschichte der religiösen Intoleranz in der Rzeczpospolita in der ersten Hälfte des 17. Jhs.], in: Slavjane i ich sosedi 7 (1999), S. 138–142.

[102] Kompan, Mista Ukrajiny (wie Anm. 14), S. 154 f.

Die angedeuteten Besonderheiten der polnischen Politik und Gesetzgebung in den eroberten Gebieten sind auch im Falle der sonstigen Städte der betroffenen Gebiete nachweisbar. Nach der Stabilisierung der Militärsituation und nach Schaffung von Verwaltungsstrukturen der neuen Wojewodschaft kam es zu den neuen MR-Verleihungen. Im Jahre 1620 wurde das MR dem zweitwichtigsten Zentrum, der Stadt Starodub, verliehen. 1623 bekamen das MR Sebež, Nevel' und Roslavl', 1625 Belaja, Krasnyj und Dorogobuž und im Jahr 1626 Mglin. Eine Verleihung (für Pogar, 1649) fand schon während des Kosaken-Krieges statt. Das genaue Datum der MR-Verleihung für Počep ist unbekannt. Die relevanten Gnadenbriefe, die meistens unediert blieben, enthalten die MR-Verleihungen mit Verweis auf die Vorlage von Smolensk. Diese Gemeinde galt also als Mutterstadt der übrigen Städte der Wojewodschaft. Im Rahmen der weiteren Organisationsmaßnahmen wurde durch den polnischen Sejm 1638 befohlen, daß die Städte Sebež und Nevel' wegen ihrer Entfernung vom Wojewodschaftsmittelpunkt in Gerichtssachen nicht nach Smolensk, sondern nach Polock appellieren müssen.[103]

Die Städte bekamen auch Landbesitz, Wappen, Magistratsverwaltungen u. a. In den Kleinstädten waren nicht nur Katholiken, sondern auch Unierte als Mitglieder der Stadtbehörden geduldet. Es wurden auch diverse wirtschaftliche Privilegien verliehen, so z. B. für die Abhaltung von Jahrmärkten, die Einrichtung von Zünften und um Zinsen von den Handwerkern und Zölle von den Kaufleuten zu verlangen. Die Leistungen der Bürger wurden beschränkt und waren hauptsächlich mit den Verteidigungsbedürfnissen (der Instandsetzung der Stadtbefestigungen usw.) verbunden. Die übrigen Pflichten, z. B. die Zinssätze von den Zinshufen, wurden normiert. Als Vögte waren nur Katholiken zugelassen; diese mußten zugleich Burgkommandanten sein. In Starodub fand dabei ein merkwürdiger Wandel statt: das Privileg von 1620 gestattet, den Vogt von den Bürgern selbst zu wählen und sagt nichts über seine Religion und sein Amt aus. Die Bestätigungsurkunde von 1625 dagegen betont, daß der Vogt unbedingt ein Katholik und zugleich ein Staroste oder Burgkommandant sein muß. Die Verdrängung der Orthodoxen in dieser Stadt wird auch dadurch deutlich, daß viele Staroduber Bürger nach Karačev und viele Dienstleute nach Brjansk flüchteten.[104]

Die Privilegien mancher Städte der Wojewodschaft wurden später ergänzt. So wurden in Starodub 1625 die städtischen Ländereien erweitert, ein Jahrmarkt erlaubt und das Gastrecht eingeführt. Merkwürdigerweise wurde der Stadt ein neues Wappen verliehen: Statt des ursprünglichen Bildes mit der alten Eiche, die sicherlich den Ortsnamen widerspiegelte (das Wort „Starodub" bedeutet „alte Eiche") wurde das Wappen mit dem heiligen Georg (wie in der Stadt Krasnyj) gewählt. Der Jahrmarkt mußte eben deshalb am katholischen Feiertag des heiligen Georg veranstaltet werden. Es wurden auch die Ländereien von Dorogobuž

---

[103] Volumina legum (wie Anm. 95), Bd. III, S. 451 f.

[104] Dmitrij R. Poklonskij, Starodubskaja starina IX–XIX vv. Istoričeskie očerki [Staroduber Altertum des 9.–19. Jh. Historische Skizzen], Buch 1, Klincy 1998, S. 49.

(1627) erweitert. Für Roslavl' (1635) wurde das Recht auf zwei Jahrmärkte, für Krasnyj (1636) das Recht, Brückenzoll zu verlangen, verliehen.

Manchmal aber wurde der Umgang der polnischen Regierung mit diesen Städten durch ihr Verhalten im Krieg bestimmt. In diesem Zusammenhang ist das Schicksal der städtischen Autonomie in Dorogobuž lehrreich. Die Stadt bekam das MR 1625. Während des russisch-polnischen Krieges ging die königliche Urkunde verloren. 1635 baten die Bürger, das MR zu bestätigen. Dieses Bittgesuch hat König Władysław IV. mit dem Hinweis darauf, daß die Stadt sofort nach dem Einmarsch der russischen Truppen kapituliert hatte, abgelehnt. Der König versprach nach der Ansiedlung erheblicher Massen an Neusiedlern aus den polnischen Städten in Dorogobuž das MR wiederherzustellen. Die Stadt hatte wie zuvor einen Vogt und ihren Landbesitz erhalten. Aber die Selbstverwaltung wurde nicht wiederhergestellt, was als eine Art Strafe interpretiert werden kann.

In vielen Gemeinden des polnisch-litauischen Staates wurden nach der Verleihung des MRs die Stadtpläne neu geregelt. Im in Frage kommenden Raum war dies grundsätzlich nicht zu beobachten. Die Untersuchungen zur Geschichte des Städtebaues beweisen, daß bis Ende des 18. Jahrhunderts fast keine Maßnahmen solcher Art durchgeführt wurden.[105] Offensichtlich wurde dies nicht nur durch natürliche Ursachen (z. B. die hügelige Lage vieler Städte), sondern auch durch die allgemeine Instabilität der Militärsituation im Grenzland verursacht. Einzelne Elemente der westlichen Bautradition in Smolensk wurden in der russischen Literatur als fremd betrachtet: „Auf dem Obermarkt errichtete man das Rathaus mit Turm, der mit Glockenspiel verziert wurde, und am Ende der davon fort führenden Straße entstand die jesuitische Kirche mit Kollegium. [...] Die königliche Festung war ein regelmäßiges Fünfeck mit den Erdbollwerken und kontrastierte heftig mit der Stadtmauer des [Baumeisters] Fjodor Kon'; in dessen System war sie ebenso fremdartig wie Rathaus und katholische Kirchen in der Bebauung der altrussischen Stadt".[106]

---

[105] Aleksandr [M.] Sementovskij, Vitebsk i uezdnye goroda Vitebskoj gubernii [Vitebsk und die Kreisstädte des Vitebsker Gouvernements], St. Peterburg 1864; Inessa N. Sljun'kova, Častnovladel'českoe gradostroitel'stvo v Rossii XVIII-serediny XIX v. [Der private Städtebau in Rußland im 18. bis zur Mitte des 19. Jhs.], in: Architektura russkoj usad'by [Architektur des russischen Gutshofs], hrsg. von Inessa N. Sljun'kova, Moskva 1998, S. 181; Svod pamjatnikov architektury i monumental'nogo iskusstva Rossii. Brjanskaja oblast' [Korpus der Denkmäler der Architektur und Monumentalkunst Rußlands. Brjansker Gebiet], hrsg. von V. P. Vygolov, Moskva 1998, S. 349–355, 396–398, 422–425, 495–497; Svod pamjatnikov architektury i monumental'nogo iskusstva Rossii. Smolenskaja oblast' [Korpus der Denkmäler der Architektur und Monumentalkunst Rußlands. Smolensker Gebiet], hrsg. von V. I. Plužnikov, Moskva 2001, S. 82–85, 89, 284, 406–408, 468, 520–522; Svod pamjatnikov architektury i monumental'nogo iskusstva Rossii. Tverskaja oblast' [Korpus der Denkmäler der Architektur und Monumentalkunst Rußlands. Twerer Gebiet], hrsg. von G. K. Smirnov, Moskva 2006, S. 531–535.

[106] Russkoe gradostroitel'stvo. Gradostroitel'stvo Moskovskogo gosudarstva XVI–XVII vekov [Russischer Städtebau. Städtebau des Moskauer Staates im 16.–17. Jh.], hrsg. von Nikolaj F. Guljanickij, Moskva 1994, S. 161.

Ungeachtet der Versuche der Herrschaft, die Kleinstädte wirtschaftlich zu fördern, bestanden viele Hindernisse für deren erfolgreiche Entwicklung. Die Vereinigung der Militär- und Verwaltungsherrschaft in der Person des Burgkommandanten bedeutete in der Praxis die Unterwerfung der Städte unter die administrativen Behörden. Dieser Prozeß wurde auch dadurch beschleunigt, daß die polnische Regierung ihre Politik der Begüterung fortsetzte und auch die Städte Privatpersonen verlieh. Das galt auch für die betroffene Region (s. Tab. 3). Aus formeller Sicht änderten diese Verleihungen die Lage der Städter nicht (die Steuern wurden nunmehr nicht dem Staat, sondern an Privatpersonen entrichtet). In der Tat jedoch schädigte es die Interessen der Bürger und bewies ihre Schwäche im politischen System des Staates.

Diese Schwäche der Bürger führte in der betroffenen Region auch dazu, daß die dort der Spruch „Stadtluft macht frei“ für die Bauern nicht galt. Im 17. Jahrhundert hat sich hier die Gutswirtschaft gefestigt, welche auf unfreier Bauernarbeit gegründet war. Die königliche Herrschaft strebte an, die Interessen der Magnaten zu schützen. So hat König Władysław IV. am 13. April 1643 den Magistraten von Smolensk, Dorogobuž und Krasnyj befohlen, die Bauern des Fürsten Radziwiłł, die in diese Städte flüchteten, herauszugeben.[107]

Die polnische Herrschaft dauerte in diesem Gebiet bis zur Mitte des 17. Jahrhunderts. Infolge des Zusammenbruchs Polens im Krieg mit Moskau und mit den Kosaken wurden die meisten betroffenen Städte verloren. Insbesondere hinsichtlich ihrer Autonomie war das Schicksal der einzelnen Städte unterschiedlich. Auf der Grundlage dieser Beobachtungen lassen sich diese Städte in drei Gruppen einteilen.

Die *erste Gruppe* umfaßte drei Gemeinden (Veliž, Sebež und Nevel’). Wie schon oben erwähnt, wurden sie an Polen zurückgegeben und gehörten seitdem fast hundert Jahre zur Wojewodschaft Polock. Es ist also die Fortsetzung der früheren Rechtstradition zu konstatieren. Es gibt Nachweise darüber, daß sogar die russische Besatzungsadministration während des russisch-polnischen Krieges (1657–1658) die MR-Verwaltung der Stadt Sebež zu bestätigen geneigt war (s. unten). Sebež und Nevel’ waren seit 1633 Besitz der fürstlichen Familie Radziwiłł. 1764 wurde die ganze Grafschaft Sebež an zwei Warschauer Kaufleute verpachtet (s. Tab. 3), was für jene Epoche überhaupt charakteristisch war. Nur wenige Quellen belegen eine Magistratsverwaltung in diesen Gemeinden und geben Hinweise auf die Funktionstüchtigkeit dieser Verwaltung.[108]

Sofort nach der Inbesitznahme der östlichen Provinzen Polens (1772) hat Zarin Katharina II. befohlen, den Städten „für die erste Zeit“ ihre Privilegien und Machtorgane zu erhalten und die Rechtspflege in diesen Ländern „bis auf weiteres“ nach altem Recht und alten Gewohnheiten auszuüben.[109] Bald darauf wurde

---

[107] Dumin, Zapadnorusskoe krest’janstvo (wie Anm. 96), S. 132.
[108] Istoriko-juridičeskie materialy (wie Anm. 94), 19 (1889), Nr. 75; 26 (1895), Nr. 8.
[109] Belorussija v ėpochu feodalizma (wie Anm. 99), Bd. III, S. 27, 31.

die dortige Ordnung durch die gesamtrussischen Gesetze abgeändert und größtenteils abgeschafft, da 1775 die Gouvernementsordnung („Institutionen zur Verwaltung der Gouvernements des Allrussischen Reiches") und 1785 die Städteordnung („Urkunde über Rechte und Nutzen für die Städte des Russischen Reiches") erlassen wurden.

Trotzdem waren manche äußeren Attribute des ehemaligen Städtewesens in dieser Region noch lange zu beobachten. In dieser Hinsicht ist die Geschichte des Stadtwappens von Nevel' bemerkenswert. Laut Privileg von 1623 bekam die Stadt das Wappen mit David, der mit dem gehobenen Schwert über dem niedergeworfenen Goliath stand. 1781 wurden die Stadtwappen der Statthalterschaft von Polock, u. a. das von Nevel', vom russischen regierenden Senat abgeändert. Aber noch 1853 (72 Jahre später!) hat der Generalgouverneur von Vitebsk im Gebäude der Adelsversammlung bemerkt, daß etliche Wappen der Kreisstädte der Senatsverordnung nicht entsprachen. Besonders war er über das Stadtwappen von Nevel' verwundert. Darauf hat er „einen Henker, der einen Kämpfer hinrichtete" gesehen. Der Besucher hielt diese Abbildung für eine Fälschung, die einen scharfen politischen Charakter hatte und daher unziemlich war. Andere Wappen hatten auch Abweichungen von der vorgeschriebenen Form, die jedoch nicht so wesentlich waren. Der Adelsmarschall hat dem Generalgouverneur erklärt, daß diese Wappen nach Anordnung des vorhergehenden Adelsmarschalls, der zu dieser Zeit schon tot war, aufgehängt worden waren. Zar Nikolaus I., der über diese Sache informiert wurde, befahl am 15. März 1854 dem Minister des Innern, keine Urheber zu suchen, die unrichtigen Wappen hinauszutragen, zu vernichten und durch die neuen sanktionierten Wappen zu ersetzen.[110]

Die *zweite Gruppe* umfaßte diejenigen Städte der ehemaligen Smolensker Wojewodschaft, die unmittelbar an die russische Krone (als Orte des nunmehrigen Smolensker Fürstentums) fielen. Im Vergleich zur ersten Gruppe können sie sozusagen als Gegensatz betrachtet werden, da ihre Zugehörigkeit zur Rzeczpospolita zeitlich am kürzesten war. Es handelt sich neben der Stadt Smolensk auch um einige Kleinstädte, und zwar um Belyj, Dorogobuž, Krasnyj und Roslavl'. Unter Zar Aleksej Michajlovič wurden die Privilegien für die beiden Städte Smolensk und Dorogobuž bestätigt. Ungeachtet der Tatsache, daß die Uhr vom Turm des Smolensker Rathauses nach der Stadtkapitulation ins Sabas-Kloster auf dem Storoža bei Moskau überführt wurde,[111] war die Stellung des Zaren gegenüber den Smolensker Bürgern verhältnismäßig gnädig, was auch auf dem flachen Land zu beobachten war.[112] In Smolensk wurden sogar die Befugnisse des Stadtrichters

---

[110] V. Ljalin, Vitebskij archiv byvšego general-gubernatorstva [Vitebsker Archiv des ehemaligen Generalgouvernements], in: Sbornik Archeologičeskogo instituta [Sammelband des Archäologischen Instituts], Buch 4. Sonderabdruck, St. Peterburg 1880, S. 27–29.

[111] Širjaev, Smolensk i ego social'nyj landšaft (wie Anm. 13), S. 40.

[112] Viele Lehnsleute, die von der polnischen Regierung in der Smolensker Wojewodschaft begütert worden waren, haben der russischen Herrschaft Treue gelobt und ihre Güter beibehalten (Andreas Kappeler, Das Moskauer Reich des 17. Jahrhunderts und seine nichtrussischen Untertanen, in:

Galimont bestätigt (1654). Ferner wurde 1655 eine ausführliche Urkunde von Fürst Repnin (laut Zarenbefehl), welche die Bestätigung der früheren Privilegien von 1611–1625 zum Inhalt hatte, verliehen. Schließlich verlieh der Zar die Jurisdiktion der Stadt auf zwei Freiheiten und auf die Werder (1670). Für Dorogobuž ist keine Bestätigung des MRs überliefert. Es wurden jedoch drei Urkunden (1657, 1658, 1669) erlassen, die die ursprünglichen Ländereien im Besitz der Stadt bestätigten und sogar weitere Ländereien, die vorher einem Edelmann gehört hatten, verliehen.

Diese Politik erweist sich offensichtlich als Kontrast zur Stadtpolitik der russischen Regierung während der vorangehenden Epoche, nämlich der des 16. Jahrhunderts. Man fragt sich nach den Ursachen dieser gesetzlichen Maßnahmen. In diesem Zusammenhang ist zu bemerken, daß die Zeit von Aleksej Michajlovič, der gebildet war und kompetente Ratgeber hatte, wohl als Prolog der künftigen Veränderungen im russischen Staat bewertet werden kann. Die angeführten Angaben, welche die Tendenz der Stadtpolitik demonstrieren, waren keine isolierte Erscheinung. Während der Regierungszeit dieses Herrschers wurde das Land überhaupt weltoffener, der Gesichtskreis seiner Elite hat sich erweitert. Daher war die Politik der Moskowiter in den zurückgewonnenen Gebieten viel vorsichtiger.

Eine gewisse Toleranz des russischen Staates gegenüber den fremden Rechtsnormen wurde auch auf andere Weise geäußert. Das wird aus zwei Beispielen deutlich. Als erstes Beispiel kann wohl eine der Moskauer Stadtfreiheiten, die sogenannte Bürgerliche Freiheit (*Meščanskaja svoboda*) genannt werden. Sie entstand in der zweite Hälfte des 17. Jahrhunderts und wurde von den ehemaligen Einwohnern der polnisch-litauischen Länder besiedelt. Der Zar duldete die Selbstverwaltung in dieser Freiheit und hat vermutlich eine spezielle Urkunde über die Erleichterung ihrer Steuerpflichten ausgegeben. Leider ist unbekannt, welche Rechtsnormen dort angewandt wurden. Man darf jedoch vermuten, daß etliche Elemente der Stadtverfassung der Rzeczpospolita dort zumindest bekannt waren.[113]

Als zweites Beispiel gilt zweifellos der Versuch einer Verwaltungsreform in Pleskau, der vom Wojewoden A. L. Ordin-Naščokin unternommen wurde (1665).[114] Dieser Staatsmann strebte an, die Lage der Stadtgemeinde zu stärken, die Willkür der Zarenwojewoden und Statthalter zu vermindern und schließlich

---

Forschungen zur osteuropäischen Geschichte 50 (1995), S. 191; Dumin, K istorii razvitija (wie Anm. 97), S. 56; Antonov, Častnye archivy russkich feodalov (wie Anm. 91), Nr. 1457, 1915–1918).

113 Sergej K. Bogojavlenskij, Naučnoe nasledie. O Moskve XVII veka [Wissenschaftliches Erbe. Moskau im 17. Jh.], Moskva 1980, S. 9–170.

114 Ausführlich hierzu s. Jurij V. Kurskov, Pskovskaja gorodskaja reforma 1665 goda (k voprosu o social'no-ėkonomičeskich vzgljadach A. L. Ordina-Naščokina) [Pleskauer Stadtreform von 1665 (zur Frage nach den sozialökonomischen Ansichten von A. L. Ordin-Naščokin)], in: Učenye zapiski Leningradskogo gosudarstvennogo pedagogičeskogo instituta. Istoričeskie nauki 194 (1958), S. 169–192.

die Hegemonie der ausländischen Kaufleute einzuschränken. Seine Staats- und Rechtsideen waren offensichtlich mit der allgemeinen Neuregelung der Städte Mitte des 17. Jahrhunderts verbunden. Er hatte überdies Erfahrungen in der Tätigkeit als Statthalter in Livland und kannte die Prinzipien der Selbstverwaltung nach MR. Als die weißrussische MR-Stadt Druja durch die Russen besetzt wurde, hat er nicht nur befohlen, ihre Verwaltung zu bewahren, sondern auch die Zollentrichtung so zu organisieren, dass die Stadtbewohner „vor Verwüstung durch die Pleskauer Amtsleute und Zöllner“ geschützt sind (1656). Die Bürger von Sebež erfuhren davon und baten, ihnen die gleiche Ordnung wie in Druja zu garantieren (1657–1658). Ferner wurde diese Selbstverwaltung in sämtlichen durch die Russen besetzten Städten Livlands eingeführt. Als Zentralgremien fungierten die Räte, die aus 24 Ratsmitgliedern und vier Bürgermeistern bestanden. Sie wurden aus den reichsten Kaufleuten für ein bis drei Jahre gewählt. Die Maßnahmen Ordin-Naščokins waren der russischen Regierung gut bekannt.

Pleskau wurde zum Experimentierfeld der Reform, die ein Bestandteil der geplanten Stadtreform war.[115] 1665 wurde in Pleskau eine Selbstverwaltung eingeführt. Die Bürger in der Gemeindeversammlung wählten die sogenannte „Landkammer“ (*Zemskaja izba*) von 12 Ältesten aus den „besten Leuten“ für drei Jahre. Vier Älteste mußten jährlich nacheinander die Stadt verwalten und hatten die Verwaltungs- und Gerichtsfunktionen zu erfüllen. Sie waren der Gemeindeversammlung verantwortlich. Die Pleskauer Großhändler bekamen somit nicht nur die wirtschaftliche, sondern auch die administrative und gerichtliche Gewalt. Dadurch wurden die übelsten Züge der Willkür der Statthalter vermieden. Es wurden außerdem wichtige Regeln über Handel und Einquartierung der Truppen durch die neue Ordnung festgelegt.

Leider war diese Reform nicht von Dauer. Im selben Jahr, als Ordin-Naščokin in den diplomatischen Dienst einberufen wurde, wurden diese Maßnahmen vom neuen Wojewoden I. A. Chovanskij abgeschafft. Er war ein Gegner der Reform und berücksichtigte überdies die Stimmungen der Aristokratie, der Pleskauer Oberschicht und der Geistlichkeit. Die Edelleute waren die Gegner der Jurisdiktion der Gerichtsbehörden, die sich auf sämtliche Stände erstreckte. Später wurde auch der freie Weinhandel abgeschafft. Der Versuch der Pleskauer Bürger 1668, die Reform wiederzubeleben, mißlang.

Nichtsdestoweniger versuchte die Herrschaft etwas später erneut, sich die gesamte Stadtbevölkerung zu Verbündeten zu machen. 1667 wurde die (auf Ordin-Naščokin Initiative ausgearbeitete) russische Neuhandelsordnung (*Novotorgovyj ustav*) erlassen. Etliche Stellen dieser Ordnung sind im Einklang mit den Ideen der Reform von 1665, nun jedoch im Interesse der städtischen Oberschicht.

[115] Es ist überdies bekannt, daß Ordin-Naščokin 1668 Smolensk besuchte und dort auch etliche Reformmaßnahmen (u. a. das Recht der Städte, Tranksteuer selbst zu entrichten) durchgeführt hat.

Ungeachtet des Strebens der Staatsherrschaft, in den Randgebieten vorsichtigere Politik mit Elementen des frühen Merkantilismus durchzuführen, kann man leider konstatieren, daß im Smolensker Land diese Maßnahmen eher mißlungen waren. Die Hauptursache war die Militärsituation an der Westgrenze Rußlands und die dadurch verursachte ständige Präsenz von Truppen und zahlreichen Dienstleuten des Zaren in den Städten. Hinzu kamen viele Edelleute, die eigene Höfe in Smolensk und in den Kleinstädten des Smolensker Fürstentums besaßen. In diesen Gebieten war alles den Militärinteressen unterworfen. Daher ist es nicht verwunderlich, daß gegen Ende des 17. Jahrhunderts die Militär- und Dienstbevölkerung von Smolensk, die außerhalb der Jurisdiktion des Magistrats stand, das sieben- oder achtfache der Menge der eigentlichen Bürger, die allmählich sogar aus der befestigten Stadtmitte in die Vorstädte verdrängt wurden, ausmachte.[116] In dieser Situation, als die Stadt zum riesigen Kriegslager wurde, konnte die Magistratsverwaltung, ungeachtet der Bestätigungen alter Stadtprivilegien, kaum effektiv sein. Obwohl der Smolensker Handel (u. a. mit Preußen und Livland) in der zweiten Hälfte des 17. Jahrhunderts etwas reger wurde, war die Dominanz der Militärbedeutung der Stadt unbestreitbar, was zur Verschmelzung mit der eigentlichen Stadtgemeinde (d. h. der Trägerin der Tradition des MRs) führte.

Erst nach der Verschiebung der Staatsgrenze nach Westen unter Peter I. wurde das 1708 gegründete Smolensker Gouvernement abgeschafft und 1719 ins Rigaer Gouvernement eingegliedert. Die Präsenz der Truppen wurde vermindert. 1724 sind in Smolensk bereits 2028 Städter registriert.[117]

Im 18. Jahrhundert wurden die Smolensker Privilegien mehrmals bestätigt. Es wurde u. a. die Spezifik ihrer Geschichte berücksichtigt. Daher wurde es den Smolensker Bürgern erlaubt (die einzige Ausnahme aus der gemeinen Ordnung), leibeigene Bauern zu haben, weil die Stadt eigene Dörfer besaß.

Ende des 17. Jahrhunderts und im 18. Jahrhundert wurden auch einige Bestätigungs- und Ergänzungsurkunden für Roslavl', Belyj und Dorogobuž erlassen.

Wie muß man das Rechtsverhätnis zwischen der Regierung und den wiedergewonnenen Städten bewerten? In diesem Zusammenhang ist zu betonen, daß die meisten russischen Stadtgemeinden jener Epoche überhaupt keine Rechtsgarantien ihrer Selbstverwaltungs-, Steuer- und Besitzrechte hatten. Seit dem 16. Jahrhundert war die städtische Kolonisation fast ausschließlich eine Angelegenheit des Staates. Die neugegründeten Städte wurden von Dienstleuten besiedelt. Die Beziehungen zu den Stadtbewohnern wurden vor allem durch die Militär- und Fiskalerwägungen bestimmt. Wie bereits oben angedeutet wurde, war die städtische Bevölkerung unfrei und den Gemeinden zwangsweise angebunden. Die Stadtbewohner konnten von der Regierung willkürlich umgesiedelt werden und ihre Abgaben waren häufig nicht normiert.[118]

---

[116] Širjaev, Smolensk i ego social'nyj landšaft (wie Anm. 13), S. 26.

[117] Ebd., S. 20.

[118] Nikolaj A. Chrenov, Subkul'tury posada kak sub''ekty urbanizacionnych processov v Rossii na

Die neue Stadtreform, welche seit Ende des 17. Jahrhunderts durchgeführt wurde, diente in erster Linie der Vermehrung der staatlichen Einnahmen. Im Laufe der Reform versuchte die russische Regierung, etliche äußere Merkmale der Städte, u. a. die Magistrate und die sogenannten Rathäuser (diese Bezeichnung hatten die Verwaltungsgremien in den Kleinstädten), einzuführen. Die Städte wurden überdies einem besonderen Gremium, dem Hauptmagistrat, unterstellt (1720), welches für die städtischen Angelegenheiten (u. a. als Appellationsinstanz für die Stadtbürger) zuständig war. In der Tat aber blieben die meisten Stadtgemeinden und ihre Vertreter rechtlos. Die Bürgermeister und die Ratsherren waren nicht der Bevölkerung, sondern dem Staat verantwortlich. Sie traten als Organe der bürokratischen Zentralisierung auf und waren praktisch Bestandteile der gesamtstaatlichen Administration. Es bestanden auch die traditionellen Gremien, und zwar die Gemeindeversammlungen und die Stadtältesten, die bei den Wahlen der Magistratsmitglieder und bei der Lösung etlicher Fragen des örtlichen Lebens tätig waren und manchmal auch das Selbstbesteuerungsrecht ausübten. Im großen und ganzen jedoch war ihre Kompetenz sehr beschränkt.[119] Es fehlten die stabilen, rechtlich garantierten städtischen Einnahmequellen und die Befugnis der Stadtverwaltung, über die städtischen Finanzen selbständig zu bestimmen. So erklärt sich die passive Rolle der meisten Magistrate. Sogar die Geldmittel, die in den Städten außerplanmäßig gesammelt wurden, durften die Stadtobrigkeiten ohne Zustimmung des Hauptmagistrats nicht aufwenden. Es wurde befohlen, diese Summen für den Fall der eventuellen Eintreibung der Rückstände der betreffenden Stadt oder anderer (!) Stadtgemeinden zu sparen (1745).[120] Die Zarenstatthalter und die Militärkommandanten hatten in den Städten Kernrußlands die tatsächliche Herrschaft. Die erhaltenen Urkunden berichten über Mißbrauch, Willkür und Gewalt dieser Würdenträger. Sogar die äußeren Attribute der städtischen Autonomie fielen ihnen bisweilen zum Opfer.[121] Es verwundert daher nicht, daß die Lage der russischen Städter im 18. Jahrhundert miserabel war.

---

rubeže XVII–XVIII vv. [Die Flecken-Subkulturen als Subjekte der Urbanisierungsprozesse in Rußland an der Schwelle des 17.–18. Jhs.], in: Urbanizacija v formirovanii sociokul'turnogo prostranstva [Die Urbanisierung in der Bildung des soziokulturellen Raums], hrsg. von Ėdi V. Sajko, Moskva 1999, S. 164–188; Man'kov A. G., Zakonodatel'stvo i pravo Rossii vtoroj poloviny XVII v. [Rußlands Gesetzgebung und Recht in der zweiten Hälfte des 17. Jhs.], Moskva 1998, S. 118–124, 130–134; Sergej A. Kozlov, Zoja V. Dmitrieva, Nalogi v Rossii do XIX v. [Die Steuern in Rußland vor dem 19. Jh.], 2. Aufl., St. Peterburg 2001, S. 34–49, 61 f., 68–70, 80–83, 100–102, 130–132, 137 140; Aleksandr N. Zorin, Goroda i posady dorevoljucionnogo Povolž'ja [Die Städte und Flecken des vorrevolutionären Wolgagebietes], Kazan' 2001, S. 8–60.

[119] Ditjatin, Ustrojstvo i upravlenie gorodov Rossii (wie Anm. 89), Bd. I, S. 150–159, 199–248; Aleksandr A. Kizevetter, Posadskaja obščina v Rossii XVIII st. [Die Stadtgemeinde Rußlands im 18. Jh.], Moskva 1903, S. 618–630; Michail B. Bulgakov, Kul'tura zemskogo posadskogo samoupravlenija v XVII veke [Die Kultur der gesellschaftlichen städtischen Selbstverwaltung im 17. Jh.], in: Jurasov, Janin (Hrsg.), Ot Drevnej Rusi (wie Anm. 90), S. 243–247.

[120] Kozlova, Rossijskij absoljutizm (wie Anm. 13), S. 270 f.

[121] So wurde das Rathausgebäude in Kostroma, das 1719 von der Stadt auf eigene Kosten gebaut worden war, sofort vom dortigen Wojewoden zum eigenen Bedarf requiriert. Daraufhin hat die Gemeinde das Haus eines verarmten Stadtbürgers, der wegen der Nichtzahlung seiner Steuern arrestiert wurde, als Rathaus eingerichtet. 1722 wurde auch dieses Gebäude von einem Offizier für

Als einziges Beispiel der vernunftgemäßen Selbstbeschränkung des Staates, das vor der Verleihung des gesamtrussischen Stadtprivilegs von 1785 auf kernrussischem Boden zu beobachten war, kann die Geschichte der neugegründeten Stadt Orenburg betrachtet werden. Diese Stadt entstand im Uralgebiet und wurde als ein „Tor nach Asien" gegründet. Sie sollte zu einem wichtigen Militär-, Verwaltungs- und Handelsmittelpunkt an der Grenze werden. Am 7. Juni 1734 hat die russische Zarin Anna einen Freibrief für Orenburg erlassen. Als Vorlage dieser Urkunde diente der Entwurf eines Privilegs, das ursprünglich für die junge russische Hauptstadt St. Petersburg (mit Berücksichtigung der Privilegien der Ostseestädte) vorbereitet worden war. St. Petersburg hat dieses Privileg damals nicht bekommen, da die Regierung diese Maßnahme als unzulässigen „Luxus" betrachtete. Dennoch wurde diese Erfahrung bei der Gründung Orenburgs genutzt. Der Freibrief enthielt wichtige Bestimmungen u. a. zur Selbstverwaltung, für Steuern, Handel, Gewerbe, Einquartierungsbefreiung und Niederlassungsfreiheit. Dies war ein einzigartiger Fall der Privilegierung einer russischen Stadt.[122] Trotzdem konnte diese isolierte Maßnahme das allgemeine Bild nicht ändern.

Alles in allem spiegelte die damalige russische Gesetzgebung die allgemeine Politik gegenüber den Städten wider. Für sich betrachtet war die Stellung des Bürgertums in Westrußland im 17. und 18. Jahrhundert nicht sehr gut, aber vor dem gesamtrussischen Hintergrund war die Lage der dortigen Stadtbürger relativ günstig.

Ungeachtet des gesamtrussischen Stadtprivilegs von 1785, das grundsätzlich die Aufhebung der früheren Ordnungen bestimmte, dauerte es noch eine gewisse Zeit, bis die alten Rechtsnormen verdrängt waren. Aus dem ersten Drittel des 19. Jahrhunderts stammt eine Reihe von Zaren- und Senatserlassen, die an die Freiheiten der Städte des Smolensker Landes erinnern. Es wurde das Recht der Smolensker Bürger und Kaufleute (freilich ohne Erwähnung des MRs) bestätigt, Bauern und Ländereien, die ihnen von polnischen und russischen Herrschern verliehen worden waren, zu besitzen, wobei die Gemeindeländer jedoch nicht zum Privatbesitz einzelner Bürger werden durften. Eine ähnliche Erlaubnis (ohne Erwähnung der leibeigenen Bauern) bekamen auch Roslavl', Belyj und Dorogobuž (s. Tab. 4).

Einige Grundbesitzrechte dieser Gemeinden, die in den polnischen Privilegien begründet wurden, hatten noch lange (zum Teil bis zur Oktoberrevolution) Bestand.

---

den Eigenbedarf beschlagnahmt. Schließlich sah sich der Magistrat genötigt, eine Mönchszelle zu mieten und dieses einfache Quartier für seine Zwecke zu nutzen (ebd., S. 262).

[122] Ebd., S. 127–136; Elena Ju. Apkarimova, Svetlana V. Golikova, Nina A. Minenko, Igor' V. Pobereżnikov, Sel'skoe i gorodskoe samoupravlenie na Urale v XVIII-načale XX veka [Die dörfliche und städtische Selbstverwaltung im Uralgebiet vom 18. bis zum Anfang des 20. Jhs.], Moskva 2003, S. 175–178. – Daß dieses Experiment eher mißlungen war, weil sich die ersten Ansiedler für die Kolonisation oft als ungeeignet erwiesen (da die Regierung die Stadt möglichst schnell besiedeln wollte, wurden u. a. Sträflinge, Tscherkessen, Walachen und Montenegriner dorthin geschickt), steht auf einem anderen Blatt.

Die inneren Angelegenheiten des Smolensker Rechtslebens aus russischer Zeit (vor 1785) bleiben leider praktisch unbekannt. Während des Krieges mit Napoleon (1812) war das ganze Magistratsarchiv verlorengegangen. Die Munizipalarchive der Kleinstädte des Smolensker Landes aus jener Zeit sind auch nicht erhalten.

Die *dritte Gruppe* bildeten die Städte des sogenannten Hetmanats, d. h. des östlichen Teils der Ukraine, in dem die Kosaken herrschten. Im Vergleich zu den ersten zwei Städtegruppen tritt diese Gruppe wohl als eine „Zwischenvariante" hervor, da dieses Territorium seit Mitte des 17. Jahrhunderts zwar durch die Russen kontrolliert wurde, aber bis 1764 Autonomie besaß (s. unten). In diesem Gebiet befanden sich u. a. Starodub, Mglin, Pogar und Počep. Die Stadtgeschichte dieser Region in der zweiten Hälfte des 17. Jahrhunderts bis ins beginnende 19. Jahrhundert ist in zahlreichen Quellen überliefert. Dadurch sind wir über die städtischen Angelegenheiten des Hetmanats viel besser unterrichtet als über die des Smolensker Landes. Das gilt besonders für Starodub, den Mittelpunkt dieses Territoriums.

Die Umstände des „totalen Krieges" im Gebiet des Chmel'nyc'kyj-Aufstandes verursachten die Zerstörung der alten Gesellschafts- und Verwaltungsstruktur. Die Geschichtsschreibung jener Zeit berichtet u. a. über das Verschwinden der Bürgerschicht, da die Städter fast gänzlich zu Kosaken wurden.[123] Die angesiedelten Elemente (vor allem die polnischen Edelleute, daneben auch die Juden) wurden einfach vernichtet oder vertrieben. An die Stelle der städtischen Führungsschicht traten später die kosakischen Würdenträger.

Gemäß den Verträgen von Perejaslav (1654) und Andrusovo (1667) wurde dieses Territorium nicht nur dem Hetman, sondern auch dem Zaren unterstellt. Es hat aber eine gewisse Sonderstellung beibehalten. 1686 wurde diese Lage durch den „Ewigen Frieden" bestätigt.[124] Nach einer gewissen Stabilisierung der militärpolitischen Situation im Hetmanat ist eine Tendenz zur Wiederherstellung der alten Ordnungen zu beobachten. Das Streben der Bürger, sich mit den Kosaken zu vereinigen, sank. Beide Gesellschaftsgruppen sonderten sich voneinander immer mehr ab. In dieser Situation wuchs das Interesse des Bürgertums, seine Standesrechte zu schützen. Deshalb baten die Städter Zar Aleksej Michajlovič, die alten Privilegien zu bestätigen. Die Zarenurkunden haben mit wenigen Abweichungen die früheren Rechte „nach dem Vorbild der Bürger von Černigov, Nežin und Perejaslav Bürger" bestätigt.

---

[123] Dmitrij I. Bagalej, Novyj istorik Malorossii. Recenzija na knigu A. M. Lazarevskogo „Opisanie staroj Malorossii" [Neuer Historiker Kleinrußlands. Besprechung des Buchs von A. M. Lazarevskij „Beschreibung des alten Kleinrußlands"]. Sonderabdruck aus der Ausgabe: Otčet o tridcat' vtorom prisuždenii nagrad grafa Uvarova [Bericht über die 32. Gewährung des Grafen-Uwarow-Preises], St. Peterburg 1891, S. 61 f.

[124] Über die Rechtsnatur dieses Verhältnisses wurde in der Literatur mehrfach diskutiert. Manche Forscher bezeichneten es als Personal- oder Realunion. Die anderen vermuteten, daß die Ukraine damals als Lehnsstaat Rußlands existierte und erst später in Rußland allmählich inkorporiert wurde. Der letztere Standpunkt scheint mir richtiger zu sein.

Das ganze Bild und das Schicksal der städtischen Autonomie im Hetmanat sieht wie im folgenden geschildert aus. Die vorausgehenden politischen Ereignisse konnten für die Städte nicht folgenlos bleiben. Nach dem Sieg wurde die militär-kosakische Verwaltung mit der bürgerlichen Verwaltung gemischt. Die kosakischen Befehlshaber hatten große Kriegs-, Verwaltungs- und Gerichtsbefugnisse. Sogar in den MR-Städten ist eine ständige Einmischung der Kosakenbehörden in die Sphäre der Magistratskompetenz zu beobachten. Die General-Heereskanzlei, der die Magistrate unterstellt waren, stützte die Interessen der Bürgerschaft nicht immer, was Mißbräuche und Willkür der kosakischen Obersten und sonstiger Würdenträger provozierte. Die einflußreichen und wohlhabenderen Kosakenältesten eroberten die städtischen Finanzen und Ländereien und übten tatsächliche Kontrolle auf Magistratswahlen aus. Die Ursachen dieser Situation waren die gleichen, wie im Smolensker Land. Sogar in den privilegierten MR-Städten waren die Bürger weder quantitativ noch qualitativ eine dominierende Gesellschaftsgruppe. Die Kosakenältesten, welche die Rechte des russischen Adels zu erlangen strebten, nahmen oft die Interessen der Städter nicht wahr.

Trotzdem ist aus den schriftlichen Quellen jener Epoche ein Bild einer relativ entwickelten und differenzierten Verwaltungsstruktur ersichtlich. Der Magistrat des Landeszentrums, der Stadt Starodub, war ein einflußreiches Stadtgremium. Er war nicht nur Verwaltungs-, sondern auch Gerichtsorgan. Seine Praxis vom Ende des 17. Jahrhunderts bis zum 18. Jahrhundert ist teilweise ediert (s. Tab. 5a). Manche Schriftstücke, z. B. die Staroduber Stadtbücher, demonstrieren eine interessante Kontinuität der polnischen Traditionen des juristischen Buchwesens.

In der Praxis der Staroduber und sonstigen Magistrate wurden überwiegend die polnischen Bearbeitungen der Magdeburger Rechtsbücher angewandt, wie die veröffentlichten Materialien beweisen. Zu gleicher Zeit galt in diesem Gebiet auch das Gewohnheitsrecht, da die sog. Kopa-Gerichte, d. h. die Gerichte der Territorialgemeinden, neben den Magistratsgerichten funktionierten. An ihrer Arbeit waren auch die Städter der Kleinstädte beteiligt.[125]

Ungeachtet des zunehmenden Drucks der Kosakenältesten schätzten die Städter ihre Gemeindeautonomie, die zumindest theoretisch günstigere Lebensbedingungen versprach. Das ist aus einigen Beispielen ersichtlich. Unter Peter dem Großen wurde das Städtchen Počep an Fürst Menšikov verliehen. Das Verhalten des neuen Besitzers war für die Stadt so schädlich, daß es zur praktischen Aufhebung des MRs führte. Nach der Beseitigung dieses Günstlings baten die Bürger die Zarin,

---

[125] Dmitrij I. Bagalej, Magdeburgskoe pravo v Levoberežnoj Malorossii [Magdeburger Recht in der linksufrigen Ukraine], in: Žurnal Ministerstva narodnogo prosveščenija 280, 3 (1892), S. 1–55 (zweite Pag.), hier S. 52 f.; Michail Je. Slabčenko, Malorusskij polk v administrativnom otnošenii. (Istoriko-juridičeskij očerk) [Kleinrussisches [Kosaken]regiment in administrativer Hinsicht. (Eine rechtsgeschichtliche Skizze)], Odessa 1909, S. 300 f.; Oleksandr [I.] Huržij, Ukrajins'ka kozac'ka deržava v druhij polovyni XVII–XVIII st.: kordony, naselennja, pravo [Ukrainischer Kosakenstaat in der zweiten Hälfte des 17. Jhs. bis ins 18. Jh.: Grenzen, Bevölkerung, Recht], Kyjiv 1996, S. 140–153.

das MR wiederherzustellen, was 1741 getan wurde. In der Stadt Pogar wurde die Magistratsverwaltung durch die kosakische Militärverwaltung praktisch ersetzt und die Ratsherren wurden von dem Kosakenzehntmann abhängig. 1744 bat der Vogt von Pogar Zarin Elisabeth, die ursprüngliche Verwaltung wiederherzustellen, was ebenso erfüllt wurde.

Im Jahre 1782 wurde im Hetmanat die allrussische Gouvernementsordnung eingeführt. Im folgenden Jahre wurde hier auch das alte Gerichtssystem aufgehoben. Trotzdem galt hier (u. a. in den vier nun russischen Städten) das MR. Erst am 30. Oktober 1831 wurde seine Geltung durch Zarenerlaß im ganzen Hetmanat liquidiert mit Ausnahme Kiews, wo seine Geltung durch den Erlaß vom 23. Dezember 1834 aufgehoben wurde. Das MR wurde durch das Litauische Statut ersetzt und dieses 1842 aufgehoben.

2. Publikationen und Schrifttum im Überblick

Anders als in manchen historischen ostslawischen Ländern, kann die Situation der Publikationen und Forschungen zum Thema als ungenügend bewertet werden.

Teilweise ist diese Tatsache durch die fragmentarische Überlieferung bedingt. In den Städten, die eine lange Tradition der Selbstverwaltung hatten, wie etwa in Smolensk und Veliž, wurden die alten Urkunden durch Brände, besonders in den Kriegen, vernichtet.[126] Etwas besser lag es im Fall von Starodub, dessen Munizipalüberlieferung teilweise erhalten und sogar ediert ist (s. Tab. 5). Im großen und ganzen aber bleiben die relevanten Materialien aus der MR-Geltungszeit zerstreut und nur zum Teil veröffentlicht. Heute sind die wichtigsten Quellen zum Thema im Moskauer Staatsarchiv der alten Akten konzentriert, wo die Litauische Metrik und der Aktenbestand des Fürstentums Smolensk aufbewahrt sind.

Im 19. und Anfang des 20. Jahrhunderts wurden einige Quellenpublikationen und Publikationsreihen vorbereitet, die sich jedoch auf diese Gebiete nur teilweise bezogen. Vor allem geht es um etliche Eintragungsbücher der Litauischen Metrik, um die Reihe „Akty, otnosjaščiesja k istorii Zapadnoj Rossii“ [„Akten zur Geschichte Westrußlands“], um die Auszüge aus der Beschreibung Kleinrußlands von 1781 und um eine wichtige, aber nicht zu oft benutzte Serie „Rechtsgeschichtliche Materialien, entnommen aus den Aktenbüchern der Gouvernements von Vitebsk und Mogilev, die im Zentralarchiv in Vitebsk aufbewahrt sind“.

Kurz vor dem Ersten Weltkrieg wurde eine zweibändige Sammlung der MR-Urkunden für die Städte der Ukraine vorbereitet. Der Hauptinitiator war der ukrainische Historiker Vladimir Romanovs'kyj. Die geplante Ausgabe sollte u. a. die Urkunden von Starodub, Mglin und Počep umfassen. 10 Druckbögen von 35 wurden schon in der Druckerei gesetzt und ein Druckbogen sogar gedruckt, aber

[126] Dumin, Social'no-političeskoe razvitie (wie Anm. 99), S. 96; Onufrij M. Kiselev, Veliž, Vitebsk 1865, S. 15.

die Arbeit wurde wegen der Evakuierung abgebrochen. Es gibt Hinweise darauf, daß ein Band dieser wertvollen Sammlung (gerade die MR-Urkunden der linksufrigen Ukraine) schon unter der Sowjetherrschaft im Jahr 1931 ediert wurde. Aber die Öffentlichkeit hat ihn nicht zur Kenntnis genommen, da die Auflage wegen der Verhaftung Romanovs'kyjs möglicherweise vernichtet wurde. Der letzte Versuch, diese Materialien aufzufinden, wurde schon während des Zweiten Weltkriegs vom ukrainischen Rechtshistoriker Andrij Jakowliw unternommen. Dieser Versuch mißlang jedoch ebenso. Heute befindet sich Romanovs'kyjs Nachlaß in der Bibliothek der Universität Stavropol' und im Staatsarchiv der Region Stavropol'.[127]

Gleiches gilt leider für die einzelnen Städte. So versuchte Aleksej Sapunov, der Experte für weißrussische Geschichte, die Urkunden aus Nevel' zu edieren. Dieses Projekt wurde ebenso nicht verwirklicht, und die Handschrift mit den Texten aufgefundener Archivalien gilt als verloren.[128]

Die heimatkundliche Literatur enthält manche Materialien als Urkundenbeilagen. Das gilt in erster Linie für Smolensk, Veliž, Pogar und Mglin.[129] Trotzdem kann man das Fehlen moderner Urkundenbücher für die relevanten Städte konstatieren. Auch nach der Oktoberrevolution erschienen nur wenige Publikationen, die die allgemeine Situation nicht änderten.

---

[127] Vasyl' Ul'janovs'kyj, Korpus magdėburz'kych hramot ukrajins'kym mistam: zabutyj proekt [Das Korpus der magdeburgisch-rechtlichen Urkunden an die ukrainischen Städte: ein vergessenes Projekt], in: Samovrjaduvannja v Kyjevi: istorija ta sučasnist'. Materialy mižnarodnoji konferenciji, prisvjačenoji 500-riččju nadannja Kyjevu magdėburz'koho prava. Kyjiv, 26–27 listopada 1999 roku [Selbstverwaltung in Kiew: Geschichte und Gegenwart. Materialien der internationalen Konferenz anläßlich des 500jährigen Jubiläums der Verleihung des Magdeburger Rechts an Kiew, Kiew 26.–27. November 1999], Kyjiv 2000, S. 110–122; V. V. Mitrofanenko, Je. S. Suslova, Fond V. A. Romanovskogo v Gosudarstvennom archive Stavropol'skogo kraja [Der Nachlaß von V. A. Romanovskij im Staatsarchiv der Region Stavropol'], in: Archeografičeskij ežegodnik za 1991 g. (1994), S. 227–230; V. A. Zacharov, V. A. Romanovskij – archivoved i istorik (1890–1974) [V. A. Romanovskij, ein Archivar und Historiker (1890–1974)], in: Archeografičeskij ežegodnik za 2000 g. (2001), S. 215–225.

[128] Ljudmila M. Maksimovskaja, Nevel'skaja starina. Sbornik materialov po istorii Nevelja. XVI-načala XX veka [Nevel'er Altertum. Eine Sammlung der Materialien zur Geschichte von Nevel'. 16. bis Anf. des 20. Jhs.], St. Peterburg 1993, S. 10.

[129] Nikifor A. Murzakevič, Istorija goroda Smolenska. Jubilejnoe izdanie smolenskogo gubernskogo statističeskogo komiteta. Pod redakciej I. I. Orlovskogo. (Priloženie k Pamjatnoj knižke Smolenskoj gubernii na 1904 g.) [Geschichte der Stadt Smolensk. Jubiläumsausgabe des Smolensker statistischen Gouvernementsausschusses, hrsg. von I. I. Orlovskij. (Zugleich Anhang zum Gedenkbuch des Smolensker Gouvernements für 1904)], Smolensk 1903; Kiselev, Veliž (wie Anm. 126); Aleksandr I. Chanenko, Gorod Pogar. Istoriko-statističeskij očerk [Die Stadt Pogar. Eine historisch-statistische Skizze], Černigov 1871; Ivan F. Tokmakov, Istoriko-statističeskoe opisanie goroda Mglina Černigovskoj gubernii, v svjazi s cerkovno-archeologičeskim obzorom svjaščennych dostopamjatnostej ėtogo kraja so vremeni pervonačal'nogo ego zaselenija. S priloženiem istoričeskogo očerka mestečka Počepa [Historisch-statistische Beschreibung der Stadt Mglin im Gouvernement Černigov im Zusammenhang mit der kirchlich-archäologischen Übersicht der heiligen Sehenswürdigkeiten dieser Gegend seit der Zeit ihrer ursprünglichen Besiedlung. Mit Beilage der historischen Übersicht des Fleckens Počep], Kiev 1888.

Die Sekundärliteratur zu diesem Themenbereich ist etwas zahlreicher. Strenggenommen aber ist die heutige Lage kaum befriedigend. Die Problematik des MRs ist übrigens seit langem schon ein Thema der Forschung: In den alten Darstellungen zur Geschichte von Smolensk, Veliž, Roslavl', Mglin und Belyj wurden diese Fragen mehr oder weniger berührt (s. Tab. 4 und 5). Die Smolensker Problematik wurde in einer kleinen, aber informativen Broschüre von Širjaev erörtert; leider blieb sein Werk wenig bekannt.[130] Für die Städte des Hetmanats existieren auch die wertvollen Studien des ukrainischen Historikers Bagalej.[131] Die Rechtsgeschichte dieser Region wurde auch von den ukrainischen Emigrantenhistorikern Andrij Jakowliw[132] und Jaroslav Padoch[133] berührt.

Nach dem Zweiten Weltkrieg erschien eine Reihe von Werken ukrainischer Wissenschaftler, die der Stadtgeschichte des Hetmanats gewidmet war. Chronologisch berücksichtigen sie fast die ganze Geltungszeit des MRs. Etliche Arbeiten enthalten strenggenommen keine neuen Erkenntnisse und könnten somit wohl eher als Kompilationen betrachtet werden. In manchen Werken aber werden die Archivalien ausgewertet (u. a. die Quellen, die in der Kriegszeit verloren gegangen sind), was diese Angaben besonders wertvoll macht.[134] Im großen und ganzen

---

[130] Širjaev, Smolensk i ego social'nyj landšaft (wie Anm. 13).

[131] Bagalej, Novyj istorik Malorossii (wie Anm. 123); ders., Magdeburgskoe pravo v Levoberežnoj Malorossii (wie Anm. 125); ders., Sud'ba magistratskogo samoupravlenija v malorossijskich gorodach XVII–XVIII vv. [Das Schicksal der Magistrats-Selbstverwaltung in den kleinrussischen Städten des 17.–18. Jhs.], in: Sbornik statej v čest' Matveja Kuz'miča Ljubavskogo [Festschrift für Matvej Kuz'mič Ljubavskij], Petrograd 1917, S. 627–636.

[132] Andrij Jakowliw, Das deutsche Recht in der Ukraine und seine Einflüsse auf das ukrainische Recht im 16.–18. Jahrhundert, Leipzig 1942; ders., Das deutsche Recht in Weißruthenien, Berlin 1944.

[133] Jaroslav Padoch, Mis'ki sudy na Ukrajini-Het'manščyni pislja 1648 r. [Die Stadtgerichte im Ukraine-Hetmanat nach 1648], in: Zapysky naukovoho tovarystva imeny Ševčenka CLVI (1948), S. 93–123.

[134] In dieser Hinsicht sind folgende Arbeiten (für den ganzen Zeitraum und für die einzelnen Perioden) zu nennen: Tetjana Hoško, Narysy z istorijji magdeburz'koho prava v Ukrajini. XVI-počatok XVII st. [Beiträge zur Geschichte des Magdeburger Rechts in der Ukraine. 16. bis Anfang des 17. Jhs.], L'viv 2002, bes. S. 12–58, 211–253; Petro V. Pyrih, Do pytannja pro samovrjaduvannja v mistach Černihivščiny pislja vchožlennja do skladu Reči Pospolitoj [Zur Frage der Selbstverwaltung in den Städten des Černigover Landes nach dessen Einverleibung in die Rzeczpospolita], in: IV respublikans'ka naukova konferencija z istoričnoho krajeznavstva. Tezy dopovidej i povidomlen'. [Vierte wissenschaftliche Republik-Konferenz für geschichtliche Heimatkunde. Thesen der Vorträge und Mitteilungen], Kyjiv 1989, S. 279 f.; Elena S. Kompan, Valentina A. Markina, O nekotorych osobennostjach social'no-ėkonomičeskogo razvitija gorodov Pravoberežnoj i Levoberežnoj Ukrainy v XVII–XVIII vv. [Über einige Besonderheiten der sozialökonomischen Entwicklung der Städte der rechts- und linksufrigen Ukraine im17.–18. Jh.], in: Goroda feodal'noj Rossii [Die Städte des feudalen Rußlands], hrsg. von Viktor I. Šunkov, Moskva 1966, S. 350–362; Viktor A. Romanovskij, Razvitie gorodov Levoberežnoj Ukrainy posle vossoedinenija s Rossiej (vo vtoroj polovine XVII veka) [Die Entwicklung der Städte der linksufrigen Ukraine nach der Wiedervereinigung mit Rußland (in der zweiten Hälfte des 17. Jhs.], in: Vossoedinenie Ukrainy s Rossiej. Sbornik statej [Wiedervereinigung Rußlands mit der Ukraine. Eine Sammelschrift], Moskva 1954, S. 395–420; Kompan, Mista Ukrajiny (wie Anm. 14); Volodymyr J. Borysenko, Social'no-ėkonomičnyj rozvitok Livoberežnoji Ukrajiny v druhij polovyni XVII st. [Die sozialökonomische Entwicklung der linksufrigen Ukraine in der zweiten Hälfte des 17. Jhs.], Kyjiv 1986; Huržij, Ukrajins'ka kozac'ka deržava (wie Anm. 125); Anna K. Švid'ko, Tipologija gorodov Levoberežnoj Ukrainy vtoroj po-

betonen diese Autoren den beschränkten Charakter der Selbstverwaltung in der betroffenen Region und die Mißbräuche der kosakischen Würdenträger. Es wird jedoch nebenbei darauf hingewiesen, daß die munizipale Autonomie für die wirtschaftliche Entwicklung der relevanten Gemeinden nützlich war.

Viel schlimmer sah es bei der Geschichtsschreibung zu den übrigen Städten Westrußlands aus. Nach dem Zweiten Weltkrieg folgte eine lange Pause in den Forschungen. Erst 1975 erschien das Werk des weißrussischen Historikers Anatol' Hryckevič über die Privatstädte Weißrußlands. In dieser Arbeit wurden u. a. die Städte Sebež und Nevel' berücksichtigt. Ihre Schicksale wurden unter Heranziehung polnischer Archivalien dargestellt.[135]

Sehr wertvoll waren die Forschungen des Moskauer Historikers Stanislav Dumin, die Anfang der 1980er Jahre durchgeführt wurden. Seine Inaugural-Dissertation wurde speziell der Geschichte der Smolensker Wojewodschaft gewidmet. Besonders wichtig war sein Beitrag über die Städte dieser Wojewodschaft.[136] Leider blieben die darin ausgewerteten Materialien unediert, die Dissertation als Ganzes wurde auch nicht veröffentlicht (es erschien nur das Autorreferat).[137] Daher sind Dumins Studien sogar den Fachleuten praktisch unbekannt. Jedenfalls lassen sich keine Verweise darauf in den Arbeiten zum Thema aus der späteren Zeit, die in Rußland, Weißrußland, der Ukraine, Litauen und Polen erschienen sind, finden. Dumin schöpfte aus der Litauischen Metrik, aber die vorangehende Historiographie wurde von ihm nicht vollständig berücksichtigt. Deshalb hat er etliche Rechtsdenkmäler nicht analysiert oder entdeckte manchmal das, was bereits längst bekannt gewesen war. Das gilt insbesondere für die Städte Starodub, Belyj und Mglin (s. Tab. 4). Trotzdem ist Dumins Werk wohl die bedeutendste Studie zum Thema aus den letzten Jahrzehnten. Leider hat er seine Arbeit in dieser Richtung nicht fortgesetzt. Heute konzentriert er sich auf Genealogie und Wappenkunde. In absehbarer Zukunft plant er keine weiteren Publikationen über die MR-Problematik.[138]

---

loviny XVII–XVIII veka [Typologie der Städte der linksufrigen Ukraine in der zweiten Hälfte des 17.–18. Jhs.], in: Nikolaj P. Koval'skij (Hrsg.), Teorija i metodika istoriografičeskich i istočnikovedčeskich issledovanij [Theorie und Methodik der historiographischen und quellenkundlichen Forschungen], Dnepropetrovsk 1989, S. 106–115; Vadim A. Djadičenko, Narysy suspil'no-polityčnoho ustroju Livoberežnoj Ukrajiny kincja XVII-počatku XVIII st. [Beiträge zur sozialpolitischen Verfassung der linksufrigen Ukraine am Ende des 17. und Anfang des 18. Jhs.], Kyjiv 1959; Aleksej I. Putro, Levoberežnaja Ukraina v sostave Rossijskogo gosudarstva vo vtoroj polovine XVIII veka. Nekotorye voprosy social'no-ėkonomičeskogo i obščestvenno-političeskogo razvitija [Die zum russischen Staat gehörende linksufrigen Ukraine in der zweiten Hälfte des 18. Jhs. Einige Probleme der sozialökonomischen und sozialpolitischen Entwicklung], Kyjiv 1988.

135 Anatolij P. Grickevič [Hryckevič], Častnovladel'českie goroda Belorussi v XVI–XVIII vv. (social'no-ėkonomičeskoe issledovanie istorii gorodov) [Die Privatstädte Weißrußlands im 16.–18. Jh. (Sozialökonomische Stadtgeschichtsforschung)], Minsk 1975.

136 Dumin, Social'no-političeskoe razvitie (wie Anm. 99), S. 95–111.

137 Stanislav V. Dumin, Smolenskoe voevodstvo v sostave Reči Pospolitoj v 1618–1654 gg. (po materialam Litovskoj Metriki) [Smolensker Wojewodschaft als Bestandteil der Rzeczpospolita von 1618–1654 (nach den Materialien der Litauischen Metrik)]. Autorreferat der historischen Inaug.-Diss., Moskva 1981.

Mit Verdruß ist man auch genötigt, das fast vollständige Fehlen ausführlicher moderner Ortsmonographien zu konstatieren. Die vorhandenen neueren Studien sind bestenfalls als populärwissenschaftliche Beiträge zu werten, wie etwa das Buch von Poklonskij „Staroduber Altertum“[139] oder das Buch von Kraseninnikov „Blick über die Jahrhunderte“ über das Brjansker Land.[140] Manchmal wird die polnische Zeit und die Geltung des MRs, wie im neuen Sammelwerk über Roslavl', völlig ignoriert.[141] Die interessante Arbeit zur Geschichte der Stadt Dorogobuž berücksichtigt im Prinzip auch die polnische Epoche ihrer Geschichte und enthält u. a. wertvolle Angaben, die in den Archivquellen entdeckt wurden. Die Autoren erkennen aber, daß sie aus Kostengründen bei der Ausgabe auf die relevanten Anmerkungen und Verweise verzichtet haben.[142] Dadurch wird ihre Arbeit im wesentlichen entwertet. Im großen und ganzen darf man von einer „historiographischen Wüste“ oder zumindest von einer „Halbwüste“ sprechen. Daß diese Tatsache als ein Hindernis für die rechtsgeschichtlichen Forschungen betrachtet werden kann, wird auch von der ausländischen Forschung bemerkt.[143]

Zu den wenigen nennenswerten Arbeiten zählen die Studien zur Wappen- und Siegelkunde. Hier wurden etliche Erfolge erzielt. Es sind die Werke von Ražnev, Rumjanceva und Titov zu erwähnen, die u. a. über die Städte des Smolensker und Staroduber Landes unter Berücksichtigung der relevanten Urkunden des MRs berichten.[144] Am gründlichsten aber ist wohl das neueste Nachschlagewerk des litauischen Forschers Edmundas Rimša, das den Stadtsiegeln des Großfürstentums Litauen gewidmet ist. Dieses Buch enthält eine ausführliche Übersichtstabelle der Stadtprivilegien des historischen Litauens (mit Heranziehung der Archivquellen), die fast sämtliche Städte MRs in Kernrußland mit Ausnahme Pogars und Počeps berücksichtigt. Im Katalogteil sind u. a. die Siegel von Nevel', Smolensk, Sebež, Starodub und Veliž abgebildet und ausführlich untersucht.[145]

---

[138] Freundliche Mitteilung vom Herrn Dumin.

[139] Poklonskij, Starodubskaja starina (wie Anm. 104).

[140] Vladimir V. Kraseninnikov, Vzgljad čerez stoletija. Očerki istorii Brjanskogo kraja [Blick über die Jahrhunderte. Beiträge zur Geschichte des Brjansker Landes], Tula 1990.

[141] Roslavl'. Očerki po istorii goroda Roslavlja i Roslavl'skogo rajona [Roslavl'. Beiträge zur Geschichte der Stadt und des Kreises Roslavl'], Hrsg. von Maja I. Ivanova, Smolensk 1997.

[142] Vladimir A. Prochorov, Jurij N. Šorin, Iz istorii Dorogobužskogo kraja. Sbornik statej [Aus der Geschichte des Landes Dorogobuž. Eine Sammelschrift], in: Dorogobužskaja starina 2 (2001), S. 5.

[143] S. etwa: Christoph Schmidt, Spaltung der Rechtskultur? Neuansätze zur Erforschung der russischen Rechtsgeschichte (16. bis 18. Jahrhundert), in: Jahrbücher für Geschichte Osteuropas 43, 4 (1995), S. 482–492, hier S. 491.

[144] Anatol' K. Citoŭ, Pjačatki staražytnaj Belarusi. Narysy sfragistiki. [Die Siegel des alten Weißrußlands. Sphragistische Abrisse], Minsk 1993; ders., Heral'dyka belaruskich mestaŭ (XIV-pačatak XX stst.), [Die Heraldik weißrussischer Ortschaften (vom XIV. bis zum Anfang des 20. Jhs.)], Minsk 1998; Gennadij V. Ražnev, Gerb Smolenska. [Das Wappen von Smolensk], Smolensk 1993; Valentina V. Rumjanceva, Émblemy zemel' i gerby gorodov Levoberežnoj Ukrainy perioda feodalizma [Landesembleme und Stadtwappen in der linksufrigen Ukraine in der Periode des Feudalismus], Kyjiv 1986.

[145] Edmundas Rimša, Lietuvos Didžiosios Kunigaikštystės miestų antspaudai [Die Stadtsiegel des Großfürstentums Litauen], Vilnius 1999, S. 125–130, 433–435, 492 f., 512 f., 516 f., 558–560.

Die Editions- und Forschungsperspektiven sind durch die heutige Lage bestimmt. In erster Linie ist es notwendig, die Urkundenbücher der relevanten Städte und Regionen zu sammeln und für die Edition vorzubereiten. Bereits Ende der 1980er Jahre gab es hierzu vielversprechende Pläne, die offensichtlich wegen Geldmangels nicht umgesetzt wurden. So planten z. B. die ukrainischen Historiker eine Korpusedition der Urkunden zur Geschichte Seweriens (Severščina), die u. a. die Quellen von Starodub und Mglin enthalten sollte.[146] Meines Wissens wurde dieses Vorhaben nicht verwirklicht. Es ist auch notwendig, die schon angefangenen Pläne, besonders das Projekt von Romanovs'kyj, zu realisieren. Eine internationale Kooperation wäre besonders wichtig, da manche Archivalien in ukrainischen, weißrussischen und polnischen Sammlungen aufbewahrt werden.

Der zweite Schritt wäre die Vorbereitung von Ortsmonographien, da sonst die russischen Leser weiterhin mit Verdruß die veralteten und unvollkommenen Werke durchblättern müssen und sie mit Neid mit den gründlicheren Arbeiten deutscher, polnischer und litauischer Heimatkundler vergleichen würden. Auch hier könnte die internationale Zusammenarbeit wertvoll sein. Es handelt sich dabei nicht nur um das gelegentliche Verfassen von Beiträgen in Ortsmonographien, sondern auch um einen kontinuierlichen Erfahrungsaustausch. Ehrlich gesagt mangelt es in der Regel bei den heutigen russischen Autoren (besonders in der Provinz), die heimatkundliche Arbeiten vorbereiten, am allgemeinen Überblick und an wissenschaftlicher Genauigkeit.

Erst nach dieser riesigen, aber notwendigen Vorarbeit wird es möglich, sich um eine *Synthese* zu bemühen. Es handelt sich eigentlich nicht um eine isolierte Erforschung des MRs in der betroffenen Region, sondern um eine *systematische vergleichende Untersuchung aller Institute des Stadtrechts dies- und jenseits der russisch-litauischen Grenze*, die meines Wissens noch nie durchgeführt wurde. Sie müßte in synchroner und diachroner Dimension auf Grund der Materialien vergleichbarer Gemeinden veranstaltet werden.[147] Eine solche Untersuchung, die verschiedene Aspekte des Rechtslebens (u. a. den persönlichen Status der Städter, die Besitzrechte und die Steuersätze) berücksichtigen muß, könnte auch wichtige angrenzende Fragen beantworten. Es geht z. B. um die konkreten Träger der re-

---

[146] Olena V. Rusina, Korpusne vydannja dokumentiv Sivers'koji zemli XV–XVI st. (za materialami Litovs'koj metryky) [Eine Korpusedition der Urkunden des Sewerer Landes des 15.–16. Jhs. (nach den Materialien der Litauischen Metrik)], in: Pavlo S. Sochan' (Hrsg.), Ukrajins'ka archeohrafija: sučasnyj stan ta perspektyvy rozvitku. Tezy dopovidej respublikans'koji narady [Ukrainische Archäografie: Heutige Lage und Entwicklungsperspektiven. Thesen der Republikberatung], Kyjiv 1988, S. 122–124.

[147] Vor kurzem wurde der Versuch unternommen (der wohl eher als Einladung zur Polemik als eine tiefe Analyse betrachtet werden kann), russisches Stadtrecht des 18. Jahrhunderts mit den älteren westlichen Vorbildern zu vergleichen: Maja [B.] Lavrinovič, Gorodovoe položenie 1785 g. v kontekste srednevekovogo gorodskogo prava [Die [russische] Städteordnung von 1785 im Kontext des mittelalterlichen Stadtrechts], in: Sravnitel'no-istoričeskie issledovanija. Sbornik studenčeskich rabot [Historisch-komparative Forschungen. Sammelband studentischer Arbeiten], hrsg. von Marina F. Rumjanceva, Moskva 1998, S. 37–52.

levanten Rechtstradition (die Stadt- und Gerichtsschreiber, die städtischen Oberschichten u. a.), um die sozialen und soziokulturellen Dimensionen der Geltung des MRs, um das Bestehen des lokalen juristischen Schrift- und Buchwesens. Diese Forschung muß zum besseren Verständnis des Städtewesens in Osteuropa dienen und letzten Endes die Ursachen der Unterschiede der historischen Schicksale seiner Völker klären.

Zusammenfassend kann man sagen, daß die notwendige Arbeit zur Erforschung des MRs in den westrussischen Städten noch in den Anfängen steckt. Um so wichtiger und interessanter ist es, diese Problematik näher zu erforschen. Ungeachtet der oben erwähnten Quellenverluste könnte eine solche Erforschung in Kooperation mit den ausländischen Fachleuten erfolgreich sein.

Tabelle 1: Die Orte des heutigen Kaliningrader Gebietes,
die im 13.–17. Jahrhundert das Kulmer Recht bekamen

Vorbemerkung

Die Tabelle wurde unter Berücksichtigung der Urkundenliste von Maciej Gołębiowski zusammengestellt.[148] Diese Liste wurde nach den gedruckten Quellen und nach polnischen Archivalien vorbereitet. Für den vorliegenden Beitrag wurden diese Angaben mit Berücksichtigung der Berliner Archivurkunden und der neuen (oder älteren, aber zuverlässigeren) Publikationen berichtigt und ergänzt. Alle Publikationen wurden von mir *de visu* untersucht, mit Ausnahme der Broschüre mit dem Privileg für Tilsit (1617), die mir unzugänglich blieb.

Sämtliche Daten bis 1612, als in Preußen die Kalenderreform durchgeführt wurde, folgen dem alten Stil.

Abkürzungen:

CDP – Codex diplomaticus Prussicus. Urkunden-Sammlung zur älteren Geschichte Preußens aus dem Königlichen Geheimen Archiv zu Königsberg, nebst Regesten, hrsg. von J. Voigt, Königsberg, Bd. III. [1299–1382], 1848, Bd. IV. [1287 bis Ende des 14. Jahrhunderts], 1853.
GStAPK, HA XX. – Geheimes Staatsarchiv Preußischer Kulturbesitz. Hauptabteilung XX (Historisches Staatsarchiv Königsberg).
EM – Etats-Ministerium
OBA – Ordensbriefarchiv
Ostpr. Fol. – Ostpreußische Folianten
PUB – Preußisches Urkundenbuch. Politische (allgemeine) Abteilung., R. Philippi (Hrsg.), u. a. Königsberg, Marburg/Lahn, Bd. I, Teil 2, 1257–1309, 1909 (Nachdr., Marburg 1961), Bd. II, 1309–1335, 1939 (Nachdr. Marburg, 1962), Bd. III, Teil 1, 1335–1341, 1944 (Nachdr., Marburg 1961), Teil 2, 1342–1345, 1958, Bd. V, Teil 1, 1352–1356, 1969, Teil 2, 1357–1361, 1973. Teil 3. Nachträge. 1975.

[148] Maciej Gołębiowski, Lokacje miast na prawie chełmińskim [Die Lokationen der Städte nach Kulmer Recht], in: Studia Culmensia Historico-Juridica, czyli Księga pamiątkowa 750-lecia prawa chełmińskiego, t. 1, hrsg. von Zbigniew Zdrójkowski, Toruń 1990, S. 240–333.

In der ersten Spalte wird die laufende Nummer, in der zweiten werden die Stadt und ihr heutiger Status, das Verleihungsdatum, der Name des Verleihers, die Quelle und die Bezeichnung des verliehenen Rechts genannt sowie zusätzliche Angaben gemacht.

1. Königsberg (seit 14. Jh. Altstadt Königsberg) (Kaliningrad) 28/II 1286
Konrad von Tierberg, Landmeister
PUB I 2, Nr. 483
Recht des Kulmerlandes

2. Königsberg – Neustadt (in erster Urkunde auch als Freistadt bezeichnet; seit 14. Jh. – Löbenicht). Vereinigt mit Altstadt und Kneiphof (s. unten, Nr. 5) in die Gemeinde Königsberg 1724. (Heute ein Teil von Kaliningrad). 29/III 1299
Berthold Brühaven, Königsberger Komtur
PUB I 2, Nr. 707
Recht der Stadt Kulm; die Einwohner haben in der Altstadt Königsberg diejenigen Rechte, wie die Bürger der Neustadt Thorn in der Altstadt Thorn. Dieses erste Privileg wurde nicht rechtskräftig (Fritz Gause, Die Geschichte der Stadt Königsberg in Preußen, Bd. I, Von der Gründung der Stadt bis zum letzten Kurfürsten, 3. Aufl. Köln, Weimar, Wien 1996, S. 35).
27/V 1300
Ders.
PUB I 2, Nr. 740
Recht der Altstadt Königsberg

3. Schönewiek (seit dem 14. Jh. Fischhausen) (Primorsk) 7/IV 1299
Siegfried, Bischof von Samland
Neues Preußisches Urkundenbuch. Abt. II. Urkunden der Bisthümer, Kirchen und Klöster, Bd. II. Urkundenbuch des Bisthums Samland, H. I, hrsg. von C. P. Woelky und H. Mendthal, Leipzig 1891, Nr. 191.
Recht der Stadt Kulm
19/VIII 1305
Ders.
Ebd., Nr. 208.
Recht der Stadt Kulm. Die Ursachen der abermaligen Privilegierung Fischhausens sind nicht ganz geklärt. Möglicherweise diente die erste Urkunde von 1299 als Programm und Propagandainstrument für die künftige Lokation. Erst nach der Konstituierung der jungen Gemeinde wurde ein neues Privileg verliehen, welches die Bestimmungen des älteren Freibriefes ergänzte (Hans Fredericks, Die Gründung der Stadt Fischhausen, in: Mitteilungen des Vereins für die Geschichte von Ost- und Westpreußen 13, 2 (1938), S. 21–25).

4. Kreuzburg (Dorf Slavskoe) 21/I 1315
Heinrich von Plotzke, Großkomtur
PUB II Nr. 124.
Kulmer Recht

5. Kneiphof (im 14. Jh. auch Pregelmünde genannt). Vereinigt mit Altstadt und Löbenicht (s. oben, Nr. 2) in die Gemeinde Königsberg 1724. (Heute ein Teil von Kaliningrad). 6/IV 1327
Werner von Orseln, Hochmeister
Hans Mendthal, Urkundenbuch der Stadt Königsberg i. Pr., Bd. I (1256–1400). (Mitteilungen aus der Stadtbibliothek zu Königsberg i. Pr. H. III), Königsberg i. Pr. 1910, Nr. 23.
Recht der Altstadt Königsberg; die Einwohner haben in der Altstadt Königsberg diejenigen Rechte, wie die Bürger der Neustadt Thorn in der Altstadt Thorn.

6. Friedland (Pravdinsk) 25/III 1335 (?)
Heinrich Dusmer, Komtur von Brandenburg
PUB II Nr. 874 (der Text ist in der Abschrift aus dem 16. Jh. überliefert, wo die Urkunde fälschlich auf 1324 datiert ist).
Kulmer Recht

7. Wehlau (Siedlung städtischen Typs Znamensk) 25/I 1336
Ders., als Obermarschall und Königsberger Komtur
PUB III 2, Nr. 41
Kulmer Recht

8. Heiligenbeil (Mamonovo) 1945 geht der Status der Stadt verloren, und wird 1951 wiederhergestellt 1. Hälfte des 14. Jahrhunderts
?
Heiligenbeil wurde um 1301 gegründet, die Gründungshandfeste ist nicht überliefert. Zum ersten Mal 1330 als Stadt bezeichnet. Das älteste bekannte Privilegium wurde 1522 erlassen.
25/I 1522
Albrecht von Hohenzollern, Hochmeister
Hugo Eysenblätter, Geschichte der Stadt Heiligenbeil, Königsberg i. Pr. 1896, S. 35–37.
Konkrete Art des Stadtrechts ist nicht bezeichnet.
10/IX 1560
Ders., als Herzog von Preußen
Ebd., S. 38–40.
Kulmer Recht

9. Zinten (Dorf Kornevo) 1. Hälfte des 14. Jahrhunderts
?
Zinten wurde 1313 gegründet, die Gründungshandfeste ist nicht überliefert. 1330 Als Stadt (civitas) wurde die Siedlung zum ersten Mal in der Urkunde vom 13. Juli 1341 bezeichnet (PUB III 2, Nr. 380).
19/XI 1352
Winrich von Kniprode, Hochmeister
CDP III Nr. 69 (lateinische Fassung), PUB V Nr. 96 (Regest mit Zitaten aus der deutschen Fassung).
Kulmer Recht. Die Zintener Bestätigungsurkunde ist im Original nicht überliefert. Man verfügt über die Kopien in Latein und Deutsch. In welcher Sprache das Original geschrieben war, bleibt unklar, was für die Situation der Mitte des 14. Jhs. charakteristisch ist.

10. Gerdauen (Siedlung städtischen Typs Železnodorožnyj) 21/IX 1398
Konrad von Jungingen, Hochmeister
CDP IV Nr. 123 (nach der späten Kopie, Text stark gekürzt); Georg Conrad, Neun Urkunden zur Geschichte der Stadt Gerdauen (1398–1708), in: Zeitschrift der Altertumsgeschichte Insterburg 5 (1898), S. 2–4 (nach der alten Abschrift, Text ist befriedigend)
Kulmer Recht.

11. Domnau (Dorf Domnovo) 1400
Nicht bezeichneter Brandenburger Komtur (Konrad von Lichtenstein ?)
Die Handfeste ist nicht überliefert, bekannt nach der Bestätigung von 1480.
15/VIII 1480
Kunz von Egloffstein, Stadtbesitzer und Ordenssöldner
C. A. Funk, Geschichte der Stadt Domnau mit Berücksichtigung ihrer Umgegend. Als Manuskript gedruckt, 1900, Königsberg i. Pr. 1901, S. 35–37.
Kulmer Recht. Bei Gołębiowski ist die Bestätigungsurkunde Domnaus 1481 falsch datiert (Maciej Gołębiowski, Lokacje miast [...], S. 294).

12. Allenburg (Dorf Družba) 19/X 1400
Konrad von Jungingen, Hochmeister
Hugo Bonk, Aus Allenburgs Vergangenheit. Darstellungen und Urkunden zur Feier des fünfhundertjährigen Stadtjubiläums am 15. Juli 1900, Königsberg i. Pr. 1900, S. 5–10 (nach dem Bestätigungshandfeste-Transsumpt von 1663); Anton Wormit, Geschichte der Gemeinde Allenburg, Königsberg 1905, S. 241–244 (nach nicht näher bezeichneter Abschrift).
Kulmer Recht

13. Nordenburg (Dorf Krylovo) 24/VII 1407
Ulrich von Jungingen, Hochmeister
GStAPK, HA XX. OBA Nr. 941. Bl. 1r.–3v.; weitere Abschriften: Ostpr. Fol. 382/2. Bl. 271r–274v; ebd., Bl. 275r–278r; Ostpr. Fol. 382/4, Bl. 188r–194v.
Kulmer Recht

14. Tilsit (Sovetsk) 2/XI 1552
Albrecht von Hohenzollern, Herzog von Preußen
Der Stadt Tilse Fundation und Privilegium, Königsberg 1617; Waldemar Thalmann, Bau- und Kulturgeschichte Tilsits, Bd. I, Entstehung des Marktfleckens Tilsit und seine Entwicklung zur Stadt, Tilsit 1923, S. 153–166.
Kulmer Recht

15. Insterburg (Černjachovsk) 10/X 1583
Georg Friedrich, Herzog von Preußen
J. A. Kossmann, Historisch-statistische Notizen über die Stadt Insterburg, Insterburg 1844, S. VIII–XXI; Chronik der Stadt Insterburg [Teil 4], in: Insterburger Brief 7, 5/6 (1955), S. 86–91.
Kulmer Recht

16. Preußisch Eylau (Bagrationovsk) 30/XI 1585
Ders.
GStAPK, HA XX. Ostpr. Fol. 286, S. 279–282; andere Abschrift – EM 115a 2, Nr. 1.
Die konkrete Art des Rechts ist nicht genannt; in der Präambel ist erwähnt, daß die Handfeste nach der Bitte der Bürger, die „umb begnadigung gewöhnliches Stadtrechts“ baten, verliehen wurde. M. Gołębiowski weist irrtümlich auf das Fehlen der Angaben über die Stadtrechtsverleihung für Preußisch Eylau hin (Maciej Gołębiowski, Lokacje miast [...], S. 329).

17. Labiau (Polessk) 28/VII 1642
Friedrich Wilhelm III., Herzog von Preußen
Wilhelm Sahm, Geschichte der Stadt Labiau, Labiau 1942, S. 429–437 (nach dem Original, das seit 1945 als Kriegsverlust gilt); Der Kreis Labiau. Ein Ostpreußisches Heimatbuch, hrsg. von Rudolf Grenz, Marburg/Lahn 1973, S. 98–103 (nach der Ausgabe von W. Sahm); Bernhart Jähnig, Die Labiauer Stadtrechtsurkunde von 1642, in: 350 Jahre Stadt Labiau, Heide/Holstein 1992, S. 9–15 (Nachdr. aus der Ausgabe von W. Sahm, nach den alten Abschriften aus GStAPK zusätzlich kollationiert).
Kulmer Recht

Mißlungene Lokation

[18.] Ragnit (Neman) um 1409
?
Entwurf einer Lokationsurkunde aus dem Ordensbriefarchiv: Hans-Georg Tautorat, Ragnit im Wandel der Zeiten. Ein Beitrag zur Geschichte der Stadt an der Memel, Lüneburg 1972, S. 96 (Faksimilewiedergabe); Jürgen Sarnowsky, Die Wirtschaftsführung des Deutschen Ordens in Preußen (1382–1454). (Veröffentlichungen aus den Archiven Preußischer Kulturbesitz, Bd. 34), Köln, Weimar, Wien 1993, S. 712 (Publikation des transkribierten Textes).
Kulmer Recht. Die Lokation Ragnits war infolge des Ausbruchs des Krieges des Deutschen Ordens mit Litauen und Polen mißlungen. Ragnit hat das Stadtrecht erst 1722 (ohne Verweise auf das Kulmer Recht) bekommen. Es ist ein Archiv-Exemplar des relevanten gedruckten königlichen Patents im Berliner Archiv überliefert: Patent, Betreffend die Immunitäten und Freyheiten / So Se. Königl. Majestät denenjenigen / welche sich in denen Preußischen Städten Stallupöhnen / Tapiau / Ragnit / Bialla und Nikolayken possessionirt machen wollen / Zu accordiren allergnädigst gemeynet seyn. De dato Berlin, den 6. April 1722 (GStAPK, HA XX. EM 132a. Nr. 3. Bl. 86–87).

Tabelle 2: Die Zugehörigkeit der westrussischen Städte

Vorbemerkung

Die Tabelle wurde vor allem anhand mehrerer historischer Arbeiten und Nachschlagewerke zusammengestellt.[149] Die Angaben, die in den verschiedenen Werken angeführt werden, sind nicht immer übereinstimmend. Die Reihenfolge richtet sich nach dem Datum der ersten schriftlichen Erwähnung; kurzfristiger Herrschaftswechsel ist nicht berücksichtigt.

[149] Goroda Rossii, Enciklopedija [Die Städte Rußlands: eine Enzyklopädie], Moskva 1994; Michail M. Krom, Mež Rus'ju i Litvoj. Zapadnorusskie zemli v sisteme russko-litovskich otnošenij konca XV-pervoj treti XVI v. (=Issledovanija po russkoj istorii. 4) [Zwischen Rußland und Litauen. Westrussische Länder im System russisch-litauischer Beziehungen Ende des 15. bis zum ersten Drittel des 16. Jhs.], Moskva 1995; Tatjana I. Paškova, Mestnoe upravlenie v Russkom gosudarstve pervoj poloviny XVI veka. Namestniki i volosteli [Die Lokalverwaltung im Russischen Staate in der ersten Hälfte des 16. Jhs. Die Statthalter und die Verwalter], Moskva 2000; Svod pamjatnikov architektury i monumental'nogo iskusstva Rossii. Brjanskaja oblast' [Korpus der Denkmäler der Architektur und Monumentalkunst Rußlands. Brjansker Gebiet], hrsg. von V. P. Vygolov, Moskva 1998; Svod pamjatnikov architektury i monumental'nogo iskusstva Rossii. Smolenskaja oblast' [Korpus der Denkmäler der Architektur und Monumentalkunst Rußlands. Smolensker Gebiet], hrsg. von V. I. Plužnikov, Moskva 2001.

Abkürzungen:

(E.) – Einnahme
(V.) – Vertragsweise abgetreten;
(V. z.) – Vertragsweise zurückgegeben
(best.) – Zugehörigkeit bestätigt

In der ersten Spalte wird die laufende Nummer, in der zweiten werden der Ortsname und das Datum der ersten schriftlichen Erwähnung, das Datum des Übergangs an Litauen (a), des Übergangs an Moskau (b), des Übergangs an die Rzeczpospolita (c), des Übergangs an Rußland (d) bzw. an das Hetmanat – evtl. mit späterer Zugehörigkeit und späterem Status – sowie des Übergangs an die Russische Föderation (e) genannt.

1. Smolensk 863
(a) 1404/1442
(b) 1440/1514
(c) –/1611 (E.), 1618 (V.), 1634 (best.)
(d) –/1654 (E.), 1667 (V.), 1686 (best.)
(e) –/1919

2. Toropec 1074
(a) Mitte des 14. Jhs.
(b) 1503, 1582 (best.)
(c) Anf. des 17. Jhs. (E.)
(d) 1609
(e) 1918

3. Starodub 1080
(a) Ende des 14. Jhs.
(b) 1500 (Übertritt Simeons, des Fürsten von Možajsk, an Moskau)/1503 (?)
(c) –/1610–1613, 1617 (E.); 1618 (V.), 1634 (V. z.)
(d) –/1632 (E.), 1648 (E.), 1667 (V.), 1686 (best.)
(e) 1919

4. Roslavl' 1098
(a) 1376/1503
(b) 1500 (E.)/1512 (E.), 1522 (V.)
(c) 1611 (E.); 1618 (V.)/1634 (V)
(d) 1632 (E.)/1654; 1686 (best.)
(e) –/1919

5. Brjansk (Debrjansk) 1146
(a) 1356
(b) 1500 (E.), 1503 (V.)
(c) –
(d) –
(e) 1918

6. Krasnyj 1150
(a) 2. Hälfte des 14. Jhs.
(b) 1516 (E.)
(c) 1618 (V.)
(d) 1654; 1667 (V.), 1686 (best.), 1664 als Pfalzdorf erwähnt, 1776 in die Stadt umgewandelt. Stadtrecht unter Paul I. (1796–1801) entzogen, seit 1802 wiederhergestellt. Seit 1922 Flecken, Ende der 1920er Jahre Dorf, seit 1965 Arbeitersiedlung.
(e) 1918

7. Dorogobuž 1150
(a) Vor 1440/1508 (E.)
(b) 1500 (?)/?
(c) 1610 (?) (E.), 1618 (V.)/1634 (V. z.)
(d) 1632 (E.)/1654, 1667 (V.), 1686 (best.)
(e) –/1918

8. Pogar (Radogošč) 1155
(a) 2. Hälfte des 13. Jhs./–
(b) 1380/1517
(c) 1500/Vor 1618; die Wiederherstellung der Stadt ist im 2. Viertel des 17. Jhs. stattgefunden
(d) –/1654; 1667 (V.), 1686 (best.). Nach 1917 Dorf, seit 1938 Arbeitersiedlung
(e) –/1919

9. Belyj (Belaja) 1359
(a) Ende des 14. Jhs./–
(b) um 1505/–
(c) 1618 (V.)/1634 (V. z.)
(d) 1632 (E.)/1654, 1667 (V.), 1686 (best.)
(e) 1918

10. Mglin 1387
(a) Mitte des 14. Jhs.
(b) 1502 (E.)
(c) 1618 (V.)
(d) 1652 (E.), 1654 (V.), 1686 (best.)
(e) 1919

11. Velіž Ende des 14. Jhs.
(a) ?/–
(b) 1536 (Besetzung und Wiederherstellung der Stadt)/–
(c) 1580 (E.), 1582 (V.)/1678 (V. z.)
(d) 1655 (E.), 1667 (V.) /1772. Januar bis Februar 1919 in Weißrussischer Sowjetischer Sozialistischer Republik
(e) –/März 1919

12. Sebež 1414
(a) 1426 (?), 1494 (best.)/–/–/–
(b) 1536 (E.), 1537 (V.)/–/–/–
(c) 1579 (E.)/1616 (E.), 1618 (V.)/1634 (V. z.)/1678 (V. z.), 1686 (best.)
(d) 1582 (V. z.)/1633 (E.)/1654 (E.), 1667 (V.)/1772. Januar bis Februar 1919 in Weißrussischer Sowjetischer Sozialistischer Republik
(e) –/–/–/März 1919

13. Počep 1457
(a) 15. Jh./–/–
(b) 1503 (V.), 1508 (best.)/–/–
(c) 1618 (V.)/1634 (V. z.)/1650 (V. z.)
(d) 1632 (E.)/1648 (E.)/1654 (V.), 1667 (V.), 1686 (best.)
(e) 1919/–/–

14. Nevel' 15. Jh.
(a) 16. Jh./–/–/–
(b) 1562 (E.)/–/–/–
(c) 1580 (E.)/1618 (V.)/1634 (V. z.)/1668 (Rückgabe), 1678 (V. z.)
(d) 1582 (V.)/1632 (E.)/1654 (E.), 1667 (V.)/1772. Januar bis Februar 1919 in Weißrussischer Sowjetischer Sozialistischer Republik
(e) –/–/–/März 1919

Tabelle 3: Städte im Patrimonial- und Privatbesitz (15.-Anf. des 20. Jahrhunderts)

Vorbemerkung

Es wird grundsätzlich die Zugehörigkeit zu den Städten berücksichtigt, die nach der Verleihung der Privilegien an die jeweiligen Städte Geltung hatte. Die Reihenfolge entspricht der von Tabelle 2.

Bei den Datumsbezeichnungen in den Tabellen 3 bis 5 ist folgendes zu berücksichtigen: Die Kalenderreform wurde in Europa seit Oktober 1582 durchgeführt. Deshalb folgen die früheren polnischen und litauischen Urkunden dem alten Stil. Es ist auch zu beachten, daß Rußland bis 1700 die byzantinische Zeitrechnung benutzte; als Jahresanfang galt bis zur Mitte des 13. Jahrhunderts der 1. März, seit dieser Zeit der 1. September. Um das Jahr nach Christi Geburt zu erhalten, ist es daher notwendig, für die Daten vor dem 1. September von der Weltärazahl 5508, vom 1. September bis 31. Dezember aber 5509 abzuziehen. Die Tatsache, daß das Jahr damals seit September gerechnet war, wurde jedoch leider nicht immer in den Publikationen (z. B. in der „Vollständigen Sammlung der Gesetze des Russischen Reiches") berücksichtigt, was manchmal zu Verwirrung führt. Deshalb wurde es grundsätzlich bevorzugt, bei den *Verweisen* auf relevante Urkunden russischer Provenienz die amtlichen Datenbezeichnungen nach Weltära anzuführen. Die russischen Urkunden nach 1700 sind zwar nach Christi Geburt datiert, aber sie folgen dem julianischen Stil, der bis zum 31. Januar 1918 galt.

Abkürzungen zu den Tabellen 3 bis 5:

AZR 1, AZR 3 – Akty, otnosjaščiesja k istorii Zapadnoj Rossii, sobrannye i izdannye Archeografičeskoj komissiej [Akten zur Geschichte Westrußlands, gesammelt und hrsg. von der Archäographischen Kommission], Bd. I (1340–1506), Bd. III (1544–1587), St. Peterburg 1848.

Citoŭ – Anatol' K. Citoŭ, Heral'dyka belaruskich mestaŭ (XIV-pačatak XX stst.), [Die Heraldik weißrussischer Ortschaften (vom XIV. bis zum Anfang des 20. Jhs.)], Minsk 1998.

Dumin 1980 – Stanislav V. Dumin, Social'no-političeskoe razvitie gorodov Smolenskogo voevodstva v sostave Reči Pospolitoj (1618–1648 gg.) [Die sozialpolitische Entwicklung der Städte der Smolensker Wojewodschaft, die zur Rzeczpospolita gehören (1618–1648)], in: Problemy istorii antičnosti i srednich vekov [Probleme der Geschichte der Antike und des Mittelalters], hrsg. von Ju. M. Saprykin, Moskva 1980, S. 95–111.

Dumin 1986 – Stanislav V. Dumin, K istorii razvitija lennogo zemlevladenija v Reči Pospolitoj v XVII veke (Smolenskoe voevodstvo v zemel'noj politike dinastii Vazov) [Zur Geschichte der Lehnsgrundbesitzes in der Rzeczpospolita im 17. Jh. (Die Smolensker Wojewodschaft in der Grundpolitik der Waza-Dynastie], in: Sovetskoe slavjanovedenie 2 (1986), S. 43–57.

Florja – Boris N. Florja, Svedenija o zemlevladenii russkich dvorjan konca XVI-načala XVII veka v dokumentach Litovskoj metriki [Angaben über Grundbesitz russischer Edelleute Ende des 16. und Anf. des 17. Jhs. in den Urkunden der Litauischen Metrik], in: Russkij diplomatarij 7 (2001), S. 403–414.

Murzakevič – Nikifor A. Murzakevič, Istorija goroda Smolenska. Jubilejnoe izdanie smolenskogo gubernskogo statističeskogo komiteta. Pod redakciej I. I. Orlovskogo. (Priloženie k Pamjatnoj knižke Smolenskoj gubernii na 1904 g.) [Geschichte der Stadt Smolensk. Jubiläumausgabe des Smolensker statistischen Gouvernementsausschusses, hrsg. von I. I. Orlovskij. (Zugleich Anhang zum Gedenkbuch des Smolensker Gouvernements für 1904)], Smolensk 1903.

Obozrenie 3 – Obozrenie Rumjancevskoj opisi Malorossii. Vyp. 3. Polk Starodubskij [Übersicht der Beschreibung Rumjancovs von Kleinrußlands, H. 3, Staroduber Regiment], hrsg. von N. A. Konstantinovič, Černigov 1875.

PSZ–1, PSZ–2 – Polnoe sobranie zakonov Rossijskoj Imperii [Vollständige Sammlung der Gesetze des Russischen Reiches], Erste Ausgabe, St. Peterburg 1830; Zweite Ausgabe, St. Peterburg 1831 (mit Band- und Nummerangabe).

RIB 27 – Russkaja istoričeskaja biblioteka, izdavaemaja Archeografičeskoj Komissiej. T. 27. Litovskaja metrika. Otd. 1. C. 1. Knigi zapisej. T. 1. [Russische historische Bibliothek, hrsg. von der Archäographischen Kommission. Bd. 27. Litauische Metrik. Abt. 1. Teil 1. Die Eintragungsbücher. Bd. 1], St. Peterburg 1910.

Rimša – Edmundas Rimša, Lietuvos Didžiosios Kunigaikštystės miestų antspaudai [Die Stadtsiegel des Großfürstentums Litauen], Vilnius 1999.

Šestakov – N. A. Šestakov, Vekovaja tjažba bel'skich graždan. (Očerk iz istorii g. Belogo Smolenskoj gubernii) [Der jahrhundertelange Rechtsstreit der Bürger von Belyj (Skizze aus der Geschichte der Stadt Belyj im Smolensker Gouvernement)], Smolensk 1886.

Tokmakov – Ivan F. Tokmakov, Istoriko-statističeskoe opisanie goroda Mglina Černigovskoj gubernii, v svjazi s cerkovno-archeologičeskim obzorom svjaščennych dostopamjatnostej ėtogo kraja so vremeni pervonačal'nogo ego zaselenija. S priloženiem istoričeskogo očerka mestečka Počepa [Historisch-statistische Beschreibung der Stadt Mglin im Gouvernement Černigov im Zusammenhange mit der kirchlich-archäologischen Übersicht der heiligen Merkwürdigkeiten dieser Gegend seit der Zeit ihrer ursprünglichen Besiedlung. Mit Beilage der historischen Übersicht des Fleckens Počep], Kiev 1888.

Volumina legum – Volumina legum, Przedruk zbioru praw staraniem XX. Pijarów w Warszawie, od roku 1732 do roku 1782, wydanego. [Volumina legum. Nachdruck der Rechtssammlung, die durch die Mitglieder des Ordens Piarum in Warschau in 1732–1782 herausgegeben wurde], Peterburg 1859–1860.

In der ersten Spalte wird die laufende Nummer, in der zweiten werden der Name des Ortes, des Inhabers (kursiv), das Datum bzw. der Zeitraum, die Rechtsgrundlage und die Quelle angegeben.

1. Starodub
S. Zenowicz (Edelmann)
6/VII 1610
Privileg Sigismunds III. für das „Schloß" Starodub mit der ganzen Staroduber Volost'.
Florja, S. 403 (erw.).

2. Roslavl'
?
22/X 1613
Privileg Sigismunds III. für das „Schloß" in Roslavl' unter Vorbehalt, daß es nach dem Krieg einer anderen Person verliehen werden kann.
Ebd. (erw.).

3. Brjansk (Debrjansk)
Ivan Andreevič (Fürst von Možajsk, und seine Erben)
1446 (?) bis Mitte 1480er Jahre.
Verleihungen der Großfürsten von Litauen
RIB 27, Sp. 123, 212, 846–847; Anna L. Choroškevič, Dokumenty načala XV v. o russko-litovskich otnošenijach [Die Urkunden aus dem Anfang des 15. Jhs. über die russisch-litauischen Beziehungen], in: Kul'turnye svjazi Rossii i Pol'ši XI–XX vv. [Kulturelle Beziehungen Rußlands und Polens vom 11. bis zum 20. Jh.], hrsg. von Jaroslav N. Ščapov u. a., Moskva 1998, S. 54 f
Boguszewski (Edelmann)
29/VI 1611
Privileg Sigismunds III.
Florja, S. 403 (erw.).

4. Pogar (Radogošč)
Grigorij Guljanicki (Oberst des Regiments von Nežin)
1/IX 1661
Verleihung Kasimirs von Polen. Das „Städtchen" Pogar wird als Lehnsherrschaft dem Inhaber und dessen Nachfolgern männlichen Geschlechts verliehen.
Rus'ka (Volyns'ka) metrika. Knyga za 1652–1673 rr. (Pamjatniki istorii Vostočnoj Jevropy. Istočniki XV–XVII vv. T. V) [Die Russische (Wolhynische) Metrik. Buch für 1652–1673 (Geschichtsdenkmäler Osteuropas. Quellen des 15.–17. Jhs. Bd. V)], hrsg. von Petro Kulakovs'kyj, Ostroh [u. a.] 1999, S. 254–255 (Publikation des Privilegs); Volumina legum, Bd. IV (1641–1668), 1859, S. 360 (Bestätigung des Sejms).
Graf Kirill Razumovskij, Hetman von Kleinrußland (?)
1751
Freibrief der Zarin Elisabeth
Aleksandr I. Chanenko, Gorod Pogar. Istoriko-statističeskij očerk [Die Stadt Pogar. Eine historisch-statistische Skizze] Černigov 1871, S. 6–7 (die Angaben über die Verleihung sind nicht gesichert); Svod pamjatnikov architektury i monumental'nogo iskusstva Rossii. Brjanskaja oblast' [Korpus der Denkmäler der Architektur und Monumentalkunst Rußlands. Brjansker Gebiet], hrsg. von V. P. Vygolov, Moskva 1998, S. 397.

5. Belyj (Belaja)
Niewiadomski (Edelmann)
18/X 1611
Privileg Sigismunds III. mit Erwähnung, daß Niewiadomski vom König das „Schloß Belaja in Moskau innehat".

Florja, S. 403 (erw.).

6. **Mglin**
Mikołaj Abramowicz, Oberst
1634
Privileg Władysławs IV.
Dumin 1980, S. 107 (erw.)
Samuel Zarudnyj, Richter des Zaporožer Heeres (?)
1661 (?)
Verleihung Kasimirs von Polen. Das „Städtchen" Mhlow (*sic*) „mit seinen Zugehörigkeiten" werden dem Inhaber und dessen Nachfolgern männlichen Geschlechts als Lehn verliehen.
Volumina legum, Bd. IV, 1859 (1641–1668), S. 360 (Bestätigung des Sejms).
Graf Kirill Razumovskij, Hetman von Kleinrußland
18/II 1760
Verleihung der Zarin Elisabeth
Tokmakov, S. 19 (erw.).

7. **Sebež**
Die Fürsten Radziwiłł
1633–1654, 1678–1772
Laut Privileg Władysławs IV. wurden die Stadt und der Kreis als ewige Lehnsherrschaft (ohne den sonstigen Personen bereits verliehenen Güter) dem Fürsten Krzysztof Radziwiłł, Hetman von Litauen, verliehen. Im Jahre 1649 wurden Stadt und Kreis Sebež bereits als Erbgut von Janusz Radziwiłł durch die Konstitution des Sejm bestätigt. Seit 17/X 1764 wurden Grafschaft und Stadt Sebež (gem. Dekret von Grodno der Generalkonföderation des Großfürstentums Litauen) von den Warschauer Kaufleuten Piotr Teper und Jan Stefani geleitet. Nach 1772 russischer Staatsbesitz.
Volumina legum, Bd. IV (1641–1668), 1859, S. 149; Istoriko-juridičeskie materialy, izvlečennye iz aktovych knig gubernij Vitebskoj i Mogilevskoj, chranjaščichsja v central'nom archive v Vitebske 29 (1901), S. 189–191; Belorussija v ėpochu feodalizma, Bd. III. Vossojedinenie Belorussii s Rossiej i ee ėkonomičeskoe razvitie v konce XVIII-pervoj polovine XIX veka (1772–1860). [Weißrußland in der Feudalepoche, Bd. III. Die Wiedervereinigung Weißrußlands mit Rußland und seine ökonomische Entwicklung Ende des 18. und in der ersten Hälfte des 19. Jhs. (1772–1860)], Minsk 1961, S. 42; A. P. Grickevič, Častnovladel'českie goroda Belorussii v XVI–XVIII vv. (social'no-ėkonomičeskoe issledovanie istorii gorodov) [Die Privatstädte Weißrußlands im 16.–18. Jh. (Sozialökonomische Stadtgeschichtsforschung)], Minsk 1975, S. 186; Dumin 1980, S. 107 (erw.); Dumin 1986, S. 48 (erw.).

8. **Počep**
D. Kierlo, Staroduber Marschall, und seine Erben
1629–1654
Privileg Sigismunds III. (die Stadt wird als erblicher Besitz mit Verpflichtung des Inhabers, die Stadtbefestigungen wiederherzustellen und in der Stadt die Garnison zu unterhalten, verliehen). Die Rechte der Erben von Kierlo wurden später von den polnischen Königen und durch die internationalen Verträge bestätigt.
Dumin 1980, S. 107 (erw.); Dumin 1986, S. 47 (erw.); Ljudmila A. Demechina, Listaja stranicy istorii [Die Blätter der Geschichte umblätternd], in: Počep – slavnyj gorod na Sudosti. Sbornik istoričeskich očerkov [Počep – eine glorreiche Stadt am Sudost'. Eine Sammlung historischer Skizzen], hrsg. von Ljudmila A. Demechina, Klinzy 2000, S. 49.
Fürst Aleksandr Menšikov

1709–1727
Urkunde des Hetmans Skoropads'kyj
Tokmakov, S. 13–14, 77–84; Sergej I. Michal'čenko, Novyj dokument o social'noj bor'be v častnovladel'českom gorode v Rossii načala XVIII v. [Eine neue Urkunde vom sozialen Kampf in einer privaten Stadt in Rußland aus dem Anf. des 18. Jhs.], in: Realizm istoričeskogo myšlenija: Problemy otečestvennoj istorii perioda feodalizma. Čtenija, posvjaščennye pamjati A. L. Stanislavskogo. Tezisy dokladov i soobščenij. [Realismus des historischen Denkens: Probleme der vaterländischen Geschichte der Periode des Feudalismus. Thesen der Vorträge und Mitteilungen der A. L. Stanislawski-Gedächtniskonferenz], Moskau, 27. Januar bis 1. Februar 1991, Moskva 1991, S. 175.
Graf Kirill Razumovskij, Hetman von Kleinrußland, und seine Erben
1760–1820er Jahre (?)
Die Urkunde der Zarin Elisabeth vom 17/II 1760. Das ganze Gut mit der Stadt Počep wurde später im Treuhandrat verpfändet.
Ljudmila A. Demechina, Listaja stranicy istorii, S. 71–82.
Die Grafen Kleinmichel
1840er Jahre –1917
Das Gut mit der Stadt Počep wurde im Treuhandrat Anfang der 1840er Jahre gekauft.
Ebd., S. 82–85.

9. Nevel'
Die Fürsten Radziwiłł und ihre Erben
1633–1654, 1678–1772
Laut Privileg Władysławs IV. wurde die Stadt als ewige Lehnsherrschaft dem Fürsten Krzysztof Radziwiłł, Hetman von Litauen, verliehen. Im Jahre 1649 wurde die Starostei Nevel' mit Stadt und Schloß Nevel' bereits als Erbgut von Janusz Radziwiłł durch die Konstitution des Sejm bestätigt. Seitdem ging die Stadt in den Besitz der Grafen von Neuburg, die durch die Ehe mit Fürstin Karolina-Jadwiga Radziwiłł verwandt waren. Die Rechte dieser Linie wurden durch die Konstitution des Sejm von 1717 und 1718 bestätigt. Nach 1772 russischer Staatsbesitz.
Volumina legum, Bd. IV (1641–1668), 1859, S. 149; Bd. VI (1697–1736), 1860, S. 157, 204; Belorussija v ėpochu feodalizma, Bd. III, S. 42; A. P. Grickevič, Častnovladel'českie goroda Belorussii, S. 187; Dumin 1980, S. 107 (erw.); Dumin 1986, S. 48 (erw.); Ljudmila M. Maksimovskaja, Nevel'skaja starina. Sbornik materialov po istorii Nevelja. XVI-načala XX veka [Nevel'er Altertum. Eine Sammlung der Materialien zur Geschichte von Nevel'. 16. bis Anf. des 20. Jhs.], St. Peterburg 1993, S. 87.

Tabelle 4: Urkunden und Freibriefe der westrussischen Städte

Vorbemerkung

Bei der Quellenauswahl werden in der Regel diejenigen Urkunden berücksichtigt, die für die ganzen Stadtgemeinden (nicht für einzelnen Stadtbewohner) bestimmt waren und ihnen Rechte und Freiheiten verliehen. Die Urkunden, die bloße Forderungen der Staatsherrschaft enthielten, werden hier nicht dargestellt.

Die Briefe für Statthalter und sonstige Würdenträger wurden grundsätzlich als Ergänzungsquellen angeführt. Es werden die Publikationen der Urkunden bevorzugt; die bloßen Erwähnungen in der Literatur sind daher nur dann angegeben, wenn die relevanten Quellen unveröffentlicht sind. In diesen Fällen sind meistens diejenigen Arbeiten ausgewertet, deren Autoren die Archivalien benutzten.

Die Reihenfolge der ausgewerteten Freibriefe ist mit den Daten der ersten überlieferten Privilegienverleihungen bestimmt. Als untere chronologische Gren-

ze dient grundsätzlich die Zeit der russischen Stadtreform und die Einführung des allrussischen Stadtprivilegs von 1785. Die späteren Verleihungen werden nur dann angegeben, wenn es sich um die Bestätigung der früheren Privilegien handelte.
Zur Datierungsweise s. die Vorbemerkung bei der Tabelle 3.
Abkürzungen s. vor der Tabelle 3.

a. Die Städte, die das eigentliche Magdeburger Recht bekamen[150]

I. Smolensk

1. 1404 (nicht erhalten)
Witowt, Großfürst von Litauen
Unbekannt („befahl, den Leuten von Smolensk viele Freiheiten zu schaffen")
Grigorij [K.] Bugoslavskij, Smolenskaja zemlja v litovskij period [Das Smolensker Land in litauischer Zeit], in: Smolenskaja starina 3, 1 (1914), S. 23.

2. 7/VI [1408]
Ders.
„Offener Brief" (d. h. die Verkündigung des fürstlichen Rechtsspruchs) in der Sache wegen der Streitigkeiten zwischen den Smolensker Bürgern und dem Bischof von Wilna um den Goloje-Bruch. Die Hälfte des Bruchs wird den Bürgern zugesprochen.
Anna L. Choroškevič, Dokumenty načala XV v. o russko-litovskich otnošenijach [Die Urkunden vom Anfang des 15. Jhs. über die russisch-litauischen Beziehungen], in: Kul'turnye svjazi Rossii i Pol'ši XI–XX vv. [Kulturelle Beziehungen Rußlands und Polens vom 11. bis zum 20. Jh.], hrsg. von Jaroslav N. Ščapov u. a., Moskva 1998, S. 52–53.

3. 1413 (?)
Ders.
Privileg an die Smolensker Bürger in den Handelssachen: Es wird der Stadt das Recht verliehen, eine neue Gewichtseinheit (*Stein*) statt der alten Einheit (*Bezmen*) zu benutzen; das Wiegen muß wie früher im Beisein des *Tiun* (fürstl. Amtmann) und der „Männer" durchgeführt werden; die Einmischung des *Tiuns* und seiner Diener in den Wiegeprozeß ist jedoch nicht gestattet; der alte Satz der Wiegegebühr für den *Tiun* ist beibehalten.
Ebd., S. 53 f.

4. 1442 (?)
Kasimir, Großfürst von Litauen
„Privilej maestat" („Privilegium majestatis"). Unverletzlichkeit des orthodoxen Glaubens und der administrativen Rechte der Kirche; Rechtsschutz der Witwen (Verbot, sie aus den Häusern zu vertreiben oder zwangsweise zu verheiraten); Testamentsfreiheit; dem Dieb abgenommener Besitz muß dem Geschädigten zurückgegeben werden; Zölle müssen nur von Gästen entrichtet werden; Verbot, in der Stadt Krüge zu unterhalten; es werden die Sätze verschiedener Gebühren, nämlich der Gebühr bei Vorladung vor Gericht (für den Gerichtsboten) und der Waagegebühr (zugunsten der Stadt), festgelegt; die bisherigen Geldeinnahmen der Stadt für den Fürsten sind aufgehoben; Befreiung von der Fuhrleistung (außer bei Besuchen des Fürsten); Bestätigung der Rechte der Smolensker Bojaren auf ihre Güter; Zurückweisung an Smolensk desjeniges Landbesitzes, der dem Fürst Swidrigajlo abgenommen wurde; zahlen die Smolensker in Polock Zölle, können die Smolensker dies ebenso von den Polockern verlangen, zahlen die Smolensker nicht, müssen auch die Polocker keine Zölle

[150] In der ersten Spalte wird die laufende Nummer, in der zweiten werden das Verleihungsdatum, der Verleiher (kursiv), der Inhalt der Urkunde und die Quelle angegeben sowie zusätzliche Angaben gemacht.

entrichten; die Rechte der litauischen Bojaren und Edelleute werden auf die Bojaren und Edelleute des Smolensker Landes ausgeweitet
AZR 1, Nr. 213 (S. 359–363) – Transsumpt in der Urkunde von 1505 (s. unten). – Die Datierung von 1442 ist von den meisten Forschern akzeptiert (Michail N. Jasinskij, Ustavnye zemskie gramoty Litovsko-Russkogo gosudarstva [Die Landesordnungen des litauisch-russischen Staates], Kiev 1889, S. 60 f.; Matvej K. Ljubavskij, Oblastnoe delenie i mestnoe upravlenie Litovsko-Russkogo gosudarstva ko vremeni izdanija pervogo Litovskogo statuta [Gebietseinteilung und Lokalverwaltung des litauisch-russischen Staates um die Zeit der Verkündigung des Ersten Litauischen Statuts], Moskva 1892, S. 32; I. V. Jakubovskij, Zemskie privilej Velikogo knjažestva Litovskogo [Landesprivilegien des Großfürstentums Litauen], in: Žurnal Ministerstva narodnogo prosveščenija Mai-Juni (1903), S. 279; Michail M. Krom, Mež Rus'ju i Litvoj. Zapadnorusskie zemli v sisteme russko-litovskich otnošenij konca XV-pervoj treti XVI v. (=Issledovanija po russkoj istorii. 4) [Zwischen Rußland und Litauen. Westrussische Länder im System russisch-litauischer Beziehungen Ende des 15. bis zum ersten Drittel des 16. Jhs., Moskva 1995, S. 162). Es wurde in der Literatur auch die Datierung von 1445–1447 angeführt (Grigorij [K.] Bugoslavskij, Smolenskaja zemlja [...] S. 91).

5. 1482–1486
Ders.
„Gerichtsbrief" auf Beschwerde der Smolensker wegen Machtmißbrauchs des Statthalters Mikołaj Radivilovič. Es werden die Befreiung von Fuhr- und Wachtleistung sowie die Gebührensätze bei Vorladung vor Gericht bestätigt; die vom Statthalter unrechtmäßig eingeführten Abgaben von den Gästen und von den Smolenskern sowie die Teichgrabeleistung der letzteren werden aufgehoben; die Mißbräuche des ‚Jagdaufsehers' werden unterbunden.
AZR 1, Nr. 213 (S. 359–363) – Transsumpt in der Urkunde von 1505 (s. u.).

6. 1482–1486
Ders.
„Brief" an den Statthalter Mikołaj Radivilovič. Es wird verboten, Verleumdungen der Smolensker zu provozieren, um danach die Gerichtsgebühren von den Klägern einzutreiben; es werden die Sätze der Zölle von den Pferde- und Viehherden wie unter Witowt und Sigismund bestätigt; das Recht der Bürger, Holz im Wald beim Dnjepr zu schlagen, wird bestätigt; die Sätze mancher Gebühren, nämlich der Aussöhnungs-, Heirats- und Witwenheiratsgebühr („Aussöhnungs-, Heirats- und Witwenmarder") werden festgestellt; die Dienstleute der Fürsten, Bojaren- und Abtendienstleute, die in der Stadt wohnen, müssen Wachtsteuer wie die übrigen Städter zahlen; diejenige, die ihre Dienstleute „im Geld" haben, müssen sie selbst richten und nicht die Würdenträger des Statthalters; die Leistungen der kirchlichen, fürstlichen und Bojarendienstleute werden beschränkt.
Ebd. (Transsumpt in der Urkunde von 1505, s. unten).

7. 1482–1486
Alexander, Großfürst von Litauen
„Brief" an den Statthalter Jurij Glebovič. Die kirchlichen, fürstlichen und Bojarendienstleute müssen auf gleichem Fuß mit den übrigen Städtern dienen; die Untervögte, die Mißbräuche begehen, müssen entlassen und durch gute Leute ersetzt werden; die Bürger müssen ihre Dienstzeit nach der Reihe ableisten; die Würdenträger und die Diener des Statthalters dürfen die Städter nicht berauben.
Ebd. (Transsumpt in der Urkunde von 1505, s. unten).

8. 29/IV 1494
Ders.
Bestätigung der Rechte des Smolensker Bischofs Joseph: Der großfürstliche Statthalter muß über die Smolensker Kirchendienstleute kein Gericht halten; der Bischof hat das Recht, Leute aus dem Ausland einzuladen und auf Kirchenlandanzusiedeln; Bestätigung des städtischen Landbesitzes in Smolensk, der dem Bischof vom Großfürst Kasimir geschenkt wurde.

AZR 1, Nr. 118 (S. 143–144) – mit Datum 24/IV 1494; RIB 27. Sp. 528–530.

9. 8/VIII 1500
Ders.
Befreiung der Smolensker Bürger von den Zöllen im ganzen Großfürstentum Litauen für 15 Jahre.
RIB 27. Sp. 803–804.

10. 1500 ?
Ders.
Bestätigung des Rechts der Smolensker Bürger, mit Wachs zu handeln, „wie es unter dem Vater seiner königlichen Gnade war".
RIB 27. Sp. 804.

11. 16/VIII 1502
Ders.
Befreiung der Smolensker Bürger von den Steuern für 6 Jahre wegen der Verwüstung der Stadt durch Söldner.
AZR 1, Nr. 199 (S. 347).

12. 1/III 7013(1505)
Ders.
Bestätigung der Urkunden von 1442, 1482–1486, 1492–1499, die den Smolenskern von Witowt, Sigismund und Kasimir verliehen wurden.
AZR 1, Nr. 213 (S. 359–363).

13. 16/IV 1513
Sigismund I., König von Polen
Verbot, in der Stadt Krüge zu unterhalten, Aufhebung der unrechtmäßigen Wojewodenabgaben und Feststellung der Gerichtsgebühren gemäß den Urkunden des Königs Alexander.
Michail M. Krom, Neizvestnyj privilej Sigismunda I Smolensku (1513 god) [Ein unbekanntes Privileg Sigismunds I. an Smolensk (1513)], in: Ot Drevnej Rusi k Rossii Novogo vremeni. Sbornik statej k 70–letiju Anny Leonidovny Choroškevič [Vom alten Rußland zum Rußland der Neuzeit. Festschrift zum 70jährigen Jahrestag von Anna Leonidovna Choroschkewitsch], hrsg. von Andrej V. Jurasov, Valentin L. Janin, Moskva 2003, S. 138 f.

14. 10/VII 7022 (1514)
Vasilij III., Großfürst von Moskau
Bestätigung der Privilegien von Witowt, Alexander und Sigismund (Immunität der Kirche, Verbot von Krügen in der Stadt, Festsetzung der Handels- und Gerichtsgebühren u. a.)
Murzakevič, S. 7–10 (dritte Pag.); nach der anderen Abschrift auch in Sobranie gosudarstvennych gramot i dogovorov [Sammlung der Staatsurkunden und -verträge], Teil 1, Moskva 1813, Nr. 148 (S. 411–413).

15. 4/XI 1611
Sigismund III., König von Polen
Magdeburger Recht nach dem Vorbild von Wilna; Einführung von Vogt und Magistrat; die Magistratsmitglieder müssen jährlich aus den Reihen der katholischen Bürger gewählt werden; der Schriftverkehr muß erst in polnischer Sprache, 10 Jahre danach in Latein geführt werden; Appellationen müssen an das Königsgericht gerichtet werden; das Siegel mit Wappen; der Markt muß zweimal in der Woche stattfinden; zwei vierwöchentliche Jahrmärkte; Maß- und Gewichtseinheiten nach dem Vorbild von Wilna; Bau von Kaufbuden und Werkstätten zur Wachsreinigung; die Stadt muß Handelszölle und Zölle für Pferde, Wagen und Schiffe entrichten; Fischereirecht im Dnjepr; Gewerbefreiheit; das Recht, Getränke zum Verkauf zu produzieren, mit Steuerbefreiung für 12 Jahre; Verbot für Juden und Tataren, sich in der Stadt niederzulassen und zu handeln (mit Ausnahme der Jahrmärkte); die Bürger dürfen Zünfte einrichten; der König verspricht, der Stadt Ländereien zu verleihen; die Bürger müssen ein Rathaus mit Uhr, Läden, Stein- und Holzhäuser bauen.

Murzakevič, S. 10–15 (dritte Pag.); Aleksandr K. Il'jenko, Smolensk – dorogoe ožerel'je carstva Russkogo. Kratkij istoričeskij očerk [Smolensk, ein kostbares Halsband des Russischen Zarenreiches. Eine kurze historische Skizze], St. Peterburg 1894, S. 50–54; Rimša, S. 512 (zit. im lateinischen Original nach Litauischer Metrik). Am 20/XI 1619 wurde den königlichen Kommissaren befohlen, daß die Handelszölle nach Vorbild der Stadt Wilna entrichtet werden müssen (erw. in der Urkunde vom 30/XI 1655, s. u.).

16. 1/II 1613
Ders.
Bestätigung des Privilegs vom 4/XI 1611 und Einführung des Gastrechts: fremde Kaufleute dürfen nicht miteinander, sondern nur mit den Smolensker Kaufleuten (nach dem Vorbild von Wilna) handeln, mit Ausnahme des Lebensmittelhandels während der Jahrmärkte; die Kaufleute sollen die eingeführten Waren in der Festung und nicht in der Stadt und dessen Vorstädten lagern; die Festungssiedler sind von der Fuhrleistung befreit; die städtischen Obrigkeiten müssen die Grundstücke für die Bebauung ordnungsgemäß ausgeben; Genehmigung, Speicher am Kasplja auf den zu verleihenden Grundstücken zu bauen.
Murzakevič, S. 15–17 (dritte Pag.).

17. 12/III 1613
Ders.
Verleihung der versprochenen Immobilien der Stadt: 30 Freihufen in der Volost (Amtsbezirk) Bereżnjany (darunter 20 Hufen für den Vogt, 3 Hufen für die Rats- und Gerichtsschreiber); 10 Ziegeleien ohne Zinsabgaben; 100 Zinshufen in der Volost Bereżnjany und 1000 Morgen Heuschläge mit Zinssatz 48 Groschen litauisch pro Hufe; die Stabilität des Zinssatzes ist garantiert; nach der Verteilung der wirtschaftlichen Ländereien unter den Bürgern dürfen die Besitzer sie nur den Smolensker Bürgern, die Hausbesitzer sind, verkaufen; es werden der Stadt zusätzlich 100 Hufen Waldungen und Weiden verliehen; es wird verboten, auf den verliehenen Ländereien Salpeter, Pottasche und andere „Waldwerke" ohne königliches Wissen zu produzieren; die territoriale Jurisdiktion auf dem verliehenen Gelände ist von der Stadtobrigkeit auszuüben.
Ebd., S. 18–25 (dritte Pag.). Am 5/IV 1613 wurde es den königlichen Kommissaren befohlen, die Waldungen und Ackerland der Stadt laut Privileg vom 4/XI 1611 zuzuweisen (ebd., S. 17 f., dritte Pag.).

18. 12/III 1623
Ders.
Verleihung der Immobilien der Stadt: 166 Hufen Land (für die Stadt, den Vogt, die Bürgermeister und die Schreiber), 100 Hufen Waldungen, 1000 Morgen Heuschläge, Weiden und 10 Ziegeleien in der Volost Bereżnjany.
Šestakov, S. 20 (kurze Nacherzählung); Dumin 1980, S. 103 (erw.).

19. 15/II 1625
Ders.
Befreiung der Smolensker Bürger (nach Vorbild dem von Wilna) von innerstaatlichen Zöllen bei der Beförderung sämtlicher Waren, mit Ausnahme von Salz und Wachs; dieses Recht haben jedoch nur diejenigen Bürger, denen der Vogt und der Magistrat einen besonderen Ausweis gegeben haben.
Murzakevič, S. 38 (dritte Pag.; erw. in der Urkunde vom 30/XI 7164, s. unten); Dumin 1980, S. 104 (kurze Nacherzählung); Rimša, S. 512 (erw.).

20. 29/IV 1625
Ders.
Verleihung des Rechts, zwei Krüge zu haben, mit der Verpflichtung, einen Kaufhof für die Moskauer Kaufleute zu bauen; Einführung des Stapelrechts auf alle Waren, die aus Rußland in die Stadt über die Vjaz'maer Straße eingeführt werden; Bau einer Brücke über den Dnjepr, mit der Einführung des Brückenzolls; die Stadtobrigkeit erhält das Recht, von den städtischen Gewerbe- und Kaufläden die Zinsen nach dem Vorbild von Wilna zu erheben; Verleihung weiterer 70 Hufen in der Volost Bereżnjany; Verbot für die Städter, sich in die Infanterie einzuschreiben, um die Zahlung der Gewerbezinsen zu vermeiden.

Murzakevič, S. 21–25 (dritte Pag.).

21. 1626
Sejm der Rzeczpospolita
Bestätigung der Befreiung Smolensks von den Zöllen nach dem Vorbild von Polock.
Volumina legum, Bd. III (1609–1640), 1859, S. 240.

22. 9/V 1634
Władysław IV., König von Polen
Verleihung von 50 Hufen in der Volost Berežnjany.
Pavel Nikitin, Istorija goroda Smolenska [Geschichte der Stadt Smolensk], Moskva 1848, S. LII f.; Murzakevič, S. 25 f. (dritte Pag.); Šestakov, S. 20 f. (kurze Nacherzählung). Am selben Tag befahl Władysław IV. dem königlichen Feldmesser, Edelmann Stanisław Milaszewicz, die Hufen zuzuweisen (Pavel Nikitin, Istorija goroda Smolenska, S. LIII; Murzakevič, S. 26 f., dritte Pag.).

23. 1638
Sejm der Rzeczpospolita
Bestätigung dreier Jahrmärkte und des Stapelrechts, die der Stadt Smolensk von Sigismund III. verliehen wurden.
Volumina legum, T. III (1609–1640), 1859, S. 461.

24. 21/III 1648
Ders.
Gerichtsdekret mit der Vorschrift für den Bischof von Smolensk, die königlichen Kommissare, die die Landvermessung und Immobilienrevision in Gnjosdowo durchführen, nicht zu behindern, und dem Magistrat den entstandenen Schaden zu ersetzen.
Murzakevič, S. 27–31 (dritte Pag.).

25. 16/II 1649
Jan, König von Polen
Bestätigung des Gerichtsdekrets vom 21/III 1648.
Dmitrij K. Višnevskij, Neskol'ko dokumentov XVII stoletija, otnosjaščichsja k istorii Smolenskoj zemli [Einige Urkunden des 17. Jhs., die sich auf die Geschichte des Smolensker Landes beziehen], in: Pamjatnaja knižka Smolenskoj gubernii na 1901 g. Priloženija. [Anhang zum Gedenkbuch des Smolensker Gouvernements für 1901], Smolensk 1900, S. 5–8 (dritte Pag.); Murzakevič, S. 31–34 (dritte Pag.).

26. 8/IX 7163 (1654)
Aleksej Michajlovič, Zar von Rußland
Bestätigung der Befugnisse des Stadtrichters Galimont und der früheren Rechte der Bürger auf ihren Besitz.
Ebd., S. 34 f. (dritte Pag.); PSZ–1, Bd. II, Nr. 1299 (S. 931 f.) – Transsumpt in der Urkunde vom 8/VI 7196, s. u.; Šestakov, S. 21 (kurze Nacherzählung mit dem Datum 18. September 1655).

27. 27/XI 7164 (1655)
Ders.
Erlaubnis für die Bürger von Smolensk, die Waage und das Brauhaus von 1655–1656 leistungsfrei zu besitzen.
Murzakevič, S. 37 (dritte Pag.) – erw. mit Datum 23/XI 1655 in der Urkunde vom 8/VI 7196; PSZ–1, Bd. II, Nr. 1299 (S. 932–934) – Transsumpt in der Urkunde vom 8/VI 7196, s. u.

28. 30/XI 7164 (1655)
Fürst Boris Aleksandrovič, gemäß Erlaß des Zaren Aleksej Michajlovič

Bestätigung der Rechte auf Höfe, Läden, Heuschläge, Handelsprivilegien, Waage und Brauhaus, des Rechts, Bier und Met (nur für den eigenen Bedarf) zu produzieren; Bestätigung der Privilegien vom 4/XI 1611, 1/II 1613, 12/III 1623, 15/II 1625 und der Vorschrift für die königlichen Kommissare vom 20/XI 1619 über Zolltarif von Wilna.
Murzakevič, S. 35–39 (dritte Pag.) – mit falschen Datumsverweisen der erwähnten Urkunden; PSZ–1, Bd. II, Nr. 1299 (S. 932–934).

29. 30/VII 7178 (1670)
Aleksej Michajlovič, Zar von Rußland
Brief an den Wojewoden Ivan Chovanskij. Bestätigung der Stadtjurisdiktion über die Freiheiten Račovka und Čurilovka, die auf dem städtischen Boden gebaut wurden, der Rechte von Smolensk auf die Weiden und Heuschläge laut Privilegien vom 12/III 1623 und 9/V 1634 und Zarenurkunde vom 30/XI 7164.
Murzakevič, S. 39–42 (dritte Pag.); PSZ–1, Bd. II, Nr. 1299 (S. 934–936) – Transsumpt in der Urkunde vom 8/VI 7196, s. u. – Am 18/VIII 7198 wurden der Stadt die Ländereien gemäß Urkunde vom 30/VII 7178 angewiesen (PSZ–1, Bd. II, Nr. 1299, S. 936 f.); auch bei Dmitrij K. Višnevskij, Neskol'ko dokumentov XVII stoletija, otnosjaščichsja k istorii Smolenskoj zemli [Einige Urkunden des 17. Jhs., die sich auf die Geschichte des Smolensker Landes beziehen], in: Pamjatnaja knižka Smolenskoj gubernii na 1901 g. Priloženija. [Anhang zum Gedenkbuch des Smolensker Gouvernements für 1901], Smolensk 1900, S. 24 f. (dritte Pag.).

30. 8/VI 7196 (1688)
Johann und *Peter Alekseevič*, Zaren von Rußland
Freibrief für Smolensk (Bestätigung der Urkunden von 8/IX 7163, 27/XI 7164, 30/XI 7164 und 30/VII 7178).
PSZ–1, Bd. II, Nr. 1299 (S. 931–937).

31. 5/IV 7206 (1698)
Peter I., Zar von Rußland
Verleihung der übermäßigen Hufen und Morgen, die bei der Landvermessung entdeckt wurden an die Smolensker Bürger, und die Entrichtung der Zinsen nach ursprünglicher Art.
PSZ–1, Bd. II, Nr. 1267 (S. 447); auch bei Dmitrij K. Višnevskij, Neskol'ko dokumentov XVII stoletija, otnosjaščichsja k istorii Smolenskoj zemli [Einige Urkunden des 17. Jhs., die sich auf die Geschichte des Smolensker Landes beziehen], in: Pamjatnaja knižka Smolenskoj gubernii na 1901 g. Priloženija. [Anhang zum Gedenkbuch des Smolensker Gouvernements für 1901], Smolensk 1900, S. 43 f. (dritte Pag.).

32. 9/IX 1730
Der regierende Senat
Einführung des dreiwöchigen Jahrmarktes in Smolensk, mit Erlaubnis des Groß- und Einzelhandels für alle (außerhalb des Jahrmarktes ist nur Großhandel erlaubt).
PSZ–1, Bd. VIII, Nr. 5573, Ziff. 3 (S. 291).

33. 11/IX 1746
Der regierende Senat
Erlaubnis für die Smolensker Bürger, leibeigene Leute ohne Grundbesitz lt. früherer Freibriefe ohne Grundbesitz zu kaufen. Zugleich Bestätigung der Freibriefe vom 12/III 1623 und 9/V 1634, 8/IX 7163 und 30/VII 7178.
PSZ–1, Bd. XII, Nr. 9332 (S. 606–610).

34. 1/IX 1747
Der regierende Senat
Bestätigung der Besitzrechte des Smolensker Bürgertums an leibeigenen Bauern, „anders als in den übrigen Gouvernements“.

Murzakevič, S. 43 (dritte Pag.) (erw. im Erlaß vom 26/I–16/II 1771, s. u.).

35. 26/I–16/II 1771
Katharina II., Zarin von Rußland; der regierende Senat
Bestätigung der Zarenurkunden vom 8/IX 7163, 30/VII 7178 1/IX 1747.
Ebd., S. 42–44 (dritte Pag.).

36. 10/IV 1775
Der regierende Senat
Bestätigung der früheren Rechte der Smolensker Bürgerschaft.
Ebd., S. 44 (dritte Pag.) (erw.).

37. 20/III 1777
Katharina II., Zarin von Rußland
Bestätigung der Rechte der Smolensker Bürgerschaft und der Kaufmannschaft auf ihre Ländereien und Dörfer nach früheren Freibriefen.
PSZ–1, Bd. XX, Nr. 14600 (S. 513).

38. 10/X 1780
Der Regierende Senat
Abänderung des Stadtwappens.
PSZ–1, Bd. XX, Nr. 15072 (S. 993–994).

39. 1817
Der regierende Senat
Bestätigung der Rechte der Bürgerschaft und der Kaufmannschaft von Smolensk, Dorogobuž, Roslavl' und Belyj auf ihre Ländereien und Bauern, die ihnen von den polnischen und russischen Herrschern verliehen wurden; die Gemeindeländer können nicht in Privatbesitz einzelner Bürger umgewandelt werden.
Šestakov, S. 24 (erw.).

40. 3/XI 1833
Der regierende Senat
Es wird den Smolensker Kaufleuten und Bürgern verboten, in Zukunft leibeigene Bauern zu erwerben; Leute, die ihnen gehören, dürfen sie jedoch besitzen; diese Bauern dürfen sie nur den Edelleuten verkaufen.
PSZ–2, Bd. VIII, Nr. 6545 (S. 640).

41. 17/VII 1836
Der Regierende Senat
Bestätigung der Meinung des Senats vom 3/XI 1833. Es wird überdies vorgeschrieben, daß die Orte, die Smolensk gemäß uralter Privilegien besitzt, ausschließlich der Stadt und nicht den einzelnen Personen gehören sollen; diese Güter kann man von den adligen Privatbesitzern nur mit besonderer Zustimmung des Zaren enteignen; die darin wohnenden leibeigenen Bauern dürfen einzeln oder mit ihren Familien zur Ausfuhr verkauft werden; die Stadtgüter müssen durch die städtische Duma (Stadtrat) unter besonderer Aufsicht des Zivilgouverneurs verwaltet werden; im Falle der Verletzung dieser Regeln müssen die betreffenden leibeigenen Leute vom Fiskus nach Gerichtsurteil konfisziert werden. Es wird nunmehr verboten, Leibeigene zu erwerben und sie auf städtischem Boden anzusiedeln. Leibeigene gehören den Privatbesitzern nur bis zum Tode der letzteren und dürfen nicht vererbt, sondern müssen gegen Entgelt zugunsten des Fiskus enteignet werden.
PSZ–2, Bd. XI, Nr. 9323 (S. 732 f.).

II. Veliž (Smolensker Gebiet)

1. 20/III 1585
Stephan Báthory, König von Polen
Freibrief. Verleihung eines Stadtwappens; die Stadt erhält „statt" der ursprünglichen 100 Hufen ein anderes Grundstück; das Amt des von den Städtern zu wählenden Vogtes wird eingeführt; dem Vogt werden vier Freihufen zugewiesen; die Stadt darf zwei Jahrmärkte veranstalten und Kaufbuden bauen; die Bürger sind von den Leistungen (mit Ausnahme der Burg- und Brückeninstandsetzung) befreit; beim Getreidehandel ist der Krakauer Scheffel zu benutzen; die Starosten und ihre Statthalter müssen die Bürger nach dem Vorbild von Vitebsk richten; die Gerichtsgebühren müssen dem „gemeinen Rechte" und dem Statut des Großfürstentums Litauen entsprechen; einige Gebühren, nämlich die Aussöhnungs- („Aussöhnungsmarder") und die Heiratsgebühr („Heiratsmarder") sind nach dem Vorbild von Vitebsk zu entrichten; die Handelsregeln sind festgesetzt; die Schiffahrt auf der Düna ist frei; vor einer Einkaufsfahrt ins Ausland muß der Käufer der Veližer Obrigkeit einen Groschen zahlen; die Bürger dürfen Bier und Met zum eigenen Bedarf, aber nicht zum Verkauf produzieren (bei Strafe von 10 Rubel für den Fürst und 5 Rubel zugunsten des Starosten).
Onufrij M. Kiselev, Veliž, Vitebsk 1865, S. I–VI; AZR 3, Nr. 154 (S. 297–299) (nach anderer Abschrift); Istoriko-juridičeskie materialy, izvlečennye iz aktovych knig gubernij Vitebskoj i Mogilevskoj, chranjaščichsja v central'nom archive v Vitebske [Rechtsgeschichtliche Materialien, entnommen aus den Aktenbüchern der Gouvernements von Vitebsk und Mogilev, die im Zentralarchiv in Vitebsk aufbewahrt sind] 1 (1871), S. 352–356 (nach der Abschrift vom 31. Mai 1619).

2. 16/III 1597
Sigismund III., König von Polen
Bestätigung des Privilegs vom 20/III 1585.
Onufrij M. Kiselev, Veliž, Vitebsk 1865, S. XVII–XXII.

3. 2/VI 1616
Ders.
Bestätigung des Privilegs vom 20/III 1585; Befreiung vom Grund- und Hofzins; Befreiung der Veližer Kaufleute von den Zöllen (mit Ausnahme der Zölle für Salz, Wachs und sonstiger Waren, für die alle Kaufleute an den königlichen Fiskus zahlen müssen).
Ebd., S. VI–XI.

4. 9/II 1634
Wladysław IV., König von Polen
Befreiung der Veližer Bürger von den Handelszöllen in Litauen und Polen.
Ebd., S. XI–XIII.

5. 10/XII 1635 (?)
Ders.
Bestätigung der Privilegien von Stephan Báthory und Sigismund III. sowie des Freibriefes vom 9/II 1634. Die Urkunde ist an den Polocker Wojewoden gerichtet.
Ebd., S. XIII–XV. Das in der Publikation angeführte Datum 10/XII 1653 ist nicht glaubwürdig, da der König Władysław IV. im Jahre 1648 starb. Vermutlich wurde die Urkunde im J. 1635 erlassen, da sie über das „vorige Jahr 1634" spricht.

6. 1644 (?)
Ders.
Urkunde ähnlichen Inhalts; an den Polocker Wojewoden gerichtet.
Ebd., S. XV f. Das in der Publikation angeführte Datum 1653 ist ebenso nicht glaubwürdig (s. oben). Genaues Datum ist unklar: Einerseits hält dieser Freibrief die Urkunde vom 9/II 1634 für „im vorigen Jahre erlassen"; andererseits ist das Verkündungsjahr als elftes polnisches bzw. zwölftes schwedisches Regierungsjahr Władysławs (d. h. 1644) bezeichnet.

7. 23/IV 1653
Jan, König von Polen
Bestätigung der Privilegien und Urkunden von 20/III 1585, 16/III 1597, 2/VI 1616, 9/II 1634, 10/XII 1635 (?) und 1644 (?).
Ebd., S. XVI f.

8. 4/X 7163 (1654)
Aleksej Michajlovič, Zar von Rußland
Aufruf an die Bürger, die Stadt ohne Blutvergießen aufzugeben und das Versprechen, die früheren Königsurkunden, Rechte der Bürger und Befugnisse der Stadtobrigkeit zu bestätigen.
Ebd., S. XXII–XXV.

9. 1679
(*?*)
Bestätigung der Stadtprivilegien.
Rimša, S. 558 (erw.).

10. 1698
(*?*)
Bestätigung der Stadtprivilegien.
Ebd., (erw.).

11. XVII. Jh. (ohne Datum)
(*?*)
Bestätigung der Stadtprivilegien.
Ebd., (erw.).

12. 21/IX 1781
Der regierende Senat
Abänderung des Stadtwappens.
PSZ–1, Bd. XXI, Nr. 15236 (S. 271–272).

III. Starodub (Brjansker Gebiet)

1. 15/II 1620
Sigismund III., König von Polen
Verleihung des Magdeburger Rechts „nach dem Vorbild anderer von uns privilegierter Städte"; die Bürger müssen nur dem Vogt und dem Magistrat unterstellt werden; Bau der Krambuden; die Bürger dürfen Gewerbe und Handel treiben, sind aber dabei verpflichtet, den Stadtobrigkeiten zu gehorchen und die städtischen Leistungen zu tragen; die Bürger dürfen den Vogt, die Bürgermeister, die Ratsherren und Gerichtsmitglieder wählen, die jedoch anschließend vom König bestätigt werden sollen; Appellationen auf ihre Entscheidungen müssen ins königliche Gericht versendet werden; Verleihung des Stadtwappens (Eichenbaum mit Adlernest); Freiheit, alkoholische Getränke zum Verkauf zu produzieren, mit der Pflicht, dafür jährlich zwei Thaler Zins in die Stadtkasse zu zahlen; Verleihung von Immobilien: 20 Hufen und die Mühle für den Vogt, 15 Hufen für die Bürgermeister, sechs Hufen für den Stadtschreiber, 40 Freihufen (zwei Dörfer) zur Verfügung des Rats (sog. rathäusliches Vorwerk); die Stadt darf Zölle und Zinsen vom städtischen Gewerbe und Handel einziehen und bekommt die Einkünfte der städtischen Mühle; in der Stadt muß ein Rathaus mit Uhr gebaut werden; die Bürger dürfen Zünfte gründen; sie müssen mit dem Burgamt die Stadtbefestigung instandsetzen; sie sind von den übrigen Leistungen (mit Ausnahme der Stadtbewachung) befreit; der Vogt darf nur aus den Staroduber Bürgern gewählt werden.
Obozrenie 3, S. 405–411.

2. 27/V 1625
Ders.
Bestätigung der früheren Privilegien, mit folgenden Abweichungen und Ergänzungen: der Vogt muß Katholik und zugleich Burgkommandant oder Starost sein; die übrigen Stadtämter dürfen die Katholiken und die Unierten bekleiden; Wahlen und Stadtführung müssen nach dem Vorbild von Smolensk durchgeführt werden; in der Schriftführung muß 20 Jahre die polnische und danach die lateinische Sprache benutzt werden; die Stadt bekommt das neue Wappen (St. Georg); es wird das Maß der Stadt Wilna für die Getränke eingeführt; es soll Zappengeld (ein Schock litauisch von jedem Getränk zu Martini) entrichtet werden; es muß auf der königlichen Mühle gemahlen werden; die Bürger dürfen jedoch zum eigenen Bedarf je einen Mühlstein für alle 10 Häuser haben; die Bürger müssen die Stadtmühle instandsetzen; es werden folgende Zinsen festgelegt: 15 Groschen litauisch vom Haus und vom Gemüsegarten außerhalb der Stadt, 3 Groschen litauisch vom Morgen des bebauten Ackerlandes; es werden dem Vogt 40 Hufen, den drei Bürgermeistern 15 Hufen und dem Schreiber 2 Hufen verliehen; die Häuser und Hufen der erwähnten Amtspersonen sind auf ihre Amtszeit steuerfrei; der Rat bekommt 100 Freihufen („rathäusliches Vorwerk"); die Stadt darf jährlich einen Jahrmarkt am katholischen Festtage St. Georgii veranstalten; es müssen Krambuden und 4 Ziegeleien gebaut werden; das Burgamt soll vierteljährlich die Bürgerzählung zwecks eventueller Stadtverteidigung durchführen; fremde Kaufleute dürfen nur Großhandel treiben.
Dmitrij I. Bagalej, Novyj istorik Malorossii. Recenzija na knigu A. M. Lazarevskogo „Opisanie staroj Malorossii" [Neuer Historiker Kleinrußlands. Besprechung des Buchs von A. M. Lasarewski „Beschreibung des alten Kleinrußlands"]. Sonderabdruck aus der Ausgabe: Otčet o tridcat' vtorom prisuždenii nagrad grafa Uvarova [Bericht über die 32. Gewährung des Grafen-Uwarow-Preises], St. Peterburg 1891, S. 129–133.

3. 1646
Władysław IV., König von Polen
Bestätigung des Privilegs vom 27/V 1625.
Rimša, S. 516 (erw.).

4. 29/XI 7174 (1665)
Aleksej Michajlovič, Zar von Rußland
Der Freibrief für die Staroduber Bürger mit Bestätigung des Magdeburger Rechts und der Privilegien, die ihnen von den polnischen Königen verliehen wurden, nach dem Vorbild der Bürger von Nežin, Černigov und Perejaslav.
PSZ–1, Bd. I, Nr. 380 (S. 623 f.); Obozrenie 3, S. 395 f.

5. 1668
Demjan Mnogogrešnyj, Černigover Oberst
Universal (Erlaß) über die Bestätigung der früheren Privilegien, besonders auf die Stadtmühlen.
Obozrenie 3, S. 411–413.

6. 2/III 1668
Ivan Brjuchovecki, Hetman
Universal über die Bestätigung der früheren Freibriefe, Befreiung von der Regimentskanzlei und den Regimentswürdenträgern.
Dmitrij I. Bagalej, Novyj istorik Malorossii [Neuer Historiker Kleinrußlands], S. 63 (erw. im Freibrief der Zarin Elisabeth vom 15/III 1746, s. unten).

7. 21/VI 1672
Ivan Samoilovyč, Hetman
Universal über die Bestätigung der früheren Privilegien, besonders auf die Stadtmühlen, Stadtdörfer sowie der Zollfreiheit der Staroduber Kaufleute.
Obozrenie 3, S. 499 f.

8. 16/II 1709
Ivan Skoropads'kyj, Hetman
Bestätigung des Universals vom 21/VI 1672.
Ebd., S. 497–499.

9. 24/II 1724
Kleinrussisches Kollegium
Erlaß über die Bestätigung der Universale von 21/VI 1672 und 16/II 1709.
Ebd., S. 500 (erw.). – Zur Abänderung der früheren Privilegien wurden etliche Stadtdörfer zugunsten der Regimentswürdenträger laut Erlaß vom 22/VIII 1728 konfisziert (PSZ–1, Bd. VIII, Nr. 5324, Art. 10). Die übrigen Magistratsdörfer wurden um 1740 „für die Krone" beschlagnahmt und der Fiskalkanzlei unterstellt (Aleksandr M. Lazarevskij, Opisanie staroj Malorossii. Materialy dlja istorii zaselenija, zemlevladenija i upravlenija, T. 1, Polk Starodubskij [Die Beschreibung des alten Kleinrußlands. Materialien zur Geschichte der Besiedlung, Grundbesitz und Verwaltung, Bd. 1, Staroduber Regiment], Kiev 1888, S. 132).

10. 21/X 1741
Generalkanzlei
Bestätigung der Universale vom 21/VI 1672 und 16/II 1709.
Dmitrij I. Bagalej, Novyj istorik Malorossii [Neuer Historiker Kleinrußlands], S. 63 f. (die Urkunde ist im Freibrief der Zarin Elisabeth vom 15/III 1746 (s. u.) transsumiert).

11. 15/III 1746
Elisabeth, Zarin von Rußland
Bestätigung des Freibriefes von 1666 und der Universale vom 2/III 1668, 21/VI 1672 und 21/X 1741.
Ebd.

12. 4/VI 1782
Der regierende Senat
Abänderung des Stadtwappens (Wiederherstellung des ursprünglichen Wappens mit Eichenbaum).
PSZ–1, Bd. XXI, Nr. 15424 (S. 577 f.).

IV. Sebež (Pleskauer Gebiet)

1. 23/III 1623
Sigismund III., König von Polen
Verleihung des Magdeburger Rechts; Siegel mit Wappen; die Bürger dürfen Zünfte gründen; es werden der Stadt Ländereien, (darunter Rathausvorwerk von 10 Hufen) verliehen; Fischereirecht im Sebežer See.
A. P. Grickevič, Častnovladel'českie goroda Belorussii v XVI–XVIII vv. (social'no-ėkonomičeskoe issledovanie istorii gorodov) [Die Privatstädte Weißrußlands im 16.–18. Jh. (Sozialökonomische Stadtgeschichtsforschung)], Minsk 1975, S. 181, 186 (erw.); Dumin 1980, S. 100, 103 (erw. ohne genauere Datumsangabe); Citoŭ, S. 231 (mit Datum 22/III); Rimša, S. 128 (erw.; Datum auf Grundlage der Litauischen Metrik).

2. 1661
Sejm der Rzeczpospolita
Steuerbefreiung der Stadt auf 4 Jahre wegen Kriegsverwüstung.
Volumina legum, Bd. IV (1641–1668), 1859, S. 385.

3. 21/IX 1781
Der regierende Senat
Abänderung des Stadtwappens.

PSZ–1, Bd. XXI, Nr. 15236 (S. 271 f.).

V. Nevel' (Pleskauer Gebiet)

1. 23/III 1623
Sigismund III., König von Polen
Verleihung des Magdeburger Rechts nach dem Vorbild von Smolensk; Siegel mit Wappen; die Bürger dürfen Zünfte gründen; es werden der Stadt Ländereien, (darunter Rathausvorwerk von 10 Hufen) verliehen; Fischereirecht im See von Nevel'.
A. P. Grickevič, Častnovladel'českie goroda [...] S. 181, 187 (erw. mit Datum 24/III auf Grundlage des Hauptarchivs der alten Akten in Warschau); Dumin 1980, S. 100, 103 (erw. ohne genauere Datumsangabe); Citoŭ, S. 205 (erw.); Rimša, S. 433 (erw.; Datum auf Grundlage der Litauischen Metrik).

2. 1661
Sejm der Rzeczpospolita
Steuerbefreiung der Stadt auf 4 Jahre wegen Kriegsverwüstung.
Volumina legum, Bd. IV (1641–1668), 1859, S. 385.

3. 7/I 1679
Jan Sobieski, König von Polen
Bestätigung des Magdeburger Rechts.
Rimša, S. 433 (erw.).

4. 14/XI 1761
August III., König von Polen
Bestätigung des Magdeburger Rechts.
Alexander [M.] Sementovskij, Vitebsk i ujezdnyje goroda Vitebskoj gubernii [Vitebsk und die Kreisstädte des Vitebsker Gouvernements], St. Peterburg 1864, S. 103 (erw. mit Datum 14/XI 1762 und mit falschem Verweis darauf, daß das Privileg von König Stanisław August verliehen worden sei); Rimša, S. 433, 436 (erw.).

5. 1766
Stanisław August, König von Polen
Bestätigung des Magdeburger Rechts.
Ljudmila M. Maksimovskaja, Nevel'skaja starina. Sbornik materialov po istorii Nevelja. XVI-načala XX veka [Nevel'er Altertum. Eine Sammlung der Materialien zur Geschichte von Nevel'. 16. bis Anf. des 20. Jhs.], St. Peterburg 1993, S. 188 (erw.).

6. 21/IX 1781
Der regierende Senat
Abänderung des Stadtwappens.
PSZ-1, Bd. XXI, Nr. 15236 (S. 271–272).

VI. Roslavl' (Smolensker Gebiet)

1. 24/III 1623
Sigismund III., König von Polen
Verleihung des Magdeburger Rechts; Siegel mit Wappen; die Bürger dürfen Zünfte gründen; es werden der Stadt Ländereien (darunter Rathausvorwerk von 10 Hufen) verliehen.
Dumin 1980, S. 100, 103 (erw. ohne genauere Datumsangabe); Citoŭ, S. 227 (erw.).

2. 1635
Władysław IV., König von Polen

Genehmigung zweier zweiwöchentlicher Jahrmärkte.
Dumin 1980, S. 103 f. (erw. ohne genauere Datumsangabe).

3. 7/IV 7203 (1695)
Peter I., Zar von Rußland
Genehmigung der Rodung im Forst jenseits des Oster (15 Werst von der Stadt entfernt).
Šestakov, S. 21 (erw.).

4. 3/IV 7207 (1699)
Ders.
Bestätigung des Rechts der Bürger von Roslavl' auf Rodung im Forst jenseits des Oster, das ihnen unter den polnischen Königen verliehen wurde.
Sergej Rakočevskij, Opyt sobranija istoričeskich zapisok o gorode Roslavle [Versuch einer Sammlung der historischen Schriften über die Stadt Roslavl'], Roslavl' 1885, S. 120–122.

5. 23/VI 7207 (1699)
Ders.
Bestätigung des Rechts der Bürger von Roslavl' auf die Freiheit von Rybolovo, die ihnen unter den polnischen Königen für die Weide verliehen und danach einem Bürger von Roslavl' gegen Grundzins übergeben wurde.
PSZ–1, Bd. III, Nr. 1688 (S. 632 f.); Sergej Rakočevskij, Opyt sobranija [...], S. 121–124.

6. 6/II 1700
Ders.
Verleihung von Immobilien an die Bürgermeister und sämtliche Bürger: das Gelände Puškarščyna, 2 Hufen 4 Morgen und 2 Höfe in Roslavl', die davor dem Amtsschreiber S. Kusmin gehörten und 3 Hufen 13 Morgen, die davor der Edelmann Jurij Sudejkin aus Roslavl' besaß.
PSZ–1, Bd. III, Nr. 1772 (S. 17).

7. 10/X 1780
Der regierende Senat
Abänderung des Stadtwappens.
PSZ–1, Bd. XX, Nr. 15072 (S. 993–994).

8. 1817
Der regierende Senat
Bestätigung der Rechte der Bürgerschaft und der Kaufmannschaft von Smolensk, Dorogobuž, Roslavl' und Belyj auf ihre Ländereien und Bauern, die ihnen von den polnischen und russischen Herrschern verliehen wurden; Gemeindeland kann nicht in Privatbesitz einzelner Bürger umgewandelt werden.
Šestakov, S. 24 (erw.)

VII. Belaja (heute Belyj, Twerer Gebiet)

1. 2/V 1625
Sigismund III., König von Polen
Verleihung des Magdeburger Rechts nach dem Vorbild von Smolensk für Stadt und Vorstadt; Einführung der Jurisdiktion des Vogtes und Magistrats; die Bürger müssen einen Kaufhof bauen; als Vogt müssen der Starost oder der Burgkommandant Katholik sein; die übrigen Stadtbeamten müssen Katholiken oder Unierte sein; in der Schriftführung muß 20 Jahre die polnische und danach die litauische (*sic*) Sprache benutzt werden; Appellationen auf die Entscheidungen des Stadtgerichts und des Magistrats (mit Streitwert über 50 Złoty) müssen ins königliche Gericht versendet werden; Verleihung des Stadtsiegels mit Wappen; die Bürger haben das Recht, Met, Bier und Wein zum Verkauf zu produzieren, dafür soll die Tranksteuer (1 Schock litauisch) zu Martini entrichtet werden; es muß auf der königlichen Mühle gemahlen werden; der Mahllohn in den Königsmühlen wird gemäß der „Revisorenordnung" entrichtet; für die Grütze jedoch oder für den Fall des Mühlenbruchs dürfen die Bürger je

einen Mühlstein für alle 10 Häuser haben, sie sind für die Instandsetzung der Mühle im Falle ihres Bruchs verantwortlich; es werden folgende Zinsen festgelegt: jährlich 15 Groschen litauisch vom Stadthof und vom Gemüsegarten außerhalb der Stadt, 3 Groschen litauisch vom Morgen des Ackerlandes, das bebaut oder für Wintersaat geblieben ist. Es werden städtische Ländereien angewiesen, darunter 40 Hufen für das Vogtamt, 15 Hufen für drei Bürgermeister und 2 Hufen für das Stadtschreiberamt (diese Ländereien gehören ihnen während der Amtszeit). Die Vogt-, Bürgermeister- und Stadtschreiberhäuser sind für die Amtszeit ihrer Inhaber zinsfrei. Die Stadt darf Krambuden, Stadtbäder und vier Ziegeleien bauen und Zinsen von Kaufleuten und Handwerkern erheben. Die Bürger müssen ein Rathaus mit Uhr errichten und die Baumaterialien (je 2 Balken und je 1 Brett pro Haus) für die Burgfestigung geben; dafür sind sie von den Fuhr-, Wacht-, Jagd-, Post- und sonstigen Leistungen befreit. Gastrecht für fremde Kaufleute (es wird nur Großhandel erlaubt).
Šestakov, S. 6–12 (nach der in der Kanzlei des Königs Stanisław August am 9. Oktober 1783 ausgefertigten Kopie). Im Text wird irrtümlich die litauische statt der lateinischen Sprache für die Schriftführung genannt.

2. 20/V 1634 (?)
Władysław IV., König von Polen
Bestätigung des städtischen Rechts auf Grundbesitz.
Ebd., S. 13 (erw. mit dem Jahr 1656).

3. 10/X 1780
Der regierende Senat
Abänderung des Stadtwappens.
PSZ–1, Bd. XX, Nr. 15072 (S. 993 f.).

4. 1817
Der regierende Senat
Bestätigung der Rechte der Bürgerschaft und der Kaufmannschaft von Smolensk, Dorogobuž, Roslavl' und Belyj auf ihre Ländereien und Bauern, die ihnen von den polnischen und russischen Herrschern verliehen wurden; Gemeindeland kann nicht in Privatbesitz einzelner Bürger umgewandelt werden.
Šestakov, S. 24 (erw.).

VIII. Krasnyj (Smolensker Gebiet)

1. 6/V 1625
Sigismund III., König von Polen
Verleihung des Magdeburger Rechts; es wird das Siegel mit Wappen verliehen; als Vogt soll der Smolensker Wojewode ernannt werden, der seinen Statthalter (*lentwojt*) in der Stadt haben muß; Genehmigung, Zünfte einzurichten.
Dumin 1980, S. 100, 102 (erw. ohne genauere Datumsangabe); Citoŭ, S. 176 (erw.).

2. 3/VII 1636
Władysław IV., König von Polen
Dem Magistrat wird das Recht verliehen, Brückensteuer zu erheben.
Dumin 1980, S. 102 (erw.).

3. 22/II 1776
Katharina II., Zarin von Rußland
Erlaß über die Umwandlung des Dorfes Krasnyj in eine Stadt und über deren Beordnung zum Smolensker Gouvernement.
PSZ–1, Bd. XX, Nr. 14437 (S. 350 f.).

4. 10/X 1780

Der regierende Senat
Abänderung des Stadtwappens.
PSZ–1, Bd. XX, Nr. 15072 (S. 993 f.).

IX. Dorogobuž (Smolensker Gebiet)

1. 28/V 1625
Sigismund III., König von Polen
Verleihung des Magdeburger Rechts; es wird das Siegel mit Wappen verliehen; als Vogt soll der Starost oder der Burghauptmann ernannt werden; Genehmigung, Zünfte einzurichten.
Dumin 1980, S. 100 (erw. ohne genauere Datumsangabe); Citoŭ, S. 153; Rimša, S. 126 (erw. mit Datum 25/V, jedoch mit Verweis auf Citoŭ). – Gemäß Urkunde vom 22/VII 1627 wurden der Stadt die Ländereien für Ansiedlung und Ackerbau angewiesen (15 Hufen für die Bürgermeister und 2 Hufen für das Schreiberamt) in den Ödländern Griškovo und Bartenovo auf dem Žižila (Šestakov, S. 22 f., erw.).

2. 1635
Władysław IV., König von Polen
Ablehnung des Bittgesuchs, das Magdeburger Recht zu bestätigen; Versprechen, es nach der Übersiedlung vieler Leute anderer Städte der Rzeczpospolita in die Stadt wiederherzustellen; es werden jedoch das Vogtamt und die früher verliehenen Ländereien aufrechterhalten.
Dumin 1980, S. 106 (erw.).

3. 7165 (1656 oder 1657)
Aleksej Michajlovič, Zar von Rußland
Urkunde aus dem Dienstleuteamt (*Razrjadnyj prikaz*) über die Bestätigung der Rechte der Bürger von Dorogobuž auf einige Ödländer „bis zum Erlaß des großen Herrschers und der großen (Kataster)schreiber".
Šestakov, S. 22 (erw.).

4. 7166 (1657 oder 1658)
Ders.
Urkunde aus dem Amt für das Großfürstentum Litauen über die Verleihung der Heuschläge und der 4 Ödländer jenseits des Dnjepr, die dem Edelmann Wysocki gehörten.
Ebd., (erw.).

5. 7177 (1668 oder 1669)
Ders.
Urkunde aus dem Polnischen Amt mit der Erlaubnis für die Bürger von Dorogobuž, die Ödländer, die ihnen unter dem König von Polen gehörten, weiter zu besitzen.
Ebd., (erw.).

6. 10/X 1780
Der regierende Senat
Abänderung des Stadtwappens.
PSZ–1, Bd. XX, Nr. 15072 (S. 993 f.).

7. 1817
Der regierende Senat
Bestätigung der Rechte der Bürgerschaft und der Kaufmannschaft von Smolensk, Dorogobuž, Roslavl' und Belyj auf ihre Ländereien und Bauern, die ihnen von den polnischen und russischen Herrschern verliehen wurden; Gemeindeland kann nicht in Privatbesitz einzelner Bürger umgewandelt werden.
Šestakov, S. 24 (erw.).

X. Mglin (Brjansker Gebiet)

1. 27/III 1626
Sigismund III., König von Polen
Verleihung des Magdeburger Rechts; Verleihung des Stadtsiegels mit Wappen; die Bürger dürfen Zünfte einrichten; Verleihung von Immobilien: 10 Hufen für den Vogt; 6 Hufen für drei Bürgermeister; 2 Hufen für den Stadtschreiber; 2 Freihufen als rathäusliches Vorwerk.
Viktor A. Romanovskij, Razvitie gorodov Levoberežnoj Ukrainy posle vossoedinenija s Rossiej (vo vtoroj polovine XVII veka) [Die Entwicklung der Städte der linksufrigen Ukraine nach der Wiedervereinigung mit Rußland (in der zweiten Hälfte des 17. Jhs.)], in: Vossoedinenie Ukrainy s Rossiej. Sbornik statej [Die Wiedervereinigung Rußlands mit der Ukraine. Eine Sammelschrift], Moskva 1954, S. 410 (erw. mit Datum 26/III); Dumin 1980, S. 100 (erw. ohne genauere Datumsangabe); Citoŭ, S. 194 (erw.); Rimša, S. 127 (erw.).

2. 2/XI 7174 (1665)
Aleksej Michajlovič, Zar von Rußland
Bestätigung des Magdeburger Rechts und der früheren Privilegien nach dem Vorbild der Bürger von Nežin, Černigov und Perejaslav.
Andrej [I.] Stradomskij, Materialy dlja istoričeskogo opisanija goroda Mglina [Materialien zur historischen Beschreibung der Stadt Mglin], in: Černigovskie gubernskie vedomosti 48 (inoffizieller Teil) (1853), S. 446 f. (mit der Beschreibung der Originalurkunde); Tokmakov, S. 63 f. (mit Datum 1666).

3. 19/IX 1709
Ivan Skoropads'kyj, Hetman
Universal über die Bestätigung der Rechte des Mgliner Rats auf die Einkommen von der Mühle auf dem Voronusa.
Andrej [I.] Stradomski, Materialy dlja istoričeskogo opisanija [...], S. 448.

4. 19/XII 1728
Daniil Apostol, Hetman
Bestätigung des Universals vom 19/IX 1709.
Ebd., S. 449.

5. 2/VIII 1742
Elisabeth, Zarin von Rußland
Befreiung der Stadt Mglin von der Pflicht, die Angaben über das Vorhandensein freier Höfe in der Stadt mitzuteilen, gem. Zarenurkunde vom 2/XI 7174.
Ebd., Nr. 49 (Inoffizieller Teil), S. 453 f.; Tokmakov, S. 115 f.

6. 4/VIII 1746
Elisabeth, Zarin von Rußland
Bestätigung der früheren Privilegien, besonders des Privilegs vom 2/XI 7174.
Andrej Stradomskij, Materialy dlja istoričeskogo opisanija [...], Nr. 49 (Inoffizieller Teil), S. 454–456 (mit dem Datum 4/VIII 1747); Tokmakov, S. 116–119.

7. 4/VI 1782
Der regierende Senat
Abänderung des Stadtwappens.
PSZ-1, Bd. XXI, Nr. 15424 (S. 577 f.).

XI. Počep (Brjansker Gebiet)

1. (Nach 1618)
?

Ein Privileg zur Bestätigung des Magdeburger Rechts und sonstiger Freiheiten ist nicht überliefert, sein Vorhandensein ist aber aus der späteren Zarenbestätigung ersichtlich (s. u.).
–

2. 1637
Władysław IV., König von Polen
Die Erben von D. Kierlo, des ursprünglichen Stadtbesitzers, bekommen das Recht, in der Stadt zwei zweiwöchentliche Jahrmärkte zu veranstalten.
Dumin 1980, S. 107 (erw.). – Die Stadt war seit 1629 Privatbesitz (s. Tabelle 3).

3. 3/XI 7174 (1666)
Aleksej Michajlovič, Zar von Rußland
Freibrief für die Bürgerschaft von Počep über die Bestätigung der früheren Privilegien (u. a. des Magdeburger Rechts) nach dem Vorbild der Bürger von Nežin, Černigov und Perejaslav.
PSZ-1, Bd. I, Nr. 377 (S. 621 f.).

4. 25/ XI 7175 (1667)
Ders.
Erlaß über das Besitzrecht der Stadt Počep auf verschiedene Dörfer und Ländereien und über die Entrichtung von Handelszöllen.
PSZ-1, Bd. I, Nr. 396 (S. 647–649).

5. 31/X 1708
Peter I., Zar von Rußland
Befreiung der Stadt Počep von den Steuern, die vom Hetman Mazepa eingeführt wurden.
PSZ-1, Bd. IV, Nr. 2209 (S. 423 f.).

6. 10/II 1736
Der regierende Senat
Verordnung über die Neuverteilung der Steuern, die davor vom früheren Besitzer Fürst Menšikov eingeführt wurden.
PSZ-1, Bd. IV, Nr. 6886 (S. 736–738). – Die Stadt war 1709–1727 Menšikovs Privatbesitz (s. Tabelle 3).

7. 1741
?
Erlaß über die Wiederherstellung der rathäuslichen Verwaltung in Počep
Aleksandr M. Lazarevskij, Opisanie staroj Malorossii, Bd. 1, S. 302–303 (erw.).

XII. Pogar (Brjansker Gebiet)

1. 19/XII 1649
Jan, König von Polen
Verleihung des Magdeburger Rechts; Verleihung des Stadtsiegels mit Wappen.
Citoŭ, S. 211 (erw.).

2. 4/XI 7174 (1666)
Aleksej Michajlovič, Zar von Rußland
Bestätigung der früheren Privilegien nach dem Vorbild der Bürger von Nežin, Černigov und Perejaslav.
Aleksandr I. Chanenko, Gorod Pogar. Istoriko-statističeskij očerk [Die Stadt Pogar. Eine historisch-statistische Skizze], Černigov 1871, S. 53–55; Obozrenie 3, S. 788 f.

3. 28/XI 7175 (1667)
Ders.

Bestätigung des Magdeburger Rechts; die Verleihung zweier Dörfer und einer Mühle, anstatt des Dorfes Sevastjanovka; es muß Tranksteuer (*randa*) entrichtet werden: Die Stadt zahlt pauschal dem Fiskus des Zaren 100 Rubel jährlich, die Bürger von Pogar zahlen dafür laut den im Freibrief bestimmten Steuersätzen für jedes Gebräu; es werden auch die Handels- und Transitzölle festgesetzt, die zugunsten der Stadt entrichtet werden müssen.
Aleksandr I. Chanenko, Gorod Pogar, S. 55–60; Obozrenie 3, S. 791–796.

4. 9/III 1669
Demjan Mnogogrešnyj, Hetman
Es wird den kosakischen Würdenträgern verboten, sich den Besitz und die Einnahmequellen Pogars anzueignen, besonders die Dörfer Čausy und Jakovleviči sowie auch die Mühle, mit Verweis auf die Zarenurkunde vom 28/XI 7175.
Aleksandr I. Chanenko, Gorod Pogar, S. 60 f.; Obozrenie 3, S. 789–791.

5. 15/XI 1744
Elisabeth, Zarin von Rußland
Wiederherstellung des Magistrats von Pogar (die Appellationen auf seine Urteile müssen ins Generalheeresgericht oder in die General-Heereskanzlei versendet werden); Verbot für die Kosakenwürdenträger, sich in die städtischen Angelegenheiten einzumischen; Bestätigung der Zarenurkunde vom 4/XI 7174.
Aleksandr I. Chanenko, Gorod Pogar, S. 65–70.

6. 16/VI 1765
Katharina II., Zarin von Rußland
Rückgabe der städtischen Ländereien an Pogar, die vorher die Witwe des Kosakenoberleutnants Semen Sobolevski und ihre Söhne für sich in Anspruch genommen hatten.
Ebd., S. 61–65.

7. 4/VI 1782
Der regierende Senat
Abänderung des Stadtwappens.
PSZ–1, Bd. XXI, Nr. 15424 (S. 577 f.).

b. Die Städte, die die großfürstlichen Freibriefe hatten, aber nicht mit Magdeburger Recht bewidmet wurden[151]

I. Brjansk

1. 12/IV 1465
Kasimir, Großfürst von Litauen
Rechtsgarantien für die Bürger anläßlich der Verleihung der Stadt an den Fürsten Ivan Andreevič von Možajsk als Erbgut (Bestätigung der Besitzrechte, Nichteinmischung in die kirchlichen Angelegenheiten, Beibehaltung der Gerichte wie in den alten Zeiten).
Sbornik Muchanova [Muchanovsches Sammelbuch], Moskva 1836, S. 22 (mit Datum um 1479); AZR 1. Nr. 52 (S. 67) – mit Datum 13/IV 1450; RIB 27, Sp. 123.

II. Toropec (Twerer Gebiet.)

1. 1498
Alexander, Großfürst von Litauen
Es wird der Stadt Toropec die Starceva *Volost'* (Amtsbezirk) wieder untergeordnet, jedoch mit dem Vorbehalt, daß von nun ab nur der älteste der Starceva *Volost'* die dortigen Einwohner richten und die Leistungen auferlegen darf und die Stadt Toropec diese Rechte verliert; in Toropec haben dieser Älteste und seine Männer einen Hof des *Tiwuns* (Diener,

[151] In der ersten Spalte wird die laufende Nummer, in der zweiten werden das Verleihungsdatum, der Verleiher, der Inhalt der Urkunde und die Quelle angegeben sowie zusätzliche Angaben gemacht.

Bauermeister, evtl. Hausmeier); die Einwohner der Starceva *Volost'* müssen die Stadtbefestigung mit den Einwohnern von Toropec bauen.
Matvej K. Ljubavskij, Oblastnoe delenie (wie Tab. 4a oben, Abschn. I.2), Anlage Nr. 10, S. IX–XI. – Die Ursache dieser Verleihung bestand darin, daß der Großfürst Alexander am 20/III 1497 eine Urkunde für die Stadt erlasssen hatte, in welcher er den Statthaltern von Toropec verbot, in die Starceva *Volost'* einzureisen, die dortigen Einwohner zu richten und zu strafen und ihnen Leistungen aufzuerlegen (AZR 1, Nr. 146, S. 170 f.). Laut Freibrief von 1498 wurde also die erwähnte Urkunde mit einigen Vorbehalten außer Kraft gesetzt.

Tabelle 5: Die edierten Rechtsdenkmäler der Städte des Hetmanats

Zur Datierungsweise s. die Vorbemerkung zur Tabelle 3.
Abkürzungen s. vor der Tabelle 3.

a. Auszüge aus den Staroduber Magistratsbüchern

Vorbemerkung

Die Ausdrücke wie etwa „Protykul sprav potočnich" [Protokoll der laufenden Sachen] und dergleichen können offensichtlich als Lehnübersetzungen des lateinischen Ausdrucks *protocollum manifestationum et relationum* betrachtet werden.[152]
In der ersten Spalte wird das Datum, in der zweiten Spalte werden Inhalt und Quelle angegeben.

1664–1673	Rechtsgeschäfte, Zivil- und Strafsachen Vadim L. Modzalevskij, Otryvki iz Starodubovskoj mestskoj knigi za 1664–1673 gg. (Otdel'nyj ottisk iz vyp. 8 Trudov Černigovskoj učenoj archivnoj komissii) [Auszüge aus dem Staroduber Stadtbuch für 1664–1673 (Sonderabdruck aus der Lfg. 8 der Schriften der Černigover gelehrten Archivkommission)], Černigov 1911.
1683	Rechtsgeschäfte, Zivil- und Strafsachen [M. N. Belozerskij?,] Protykul sprav potočnich, 1683 god [Protokoll der laufenden Sachen, 1683], in: Černigovskie gubernskie vedomosti [Černigover Gouvernementsnachrichten], Abt. II (Inoffizieller Teil), Nr. 21–28, 30–34 (1857), S. 175–177, 185–188, 191–193, 201–203, 209–212, 217–219, 225–227, 233–236, 251–254, 259 f., 267–269, 275 f., 287 f.
28/XII/1687	Kaufvertrag über ein Vorwerk und ein Haus mit Grundstück in Starodub Obozrenie 3, S. 450–452.
1/I–29/XII/1690	Rechtsgeschäfte, Zivil- und Strafsachen [M. N. Belozerskij:] Protokul do zapisovanja sprav potočnych na rok 1690 [Protokoll für das Aufschreiben der laufenden Sachen

[152] Hierfür s. im Handbuch: Nikita [I.] Gorbačevskij, Katalog drevnim aktovym knigam gubernij: Vilenskoj, Grodnenskoj, Minskoj i Kovenskoj, takže knigam nekotorych sudov gubernij Mogilevskoj i Smolenskoj, chranjaščimsja nyne v Central'nom archive v Vil'ne [Katalog der alten Aktenbücher des Gouvernements von Vilnius, Grodno, Minsk und Kaunas nebst der Bücher etlicher Gerichte der Gouvernements von Mogilev und Smolensk, die nun im Zentralarchiv in Vilnius aufbewahrt werden], Vil'na 1872, S. III–V.

	für das Jahr 1690], in: Černigovskie gubernskie vedomosti [Černigover Gouvernementsnachrichten], Abt. II (Inoffizieller Teil), Nr. 36–40, 42–44 (1852), S. 381-384, 395–401, 413–421, 427–431, 440–445, 461–469, 478–485, 489–500. Einzelne Fragmente aus dieser Publikation sind auch in folgender Miszelle nachgedruckt: Vasilij [N.] Leškov, Protokul Starodubskogo magistrata do zapisovanja sprav, ili del potočnych, t. je. tekuščich, na rok 1690 [Protokoll des Staroduber Magistrats für das Aufschreiben der laufenden Sachen für das Jahr 1690], in: Moskvitjanin [Der Moskauer] Bd. 1, Teil. II, (Abt. V) (1853), S. 93–97.
1690–1722	Rechtsgeschäfte, Zivil- und Strafsachen Dmitrij [P.] Miller, Michail [M.] Plochinskij, Starodubskogo magistrata kniga sprav potočnych [Das Buch des Staroduber Magistrats für die laufenden Sachen], in: Sbornik Char'kovskogo istoriko-filologičeskogo obščestva. T. 6 (=Trudy pedagogičeskogo otdela. II) [Sammelband der Char'kover historisch-philologischen Gesellschaft, Bd. 6 (=Schriften der Pädagogischen Abteilung. II)], Char'kov 1894, S. 259–274.
3/I–31/XII/1693	Rechtsgeschäfte, Zivil- und Strafsachen (ein Versvorwort ist vorhanden). Aktovaja kniga Starodubskogo gorodovogo urjada 1693 goda [Aktenbuch des Staroduber Stadtobrigkeit für 1693], hrsg. von Vadim L. Modzalevskij, Černigov 1914.
20/V/1701	Kaufvertrag des Grundstücks mit Bebauung (im Protokoll vom 3/VII 1714 angeführt, s. unten) Novye materialy dlja istorii raskola na Vetke i v Starodub'je XVII–XVIII vv. [Neue Materialien zur Geschichte der Glaubensspaltung in Vetka und im Starodubischen in 17.–18. Jh.], Gesammelt von Michail I. Lileev, Kiev 1893, S. 67 f.
15/II/1705	Kaufvertrag über ein Grundstück Obozrenie 3, S. 471–473.
6/VI/1705	Zeugenverhör in einer Strafsache wegen Totschlag Opisanie rukopisej kn. V. D. Golicyna (podarennych Černigovskoj archivnoj komissii) [Die Beschreibung der Handschriften des Fürsten W. D. Golicyn (der Černigover Archivkommission geschenkt)], in: Trudy Černigovskogo predvaritel'nogo komiteta po ustrojstvu XIV-go Archeologičeskogo sjezda v Černigove [Schriften des Černigover vorläufigen Ausschusses für die Veranstaltung des 14. Archäologischen Tages in Černigov], Černigov 1908, S. 50.
3/VII/1714	Untersuchung der Regimentsobrigkeiten und des Staroduber Magistrats in der Sache wegen des Versuchs, Immobilien mit Betrug in Besitz zu nehmen Novye materialy dlja istorii raskola [...], S. 59–69.
19/XII/1720	Bestätigung der Rechte des Priesters der Kirche der Verklärung Christi in Mglin auf Grundbesitz Tokmakov, S. 52–53.
18/V/1722	Beschwerden wegen der Handlungen der Amtsleute und Bestätigung ihrer Rechte Dilova dokumentacija Het'manščyny XVIII st.: Zbirnyk dokumentiv [Amtliche Dokumentation des Hetmanats im 18. Jh. Ein Urkundenbuch], hrsg. von V. J. Horobec', verantwortliche Schriftleiterin L. A. Dubrovina (=Pam'jatky polityčno-pravovoji kul'tury Ukrajiny), Kyjiv 1993, S. 267–270.
12/XI/1746	Akt über die Abgrenzung der Ländereien mit Grenzbeschreibung Ebd., S. 272–275.

b. Sonstige Staroduber Urkunden[153]

23/XI 1665	Satzung der Staroduber Feinbäckerzunft, bestätigt vom Oberst des Staroduber Regiments Obozrenie 3, S. 396–398.
1667	Satzung der geistlichen Bruderschaft der Staroduber Schmiede, bestätigt vom Oberst des Staroduber Regiments Ebd., S. 402 f.
1669	Satzung der geistlichen Bruderschaft der Staroduber Schneider und Kürschner, bestätigt vom Oberst des Staroduber Regiments Ebd., S. 399–401.
1675	Satzung der Staroduber Schmiedezunft, bestätigt vom Oberst des Staroduber Regiments Ebd., S. 401 f.
1715, 1744	Immobilienrechtsgeschäfte Staroduber Hausbesitzer Ebd., S. 415–417.
1716	Schutzbrief des Statthalters des Hetmans für die Staroduber Feinbäckerzunft gegen Einquartierung, Scharwerk und sonstige Leistungen zugunsten russischer Truppen Ebd., S. 398 f.

c. Die Rechtsmaterialien sonstiger Städte des Hetmanats[154]

11/VI 1666–10/XII 1767	Immobilienrechtsgeschäfte der Bürger von Pogar Aleksandr I. Chanenko, Gorod Pogar. Istoriko-statističeskij očerk [Die Stadt Pogar. Eine historisch-statistische Skizze], Černigov 1871, S. 40–44.
28/III 1704	Die Urkunde des Mgliner Kosakenoberleutnants, des Stadtatamans und des Vogts über die Anweisung eines Platzes in Mglin für die dortige Schneiderzunft Nikolaj P. Vasylenko, Zbirka materijaliv do istorii Livoberežnoj Ukrajiny ta ukrajins'koho prava XVII–XVIII vv. [Eine Sammlung der Materialien zur Geschichte der linksufrigen Ukraine und des ukrainischen Rechts des 17.–18. Jhs.], in: Ukrajins'kyj archeohrafičnyj zbirnyk [Ukrainisch-archäographischer Sammelband], Bd. 1, Kyjiv 1926, S. 76.

---

[153] In der ersten Spalte wird das Datum, in der zweiten Spalte werden Inhalt und Quelle angegeben.
[154] S. Anm. 153.

Aleksander Zajda (Kraków)

Deutsche Einflüsse in der altpolnischen juristischen Terminologie als Widerspiegelung der Rezeption des Magdeburger Rechts

Lehnwörter aus dem Deutschen bilden in der altpolnischen juristischen Terminologie (d. h. bis Ende 1500) eine leicht erkennbare Schicht. Ihre Übernahme ins Polnische ist natürlich ein Resultat der Verbreitung des Magdeburger Rechts in Polen. Diese wichtige kulturelle Tatsache war damals eine Folge der Einwanderung deutscher Siedler nach Polen, der von jenen Siedlern vollzogenen Gründungen neuer Städte und Dörfer sowie der Verleihung des Magdeburger Rechts auch an städtische und ländliche Siedlungen, die schon früher nach polnischem Recht gegründet worden waren. Bedingungen, die mit einer deutschrechtlichen Stadtgründung verbunden waren – Zinsen und Selbstverwaltung – waren nämlich für die Einwohner günstiger als jene, die das polnische Recht zu bieten hatte.

Bevor wir über die konkreten lexikalischen Tatsachen sprechen, sollten wir zunächst den historischen Umständen der Einführung des Magdeburger Rechts in Polen, die auch bestimmte lexikalische Einflüsse mit sich brachte, einige Aufmerksamkeit widmen.[1]

Eine wichtige, oben bereits angedeutete, historische Tatsache ist, daß das deutsche Recht in Polen zu einem Zeitpunkt in Gebrauch kam, als dort seit langem schon ein polnisches Recht bestand. Die damaligen Polen hatten es wie andere Slawen von ihren urslawischen Vorfahren geerbt. Recht und Religion (oder: Religion und Recht) sind nämlich die zwei wichtigsten Stützpfeiler jeder, auch der kleinsten, menschlichen Gemeinschaft. So ist es kein Zufall, daß die ältesten Sprachdenkmale vieler Nationen eben in diesen zwei Bereichen entstanden (wie etwa der Pentateuch) und daß die Namen von Gesetzgebern den dauerhaftesten Bestandteil des Nationalbewusstseins vieler Völker bilden (vgl. z. B. Moses bei den Israeliten oder Kasimir der Große in Polen).

Doch jenes alte polnische Recht, das – wie oben gesagt – von den Urslawen ererbt wurde, war ein ungeschriebenes Gewohnheitsrecht, es lebte nur in der mündlichen Überlieferung und wurde von Generation zu Generation von Leuten, die allgemeines Vertrauen genossen, weitergegeben. Seine Träger waren also Menschen, keine Gesetzbücher bzw. schriftlich festgelegte Entscheidungen und Rechtssprüche. Die einzige Niederschrift dieses Rechts ist das auszugsweise erhaltene sogenannte Elbinger Buch aus dem 13. Jahrhundert, das in deutscher Sprache für den Bedarf der Kreuzritter verfasst wurde.[2] Zusammen mit dem Recht

[1] Aleksander Zajda, Staropolska terminologia prawnicza (do 1500 r.) [Die altpolnische Rechtsterminologie (bis zum Jahre 1500)], Kraków 1990; ders., Studia z historii polskiego słownictwa prawniczego i frazeologii [Studien zur Geschichte des polnischen Rechtswortschatzes und seiner Phraseologie], Kraków 2001.

[2] Józef Matuszewski, Ręka pańska. Ze studiów nad najstarszym zwodem prawa polskiego [Die Hand

hatten die Polen von den Urslawen auch die gesamte Rechtsterminologie übernommen, die in verschiedenen Rechtsgebieten Verwendung fand. Viele ihrer Begriffe waren allen slawischen Sprachen gemeinsam, was selbstverständlich mit deren gemeinsamer historischer Entwicklung zusammenhing. Diese Terminologie war dabei durch einen großen lexikalischen Reichtum gekennzeichnet und mehrere ihrer Elemente sind dann in den bis heute gebrauchten Rechtswortschatz eingegangen.

Ende der ersten Hälfte des 14. Jahrhunderts ließ König Kasimir der Große das zu jener Zeit geltende polnische Gewohnheitsrecht im berühmten Statut von Wiślica kodifizieren (1346–1347). So entstand in Polen auch ein geschriebenes Recht. Das Magdeburger Recht war bekanntlich auch Kodifikation eines Gewohnheitsrechts (des Sachsenspiegels, des Magdeburger Weichbilds) – diese Art und Weise der Entstehung des geschriebenen Rechts war übrigens für die Gesetzgebungen vieler Völker typisch. Kurz darauf gründete Kasimir der Große in Krakau die Universität (1364), deren wichtigste Fakultät eben die juristische war. Gleichzeitig wurde am königlichen Hof auch ein höheres Gericht des deutschen Rechts ins Leben gerufen, bei dem man Berufungen gegen Urteile von Gerichten niederer Instanz einlegen konnte.

Bald danach, Mitte der zweiten Hälfte des 14. Jahrhunderts, findet die polnische Sprache zum ersten Mal im Rechtsschrifttum (Eidesformeln) Anwendung. Diese Texte ließen den Reichtum der heimischen Rechtsterminologie erkennen. Von diesem Zeitpunkt an sollte das Polnische im Rechtswesen stetig an Bedeutung gewinnen, was Mitte des 15. Jahrhunderts zur Entstehung solcher polnischen Rechtsdenkmale wie des Kodeks Świętosława (Suleda) und des Kodeks Działyńskich – der Übersetzungen des lateinischen Statuts von Wiślica – sowie, was für uns hier von primärem Interesse ist, der Übersetzungen einiger Schriften des Magdeburger Rechts führte. Damit sind wir auch bei unserem eigentlichen Thema angelangt.

Deutsche Siedler wanderten seit Anfang und dann noch zahlreicher seit Mitte des 13. Jahrhunderts nach Polen ein. Sie besiedelten die von Mongoleneinfällen verwüsteten und entvölkerten Gebiete.[3] Die Einwanderer brachten ihre Muttersprache und ihr Recht mit, das in ihrem Vaterland Magdeburger Recht genannt wurde. Kraków erhielt das Magdeburger Recht 1257; wahrscheinlich schon vor 1228 besaß Kraków eine zahlenmäßig große deutsche Gemeinde.[4] Der Ansiedlung sowie der von den Einwanderern vollzogenen Gründung einer Stadt oder

Gottes. Untersuchungen zu dem ältesten polnischen Gewohnheitsrechtsbuch], in: Przegląd Zachodni 3–4 (1955), S. 598–612; ders., Księga elbląska [Das Elbinger Buch], in: Słownik starożytności słowiańskich [Wörterbuch der slawischen Altertümer], Bd. II, Wrocław 1964–1965, S. 552 f.

[3] Karol Maleczyński (Red.), Historia Śląska [Geschichte Schlesiens], Bd. I, Wrocław 1960, S. 242–255.

[4] Sławomira Kaleta, Entlehnungen aus dem Polnischen in den deutschsprachigen Urkunden der Krakauer Kanzlei des 14.–16. Jahrhunderts, in: Vielfalt der Sprachen. Festschrift für Aleksander Szulc zum 75. Geburtstag, hrsg. von Maria Kłańska u. Peter Wiesinger, Wien 1999, S. 63–86.

eines Dorfes musste die Erteilung eines schriftlich festgelegten Gründungsprivilegs vorausgehen, d. h. eines Dokuments, in dem die Rechte, Privilegien und Pflichten der Einwanderer fixiert wurden. Diese Gründungsurkunde verlieh der Stadt gerichtliche Immunität und eine eigene Gerichtsbarkeit, was das Dokument zum unentbehrlichen Bestandteil der Organisation jener Gemeinschaften machte. So gewann auch das geschriebene Recht an Bedeutung. Dokumente dieser Art wurden sehr sorgfältig und sicher aufbewahrt. Von nun an konnte sich das Recht nicht mehr auf irgendeine mündliche Überlieferung stützen, sondern erforderte eine Niederschrift. Eine Urkunde war auch in einem Rechtsstreit ein besserer Beweis als Zeugenaussagen, denn man konnte sich immer auf sie berufen.[5]

Mit der Einwanderung deutscher Siedler entstanden in dem sprachlich bis dahin homogenen Polen fremde, deutsche Sprachinseln. Es erfolgte auch eine soziale Differenzierung des Rechts. Das bis dahin einheitliche Recht wurde durch Standesgesetze abgelöst, die seitdem innerhalb verschiedener Gesellschaftsstände galten. Dies bestätigen Begriffe wie *ius Theuthonicum* (1209), *ius canonicum* (1282), *ius Polonicum* (13.–14. Jahrhundert), die seit Anfang des 13. Jahrhunderts in Quellen erscheinen. Das herkömmliche polnische Recht regelte von nun an das Leben des Adels und der Bauern. Für Geistliche, die mit dem lateinischen Christentum nach Polen gekommen waren, galt das kanonische Recht, während der Geltungsbereich des deutschen Magdeburger Rechts auf deutsche Siedler, Einwohner von Städten und Dörfern, beschränkt war, die nach seinen Bestimmungen gegründet worden waren. So war die Differenzierung des Rechts in Polen eine Folge der kulturellen Entwicklung, und genauer gesagt: ein Resultat fremder Einflüsse.

Merkwürdigerweise taucht der Terminus *prawo* (Recht) zum ersten Mal 1258 auf, und zwar in der Fügung *miejskie prawo,* also vielleicht als Lehnübersetzung aus dem deutschen *Stadtrecht.* Dies lässt sich kaum beweisen, ist aber denkbar. Als Entsprechung des lateinischen *ius* fungierte bis dahin das urslawische Wort *zakon* – ein archaischer Ausdruck, der sich bis heute in manchen slawischen Sprachen erhalten hat. Im Polnischen ist dieses Wort in der juristischen Terminologie außer Gebrauch gekommen und nur im peripheren Wortschatz erhalten geblieben. Der Ausdruck *prawo,* auch im Urslawischen verwurzelt und anderen slawischen Sprachen bekannt, hat sich dagegen polysem entwickelt. Bereits das Słownik staropolski enthielt ihn in zehn verschiedenen Bedeutungen.[6]

Wie schon oben gesagt, findet die polnische Sprache seit Mitte der zweiten Hälfte des 14. Jahrhunderts in das Gerichtsschrifttum Eingang. Die ersten Rechtsdokumente, in denen sie erscheint, sind die schon oben erwähnten Eidesformeln, und so beginnt das Polnische in einer Zeit der allgemeinen Herrschaft des Lateinischen die Funktion einer Hilfsgerichtssprache zu erfüllen. Die Eidesformeln und

[5] Zajda, Staropolska terminologia prawnicza (wie Anm. 1), S. 140 ff.

[6] Stanisław Urbańczyk (Red.), Słownik staropolski [Altpolnisches Wörterbuch], Bd. I–XI, Kraków 1953–2003.

die in der Mitte des 15. Jahrhunderts angefertigten polnischen Übersetzungen des Statuts von Wiślica lassen einen außergewöhnlichen Reichtum der altpolnischen heimischen juristischen Terminologie erkennen, die bis dahin nur in der gesprochenen Sprache gebraucht wurde.[7] Diese Reichhaltigkeit der heimischen Rechtssprache erklärt auch das – trotz der allgemeinen Verbreitung des Magdeburger Rechtes in den Städten – relativ seltene Vorkommen von Entlehnungen aus dem Deutschen.

Nun ist es an der Zeit, auch die Quellen des Magdeburger Rechts kurz zu besprechen. Die Hauptquelle des deutschen Rechts war eine Sammlung von Gewohnheitsrechten, bekannt als „Sachsenspiegel", die in den Jahren 1220–1235 zusammengestellt wurde.[8] Die in Polen angewandte Stadtrechtssammlung war das sogenannte Magdeburger Weichbild (*ius municipale*), das das Rechtsbuch der Gerichtsverfassung und das Magdeburger Schöffenrecht umfasste und in einer Anfang des 14. Jahrhunderts für Krakauer Bürger angefertigten Fassung benutzt wurde.[9] Der Sachsenspiegel und das Magdeburger Weichbild blieben die Hauptsammelwerke des deutschen Rechts in den polnischen Städten. Um 1359 wurden sie ins Lateinische übersetzt.[10] Eine andere Quelle des Stadtrechts waren die sogenannten *wilkierze*, d. h. Beschlüsse des Stadtrats.

Aus der Mitte des 15. Jahrhunderts stammen die ersten, oben erwähnten Übersetzungen der deutschen Rechtsschriften. Dies waren die sogenannten „Ortyle magdeburskie" [Magdeburger *Ortyle*, d. h. Urteile], Rechtsbelehrungen des Magdeburger Schöffenstuhls für polnische Gerichte des deutschen Rechts, die sich in Zweifelsfällen bei jenem Rat einholten.[11] Anfang des 16. Jahrhunderts entstand die Übersetzung einer anderen Schrift des Magdeburger Rechts – „Artykuły prawa magdeburskiego" [Artikel des Magdeburger Rechts]. Sowohl die „Ortyle" als auch die „Artykuły" wurden aus dem Deutschen übersetzt, was – wie wir noch sehen werden – eine gewisse Bedeutung für die formale Seite mancher Entlehnung aus dieser Sprache hatte.

Es fällt auf, daß deutsche Lehnwörter in diesen umfangreichen Übersetzungen relativ selten sind. Sie bewirken aber, daß Urkunden des deutschen Rechts von denen des polnischen leicht zu unterscheiden sind. Diese Entlehnungen betrafen deutschrechtliche Institutionen, während der juristische und gerichtliche Wortschatz dieser Schriften generell ausdrücklich heimischer Herkunft ist.[12] Die Über-

---

[7] Zajda, Staropolska terminologia prawnicza (wie Anm. 1), passim.

[8] Juliusz Bardach, Historia państwa i prawa Polski, Bd. I: do połowy XV wieku [Staats- und Rechtsgeschichte Polens, Bd. I: bis zur Mitte des 15. Jhs.], 3. Aufl., Warszawa 1965, S. 163.

[9] Ebd., S. 164–167.

[10] Ebd., S. 374.

[11] Alexander Brückner, Die „Magdeburger Urtheile". Ein Denkmal deutschen Rechtes in polnischer Sprache aus der Mitte des XV. Jahrhunderts, in: Archiv für slavische Philologie VI (1882), S. 319–392; Józef Reczek, Wacław Twardzik, Najstarsze staropolskie tłumaczenie ortyli magdeburskich. Według rękopisu nr. 50 Biblioteki Zakładu Narodowego im. Ossolińskich [Die älteste altpolnische Übersetzung der Magdeburger Urteile. Nach der Handschrift Nr. 50 der Ossolineum-Bibliothek], część I–III, Wrocław 1970–1972.

[12] Aleksander Zajda, Staropolska terminologia prawnicza odznacza się wybitną rodzimością [Die

setzungen der Quellen des Magdeburger Rechts ins Polnische sind ein Zeichen der fortschreitenden Polonisierung deutscher Siedler und eines allmählichen Verschwindens fremder Sprachinseln, auch wenn noch zu Beginn der siebziger Jahre des 16. Jahrhunderts Szymon Budny schreiben konnte: „In ländlichen Gerichten wird zur Hälfte Lateinisch gesprochen, in städtischen zur Hälfte Deutsch".[13] Institutionen des Magdeburger Rechts waren aber immer noch vorhanden, so kamen von nun an deutsche Rechtstermini, obwohl – aus oben dargelegten Ursachen – relativ spärlich an der Zahl, fast ausschließlich in solchen polnischen Texten vor, die das Magdeburger Recht zum Gegenstand hatten.

Der Sachsenspiegel und das Magdeburger Weichbild – die Hauptquellen des Magdeburger Rechts in Polen – wurden in Polen zum ersten Mal 1506 in lateinischer Fassung in Jan Łaskis Statuten- und Privilegiensammlung abgedruckt. 1535 veröffentlichte sie – wieder lateinisch – Mikołaj Jaskier. Latein war damals und auch lange Zeit danach die übliche Sprache aller Kanzleien. Aus diesen zwei Sprachen – zuerst aus dem Deutschen und dann aus dem Lateinischen – stammen alle Entlehnungen in der altpolnischen Rechtsterminologie. Unverkennbar ist dabei der Unterschied zwischen diesen beiden Entlehnungsarten, der hier auch deutlich hervorzuheben ist. Während nämlich die deutschen konkrete Stadtrechtsinstitutionen betreffen und eine fest umrissene Sammlung von Begriffen darstellen, hängen die lateinischen mit der Kanzleiarbeit zusammen und haben eine eher allgemeine Bedeutung, wie etwa *metryka* (Inventar, Kopierbuch, Buch für Eintragungen), *przywilej* (Privileg), *statut* (Statut), *testament* (Testament).

Die ersten zahlreichen polnischen Texte zum Magdeburger und deutschen Recht finden sich jedoch erst Anfang der zweiten Hälfte des 16. Jahrhunderts. Von 1558 bis 1567 schrieb und veröffentlichte B. Groicki, Untervogt und Schreiber beim Obergericht des deutschen Rechts auf der Krakauer Burg, sechs umfangreiche Werke über die praktische Ausübung dieses Rechts in Polen:[14] 1558 „Artykuły prawa majdeburskiego" [Artikel des Magdeburger Rechts], „Ustawa płacej u sądów w prawie magdeburskim" [Gesetz über die Entlohnung bei Gericht nach Magdeburger Recht], 1559 „Porządek sądów i spraw miejskich prawa majdeburskiego" [Gerichtsordnung und Stadtordnung nach dem Magdeburger Recht], 1559 „Ten postępek wybran jest s praw cesarskich" [Dieses Gerichtsverfahren stammt aus den Kaisergesetzen], 1567 „Tytuły prawa majdeburskiego" [Titel des Magdeburger Rechts], 1567 „Rejestr do Porządku i do Artykułów prawa majdeburskiego i cesarskiego" [Register zur Ordnung und zu den Artikeln des Magdeburger und des Kaiserrechts] (mit einem Synonymwörterbuch versehen, betitelt „Słowa

altpolnische Rechtsterminologie zeichnet sich durch große Nähe zu den heimischen Gegebenheiten aus], in: Język Polski LXXIX (1999), S. 47–53.

[13] Zajda, Studia z historii (wie Anm. 1), S. 161; Kaleta, Entlehnungen aus dem Polnischen (wie Anm. 4), passim.

[14] Bartłomiej Groicki, Porządek sądów i spraw miejskich prawa majdeburskiego w Koronie Polskiej [Gerichts- und Stadtrechtsordnung nach Magdeburger Recht im Kronland Polen]. Hrsg. von Karol Koranyi (=Biblioteka dawnych polskich pisarzy prawników. 1), Warszawa 1953, S. IX f.

prawne w rzeczy sobie podobne“ [Rechtsbegriffe für ähnliche Sachverhalte]), 1605 „Obrona sierot i wdów“ [Verteidigung von Waisen und Witwen]. Das bekannteste von Groickis Werken war aber der „Porządek“.

Auf Grund seiner Tätigkeit kannte der Verfasser die Rechtspraxis in Stadtgerichten sehr gut. Seine „Artykuły“ („Artikel“ 1558) waren das erste gedruckte Rechtsbuch in Polen. Groicki war es auch, der die polnische Sprache in die juristische Fachliteratur einführte. Seine Schriften – die wir hier noch mehrmals zitieren werden – bezeugen dabei am besten die allgemeine Verbreitung des Magdeburger Rechts in polnischen Städten. Natürlicherweise war es schon damals in Polen mit so vielen lokalen Elementen durchsetzt, daß man es – nach der Meinung des Verfassers – eher polnisches als Magdeburger Stadtrecht nennen sollte. Groicki war ein Verfechter der Verwendung des Polnischen im Rechtswesen. Man findet bei ihm auch juristische Termini deutscher Herkunft, was bedeutet, daß sie in der polnischen Sprache in bezug auf das Stadtrecht schon üblich geworden waren. Im „Porządek“, dem am häufigsten und über den längsten Zeitraum hinweg herausgegebenen Werk Groickis, stößt man auf 20 aus dem Deutschen entlehnte Begriffe. Dies sind allerdings meist alte Entlehnungen, die aus dem Altpolnischen übernommen wurden, wie etwa *ortyl*, *wójt*, *sołtys*. Einige sind aber neu, z. B. *auscug*, *szperunk*, *szuldbryf*. Das Wörterbuch „Słownik polszczyzny XVI w.“[15] führt die Begriffe, die das Stadtrecht betreffen und aus dem Deutschen entlehnt wurden, eben nach diesem Buch an.

Die schon oben erwähnte lateinische Übersetzung Jaskiers aus dem Jahre 1535 und vor allem die Schriften Groickis waren im Polen des 16. Jahrhunderts die Hauptquellen des Magdeburger Rechts. Groickis Bücher, auf das Speculum Saxonum und das Weichbild gestützt, auf die sich der Verfasser auch oft beruft und die er häufig zitiert, waren in Polen lange Zeit eine Art Stadtrechtskodex und wurden bis ins 18. Jahrhundert hinein immer wieder neu aufgelegt. Bis heute bleiben sie eine unentbehrliche Quelle des Wissens über das alte Stadtrecht. Wenn die Autoren heutiger Abhandlungen zur polnischen Rechtsgeschichte über das Gerichtsverfahren im alten Stadtrecht schreiben, zitieren sie oft Groickis Arbeiten.

Ein eigenes Kapitel bildet auch die Rezeption seiner Schriften in Weißrußland und in der Ukraine, denn sie wurden auch dort herausgegeben. In den am linken Dnjeprufer gelegenen Gebieten der Ukraine berief man sich in Kosakengerichten auf das *Gerichtsverfahren* Groickis. Im 18. Jahrhundert erschien in der Ukraine eine anonyme Abhandlung mit einem kurzen Abriß des Magdeburger Rechts. Dieser Abriß enthielt eine systematische Zusammenstellung von Rechtsvorschriften, der drei Bücher des Krakauer Autors zugrunde lagen: „Porządek“, „Artykuły“ und „Ten postępek“. Auch die Kommission, die in den Jahren 1728–1746 an einer

[15] Maria Renata Mayenowa (Hrsg.), Słownik polszczyzny XVI wieku [Wörterbuch des Polnischen des 16. Jhs.], Bd. I–XXXI, Warszawa 1963–2003.

Kodifikation des ukrainischen Rechts arbeitete, berücksichtigte in hohem Maße die Schriften Groickis.[16]

Nennenswert ist in diesem Zusammenhang noch ein anderer Autor, ein Lemberger Syndikus namens P. Szczerbic. 1581 übersetzte er das Speculum Saxonum ins Polnische und gab es unter dem Titel „Speculum Saxonum albo prawo saskie majdeburskie" heraus. Diese Schrift fand aber keine solch große Anerkennung wie die Abhandlungen Groickis.

Aus der zweiten Hälfte des 16. Jahrhunderts stammen auch umfangreiche Sammlungen des polnischen Rechts von J. Herburt (1570) und S. Sarnicki (1594).

Nach diesem unentbehrlichen Abriß der Geschichte des Magdeburger Rechts und dessen Quellen in Polen sowie der historisch-rechtlichen Bedingungen, unter denen sich deutsche Einflüsse geltend gemacht hatten, gehe ich nun zum konkreten lexikalischen Material über, d. h. zu Entlehnungen aus dem Deutschen. Es sei hier gleich am Anfang darauf hingewiesen, daß in den zahlreichen Wortfeldern der altpolnischen juristischen Terminologie diese Entlehnungen nur in einigen zu finden sind – sie fehlen zum Beispiel in Bezeichnungen von Rechten, Gerichtsbezirken, Ämtern und Würden. Besonders interessant sind – wie wir noch sehen werden – die Bezeichnungen für Gerichtstermine.

Bezeichnungen für die Gerichte und Gerichtsinstitutionen

In diesem Wortfeld finden wir nur eine einzige Entlehnung aus dem Deutschen, und zwar *rug ruga* (3 mal), d. h. „eine besondere Art Gericht, vor dem versammelte Dorfeinwohner aussagten und Anklagen wegen ihnen bekannter Delikte erhoben" 1439 < mhd. *rüege* „Anklage, Anzeige, Tadel".[17] In Groickis „Porządek" lesen wir: „Na tym sądzie wielkim ... bywa badanie, co zową rugiem, o zachowaniu obyczajów i występków każdego mieszczanina" [Vor diesem großen Gericht werden Verhalten und Vergehen jedes Bürgers einer Prüfung, *rug* genannt, unterzogen]. Samuel Bogumił Linde zitiert in seinem „Słownik języka polskiego" (1807–1814)[18] eben diese Stelle. Das Wörterbuch „Słownik języka polskiego" (1912, genannt Słownik warszawski – Warschauer Wörterbuch)[19] stuft aber dieses Wort bereits als altpolnisch, d. h. als veraltet, ein.

---

[16] Groicki, Porządek sądów (wie Anm. 14), S. XI f.

[17] Matthias Lexer, Mittelhochdeutsches Taschenwörterbuch, 37. Aufl., Stuttgart 1983, S. 172.

[18] Samuel Bogumił Linde, Słownik języka polskiego [Wörterbuch der polnischen Sprache], Bd. I–VI, Warszawa 1807–1814.

[19] Jan Karłowicz u. a. (Red.), Słownik języka polskiego [Wörterbuch der polnischen Sprache], Bd. I–VIII, Warszawa 1900–1927.

Bezeichnungen für Gerichtstermine

Im Wortfeld Gerichtstermine fehlen jegliche Lehnwörter. Wir finden aber, allerdings nur in den „Ortyle" aus dem Jahre 1455, insgesamt 13 unbestreitbare strukturelle Entlehnungen – Lehnübersetzungen. Sie geben Wort für Wort deutsche syntaktische Derivate (d. h. zweigliedrige Ableitungen) wieder, die dem Magdeburger Recht eigene, das Gerichtsverfahren betreffende Begriffe bezeichnen.[20] Zu derartigen Entlehnungen zählen folgende Ausdrücke:

Zawiązany czas (2 mal), *zawieszony czas* (2 mal), *wiązany czas* (3 mal) *zawieszone dni* (4 mal), *wiązane dni* (3 mal) „Tage, an denen keine Gerichtssitzungen stattfanden", *otworzony czas* (2 mal), *sądzące dni* (1 mal), *otworzone dni* (1 mal) „Gerichtstage". Die genannten Ausdrücke sind Lehnübersetzungen der deutschen Begriffe *gebundene Tage* „Zeit eingeschränkter Gerichtstätigkeit", *offene Tage*, *Gerichtstage* (Lexer S. 451 f.). Beachtenswert ist auch die Textzugehörigkeit der genannten Bezeichnungen – wir finden sie ausschließlich in den „Ortyle", d. h. in Texten des Magdeburger Rechts, die Mitte des 15. Jahrhunderts aus dem Deutschen übersetzt wurden. Verschiedene polnische Entsprechungen der deutschen Begriffe sind immer der jeweiligen Übersetzung eigen, da sich die „Ortyle" in unterschiedlichen Übertragungen erhalten haben. Die Übersetzer haben aber die Struktur der deutschen zweigliedrigen Bezeichnungen, und zwar die Konstruktion Adjektivum + Substantivum genau wiedergegeben. In den Texten des polnischen Rechts ist die Reihenfolge umgekehrt, also Substantivum + Adjektivum, z. B. *prawo polskie*, *prawo niemieckie*, *rok zawity* usw. Lehnübersetzungen aus dem Deutschen sind zweifellos auch solche Begriffe wie *dalszy dzień* (2 mal) und *dłuższy dzień* (4 mal): „Der sechswöchige Termin, insbesondere der längere Tag" 1467, 1450. Beide gehen auf den deutschen *längsten Tag* zurück.

Für die genannten strukturellen Entlehnungen – Lehnübersetzungen – ist kennzeichnend, daß sie auf eine einzige Textart beschränkt blieben. Sie spielten auch keine bedeutende Rolle in der Entwicklung der polnischen Rechtsterminologie. Das „Słownik polszczyzny XVI w." verzeichnet nur einige von ihnen unter Berufung auf Groickis Schriften. *Dalszy dzień* „der weitere Tag" kommt zum Beispiel 3 mal in seinem „Porządek" vor.

Bezeichnungen für Gerichtsbeamte

In diesem Bereich sind Entlehnungen aus dem Deutschen relativ zahlreich, was selbstverständlich scheint, wenn man bedenkt, daß es eben Beamte sind, die den augenfälligsten Bestandteil übernommener Institutionen ausmachen. Unter den Bezeichnungen für altpolnische Beamte stellen die Entlehnungen aus dem Deutschen lediglich 11,5% des Gesamtbestandes dar.[21]

---

[20] Zajda, Staropolska terminologią prawnicza (wie Anm. 1), S. 83 f.

[21] Aleksander Zajda, Nazwy urzędników staropolskich (do roku 1600) [Die Bezeichnungen für die altpolnischen Beamten (bis zum Jahre 1600)], Kraków 1970, S. 75–77.

landwójt, langwójt, lantfójt (31 mal), Landvogt: 1. „im Mittelalter ein vom Fürsten eingesetzter Verwalter eines Gebietes, der dort auch die rechtsprechende Gewalt ausübte, advocatus provincialis" 1266; 2. „der stellvertretende Vogt in deutschrechtlich gegründeten Städten und Dörfern" 1398 < mhd. *lant-voget* (Lexer 122);

sołtys, sołtes, szałtys, szołtys (53 mal), Schultheiß: 1. „Organisator eines deutschrechtlich gegründeten Dorfes, der dort auch die rechtsprechende und administrative Gewalt ausübte" 1387; 2. „Vorsitzender des Stadtrates in deutschrechtlich gegründeten Städten, Vogt" 1460; 3. „Richter des obersten deutschrechtlichen Gerichtes in Krakau und Lemberg" 1559 < mhd. *schult-heiȝe* (Lexer 188);[22]

oberman, barman, borman, heberman, obyrman 1389: 1. „Oberschiedsrichter" (1389); 2. „Beamter, der von Einnehmern erhobene Abgaben und Gebühren einsammelte" (1456) < mhd. *ober-man* (Lexer 154);

wójt (267 mal): 1. „Vorsitzender des Stadtrates in deutschrechtlich gegründeten Städten" 1398; 2. „Richter des obersten deutschrechtlichen Gerichts auf der Krakauer Burg, der eingelegte Berufungen aus anderen Städten entschied"; 3. „Vogt, Schultheiß in deutschrechtlich gegründeten Dörfern, Vorsitzender des Dorfrates, der mitunter auch Fronbauern bei der Arbeit in einem Vorwerk beaufsichtigte" 1550 < mhd. *voget, vogt, voit* (Lexer 293; Paul 700);

burgrabia, burgrabi (15 mal): 1. „zuerst stellvertretender Burgvogt, der die Aufsicht über die Burg hatte und die Polizeigewalt im Bezirk ausübte" 1423–1426; 2. „Richter des obersten deutschrechtlichen Gerichts auf der Krakauer Burg" 1455; 3. „Wächter auf der Krakauer Burg" 1534 < mhd. *burc-grâve* (Lexer 28);

burmistrz, burgmistrz, bormistrz, borgmistrz: „Vorsitzender des Stadtrates" 1399 < mhd. *burgemeister*;[23]

cechmistrz, cekmistrz (2 mal): „ein Rathausbote" 1441 < mhd. *zëch-meister* (Lexer 330);

lonar (1 mal): „ein Stadtbeamter, der für die Stadtbauten sorgt" 1499 < mhd. *lôn-, hërre* (Lexer 129, 87), *Lohnherr*;[24]

rychtarz (1 mal): „Vogt, Gemeindevorsteher und Vorsitzender eines deutschrechtlichen Gerichtes in der Zips" 1475 < mhd. *rihter* (Lexer 169);

sztrofrichter (1 mal): „Strafrichter" 1479 < mhd. *strâfe-rihter* (Lexer 213);

burgarz (3 mal): „Schöffe eines deutschrechtlichen Gerichts in Zipser Städten und Dörfern mit vielen deutschen Siedlern" 1564 < mhd. *burger* (Kluge 112);

---

[22] Hermann Paul, Deutsches Wörterbuch, 8. Aufl., Halle/Saale 1961, S. 538.

[23] Friedrich Kluge, Etymologisches Wörterbuch der deutschen Sprache, 21. Aufl., Berlin 1975, S. 112.

[24] Aleksander Brückner, Słownik etymologiczny języka polskiego [Etymologisches Wörterbuch der polnischen Sprache], Kraków 1927, S. 301.

ceklarz (2 mal): „ein Diener der Stadtwache“ 1491 < mhd. *zirkeler* (Lexer 337).

Von den genannten Appellativa sind nur *burmistrz*, *sołtys* und *wójt* immer noch im Gebrauch; *burgrabia* ist ein historischer Begriff, die anderen sind längst in Vergessenheit geraten. Sehr interessant sind *rychtarz* und *burgarz*. Beide Begriffe kommen im 16. Jahrhundert auch in Zipser Quellen vor, sind also Regionalismen.

Bezeichnungen für Parteien und vor Gericht auftretende Personen

In diesem Wortfeld begegnen wir nur zwei Entlehnungen: *mordarz* (17 mal): *morderz, mołdarz* „Mörder, Räuber“ 1379–1404 < mhd. *mordaere, -er* „Mörder, Verbrecher, Missetäter“ (Lexer 143, Kluge 488);

łotr (36 mal): „Wegelagerer, Missetäter, Räuber, Spitzbube“ 1450 < mhd. *loter* „locker, leichtsinnig, leichfertig; Schelm“ (Lexer 129).

Die kleine Anzahl der Entlehnungen erklärt sich daraus, daß dieses Wortfeld seit urslawischer Zeit mit heimischen Begriffen geradezu überfüllt war.

Im Gebrauch geblieben ist bis heute nur *łotr; morderz* war nur bis ins 16. Jahrhundert hinein üblich, dann wurde es durch die Variante *morderca* abgelöst – das Ergebnis einer morphologischen Modernisierung mit Hilfe des Suffixes *-ca*, das damals sehr produktiv war. Das „Słownik polszczyzny XVI w.“ verzeichnet einerseits die Form *morderz* noch 1578, andererseits aber die Form *morderca* bereits 1522. Der „Thesaurus polono-latino-graecus“ von G. Knapski (1621)[25] verzeichnet hingegen die ältere Variante als eigenständiges Stichwort nicht mehr, er nennt sie lediglich an zweiter Stelle nach der neueren, *morderca.* Dasselbe findet man bei Trotz in seinem „Nowy dykcyjonarz albo mownik polsko-niemiecko-francuski“ (1779).[26] Linde erwähnt zwar die ältere Form *morderz*, verweist aber dann auf die neuere *morderca.* In dieser Form ist der Ausdruck bis heute gebräuchlich.

Bezeichnungen von Gerichtsentscheidungen und -dokumenten

In diesem Wortfeld finden wir folgende Entlehnungen:

ortyl, hortyl, ortejl, ortel (127 mal): „Rechtsspruch, Gerichtsentscheidung, insbesondere eine Rechtsbelehrung von einem deutschrechtlichen Gericht höherer Instanz, auch ein Urteilsvorschlag“ (1358) 1463 < mhd. *ur-teil*, *urtel* „richterliche Entscheidung, Urteil, Verurteilung“ (Lexer 260);

glejt, glet (5 mal): „Dokument, das persönliche Unverletzlichkeit garantierte, Geleitbrief“ 1400 < mhd. *ge-leite* „Begleitung, Geleit, Schutz“ (Lexer 58);

---

[25] Grzegorz Knapski, Thesaurus polono-latino-graecus, Kraków 1621.

[26] Michał Abraham Trotz, Nowy Dykcyjonarz albo mownik polsko-niemiecko-francuski [Neues polnisch-deutsch-französisches Wörterbuch und Gesprächsbuch], Leipzig 1779.

kwitbryf (3 mal): „Schreiben, das den Erhalt von irgendetwas bestätigte, Quittung" 1437 < mhd. *quit-brief* „Quittung" (Lexer 163);

wielkierz, wielkur (55 mal): „Gesetz, Entscheid einer städtischen Behörde" 1455 < mhd. *will-kür*, md. *wille-kure* „freie Willenswahl, freier Wille, freiwillige Entschließung, Neigung, Zuneigung, Übereinstimmung, Gutdünken"; rechtl. „autonomes Statut" (Lexer 321).

Die Bezeichnungen *ortyl, glejt, wielkierz* haben eine große Frequenz, während *kwitbryf* eher selten vorkommt. – Das Wörterbuch „Słownik polszczyzny XVI w." wie auch die späteren Wörterbücher verzeichnen das Wort nicht mehr. *Ortyl* bleibt bis ins 16. Jahrhundert hinein durchaus üblich. – Das Wörterbuch „Słownik polszczyzny XVI w." bietet die Bezeichnung 31 mal. Bald wird sie aber an die Peripherie des Wortfeldes gedrängt, da lateinische Entlehnungen wie *dekret* und *sentencyja* zu dominieren beginnen und schließlich verschwindet der Begriff ganz. Trotz verzeichnet ihn noch in seinem Wörterbuch (1779) und versieht ihn mit der Definition: „im magdeburgischen Recht ein Urteil", ohne jeglichen Qualifikator. So gehen auch Linde in seinem Wörterbuch (1807–1814) und das Wörterbuch „Słownik języka polskiego" (Wilna 1861, genannt Słownik wileński – Wilnaer Wörterbuch) vor,[27] während das „Słownik języka polskiego" (1904) ihn mit einem Kreuz versieht und als altpolnisch und damit veraltet einstuft. Ähnlich beurteilt dieses Wörterbuch das Wort *wielkierz*.

Im 16. Jahrhundert finden wir noch bei Groicki die Bezeichnung *auscug* „Exzerpt aus einem Dokument" 1559 < mhd. *Auszug* < *ausziehen* „herausschreiben, exzerpieren" (Paul 65), *szperunk* „Arrest, Haftbefehl bzw. Anordnung der Beschlagnahme, auch die Verhaftung oder die Beschlagnahme selbst, die auf Antrag eines Geschädigten zur Sicherstellung seiner Belange bis zum endgültigen Gerichtsentscheid stattfindet" 1559 < mhd. *Sperrung* < *sperren* „mit Sparrenwerk versehen" (Kluge 720);[28] *szultbryf* „zur Bestätigung einer Geldschuld ausgestellte Urkunde" 1559 < mhd. *schuldbrief* (Brückner 557). Das „Słownik polszczyzny XVI w." verzeichnet den *auscug* nur ein einziges Mal und zwar unter Berufung auf Groickis „Porządek". Die genannten Bezeichnungen, wenn auch zum Teil relativ selten belegt, gelten doch als Beweis dafür, daß auch im 16. Jahrhundert in polnischen Quellen des Magdeburger Rechts Entlehnungen aus dem Deutschen vorkommen. *Szperunk* finden wir auch in Knapskis Wörterbuch (1621), was besonders auffällt, da Knapski als konsequenter Purist galt und sich das Vermeiden von Entlehnungen zu einem seiner lexikographischen Grundsätze gemacht hatte. Lindes Wörterbuch (1807–1814) verzeichnet das Wort *szperunk* auch, stuft es jedoch als veraltet ein und belegt es durch ein Zitat aus Groickis „Porządek". Als veraltet stuft Linde auch den *szuldbryf* ein, aber er belegt den Begriff durch zahlreiche Anführungen von Autoren aus dem 16. Jahrhundert, allerdings ohne

---

[27] Aleksander Zdanowicz u. a. (Hrsg.), Słownik języka polskiego [Wörterbuch der polnischen Sprache], Wilno 1861.

[28] Brückner, Słownik etymologiczny (wie Anm. 24), S. 553.

diesmal eine Stelle aus Groickis Schriften zu zitieren. Die genannten Bezeichnungen gehören seit langem schon dem historischen Wortbestand der polnischen Sprache an, nur *wielkierz* taucht mitunter in historischen Abhandlungen auf und ist somit als historischer Begriff anzusehen, wie *glejt*, der in neuerer Zeit durch *list żelazny* (wörtlich: „eiserner Brief") ersetzt wurde.

Bezeichnungen für Strafen und Gerichtsgebühren

In diesem Wortfeld finden wir 5 Entlehnungen:

szkoda (20 mal): „Vertragsstrafe, Strafe für einen Vertragsbruch" 1391 < mhd. *schade* „Schaden, Schädigung, Verlust, Nachteil, Verderben, Böses, Mühsal; Leibesschaden, Verwundung" (Lexer 178);

szepszelink, szapszalink, szapszelink, szepczelink, szepenszeling, szepenszelink, szepenszlink, szepeszeling, szepeszelink, szepszelik, szepszelinek, szepszeling (40 mal): „Gerichtsgebühr, Entlohnung von Schöffen, die an Gerichtsverhandlungen teilnahmen" 1419 < mhd. *scheffe, schepfe, schephe* „beisitzender Urteilssprecher, Schöffe" und *schillinc* „Schiling" (Lexer 180, 183);

wargielt (8 mal): „Geldbusse, die von einem Täter als Ersatz für die begangene Straftat oder als Entschädigung zu entrichten war" um 1420 < mhd. *wër-gëlt* „Geldbusse für Totschlag (eigentlich Zahlung für einen Mann)" (Lexer 314);

ruga (1 mal): „von einem Gericht verhängte Strafe, wahrscheinlich für einen Verstoß gegen das Verfahren des Sondergerichts, genannt *ruga* bzw. *rug*" 1443 < mhd. *rüege, ruoge* „Anklage, Anzeige, Tadel" (Lexer 172 f);

gwet (1 mal): „eine Gerichtstrafe" 1450 < mhd. *ge-wette* „Verpfändung, die man dem Richter zahlen mus" (Lexer 71);

wet (7 mal): „Geldbusse, die als Ersatz für eine begangene Straftat oder als Entschädigung zu entrichten war bzw. über eine Prozeßpartei verhängte Geldstrafe" 1455 < mhd. *wette, wete, wet* „Pfandvertrag; Erfüllung und Aufhebung einer Rechtsverbindlichkeit, Bezahlung einer Schuld, Vergütung eines Schadens; Geldbusse, in die man gegen den Richter verfällt, bes. Versäumnisstrafe bei nicht geleisteter Zahlung" (Lexer 316).

Alle Bezeichnungen in diesem Wortfeld gehören seit langem nur noch dem historischen Wortbestand der polnischen Sprache an. Dabei zeichnet sich das Wort *wargielt* durch die häufigste und längste Verwendung aus. Es taucht zwar im Lexicon latino-polonicum von Jan Mączyński (1564) nicht auf, kommt aber häufig in den polnischen Quellen des Magdeburger Rechts aus dem 16. Jahrhundert vor. Nach diesen Quellen wird es auch von Linde angeführt, und erst das Warschauer Wörterbuch (1920) versieht es mit einem Kreuz und stuft es somit als altpolnisch ein. Das Wort *szkoda* mit seinen vielen Ableitungen bleibt bis heute üblich, doch vor allem im Sinne von „materiellem oder moralischem Verlust", es gehört also der Allgemeinsprache und nicht einer Terminologie an. Ähnlich verhält es sich mit dem Wort *wet.* Lindes Wörterbuch (1807–1814) verzeichnet den

Begriff *szepszelink* nicht mehr, nennt dagegen *szepszeląg* und belegt ihn durch zwei Zitate von Szczerbic (1581). Das Wort *ruga* fehlt in den Wörterbüchern von Knapski, Trotz und Linde.

Andere Bezeichnungen

In diesem Bereich sind deutsche Entlehnungen ziemlich zahlreich, denn sie geben meist Begriffe wieder, die dem Magdeburger Recht eigen waren. Sie stehen dabei eher vereinzelt da, ohne lexikologische Einheiten irgendeiner Art zu bilden.

litkup (17 mal): „ein Kauftrunk" 1388 < mhd. *lît-kouf* (Lexer 128);

gwałt (140 mal): 1. „Gewalt, Gewalttat, Zwang" 1396; 2. „Entehrung" (1448) < mhd. *ge-walt* (Lexer 70);

gwar, gewer, gwer (35 mal): 1. „Bürgschaft, Pfand, Kaution" 1396; 2. „Besitzen, Innehaben" 1469 < mhd. *gewer* „Bürgschaft, Sicherstellung" (Paul 242);

wederkof, wyderkaf, wyderkof, wyderkuf, wyderkup (8 mal): „eine Art Rente, die aus angelegtem Kapital regelmäßig ausgezahlt wurde, wobei der Besitzer der Immobilie das Kapital einlösen und sich so der Zahlungspflicht entledigen konnte" 1427 < mhd. *wëder-*, mhd. *wider-kouf* „Rückkauf und Rückkaufrecht (um dieselbe Summe), Wiedereinlösung eines Pfandes" (Lexer 318);

fordronk (2 mal): „Hilfe (insbesondere einem Täter geleistet)" 1447 < mhd. **Vorderung* < *vürdern* „helfend tätig sein für" (Lexer 304);

fryszt, fryst (16 mal): „Verschiebung eines Gerichtstermins, auch die dadurch gewonnene Zeit" 1447 < mhd. *vrist* „Aufschub" (Lexer 298). Im 16. Jahrhundert findet man den Ausdruck in Groickis „Porządek".

gierada, gierda, grat, groda (13 mal): „Ausstattung einer Tochter, einer Frau; weibliches Geräte und Kleider als Erbe" 1455 < mhd. *ge-râde* (Lexer 62);

ratusz (4 mal): „Gebäude, das Sitz der Stadtverwaltung ist" 1462 < mhd. *rât-hûs* (Lexer 164);

(*ratunek*) *ratunk* (1 mal): „Hilfe in Not" 1466 < mhd. **rettunge* < *retten* (Lexer 167);

lupr (8 mal): „Anklageerhebung bei deutschrechtlichen Gerichten, Anzeige, möglicherweise auch Ansage einer Anklageerhebung" 1467 – sicher eine Vereinfachung von *luprynk* (siehe unten);

luprynk, lauprynk, luprunk (9 mal): „Anklageerhebung bei deutschrechtlichen Gerichten, Anzeige, möglicherweise auch Ansage einer Anklageerhebung" 1467 < mhd. **lût-baerunge* < *lût-baeren* (Lexer 131);[29]

fant (1 mal): „verpfändeter Wertgegenstand" 1499 < mhd. *phant* „Pfand" (Lexer 158);

[29] F. Sławski, Słownik etymologiczny języka polskiego [Etymologisches Wörterbuch der polnischen Sprache], Bd. IV, Kraków 1970–1974, S. 384.

Im 16. Jahrhundert erscheinen auch neue Entlehnungen: *erbgeld* „Hinterlassenschaft, die aus Mangel an Erben in den Besitz des Herrschers überging“ 1570 < mhd. *erbe-gëlt* (Lexer 43); *hergewet, hergiewet, ergewert, ergwet* „Gegenstände, die zur Ritterausrüstung gehörten und männlichen Nachkommen oder anderen Verwandten des Verstorbenen vererbt wurden“ 1546 < mhd. *her(e)ge-râde*. Das „Słownik polszczyzny XVI w.“ verzeichnet *erbgeld* einmal und *hergewet* 11 mal – die letzteren Bezeichnungen am häufigsten bei Groicki 1559.

Die genannten Bezeichnungen (insgesamt 365) tauchen mitunter in verschiedenen Wortfeldern als Synonyme für polnische Wörter auf. So entsprach der Bezeichnung *fant* das polnische Wort *zakład*, *fryst* – *odwłoka* und später die lateinische Entlehnung *dylacyja*, dem Wort *gwar* – der Ausdruck *rękojemstwo*. Neben dem altpolnischen *fordronk* findet man auch im 16. Jahrhundert die 1546 zweimal verzeichnete Form *fołdrunk* in demselben Sinne einer Hilfe bei der Ausführung einer Straftat. Etwas rätselhaft bleibt *lupr*, durch das „Słownik staropolski“ in Texten aus dem 15. Jahrhundert sogar 7 mal belegt und 7 mal im „Słownik polszczyzny XVI w.“ verzeichnet ist (wo 1531 auch die Variante *luprnik* zu finden ist). Üblich bleibt bis heute *fant*, doch am lebendigsten sind *ratusz* und *ratunek*, die schwerlich durch andere Wörter zu ersetzen wären.

Neben den substantivischen Termini, die zusammen mit dem Magdeburger Recht aufgenommen wurden, sind hier auch vereinzelte Verben zu verzeichnen, die als Synonyme polnischer Begriffe fungieren, aber vor allem in Stadtrechtsquellen vorkommen.

fołdrować (57 mal): „anklagen, eine Klage bei Gericht vorbringen“ 1400 < mhd. *vordern* „rechtlich vor Gericht fordern“ (Lexer 296);

luprować (7 mal): „Klage bei deutschrechtlichen Gerichten vorbringen“ 1424 < mhd. *lut-baeren* „verlautbaren, bekannt machen“ (Sławski IV 384).

Das Verb *fołdrować* bleibt bis ins 16. Jahrhundert hinein lebendig und es wird von ihm sogar das Derivat *fołdrownik* abgeleitet. Das „Słownik polszczyzny XVI w.“ verzeichnet dagegen *luprować* nicht mehr. Von den neueren Verben, denen deutsche Entlehnungen zugrunde liegen und die im 16. Jahrhundert in Gebrauch kommen, sind folgende zu erwähnen: das bei Groicki vorkommende Wort *fantować* „als Pfand behalten, bewegliches Gut eines Schuldners beschlagnahmen, sicherstellen“ und *szperować* „jemandes Vermögen sicherstellen“ < mhd. *sperren* (Lexer 204; Brückner 553).

Sehr interessant ist das polnische Verb *gaić* in der Wendung *gaić sąd* (*zagaić sąd*). Es ist eine Lehnübersetzung des deutschen Ausdrucks *Gericht hegen, daz rëht hegen*, „Gericht halten“ (Brückner 132, Lexer 83). Im Unterschied zu den oben genannten kommen sowohl das Verb selbst als auch die ganze Wendung in der altpolnischen Zeit (bis 1500), im 16. Jahrhundert in Groickis Schriften und auch später sehr oft vor. Daher auch *gajać* „die Verhandlung in einem Gericht des Magdeburger Rechts eröffnen“, *gajenie* „Eröffnung einer Gerichtsverhandlung“, *gajny sąd, gajony sąd* „eine nach den Regeln des Magdeburger Rechts richtig eröffnete Gerichtsverhandlung“.

Damit ist allerdings das Inventar der Spuren, die das Magdeburger Recht in der altpolnischen juristischen Terminologie hinterlassen hat, noch lange nicht zu Ende. Es wäre hier noch auf zahlreiche von den genannten Entlehnungen abgeleitete Derivate hinzuweisen, die mit Hilfe polnischer Suffixe gebildet wurden, wie etwa *fantowanie* < *fantować*, *fołdrownik* < *fołdrować*, *obermaństwo* < *oberman*, *sołtystwo* < *sołtys*, *szperowanie*, *szperownik* (1564) < *szperować*, *wójtostwo* < *wójt*. Deren Behandlung würde aber den Rahmen des vorliegenden Beitrags sprengen.

Ein eigenes Kapitel stellen die hier und da schon erwähnten Lehnübersetzungen aus dem Deutschen dar. Den schon genannten sollte man noch eine hinzufügen, und zwar *rajca* „Stadtrat" < mhd. *rât-man*, *rada* < *rât* (Lexer 164) und ohne Zweifel unzählige andere, deren Analyse jedoch eine gesonderte Untersuchung erfordern würde.

Deutsche Entlehnungen sterben allmählich aus, werden in stadtrechtlichen Texten durch polnische Bezeichnungen, wie etwa *wypis* oder durch lateinische Entlehnungen, z. B. *minuta* an Stelle von *auscug*, verdrängt. Außer Gebrauch kommt im Laufe des 16. Jahrhunderts auch der in stadtrechtlichen Dokumenten so verbreitete terminus *ortyl, ortel*, abgelöst durch die lateinischen Bezeichnungen *dekret* und *sentencyja*, und bald darauf durch die polnische Bezeichnung *wyrok*. In Groickis „Porządek" kommt im Wortfeld „Urteil" *ortyl, ortel* sogar 16 mal vor, *dekret* dagegen 7 mal, *sentencyja* 46 mal, *skazanie* 39 mal, der neue Terminus *wyrok* 2 mal. Dies ist nur ein Teil eines umfangreicheren Prozesses des Außer-Gebrauch-Kommens alter Bezeichnungen und des Aufkommens neuer. Mitte des 16. Jahrhunderts nimmt diese Tendenz immer stärker zu. Deutsche Bezeichnungen, falls sie keine konkreten Institutionen betrafen, wurden bereits als veraltet betrachtet. Linde hat (1807–1814) die meisten von ihnen in seinem Wörterbuch mit einem Sternchen versehen und für nicht mehr üblich befunden. Von fremden Entlehnungen bleiben nur noch die lateinischen erhalten, von Mitte des 16. bis Ende des 18. Jahrhunderts in großer Zahl. Manche Forscher vertraten die Auffassung, daß es eben Latein gewesen sei, das den Nährboden lieferte, auf dem sich die polnische Rechtssprache entfalten konnte. Doch diese Ansicht scheint etwas übertrieben. Die altpolnische juristische Terminologie weist einen ausgeprägt heimischen Charakter auf und wurzelt tief im Urslawischen, was im Lichte historischer Tatsachen durchaus verständlich ist. Die oben zitierten Behauptungen ergaben sich aus der Unkenntnis der Geschichte des polnischen Rechtswortschatzes, der erst vor kurzem zum Gegenstand sprachwissenschaftlicher Forschungen geworden ist, obwohl Rechtshistoriker schon seit den siebziger Jahren des 19. Jahrhunderts seine Erforschung postulieren.

Alte deutsche Entlehnungen, die mit der in Polen vollzogenen Rezeption des Magdeburger Rechts verbunden waren, gehören schon der Geschichte des polnischen Wortschatzes an. Nur manche von ihnen, wie *burmistrz* „Bürgermeister", *gmina* „Gemeinde", *ratusz* „Rathaus", *sołtys* „Schultheiß", *wójt* „Vogt", haben sich über die Zeit gerettet, und nichts weist darauf hin, daß sie in ihrem Weiterbestehen oder in ihrer Funktion gefährdet wären. Andere haben sich in Derivaten erhalten, wie z. B. *rugować* „vertreiben, verdrängen". Beachtenswert sind die bis heute lebendigen *fant* und *ratunek*, die allerdings eine semantische Entwicklung durchgemacht haben, sowie das Verb *zagaić* „Beratungen einleiten, eröffnen" < altpoln. *gaić* „Gerichtsverhandlung eröffnen".

Zusammenfassend kann man feststellen, daß deutsche Entlehnungen, auch wenn sie im Verhältnis zum überreichen heimischen Wortschatz relativ spärlich an der Zahl sind, einen wichtigen Bestandteil der altpolnischen Rechtsterminologie darstellen – man darf dabei auch Lehnübersetzungen nicht vergessen. Ihre Reichweite war allerdings auf ein bestimmtes Milieu beschränkt, d. h. sie fungierten nur im Gebiet des Stadtrechts, und mit der Vereinheitlichung des polnischen Rechts sind sie fast alle außer Gebrauch gekommen.

Register

Vorbemerkung

Die Register berücksichtigen möglichst alle gültigen Schreibformen. Im *Ortsnamenregister*, das auch Gewässer-, Gebirgs-, Landes- und Landschaftsnamen sowie andere Lokalitäten verzeichnet, steht als Haupteintrag – so in einem der Beiträge verwendet – das deutsche Exonym. Hierauf folgen das jeweilige Endonym (kursiv gesetzt und mit internationalem Sprachkürzel in eckigen Klammern versehen), ggf. weitere Namenformen in anderen Sprachen (ebenfalls mit Sprachkürzel) sowie historische Namenformen. Gibt es kein Exonym, steht das Endonym an erster Stelle. Lediglich bei ukrainischen und weißrussischen Ortsnamen werden in jedem Fall die russischen Schreibungen ergänzt. Im Übrigen werden nur die Namenformen anderer Sprachen aufgeführt, die in den Beiträgen genannt werden.

Das *Personennamenregister* verzeichnet alle Personen und Geschlechter, die nicht im Zusammenhang mit bibliographischen Angaben in den Beiträgen genannt werden. Von Schreibvarianten, die durch einen Schrägstrich von der Ansetzungsform getrennt werden, wird – wenn nötig – auf den Haupteintrag verwiesen. Amtsbezeichnungen und andere Ergänzungen sowie alternative Schreibungen, von denen nicht verwiesen wird, stehen in runden Klammern.

Im *Sachregister* finden sich neben Namen von Bevölkerungsgruppen Begriffe, die auf Vorschlag der Autoren ausgewählt wurden. Das Vorkommen dieser Begriffe und ihrer Ableitungen wird jeweils im gesamten Band verzeichnet.

Alle Quellen und Quellensammlungen mit vorwiegend rechtlichem Inhalt, die in den Beiträgen unabhängig von bibliographischen Angaben genannt werden, finden sich im *Rechtsquellenregister*.

Ortsnamenregister

N

O/Ó

P

R

S/Š/Ś

Z/Ž

Personenregister

D/Ď

E

F

G

H

I

J

K

L/Ł

M

N

O

P

R

S/Š

T

U

V

W

Z/Ž

Sachregister

S

T

U

V

Rechtsquellenregister

S

T

U

V

W

Z

Bei Fragen zur Produktsicherheit wenden Sie sich bitte an:
If you have any questions regarding product safety,
please contact:

Walter de Gruyter GmbH
Genthiner Straße 13
10785 Berlin
productsafety@degruyterbrill.com